Das Reichsgesetz

über die

Zwangsversteigerung und die Zwangsverwaltung

vom 24. März 1897

in der Fassung vom 20. März 1898

nebst

dem Einführungsgesetz.

Mit Erläuterungen

von

Dr. Paul Altmann,
Amtsrichter.

Ausgabe für Preußen.

Berlin 1904.
Verlag von H. W. Müller
W. Potsdamerstr. 121 K.

Vorwort.

Der vorliegende Kommentar will den schwierigen Rechtsstoff des Zwangsversteigerungsgesetzes in übersichtlicher klarer und knapper Form darstellen. Es ist überall versucht worden auf der Grundlage der bereits vorhandenen, umfassenden und anerkannt guten Bearbeitungen des Gesetzes die allgemeinen Grundsätze, von denen das Gesetz beherrscht wird, darzulegen und eine Übersicht über den Stand der zahlreich vorhandenen Streitfragen zu geben und zur Entscheidung derselben Stellung zu nehmen.

Zu diesem Zwecke sind zu den einzelnen Paragraphen und den dort auftauchenden Fragen die gesetzgeberischen Materialien, insbesondere die durch ihre Klarheit ausgezeichnete Denkschrift und der Bericht der Reichstagskommission, sodann aber auch die höchstrichterliche Judikatur besonders berücksichtigt worden.

Zur Erhöhung der praktischen Brauchbarkeit wurden die im Gesetz ausdrücklich in Bezug genommenen oder zum Verständnis unentbehrlichen anderweiten gesetzlichen Bestimmungen, insbesondere des Bürgerlichen Gesetzbuchs, des Handelsgesetzbuchs, der Reichsgrundbuchordnung, der Reichszivilprozeßordnung und der Reichskonkursordnung in den Erläuterungen mit zum Abdruck gebracht und verarbeitet.

Mit Rücksicht auf die zu dem Reichsgesetz ergangenen, zahl- und umfangreichen landesgesetzlichen Bestimmungen ist es im Interesse der Übersichtlichkeit und Handlichkeit des Buches notwendig gewesen, zwei Ausgaben zu veranstalten, die eine für Preußen, die andere für die nicht preußischen Bundesstaaten und Elsaß-Lothringen. Während in der Ausgabe für Preußen alle in Betracht kommenden preußischen Ausführungsbestimmungen in dem beigefügten Anhang zusammengestellt sind, bietet der Anhang der anderen Ausgabe die Ausführungsgesetze und -Verordnungen fast aller übrigen Bundesstaaten und Elsaß-Lothringens.

Durch diese Trennung war es auch möglich, bei der Erläuterung der reichsgesetzlichen Bestimmungen auf die im Anhang abgedruckten landesgesetzlichen Vorschriften stets nur kurz zu verweisen und dadurch die Übersichtlichkeit der Darstellung zu erhöhen. Es dürfte damit sowohl dem Studium, als der praktischen Anwendung des Gesetzes eine hoffentlich nicht unwesentliche Erleichterung zu teil werden.

Berlin-Rixdorf, im Dezember 1903.

Der Verfasser.

Inhaltsverzeichnis.

I. Gesetz über die Zwangsversteigerung und die Zwangsverwaltung.

Anhang für Preußen.

Die Kommentare von Jäckel, Reinhard, Wolff, Fischer und Schäfer, Henle, die Bearbeitungen von Günther und Schöller, ferner Peiser, Die Zwangsverwaltung von Grundstücken, Grützmann, Leitfaden für Zwangsverwalter, sowie die Kommentare zum BGB. und zur ZPO. sind in der Regel nur mit dem Namen der Verfasser bezeichnet. Bei der übrigen Literatur findet sich außerdem der Titel der Werke an der zitierten Stelle angegeben. Gesetze und Verordnungen sind in den üblichen Abkürzungen angezogen.

Der Kommentar zum ZwVG. von A. Riedner, welcher während der Drucklegung dieses Buches erschienen ist, konnte nicht mehr benutzt werden.

Nachträge und Berichtigungen.

S. **21** in der Inhaltsübersicht zu § 10 sind zu streichen die Rubriken: Deichlasten und gemeine Lasten (Begriff). Statt Förderungen lies ebendort Forderungen und in der Rubrik Rentenbankrenten ist (statt III C) I 2 zu setzen.

„ **25** ist 1. vor Begriff in Rubrik C. zu streichen.

„ **39** Zeile 5 v. u. muß es heißen (statt Ansprüngen) Ansprüchen.

„ **64** in § 23 in Anm. 6 a. E. muß es heißen (statt Beschlugnahme) Beschlagnahme.

„ **71** Z. 2 v. u. in Anm. 3 ist hinter den §§ 224 Abs. 2 u. 3, 225 einzufügen: ZPO.

„ **79** Anm. 1 Abs. 2 Zeile 6 ist zu lesen Beibringung (statt Bebringung).

„ **101** Anm. 2 Zeile 6 ist hinter „muß" ein Komma zu setzen.

„ **125** Anm. 1 Abs. 2 Zeile 7 muß es (statt s. o.) „so" heißen.

„ **128** Anm. 1 Zeile 8 v. u. muß es heißen (statt sich) sie (liegt sie . . .).

„ **129** Anm. 2 Zeile 5 muß es heißen (statt dem) den (Ersteher).

„ **131** Anm. 5a Abs. 2 2. Zeile v. u. muß es heißen (statt den) dem (Gläubiger).

„ **132** Anm. 6 muß es heißen: Beschwerderecht (statt Bechwerderecht).

„ **146** zu § 71 Anm. 1b. Ein Gebot ist auch dann unwirksam, wenn demselben ein Irrtum des Bieters (§§ 119, 121 BGB.) zugrunde liegt und das Gebot rechtzeitig angefochten ist, z. B. der Bieter hat ein Meistgebot von 9000 Mk. abgegeben und hat nur ein solches von 900 Talern abgeben wollen. Ficht der Bieter noch im Versteigerungstermin wegen Irrtums an, so hat das Vollstreckungsgericht die Wirksamkeit bzw. Unwirksamkeit des Gebots von Amts wegen zu prüfen. Diese Prüfung steht allein und ausschließlich dem Vollstreckungsgericht zu. Es kann daher ein bei der Zwangsversteigerung abgegebenes Meistgebot nicht im Prozeßwege wegen Irrtums angefochten werden. Vgl. E des Reichsger. Bd. 54 S. 308—311.

„ **163** Zeile 2 von oben ist zu wiederholen vor „die" und hinter „bzw." „durch".

„ **164** Anm. 1 Abs. 2 Zeile 4 ist hinter „Richtigkeit" der Punkt zu streichen und statt dessen ein Komma zu setzen.

„ **174** Anm. 1 Abs. 2 Zeile 4 muß es heißen (statt gleichfalls) gleich.

„ **179** letzte Zeile muß es heißen (statt o) so.

„ **190** Anm. 5 Zeile 5 muß es heißen (statt Wochem) Wochen.

S. **199** Zeile 12 v. o. ist hinter Beträge zu setzen :
„ **199** Anm. 3 Zeile 10 muß es heißen (statt jeden) jedem.
„ **202** letzte Zeile muß es heißen (statt wir) wird.
„ **203** Anm. 3 Zeile 6 muß es heißen (statt de) der.
„ **207** in der dritten Überschrift ist hinter „befugt" ein Komma zu setzen.
„ **208** Zeile 1 v. o. muß es heißen (statt der) die (Zwangsvollstr.).
„ **211** Zeile 6 v. o. ist hinter „Ges." ein Komma zu setzen.
„ **221** vorletzte Zeile v. u. muß es heißen (statt macht) machen.
„ **228** Anm. 2 b γ ist hinter „ist" (statt .) ein Semikolon zu setzen.
„ **245** Anm. 2 Zeile 2 muß es heißen (statt zuzuführen) zu führen.
„ **251** Anm. 1 Zeile 2 ist hinter „bezwecken" ein Komma zu setzen.
„ **263** Zeile 2 v. o. muß es heißen: befürchten (statt befurchten).
„ **265** Zeile 20 v. u. muß es heißen (statt übergeben werden sein) übergeben worden sind.
„ **269** Anm. 2 c Zeile 6 muß es heißen (statt durch) zur (Anschaffung).
„ **290** Anm. 2 c Zeile 7 ist „sich" zu streichen.
„ **297** Anm. 2 Zeile 7 v. u. ist „auf" zu streichen. Es muß daher heißen: finden die §§ 67 Abs. 2 und 68 Abs. 3 entsprechende Anwendung.
„ **301** Zeile 14 v. o. muß es heißen (statt Rechtsbehelss) Rechtsbehelfs.
„ **327** Anm. Zeile 16 v. o. muß es heißen (statt Entcheidungen) Entscheidungen.
„ **329** Anm. 1 Überschrift muß es heißen (statt Deichslasten) Deichlasten.
„ **349** Anm. 2 Zeile 1 muß es heißen (statt enthaltene) enthalten.
„ **352** Anm. Abs. 1 Zeile 5 v. u. muß es heißen (statt dürften) dürfen.

I.

Gesetz
über
die Zwangsversteigerung und die Zwangsverwaltung.
Vom 24. März 1897.

(RGBl. Nr. 14 S. 97 ff.)

Fassung vom 20. Mai 1898 (RGBl. Nr. 25 S. 713 ff.)

Vorbemerkungen:

1. Verhältnis obigen Gesetzes zum BGB. Nachdem das BGB. das gesamte Liegenschaftsrecht einheitlich für das Reich geordnet hatte, war damit, wie in der Denkschrift zum ZwVG. mit Recht hervorgehoben wird, im Interesse der Rechtseinheit die Notwendigkeit gegeben, das Recht der Zwangsvollstreckung in das unbewegliche Vermögen gleichfalls reichsrechtlich zu regeln.

Diese Regelung konnte, da sie im wesentlichen formaler Natur ist und Verfahrenssätze enthalten muß, nicht in dem dem materiellen Recht gewidmeten Reichsgesetzbuch erfolgen.

Das BGB. begnügt sich daher mit der Bestimmung, daß die Befriedigung des Gläubigers aus dem Grundstück im Wege der Zwangsvollstreckung erfolgt (§ 1147 BGB.).

Die Formen der Verwirklichung und Durchführung der Zwangsvollstreckung wurden der Regelung durch Spezialgesetze vorbehalten, deren gleichzeitiges Inkrafttreten mit dem BGB. durch Art. 1 EG. BGB. sichergestellt wurde.

2. Verhältnis zur ZPO. Soweit das gerichtliche Verfahren bei der Zwangsvollstreckung in das unbewegliche Vermögen zu regeln ist, gehören die diesbezüglichen Vorschriften dem Prozeßrecht an.

Die allgemeinen Bestimmungen über die Zwangsvollstreckung in das bewegliche wie unbewegliche Vermögen sind erschöpfend und einheitlich im 8. Buche der ZPO. geregelt.

Im speziellen Teil des 8. Buches der ZPO., welcher den einzelnen Exekutionsarten, welche die Befriedigung eines Anspruchs bezwecken, gewidmet ist, sind im Titel 2 Abschnitt 2 nur wenige Bestimmungen über die Zwangsvollstreckung in das unbewegliche Vermögen enthalten. Sie betreffen **a)** die selbständige Bestimmung derjenigen Vermögensstücke, die der Immobiliarvollstreckung unterliegen (§§ 864, 865 ZPO.), **b)** die Aufstellung der im allgemeinen zulässigen Immobiliarvollstreckungsmaßregeln

(§§ 866—870 ZPO.), wobei noch ein Vorbehalt für die Landesgesetzgebung mit Bezug auf Eisenbahnen und Kleinbahnen in § 871 ZPO. vorgesehen ist.

Die nähere Ausgestaltung der im § 866 ZPO. angegebenen Vollstreckungsformen wird, soweit Grundstücke in Betracht kommen, in § 869 ZPO. einem besonderen Gesetze vorbehalten, welches unter obigem Titel und Datum als Reichsgesetz erlassen ist. Bei diesem Zusammenhang zwischen ZPO. und ZwVG. ist klar gestellt, daß die Vorschriften der ZPO. bei Anwendung des ZwVG. in gleicher Weise Platz greifen sollen, wie wenn das Gesetz ein Bestandteil der ZPO. selbst wäre (Denkschr.).

3. Überblick über Einteilung und Inhalt des Gesetzes. Das Gesetz zerfällt in drei Abschnitte. Der erste Abschnitt ordnet die Zwangsversteigerung und die Zwangsverwaltung als Maßregeln der Zwangsvollstreckung in Grundstücke, und zwar enthält der erste Titel (§§ 1—14) die allgemeinen, für beide Maßregeln gleichmäßig geltenden Vorschriften, der zweite (§§ 15—145) die besonderen Bestimmungen über die Zwangsversteigerung, der dritte (§§ 146—161) diejenigen über die Zwangsverwaltung. Der zweite Abschnitt (§§ 162—171) regelt die Zwangsversteigerung von Schiffen, soweit sie im Wege der Zwangsvollstreckung erfolgt. Der dritte Abschnitt endlich (§§ 172—184) behandelt die Fälle, in denen eine Zwangsversteigerung und Zwangsverwaltung außerhalb des Vollstreckungsverfahrens zulässig ist.

---

1. Abschnitt. Zwangsversteigerung und Zwangsverwaltung von Grundstücken im Wege der Zwangsvollstreckung.

1. Titel. Allgemeine Vorschriften.

Zuständigkeit. (§§ 1, 2.)

§ 1.

Im allgemeinen (Regel).

Für die Zwangsversteigerung und die Zwangsverwaltung eines Grundstücks ist als Vollstreckungsgericht das Amtsgericht zuständig, in dessen Bezirke das Grundstück belegen ist.

Formen der Liegenschaftzwangsvollstr. 1.
Gegenstand 3.
Verfahren vor dem Amtsgericht als Vollstreckungsgericht 4a.
Verhältnis der Vollstreckungsarten zu einander 2.
Verhältnis der §§ 1 und 2 zu einander 6.
Voraussetzung der Zuständigkeit 5.
Zuständigkeit des Amtsgerichts 4.

1. Formen der Liegenschaftzwangsvollstreckung. Die Zwangsvollstreckung in unbewegliche Gegenstände erfolgt nach § 866 Abs. 1 ZPO. 1. durch Eintragung einer Sicherungshypothek, 2. durch Zwangsversteigerung und 3. durch Zwangsverwaltung. Über das Verfahren bei der Sicherungshypothek handeln die §§ 867, 868 ZPO. Die Zwangsversteigerung und Zwangsverwaltung werden nach § 869 ZPO. durch ein besonders Gesetz, welches das vorliegende ist, geregelt.

2. Die Wahl unter den 3 Arten der Liegenschaftzwangsvollstreckung steht gemäß § 866 Abs. 2 ZPO. dem Gläubiger zu; er kann verlangen, daß eine dieser Maßregeln allein oder neben den übrigen ausgeführt werde. Eine Beschränkung er=

fährt diese Wahlbefugnis bei registrierten Schiffen, da bei diesen gemäß § 870 Abs. 2 ZPO. die Zwangsvollstreckung nur durch Zwangsversteigerung erfolgt.

War bei demselben Gericht zuerst die Zwangsverwaltung eingeleitet und wird sodann die Zwangsversteigerung beantragt, so genügt bei letztgedachtem Antrage die Bezugnahme auf die bei den Zwangsverwaltungsakten befindlichen Urkunden z. B. auf den vollstreckbaren Titel, Prozeß- oder anderweite notarielle Vollmacht des Antragstellers ɪc.

Die Frage, ob neben der Mobiliarzwangsvollstreckung auch die Liegenschaftszwangsvollstreckung betrieben werden kann, ist zu verneinen, da wegen des Erfordernisses der Beibringung des vollstreckbaren Titels für die Liegenschaftzwangsvollstreckung auf die Mobiliarzwangsvollstreckung verzichtet und der hierzu gegebene Auftrag zurückgenommen werden mußte. Vgl. Wolff, Anm. 2 zu § 1 S. 2.

3. Gegenstand der Liegenschaftzwangsvollstreckung sind

a) Grundstücke,

b) die selbständigen Berechtigungen, für welche die sich auf Grundstücke beziehenden Vorschriften gelten §§ 864 Abs. 1, 870 Abs. 1 ZPO.,

c) die eingetragenen Schiffe §§ 162 dies. G., §§ 864 Abs. 1, 870 Abs. 2 ZPO.,

d) das Nutzungsrecht an einer Eisen- oder Kleinbahn und gewisse dem Betrieb der Bahn gewidmeten Gegenstände nach Maßgabe des § 871 ZPO.,

e) Bestandteile und Zubehör, von Grundstücken, Berechtigungen und Schiffen nach Maßgabe des § 865 ZPO.

Zu a) Unter Grundstück ist ein mathematisch begrenzter Erdausschnitt zu verstehen (Motive zum E. des BGB. Bd. III S. 48) oder genauer, ein räumlich abgegrenzter d. h. von einer in sich zurücklaufenden Grenzlinie umschlossener Flächenabschnitt (Motive Bd. III S. 54). Im Sinne des ZwVG. muß aber ferner noch hinzukommen, daß für das Grundstück ein Grundbuchblatt angelegt worden ist, denn das Zwangsversteigerungsverfahren ist materiell bedingt durch das Liegenschaftsrecht des BGB. und für dieses bildet die Bucheinrichtung die Grundlage. Letztere setzt aber wieder ein bereits angelegtes Grundbuch voraus. Nach § 3 GBO. erhält jedes Grundstück im Grundbuch eine besondere Stelle (Grundbuchblatt). Erst damit wird es im Sinne des ZwVG. zu einem selbständigen Grundstück.

Ist ein gemeinschaftliches Grundbuchblatt für mehrere Grundstücke desselben Eigentümers, die im Bezirke desselben Grundbuchamtes belegen sind, in Gemäßheit der §§ 4, 86, 87 GBO. angelegt worden, so gilt jedes Grundstück als ein selbständiges, sofern die Bezeichnung über Lage und Umfang eines jeden Grundstücks so bestimmt und genau ist, daß über die Identität desselben kein Zweifel bestehen kann. Auf die wirtschaftliche Benutzungsart der Grundstücke kommt es nicht an; die wirtschaftliche Einheit genügt daher nicht, sofern die Einheitlichkeit nicht aus dem Grundbuch hervorgeht, um letztere herzustellen.

Zu b) Die selbständigen Gerechtigkeiten unterliegen nach den §§ 864, 870 Abs. 1 ZPO. in Verbindung mit Art. 40 pr. AG. BGB., soweit sie Berechtigungen sind, für welche die sich auf Grundstücke beziehenden Vorschriften gelten, der Zwangsvollstreckung in das unbewegliche Vermögen, und zwar in der gleichen Art wie Grundstücke. Voraussetzung der Zwangsvollstreckung ist, daß die Berechtigung ein Grundbuchblatt erhalten hat (Art. 40 pr. AG. BGB.). Das Verfahren bei der Zwangsversteigerung und Zwangsverwaltung regelt sich in Preußen für die gewöhnlichen Fälle nach den §§ 1—161 des ZwVG., da von dem Vorbehalt des § 2 Abs. 1 EG.

ZwVG. kein Gebrauch gemacht ist (anders für das Bergwerkseigentum und die Kohlenabbaugerechtigkeiten, vgl. Art. 37 u. 38 pr. AG. BGB. u. Art. 15, 22 ff. pr. AG. ZwVG.).

Als Immobiliarberechtigungen kommen nach dem gegenwärtigen Rechtszustand folgende in Betracht:

α) nach BGB. § 1017 das Erbbaurecht, auf welches dort zugleich die Vorschriften über Grundstücke für anwendbar erklärt sind. Für die Bestellung ist nach § 873 BGB. und § 3 Satz 2 GBO. die Eintragung auf dem Blatte des belasteten Grundstücks erforderlich. Für das so begründete Erbbaurecht ist auf Antrag nach § 7 GBO. ein besonderes Grundbuchblatt anzulegen. Die Anlegung erfolgt von Amts wegen, wenn das Recht veräußert oder belastet werden soll.

β) nach EG. BGB. Art. 63, 68, die landesgesetzlich bestehenden Erbpacht-, Büdner- und Häuslerrechte, wie Grundstücksbelastungen mit dem vererblichen und veräußerlichen Recht zur Gewinnung eines nicht dem Bergrecht unterliegenden Minerals, auf welche Rechte dort zugleich der § 1017 BGB. für entsprechend anwendbar erklärt ist.

γ) nach EG. BGB. 67, 69, 196 die der Landesgesetzgebung auch ferner vorbehaltenen Berechtigungen, wie das Bergwerkseigentum, Fischereiberechtigungen und die an Grundstücken bestehenden vererblichen und übertragbaren Nutzungsrechte, sofern auf sie die Vorschriften über Grundstücke Anwendung finden sollen.

Für Preußen ist im Anschluß hieran im Art. 40 AG. BGB. die Bestimmung getroffen worden, daß für Gerechtigkeiten die nach den bisherigen Gesetzen in Ansehung der Eintragung in die gerichtlichen Bücher und die Verpfändung den Grundstücken gleichstehen (selbständige Gerechtigkeiten), die sich auf Grundstücke beziehenden Vorschriften des BGB. gelten, wenn die Gerechtigkeit ein Grundbuchblatt erhalten hat. In Abs. 2 Art. 40 wird noch hinzugefügt, daß unter der gleichen Voraussetzung die für den Erwerb des Eigentums und die Ansprüche aus dem Eigentum an Grundstücken geltenden Vorschriften auf eine solche Gerechtigkeit entsprechende Anwendung finden.

Nach Art. 27 Abs. 2 pr. AG. GBO. ist anzunehmeu, daß die Neuanlegung von Grundbuchblättern für selbständige Gerechtigkeiten, die bisher noch kein Grundbuchblatt hatten, auch für die Zukunft auf Antrag zuzulassen ist (vgl. Stranz und Gerhard, Preuß. AG. z. BGB. zu Art. 40 S. 249 Bem. 3a).

Für Preußen sind als Hauptfälle der noch bestehenden selbständigen Gerechtigkeiten zu nennen: a) die vor dem Edikt v. 2. November 1810 staatlich erteilten vererblichen und veräußerlichen Apothekerprivilegien (§§ 462, 463 ALR. II 8; revid. Apoth.-Ord. v. 11. Oktober 1801 und Vdg. v. 24. Oktober 1811). Das Nähere s. bei Stranz und Gerhard a. a. O. S. 248 zu Art. 40 2a. b) Die Schiffsmühlengerechtigkeiten d. h. Berechtigungen, Wasser- und Schiffsmühlen auf einem öffentlichen Strom zu haben (§§ 229—232 ALR. II 15). c) Fährgerechtigkeiten (§ 51 ALR. II 15). d) Fischereigerechtigkeiten in öffentlichen Strömen (§§ 73 ff. ALR. II 15), nicht sonstige Fischereiberechtigung (Fischereiges. v. 30. Mai 1874. Näheres s. bei Stranz und Gerhard a. a. O. S. 249 zu Art. 40 2 d. e) Kohlenabbau- und Bergwerksgerechtigkeiten, für welche in den Art. 37 I, XIII, Art. 38 § 5 AG. BGB. und in den Art. 15, 22 ff. AG. ZwVG. besondere Bestimmungen getroffen sind. Über weitere selbständige Gerechtigkeiten s. Jäckel S. 5. Von den der Landesgesetzgebung vorbehaltenen selbständigen Gerechtigkeiten ist für Preußen die

Erbpachtgerechtigkeit gegenstandslos geworden, da in § 2 Ziffer 2 des Ablösungsges. v. 2. März 1850 das Eigentum der Erbverpächter zugunsten der Erbpächter aufgehoben und nach § 91 dieses Gesetzes die Begründung neuer derartiger Gerechtigkeiten ausgeschlossen ist. Neue Abdeckereigerechtigkeiten können in Preußen nicht mehr entstehen (Gew.-O. u. Ges. v. 17. Dez. 1872).

Für selbständige Gerechtigkeiten, für welche ein Grundbuchblatt nicht angelegt ist, kommen die Vorschriften der ZPO. über die Zwangsvollstreckung bezüglich sonstiger Vermögensrechte in Gemäßheit der §§ 857 ff. zur Anwendung.

4. Zuständigkeit des Amtsgerichts. Amtsgerichtliches Verfahren. Als Vollstreckungsgericht ist das Amtsgericht zuständig, doch kann die Landesgesetzgebung nach § 13 Abs. 1, EG. ZwVG. die Ausführung der Zwangsversteigerung und Zwangsverwaltung einer anderen Behörde oder einem Beamten oder Notar ganz oder teilweise übertragen. Eine derartige Delegation ist ausgeschlossen, sofern über die Anordnung, Aufhebung oder Verbindung des Verfahrens oder über die Zulassung des Beitritts eines Gläubigers zu entscheiden ist.

4a. Für das Verfahren vor dem Vollstreckungsgericht finden die für das amtsgerichtliche Verfahren gegebenen Vorschriften der ZPO. Anwendung. Daher besteht für Anträge, Beschwerden kein Anwaltszwang. Die Entscheidungen des Gerichts können ohne mündliche Verhandlung erfolgen (§ 764 Abs. 3 ZPO.).

5. Voraussetzung der Zuständigkeit.

Die Zuständigkeit des Amtsgerichts wird durch die Lage des Grundstücks bestimmt; bei Berechtigungen ist der Ort maßgebend, wo die Ausübung erfolgt.

Der Gerichtsstand ist nach § 802 ZPO. ein ausschließlicher, Prorogation ist daher ausgeschlossen. Das Amtsgericht hat von Amts wegen seine Zuständigkeit zu prüfen. Die Einrede der Unzuständigkeit ist, da es sich um eine Erinnerung gegen die Zulässigkeit der Zwangsvollstreckung gemäß § 766 ZPO. handelt, zulässig.

Gegen die Entscheidung über diese Erinnerung ist sofortige Beschwerde gegeben. Vgl. Wolff Anm. 5 zu § 1 S. 6. Wenn sich erst im Laufe des Verfahrens die Unzuständigkeit herausstellt, so ist das Verfahren aufzuheben; ergibt sie sich erst nach Schluß des Verfahrens, so ist gemäß § 33 der Zuschlag zu versagen. Dieser Fall tritt zu den im § 83 aufgeführten Fällen, in welchen der Zuschlag zu versagen ist, hinzu (Jäckel Anm. 1 zu §§ 1, 2 S. 16). Es kann daher auch der erteilte Zuschlag im Wege der Beschwerde wegen Unzuständigkeit des Vollstreckungsgerichts nach § 100 angefochten werden und wird im Falle des Begründetsein zur Aufhebung des Verfahrens führen müssen. Ist der Zuschlag rechtskräftig geworden, so ist jede Rüge wegen Unzuständigkeit ausgeschlossen.

6. Verhältnis der §§ 1 und 2 zu einander.

§ 1 und § 2 gehören zusammen und regeln gemeinsam die Zuständigkeit für das Verfahren bei Grundstücken. Eine besondere Bestimmung bei selbständigen Gerechtigkeiten hat man für entbehrlich gehalten, weil sich dies bei entsprechender Anwendung der §§ 1, 2 von selbst ergibt (Motive). Die Zuständigkeit bleibt dieselbe, wenn der Bruchteil eines Grundstücks oder einer Gerechtigkeit den Gegenstand des Verfahrens bildet. Nach § 864 Abs. 2 ZPO. ist in diesem Falle die Zwangsvollstreckung nur zulässig, wenn der Bruchteil in dem Anteil eines Miteigentümers besteht, oder wenn sich der Anspruch des Gläubigers auf ein Recht gründet, mit welchem der Bruchteil als solcher belastet ist. Für Schiffe ist die Zuständigkeit besonders geregelt im § 163 Abs. 1

§ 2.

Besondere Fälle.

Ist das Grundstück in den Bezirken verschiedener Amtsgerichte belegen oder ist es mit Rücksicht auf die Grenzen der Bezirke ungewiß, welches Gericht zuständig ist, so hat das zunächst höhere Gericht eines der Amtsgerichte zum Vollstreckungsgerichte zu bestellen; die Vorschriften des § 37 der Zivilprozeßordnung finden entsprechende Anwendung.

Die gleiche Anordnung kann getroffen werden, wenn die Zwangsversteigerung oder die Zwangsverwaltung mehrerer Grundstücke in demselben Verfahren zulässig ist und die Grundstücke in den Bezirken verschiedener Amtsgerichte belegen sind. Von der Anordnung soll das zum Vollstreckungsgerichte bestellte Gericht die übrigen Gerichte in Kenntnis setzen.

---

1. Bedeutung des Abs. 1 und des Abs. 2. Absatz 1 regelt die Zuständigkeit,

a) sofern ein Grundstück sich räumlich über mehrere Amtsgerichtsbezirke ausdehnt,

b) sofern es mit Rücksicht auf die Grenzen verschiedener Amtsgerichtsbezirke ungewiß ist, ob ein Amtsgericht das ausschließlich zuständige ist.

In beiden Fällen kommt nur ein Grundstück in Frage. Abs. 2 läßt die Anwendung der im Abs. 1 gegebenen Bestimmung der Zuständigkeit auch für die Fälle zu, wo die Vollstreckungsmaßregeln für mehrere, in verschiedenen Amtsgerichtsbezirken belegene Grundstücke in demselben Verfahren zulässig sind. Dies trifft zu, wenn die Vollstreckung erfolgt (§ 18 des ZwVG.).

α) wegen einer Forderung gegen ein und denselben Schuldner in mehrere ihm gehörige Grundstücke,

β) wegen eines an jedem der mehreren Grundstücke bestehenden Rechts (z. B. Korrealhypothek).

2. Bestimmung des zuständigen Gerichts. Diese erfolgt durch das im Instanzenzuge zunächst höhere Gericht. „Das zunächst höhere Gericht" ist, wenn die in Frage kommenden Amtsgerichte in demselben Landgerichtsbezirke liegen, durch das ihnen im Instanzenzuge übergeordnete Landgericht; wenn sie verschiedenen Landgerichtsbezirken angehören, durch das ihnen gemeinschaftliche Oberlandesgericht; wenn sie verschiedenen Oberlandesgerichtsbezirken angehören, durch das Reichsgericht. Nur wenn die Oberlandesgerichte, in deren Bezirk die verschiedenen Vollstreckungsgerichte liegen, demselben Bundesstaat angehören und dieser Bundesstaat ein oberstes Landesgericht hat (§ 8 EG. GVG. und § 9 EG. ZPO. und Motive zur ZPO. S. 65) ist letzteres das zuständige Gericht.

3. Anrufung des höheren Gerichts. Da im Abs. 1 auf § 37 ZPO. Bezug genommen ist, ist anzunehmen, daß die Bestimmung nur auf vorausgegangenes Gesuch eines Beteiligten geschieht.

Nach Abs. 1 ist die Bestimmung des zuständigen Gerichts als unerläßlich zu erachten, während sie in den Fällen des Abs. 2 nur geschehen **kann.** Im Fall des Abs. 1 hat daher im Zweifelsfalle das angerufene Gericht zunächst die Eröffnung des Verfahrens abzulehnen. Ergibt sich erst im Laufe des Verfahrens die Notwendigkeit der Bestimmung eines zuständigen Gerichts, so hat das angerufene Gericht das Verfahren unter Bestimmung einer Frist, binnen welcher der Antragsteller die Entscheidung über die Zuständigkeit des angerufenen Gerichts beizubringen hat, einstweilen einzustellen.

Fraglich ist, ob es auch in den Fällen des Abs. 2 für die Bestimmung des zuständigen Gerichts eines Antrages bedarf. Nach dem Berichte der Kommission des Reichstages wurde in der Spezialdebatte zum § 2 Abs. 2 beantragt, hinter den Worten „die gleiche Anordnung kann" einzuschalten:

„auf Vorschlag eines der nach § 1 zuständigen Gerichte oder auf Antrag eines der Beteiligten."

Der Antrag wurde nach kurzer Debatte abgelehnt und § 2 unverändert angenommen.

Jäckel Anm 2 zu § 2 S. 17 folgert daraus, daß damit konstatiert sei, daß die Verbindung der Zwangsversteigerung mehrerer Grundstücke zu **einem** Verfahren auch ohne Antrag eines Beteiligten erfolgen könne. Dies übe, fährt er fort, auf den § 2 Abs. 2 die Rückwirkung, daß nun auch in diesen Fällen der Antrag eines Beteiligten nicht unbedingt erforderlich sei. Dieser Schlußfolgerung wird man jedoch nicht beipflichten können. Zu beachten ist, daß bei Abs. 2, wenn eines der nach Lage der Grundstücke zuständigen Gerichte dem Antrage auf Einleitung des Verfahrens stattgegeben hat, niemals der Mangel der Zuständigkeit gerügt werden kann. Trägt in den Fällen des Abs. 2 das angerufene Gericht wegen seiner Zuständigkeit Bedenken, so kann es auch hier die Eröffnung des Verfahrens unter Angabe des Grundes zunächst ablehnen und den Nachweis seiner Zuständigkeit bezw. die Herbeiführung anderweitiger Bestimmung vom Antragsteller fordern. Es wird alsdann der Antragsteller seinerseits die Bestimmung des zuständigen Gerichts zu veranlassen haben. Abs. 2 steht demnach in Einklang mit Abs. 1. Dies geht auch aus den Eingangsworten des Abs. 2 „**die gleiche Anordnung** kann getroffen werden" hervor. Die im Abs. 1 erfolgte Bezugnahme auf § 37 ZPO. soll daher auch für die Anordnung des Abs. 2 gelten.

4. **Form des Bestimmungsantrages.** Der Antrag des Beteiligten ist formlos. Es besteht kein Anwaltszwang. Der Antrag ist zu richten an das nach Anm. 2 zuständige bestimmende Gericht. Wird der Antrag vor der Eröffnung des Verfahrens gestellt, so ist seitens des Gläubigers behufs Nachweises der ihm zustehenden Vollstreckungsbefugnis die Zustellung des vollstreckbaren Schuldtitels darzutun.

5. **Verfahren vor dem bestimmenden Gericht.** Die Entscheidung kann ohne mündliche Verhandlung erfolgen (§ 37 ZPO.). Es steht daher im Ermessen des Gerichts, eine mündliche Verhandlung, eine schriftliche Anhörung der Beteiligten oder von Amts wegen getroffene Anordnung weiterer Ermittlungen vorangehen zu lassen. Die Entscheidung ergeht in Beschlußform. Der stattgebende Beschluß ist unanfechtbar (§ 37 Abs. 2 ZPO.), selbst dann wenn hinterher der Nachweis erbracht würde, daß die Voraussetzungen für Bestimmung des zuständigen Gerichts gemäß § 2 des ZwVG. nicht vorgelegen hätten. (Vgl. RG. in Jur. Wochenschr. 1885 S. 6, Seufferts Archiv Bd. 40 Nr. 240.)

Der abweisende Beschluß unterliegt, da es sich um eine im Zwangsvollstreckungsverfahren ergangene Entscheidung handelt, gemäß § 793 ZPO. der sofortigen Beschwerde. Das Verfahren ist im Bereich des Preuß. Gerichtskostenges. (§ 47^{3}) gebührenfrei; dem Rechtsanwalt stehen nach § 23^{b} Geb.Ordn. f. RA. $^{3}/_{10}$ der Prozeßgebühr zu. Für Preußen vgl. auch Art. 4 Ziff. 1 der Landesgebühr.Ordn. v. 27. Sept. 1899. Bek. v. 6. Oktober 1899.

6. Rechtlicher Charakter des Bestimmungsrechts. Über die rechtliche Natur der vom bestimmenden Gericht getroffenen Entscheidung herrscht Streit. Mit Rücksicht auf die hier als maßgebend herangezogene Bestimmung des früheren § 756 ZPO. dreht sich der Streit wie bei § 756 darum, ob die Entscheidung als ein die Zwangsvollstreckung vorbereitender Akt, oder als Akt der Justizverwaltung oder endlich als eine im Zwangsvollstreckungsverfahren ergangene Entscheidung aufzufassen ist. Nach der herrschenden Ansicht ist die letztgedachte Konstruktion allein richtig, einmal weil die Entscheidung auch nach Eröffnung des Verfahrens erfolgen kann und sodann weil das bestimmende Gericht durch seine Entscheidung dem Vollstreckungsgericht die ihm sonst obliegende Prüfung seiner Zuständigkeit abnimmt. (Vgl. Wolff Anm. 3 zu § 2, Jäckel Anm. 3 zu § 2 S. 18).

7. Mitteilung des Beschlusses an die übrigen Gerichte. Das Unterlassen der Benachrichtigung der anderen Gerichte hat keine besonderen rechtlichen Folgen. Nach § 40 Satz 2 soll das bestellte Gericht veranlassen, daß die Bestimmung des Versteigerungstermins auch bei den übrigen Gerichten durch Anheftung an die Gerichtstafel bekannt gemacht wird.

8. Besondere Zuständigkeit außer den Fällen des § 2. Zu den im § 2 geregelten Fällen treten noch die in dem § 36 Nr. 1, 5, 6 ZPO. aufgeführten sogen. Notstandsfälle hinzu, bei denen gleichfalls die Bestimmung des zuständigen Gerichts durch das im Instanzenzuge zunächst höhere Gericht erfolgen muß.

Zustellungen. (§§ 3—8.)

§ 3.

Regel.

Die Zustellungen erfolgen von Amts wegen.

---

1. Amtliche Zustellung, Wesen und Grund der Einführung. „Die Zustellungsvorschriften der ZPO. sind auf ein Verfahren berechnet, in welchem sich zwei Parteien gegenüberstehen. Für die Zwangsversteigerung und Zwangsverwaltung passen sie nur in beschränktem Maße, weil hier nicht bloß die eigentlichen Parteien, sondern auch dritte Personen zu dem Verfahren heranzuziehen sind (§§ 22, 32, 41, 85, 88, 104, 105, 139, 141, 151, 173), außerdem aber Beschlüsse ergehen, die ungeachtet ihrer Verkündung einer Zustellung bedürfen (§§ 88, 89, 103, 104). Um die Zustellung an alle, welche hiernach in Betracht kommen, zu sichern, stellt der Entw. im Gegensatze zu dem Selbstbetriebe der Parteien, von welchem die ZPO. ausgeht, aber im Einklange mit verschiedenen Landesgesetzen z. B. Preußen, Bayern, Sachsen den Grundsatz auf, daß die Zustellungen von Amts wegen erfolgen." (Denkschr.)

2. Ungültigkeit der auf Parteibetrieb erfolgten Zustellungen. Nach dem Bericht der Kommission des Reichstages wurde in der Spezialdebatte zum § 3 die in der Petition des Vorstandes des Deutschen Landwirtschaftsrats enthaltene Anregung erörtert, diesem Paragraphen folgenden Zusatz zu geben:

„Die Zustellungen sind jedoch auch dann wirksam, wenn sie auf Betreiben eines Beteiligten erfolgt sind.“

Von seiten der Vertreter der verbündeten Regierungen wurde hiergegen ausgeführt, daß es sich um eine allgemeine Frage handle, die bei der Revision der ZPO. zu erörtern sein werde (vgl. RG. Bd. 3 S. 375 ff.).

§ 3 wurde hierauf unverändert angenommen. Die ZPO. hat die Frage, ob die von Amts wegen zu erfolgende Zustellung durch die auf Parteibetrieb erfolgte ersetzt werden kann, nicht beantwortet. Daher ist für den Bereich des ZwVG. anzunehmen, daß die lediglich durch die Partei bewirkte Zustellung unwirksam ist.

3. Die zivilprozessualen Vorschriften über die Zustellung von Amts wegen und deren Bedeutnng für § 2. Soweit nicht besondere Bestimmungen in den §§ 4—7 getroffen sind, gelten die Vorschriften der ZPO. über die Zustellung von Amts wegen §§ 208—213 und der Allg. Verf. v. 10. Dezbr. 99 über die von Amts wegen zu bewirkenden Zustellungen und Bekanntmachungen gerichtlicher Verfügungen (JMBl. S. 728), abgedr. i. Kayser, Reichs-Justizges. 6. Aufl. 1901 S. 567 ff. Die Zustellung im Auslande wird durch § 4 geregelt. Öffentliche Zustellung an die Interessenten ist unzulässig, weil letztere nicht als Parteien im Sinne der §§ 160, 161 ZPO. gelten. RG. 22 S. 408 ff. Die öffentliche Zustellung wird durch § 6 ersetzt.

4. Zustellung an den Prozeßbevollmächtigten. Ist ein Prozeßbevollmächtigter seitens eines der Beteiligten bestellt, so haben die Zustellungen gemäß der §§ 176, 178, 81 ZPO. an diesen zu erfolgen. Erklärt jedoch der Beteiligte dem Vollstreckungsgerichte, daß die Zustellung an ihn persönlich erfolgen solle, so muß dem stattgegeben werden, da die Prozeßvollmacht insoweit als zurückgenommen anzusehen ist. Vgl. Wolff Anm. 4 zu § 3 S. 12.

Streitig ist, ob die Zustellung an den Prozeßbevollmächtigten des Beteiligten, welcher in dem vollstreckbaren Titel aufgeführt ist, auch dann erfolgen muß, wenn der Vollstreckungsantrag nicht von dem Prozeßbevollmächtigten, sondern nur von dem Beteiligten selbst gestellt ist, und nur letzterer das Vollstreckungsverfahren betreibt. Jäckel Anm. 3a zu § 3 S. 21 hält in diesem Falle die Zustellung nur an die Partei, nicht an den Prozeßbevollmächtigten für erforderlich, während Wolff Anm. 4 zu § 3 S. 12 die Zustellung gültig nur an den Prozeßbevollmächtigten erfolgen lassen will. In der Praxis sucht man die Schwierigkeit zu umgehen und einem anfechtbaren Verfahren vorzubeugen, indem man beiden, sowohl der Partei, als auch deren Prozeßbevollmächtigten zustellt.

Hat das Gericht Zweifel über Vorhandensein und Rechtsgültigkeit der Vollmacht, welche nach § 80 ZPO. einer öffentlichen Beurkundung nicht bedarf, so empfiehlt sich für das Vollstreckungsgericht, den Vollmachtgeber zu einer Erklärung über die Vollmacht aufzufordern, da der Inhalt dieser Erklärung alsdann allein maßgebend ist.

Ist der Aufenthalt eines Prozeßbevollmächtigten unbekannt, so findet § 6 Anwendung.

5. Ausnahme von der amtlichen Zustellung. Ausnahme von § 3 bildet abgesehen von den §§ 103, 104 die Beschwerdeinstanz; dies ergibt sich aus § 96.

§ 4.

Vereinfachte Zustellung (Aufgabe zur Post).

Wohnt derjenige, welchem zugestellt werden soll, weder am Orte noch im Bezirke des Vollstreckungsgerichts, so kann die Zustellung durch Aufgabe zur Post erfolgen, solange nicht die Bestellung eines daselbst wohnhaften Prozeßbevollmächtigten oder Zustellungsbevollmächtigten dem Gericht angezeigt ist. Die Postsendung muß mit der Bezeichnung „Einschreiben" versehen werden.

---

1. Das Wesen der Zustellung durch Aufgabe zur Post. Diese Zustellungsart wird im § 4 als bekannt vorausgesetzt. Es greifen bezüglich derselben die Vorschriften der ZPO. Platz, soweit nicht im § 4 etwas anderes bestimmt ist. Nach § 175 ZPO. erfolgt die Zustellung durch Aufgabe zur Post in der Weise, daß das zuzustellende Schriftstück unter der Adresse des Zustellungsempfängers nach dem Wohnorte desselben zur Post gegeben wird. Die Zustellung wird mit der Aufgabe zur Post als bewirkt angesehen, selbst wenn die Sendung als unbestellbar zurückkommt.

2. Voraussetzungen der vereinfachten Zustellung. Die sind **a)** die Adresse (Wohnort und Wohnung) des Zustellungsempfängers muß dem Gericht bekannt sein. **b)** Der Zustellungsempfänger muß weder am Orte, noch im Bezirke des Vollstreckungsgerichts wohnen. **c)** Die Anzeige der Bestellung eines am Orte oder im Bezirke des Vollstreckungsgerichts wohnhaften Prozeß- oder Zustellungsbevollmächtigten darf nicht erfolgt sein. Nicht aber bedarf es einer vorgängigen, gerichtsseitigen Aufforderung, einen Zustellungsbevollmächtigten zu bestellen, wie das für die zivilprozessuale Zustellung durch Aufgabe zur Post in den §§ 174, 175 ZPO. vorgesehen ist.

§ 4 greift auch Platz, wenn ein außerhalb wohnender Prozeßbevollmächtigter, an den allein gemäß §§ 176, 178 ZPO. die Zustellung wirksam erfolgen kann, das Verfahren betreibt und keinen im Bezirke des Gerichts wohnhaften Zustellungsvertreter bestellt hat. Anders liegt der Fall, wenn neben der Partei ein Generalbevollmächtigter (Prokurist rc.) als betreibender Teil bei dem Verfahren beteiligt ist und die Voraussetzungen des § 4 nur für den Generalbevollmächtigten (Prokuristen rc.) vorliegen würden. Da alsdann für die am Ort oder im Bezirke des Vollstreckungsgerichts wohnhafte Partei die Regel des § 3 Anwendung finden kann, so ist von der Ausnahme des § 4 kein Gebrauch zu machen und daher nur an die Partei zuzustellen. (A. A. Jäckel Anm. zu den §§ 4, 5 S. 22 f.)

3. Die Anzeige des im Bezirke wohnhaften Prozeß- oder Zustellungsbevollmächtigten.

Sie bedarf keiner Form, muß aber von dem Berechtigten, von der Partei oder deren Vertreter herrühren. (A. A. Jäckel Anm. 2 zu §§ 4, 5 S. 23). Sie kann mündlich oder schriftlich vor dem Richter oder Gerichtsschreiber erfolgen; geht sie aus den eingesehenen Prozeßakten hervor, so genügt dies.

4. Die Förmlichkeiten der vereinfachten Zustellung. Die Förmlichkeiten bestehen darin, daß die Postsendung mit der Bezeichnung „Einschreiben“ versehen werden muß (Motive S. 104). Ferner hat der Gerichtsschreiber gemäß § 213 ZPO. in den Akten zu vermerken, zu welcher Zeit und unter welcher Adresse die Aufgabe geschehen ist. Der Aufnahme einer Zustellungsurkunde bedarf es nicht. Der Aktenvermerk ist hiernach wesentlich, er ist die eigentliche Beurkundung. Fehlt der Aktenvermerk, so kann er allerdings durch die Zustellungsurkunde ersetzt werden. Vgl. Wolff Anm. 7 zu § 4 S. 16.

5. Zustellungsempfänger im Sinne des § 4. Die Fassung „derjenige, welchem zugestellt werden soll“ ist absichtlich in dieser allgemeinen Form von der Kommission II gewählt worden (Bemerk. S. 31), um damit zum Ausdruck zu bringen, daß die Anwendung „des § 4 sich nicht beschränkt auf die Zustellung an die Beteiligten“ im Sinne des § 9, sondern auch Platz greift bei Zustellungen z. B. an den Ersteher und die für zahlungspflichtig oder mithaftend erklärten Personen (§§ 88, 103, 105 Abs. 2), an diejenigen, welche einen Anspruch auf den Erlös für den Verteilungstermin angemeldet haben (§ 114), an den Verwalter (§ 151 Abs. 2). Vgl. Jäckel, Anm. 1 zu §§ 4, 5 S. 22.

6. Anwendung der vereinfachten Zustellung. Sie ist dem Ermessen des Vollstreckungsgerichts überlassen (daher „kann erfolgen“). Sie soll nach der Denkschrift eine Erleichterung wegen der großen Zahl derjenigen gewähren, ohne deren Zuziehung nicht weiter verfahren werden darf. Aus der Fassung des § 4 („kann erfolgen“) geht ferner hervor, daß eine nach den Regeln der ZPO. geschehene Zustellung nicht ungültig ist.

§ 5.

Bestellung eines Zustellungsbevollmächtigten beim Grundbuchamt.

Die Bestellung eines Zustellungsbevollmächtigten bei dem Grundbuchamte gilt auch für das Verfahren des Vollstreckungsgerichts, sofern sie diesem bekannt geworden ist.

1. Bedeutung und Wirkung der Bestellung eines Zustellungsbevollmächtigten beim Grundbuchamt für das Vollstreckungsgericht. Die Bestellung eines Zustellungsbevollmächtigten beim Grundbuchamt umfaßt gleichzeitig auch das Vollstreckungsverfahren. Eine Beschränkung der Bestellung auf das Grundbuch muß daher besonders zum Ausdruck gebracht werden, wenn eine Erstreckung derselben für das Vollstreckungsverfahren ausgeschlossen werden soll.

2. Kenntnis des Vollstreckungsgerichts von der beim Grundbuchamt erfolgten Bestellung. Das Grundbuchamt ist gemäß § 19 Abs. 2 verpflichtet, dem Vollstreckungsgericht die bei ihm bestellten Zustellungsbevollmächtigten zu bezeichnen. Es genügt allerdings, wenn auf irgend eine Weise das Vollstreckungsgericht von der beim Grundbuch erfolgten Bestellung Kenntnis erlangt hat. Hat das Vollstreckungsgericht infolge der vom Grundbuchamt unterlassenen Mitteilung keine Kenntnis von der Bestellung erlangt, so ist das Verfahren deshalb nicht nichtig. Eine Anfechtung des Verfahrens seitens der Partei wäre nur möglich, wenn an sie selbst die Zustellung nicht ordnungsmäßig bewirkt worden wäre. War die Mitteilung des Grundbuchamts unrichtig oder unvollständig, so hat es trotzdem bei der nach dieser Mitteilung bewirkten Zustellung sein Bewenden.

Zustellungsvertreter. (§§ 6, 7.)

§ 6.

Ist der Wohnort desjenigen, welchem zugestellt werden soll, dem Vollstreckungsgerichte nicht bekannt, so hat das Gericht einen Zustellungsvertreter zu bestellen.

Das gleiche gilt, wenn im Falle der Zustellung durch Aufgabe zur Post die Postsendung als unbestellbar zurückkommt. Die zurückgekommene Sendung soll dem Zustellungsvertreter ausgehändigt werden.

Statt der Bestellung eines Vertreters genügt es, wenn die Zustellung für nicht prozeßfähige Personen an die Vormundschaftsbehörde, für juristische Personen oder für Vereine, die als solche klagen und verklagt werden können, an die Aufsichtsbehörde angeordnet wird.

---

1. Voraussetzungen und die einzelnen Fälle der Bestellung. Der Zustellungsvertreter ist zu bestellen: **a)** wenn der Wohnort desjenigen, welchem zugestellt werden soll, dem Vollstreckungsgerichte nicht bekannt ist (Abs. 1 § 6), **b)** wenn die Zustellung durch Aufgabe zur Post bewirkt worden, aber die Postsendung als unbestellbar zurückgekommen ist (Abs. 2 § 6).

2. Wann ist der Wohnort des Zustellungsberechtigten unbekannt? Dies ist nach Lage der Vollstreckungsakten zu beurteilen; einer vorgängigen Einsicht der Grundakten, Handels- oder Gesellschaftsregisterakten, Ermittlungen bei der Polizei bedarf es nicht (Motive S. 106).

Ist der Wohnort zwar bekannt, aber die Wohnung unbekannt, so wird die Zustellung zu versuchen sein. Kommt die Postsendung als unbestellbar zurück, so wird erst bei der Ortspolizeibehörde und dem Gläubiger wegen näherer Bezeichnung der Wohnung anzufragen sein, da nach § 6 nur wenn der Wohnort nicht bekannt ist, ein Zustellungsvertreter zu bestellen ist, überdies auch die Postbehörde in großen Städten erfahrungsmäßig alle Sendungen ohne nähere Angabe der Straße und Nummer, ohne weitere Ermittlungen anzustellen, als unbestellbar zurückgehen läßt. Anders läge der Fall, wenn die Sendung mit dem Postvermerk als unbestellbar zurückkäme, daß der Adressat sich jetzt in der Irrenanstalt befinde. Hier kann der Wohnort als nicht bekannt angenommen und daher ein Zustellungsvertreter bestellt werden.

3. Tod des Zustellungsberechtigten. Ist der Zustellungsberechtigte verstorben, so ist an dessen Erben, soweit sie der Person und dem Wohnorte nach bekannt sind, zuzustellen. Sind Namen oder Wohnort der oder einiger der Erben unbekannt, so ist für diese ein Zustellungsvertreter zu bestellen. Stirbt der Zustellungsempfänger erst, nachdem ihm ein Zustellungsvertreter bestellt worden ist, oder war er auch schon verstorben, als die Bestellung des Zustellungsvertreters erfolgte, ohne daß das Gericht von dem Tode Kenntnis erlangt hatte, so sind die bis zum Bekanntwerden des Todes des Empfängers bewirkten Zustellungen gültig und können von den Erben des Verstorbenen nicht angefochten werden.

4. Form der Bestellung. Da eine besondere Form nicht vorgeschrieben ist, genügt für die Bestellung Verfügung des Gerichts (für Preußen Formular Nr. 29), welche dem darin bezeichneten Vertreter zu übersenden ist.

Im Falle des Abs. 2 ist dem Zustellungsvertreter vom Gericht auch die zurückgekommene Sendung auszuhändigen (Satz 2 des Abs. 2). Das Gericht hat nach freiem Ermessen den Vertreter zu wählen und nimmt ihn in der Regel aus der Zahl der Rechtsanwälte; andere Personen (z. B. Gerichtsschreiber, Gerichtsvollzieher) sind aber nicht ausgeschlossen.

5. Folge der Unterlassung der Bestellung. Im Falle des Abs. 2 ist die Zustellung als bewirkt anzusehen, sobald die Postsendung als unbestellbar zurückgekommen ist, auch wenn das Gericht unterläßt, einen Zustellungsvertreter zu bestellen. Die Bestellung des Vertreters ist nur instruktionell. Die Motive zu § 6 Abs. 2 sagen ausdrücklich: „Eine Bestimmung darüber, ob durch die Aufgabe zur Post die Zustellung bereits wirksam ausgeführt ist oder nicht, wird hier nicht getroffen. . . . Die Aushändigung der zurückgekommenen Postsendung an den Vertreter bezweckt namentlich im Falle der bereits wirksam erfolgten Zustellung die Ermittlung des Beteiligten zu erleichtern." Der Zeitpunkt der erfolgten Zustellung ist wichtig für die Berechnung der im Gesetz vorkommenden Fristen; deren Lauf beginnt daher mit der Aufgabe zur Post, nicht mit der Bestellung des Vertreters.

Wohl zu beachten ist, daß, wenn eine Postsendung als unbestellbar zurückgekommen ist, weitere Zustellungen durch Aufgabe zur Post an denselben Beteiligten ausgeschlossen sind, vielmehr können diese gültig nur an den alsdann bestellten Vertreter erfolgen.

6. Voraussetzungen des Abs. 3 und Ersatz für die Bestellung eines Vertreters. Die einzelnen Fälle. Besondere Erwähnung finden im Abs. 3 die nicht prozeßfähigen Personen, juristische Personen und rechtsfähige Vereine. Die Zustellung an diese erfolgt gemäß § 171 ZPO. an die gesetzlichen Vertreter bezw. an die Vorsteher. Stellt sich hierbei die Zustellung als unmöglich heraus z. B. wenn ein gesetzlicher Vertreter bezw. Vorsteher oder der Sitz der juristischen Person nicht bekannt ist, so gibt Abs. 3 die Möglichkeit, anstatt der Bestellung eines Zustellungsvertreters in vereinfachter Form den Zustellungsvorschriften zu genügen. Das Gericht kann anordnen, daß die Zustellung an die Aufsichtsbehörde der gedachten Personen erfolgt. Das Gericht hat jedoch die Wahl („genügt es"), einen Vertreter zu ernennen oder die Zustellung an die Aufsichtsbehörde anzuordnen. Wie in der Denkschrift als selbstverständlich hervorgehoben wird, ist diese Art der Zustellung bei juristischen Personen, Vereinen unmöglich, wenn eine Aufsichtsbehörde vorhanden ist. Macht das Gericht von der im Abs. 3 vorgesehenen Anordnung Gebrauch, so gilt die Zustellung nicht, wie man nach dem wenig präzisen Wortlaut des Gesetzes anzunehmen versucht ist (so Wolff Anm. 10 zu § 6) schon mit der Anordnung als erfolgt, sondern richtiger Ansicht nach (so Jäckel unter IV. zu §§ 6, 7 S. 29) erst mit der Ausführung der Zustellung aufgrund der Anordnung.

7. Feststellung des Begriffs der nicht prozeßfähigen Personen und der Vereine, die als solche klagen und verklagt werden können. Unter den nicht prozeßfähigen Personen sind zu verstehen gemäß § 52 ZPO. alle natürlichen Personen insoweit, als sie sich durch Verträge nicht verpflichten können. Das Nähere hierüber gehört dem bürgerlichen Recht an. Vgl. statt aller anderen: Rehbein, BGB. I S. 104ff.

Vereine, die als solche klagen und verklagt werden können, sind

a) die rechtsfähigen Vereine des BGB., also die sog. Idealvereine (§ 21 BGB.), die sog. Wirtschaftsvereine, ferner die ausländischen Vereine, welchen entweder in Ermangelung besonderer reichsgesetzlicher Vorschriften Rechtsfähigkeit vom Bundesrat verliehen (§ 23 BGB.) oder deren Rechtsfähigkeit von letzterem anerkannt ist (Art. 10 EG. BGB.);

b) alle diejenigen Vereine, welche nach Landesrecht klagen und verklagt werden können und die den der Landesgesetzgebung vorbehaltenen Materien angehören (EG. BGB.) z. B. dem Agrarrecht (Art. 113, besonders erwähnt werden die Waldgenossenschaften Art. 83), dem Wasserrecht (Art. 65), dem Jagd- und Fischereirecht (Art. 69), dem Deich- und Sielrecht (Art. 66), dem Bergrecht (Art. 67) und dem Versicherungsrecht (Art. 75).

Bei nicht rechtsfähigen Vereinen finden nach §§ 54, 705f. BGB. die Vorschriften über die Gesellschaft Anwendung, daher müssen hier sämtliche Vereinsmitglieder als Kläger auftreten. Bei diesen Vereinen ist demzufolge die Anordnung der Zustellung an die Aufsichtsbehörde ausgeschlossen. Vgl. Jäckel S. 30 a. E.

8. Die für die Zustellung in Betracht kommenden Behörden des Abs. 3. (Vormundschaftsbehörde, Aufsichtsbehörde.) Als Vormundschaftsbehörde gilt dasjenige Amtsgericht, in dessen Bezirk die prozeßunfähige Person bevormundet wird, oder wenn eine Vormundschaft oder Pflegschaft noch nicht eingeleitet ist, die prozeßunfähige Person ihren Wohnsitz hat.

Unter der Aufsichtsbehörde ist nach dem Reichstags-Kommissionsberichte diejenige staatliche Verwaltungsbehörde zu verstehen, welche nach dem öffentlichen Recht die Aufsicht über die betreffenden juristischen Personen und Vereine zu führen hat. Aufsichtsbehörde ist nicht das Registergericht.

Für Preußen ergibt sich die Aufsichtsbehörde aus § 2 Ziffer 5 der Instruktion v. 23. Oktober 1817 in Verbindung mit dem Landesverwaltungsgesetz v. 30. Juli 1883 (§§ 18, 42). Genaueres hierüber für alle einzelnen Arten der Korporationen usw. s. bei Turnau, Grundbuch-Ordn. 5. Aufl. 1892 II §§ 32ff.

9. Unanwendbarkeit der §§ 6, 7. Handelt es sich um die Zustellung des Anordnungs- und Beitrittsbeschlusses an den Schuldner, so kann für den Schuldner, wenn dessen Wohnort unbekannt ist, ein Zustellungsvertreter nicht bestellt werden, sondern es ist nach § 8 zu verfahren.

§ 7.

An den Zustellungsvertreter erfolgen die Zustellungen, solange derjenige, welchem zugestellt werden soll, nicht ermittelt ist.

Der Zustellungsvertreter ist zur Ermittlung und Benachrichtigung des Vertretenen verpflichtet. Er kann von diesem eine Vergütung für seine Tätigkeit und Ersatz seiner Auslagen fordern. Über die Vergütung und die Erstattung der Auslagen entscheidet das Vollstreckungsgericht.

Für die Erstattung der Auslagen haftet der Gläubiger, soweit der Zustellungsvertreter von dem Vertretenen Ersatz nicht zu erlangen vermag; die dem Gläubiger zur Last fallenden Auslagen gehören zu den Kosten der die Befriedigung aus dem Grundstücke bezweckenden Rechtsverfolgung.

---

1. Rechtsstellung des Zustellungsvertreters im allgemeinen. Der Zustellungsvertreter vertritt den Zustellungsempfänger nur bezüglich der erforderlichen Zustellungen, nicht bezüglich des Verfahrens. Er ist daher nicht etwa berechtigt, den Beteiligten im Verfahren zu vertreten. Vergl. Jäckel, Anm. II zu § 7 S. 28. An den Vertreter erfolgen die Zustellungen solange rechtswirksam, bis der Vertretene ermittelt ist (Abs. 1). Er untersteht der Aufsicht des Vollstreckungsgerichts. Letzteres kann ihn, wenn er seinen im Abs. 2 ihm auferlegten Pflichten nicht genügt, entlassen und einen anderen Vertreter an seiner Statt ernennen. Das Vollstreckungsgericht ist aber nicht befugt, Geldstrafen gegen ihn festzusetzen. Vgl. Wolff, Anm. 1 zu § 7, S. 23.

2. Pflichten des Zustellungsvertreters. Er ist verpflichtet, alle geeigneten Schritte zu tun, um Person und Wohnort des Vertretenen so genau festzustellen, daß Zustellungen an ihn möglich sind. Welche Maßnahmen im einzelnen Falle zu treffen sind, ist seinem pflichtmäßigen Ermessen überlassen. Hauptsächlich kommen Anfrage bei der Ortspolizeibehörde, soweit ein früherer Wohnort des Vertretenen bekannt ist, im Falle des Todes des Vertretenen Anfrage bei dem Nachlaßgericht wegen Ermittlung der Erben und deren Wohnort in Betracht. Das Resultat seiner Ermittlungen hat der Zustellungsvertreter dem Vollstreckungsgericht mitzuteilen. Hat er die Adresse des Vertretenen ermittelt, so hat er letzteren auch über die Sachlage zu unterrichten und ihm die bisher erfolgten Zustellungen auszuhändigen. Die bisher an den Vertreter bewirkten Zustellungen werden nicht etwa wiederholt, sondern bleiben bestehen. Weitere Zustellungen erfolgen an den nunmehr auch seiner Adresse nach bekannten Vertretenen. Mit der Ermittlung und Benachrichtigung des letzteren erlischt das Amt des Zustellungsvertreters ohne weiteres, ohne daß es einer besonderen Entlassung seitens des Vollstreckungsgerichts bedarf. War die Anzeige des Vertreters bezüglich der Adresse des Vertretenen unrichtig, so bleibt der Vertreter weiter in Funktion.

3. Rechte des Zustellungsvertreters. Honorar- und Auslagenanspruch. Der Zustellungsvertreter ist berechtigt, für seine Tätigkeit angemessene Vergütung und Ersatz aller Auslagen zu verlangen. Zu den Auslagen gehören z. B.

auch die Schreibgebühren und Reisekosten eines zum Vertreter bestellten Rechtsanwalts nach §§ 76, 78, 79 Geb.Ord. f. R.A.

4. Schuldner des Honorar- und Auslagenanspruchs. Dies ist in erster Linie der Vertretene. Er haftet persönlich für Honorar- und Auslagen (Abs. 2). Für den Fall, daß von dem Vertretenen Erstattung der Auslagen nicht zu erlangen ist, wird der betreibende Gläubiger für den Auslagen- (nicht Honorar-)Anspruch haftbar erklärt (Abs. 3). Die Haftung des betreibenden Gläubigers ist hiernach eine subsidiäre und nur in beschränktem Umfange, soweit Auslagen in Betracht kommen, zugelassen. Zu dem den Zustellungsvertreter treffenden Nachweis, daß er die Auslagenerstattung von dem Vertretenen nicht zu erlangen vermocht hat, genügt gemäß § 773 Ziffer 4 BGB. die Annahme, daß die Zwangsvollstreckung in das Vermögen des Schuldners nicht zur Befriedigung des Gläubigers führen wird; es ist daher nicht durchaus erforderlich, daß auch tatsächlich die Zwangsvollstreckung gegen den Vertretenen ohne Erfolg versucht worden ist.

5. Festsetzung der Vergütung und Auslagen. Diese geschieht auf Antrag des Zustellungsvertreters durch das Vollstreckungsgericht, aber nur wenn der Anspruch gegen den Vertretenen (nicht gegen den Gläubiger) gerichtet ist. Die Auslagen sind glaubhaft zu machen. Für die Höhe des zuzubilligenden Honorars wird die von dem Zustellungsvertreter aufgewendete Tätigkeit, die Größe der Forderung des Interessenten, der Wert des Versteigerungsobjektes in Betracht zu ziehen sein. Das Gericht hat nach billigem Ermessen in analoger Anwendung des § 91 ZPO. durch Beschluß zu entscheiden. Der Feststellungsbeschluß ist dem Vertreter und dem Vertretenen zuzustellen. Wenn der Wohnsitz des Vertretenen nicht ermittelt ist, erfolgt an letzteren öffentliche Zustellung des Beschlusses. Aus dem Festsetzungsbeschluß findet die Zwangsvollstreckung statt (§ 794 ZPO.) Nicht ist aber der Zustellungsvertreter in dem Immobiliarzwangsvollstreckungsverfahren selbst beteiligt; er darf daher auch nicht das auf den Vertretenen entfallende Parzipiendum für sich in Anspruch nehmen, jedoch kann er sich auf Grund des Festsetzungsbeschlusses den Teil, welcher für den Vertretenen bei der Verteilung des Erlöses zur Hebung gelangt, im Wege der Pfändung überweisen lassen. Anders ist die Rechtslage des Zustellungsvertreters, wenn er den betreibenden Gläubiger für die Auslagen in Anspruch nehmen will. Für diesen Fall ist nur der gewöhnliche Prozeßweg (Mahnverfahren, Klage) gegeben. Erlangt der Zustellungsvertreter während des Zwangsversteigerungsverfahrens noch einen vollstreckbaren Titel für seine Auslagen, so kann er auch hier sich das bei der Verteilung des Erlöses auf den betreibenden Gläubiger entfallende Parzipiendum in Höhe seines gerichtlich festgestellten Auslagenanspruchs im Wege der Pfändung überweisen lassen.

6. Erstattungsanspruch des Gläubigers. Soweit der Gläubiger von dem Zustellungsvertreter für die Auslagen in Anspruch genommen wird, kann er sie gemäß § 10 Abs. 2, selbst wenn er sie noch nicht gezahlt hat, als Kosten der die Befriedigung aus dem Grundstück bezweckenden Rechtsverfolgung liquidieren.

§ 8.

Zustellung des Anordnungs- und Beitrittsbeschlusses an den Schuldner.

Die Vorschriften der §§ 4 bis 7 finden auf die an den Schuldner zu bewirkende Zustellung des Beschlusses, durch welchen die Zwangsvollstreckung angeordnet oder der Beitritt eines Gläubigers zugelassen wird, keine Anwendung.

Form der Zustellung 1. Öffentliche Zustellung 2. Tod des Schuldners 3. Vertreter, Bestellung 4.

1. Form der Zustellung. Nur der Einleitungs- und Beitrittsbeschluß müssen bezüglich des Schuldners „angesichts der besonderen Wichtigkeit der Maßregel" (Denkschr.) nach den Vorschriften der ZPO. zugestellt werden. Hier finden die vereinfachten Bestimmungen über die Zustellung keine Anwendung. Maßgebend sind hierfür die §§ 208—213 ZPO.

2. Öffentliche Zustellung. Ist der Aufenthalt des Schuldners unbekannt, oder ist die Zustellung, welche im Auslande bewirkt werden müßte, unausführbar oder verspricht sie keinen Erfolg (§ 203 Abs. 1 und 2 ZPO.), so kann die Zustellung durch öffentliche Bekanntmachung erfolgen. Die öffentliche Zustellung wird durch den Gerichtsschreiber von Amts wegen besorgt (§ 204 ZPO.); sie erfolgt durch Anheften des zuzustellenden Schriftstücks an die Gerichtstafel (§ 204 Abs. 2 ZPO.). Das Schriftstück gilt als zugestellt, wenn seit der Anheftung desselben zwei Wochen verstrichen sind (§ 206 Abs. 2 ZPO.).

3. Tod des Schuldners. Ist der Schuldner vor Zustellung des Einleitungs- bezw. Beitrittsbeschlusses gestorben, so treten die Erben des Schuldners an dessen Stelle, sofern die Vollstreckungsklausel des vollstreckbaren Schuldtitels auf sie ausgestellt, und der vollstreckbare Titel in dieser Form ihnen zugestellt worden ist (§ 16 Abs. 2 in Verbindung mit § 750 Abs. 2 ZPO.). Sind die Erben unbekannt, oder steht die Annahme der Erbschaft seitens der Erben noch nicht fest, so muß ein Nachlaßpfleger bestellt werden (§§ 1960, 1961 BGB., vergl. auch Art. 147 EG. BGB.), welchem, nachdem die Vollstreckungsklausel gegen ihn erwirkt worden ist, der Einleitungsbeschluß gemäß § 8 zuzustellen ist. Stirbt der Schuldner, nachdem ihm der Einleitungsbeschluß zugestellt worden ist, so hat der Tod auf den Fortgang des Verfahrens keinen Einfluß. Ladungen und Zustellungen werden demnächst an die Erben, Testamentsvollstrecker oder Nachlaßpfleger bewirkt.

4. Bestellung eines Vertreters. Ist der Erbe unbekannt, Annahme der Erbschaft seitens des Erben ungewiß, ist kein Testamentsvollstrecker oder Nachlaßpfleger vorhanden, dann hat das Vollstreckungsgericht gemäß § 779 Abs. 2 ZPO. auf Antrag des Gläubigers dem Erben einen einstweiligen besonderen Vertreter zu bestellen, welch letzterer befugt ist, in dem Verfahren alle Rechte des Vertretenen auszuüben (vergl. Jäckel, Anm. zu § 8 S. 32).

§ 9.

Die Beteiligten.

In dem Verfahren gelten als Beteiligte, außer dem Gläubiger und dem Schuldner:

1. diejenigen, für welche zur Zeit der Eintragung des Vollstreckungsvermerkes ein Recht im Grundbuch eingetragen oder durch Eintragung gesichert ist;
2. diejenigen, welche ein der Zwangsvollstreckung entgegenstehendes

Recht, ein Recht an dem Grundstück oder an einem das Grundstück belastenden Rechte, einen Anspruch mit dem Rechte auf Befriedigung aus dem Grundstück oder ein Miet- oder Pachtrecht, auf Grund dessen ihnen das Grundstück überlassen ist, bei dem Vollstreckungsgericht anmelden und auf Verlangen des Gerichts oder eines Beteiligten glaubhaft machen.

---

1. Die Beteiligten. Der Kreis der Personen, welche bei dem Verfahren zuzuziehen sind, damit sie ihre Rechte wahrnehmen können, wird in § 9 von vornherein bestimmt (Denkschr.).

a) Es gehören hierher der Gläubiger und der Schuldner. Aus der Fassung des § 9 bei Erwähnung des Gläubigers und Schuldners geht hervor, daß die nähere Erläuterung, in welchem Sinne die Worte „Gläubiger" und „Schuldner" zu nehmen sind, in diesem Gesetz für entbehrlich erachtet wurde, „da nicht bezweifelt werden könne, daß unter Gläubiger und Schuldner hier dieselben Personen zu verstehen sind, welche die Zivilprozeßordnung in den diesbezüglichen Vorschriften mit diesen Worten bezeichnet, nämlich derjenige, für welchen, und derjenige, gegen welchen die Zwangsvollstreckung angeordnet wird" (Motive). Im einzelnen ist zu bemerken: Dem Gläubiger, auf dessen Antrag die Versteigerung angeordnet ist, steht gemäß § 27 Abs. 2 gleich der Gläubiger, dessen Beitritt zugelassen ist. Tritt der betreibende Gläubiger seine Forderung während des Verfahrens ab, oder geht die Forderung des bisherigen Gläubigers durch Tod, Pfändung und Überweisung auf einen anderen über, so muß der neue Gläubiger, damit er an Stelle des alten, ausscheidenden Gläubigers seine Rechte als betreibender Gläubiger im Zwangsversteigerungsverfahren geltend machen kann, die Vollstreckungsklausel auf seinen Namen umschreiben (§ 727 ZPO.) bezw. seine Rechtsnachfolge auf dem vollstreckbaren Titel vermerken lassen. Der Schuldner muß zur Zeit der Zwangsversteigerung eingetragener Grundstückseigentümer oder dessen Erbe sein; bei Zwangsverwaltung genügt Eigenbesitz des Schuldners (§ 147), bezüglich der Schiffe vergl. §§ 164, 181 Abs. 3. Zur Begriffsbestimmung des Schuldners wurde nach dem Berichte der Kommission des Reichstages auf eine aus der Kommission gestellte Anfrage regierungsseitig erklärt, daß unter dem Schuldner nicht auch der neben dem Eigentümer des Grundstücks noch persönlich für die Hypothek haftende Schuldner zu verstehen sei. Der Gläubiger ist nach § 1166 BGB. verpflichtet, dem persönlich haftenden Schuldner von der Einleitung des Verfahrens Mitteilung zu machen, wenn er sich nicht der Regreßpflicht aussetzen will. Tritt bezüglich des beschlagnahmten Grundstücks ein Eigentumswechsel nach Eintragung des Versteigerungsvermerks ein, so ist dies für den Fortgang des eingeleiteten Verfahrens zunächst belanglos. Hat der neue Eigentümer sein Recht nach § 9 Ziffer 2 angemeldet und auf Erfordern glaubhaft gemacht, so gilt er als Beteiligter und ist als solcher bei dem Fortgange des Verfahrens zuzuziehen. Besonders erwähnt wird der „neu eingetretene

Eigentümer neben dem Schuldner" in den §§ 55 Abs. 2, 67 Abs. 2 und 68 Abs. 3. Das Gesetz redet ferner von demjenigen, welcher zur Zeit des Zuschlags Eigentümer des Grundstücks war. Vergl. §§ 128 Abs. 2, 139 Abs. 1, 141, 142. Aus letzterem Umstande folgert Jäckel S. 34 mit Recht, daß in dem Gesetz damit ein Eigentumswechsel im Laufe des Verfahrens als möglich vorausgesetzt wird.

b) Als Beteiligte gelten ferner alle diejenigen, deren Interesse sich aus dem Grundbuche ergibt, mithin alle, für welche ein Recht oder zu deren Gunsten ein Widerspruch (§§ 894, 899 BGB.), eine Vormerkung zur Sicherung eines persönlichen Anspruchs (§§ 883 ff. BGB.), eine Verfügungsbeschränkung oder ein Veräußerungsverbot (§ 888 Abs. 2 BGB.) eingetragen ist; hierher gehört insbesondere auch ein nach § 1189 BGB. für den jeweiligen Gläubiger einer Sicherungshypothek bestellter Vertreter (Denkschr.); ferner derjenige, für welchen ein Recht an einem eingetragenen Recht eingetragen ist, z. B. Nießbrauch und Pfandrecht an einer Hypothek §§ 1068 ff., 1273 BGB., Sicherungshypothek zur Vollziehung eines Arrestes (§ 932 ZPO.). Bei der Zwangsvollstreckung in den Bruchteil eines Grundstücks sind auch die eingetragenen Miteigentümer als Beteiligte anzusehen. Diese Beteiligten werden nach § 9 Nr. 1 von Amts wegen zugezogen, wenn die Eintragung im Grundbuche bereits zur Zeit der Eintragung des Vollstreckungsvermerks erfolgt war (vergl. §§ 19, 27 Abs. 1 Satz 2). Ausschlaggebend ist demnach die Zeit der E i n t r a g u n g des Vollstreckungsvermerks, nicht der Zeitpunkt, in welchem die Eintragung verfügt ist. Bezüglich der später erfolgenden Eintragungen, bemerken die Motive S. 89, liege zu ihrer Berücksichtigung von Amts wegen kein Anlaß vor, da derjenige, für welchen später die Eintragung bewirkt wird, aus dem Grundbuche die Einleitung der Zwangsvollstreckung ersehen könne, hierin aber eine Aufforderung zur Anmeldung seines Rechts bei dem Vollstreckungsgerichte finden müsse. Bei einer Divergenz zwischen dem Inhalte des Grundbuchs und der dem Vollstreckungsgericht erteilten beglaubigten Abschriften des Grundbuchblatts bezüglich der Eintragungen ist der Inhalt des Grundbuchs allein maßgebend. Ist infolgedessen ein nach dem Inhalte des Grundbuchs Beteiligter im Verfahren nicht zugezogen worden, so ist er auf Grund der §§ 97, 100 berechtigt, den Zuschlag im Wege der Beschwerde anzufechten (vergl. Jäckel S. 35); ev. kann er nach Maßgabe des § 12 GBO. und § 839 BGB. Regreßrechte geltend machen.

c) Wer nicht im Grundbuch eingetragen ist, kann nach § 9 Nr. 2 Berücksichtigung als Beteiligter nur noch finden, wenn er sein Recht anmeldet und glaubhaft macht (Denkschr.). Zur Anmeldung geeignet, weil durch das Verfahren gefährdet, sind α) „die der Zwangsvollstreckung entgegenstehenden Rechte" (§ 37 Nr. 5, § 83 Nr. 5). Hierher gehören die Rechte, welche einem Dritten an dem Grundstücke selbst oder einem mitzuversteigernden Gegenstande (z. B. beweglichem Zubehör) zustehen. Diese Rechte sind der Regel nach dinglich, ausnahmsweise aber auch persönlich. Soche Rechte sind: Eigentum, Eigenbesitz §§ 872, 927 BGB.; das Recht des Fideikommißanwärters RG. Bd. 30 S. 386; das Recht desjenigen, zu dessen Gunsten ein Veräußerungsverbot besteht (§ 772 ZPO.); das Erbbaurecht. Auch an einer Forderung kann das der Zwangsvollstreckung entgegenstehende Recht eines Dritten bestehen, sofern es vor der Beschlagnahme begründet ist, vergl. RG. Bd. 4 S. 111; Bd. 11 S. 380; RG. in Gruchot Bd. 29 S. 144. Die Geltendmachung des Vorkaufsrechts ist nach § 512 BGB. bei der Zwangsversteigerung ausgeschlossen. Der Nießbrauch ist kein der Zwangsvollstreckung entgegenstehendes, sondern nur ein das Grundstück belastendes Recht. Vergl. Wolff, Anm. 6 zu § 9 S. 32. Der Miteigentümer k a n n die Zwangsvollstreckung nur insoweit hindern, als sie auch auf seinen ideellen Anteil sich erstreckt. Wolff, Anm. 6 zu § 9; RG. Entscheid vom 11. Dezember 1889 in der Jur. Wochenschr. 1890, S. 9. β) Ein Recht an dem Grundstück. Wie Jäckel S. 36 Anm. 3 zu § 9 hervorhebt, kann dies sowohl ein nicht eingetragenes Recht, z. B. eine nach § 848 Abs. 2 ZPO. oder § 1287 BGB. ohne Eintragung im Grundbuch entstandene Sicherungshypothek, oder eine zur Zeit des Inkrafttretens des BGB. bereits bestehende Grunddienstbarkeit, wenn sie nach Art. 187 EG. BGB. der Eintragung nicht bedarf, oder ein Recht auf Überbaurente (§ 914 BGB.), als auch ein eingetragenes Recht sein, für welches der Anmeldende sich als der Berechtigte legitimieren will, z. B. wenn auf ihn eine Briefhypothek durch Zession ohne Eintragung übergegangen ist (§§ 1154, 1155 BGB., § 40 Abs. 2 GBO.). γ) Die Rechte an einem das Grundstück belastenden Rechte. Dies sind die durch Pfandrecht, Nießbrauch an Hypotheken, Grund- und Rentenschulden erworbenen Rechte. δ) Die Ansprüche mit dem Recht auf Befriedigung aus dem Grundstücke. Dies sind die im § 10 Nr. 1 bis 3 bezeichneten sog. privilegierten Ansprüche. ε) Diejenigen, welche ein Miet- oder Pachtrecht haben, auf Grund dessen ihnen das Grundstück überlassen ist.

Zu der dem Mieter und Pächter im Gesetze zugewiesenen Rechtsstellung wird in der Denkschrift bemerkt, daß sie durch die Anmeldung die Möglichkeit erlangen, auf die Erhaltung ihres Rechts hinzuwirken; denn sie sind nunmehr in der Lage, eine entsprechende Feststellung der Versteigerungsbedingungen, insbesondere die Ausschließung des dem Ersteher an sich nach § 57 zukommenden gesetzlichen Kündigungsrechts zu beantragen (§ 59).

d) Eine besonders privilegierte Stellung nehmen gemäß § 163 Abs. 3 die Berufsgenossenschaft für Unfallversicherung und die Versicherungsanstalt für Invaliditäts- und Altersversicherung bei der Zwangsversteigerung von Schiffen ein, da diese als Beteiligte gelten, auch wenn sie eine Forderung nicht angemeldet haben.

2. Anmeldung und Glaubhaftmachung des Rechts. Die Anmeldung der im § 9 Nr. 2 erwähnten Rechte kann formlos, privatschriftlich, zu Protokoll des Gerichtsschreibers, auch mündlich im Versteigerungstermin erfolgen; ferner kann sie noch in jedem Stadium des Verfahrens nachgeholt werden, aber der Fortgang des Verfahrens wird dadurch nicht gehemmt, auch die bereits erreichten Ergebnisse werden nicht verändert. Die Glaubhaftmachung des angemeldeten Rechts hat nach Lage der Umstände entweder auf Verlangen des Gerichts oder eines Beteiligten zu geschehen. Zu bemerken ist hierbei, daß dies Verlangen auch noch im Laufe des Verfahrens nach der Zuziehung des Betreffenden nachgeholt werden kann, weil das Gesetz die zeitliche Geltendmachung des Verlangens nicht beschränkt. Wird die Glaubhaftmachung nachträglich verlangt, so gilt der einstweilen Zugelassene, bis er sein Recht glaubhaft gemacht hat, nicht als Beteiligter (Motive).

§ 10.

Recht auf Befriedigung aus dem Grundstück. Rangordnung. (§§ 10—14).

Ein Recht auf Befriedigung aus dem Grundstücke gewähren nach folgender Rangordnung, bei gleichem Range nach dem Verhältnis ihrer Beträge:

1. der Anspruch eines die Zwangsverwaltung betreibenden Gläubigers auf Ersatz seiner Ausgaben zur Erhaltung oder nötigen

Verbesserung des Grundstücks, im Falle der Zwangsversteigerung jedoch nur, wenn die Verwaltung bis zum Zuschlage fortdauert und die Ausgaben nicht aus den Nutzungen des Grundstücks erstattet werden können;
2. bei einem land- oder forstwirtschaftlichen Grundstücke die Ansprüche der zur Bewirtschaftung des Grundstücks oder zum Betrieb eines mit dem Grundstücke verbundenen land- oder forstwirtschaftlichen Nebengewerbes angenommenen, in einem Dienst- oder Arbeitsverhältnisse stehenden Personen, insbesondere des Gesindes, der Wirtschafts- und Forstbeamten, auf Lohn, Kostgeld und andere Bezüge wegen der laufenden und der aus dem letzten Jahre rückständigen Beträge;
3. die Ansprüche auf Entrichtung der öffentlichen Lasten des Grundstücks wegen der laufenden und der aus den letzten zwei Jahren rückständigen Beträge;
4. die Ansprüche aus Rechten an dem Grundstücke, soweit sie nicht infolge der Beschlagnahme dem Gläubiger gegenüber unwirksam sind, die Ansprüche auf wiederkehrende Leistungen jedoch, mit Einschluß derjenigen, welche als Zuschlag zu den Zinsen behufs allmählicher Kapitalstilgung zu entrichten sind, nur wegen der laufenden und der aus den letzten zwei Jahren rückständigen Beträge;
5. der Anspruch des Gläubigers, soweit er nicht in einer der vorhergehenden Klassen zu befriedigen ist;
6. die Ansprüche der vierten Klasse, soweit sie infolge der Beschlagnahme dem Gläubiger gegenüber unwirksam sind;
7. die Ansprüche der dritten Klasse wegen der älteren Rückstände;
8. die Ansprüche der vierten Klasse wegen der älteren Rückstände.

Das Recht auf Befriedigung aus dem Grundstücke besteht auch für die Kosten der Kündigung und der die Befriedigung aus dem Grundstücke bezweckenden Rechtsverfolgung.

I. Bedeutung der §§ 10ff.

Die §§ 10–14 lehnen sich an den § 47 KO. an, welcher bestimmt:

Zur abgesonderten Befriedigung dienen die Gegenstände, welche der Zwangsvollstreckung in das unbewegliche Vermögen unterliegen, für diejenigen, welchen ein Recht auf Befriedigung aus denselben zusteht.

Im Anschluß hieran werden in den §§ 10—14 im einzelnen diejenigen Ansprüche aufgezählt, welche ein Recht auf Befriedigung aus dem Grundstücke gewähren und es wird bestimmt, in welcher Reihenfolge die Gläubiger zu befriedigen sind. Diese Bestimmungen bilden die Grundlage für die Regelung des geringsten Gebots, vor allem aber für die Verteilung des Versteigerungserlöses (§ 109 Abs. 2, §§ 112 ff.) und der Verwaltungsüberschüsse (§§ 155 ff.) (Denkschr.).

Die in den §§ 10—14 festgestellte Rangordnung bleibt auch maßgebend, selbst wenn Gegenstände, auf welche sich eine Hypothek erstreckt, im Wege der Mobiliarexekution gepfändet worden sind. Jäckel Anm. 1 zu § 10 S. 38. Eine anderweite Regelung der Rangordnung durch die Landesgesetze ist ausgeschlossen, soweit nicht Vorbehalte in dem EG. BGB. zugunsten der Landesgesetze gemacht sind.

Diese Vorbehalte gelten nach § 2 EG. ZwVG. auch für die Vorschriften der Landesgesetze über die Zwangsversteigerung und Zwangsverwaltung. Derartige Vorbehalte, die zugunsten der Landesgesetzgebung gemacht sind, werden im einzelnen aufgeführt in den §§ 2—4 EG. Danach unterliegen landesgesetzlicher Regelung:

1. Die Ansprüche und deren Rangordnung für Güter, welche zum Familienvermögen des hohen Adels gehören. (Art. 58 EG. BGB.), für Familienfideikommiß-, Lehn- und Stammgüter (Art. 59) für Bergwerke (Art. 67) einschließlich der bergrechtlichen Abbauberechtigungen, wie solche zur Zeit in Preußen (Gesetz v. 22. Febr. 1869 § 2, jetzt Art. 38 AG. BGB.) bestehen. Bezüglich der Ansprüche der Bergleute und Bergbetriebsbeamten auf Lohn und andere Bezüge ist für Preußen im Art. 17 AG. ZwVG. die besondere Bestimmung getroffen, daß diese wegen der laufenden und der aus dem letzten Jahre rückständigen Beträge ein Recht auf Befriedigung in der zweiten Klasse gewähren.

2. Die Ansprüche der zur Zeit des Inkrafttretens des BGB. bestehenden landschaftlichen oder ritterschaftlichen Kreditanstalten (Art. 167 EG. BGB.), jedoch mit der im § 2 Abs. 2 EG. ZwVG. getroffenen Einschränkung. Für Preußen ist auf Grund des Vorbehaltes in Art. 167 die Zwangsvollstreckung aus Forderungen landschaftlicher (ritterschaftlicher) Kreditanstalten durch Gesetz v. 3. August 1897 (GS. S. 388) geregelt worden. Danach können die im § 1 des vorgedachten Gesetzes näher bezeichneten Kreditanstalten nach Maßgabe der Vorschriften der Verordnung über das Verwaltungszwangsverf. v. 7. Sept. 1879 (GS. S. 59), an deren Stelle jetzt die Verordn. v. 15. Nov. 1899 (GS. S. 545) getreten ist, selbst die Zwangsverwaltung einleiten, sofern nicht eine *gerichtliche* Zwangsverw. anhängig ist (§ 6 Abs. 2). Da nun nach § 6 Abs. 2 des Ges. v. 3. Aug. 1897 eine durch die Anstalt eingeleitete Zwangsverwaltung endigt, wenn wegen des Anspruchs eines anderen Gläubigers die gerichtliche Zwangsverwaltung angeordnet wird, so ist im Art. 12 AG. ZwVG. die Bestimmung getroffen worden, daß der Kreditanstalt wegen ihrer Ausgaben zur Erhaltung oder nötigen Verbesserung des Grundstücks ein Recht auf Befriedigung nach § 10 Abs. 1 des Reichsgesetzes auch insoweit zusteht, als sie die Ausgaben während der von ihr eingeleiteten Zwangsverwaltung aufgewendet hat. Im Falle der Zwangsversteigerung gilt dies auch dann, wenn die von der Kreditanstalt eingeleitete Zwangsverwaltung bis zum Zuschlage fortdauert.

Ein Ersatz der Ausgaben aus den Nutzungen des Grundstücks darf natürlich nicht stattgefunden haben.

Die Motive z. AG. S. 19 bemerken hierzu, daß „die gerichtliche Zwangsverwaltung als eine Fortsetzung der durch die Kreditanstalt eingeleiteten Zwangsverwaltung anzusehen ist, daß beide also eine einheitliche ununterbrochene Vollstreckungsmaßregel bilden, sofern sich die Kreditanstalt in dem gerichtlichen Verfahren durch Beitritt die Stellung des betreibenden Gläubigers verschafft".

Ein weiteres Vorrecht wird den gedachten Kreditanstalten noch in Abs. 3 des Art. 12 a. a. O. eingeräumt, wonach sie berechtigt sind, von den im Abs. 2 bezeichneten Ausgaben seit der Zeit der Aufwendung Zinsen mit dem Range des Anspruchs auf Ersatz der Ausgaben in Ansatz zu bringen.

Es handelt sich hier um gesetzliche Zinsen, deren Höhe nach § 246 BGB. 4% beträgt. Soweit die Kreditanstalten bisher satzungsgemäß höhere Zinsen in Ansatz bringen durften, bleibt diese Befugnis nach Art. 34 pr. AG. ZwVG. bestehen.

Die an die Rentenbanken oder die Tilgungskassen abgetretenen Renten, sowie die an die Staatskasse zu entrichtenden Ablösungsrenten werden für Preußen durch Art. 3 AG. ZwVG. in Ansehung des Rechts auf Befriedigung aus dem Grundstück den öffentlichen Lasten gleichgestellt.

3. Endlich kann nach § 4 EG. ZwVG. durch Landesgesetz bestimmt werden, daß gewisse öffentliche Lasten anderen im Range vorgehen.

Von diesem Vorbehalt hat Preußen im AG. ZwVG. Gebrauch gemacht.

Die Rangordnung des § 10 findet auch für den dritten Abschnitt des Reichsgesetzes (Zwangsversteigerung und Zwangsverwaltung in besonderen Fällen) Anwendung (§§ 172, 176, 180).

II. Rangordnung bei Schiffen.

Für die Zwangsversteigerung von Schiffen ist eine besondere Rangordnung in dem Gesetz nicht vorgesehen.

Für die Beschlagnahmegläubiger finden nach § 162 die allgemeinen Bestimmungen in den § 10 Nr. 4, 5 § 11 entsprechende Anwendung.

Bei Schiffen ergibt sich folgende Rangordnung (Jäckel S. 40 Anm. 1 Ziffer 3 zu § 10):

1. Schiffsgläubiger untereinander mit gesetzlich geregeltem Rangverhältnis (§§ 754 ff., 766 ff. HGB. §§ 102 ff., 108 ff. Binnenschiffahrtsges. v. 15. Juni 1895).

2. Die Schiffspfandrechte untereinander mit dem Rangverhältnis aus § 1261 BGB.

3. Die Beschlagnahmegläubiger untereinander mit dem Rangverhältnis aus den §§ 10, 11.

III. Rangordnung innerhalb des § 10.

Der § 10 teilt die betreffenden Ansprüche in acht Klassen und regelt ihr Verhältnis zueinander in der Weise, daß die Ansprüche einer Klasse immer erst dann berücksichtigt werden können, wenn alle Ansprüche der vorhergehenden Klasse zur Hebung gelangt sind (Denkschr.).

A. Das Vorrecht aus Klasse 1.

Die Rangordnung in dieser Klasse wird aus dem Gesichtspunkte der nützlichen Verwendung dem Anspruche eines die Zwangsverwaltung betreibenden Gläubigers auf Ersatz bestimmter Verwaltungsausgaben eingeräumt. (Denkschr.)

Voraussetzungen dieses Vorrechts sind aber:

1. die Ausgaben müssen zur Erhaltung oder nötigen Verbesserung des Grundstücks gemacht sein. Hierzu gehört, daß die Vorschüsse nicht nur von dem Gläubiger gemacht, sondern sie müssen auch zugunsten des Grundstücks tatsächlich verwendet worden sein. (RG. Bd. 17 Nr. 62 S. 273 und 276; Bd. 25 Nr. 47 S. 222). Hierfür liegt dem Gläubiger der Beweis ob. Streitig ist, ob die Verbesserung hinterher auch wieder fortgefallen sein darf. Man wird diese Frage nicht schlechthin mit Wolff S. 39 unter e) bejahen können, sondern man wird dem Grundgedanken der versio in rem entsprechend das Vorhandensein eines Vorteils zugunsten der Realgläubiger als erforderlich erachten müssen. Vgl. Jäckel S. 40 unter 2a).

2. Im Falle der Zwangsversteigerung muß die Zwangsverwaltung bis zur Erteilung des Zuschlags fortgedauert haben. Nach den Motiven S. 91 ist dies unerläßlich, weil nur dann, wenn diese Voraussetzung gegeben ist, ein Zusammenhang zwischen der durch die Ausgabe herbeigeführten Erhaltung des Grundstücks und dem Versteigerungserlöse sich annehmen läßt.

Unerheblich ist, ob in der Person des Gläubigers während der Zwangsverwaltung ein Wechsel eingetreten ist, sofern nur ein anderer Gläubiger die Zwangsverwaltung bis zum Zuschlage weiter betrieben hat. Jäckel S. 41 unter 2b).

3. Die Ausgaben dürfen nicht aus den Nutzungen des Grundstückes erstattet werden können (§ 155 Abs. 1). Nach RG. Bd. 25 S. 222 ist in Betracht zu ziehen, ob die Zwangsverwaltung ordnungsmäßig geführt worden ist, und eine richtige Verteilung der Einkünfte stattgefunden hat, so daß eine etwaige Untreue des Verwalters und ebenso eine gesetz- und instruktionswidrige Verwendung und Verschleuderung der erzielten Einkünfte von seiten desselben nur den die Zwangsverwaltung betreibenden Gläubiger treffen kann, gleichviel ob demselben dabei eine Versäumnis zur Last fällt oder nicht.

4. Das Vorrecht wird nur dem die Zwangsverwaltung betreibenden Gläubiger gewährt, nicht anderen Gläubigern oder dem Verwalter, welche Vorschüsse zur Erhaltung des Grundstücks in der Zwangsverwaltung gemacht haben. Ob das Gericht dem Verwalter die Genehmigung für die Aufwendungen erteilt hat, ist unerheblich. (Jäckel S. 41 Anm. d zu § 10). Auch Aufwendungen, die bei der nach § 94 eingeleiteten gerichtlichen Verwaltung gemacht sind, fallen nicht unter § 10 Ziffer 1, weil im § 94 keine Zwangsverwaltung vorliegt. Jäckel S. 41 Anm. d zu § 10.

B. Vorrecht aus Klasse 2. Der Liedlohn.

1. Als Grund dieses Vorrechts wird angegeben, daß die landwirtschaftlichen Arbeiter durch ihre Dienste zur Erhaltung des wirtschaftlichen Standes des Landgutes beitragen und insofern zum Nutzen aller, welche Befriedigung aus dem Gute erwarten dürfen, arbeiten. Ihre Leistungen können deshalb ohne Verletzung berechtigter Interessen Dritter mit einem Vorzugsrecht ausgestattet werden. (Denkschr.)

2. Voraussetzungen des Vorrechts sind:

a) ein land- oder forstwirtschaftliches Grundstück.

Durch diese Fassung soll nach dem Berichte der Kommission des Reichstages gesagt sein, daß das Vorrecht auch den Bediensteten auf kleinem und kleinstem landwirtschaftlichen Grundbesitz zugute kommen müsse, während das Wort Landgut, welches die Vorlage brauchte, hierüber Zweifel lasse.

b) Die Dienste müssen land- oder forstwirtschaftliche sein.

c) Die Bediensteten müssen zur Bewirtschaftung des Grundstückes oder zum Betriebe eines mit dem Grundstücke verbundenen land- oder forstwirtschaftlichen Nebengewerbes angenommen sein. Das Dienstverhältnis braucht nicht dauernd zu sein. Die in dem Entwurf enthaltene Beschränkung, daß das Dienstverhältnis ein dauerndes sein müßte, wurde von der Kommission des Reichstages mit der Motivierung gestrichen, daß der Begriff eines „dauernden" Arbeits- oder Dienstverhältnisses ein zu unbestimmter sei, und die Unterschiede zwischen ständigen und vorübergehenden Arbeitern sich tatsächlich mehr und mehr verwischten.

Der Dienstherr der ländlichen Arbeiter braucht nicht der Gutsherr zu sein; es genügt, daß ein Dritter das Personal dem Gutsherrn gestellt und die Arbeitskraft desselben für dessen Gut zur Verwertung überlassen hat, ohne daß die Arbeiter einen direkten Lohnanspruch gegen den Gutsherrn besitzen. Vgl. RG. Bd. 27 Nr. 53 S. 227f.

Der Ausdruck „Nebengewerbe" ist entlehnt dem § 50 der Preuß. Konkursordnung v. 8. Mai 1855. Was darunter zu verstehen ist, ergibt sich aus den zu § 50 Abs. 2 der preuß. KO. gepflogenen Kommissionsverhandlungen. Danach soll maßgebend sein, „ob die industriellen Anlagen mit dem Landgute in einem derartigen Verhältnisse stehen, daß ihr Betrieb aus der Produktion der letzteren allein oder doch hauptsächlich sein Material entnimmt".

Solche Nebengewerbe sind daher Mühlen aller Art, Zuckerfabriken, Brennereien, Fasanerien, Molkereien, vorausgesetzt daß das Rohmaterial im wesentlichen auf dem Landgute selbst und nicht durch Ankauf oder Pacht gewonnen wird.

3. Feststellung des Begriffs „Liedlohn".

Zu dem „Liedlohn" sind auch sonstige Bezüge aller Art zu rechnen z. B. Wohnung, Deputat, Naturalleistungen. Nicht dagegen gehören dazu Auslagen oder Schadensersatzforderungen z. B. wegen vorzeitiger Beendigung des Dienstvertrages. Vgl. Wolff S. 42; Jäckel S. 44 und die dort angeführten Entscheidungen.

4. Die zeitliche Beschränkung der Geltendmachung des Liedlohnes.

Das Vorrecht kann nur wegen der laufenden und der aus dem letzten Jahre rückständigen Beträge geltend gemacht werden. Die hier getroffene Beschränkung des Vorrechts entspricht dem § 54 der RKO. Ein weitergehender Antrag der Reichstagskommission, welcher anstatt „aus dem letzten Jahre" „aus den letzten zwei Jahren" setzen wollte, wurde von dem Regierungsvertreter mit Rücksicht auf die Realgläubiger bekämpft und demnächst abgelehnt.

Bezüglich der Berechnung des Anfanges der laufenden Beiträge und der Rückstände ist nach § 13 der letzte Fälligkeitstermin vor der Beschlagnahme maßgebend. Die Rückstände werden von demselben Zeitpunkte zurückgerechnet.

Ist die fällige Lohnforderung kreditiert oder ihre Verzinsung versprochen, so kann trotzdem das Vorrecht für Liedlohn mit der zeitlichen Beschränkung geltend gemacht werden, da eine derartige Vereinbarung den rechtlichen Charakter der Forderung an sich noch nicht verändert (vgl. Jäckel S. 44; Wolff S. 42), anders allerdings im Falle des § 364 BGB., wo der Schuldner zum Zwecke der Befriedigung des Gläubigers diesem gegenüber eine neue Verbindlichkeit übernimmt.

C. Vorrecht aus Klasse 3. Öffentliche Lasten.

1. Begriff. Es handelt sich hier um öffentliche Lasten, welche auf dem Grundstücke ruhen. Dahin gehören vor allem die öffentlichen Abgaben. (Vgl. §§ 436, 1047 BGB.).

Was im einzelnen zu den öffentlichen Lasten zu rechnen ist, bestimmt sich nach dem öffentlichen Recht der einzelnen Bundesstaaten. In der Reichstagskommission wurde dementsprechend ohne Widerspruch festgestellt, daß die Landesgesetzgebung darüber zu entscheiden habe, was unter „öffentlichen Lasten" im Sinne der Vorschrift zu verstehen sei.

Der Landesgesetzgebung ist ferner durch § 4 EG. ZwVG. vorbehalten, zu bestimmen, daß gewisse öffentliche Lasten anderen im Range vorgehen.

Mit Rücksicht hierauf hat das pr. AG. ZwVG. den Begriff der öffentlichen Lasten näher spezialisiert und die Rangordnung unter den einzelnen Lasten geregelt in den Art. 1—3. Vgl. ferner Art. 23, 24 des bayr., § 2 des sächs. und § 3 des bad. AG.

D. Vorrecht aus Klasse 4. Die dinglichen Rechte.

Die vierte Klasse umfaßt die Ansprüche aus dinglichen Rechten, soweit die Ansprüche nicht in die sechste oder die achte Klasse gehören. Nach dem BGB. gewähren ein Recht auf Befriedigung aus dem Grundstück nur die Reallasten, Hypotheken (Eigentümerhypotheken), Grundschulden und Rentenschulden. Soweit es sich um andere dingliche Rechte handelt, z. B. vor dem 1. Januar 1900 erworbene Grundgerechtigkeiten, muß aber das gleiche Recht auf Befriedigung auch dem Anspruche zukommen, der an die Stelle eines solchen Rechts tritt, falls letzteres durch den Zuschlag erlischt (§ 91). Dies wird durch die allgemeine Fassung der Nr. 4 zum Ausdruck gebracht. Von den wiederkehrenden Leistungen, z. B. Renten, Altenteilsbeträge, Amortisationsbeträge, Zinsen werden aus dem für die Ansprüche der dritten Klasse maßgebenden Grunde, neben den laufenden Beträgen auch hier nur zweijährige Rückstände angesetzt. (Denkschr.)

E. Vorrecht aus Klasse 5. Der Anspruch des betreibenden Gläubigers.

In diese Klasse ist der Anspruch des Gläubigers verwiesen, sofern er nicht schon in einer der vorhergehenden Klassen zu befriedigen ist. Der das Verfahren betreibende persönliche Gläubiger, dem gleichzustellen ist der beigetretene Gläubiger, wird danach so behandelt, wie wenn für ihn eine Hypothek an letzter Stelle im Grundbuch eingetragen wäre. Das hiermit gewährte Vorzugsrecht entspricht dem Pfändungspfandrechte, wie es der Gläubiger bei der Zwangsvollstreckung in das bewegliche Vermögen erwirbt, § 804 ZPO. (Denkschr.)

F. Vorrecht aus Klasse 6. Die nach der Beschlagnahme erworbenen Rechte der 4. Klasse.

Die 6. Klasse ist für die Ansprüche aus Rechten bestimmt, die erst nach der Beschlagnahme an dem Grundstücke begründet werden. Die Beschlagnahme hat zugunsten des Gläubigers die Wirkung eines Veräußerungsverbots (§ 23). Die später erfolgende Bestellung eines dinglichen Rechts ist daher dem Gläubiger gegenüber unwirksam (§§ 135, 136 BGB.), und der Anspruch aus einem solchen Rechte kann folgeweise nicht in der vierten Klasse, sondern nur mit dem Range nach dem Anspruche dieses Gläubigers berücksichtigt werden. (Denkschr.)

G. Vorrecht aus Klasse 7. Die Rückstände öffentlicher Lasten, welche älter als 2 Jahre sind.

H. Vorrecht aus Klasse 8. Die Rückstände der wiederkehrenden Leistungen aus Klasse 4, welche älter als 2 Jahre sind.

IV. Absatz 2 des § 10. Kosten der Kündigung und Rechtsverfolgung.

In allen Klassen kommen neben dem Hauptanspruche die etwaigen Kosten einer Kündigung und der dinglichen Rechtsverfolgung zum Ansatze (vgl. § 1118 BGB.). Es bedarf nur einer rechtzeitigen Anmeldung und dementsprechenden Behauptung bezüglich der Kosten. Die angemeldeten Kostenansprüche sind vom Zwangsversteigerungsrichter nicht etwa materiell zu prüfen. Letzterer hat nur formell zu prüfen, ob sich die Kosten nach der Angabe des Liquidanten als solche im Sinne des § 10 Abs. 2 darstellen.

So Reinhard und dessen sehr beachtenswerte Ausführ. in der Zeitschr. „Das Recht" v. 10. Aug. 02 Nr. 15 S. 388, 389.

Beibringung eines Kostenfestsetzungsbeschlusses ist nicht erforderlich. Jäckel Anm. 11 zu § 10 S. 53. Ist das belastete Grundstück veräußert worden, so können die Kosten auch gegen den Rechtsnachfolger liquidiert werden, da das Urteil gemäß § 325 Abs. 3 ZPO. in Ansehung des Grundstücks auch gegen ihn wirkt, selbst dann, wenn er die Rechtshängigkeit der dinglichen Klage nicht gekannt hat.

Die Kosten der persönlichen Klage, wenn dieselbe mit der dinglichen Klage gegen den Eigentümer verbunden wird, gehören an sich nicht zu den Kosten, für welche das Grundstück haftet (Motive z. Entw. d. BGB. Bd. III S. 650), noch weniger die Kosten einer der dinglichen vorausgegangenen persönlichen Klage. (RG. Bd. I S. 105 und Jäckel Anm. 11 zu § 10 S. 53; a. M. Wolff S. 36.)

Unter den nach Beendigung des Rechtsstreits entstandenen Kosten können nach § 10 Abs. 2 liquidiert werden die Beitreibungs- und Liquidationskosten, also die Kosten der Einleitung und des Beitritts (§ 109) einschließlich der hierfür entstandenen Anwaltsgebühren; nach richterlichem Ermessen (§ 91 ZPO.) auch die Kosten einer Vertretung im Verfahren, RG. Bd. 22 S. 323. Nach dem letztgedachten Gesichtspunkte dürfte auch die bisher streitige Frage zu entscheiden sein, ob Anwaltskosten für Erhebung des auf den vertretenen Gläubiger bei der Verteilung entfallenden Perzipiendums und Absendung der Summe an den Berechtigten aus dem Grundstück zu befriedigen sind. Wolff S. 37 will für diese Kosten nur insoweit eine Befriedigung aus dem Grundstücke zulassen, als durch die Tätigkeit des Anwalts Auslagen und Versäumniskosten der Beteiligten — nicht bloß des Gläubigers —, der außerhalb des Subhastationsverfahrens zur Empfangnahme am Ort des Kaufgelderbelegungstermins nicht verpflichtet wäre, erspart und ersetzt worden sind. Soweit dies nicht der Fall sei, seien sie zwar immer Kosten der Rechtsverfolgung, es könne dafür aber keine Befriedigung aus dem Grundstück verlangt werden, weil sie unnötig aufgewandt seien.

Unter Abs. 2 fallen ferner die Kosten der persönlichen Teilnahme (Zeitversäumnis — Reisekosten) der Beteiligten, die gemäß § 7 Abs. 3 bevorzugten Auslagen des Zustellungsvertreters, soweit sie dem Gläubiger zur Last fallen, Kosten einer mangels eines entsprechenden Gebots resultatlos verlaufenden Zwangsversteigerung, Kosten, welche dem Gläubiger erwachsen, wenn er die Löschung von ihm gleich- oder vorstehender Posten betreibt, die erloschen sind (§ 13 Abs. 2 GBO. Art. 194 EG. BGB.), insbesondere auch Kosten eines von ihm beantragten Aufgebotverfahrens (§ 988 Abs. 2 ZPO.), Kosten der Zwangseintragung einer Hypothek (§ 867 Satz 3 ZPO.), der Berichtigung des Grundbuchs nach § 14 GBO., die von einem Gläubiger auf Grund eines Vollstreckungstitels erwirkt werden kann.

Nicht hierher gehören Kosten für zurückgenommene Anträge auf Zwangsversteigerung oder Kosten der fruchtlos versuchten Mobiliarexekution.

§ 11.

Rangordnung verschiedener Rechte in derselben Klasse.

Sind Ansprüche aus verschiedenen Rechten nach § 10 Nr. 4, 6 oder 8 in derselben Klasse zu befriedigen, so ist für sie das Rangverhältnis maßgebend, welches unter den Rechten besteht.

In der fünften Klasse geht unter mehreren Ansprüchen derjenige vor, für welchen die Beschlagnahme früher erfolgt ist.

Grundsätze der Rangordnung.

a) Für die Rechte aus Klasse 1, 2, 3 und 7 gilt der Grundsatz des § 10. Treten mehrere Ansprüche in derselben Klasse in Konkurrenz, so erfolgt ihre Befriedigung lediglich nach dem Verhältnis ihrer Beträge ohne Rücksicht auf das Alter. Stehen also für die Gläubiger z. B. der Klasse 2 100 Mk. zur Verfügung und haben als Gläubiger dieser Klasse A 50 Mk., B 40 Mk. und C 30 Mk. zu fordern, so erhält A nach der Proportion $50 + 40 + 30 : 100 = 100 : 50 = 41{,}66$ Mk. (Beispiel von Wolff § 11 Anm. 2). Zu bemerken ist noch, daß sich das Rangverhältnis bei Konkurrenz von Ansprüchen aus verschiedenen Rechten in der dritten und siebenten Klasse nach den Landesgesetzen (§ 4 EG. ZwVG.) bestimmt.

b) Für die eingetragenen Ansprüche dinglicher Rechte in der vierten, sechsten und achten Klasse kommt, wenn mehrere in derselben Klasse zu befriedigen sind, zunächst in Betracht, ob die dinglichen Rechte vor oder nach dem Inkrafttreten des BGB. begründet sind. Bei den ersteren richtet sich sowohl ihre Qualifikation als dingliches Recht, als auch ihre Rangordnung nach den vor dem 1. Januar 1900 gültigen landesgesetzlichen Bestimmungen (Motive z. EG. BGB. S. 275 und Art. 184 EG. BGB.). Die Rangordnung der nach dem Inkrafttreten des BGB. dinglichen Rechte bestimmt sich gemäß § 879 BGB. und zwar wenn die Rechte in derselben Abteilung des Grundbuchs eingetragen sind, nach der Reihenfolge der Eintragungen. Sind die Rechte in verschiedenen Abteilungen des Grundbuchs eingetragen, so hat das unter Angabe eines früheren Tages eingetragene Recht den Vorrang. Rechte, die unter Angabe desselben Tages eingetragen sind, haben gleichen Rang. Eine abweichende Bestimmung des Rangverhältnisses bedarf nach § 879 Abs. 3 BGB. der Eintragung in das Grundbuch. Über den Zeitpunkt der Eintragungen und die grundbuchliche Behandlung mehrerer Anträge treffen die §§ 17, 18 GBO. nähere Vorschriften, welche nach § 100 des Reichsges. f. d. freiw. Gerichtsbarkeit auf Schiffspfandrechte entsprechende Anwendung finden.

§ 17 GBO. bestimmt: Werden mehrere Eintragungen beantragt, durch die dasselbe Recht betroffen wird, so darf die später beantragte Eintragung nicht vor der Erledigung des früher gestellten Antrags erfolgen.

§ 18 GBO. lautet: Steht einer beantragten Eintragung ein Hindernis entgegen, so hat das Grundbuchamt entweder den Antrag unter Angabe der Gründe zurückzuweisen oder dem Antragsteller eine angemessene Frist zur Hebung des Hindernisses zu bestimmen. Im letzteren Falle ist der Antrag nach dem Ablaufe der Frist zurückzuweisen, wenn nicht inzwischen die Hebung des Hindernisses nachgewiesen ist.

Wird vor der Erledigung des Antrags eine andere Eintragung beantragt,

durch die dasselbe Recht betroffen wird, so ist zugunsten des früher gestellten Antrags von Amts wegen eine Vormerkung oder ein Widerspruch einzutragen; die Eintragung gilt im Sinne des § 17 als Erledigung dieses Antrags. Die Vormerkung oder der Widerspruch wird von Amts wegen gelöscht, wenn der früher gestellte Antrag zurückgewiesen wird.

Liegt ein Verstoß des Grundbuchrichters gegen vorstehende Bestimmungen vor und stimmt z. B. die Reihenfolge der Eintragungen nicht mit den nach § 13 GBO. auf den Anträgen verzeichneten Eingangsvermerken überein, oder sind seitens des Grundbuchamts die Eingangsvermerke unrichtig verzeichnet, so hat der Vollstreckungsrichter die nach dem BGB. sich ergebende Rangordnung allein zu beachten. Der dadurch benachteiligte Gläubiger ist auf den Prozeßweg verwiesen. Jäckel, Anm. 1 zu § 11 S. 55. Er kann gemäß § 894 BGB. im Klagewege die Zustimmung zu der Berichtigung des Grundbuchs von demjenigen verlangen, dessen Recht durch die Berichtigung betroffen wird. In diesem Falle kann auch nach § 899 BGB. ein Widerspruch gegen die Richtigkeit des Grundbuchs eingetragen werden. Die Eintragung erfolgt auf Grund einer einstweiligen Verfügung oder auf Grund einer Bewilligung desjenigen, dessen Recht durch die Berichtigung des Grundbuchs betroffen wird. Zur Erlassung der einstweiligen Verfügung ist nicht erforderlich, daß eine Gefährdung des Rechtes des Widersprechenden glaubhaft gemacht wird (§ 899 Abs. 2 BGB.). Ist das zur Zwangsversteigerung stehende Grundstück nach § 890 BGB. einem anderen Grundstück zugeschrieben, so erstrecken sich nach § 1131 BGB. die an diesem Grundstücke bestehenden Hypotheken auf das zugeschriebene Grundstück. Rechte, mit denen das zugeschriebene Grundstück belastet ist, gehen diesen Hypotheken im Range vor. Das Rangverhältnis kann nach § 880 BGB. nachträglich geändert werden. Zu der Rangänderung ist die Eintragung des zurücktretenden und des vortretenden Berechtigten erforderlich. Soll eine Hypothek, eine Grundschuld oder eine Rentenschuld zurücktreten, so ist außerdem die Zustimmung des Eigentümers erforderlich. Die Zustimmung ist dem Grundbuchamt oder einem der Beteiligten gegenüber zu erklären, sie ist unwiderruflich (§ 880 Abs. 2 BGB.).

Gemäß § 873 Abs. 2 BGB. sind bezüglich der Rangänderung vor der Eintragung die Beteiligten nur gebunden, wenn die Erklärungen gerichtlich oder notariell beurkundet oder vor dem Grundbuchamt abgegeben oder bei diesem eingereicht sind, oder wenn der Berechtigte dem anderen Teile eine den Vorschriften der Grundbuchordnung entsprechende Eintragungsbewilligung ausgehändigt hat. Eine von dem Berechtigten in einer der vorstehenden Formen abgegebene Erklärung wird nach § 878 BGB. nicht dadurch unwirksam, daß der Berechtigte in der Verfügung beschränkt wird, nachdem die Erklärung für ihn bindend geworden und der Antrag auf Eintragung bei dem Grundbuchamte gestellt worden ist. Diese in den §§ 873, 878 BGB. vorgesehene Bindung infolge der Einigung gilt nur für die Beteiligten, die persönlich berechtigt und verpflichtet werden, nicht für Dritte. Letzteren gegenüber gilt die Rangänderung erst nach der Eintragung, sofern sie den unter den Beteiligten abgeschlossenen Vertrag nicht gekannt haben, oder sofern nicht ein Widerspruch oder eine Vormerkung bezüglich der Rangänderung eingetragen ist.

Die rechtliche Wirkung der Vorrechtseinräumung, welche nach preußischem Rechte sehr bestritten war (vgl. Dernburg, Das bürgerl. Recht Bd. 3 § 216 S. 594), besteht nach § 880 BGB. darin, daß zwischen dem vor- und zurücktretenden Gläubiger ein

Rangaustausch stattfindet. Der vortretende Gläubiger macht bei der Zwangsversteigerung das Pfandrecht seiner ursprünglichen Forderung geltend, aber mit dem abgeänderten Range. Hiernach stellt sich der Rang als eine der versicherten Forderung selbständige Eigenschaft derselben dar, welche besonderer Rechtsgeschäfte fähig ist und deshalb von der Existenz des zurücktretenden Rechts unabhängig ist. Dies ergibt § 880 Abs. 4 BGB., wo ausdrücklich bestimmt wird: Der dem vortretenden Rechte eingeräumte Rang geht nicht dadurch verloren, daß das zurücktretende Recht durch Rechtsgeschäft aufgehoben wird. Endigt dagegen das zurücktretende Recht z. B. der Nießbrauch durch Tod, so geht allerdings der dem vortretenden Recht eingeräumte Rang verloren, da die im § 880 Abs. 4 BGB. vorgesehene Löschung auf Aufhebung des zurücktretenden Rechts durch Rechtsgeschäft beschränkt ist. Ergibt sich der Grund der Löschung aus dem Grundbuche nicht, und wird er auch von den Beteiligten dem Vollstreckungsgericht nicht nachgewiesen, so gilt die Änderung der Rangordnung als fortbestehend (Kommission II Bem. S. 87). Rechte, die den Rang zwischen dem zurücktretenden und dem vortretenden Rechte haben, werden nach § 880 Abs. 5 BGB. durch die Rangänderung nicht berührt. Wenn demnach die zurücktretende Post 500, die vortretende Post 300 beträgt, und eine Zwischenpost vorhanden ist, so rückt die vortretende Post nur mit 300 an die Stelle der zurücktretenden, und letztere behält ihren ursprünglichen Rang bezüglich der von der Vorrechtseinräumung nicht betroffenen 200. Beträgt die vorstehende Post 500 und die zurücktretende nur 300, so rückt die vortretende Post nur mit 300 vor und behält ihren alten Rang bezüglich der restlichen 200.

Ist bei einer Gesamthypothek der Prioritätszessionar bei der Zwangsversteigerung auf Grund der Prioritätszession bei einem Grundstück zur Hebung gelangt, so kann weder er noch der Prioritätszedent den Rang der befriedigten Post zum Nachteil anderer Hypothekengläubiger noch einmal geltend machen. Dies folgt aus § 1181 Abs. 2 BGB., welcher bestimmt: Erfolgt die Befriedigung des Gläubigers aus einem der mit einer Gesamthypothek belasteten Grundstücke, so werden auch die übrigen Grundstücke frei.

Der Prioritätszedent muß sogar, wenn er einem an dritter Stelle stehenden Gesamthypothekengläubiger den Rang seiner auf drei Grundstücken korrealiter an erster Stelle eingetragenen Hypothek eingeräumt hat, und ersterer auf Grund seiner Prioritätszession zur Hebung bei einem der Grundstücke gelangt ist, bei der Zwangsversteigerung des korrealiter mitverhafteten anderen Grundstücks dem seiner früheren Post, deren Rang abgetreten und mit Erfolg geltend gemacht ist, nachfolgenden Postinhaber weichen und letzterem den Vorrang lassen. Jäckel Anm. 1 zu § 11 S. 56 gibt folgendes Beispiel:

	I	II	III
A hat Gesamthypothek auf folgenden Grundstücken	1000 Mk.	1000 Mk.	1000 Mk.
B „ „ „ „ „	500 „	500 „	
C „ „ „ „ „	1000 „		1000 „

A hat dem C das Vorrecht auf I eingeräumt, und C ist bei der Zwangsversteigerung von I zur Hebung gelangt, während B und A bei diesem Grundstücke ausgefallen sind. Alsdann wird einmal das Grundstück III bezüglich der für C eingetragenen 1000 Mk. frei, und ferner kann B bezüglich seiner Post auf dem Grundstück II verlangen, daß A ihm den Vorrang einräumt.

Der Eigentümer kann sich nach § 881 Abs. 1 BGB. bei der Belastung des Grundstücks mit einem Rechte die Befugnis vorbehalten, ein anderes, dem Umfange nach bestimmtes Recht mit dem Range vor jenem Rechte eintragen zu lassen. Ein solcher Vorbehalt bedarf der Eintragung in dem Grundbuch. Erfolgt demnächst die definitive Eintragung des bereits vorgesehenen Rechts, so muß auch bei diesem das Rangverhältnis im Grundbuch vermerkt werden, da nach § 879 Abs. 3 BGB. jede abweichende Bestimmung des Rangverhältnisses der Eintragung in das Grundbuch bedarf. Ist dieser grundbuchmäßige Vermerk nicht erfolgt, so kann die Rangänderung von dem Vollstreckungsgericht nicht berücksichtigt werden, es müßte denn etwa sein, daß alle Beteiligten die Rangänderung des eingetragenen Rechts anerkennen. Jäckel Anm. 1 zu § 11 S. 57.

Schwieriger liegt der Fall, wenn die Bewilligung eines Rangvorhaltes für eine erst später einzutragende Post eingetragen worden ist, Zwischenposten ohne Rangvorbehalt zur Eintragung gelangt sind, und demnächst erst das Recht, dem der Rangvorbehalt beigelegt ist, eingetragen wird. Hier bleiben die Zwischenposten durch den Rangvorbehalt unberührt, und der durch die Eintragung der Zwischenposten eintretende Ausfall soll dem später eingetragenen, begünstigten Recht zur Last fallen. Deshalb bestimmt § 881 Abs. 4 BGB., daß der Vorrang insoweit keine Wirkung hat, als das mit dem Vorbehalt eingetragene Recht infolge der inzwischen eingetretenen Belastung eine über den Vorbehalt hinausgehende Beeinträchtigung erfahren würde. Ist z. B. an erster Stelle eine Hypothek von 10000 Mk. mit dem Vorbehalte des Vorranges für eine später einzutragende Hypothek von 10000 Mk., an zweiter Stelle eine Hypothek von 100 Mk. ohne Vorbehalt, an dritter Stelle die vorbehaltene Hypothek von 10000 Mk. eingetragen, und sind bei der Zwangsversteigerung des Grundstückes 20000 Mk. auf die drei Hypotheken zu verteilen, so erhält der dritte Gläubiger vermöge seines Vorranges vor dem ersten die auf diesen fallenden 10000 Mk. unter Abzug der dem zweiten Gläubiger gebührenden 100 Mk., also 9900 Mk., der zweite Gläubiger erhält 100 Mk., der erste 10000 Mk. (Denkschrift z. Entw. e. BGB. S. 118). Vgl. zu vorstehendem Jäckel, Anm. 1 zu § 11; Leske, Vergleichende Darstellung des BGB. § 108 S. 382; Dernburg, D. bürgerl. Recht Bd. III § 216.

§ 12.

Rangordnung der Ansprüche aus einem und demselben Rechte.

Die Ansprüche aus einem und demselben Rechte haben untereinander folgende Rangordnung:

1. die Ansprüche auf Ersatz der im § 10 Abs. 2 bezeichneten Kosten;
2. die Ansprüche auf wiederkehrende Leistungen und andere Nebenleistungen;
3. der Hauptanspruch.

---

1. Voraussetzung der im § 12 festgesetzten Rangordnung. Die im § 12 festgesetzte Rangordnung, welche dem § 367 BGB. und § 48 RKO. entspricht, hat zur Voraussetzung, daß ein zur Tilgung der im § 12 genannten Ansprüche ausreichender Betrag nicht vorhanden ist, und für jeden dieser Ansprüche ein Recht

auf Befriedigung aus dem Grundstücke besteht. Gleichgültig ist, ob der Anspruch dinglich oder persönlich ist, und ob die Ansprüche gerade ebendemselben Gläubiger zustehen. Die Rangordnung des § 12 greift auch Platz in einem auf Antrag des Konkursverwalters betriebenen Verfahren.

2. Begriff der wiederkehrenden Leistungen im Sinne der Nr. 2. In Nr. 2 sollen von den wiederkehrenden Leistungen, die auch selbständige Hauptleistungen sein können, wie z. B. Renten aus einer Rentenschuld, Reallasten, Altenteilsprästationen, nur diejenigen berücksichtigt werden, welche Nebenleistungen sind. Dies wird auch durch den Wortlaut des Gesetzes „und andere Nebenleistungen" zum Ausdruck gebracht. Wolff, Anm. 3. Beispiele für die wiederkehrenden Leistungen als Nebenleistungen sind Zinsen aller Art, Amortisationsbeträge. Unter den anderen Nebenleistungen sind zu verstehen, Konventionalstrafe, sog. Strafzinsen, d. h. Erhöhung des Zinsfußes z. B. von 4% auf 5% bei nicht pünktlicher Zinszahlung. Vgl. RG. Bd. 37 Nr. 71 S. 274ff.

§ 13.

Laufende Beträge und Rückstände.

Die laufenden Beträge wiederkehrender Leistungen nehmen ihren Anfang von dem letzten Fälligkeitstermine vor der Beschlagnahme des Grundstücks; die Rückstände werden von demselben Zeitpunkte zurückgerechnet.

Fehlt es innerhalb der letzten zwei Jahre an einem Fälligkeitstermine, so entscheidet die Zeit der Beschlagnahme.

Liegen mehrere Beschlagnahmen vor, so ist die erste maßgebend. Bei der Zwangsversteigerung gilt, wenn bis zur Beschlagnahme eine Zwangsverwaltung fortgedauert hat, die für diese bewirkte Beschlagnahme als die erste.

Bedeutung des § 13 1.
Begriff der laufenden Beträge wiederkehrender Leistungen 3.
Laufende und rückständige Beträge; unterschiedliche Behandlung 2.
Beschlagnahme. Mehrere. In der Zwangsverwaltung 6, 7.
Zinsen (wann rückständig, wann laufend) 4.
Zweijähriger Zeitraum. Berechnung desselben 5.

1. Bedeutung des § 13. Der § 13 setzt im Anschluß an § 36 des Preußischen Gesetzes für die verschiedenen Fälle wiederkehrender Leistungen den Zeitpunkt fest, nach welchem sich die Grenze zwischen den laufenden und rückständigen Beträgen bestimmt. Als laufend gelten danach die Beträge, welche für die Zeit seit dem letzten Fälligkeitstermine vor der Beschlagnahme, als rückständig diejenigen, welche für die Zeit bis zu diesem Fälligkeitstermine zu entrichten sind (Denkschr.).

2. Unterschiedliche Behandlung der laufenden und rückständigen Beträge im Gesetz. Die Unterscheidung derselben tritt bei der Rangordnung (§ 10 Nr. 2, 3, 4, 7, 8) hervor, ferner bei der Berücksichtigung beim geringsten Gebot (§ 45 Abs. 2, §§ 47, 49). Laufende Beträge wiederkehrender Leistungen werden noch besonders erwähnt im § 114 Abs. 2, wo hervorgehoben wird, daß dieselben trotz Nichtanmeldung im Teilungsplan, sofern sie nach dem Inhalte des Grundbuchs zu entrichten sind, zu berücksichtigen sind, ferner bei Geltendmachung der Sicherungshypothek

nach Maßgabe des § 129 und bei Berichtigung der Ansprüche aus der Zwangsverwaltung (§ 155 Abs. 2, § 156 Abs. 1). Vgl. auch noch § 2 Abs. 2 und § 3 EG. ZwVG.

3. Begriff der laufenden Beträge wiederkehrender Leistungen. Hierunter sind die öffentlichen Lasten zu verstehen, gleichviel ob sie Haupt- oder Nebenleistungen sind. Der im Gesetz gewählte Ausdruck: laufende Beträge wiederkehrender Leistungen ist nicht genau, denn es fallen darunter auch einmalige Leistungen, wie z. B. Straßenanliegerbeiträge nach näherer, auf Grund des § 15 des preuß. Straßenbaufluchtliniengesetzes v. 2. Juli 1875 erlassener ortsstatutarischer Bestimmung. Bei öffentlichen gemeinen Lasten, die sich in einmaliger Ausübung erschöpfen, z. B. ortsstatutarische Kanalisationsanschlußgebühr ist für die Berücksichtigung dieser Gebühr wichtig, ob sie bereits zur Zeit der Versteigerung fällig war. Trifft letzteres zu, so kommt eine rückständige Leistung in Frage, welche aus dem Erlöse des Grundstücks nur zu berichtigen ist, wenn sie angemeldet war. War die Anmeldung unterblieben, so haftet für diese Abgabe weder das Grundstück noch der Ersteher. Vgl. RG. Bd. 42 Nr. 64, S. 276—280. Ist dagegen die Leistung erst zur Besitzzeit des Erstehers fällig geworden, so haften für sie der Ersteher sowohl persönlich als auch dinglich. Auch bedarf sie in diesem Falle als eine gemeine öffentliche Last in einem Zwangsversteigerungsverfahren nicht einer vorherigen Anmeldung. Vgl. auch Jäckel S. 60 Anm. 1.

4. Zinsen (wann rückständig, wann laufend). Gesetzliche und Verzugszinsen sind als rückständig anzusehen für die Zeit vor der Beschlagnahme bis zu der letzteren, als laufend für die Zeit von der Beschlagnahme ab.

5. Berechnung des zweijährigen Zeitraumes bei Fehlen des Fälligkeitstermins. In diesem Falle werden gemäß Abs. 2 die zwei Jahre von der Beschlagnahme ab zurück gerechnet. Dies ist als Ausnahme von der im Abs. 1 festgelegten Regel aus praktischen Gründen bestimmt.

6. Mehrere Beschlagnahmen. Diese liegen vor, wenn der Beitritt eines Gläubigers zugelassen ist. In diesem Falle soll aus praktischen Gründen der Zeitpunkt der ersten Beschlagnahme maßgebend sein. Dies gilt auch dann, wenn der erste betreibende Gläubiger, nachdem der Beitritt eines anderen Gläubigers zugelassen ist, seinen Antrag zurückgenommen hat. (Motive zu § 52 des preuß. ZwVG. Dasselbe ist auch jetzt als maßgebend anzunehmen. Jäckel S. 61, Wolff S. 51 Anm. 4 zu § 13.)

7. Beschlagnahme in der Zwangsverwaltung. Trotz der an sich anerkannten Unabhängigkeit der Zwangsversteigerung und Zwangsverwaltung voneinander wird in Abs. 3 Satz 2 hiervon eine Ausnahme gemacht, indem die in dem Zwangsverwaltungsverfahren bewirkte Beschlagnahme, wenn dasselbe bis zu der in den Zwangsversteigerungsverfahren erfolgenden Beschlagnahme fortgedauert hat, auch in dem letztgedachten Verfahren den entscheidenden Zeitpunkt für die Bestimmung der rückständigen und laufenden Leistungen zu bilden hat. Vgl. auch als zweite Ausnahme § 77 Abs. 2 Satz 2.

§ 14.

Ansprüche von unbestimmtem Betrage.

Ansprüche von unbestimmtem Betrage gelten als aufschiebend bedingt durch die Feststellung des Betrags.

Art der Ansprüche des § 14: 1.
Bedeutung der Ansprüche des § 14: 2.
Behandlung der Ansprüche des § 14: 3.

1. Art der Ansprüche des § 14. Es handelt sich hier um Ansprüche, deren Geldbetrag nicht feststeht. Nicht fallen darunter a) streitige oder zweifelhafte Ansprüche, für diese ist § 115 maßgebend, b) Ansprüche, deren Unbestimmtheit darin besteht, daß ihr Wegfall von den Eintritt eines gewissen Ereignisses abhängt, z. B. Altenteils- und Alimentenansprüche und dergleichen Forderungen, sowie ähnliche bis zum Eintritt eines Todesfalls oder einer Verheiratung fortbestehende Forderungen. Das Erlöschen eines Altenteils oder eines ähnlichen Rechts nach dem Zuschlag kommt gemäß § 51 dem Ersteher zugute. (Bericht der Kommission des Reichstags zu § 14 Nr. 14.) c) Sicherungshypotheken, da sie auf einen bestimmten Betrag lauten. (§§ 1184, 1190 BGB.) S. Jäckel S. 63.

Dagegen fallen unter § 14 z. B. Ansprüche des Gesindes auf Naturalleistungen, Ansprüche, die zwar auf Geld gerichtet sind, bei denen aber die Höhe des Betrages noch unbestimmt ist (Kautionshypotheken).

2. Bedeutung der Ansprüche des § 14. Sie besteht darin, daß ein Anspruch, welcher seinem Betrage nach unbestimmt ist, bei der Feststellung des geringsten Gebots, sowie bei der Verteilung des Versteigerungserlöses so behandelt werden soll, als ob er durch die Feststellung des Betrages bedingt wäre (Denkschr.).

3. Behandlung der Ansprüche des § 14. Bei der Feststellung des geringsten Gebots bestimmt § 48, daß bedingte Rechte wie unbedingte zu berücksichtigen sind. Für das weitere Verfahren greifen die §§ 50 Abs. 2 Nr. 1, 51, 125 Platz. Soll der Anspruch aus dem Bargebot berichtigt werden, so muß der Gläubiger einen bestimmten Geldbetrag anmelden und glaubhaft machen. Für das Verteilungsverfahren muß stets eine Anmeldung des Anspruchs und zwar zu einem bestimmten Geldbetrage erfolgen (Ausnahme § 114). Der Anspruch gilt als aufschiebend bedingt, bis die Höhe des Betrages festgestellt ist. Bis zu dieser Feststellung ist gemäß § 120 der Betrag zu hinterlegen, und soweit der Versteigerungserlös nicht gezahlt ist, wird die Forderung gegen den Ersteher auf die Bedingt-Berechtigten übertragen.

2. Titel. Zwangsversteigerung.

I. Anordnung der Versteigerung.

§ 15.

Die Zwangsversteigerung eines Grundstücks wird von dem Vollstreckungsgericht auf Antrag angeordnet.

---

1. Anordnung der Zwangsversteigerung. Sie ist ausschießlich dem Vollstreckungsgericht, d. i. dem zuständigen Amtsgericht zugewiesen. Sie kann auch landesgesetzlich keiner anderen Behörde, keinem Beamten oder Notar übertragen werden (§ 13 Abs. 1 EG.). Bei Nichtbeachtung dieser Vorschrift wäre die Nichtigkeit des Verfahrens die Folge, welche auch durch Genehmigung aller Beteiligten nicht geheilt werden könnte (§ 84 Abs. 1). Bei Vorhandensein dieses Nichtigkeitsgrundes wäre gemäß § 83 Nr. 6 der Zuschlag von Amts wegen zu versagen.

2. Voraussetzung der Anordnung. Dies ist formell ein Antrag. Er kann, wie jeder andere Antrag, an das Vollstreckungsgericht von der Partei selbst, für nicht prozeßfähige Person von deren gesetzlichen Vertreter, schriftlich oder zu Protokoll des Gerichtsschreibers gestellt werden. Das Vollstreckungsgericht hat unabhängig von einer durch das Prozeßgericht gemäß § 56 ZPO. vorausgegangenen Prüfung Prozeßfähigkeit und Legitimation des gesetzlichen Vertreters zu prüfen. Für Vormund und Pfleger bedarf es zur Stellung des Versteigerungsantrages einer besonderen Ermächtigung in der Regel nicht. Eine Ausnahme gilt für den Vormund eines Miteigentümers, welcher nach § 181 Abs. 2 nur mit Genehmigung des Vormundschaftsgerichts den Versteigerungsantrag stellen kann. Der Prozeßbevollmächtigte bedarf nach § 81 ZPO. gleichfalls einer besonderen Vollmacht nicht. Der Prozeßbevollmächtigte vertritt den Vollmachtgeber im weiteren Verfahren, so daß er alle Rechte ausüben kann, die dem Vollmachtgeber als Beteiligten im Sinne des § 9 zustehen, z. B. ist er berechtigt zur Empfangnahme der Zustellung, zur Zurücknahme des Antrages, Bewilligung der einstweiligen Einstellung, Beantragung und Bewilligung besonderer Versteigerungsbedingungen, zum Verlangen auf Kautionsstellung seitens des Bieters, Erklärung über die Erteilung des Zuschlages gemäß § 74, Erhebung des Widerspruchs gegen den Zuschlag, Einlegung der Beschwerde und Vertretung in der Beschwerdeinstanz. Dagegen ermächtigt die Prozeßvollmacht nicht zur Abgabe eines Gebots namens des Vollmachtgebers (§ 71 Abs. 2) und zur Abtretung und Übernahme der Rechte aus dem Meistgebot (§ 81 Abs. 2, 3), auch nicht zur Empfangnahme von Hebungen, weil nach § 81 ZPO. die Prozeßvollmacht nur zur Empfangnahme der von dem Gegner zu erstattenden Kosten ermächtigt. (Vgl. Jäckel S. 64 Anm. 2 zu §§ 15, 16.)

Die Bevollmächtigung ist nachzuweisen. Bezugnahme auf die bei den Prozeßakten befindliche Vollmacht wird nur dann als ausreichend angesehen, wenn Vollstreckungs- und Prozeßgericht identisch sind, oder nur verschiedene Abteilungen desselben Gerichts darstellen. Zur Einforderung der Akten eines anderen Gerichts oder einer anderen Behörde zwecks Prüfung der Vollmacht ist das Vollstreckungsgericht nicht verpflichtet. Wenn zum Nachweise der Prozeßvollmacht ein Urteil beigebracht wird, in dem gemäß § 313 Nr. 1 ZPO. der Antragsteller als Prozeßbevollmächtigter aufgeführt wird, so genügt dies nur bei amtsgerichtlichen Urteilen, da nur im amtsgerichtlichen Verfahren die Prozeßvollmacht von Amts wegen geprüft und festgestellt wird, nicht dagegen im Anwaltsprozeß. Im letzteren Falle muß daher das Vollstreckungsgericht trotz der Erwähnung des Prozeßbevollmächtigten im Urteil das Vorhandensein der Prozeßvollmacht selbständig prüfen und die Einreichung dieser, sofern sie dem Antrage nicht beigefügt ist, verlangen. Vgl. Jäckel S. 65, Wolff S. 13. Über die materiellen Erfordernisse des Antrages und der Anordnung seitens des Vollstreckungsgerichts vgl. § 16 Abs. 1 und das dort Bemerkte.

3. Die Anordnung selbst erfolgt durch Beschluß (sogenanntes Beschlagnahmepatent). Inhalt des Anordnungsbeschlusses. Der Beschluß hat zu enthalten: Antragsteller, Schuldner, genaue Bezeichnung des Anspruchs, Höhe desselben (Kapitalsforderung nebst Nebenansprüchen, Zinsen, Kosten 2c.), vollstreckbarer Titel, genaue Angabe des Grundstücks und die Anordnung der Zwangsversteigerung. Am Schlusse ist der Vermerk aufzunehmen, der zwar nicht notwendig, aber praktisch ist: dieser Beschluß gilt zugunsten des Gläubigers als Beschlagnahme des Grundstücks (vgl. § 20 des Ges.). Steht der Anordnung ein Hindernis entgegen, so kann der Vollstreckungsrichter entweder den Antrag sofort ablehnen oder dem Antragsteller eine angemessene Frist zur Hebung des Hindernisses bestimmen (analog dem § 18 der GBO.). Im letzteren Falle würde der Antrag nach dem Ablauf der Frist zurückzuweisen sein, wenn nicht inzwischen die Hebung des Hindernisses nachgewiesen wird.

Die Entscheidung des Vollstreckungsgerichts kann nach § 764 Abs. 3 ZPO. ohne mündliche Verhandlung und ohne Gehör des Gegners erlassen werden. Der die Zwangsversteigerung anordnende Beschluß ist dem Antragsteller und dem aus dem Vollstreckungstitel sich ergebenden Schuldner, sofern bereits Zwangsverwaltung eingeleitet war, auch dem Zwangsverwalter zuzustellen. Der abweisende Beschluß ist nur dem Antragsteller zuzustellen. Mit der Zustellung des die Zwangsversteigerung anordnenden Beschlusses wird nach § 22 Abs. 1 in der Regel die Beschlagnahme des Grundstücks wirksam. Besonderes gilt im Falle des § 22 Abs. 1 Satz 2 und Abs. 2. Gegen die Entscheidung des Vollstreckungsgerichts, gegen den Beschluß, welcher die Zwangsversteigerung anordnet oder ablehnt, ist nach § 95 Beschwerde zulässig, welche in Gemäßheit des § 793 ZPO. als sofortige Beschwerde anzusehen ist. Näheres über die Beschwerde siehe bei § 95.

4. Kosten der Anordnung. Die Kostenvorschußpflicht regelt sich nach Landesrecht. Nach §§ 6, 119 Abs. 1 des preuß. GKG. ist bei Eingang des Antrages ein zur Deckung der baren Auslagen hinreichender Vorschuß von dem Antragsteller zu zahlen. Das Gericht kann die Vornahme der Handlung von der Zahlung des Vorschusses abhängig machen, sofern nicht die Verzögerung dem Antragsteller einen unersetzlichen Nachteil bringen würde. Über Erinnerungen gegen eine derartige Anordnung wird im Aufsichtsweg entschieden. Näheres über den zu erfordernden Vorschuß vgl. § 16 der Kassenordnung v. 31. März 1900 (JMBl. S. 103). Die Kosten, welche durch Anordnung der Zwangsversteigerung entstehen, trägt der betreibende Gläubiger (§ 109 ZwVG., §§ 124, 133 des preuß. GKG.). Er kann sie mit seinem Anspruche im Verfahren liquidieren gemäß §§ 10 Abs. 2, 12 Nr. 1 des Ges.

§ 16.

Inhalt des Antrages.

Der Antrag soll das Grundstück, den Eigentümer, den Anspruch und den vollstreckbaren Titel bezeichnen.

Die für den Beginn der Zwangsvollstreckung erforderlichen Urkunden sind dem Antrage beizufügen.

Bedeutung des § 16 A. Inhalt des Antrages B.
Beginn der Zwangsversteigerung C.

A. Bedeutung des § 16. Abs. 1 enthält eine Ordnungsvorschrift („soll") (Denkschr.). Nach den Motiven S. 125 war es dabei auf eine erschöpfende Bestimmung der Erfordernisse des Antrages nicht abgesehen. Es sollte nur der Ordnung halber klar gestellt werden, daß der Antrag die aufgeführten Erfordernisse unter allen Umständen zu enthalten habe, um nicht zurückgewiesen zu werden. Von einer Nichtigkeit des Verfahrens kann um deswillen, weil dasselbe ordnungswidrig auf einen mangelhaften Antrag angeordnet wird, keine Rede sein.

B. Inhalt des Antrags:

I. Bezeichnung des Grundstücks. Diese soll derartig genau sein, daß das Grundstück sich ohne Weiterungen und mit Sicherheit im Grundbuche auffinden läßt (Motive zu § 28 E. I). Eine übereinstimmende Bezeichnung des Grundstücks mit dem Grundbuch oder durch Hinweisung auf das Grundbuchblatt, wie es im § 28 GBO. für die Eintragungsbewilligung beziehungsweise für den Eintragungsantrag vorgeschrieben ist, ist nicht durchaus erforderlich. Es genügt in dem Antrage das Grundstück so zu bezeichnen, daß seine Identität mit dem nach § 17 Abs. 2 erforderlichen grundbuchamtlichen Zeugnis außer Zweifel steht.

Bezüglich der Zwangsversteigerung eines mit einem anderen Grundstück vereinigten oder ihm zugeschriebenen Grundstücks ist folgendes zu beachten: Bei der Vereinigung mehrerer Grundstücke, von denen jedes im Flurbuche seine eigene Nummer hat und behält, und welche als rechtlich gleichwertig behandelt werden sollen, kann der Eigentümer durch entsprechende Grundbuchoperationen bewirken, daß er sie als ein Grundstück in das Grundbuch eintragen läßt (§ 890 Abs. 1 BGB.), wobei entweder sämtliche auf ein bereits vorhandenes Grundbuchblatt übertragen werden, oder indem für sämtliche Grundstücke ein neues Grundbuchblatt angelegt wird. In beiden Fällen behalten die einzelnen Grundstücke ihre Individualität und Selbständigkeit. Wenn daher zwei verschieden belastete Grundstücke zu einem einzigen vereinigt werden, setzt sich die Verschiedenheit der Belastung an den nunmehrigen Bestandteilen des letzteren fort (Motive z. Entw. e. BGB. Bd. III S. 57). Für das Zwangsversteigerungsverfahren eines Grundstückteils ergibt sich hieraus das Resultat, daß für den Zwangsversteigerungsantrag es nicht genügt, bloß die grundbuchmäßige Bezeichnung des vereinigten Gesamtgrundstücks anzugeben, sondern daß notwendigerweise auch die Nummer des Flurbuchs, welches der von der Zwangsvollstreckung mitergriffene selbständige Grundstücksteil trägt, angegeben werden muß. Das Verfahren ergreift alsdann auch nur diesen Grundstücksteil, so daß die vor der Vereinigung eingetragenen Belastungen auf den anderen Grundstücksteilen von dem Verfahren nicht betroffen werden. Es wird daher auch nur der zur Zwangsvollstreckung gebrachte Grundstücksteil ausgeboten und zugeschlagen.

Fallen Belastungen, die erst nach der Vereinigung auf dem zusammengeschriebenen Grundstück eingetragen sind, bei der Versteigerung des einen Grundstücksteils aus, so werden sie nach erfolgtem Zuschlag bei diesem gelöscht, bei den anderen Grundstücksteilen bleiben sie natürlich stehen. Wird das ganze vereinigte Grundstück zur Zwangsversteigeruug gebracht, und haben die Einzelgrundstücke, aus denen das vereinigte Grundstück sich zusammensetzt, eine verschiedenartige Belastung, so muß, wenn das vereinigte Grundstück zu einem einheitlichen Preise versteigert wird, der

Erlös nach dem Verhältnis des Wertes, den jedes Einzelgrundstück hat, verteilt werden. (Vgl. Hachenburg, Vorträge S. 331 f. Endemann, Lehrb. d. bürgerl. Rechts 6. Aufl. Bd. II § 122, S. 480 Text u. Anm. 5). Der Rang der einzelnen Hypotheken kommt dabei nicht in Betracht.

Erheblich anders gestaltet sich die Sachlage bei einer Zuschreibung. Hier ist das eine Grundstück das Hauptgrundstück. Der Eigentümer läßt ein anderes Grundstück dem Hauptgrundstücke zuschreiben. Dadurch wird das andere (Neben-) Grundstück ein (nicht wesentlicher) Bestandteil des Hauptgrundstücks (§ 890 Abs. 2 BGB.). Bezüglich der auf dem Hauptgrundstück eingetragenen Hypotheken gilt nach § 1131 BGB., daß sich die an diesem Grundstück bestehenden Hypotheken auf das zugeschriebene Grundstück erstrecken. Dagegen gehen Rechte, mit denen das zugeschriebene Grundstück belastet ist, diesen Hypotheken im Range vor. Der Antrag auf Zwangsversteigerung ergreift hier unter allen Umständen das Gesamtgrundstück, selbst wenn der Antrag von einem Hypothekengläubiger des zugeschriebenen (Neben-) Grundstücks gestellt ist. Dies folgt daraus, daß das zugeschriebene Grundstück ein Bestandteil des Hauptgrundstückes geworden ist. Die Bestimmungen des § 1131 BGB. sollen nicht die Sonderexistenz des Haupt- und Nebengrundstücks bezüglich der vor der Zuschreibung vorhandenen Lasten feststellen, (so Cosack, Lehrb. d. Deutsch. bürgerl. Rechts, Bd. II, § 173, 4 b. Text zu Anm. 20, S. 11), sondern nur die Rangordnung der Hypotheken und sonstigen Lasten regeln.

Diese Regelung ist, soweit die Zwangsversteigerung in Frage kommt, für Festsetzung des geringsten Gebots und für die Verteilung des Versteigerungserlöses von Wichtigkeit. Der Bruchteil eines Grundstücks (ideeller Anteil) kann nach dem BGB. (§§ 1106, 1114, 1192, 1199) nur mit einer Reallast, Hypothek, Grundschuld oder Rentenschuld belastet werden, wenn er in dem Anteil eines Miteigentümers besteht.

Im Einklang damit hat auch § 864 Abs. 2 ZPO. die Zulässigkeit der Zwangsvollstreckung in den Bruchteil eines Grundstücks oder eine Berechtigung davon abhängig gemacht, daß entweder der Bruchteil in dem Anteil eines Miteigentümers besteht, oder wenn sich der Anspruch des Gläubigers auf ein Recht gründet, mit welchem der Bruchteil als solcher belastet ist. Der letztere Fall ist gegeben, wenn ein Miteigentum nicht mehr besteht, ein früherer Miteigentümer aber zu der Zeit, zu welcher das Miteigentum noch bestand, seinen Anteil mit einem Rechte der bezeichneten Art belastet hat (Begründung der Novelle zu § 757 ZPO.). Es ist bezüglich der Immobiliarzwangsvollstreckung wohl zu unterscheiden zwischen dem Anteil an einer Gemeinschaft, zu der ein Grundstück gehört, und einem ideellen Anteil an einem Grundstück. Im ersteren Falle ist die Zwangsvollstreckung in einen Anteil am Grundstück ausgeschlossen, bevor nicht die Teilung stattgefunden hat, und dem Schuldner das Grundstück selbst oder ein Bruchteil desselben zugefallen ist. Vorstehendes trifft zu für Miterben und Gesellschafter, vgl. einerseits §§ 2032 Abs. 1, 2033 Abs. 2 BGB. und andererseits § 725 Abs. 2 BGB.

Die Zwangsvollstreckung in den Anteil ist auch dann berechtigt, wenn der Gläubiger in der Lage ist, aus den übrigen Anteilen bzw. aus dem ganzen Grundstücke Befriedigung zu verlangen. Bezüglich der Größe des Bruchteils enthält jetzt § 48 GBO. die Sollvorschrift, daß wenn ein Recht für mehrere gemeinschaftlich eingetragen werden soll, die Eintragung in der Weise erfolgen soll, daß entweder die Anteile der Berechtigten in Bruchteilen angegeben werden, oder das für die Gemeinschaft maßgebende Rechtsverhältnis bezeichnet wird. Mit Rücksicht hierauf in Verbindung mit § 741 BGB. ist auch im Antrage auf Zwangsversteigerung die Größe des Anteils genau zu bezeichnen. Vgl. Jäckel S. 67. Es gehört diese Angabe im Sinne des § 16 zur Bezeichnung des Grundstücks. Das Vollstreckungsgericht hat demnächst zu prüfen, ob die angegebene Größe mit den nach dem Grundbuch getroffenen Feststellungen (§ 17 Abs. 2) übereinstimmt. Ist der Bruchteil des Anteils nach dem Antrage größer oder kleiner, als wie aus dem Grundbuche ersichtlich ist, so ist der Antrag, da im Widerspruch mit dem Inhalte des Grnndbuchs stehend, zurückzuweisen. Es wird in diesem Falle zunächst seitens des Gläubigers Uebereinstimmung zwischen dem Inhalte des gestellten Antrages und dem des Grundbuchs bewirkt werden müssen. Ist aus dem Grundbuch die Größe des Anteils nicht ersichtlich, so ist gemäß § 742 BGB. anzunehmen, daß den Teilhabern gleiche Anteile zustehen. Geht auch der gestellte Antrag hiervon aus, so ist die zwischen dem Antrage und dem Grundbuche nötige Überstimmung gegeben. Die Angabe der Größe des Bruchteils ist ferner erforderlich bei der Bezeichnung des Grundstücks, bei der Terminsbestimmung (§ 37 Nr. 1) und bei dem Zuschlagsbeschluß (§ 82).

II. Bezeichnung des Eigentümers. Hierüber vgl. das Nähere § 17 und das dort Gesagte.

III. Bezeichnung des Anspruchs. Hierzu gehört:

1. Daß er auf Zahlung einer bestimmten Geldsumme gerichtet ist. Richtet sich der Anspruch auf Leistung einer bestimmten Quantität vertretbarer Sachen oder Wertpapiere, so findet die Vorschrift des § 883 Abs. 1 ZPO. Anwendung, oder der Gläubiger muß erst im Wege der Klage bei dem Prozeßgericht erster Instanz gemäß § 893 ZPO. seinen Anspruch auf Leistung des Interesses geltend machen. Geht der Titel alternativ auf eine Leistung oder auf Geldzahlung, so kann der Gläubiger, sofern der wahlberechtigte Schuldner die Wahl nicht vor dem Beginne der Zwangsvollstreckung vornimmt, nach § 264 BGB. Geldzahlung wählen und darauf die Zwangsvollstreckung gründen.

2. Die Angabe, ob der Anspruch ein persönlicher oder dinglicher ist. Von dieser Angabe hängt ab

a) Der Umfang der Zwangsvollstreckung. Wird die Zwangsvollstreckung aus einem persönlichen Anspruch betrieben, so kann der Gläubiger diese auf alle dem Schuldner gehörigen Grundstücke erstrecken, während bei der Vollstreckung aus einem dinglichen Anspruch nur das im vollstreckbaren Titel bezeichnete Grundstück Gegenstand der Zwangsvollstreckung sein kann.

Ob der Anspruch ein persönlicher oder dinglicher ist, geht, wenn der vollstreckbare Titel ein Urteil ist, aus der Fundamentierung der dem Urteil zugrunde liegenden Klage bzw. aus dem Tatbestand und den Gründen des Urteils hervor. Die Urteilsformel, für die verschiedene Fassungen in Übung sind (vgl. Jäckel S. 69), ist allein nicht maßgebend. Ist der Vollstreckungstitel eine notarielle oder gerichtliche Urkunde, so ergibt sich die Art des geltendgemachten Anspruchs aus dem Schuldbekenntnis.

b) Die Rechtsstellung des Gläubigers im Verfahren. Tritt er in diesem mit dinglichen Ansprüngen hervor, so rangiert er nach § 10 in der vierten Klasse. Ferner hat, wenn die Zwangsversteigerung wegen des Anspruchs aus einem eingetragenen Recht angeordnet wird, gemäß § 26 eine nach der Beschlagnahme bewirkte Veräußerung des Grundstücks auf den Fortgang des Verfahrens gegen den Schuldner keinen Einfluß. Vgl. auch § 325 Abs. 3 ZPO.

3. Die Angabe des Schuldgrundes. Ergibt sich letzterer aus dem beigefügten vollstreckbaren Titel, so genügt die Bezugnahme auf diesen. Von dem Schuldgrunde, der die Qualität der geltend gemachten Forderung ergibt, ist unter Umständen die Entscheidung der Frage abhängig, ob die beantragte Zwangsversteigerung auch zulässig ist. Inwieweit in besonderen Fällen die Zwangsversteigerung unzulässig ist, ergibt sich aus den landesgesetzlichen Bestimmungen.

Unzulässig ist die Zwangsversteigerung a) wegen Gerichtskosten gegen den ursprünglichen Schuldner, gegen einen Ehegatten oder Abkömmling desselben oder den Ehegatten eines Abkömmlings (§ 16 Abs. 2 d. pr. Gerichtskostengeſ. v. 25. Juni 1895 in der Fassung des Bek. v. 6. Oktober 1899, GS. S. 326). b) wegen Geldstrafen in Gemäßheit des § 54 des preuß. Ges., betreffend das Verwaltungsstrafverfahren bei Zuwiderhandlung gegen die Zollgesetze und die sonstigen Vorschriften über indirekte Reichs- und Landesabgaben, sowie die Bestimmungen über die Schlacht- und die Wildpretsteuer v. 26. Juli 1897 (GS. S. 237), wo bestimmt wird, daß zur Beitreibung von Geldstrafen ohne Zustimmung des Bestraften, insofern dieser ein Deutscher ist, kein Grundstück versteigert werden darf. Die zwangsweise Eintragung der Geldstrafen im Grund- oder Hypothekenbuche ist jedoch zulässig, c) wegen Stempelsteuerstrafen nach § 22 des preuß. Stempelsteuerges. v. 31. Juli 1895 (GS. S. 413) unter denselben Voraussetzungen, wie zu b, d) wegen der für Hinterziehung der Erbschaftssteuer festgesetzten Strafe nach § 47 des preuß. Erbschaftssteuerges. v. 24. Mai 1891, unter denselben Voraussetzungen wie zu a). Reichsgesetzlich ist die Zwangsversteigerung unzulässig wegen Geldstrafen bei Hinterziehung der Wechselstempelsteuer (§ 15 Abs. 3 des Ges. v. 15. Juni 1869, RGBl. S. 193) oder der Reichsstempelabgaben (S. 25 des Ges. v. 1. Juli 1881, RGBl. S. 185). In allen diesen Fällen ist die Zwangsverwaltung nicht unzulässig.

e) Bezeichnung des vollstreckbaren Titels. aa) Nach Abs. 2 des § 16 genügt für die Bezeichnung die Verweisung auf den vollstreckbaren Titel, welcher dem Antrage beizufügen ist. bb) Der Nachweis der Vollstreckbarkeit des Titels kann nur geführt werden durch die dem Antrage beigefügte gemäß § 725 ZPO. mit Vollstreckungsklausel versehenen Ausfertigung des Urteils oder des sonst in Betracht kommenden zur Zwangsvollstreckung geeigneten Titels (§§ 724, 795 ZPO.). Den inländischen Urteilen stehen gleich die Urteile der deutschen Gerichtsbehörden oder Gerichtsbeamten in den Konsulargerichtsbezirken und in den deutschen Schutzgebieten. Vgl. §§ 41, 46 des Ges. über die Konsulargerichtsbarkeit vom 7. April 1900 (RGBl. S. 213) u. § 2 d. Ges. betr. d. Rechtsverhältnisse der deutsch. Schutzgebiete v. 15. Mai 1888 (RGBl. S. 75). Bei ausländischen Urteilen findet nach § 722 ZPO. die Zwangsvollstreckung nur statt, wenn ihre Zulässigkeit durch ein Vollstreckungsurteil ausgesprochen ist. Demgemäß muß eine vollstreckbare Ausfertigung des inländischen Vollstreckungsurteils beigebracht werden. Dasselbe gilt von inländischen Schiedssprüchen (§ 1042 ZPO.) und analog auch von ausländischen RG. Bd. 5 S. 397 u. Bd. 30 S. 269. Der Versteigerungsrichter hat nur zu prüfen,

α) ob ein zur Zwangsvollstreckung geeigneter Titel vorliegt,

β) ob die Vollstreckungsklausel den formellen Erfordernissen (§ 725 ZPO.) entsprechend insbesondere von dem zuständigen Beamten ausgestellt ist.

Zu α) Reichsgesetzliche zur Zwangsvollstreckung geeignete Titel sind:

a) aus der ZPO.: 1. Vollstreckbare Urteile d. h. die von den ordentlichen deutschen Gerichten erlassenen, nach ihrem Inhalt der Vollstreckung fähigen Endurteile, sofern sie rechtskräftig oder für vorläufig vollstreckbar erklärt sind. Vollstreckbar sind auch die für vorläufig vollstreckbar erklärten Urteile, bei denen dem Schuldner gemäß § 713 Abs. 2 ZPO. die Abwendung der Vollstreckung nachgelassen ist. In dem letztgedachten Falle unterbleibt aber nach § 115 Abs. 4 die Ausführung des Teilungsplanes, wenn von dem Schuldner die Sicherheit geleistet oder die Hinterlegung erfolgt ist. Als Endurteil gelten auch die sogenannten Vorbehaltsurteile aus den §§ 302 Abs. 3, 540 Abs. 3, 599 Abs. 3 ZPO. Lautet das Urteil auf eine Zug um Zug zu bewirkende Leistung des Gläubigers an den Schuldner, so bildet dieser Umstand zwar kein Hindernis für die Erteilung der vollstreckbaren Ausfertigung, aber nach § 765 ZPO. darf das Vollstreckungsgericht eine Vollstreckungsmaßregel nur anordnen, wenn der Beweis, daß der Schuldner befriedigt oder im Verzuge der Annahme ist, durch öffentliche oder öffentlich-beglaubigte Urkunden geführt wird, und eine Abschrift dieser Urkunden bereits zugestellt ist. Der Zustellung bedarf es nicht, wenn bereits der Gerichtsvollzieher die Zwangsvollstreckung nach § 756 ZPO. begonnen hatte, und der Beweis durch das Protokoll des Gerichtsvollziehers geführt wird.

2. Vergleiche, welche nach Erhebung der Klage zwischen den Parteien oder zwischen einer Partei und einem Dritten zur Beilegung des Rechtsstreits seinem ganzen Umfange nach oder in betreff eines Teils des Streitgegenstandes vor einem deutschen Gericht abgeschlossen sind. Prozessuale Voraussetzung ist nach der herrschenden Ansicht Rechtshängigkeit der Sache (nicht Klageerhebung), daher wird, auch von vielen Prozessualisten (v. Wilmowski-Levy, Struckmann-Koch, Seuffert) angenommen, daß ein nach Zustellung des Zahlungsbefehls vor einem deutschen Gericht über den dem Zahlungsbefehl zugrunde liegenden Anspruch abgeschlossener Vergleich unter § 794 Ziffer 1 ZPO. fällt. Der Wortlaut des Gesetzes ist zwar dagegen. Der Vergleich kann rechtswirksam auch vor dem beauftragten oder ersuchten Richter geschlossen sein. Den gerichtlichen Vergleichen stehen gleich die vor dem Gewerbegericht geschlossenen, § 57 des Gewerbegerichtsges. v. 29. Sept. 1891. Fraglich ist, ob auch andere nicht zu den ordentlichen Gerichten gehörige in Betracht kommen. Dafür viele Kommentatoren der ZPO., z. B. Reincke, v. Wilmowski-Levy, Seuffert, Gaupp; dagegen Jäckel S. 72.

3. Vergleiche, welche im Sühneverfahren vor dem Amtsgericht abgeschlossen sind. (§ 794 Nr. 2 ZPO.)

4. Beschlüsse, die durch Beschwerde anfechtbar, aber vollstreckbar sind, z. B. Beschlüsse aus den §§ 102, 105, 125, 135, Abs. 2, 380, 390, 409, 619 Abs. 3, 888, 889 ZPO.

5. Vollstreckungsbefehle im Mahnverfahren (vgl. §§ 699—701 ZPO.)

6. Vollstreckbare Urkunden, welche von einem deutschen Gericht oder von einem deutschen Notar innerhalb der Grenzen seiner Amtsbefugnisse in der vorgeschriebenen Form aufgenommen sind, sofern die Urkunde über einen Anspruch errichtet ist, welcher die Zahlung einer bestimmten Geldsumme oder die Leistung einer bestimmten Quantität anderer vertretbarer Sachen oder Wertpapiere zum Gegenstande hat, und der Schuldner sich in der Urkunde der sofortigen Zwangsvollstreckung unterworfen hat. Als ein Anspruch, welcher die Zahlung einer Geldsumme zum Gegenstand hat, gilt auch der Anspruch aus einer Hypothek, einer Grundschuld oder einer Rentenschuld. Über die gerichtlichen oder notariellen Urkunden, insbesondere über die sachliche Zuständigkeit und das Verfahren bei der Beurkundung, enthalten nähere Vorschriften die §§ 167—184 des Reichsges. über die Angelegenheit der freiw. Gerichtsbarkeit v. 17. Mai 1898 (in d. Fassung v. 20. Mai 1898). Für Preußen kann

nach § 1 des Ges. betreffend die Zwangsvollstreckung aus Forderungen landschaftlicher (ritterschaftlicher) Kreditanstalten v. 3. August 1897 (GS. S. 388) für öffentliche landschaftliche (ritterschaftliche) Kreditanstalten, welchen auch die provinzial- (kommunal-) ständischen öffentlichen Grundkreditanstalten gleichgestellt werden, mit landesherrlicher Genehmigung durch Satzung und, wenn die Verfassung der Anstalt auf Gesetz beruht, durch Königl. Verordnung folgendes bestimmt werden: 1. daß der Anstalt als Vollstreckungsbehörde ein Zwangsvollstreckungsrecht nach Maßgabe dieses Gesetzes zustehen soll, 2. daß aus Urkunden, welche von einem zum Richteramt befähigten Beamten der Anstalt innerhalb der Grenzen seiner Amtsbefugnisse aufgenommen sind, die gerichtliche Zwangsvollstreckung stattfindet. Nach § 10 finden auf die gerichtliche Zwangsvollstreckung aus den im § 1 Abs. 1 Ziffer 2 vorgesehenen Urkunden die Vorschriften über die Zwangsvollstreckung aus notariellen Urkunden entsprechende Anwendung. In den Fällen der §§ 664 und 665, jetzt §§ 726 und 727 ZPO., ist die vollstreckbare Ausfertigung nur auf Anordnung des Amtsgerichts zu erteilen, in dessen Bezirke die Anstalt ihren Sitz hat. Bezüglich der Vollstreckung gegen den jeweiligen Eigentümer bestimmt § 800 Abs. 1 ZPO., daß der Eigentümer sich in einer nach § 794 Nr. 5 aufgenommenen Urkunde in Ansehung einer Hypothek, einer Grundschuld oder einer Rentenschuld der sofortigen Zwangsvollstreckung in der Weise unterwerfen kann, daß die Zwangsvollstreckung aus der Urkunde gegen den jeweiligen Eigentümer des Grundstücks zulässig sein soll. Die Unterwerfung bedarf in diesem Falle der Eintragung in das Grundbuch. Bei der Zwangsvollstreckung gegen einen späteren Eigentümer, der im Grundbuch eingetragen ist, bedarf es nicht der Zustellung der den Erwerb des Eigentums nachweisenden öffentlichen oder öffentlich beglaubigten Urkunde (§ 800 Abs. 2 ZPO.). Ebensowenig bedarf es nach § 799 ZPO., wenn dem Rechtsnachfolger des Gläubigers eine vollstreckbare Ausfertigung erteilt ist, der Zustellung der die Rechtsnachfolge nachweisenden öffentlichen oder öffentlich beglaubigten Urkunde, wenn der Rechtsnachfolger als Gläubiger im Grundbuch eingetragen ist. Allerdings darf nach § 798 ZPO. aus den nach § 794 Nr. 5 aufgenommenen Urkunden, ebenso wie aus Kostenfestsetzungsbeschlüssen die Zwangsvollstreckung nur beginnen, wenn der Schuldtitel mindestens einen Tag vorher zugestellt ist.

7. Arrestbefehle und einstweilige Verfügungen (§§ 928, 929, 930, 936 ZPO.).

b) aus der KO.: **1.** Nach der Aufhebung oder Einstellung des Konkursverfahrens findet nach §§ 164 Abs. 2 und 206 Abs. 2 KO. für die Gläubiger, deren Forderungen festgestellt und nicht von dem Gemeinschuldner im Prüfungstermine ausdrücklich bestritten worden sind, gegen den Schuldner aus der Eintragung in die Tabelle der Zwangsvollstreckung unter entsprechender Anwendung der §§ 724—793 ZPO. statt. **2.** Rechtskräftig bestätigter Zwangsvergleich unter denselben Voraussetzungen wie zu 1. gemäß § 194 KO.

c) aus der StPO.: **1.** Entscheidungen über den Verfall einer Sicherheitsleistung nach § 122 StPO. **2.** Entscheidungen über eine Vermögensstrafe oder eine Buße, welche nach den Vorschriften über die Vollstreckung der Urteile der Zivilgerichte erfolgt nach § 495 StPO. **3.** Entscheidungen, welche in Privatklagesachen oder in den Fällen der §§ 501, 504 StPO. zu erstattende Kosten festsetzen.

d) aus dem Reichsgesetz, betr. die Erwerbs- und Wirtschaftsgenossenschaften v. 1. Mai 1889 in der Fassung v. 20. Mai 1898. **1.** Die durch das Gericht festgesetzten Auslagen und Vergütung des Revisors gegen die Genossenschaft nach Maßgabe des § 62 Abs. 2. **2.** Die für vollstreckbar erklärten Vorschuß-, Zusatz- und Nachschußberechnungen im Genossenschaftskonkurse gemäß der §§ 106–109, 113, 114, 128, 129.

e) aus dem Gewerbegerichtsgesetze v. 29. Sept. 1901: Die rechtskräftig oder für vorläufig vollstreckbar erklärten Endurteile der Gewerbegerichte und die vor diesen abgeschlossenen Prozeßvergleiche (§ 57 Abs. 1 bezw. §§ 77, 78 l. c.).

f) aus dem Reichsgesetz über die Angelegenheit der freiw. Gerichtsbark. v. 17. Mai 1898 i. d. Fassung v. 20. Mai 1898: Bestätigte Auseinandersetzungen unter Miterben oder Gesamtgutsinteressen, die vor der Auseinandersetzung getroffenen vorgängigen Vereinbarungen, sowie bestätigte Dispachen (§§ 91, 93, 96—98, 99, 193, 157, 158).

g) aus der Rechtsanwaltsordnung v. 1. Juli 1878 (RGBl. S. 177): Die gegen Rechtsanwälte festgesetzten Geldstrafen und Kosten (§§ 58, 63, 94).

h) aus dem Reichspatentges. v. 7. April 1891: Die Entscheidungen des Patentamts in Nichtigkeitsprozessen über die Kosten des Verfahrens (§§ 31, 33 Abs. 2).

i) aus dem ZwVG.: Zuschlagsbescheid gegen den Besitzer des Grundstücks auf Räumung (§ 93). Ferner findet die Zwangsvollstreckung statt aus der für eine im Teilungsverfahren zur Hebung kommenden, für die Berechtigten eingetragenen Sicherungshypothek gegen den Ersteher des Grundstücks (§§ 132, 133).

Als landesgesetzliche Titel kommen folgende in Betracht: Für Preußen: Die schiedsmännischen Vergleiche (§§ 32, 47 der Schiedsmannsordnung v. 29. März 1879 (GS. S. 321) und Art. 3 AG. z. RGes. v. 17. Mai 1898), die Erkenntnisse und Beschlüsse der Rheinschiffahrts- und Elbzollgerichte (§ 12 Ges. v. 8. März 1879, § 9 Ges. v. 9. März 1879). In Wegfall gekommen durch Art. 2 AG. z. RGes. v. 17. Mai 1898 sind die Vergleiche nach § 59 der Feldpolizeiordnung v. 1. November 1847 (GS. S. 376).

Zu β) Vollstreckungsklausel. Die Form der Vollstreckungsklausel ist nach § 725 ZPO. folgende: „Vorstehende Ausfertigung wird dem usw. (Bezeichnung der Partei) zum Zwecke der Zwangsvollstreckung erteilt". Die Klausel ist der Ausfertigung des Schuldtitels am Schlusse beizufügen, von dem zuständigen Beamten zu unterschreiben und mit dem Amtssiegel zu versehen. Der zuständige Beamte zur Erteilung der vollstreckbaren Ausfertigung ist **a)** bei Urteilen oder einer anderen vollstreckbaren Entscheidung der Gerichtsschreiber des Prozeßgerichts erster Instanz, solange aber der Rechtsstreit bei einem höheren Gerichte anhängig ist, der Gerichtsschreiber dieses Gerichts (§ 724 ZPO.). Letzteres kann eintreten, wenn ein Teilurteil vorliegt, beim Zusammentreffen von Streitgenossen, oder bei einem Vergleich in der Berufungsinstanz. **b)** Bei sonstigen gerichtlichen Urkunden der Gerichtsschreiber des Gerichts, das die Urkunde aufgenommen hat (§ 797 Abs. 1 ZPO.). Nach RG. (Bd. 21 S. 345, 35 S. 398, 37 S. 420) gilt diese Vorschrift allgemein, deshalb auch für Prozeßvergleiche, welche durch Ersuchen eines auswärtigen Gerichts von letzterem aufgenommen sind. **c)** Bei notariellen Urkunden der Notar, der die Urkunde verwahrt. Befindet sich die Urkunde in der Verwahrung einer Behörde, so hat diese (nicht der Gerichtsschreiber) die vollstreckbare Ausfertigung zu erteilen (§ 797 Abs. 2 ZPO.). In folgenden Fällen muß aus der Klausel ersichtlich sein, daß sie auf Anordnung des Vorsitzenden des zuständigen Prozeßgerichts erteilt worden ist: wenn die Vollstreckung des Urteils von einer anderen Tatsache als einer Frist, einer Sicherheitsleistung oder einer Zug um Zug zu gewährenden Gegenleistung abhängt, und der Gläubiger den

Eintritt der Tatsache zu beweisen hat, ferner wenn die Klausel für oder gegen den Rechtsnachfolger des in dem Urteile bezeichneten Gläubigers oder Schuldners oder gegen denjenigen Besitzer der im Streit befangenen Sache erteilt ist, gegen welchen das Urteil nach § 325 ZPO. wirksam ist, endlich bei Erteilung einer weiteren vollstreckbaren Ausfertigung an dieselbe Partei, sofern die zuerst erteilte Ausfertigung zurückgegeben wird (§ 733 Abs. 1 ZPO.). Dasselbe gilt für die Erteilung einer vollstreckbaren Ausfertigung in nachstehenden Fällen:

α) für und gegen den Nacherben oder den Erben, wenn gegenüber den Vorerben ein nach § 326 ZPO. dem Nacherben gegenüber wirksames Urteil, oder wenn gegenüber einem Testamentsvollstrecker ein nach § 327 ZPO. dem Erben gegenüber wirksames Urteil ergangen ist (§ 728 ZPO.);

β) gegen dem Übernehmer, welcher das Vermögen eines anderen durch Vertrag mit diesem nach der rechtskräftigen Feststellung einer Schuld des anderen übernommen hat, in gleicher Weise gegen denjenigen, welcher ein unter Lebenden erworbenes Handelsgeschäft unter der bisherigen Firma fortführt, in Ansehung der Verbindlichkeiten, für welche er nach § 25 Abs. 1 Satz 1, Abs. 2 des HGB. haftet, sofern sie vor dem Erwerbe des Geschäfts gegen den früheren Inhaber rechtskräftig festgestellt worden sind (§ 729 ZPO.);

γ) gegen den Nießbraucher in Ansehung der dem Nießbrauch unterliegenden Gegenstände, wenn die Bestellung des Nießbrauchs an einem Vermögen oder einer Erbschaft nach der rechtskräftigen Feststellung einer Schuld des Bestellers erfolgt ist (§ 738 ZPO.);

δ) für oder gegen den Ehemann in Ansehung des eingebrachten Gutes der Ehefrau bzw. des Gesamtgutes, wenn der Güterstand der Verwaltung und Nutznießung, der Errungenschaftsgemeinschaft, der Fahrnisgemeinschaft bzw. allgemeinen Gütergemeinschaft erst eingetreten ist, nachdem ein von der Ehefrau oder gegen sie geführter Rechtsstreit rechtshängig gemacht worden ist (§ 742 ZPO.);

ε) gegen die Ehefrau in Ansehung des Gesamtgutes, wenn die Beendigung der allgemeinen Gütergemeinschaft, der Errungenschaftsgemeinschaft oder der Fahrnisgemeinschaft nach der Beendigung eines Rechtsstreits des Ehemanns eingetreten ist (§ 744 ZPO.);

ζ) nach der Beendigung der fortgesetzten Gütergemeinschaft (§ 745 Abs. 2 ZPO.);

η) für oder gegen den Testamentsvollstrecker aus einem für oder gegen den Erblasser ergangenen Urteils (§ 749 ZPO.).

Hat der Gläubiger in Gemäßheit des § 731 ZPO. Klage auf Erteilung der Vollstreckungsklausel erhoben und wird darauf erkannt, so ist die Vollstreckungsklausel auf Grund des Urteils dem Urteil beizufügen. Da die in den §§ 750—752 ZPO. festgesetzten Voraussetzungen für den Beginn der Zwangsvollstreckung für alle Vollstreckungsarten gelten, müssen sie auch bei der Immobiliarzwangsvollstreckung erfüllt sein. Soweit sie urkundlich nachzuweisen sind, müssen die Urkunden dem Antrage beigefügt werden. Als allgemeine Erfordernisse des Beginns der Zwangsvollstreckung, welche erfüllt sein müssen, sind daher folgende zu erfüllen:

1. Es müssen die Personen, für oder gegen welche die Zwangsvollstreckung stattfinden soll, in dem Urteil oder in der derselben beigefügten Vollstreckungsklausel namentlich bezeichnet sein.

2. Es muß ferner der zu vollstreckende Schuldtitel bereits zugestellt sein. Hatte der Schuldner einen Prozeßbevollmächtigten, so muß die Zustellung an diesen erfolgt

sein. Es genügt einmalige Zustellung, so daß diese bei Wiederholung der Vollstreckung sich erübrigt (RG. JW. 1890 S. 372). Das Erfordernis der Zustellung ist von Amts wegen festzustellen. Als besondere Erfordernisse des Beginns der Zwangsvollstreckung sind folgende hervorzuheben:

3. Ist die Vollstreckung von einer dem Gläubiger obliegenden Sicherheitsleistung abhängig, so darf die Zwangsvollstreckung nur beginnen, wenn die Sicherheitsleistung durch eine öffentliche, oder öffentlich beglaubigte Urkunde nachgewiesen und eine Abschrift dieser Urkunde zugestellt ist (§ 750 Abs. 2 ZPO.).

4. Hängt die Vollstreckung von einer anderen Vorbedingung ab, oder handelt es sich um die Vollstreckung für oder gegen Rechtsnachfolger, so muß außer dem Schuldtitel auch die Vollstreckungsklausel, und sofern diese auf Grund öffentlicher oder öffentlich beglaubigter Urkunden erteilt ist, auch eine Abschrift dieser Urkunden vor Beginn der Zwangsvollstreckung zugestellt sein.

5. Bei betagten Ansprüchen kann die Zwangsvollstreckung erst nach Ablauf des Kalendertages beginnen.

6. Gegen Militärpersonen, die dem aktiven Heere oder der Marine angehören, darf erst nach Anzeige an die vorgesetzte Militärbehörde zur Zwangsvollstreckung geschritten werden (§ 752 Abs. 1 ZPO.). Dem Gläubiger ist auf Verlangen der Empfang der Anzeige von der Militärbehörde zu bescheinigen (Abs. 2). Diese Bescheinigung ist dem Zwangsvollstreckungsantrag beizufügen. Es ist Pflicht des Gläubigers, die Anzeige zu erstatten und die Bescheinigung hierüber beizubringen, da ersteres Voraussetzung des Beginnes der Zwangsvollstreckung ist; daher kann es nicht Aufgabe des Vollstreckungsgerichts sein, die Anzeige zu erstatten. Letzteres nehmen m. E. mit Unrecht Jäckel S. 78 unter e und Wolff S. 54 unter c an. Die Militärpersonen des aktiven Heeres ergeben sich aus § 38 A, B des RMilitärges. v. 2. Mai 1874 (RGBl. S. 55), die der aktiven Marine aus § 13 des BGes. v. 9. November 1867 (BGBl. S. 134). Vgl. das Verzeichnis in der Anlage zum RGes. v. 3. August 1878, betr. der Revision des Servistarifs (RGBl. S. 244). Die im Sinne des § 752 zuständigen Militärbehörden sind im preuß. JMBl. 1880 S. 156 (Zentr.Bl. f. d. Deutsche Reich 1880 Nr. 26) zusammengestellt.

7. Nach § 15 Nr. 3 EG. ZPO. n. F. bleiben die landesgesetzlichen Vorschriften über die Zwangsvollstreckung wegen Geldforderungen gegen den Fiskus, eine Körperschaft, Stiftung oder Anstalt des öffentlichen Rechts oder eine unter der Verwaltung einer öffentlichen Behörde stehende Körperschaft oder Stiftung, soweit nicht dingliche Rechte verfolgt werden, unberührt und bestehen. Für Preußen gelten für die landrechtlichen Gebietsteile noch die Bestimmungen AGO. I, 35 § 33 und I, 24 Anhang § 153 zu § 45, Allg. Verf. v. 24. März 1882 (JMBl. S. 59), für die gemeinrechtlichen Gebiete die Allg. Verf. v. 18. Juli 1881 (JMBl. S. 160), in der Rheinprovinz das Rhein. Ressortregl. v. 20. Juni 1885 § 25. Bei Stadt- und Landgemeinden, bei Amtsverbänden muß das Vollstreckungsgericht sich mit der zuständigen Verwaltungsbehörde über die Art der Zwangsvollstreckung ins Einvernehmen setzen. Die zuständige Verwaltungsbehörde ist jetzt bei Landgemeinden bzw. Amtsverbänden im Geltungsgebiet des Ges. über die allg. Landesverw. v. 30. Juli 1883 der Kreisausschuß (Ges. v. 1. August 1883 § 33 [4], KrO. § 53 [b], Landgem.Ordn. v. 3. Juli 1891 § 121 [2]); bei Stadtgemeinden der Bezirksausschuß (Ges. v. 1. August 1883 § 17); bei Kreisverbänden der Regierungspräsident (KrO. § 180); bei Provinzialverbänden der Oberpräsident (Prov.O. § 121).

Nach § 5 EG. ZwVG. kann durch Landesgesetz bestimmt werden, daß dem Antrag auf Zwangsversteigerung ein Auszug aus einem Steuerbuche beigefügt werden soll. Preußen hat hiervon Gebrauch gemacht. In Art. 4 des preuß. AG. ZwVG. wird bestimmt: Dem Antrag auf Zwangsversteigerung soll ein das Grundstück betreffender neuester Auszug aus der Grundsteuermutterrolle und der Gebäudesteuerrolle beigefügt werden, soweit er nach Lage der Rollen erteilt werden kann. In den Hohenzollernschen Landen tritt an die Stelle des Auszugs aus den Steuerrollen ein Auszug aus dem Besitz- und Steuerhefte des Schuldners. Die Steuerauszüge dienen nur zur Information der Bieter; sie sollen nicht etwa dem Bieter eine Garantie dafür geben, daß ihm alle in dem Steuerbuchauszuge aufgeführten Flächenabschnitte in der dort angegebenen Art und Größe zugeschlagen werden. Vgl. Jäckel S. 79.

C. **Beginn der Zwangsversteigerung.** Mit der Anordnung der Zwangsversteigerung wird die Zwangsvollstreckung begonnen. Dies folgt auch aus § 16 Abs. 2, wo gesagt ist, daß die für den Beginn der Zwangsvollstreckung erforderlichen Urkunden beizufügen sind. In der Denkschrift wird hierzu bemerkt, daß damit zugleich ausgesprochen sei, daß die Zwangsversteigerung schon mit dem Beschlusse, durch welchen sie angeordnet wird, und nicht erst mit der Zustellung dieses Beschlusses an den Schuldner beginnt.

§ 17.

Eingetragensein des Schuldners. Erbfall.

Die Zwangsversteigerung darf nur angeordnet werden, wenn der Schuldner als Eigentümer des Grundstücks eingetragen oder wenn er Erbe des eingetragenen Eigentümers ist.

Die Eintragung ist durch ein Zeugnis des Grundbuchamts nachzuweisen. Ist das Vollstreckungsgericht zugleich das Grundbuchamt, so genügt statt des Zeugnisses die Bezugnahme auf das Grundbuch.

Die Erbfolge ist durch Urkunden glaubhaft zu machen, sofern sie nicht bei dem Gericht offenkundig ist.

---

1. Eigentum des Schuldners. Eine weitere, aus der ZPO. sich ergebende Voraussetzung ist, daß das Grundstück, dessen Versteigerung beantragt wird, dem Schuldner gehört. Förmlicher Nachweis des Eigentums ist nicht erforderlich.

a) Eingetragensein des Schuldners. Im Einklang mit § 891 BGB., inhaltsdessen vermutet wird, daß derjenige, welcher als Eigentümer im Grundbuch eingetragen ist, auch wirklich der Eigentümer sei (vgl. § 1148 BGB.), wird in § 17 grundsätzlich davon ausgegangen, daß die Zwangsvollstreckung nur gegen den Schuldner angeordnet werden darf, der als Eigentümer des Grundstücks eingetragen ist (Denkschr.). Ist das Verfahren eingeleitet, ohne daß der Schuldner eingetragen ist, so muß der Zuschlag versagt oder im Beschwerdewege aufgehoben werden (§§ 79, 83 Nr. 6, 100). Dies erleidet keine Änderung, auch wenn der Schuldner in Wahrheit Eigentümer ist oder später seine Eintragung nachholt. Vgl. Fischer und Schaefer S. 206 Anm. 1. Ist andererseits der Schuldner nicht Eigentümer trotz seiner Eintragung, so kann der wahre Eigentümer seinen Widerspruch nur im Wege der Klage aus § 771 ZPO. geltend machen (vgl. auch § 37 Nr. 5 dies. Ges.). Besitz des Schuldners ist für den Beginn der Zwangsversteigerung unerheblich. Anders aber bei der Zwangsverwaltung, welche auch gegen den nicht eingetragenen Schuldner stattfindet, sofern dieser sich im Eigenbesitze befindet (§ 147).

b) Ist der Schuldner zwar Eigentümer, aber als solcher nicht eingetragen worden, so muß der persönliche Gläubiger, bevor er aus dem Grundstück seine Befriedigung suchen kann, zunächst die Berichtigung des Grundbuchs herbeiführen. Dies Verlangen auf Berichtigung wird der persönliche Gläubiger auf § 14 GBO. in Verbindung mit § 22 stützen können, sofern die Voraussetzungen zur Eintragung einer Sicherungshypothek gemäß §§ 866, 867 ZPO. für ihn gegeben sind. Die Berufung auf § 14 GBO. fällt allerdings weg, wenn der Anspruch des Gläubigers nicht auf Zahlung, sondern auf Duldung der Zwangsvollstreckung gerichtet ist oder im Falle des § 866 Abs. 3 ZPO., da weder auf Grund eines Vollstreckungsbefehls noch eines 300 Mk. nicht übersteigenden vollstreckbaren Schuldtitels die Eintragung einer Sicherungshypothek stattfindet. Zu dem Berichtigungsantrage des Gläubigers gehört der Nachweis der Unrichtigkeit des Grundbuchs (§ 22 GBO.) oder die Beibringung der Einwilligungserklärung des als Eigentümer Eingetragenen (§ 19 GBO.) oder Vorlegung eines den letzteren hierzu verurteilenden Erkenntnisses (§ 894 ZPO.).

Ist außerdem noch die Vorlegung von Urkunden erforderlich, die dem Schuldner auf Antrag von einer Behörde, einem Beamten oder einem Notar zu erteilen sind, so kann der Gläubiger nach § 792 ZPO. die Erteilung an Stelle des Schuldners verlangen. Gegen den Eingetragenen kann der Schuldner auch auf Feststellung klagen, daß nicht dieser, sondern der Schuldner wahrer Eigentümer ist. Ist letzteres rechtskräftig festgestellt, so genügt die Vorlegung des ergangenen Urteils zum Nachweise der Unrichtigkeit. Auf Bewilligung der Berichtigung kann zwar der Gläubiger gegen den eingetragenen Nichteigentümer nicht direkt klagen, aber er kann auf Grund seines vollstreckbaren Schuldtitels gegen den wahren Eigentümer, dessen Recht auf Zustimmung zur Berichtigung gegen den eingetragenen Nichteigentümer (§§ 894, 895 BGB.) im Wege der Zwangsvollstreckung pfänden und sich überweisen lassen. Auf Grund der Überweisung muß er dann klagen und aus dem den eingetragenen Nichteigentümer verurteilenden Erkenntnis nach § 894 ZPO. die Berichtigung beantragen. Die hierdurch dem Gläubiger entstehenden Kosten und Gebühren gehören zu den Kosten der die Befriedigung aus dem Grundstück bezweckenden Rechtsverfolgung (§ 10 Abs. 2 in Verbindung mit § 897 BGB.). Der dingliche Gläubiger bedarf der Berichtigung nicht, da er seinen Anspruch gegen jeden eingetragenen Eigentümer, sei er wahrer Eigentümer oder nicht, geltend machen kann (BGB. § 1148).

2. Der Nachweis des Eingetragenseins des Schuldners wird durch ein Zeugnis des Grundbuchamts geführt. Statt dieses Zeugnisses genügt die Bezugnahme auf das Grundbuch, wenn Grundbuch- und Vollstreckungsabteilung demselben Gericht angehören. In diesem Fall hat sich der Vollstreckungsrichter durch Einsicht des Grundbuchs von der Tatsache der Eintragung des Schuldners als Eigentümer zu überzeugen. Über die Form des Zeugnisses ist die nähere Bestimmung der Landesgesetzgebung überlassen. Es besteht in der beglaubigten Abschrift des Grundbuchblattes und ist in Preußen nach Art. 7 Abs. 2 des AG. z. GBO. v. 26. Sept. 1899 von dem Richter und dem Gerichtsschreiber zu unterschreiben. Da trotz dieses Zeugnisses ein Eigentumswechsel eingetreten sein kann, wird es nötig sein, daß dasselbe der jüngsten Zeit angehört. Wie weit es zurückliegen kann, ist dem Ermessen des Vollstreckungsrichters überlassen.

3. Ausnahmen von dem Erfordernis der Eigentumseintragung.

a) Gegen den Erben (auch Erbeserben) des eingetragenen Eigentümers findet die Zwangsversteigerung statt, ohne daß es dessen vorheriger Eintragung bedarf (in Übereinstimmung mit § 41 GBO.). Die Erbfolge ist jedoch durch Urkunden glaubhaft zu machen, sofern sie nicht bei dem Gericht offenkundig ist (§ 17 Abs. 3). Als Urkunde kommt in erster Linie Erbschein (§§ 2353, 2365 BGB.) in Betracht; aber der Nachweis ist nicht wie im § 36 GBO. hierauf beschränkt, da öffentliche Urkunden nicht erforderlich sind. Inwieweit Privaturkunden als genügend anzusehen sind, ist dem Ermessen des Vollstreckungsrichters überlassen. Unter Umständen werden privatschriftliche (holographische) Testamente (§ 2231 Nr. 1 BGB.) als ausreichend erachtet werden können, doch kann (nicht „muß", wie Wolff S. 60 annimmt) das Gericht, wenn Bedenken obwalten, urkundliche Glaubhaftmachung der Tatsache, daß das Testament von dem Erblasser eigenhändig ge- und unterschrieben ist, durch Bescheinigung des Gerichts, Polizei oder Zeugen verlangen. Vgl. Jäckel S. 84 Anm. 6.

Zu a) Es handelt sich nur um den Alleinerben, nicht Miterben. Der Miterbe hat bis zur Auseinandersetzung nur einen Anteil am Nachlasse, nicht an den einzelnen Nachlaßgegenständen, also auch nicht an einem Grundstücke (§§ 2032, 2033 Abs. 2, 2040 Abs. 1 BGB.). Daher ist auch die Zwangsversteigerung eines der Erbquote entsprechenden Anteils am Grundstück unzulässig (vgl. auch § 859 Abs. 2 ZPO.). Vgl. Jäckel S. 84 Anm. 6 Abs. 2. In diesem Falle hilft dem Gläubiger vor der Erbteilung nur Pfändung und Überweisung des Anteils seines Schuldners am Nachlaß, auf Grund deren er dann selbst die Auseinandersetzung unter den Erben betreiben kann. Sind mehrere Erben vorhanden, so ist gemäß § 747 ZPO. zur Zwangsvollstreckung in den Nachlaß bis zur Teilung ein gegen alle Erben ergangenes Urteil erforderlich. Unterliegt ein Nachlaß der Verwaltung eines Testamentsvollstreckers, so ist nach § 748 Abs. 1 ZPO. zur Zwangsvollstreckung in den Nachlaß ein gegen den Testamentsvollstrecker ergangenes Urteil erforderlich und genügend. Steht dem Testamentsvollstrecker nur die Verwaltung einzelner Nachlaßgegenstände zu, so ist nach § 748 Abs. 2 ZPO. die Zwangsvollstreckung in diese Gegenstände nur zulässig, wenn der Erbe zu der Leistung, der Testamentsvollstrecker zur Duldung der Zwangsvollstreckung verurteilt ist. Nach Abs. 3 § 748 ZPO. ist, sofern die Zwangsvollstreckung wegen eines Pflichtteilsanspruches, sei es in den Nachlaß, sei es in einzelne Nachlaßgegenstände, erfolgen soll, ohne Rücksicht darauf, inwieweit die Verwaltung dem Testamentsvollstrecker zusteht, Voraussetzung, daß entsprechend dem Abs. 2 des § 748 ZPO. der Erbe zur Leistung des Pflichtteils und zugleich der Testamentsvollstrecker zur Duldung der Vollstreckung verurteilt ist.

Ist der Erblasser selbst noch zur Leistung einer persönlichen Verbindlichkeit verurteilt, so kann das Urteil zwar nicht ohne weiteres in die der Verwaltung eines Testamentsvollstreckers unterliegenden Nachlaßgegenstände zur Vollstreckung gebracht werden, da das Verfügungsrecht des letzteren aus § 2211 BGB. dem entgegenstehen würde, aber das Gesetz nimmt davon Abstand, den Gläubiger zu nötigen, erst noch eine Klage gegen den Testamentsvollstrecker zu erheben, und bestimmt, daß die Vollstreckung auf Grund einer gegen den letzteren gemäß § 727, §§ 730—732 ZPO. erteilten vollstreckbaren Ausfertigung des gegen den Erblasser erlassenen Urteils zulässig sein soll, selbstverständlich soweit das Verwaltungsrecht des Testamentsvollstreckers reicht.

b) Eintritt des Grundstücks in den Güterstand der allgemeinen Gütergemeinschaft (§ 1438 BGB.). Das Grundstück tritt auch in den Güterstand der fortgesetzten Gütergemeinschaft, der Errungenschaftsgemeinschaft und Fahrnisgemeinschaft ein, wenn es von dem überlebenden Ehegatten nach dem Eintritt der fortgesetzten Gütergemeinschaft (§ 1485 BGB.) oder von dem Ehegatten während der Errungenschaftsgemeinschaft (§ 1519 BGB.) oder während der Fahrnisgemeinschaft durch entgeltlichen Titel erworben worden ist. Vgl. Jäckel S. 80 Anm. 1 Abs. 2.

c) Eigentumserwerb an Grundstücken ohne Eintragung ist möglich in den der Landesgesetzgebung vorbehaltenen Materien, z. B. in Preußen bei der Enteignung, Art. 109 EG. BGB., §§ 32 ff., 44 Ges. v. 11. Juni 1874 und in den in Art. 113 EG. BGB. aufgeführten, dem Agrarrecht angehörenden Fällen, z. B. Zusammenlegung von Grundstücken, Gemeinheitsteilungen, Regulierung der Wege u. a. m.

d) Besonders geregelt ist der Fall, daß ein Grnndstück vom bisherigen Eigentümer nach § 928 ZPO. aufgegeben und vom Aneignungsberechtigten noch nicht erworben worden ist (§ 928 BGB. in Verbindung mit Art. 129 u. 190 EG. BGB.). § 17 findet hier keine Anwendung (Begr. z. ZPO.-Nov. S. 162; Hahn-Mugdan, Materialien S. 148 zu § 696 f.). § 787 ZPO. bestimmt für die Zwangsvollstreckung in diesem Fall, da es sich um ein Recht an einem Grundstück handelt, daß von dem Vollstreckungsgericht auf Antrag ein Vertreter zu bestellen ist, dem bis zur Eintragung eines neuen Eigentümers die Wahrnehmung der sich aus dem Eigentum ergebenden Rechte und Verpflichtungen im Zwangsvollstreckungsverfahren obliegt. Einer Eintragung dieses Vertreters im Grundbuch bedarf es nicht. Vgl. Fischer und Schäfer S. 207 Anm. 4 b.

e) Die Wiederversteigerung des Grundstücks kann nach § 133 erfolgen, auch wenn der Ersteher noch nicht als Eigentümer eingetragen ist.

4. Besondere Bestimmungen sind bezüglich der Zwangsversteigerung eines auf den Namen einer Ehefrau eingetragenen Grundstücks in den §§ 739—745 ZPO. getroffen. *α)* Das Grundstück gehört zum eingebrachten Gute der Frau. Dann ist bei dem Güterstande der Verwaltung und Nutznießung, der Errungenschaftsgemeinschaft oder der Fahrnisgemeinschaft die Zwangsvollstreckung nur zulässig, wenn die Ehefrau zur Leistung und der Ehemann zur Duldung der Zwangsvollstreckung in das eingebrachte Gut verurteilt ist (§ 739 ZPO.). *β)* Das Grundstück gehört zum Gesamtgut bei dem Güterstande der allgemeinen Gütergemeinschaft, der Errungenschaftsgemeinschaft oder der Fahrnisgemeinschaft. Dann ist zur Zwangsvollstreckung in das Gesamtgut ein gegen den Ehemann ergangenes Urteil erforderlich und genügend (§ 740 ZPO.). Wie in der Begründung der Novelle zur ZPO. §§ 670 f. (Hahn-Mugdan, Materialien Bd. VIII S. 140) besonders hervorgehoben wird, wird damit selbstverständlich an den allgemeinen Vorschriften über die Voraussetzungen der Zwangsvollstreckung nichts geändert. Insbesondere kommt hier der Fall in Betracht, daß eine zum Gesamtgute gehörende Sache sich im Besitze der Frau befindet oder im Grundbuch ein zum Gesamtgute gehörendes Recht ausschließlich auf den Namen der Frau eingetragen ist. In Ansehung dieser Gegenstände kann nicht schon auf Grund des gegen den Mann ergangenen Urteils die Zwangsvollstreckung gegenüber der Frau durchgeführt werden, vielmehr muß der Gläubiger eintretendenfalls erst gegen die Frau Klage auf Herausgabe der Sache oder Berichtigung des Grundbuchs erheben (vgl. §§ 809, 846—848 ZPO.). Das Gleiche gilt für die Erteilung einer in Ansehung des Gesamtguts vollstreckbaren Ausfertigung, wenn die allgemeine Gütergemeinschaft oder die Fahrnisgemeinschaft erst eingetreten ist, nachdem ein von der Ehefrau oder gegen sie geführter Rechtsstreit rechtshängig geworden ist (§ 742 Abs. 2 ZPO.). Auch hier muß der Anordnung der Zwangsversteigerung die Berichtigung des Grundbuchs vorausgegangen sein. γ) Eine Ausnahme von §§ 739, 740 ZPO. greift Platz bei selbständigem Erwerbsgeschäft der Ehefrau. In diesem Falle ist zur Zwangsvollstreckung in das eingebrachte Gut und in das Gesamtgut ein gegen die Ehefrau ergangenes Urteil genügend, es sei denn, daß zur Zeit des Eintritts der Rechtshängigkeit der Einspruch des Ehemanns gegen den Betrieb des Erwerbsgeschäfts oder der Widerruf seiner Einwilligung zu den Betrieb im Güterrechtsregister eingetragen war (§ 741 ZPO.). Im letzteren Falle gelten die Vorschriften der §§ 739, 740 ZPO. δ) Ist der Güterstand der Verwaltung und Nutznießung, der Errungenschaftsgemeinschaft oder der Fahrnisgemeinschaft erst eingetreten, nachdem ein von der Ehefrau oder gegen sie geführter Rechtsstreit rechtshängig geworden ist, so ist das Urteil dem Ehemanne gegenüber wirksam, und es kann dem Gläubiger eine in Ansehung des eingebrachten Gutes der Frau vollstreckbare Urteilsausfertigung ohne weiteres für oder gegen den Ehemann unter entsprechender Maßgabe der §§ 727, 730—732 ZPO. erteilt werden (§ 742 ZPO.). ε) Nach der Beendigung der allgemeinen Gütergemeinschaft, der Errungenschaftsgemeinschaft oder der Fahrnisgemeinschaft ist vor der Auseinandersetzung die Zwangsvollstreckung in das Gesamtgut nur zulässig, wenn beide Ehegatten zu der Leistung und der andere zur Duldung der Zwangsvollstreckung verurteilt sind (§ 743 ZPO.). War bei Beendigung der vorher aufgeführten Güterrechte der Rechtsstreit gegen den Ehemann bereits beendigt, so kann dem Gläubiger eine in Ansehung des Gesamtsguts vollstreckbare Ausfertigung des Urteils gegen die Ehefrau erteilt werden (§ 744 ZPO.). Im Falle der fortgesetzten Gütergemeinschaft ist zur Zwangsvollstreckung in das Gesamtgut ein gegen den überlebenden Ehegatten ergangenes Urteil erforderlich und genügend. (§ 745 ZPO.) Für die zur Zeit des Inkrafttretens des BGB. bestehenden Ehen bleiben nach Art. 200 EG. BGB. im allgemeinen die bisherigen Gesetze maßgebend. Für Preußen sind behufs Überleitung in das neue Recht besondere Bestimmungen getroffen in den Art. 44 bis 67 des preuß. AG. BGB.

5. Wird die durch den Schuldner erfolgte Veräußerung des Grundstücks auf Grund des § 7 des Anfecht.Ges. v. 21. Juli 1879 (RGBl. S. 277) in der Fassung der Bek. v. 20. Mai 1898 (RGBl. S. 709) vom Gläubiger im Wege der Anfechtungsklage angefochten, so hat der Klageantrag gemäß § 9 des Anfecht.Ges. bestimmt zu bezeichnen, in welchem Umfange und in welcher Weise die Rückgewähr seitens des Empfängers bewirkt werden soll. Dieser Antrag wird gegen den neuen Eigentümer, da das Grundstück als noch zu dem Vermögen des Schuldners gehörig anzusehen ist (§ 7), dahin zu fassen sein, daß derselbe die Befriedigung des klagenden Gläubigers wegen seiner Forderung aus dem Grundstück dulde, oder daß er sich behufs Befriedigung des klagenden Gläubigers die Zwangsvollstreckung in das Grundstück gefallen lasse". (Jäckel S. 85 Anm. 7.) Ist nach diesem Klageantrage rechtskräftig erkannt, so ist dem Antrage auf Zwangsversteigerung gegen den Erwerber des

Grundstücks stattzugeben. Ebenso ist die Anfechtungsklage gegen die Erben des Erwerbers und andere Rechtsnachfolger zu fassen. In letztem Falle müssen noch die Voraussetzungen des § 11 Abs. 2 Anfecht.Ges. erfüllt sein. Zur Wahrung seiner Rechte bis zur Durchführung seines Anfechtungsanspruchs kann der Gläubiger bei dem nach §§ 937 bzw. 942 ZPO. zuständigen Gerichte beantragen, daß zur Sicherung seines Anspruchs auf Rückgewähr die Eintragung einer Vormerkung im Wege der einstweiligen Verfügung angeordnet wird (§§ 883, 885 BGB., § 941 ZPO.).

§ 18.

Verbindung mehrerer Versteigerungen.

Die Zwangsversteigerung mehrerer Grundstücke kann in demselben Verfahren erfolgen, wenn sie entweder wegen einer Forderung gegen denselben Schuldner oder wegen eines an jedem der Grundstücke bestehenden Rechtes betrieben wird.

---

1. Voraussetzungen der Verbindung. Grundsätzlich geht das Gesetz davon aus, daß, wenn es sich um die Zwangsversteigerung mehrerer Grundstücke handelt, für jedes von ihnen an sich ein besonderes Verfahren erforderlich ist. Lediglich aus Zweckmäßigkeitsgründen, namentlich behufs Verminderung der Kosten, hat man in § 18 zwei Ausnahmen zugelassen (Denkschr.). a) Wenn die Zwangsversteigerung mehrerer Grundstücke wegen einer Forderung gegen denselben Schuldner betrieben wird. b) Wenn ein Gläubiger die Zwangsversteigerung mehrerer, verschiedenen Eigentümern gehöriger Grundstücke auf Grund eines Rechts (Reallast, Hypothek, Grundschuld, Rentenschuld) betreibt, das an jedem dieser Grundstücke besteht, insbesondere auf Grund einer Gesamthypothek oder Gesamtgrundschuld. Bei Ausnahme a) ist Voraussetzung: Identität des Schuldners und der Forderung. Gehören die Grundstücke verschiedenen Personen, die demselben Gläubiger als Gesamtschuldner verhaftet sind, so ist die Verbindung zu einem Verfahren unzulässig. Die Identität der Forderung ist streitig, es ist jedoch mit Rücksicht auf die ausnahmsweise Zulassung der Verbindung und den Wortlaut des Gesetzes daran festzuhalten. Ebenso Jäckel Anm. zu § 18 S. 86, Dernburg, Bürgerliches Recht, Bd. III § 255 unter 4, Reinhard Anm. II 2 zu § 2; a. M. Wolff Anm. 2 zu § 18 S. 63, Fischer und Schäfer Anm. 1a zu § 18. Identität des Gläubigers ist nicht erforderlich; dieselbe Forderung kann z. B. bei einer Gesamtgläubigerschaft im Falle des § 428 BGB. oder aus § 335 BGB. von mehreren Gläubigern geltend gemacht sein. Vgl. Fischer und Schaefer Anm. 1a zu § 18 S. 208. Bei Ausnahme b) ist zur Identität des dinglichen Rechts nicht Identität des Schuldners erforderlich, da für denselben dinglichen Anspruch mehrere vollstreckbare Titel vorhanden sein können. Unwesentlich ist, ob die mehreren verhafteten Grundstücke demselben oder verschiedenen Schuldnern gehören.

Für beide Ausnahmen zu a und b gilt gemeinsam, daß es gleichgültig ist, ob die mehreren Grundstücke in demselben oder in verschiedenen Gerichtsbezirken liegen. In dem letztgedachten Falle muß gemäß § 2 Abs. 2 das zunächst höhere Gericht das zuständige Vollstreckungsgericht bestimmen.

2. Die Verbindung kann auf Antrag eines Beteiligten als von Amts wegen noch während des Verfahrens stattfinden, solange sie noch tatsächlich tunlich ist (Bericht d. Reichstagsk.). Ein Recht auf Verbindung besteht nicht, sondern sie ist dem Ermessen des Gerichts überlassen. Sie wird seitens des Gerichts abzulehnen sein, wenn eine Verwirrung des Verfahrens und eine Benachteiligung gewisser bei dem Verfahren Beteiligter zu besorgen ist. Vgl. Jäckel S. 87. Die Entscheidung über die Verbindung kann mit der sofortigen Beschwerde aus § 95 angefochten werden, da sie die Anordnung des Verfahrens betrifft. Vgl. Wolff S. 64 Anm. 4. Zur Heranziehung des § 793 ZPO., auf dessen Bestimmung sich Jäckel S. 87 beruft, liegt keine Veranlassung vor. Die Möglichkeit einer Beschwerde verneinen Fischer und Schäfer Anm. 2 zu § 18 S. 208.

Bei Bruchteilen desselben oder verschiedener Grundstücke, ebenso wie bei einem Bruchteil und einem anderen ganzen Grundstück findet § 18 unter denselben Voraussetzungen Anwendung, vgl. Jäckel S. 87. Über die Wirkung der Verbindung für das weitere Verfahren vgl. §§ 63, 64, 112, 122.

§ 19.

Eintragung der Anordnung in das Grundbuch. Mitteilungen des Grundbuchamtes.

Ordnet das Gericht die Zwangsversteigerung an, so hat es zugleich das Grundbuchamt um Eintragung dieser Anordnung in das Grundbuch zu ersuchen.

Das Grundbuchamt hat nach der Eintragung des Versteigerungsvermerkes dem Gericht eine beglaubigte Abschrift des Grundbuchblattes und der Urkunden, auf welche im Grundbuche Bezug genommen wird, zu erteilen, die bei ihm bestellten Zustellungsbevollmächtigten zu bezeichnen und Nachricht zu geben, was ihm über Wohnort und Wohnung der eingetragenen Beteiligten und deren Vertreter bekannt ist. Statt der Erteilung einer beglaubigten Abschrift der Urkunden genügt die Beifügung der Grundakten oder der Urkunden.

---

1. Bedeutung des Abs. 1. Dem Vollstreckungsgericht wird die Pflicht auferlegt, bei Anordnung der Zwangsversteigerung das Grundbuchamt um die Eintragung dieser Anordnung in das Grundbuch zu ersuchen.

2. Form des Ersuchens. Diese richtet sich nach Landesrecht. Für Preußen sind nach Art. 9 des AG. GBO. v. 26. September 1899 Erklärungen oder Ersuchen einer Behörde, auf Grund deren eine Eintragung erfolgen soll, ordnungsmäßig, das heißt, vom Richter zu unterschreiben und mit Siegel und Stempel zu versehen. Das Ersuchen hat selbst dann zu geschehen, wenn Vollstreckungsrichter und Grundbuchrichter dieselbe Person sind. A. A. Eccius in Gruchots Beitr. 45 S. 530. Das Ersuchen hat weder die Person, auf deren Antrag die Zwangsversteigerung angeordnet, noch diejenige, gegen welche die Vollstreckung sich richtet, namhaft zu machen.

3. Stellung des Grundbuchamts zu dem Ersuchen um Eintra-

gung. Maßgebend ist § 39 GBO. Danach erfolgt in den Fällen, in denen nach gesetzlicher Vorschrift eine Behörde befugt ist, das Grundbuchamt um eine Eintragung zu ersuchen, die Eintragung auf Grund des Ersuchens der Behörde. Der Prüfung des Grundbuchamts unterliegt nur die Frage, ob das Vollstreckungsgericht gesetzlich befugt ist, das Ersuchen zu stellen, und die Form des Ersuchens gewahrt ist. Die sachlichen Unterlagen und die Rechtmäßigkeit des Ersuchens hat der Grundbuchrichter nicht zu prüfen, hierfür ist die ersuchende Behörde allein verantwortlich (RG. in JW. 1887 S. 198). Der Grundbuchrichter muß selbst dann dem Ersuchen stattgeben, wenn sich Anstände aus dem Inhalte des Grundbuchs ergeben, z. B. die Fideikommißqualität, ein Veräußerungsverbot, oder der Schuldner nicht als Eigentümer eingetragen steht. In einem der letztgedachten Fälle hat das Grundbuchamt dem Vollstreckungsrichter die aus dem Grundbuch sich ergebenden Anstände zwar nicht mitzuteilen, aber trotzdem dem gestellten Ersuchen ohne Verzug zu entsprechen (Denkschr.). Der Vollstreckungsrichter hat alsdann gemäß § 28 zu verfahren.

4. Form des Versteigerungsvermerkes. Letzterer lautet dahin: „Die Zwangsversteigerung ist angeordnet, eingetragen am . . .“ Die Eintragung dieses Vermerkes erfolgt in Preußen (pr. GKG. § 132) gebührenfrei. Wegen der Wirkung dieses Vermerkes s. § 22.

5. Die Mitteilungen aus Abs. 2. Das Grundbuchamt hat die Mitteilungen, ohne daß es eines darauf gerichteten Ersuchens bedarf, von Amts wegen dem Vollstreckungsrichter zu machen. „Dem Gerichte wird damit in zuverlässiger Weise von den Rechten Kenntnis gegeben, die nach dem Inhalte des Grundbuchs zu berücksichtigen sind (§§ 28, 37, 38, 45, 48, 67, 91, 114)“ (Denkschr.). Das Grundbuchamt hat dem Vollstreckungsgericht nach Abs. 2 eine beglaubigte Abschrift des Grundbuchblattes und der das Blatt ergänzenden Urkunden zu erteilen.

In welcher Form die zu erteilende Abschrift des Grundbuchblatts zu beglaubigen ist, richtet sich nach Landesrecht. In Preußen geschieht nach Art. 57 des preuß. Ges. über die freiwill. Gerichtsb. die Beglaubigung einer Abschrift durch einen unter die Abschrift zu setzenden Vermerk, der die Übereinstimmung mit der Hauptschrift bezeugt. Der Vermerk ist von dem Richter und dem Gerichtsschreiber zu unterschreiben und mit Siegel oder Stempel zu versehen (AG. GBO. Art. 7 Abs. 2; pr. Ges. üb. d. freiw. Gerichtsb. Art. 35, 51).

Für die Richtigkeit der Abschrift haftet den Beteiligten gegenüber bei vorsätzlicher oder fahrlässiger Verletzung der Amtspflicht seitens des Grundbuchbeamten der Staat gemäß § 12 GBO.

Die Regreßpflicht des Grundbuchbeamten dem Staate gegenüber regelt sich nach Landesrecht; in Preußen nach Art. 8 AG. z. GBO. Art. 8 bestimmt, daß, wenn ein Grundbuchbeamter vorsätzlich oder aus grober Fahrlässigkeit die ihm obliegende Amtspflicht verletzt, so trifft ihn dem Staate gegenüber die im § 839 BGB. bestimmte Verantwortlichkeit. Wohl zu beachten ist, daß im Falle einer nicht groben Fahrlässigkeit jeder Ersatzanspruch des Staates gegen den Beamten ausgeschlossen ist. Was unter grober Fahrlässigkeit zu verstehen ist, muß, da es an einer gesetzlichen Begriffsbestimmung fehlt, stets tatsächlich entschieden werden. Willenbücher GBO. zu Art. 8 AG. z. GBO. Anm. 1 (2. Aufl.) S. 147.

Die Urkunden, auf welche im Grundbuch Bezug genommen und von welchen eine beglaubigte Abschrift zu erteilen ist, ergeben sich aus den §§ 874, 877, 885, 1115

BGB.; §§ 9, 57 GBO. und Art. 9 der Preuß. Verordn. v. 13. November 1899, betr. das Grundbuchwesen.

Der letzte Satz des Abs. 2 ist zur Verminderung des Schreibwerks von der Reichstagskommission hinzugefügt. Er gilt nur für die Urkunden, auf welche im Grundbuch Bezug genommen ist. Ausgeschlossen ist seine Anwendbarkeit bezüglich der Erteilung einer beglaubigten Abschrift des Grundbuchblattes und der sonstigen nach Abs. 2 dem Grundbuchamt obliegenden Mitteilungen.

Das Grundbuchamt hat dem Vollstreckungsrichter auch die zu seinen Akten bestellten Zustellungsbevollmächtigten zu bezeichnen und Nachricht zu geben, was ihm über Wohnort und Wohnung der eingetragenen Beteiligten und deren Vertreter bekannt ist.

Zur Erleichterung der das Grundbuchamt hiernach treffenden Verpflichtungen ist in § 48 Nr. 3 der Geschäftsordnung f. Gerichtsschr. der Amtsgerichte bestimmt, daß derartige, zu den Grundakten gelangte Angaben auf einem besonderen Blatte (Wohnungsblatt) zu vermerken sind. Das Wohnungsblatt ist vor der Tabelle in den Umschlag zu heften.

Mit Rücksicht auf § 22 Abs. 1 des Ges. wird das Grundbuchamt dem Vollstreckungsrichter auch mitzuteilen haben, wann das Ersuchen um Eintragung des Versteigerungsvermerkes dem Grundbuchamte zugegangen ist, a. M. Wolff S. 66 Anm. 4.

Eintragungen, die erst im Laufe des Zwangsversteigerungsfahrens im Grundbuch erfolgen, braucht das Grundbuchamt dem Vollstreckungsrichter nicht mitzuteilen, da es Sache des Berechtigten ist, seine Rechte geltend zu machen (§§ 9 Nr. 1, 37 Nr. 4 ZwVG.).

Anordnung und Umfang der Beschlagnahme. (§§ 20, 21.)

§ 20.

Der Beschluß, durch welchen die Zwangsversteigerung angeordnet wird, gilt zugunsten des Gläubigers als Beschlagnahme des Grundstücks.

Die Beschlagnahme umfaßt auch diejenigen Gegenstände, auf welche sich bei einem Grundstücke die Hypothek erstreckt.

§ 21.

Die Beschlagnahme umfaßt land- und forstwirtschaftliche Erzeugnisse des Grundstücks sowie die Forderung aus einer Versicherung solcher Erzeugnisse nur, soweit die Erzeugnisse noch mit dem Boden verbunden oder soweit sie Zubehör des Grundstücks sind.

Die Beschlagnahme umfaßt nicht die Miet- und Pachtzinsforderungen, sowie die Ansprüche aus einem mit dem Eigentum an dem Grundstücke verbundenen Rechte auf wiederkehrende Leistungen.

Das Recht eines Pächters auf den Fruchtgenuß wird von der Beschlagnahme nicht berührt.

1. Anordnung des Verfahrens und ihre Wirkung. Das Gesetz knüpft nach dem Vorgange der Konkursordnung §§ 6, 117, 118 die Beschlagnahme an den Beschluß, durch welchen das Verfahren angeordnet wird (Denkschr.). Ihrem Zweck entsprechend tritt die Beschlagnahme nur zugunsten des betreibenden und des beigetretenen Gläubigers ein. Nur auf diese Gläubiger ist daher auch das Anfechtungsrecht von Veräußerungen, welche der Beschlagnahme zuwiderlaufen, beschränkt.

2. Umfang der Beschlagnahme. (§§ 20, 21.) Nach § 20 Abs. 2 umfaßt die Beschlagnahme zugleich die Gegenstände, welche neben dem Grundstücke im Einklang mit § 865 Abs. 1 ZPO. der Zwangsvollstreckung in das unbewegliche Vermögen unterliegen.

Der Umfang der Haftung des Grundstücks für Hypotheken ist in den §§ 1120 bis 1130 BGB. geregelt. Danach erstreckt sich die Hypothek, abgesehen von dem ganzen Grundstück mit allen seinen Bestandteilen (mit Gebäuden, ungetrennten Erzeugnissen und mit den Rechten, die mit dem Eigentum an dem Grundstück verbunden sind, z. B. Grunddienstbarkeiten, Vorkaufsrecht, Reallasten, §§ 93—96 BGB.) auf:

a) die getrennten Erzeugnisse und sonstigen Bestandteile sowie das Zubehör, soweit und solange sie sich noch im Eigentum des Grundstücksbesitzers befinden (§§ 1120—1122);

b) die Miet- und Pachtzinsforderungen (§§ 1123—1125);

c) die mit dem Eigentum an dem Grundstück verbundenen Rechte (§ 1126);

d) die Versicherungsansprüche (§§ 1127—1130);

e) die zugeschriebenen Grundstücke.

Zu a) Maßgebend für die hypothekarische Haftung ist der Zeitpunkt der Beschlagnahme. Nicht ergriffen von der Beschlagnahme werden jedoch α) getrennte Erzeugnisse und sonstige Bestandteile, soweit sie auf Grund eines dinglichen oder obligatorischen Rechts mit der Trennung gemäß §§ 954—957 BGB. in das Eigentum eines anderen als des Eigentümers oder des Eigenbesitzers des Grundstücks gelangt sind (§ 1120 BGB.); β) getrennte Erzeugnisse und sonstige Bestandteile, soweit sie vor der Beschlagnahme von dem Schuldner veräußert und von dem Grundstück entfernt worden sind. Räumliche Trennung allein genügt nicht, ebensowenig die Veräußerung allein. Als Veräußerung ist nicht anzusehen Mobiliarverpfändung und Pfändung im Wege der Zwangsvollstreckung. Wolff S. 69. Räumliche Entfernung, welche vor der Beschlagnahme erfolgt ist, würde nur dann die Befreiung von der hypothekarischen Haftung zur Folge haben, wenn die Trennung innerhalb der Grenzen einer ordnungsmäßigen Wirtschaft geschehen und die Entfernung nicht zu einem vorübergehenden Zweck erfolgt ist (§ 1122 Abs. 1 BGB.); γ) getrennte land- und forstwirtschaftliche Erzeugnisse des Grundstücks, soweit sie nicht dessen Zubehör sind (§ 21 Abs. 1). Sind sie dagegen Zubehör oder sind sie mit dem Boden verbunden, so werden sie nach § 21 Abs. 1 von der Beschlagnahme erfaßt. Hiernach genügt bei diesen die räumliche Trennung, um sie von der Wirkung der Beschlagnahme zu befreien.

Zu den Erzeugnissen gehören sowohl die stehenden und hängenden Naturalfrüchte, als auch nach § 99 BGB. die sonstige Ausbeute, welche aus der Sache ihrer Bestimmung gemäß gewonnen wird (z. B. Sand, Ton, Lehm, Steine, Kalk, Torf, Kohlen, Salze, Mineralquellen). An sich bilden diese Erzeugnisse Substanzteile des Grundstücks, die aber mit Rücksicht auf die wirtschaftliche Bestimmung des Grundstücks als Frucht angesehen werden. Solange ihre Gewinnung, durch die sie erst zur Ausbeute werden, noch nicht erfolgt ist, unterliegen sie als Substanzteile der Beschlagnahme.

Als Zubehör (Begriff §§ 97, 98 BGB.), welches von der Beschlagnahme ergriffen wird, sind die land- und forstwirtschaftlichen Erzeugnisse eines Landguts d. h. „eines zum selbständigen Betriebe der Landwirtschaft eingerichteten Grundstücks“ (Planck, BGB. Anm. 3 zu § 98) gemäß § 98 Nr. 2 BGB. zu erachten, soweit sie zur Fortführung der Wirtschaft bis zu der Zeit erforderlich sind, zu welcher gleiche oder ähnliche Erzeugnisse voraussichtlich gewonnen werden.

Zubehörstücke werden von der Haftung frei,

α) soweit sie nicht in das Eigentum des Eigentümers des Grundstücks gelangt sind (§ 1120 BGB., § 20 Abs. 2); vgl. jedoch § 55 Abs. 2;

β) wenn sie vor der Beschlagnahme veräußert und von dem Grundstücke entfernt sind (§ 1121 BGB.);

γ) auch ohne Veräußerung, wenn ihre Zubehöreigenschaft innerhalb der Grenzen einer ordnungsmäßigen Wirtschaft vor der und in Gemäßheit der §§ 23, 24 auch nach der Beschlagnahme aufgehoben wird (§ 1122 Abs. 2 BGB.).

Zu b) Nach § 21 Abs. 2 sind von der Beschlagnahme frei die Miets- und Pachtzinsforderungen. Wohl aber erfaßt die Beschlagnahme die Miets- und Pachtzinsforderungen bei der Zwangsverwaltung (§ 148 ZwVG.).

Zu c) Von der Zwangsversteigerung werden nicht berührt die Ansprüche auf wiederkehrende Leistungen aus einem Recht „das mit dem Eigentum an dem Grundstücke verbunden ist“ (§ 21 Abs. 2).

Zu d) Die Beschlagnahme erstreckt sich für die Zwangsversteigerung auf die Versicherungsansprüche (§ 20 Abs. 2). Dagegen wird die Forderung aus einer Versicherung land- und forstwirtschaftlicher Erzeugnisse des Grundstücks nur dann ergriffen, wenn die Früchte zur Zeit der Beschlagnahme noch mit dem Boden verbunden oder soweit sie Zubehör des Grundstücks waren (§ 21 Abs. 1).

Eine besondere Bestimmung gilt jedoch nach § 21 Abs. 3 für verpachtete Grundstücke. Hier bestimmt Abs. 3, daß im Verhältnisse zu dem Rechte eines Pächters auf den Fruchtgenuß die Beschlagnahme überhaupt ohne Wirkung ist, gleichviel ob die Trennung der Früchte schon vor der Beschlagnahme erfolgt ist oder nicht. Damit wird, wie die Denkschrift bemerkt, diesem Rechte der Schutz auch für die Zeit gesichert, während welcher die dem Pächter zufallenden Früchte noch mit dem Boden verbunden sind. Voraussetzung der Bestimmung des Abs. 3 ist, daß der Pächter sich im Pachtbesitze befindet, da nur dieser nach § 956 BGB. das Eigentum an den Erzeugnissen und sonstigen Bestandteilen der Sache mit der Trennung erwirbt, und nur ihm gegenüber die Einschränkung der hypothekarischen Haftung nach § 1120 BGB. erfolgt. Die Vorschrift des § 21 Abs. 3 greift auch für die Zwangsverwaltung Platz (§§ 146, 148). Jäckel S. 91.

Dagegen ist die Anwendung des Abs. 3 des § 21 ausgeschlossen bei anderen, zum Fruchtbezuge Berechtigten, die nicht Pächter sind, insbesondere bei denjenigen, welche vermöge eines dinglichen Rechts (Nießbrauchs, Erbbaurechts) am Grundstücke befugt sind, sich Erzeugnisse oder sonstige Bestandteile des Grundstücks anzueignen (§ 954 BGB.). In diesen Fällen gehören die Früchte infolge der Beschlagnahme stets zur Immobiliarmasse. Bei der Auseinandersetzung bezüglich der Früchte zwischen dem Nutzungsberechtigten und dem betreibenden Gläubiger kommt es auf den Rang des Rechts an. Ist das Nutzungsrecht älter, als das Recht des betreibenden Gläubigers, so geht ersteres vor, und der betreibende Gläubiger muß trotz der Beschlagnahme ihm weichen (Denkschr.). Vgl. Jäckel S. 91; Wolff S. 68. Was vom Nießbraucher gilt, gilt auch für den Pächter des Nießbrauchs. Jäckel S. 92.

§ 22.

Zeitpunkt der Wirksamkeit der Beschlagnahme.

Die Beschlagnahme des Grundstücks wird mit dem Zeitpunkte wirksam, in welchem der Beschluß, durch den die Zwangsversteigerung angeordnet ist, dem Schuldner zugestellt wird. Sie wird auch wirksam mit dem Zeitpunkt, in welchem das Ersuchen um Eintragung des Versteigerungsvermerkes dem Grundbuchamte zugeht, sofern auf das Ersuchen die Eintragung demnächst erfolgt.

Erstreckt sich die Beschlagnahme auf eine Forderung, so hat das Gericht auf Antrag des Gläubigers dem Drittschuldner zu verbieten, an den Schuldner zu zahlen. Die Beschlagnahme wird dem Drittschuldner gegenüber erst mit dem Zeitpunkte wirksam, in welchem sie ihm bekannt oder das Zahlungsverbot ihm zugestellt wird. Die Vorschriften des § 845 der Zivilprozeßordnung finden entsprechende Anwendung.

---

1. Zeitpunkt der Wirksamkeit der Beschlagnahme. Regelfall. Die Wirksamkeit der Beschlagnahme tritt in zwei, voneinander unabhängigen und auch zeitlich nicht notwendig zusammenfallenden Zeitpunkten ein

a) in dem Momente der Zustellung des Einleitungsbeschlusses an den Schuldner;

b) in dem Momente des Einganges des Ersuchens um Eintragung des Versteigerungsvermerkes bei dem Grundbuchamt, sofern auf das Ersuchen die Eintragung demnächst erfolgt.

Welcher von diesen beiden Momenten zuerst eintritt, ist für die Wirksamkeit der Beschlagnahme maßgebend. Die Zustellung des Eröffnungsbeschlusses geschieht von Amtswegen nach § 8. Die Bestimmung zu a) steht im Einklang mit § 16 des pr. ZwVG. und mit der Vorschrift im § 23 Abs. 1 Satz 1, nach der die Beschlagnahme die rechtliche Natur eines Veräußerungsverbotes hat.

Die Bestimmung zu b) ist nach der Denkschrift deshalb getroffen, weil sie dem betreibenden Gläubiger einen ausgiebigeren Schutz gegen Verfügungen des Schuldners über das Grundstück, auch soweit es sich um das Verhältnis zu Dritten handelt, (vgl. § 892 Abs. 1 Satz 2 BGB.) gewährt. Insbesondere kommen hier mit Rücksicht auf den § 878 BGB. die Fälle in Betracht, in denen die Zustellung des Versteigerungsbeschlusses an den Schuldner erst nach dem Eingange des Ersuchens um Eintragung des Versteigerungsvermerks bewirkt wird, inzwischen aber ein Dritter zufolge Bewilligung des Schuldners eine Eintragung in das Grundbuch verlangt hat.

Für einen später beigetretenen Gläubiger wird die Beschlagnahme, da hier eine Eintragung in das Grundbuch nicht stattfindet (§ 27 Abs. 1 Satz 2), immer erst mit der Zustellung des Beitrittsbeschlusses an den Schuldner wirksam. Nach Zustellung des Beitrittsbeschlusses an den Schuldner gilt demnächst der einmal eingetragene Versteigerungsvermerk auch zugunsten des beigetretenen Gläubigers. (Denkschr.)

2. Ausnahmefall. Um bei Beschlagnahme einer Forderung — als solche kommen bei der Zwangsversteigerung wohl nur Forderungen aus der Versicherung in Frage — die Lage des Drittschuldners nicht in unbilliger Weise zu gefährden, ist im Abs. 2 bestimmt, daß die Beschlagnahme gegen den Drittschuldner erst mit dem Zeitpunkte Wirksamkeit erlangt, in welchem sie ihm bekannt oder das Zahlungsverbot ihm zugestellt wird. Dem gerichtlichen Zahlungsverbot steht gleich eine von dem Gläubiger ausgehende dem § 845 ZPO. entsprechende vorläufige Benachrichtigung und das dort bezeichnete Privatverbot. Bis dahin kann der Drittschuldner gültig an den Schuldner zahlen, selbst wenn diesem gegenüber die Beschlagnahme bereits wirksam ist. RG. Bd. 24 S. 273.

Zu der geforderten Kenntnis des Drittschuldners gehört positives Wissen. Eine Erkundigungspflicht besteht nicht, Mitteilung des Gläubigers ohne die nötigen Unterlagen reicht nicht aus. Fischer und Schäfer Anm. 2 zu § 22 S. 215. Auch die Eintragung des Versteigerungsvermerkes hat, da § 23 Abs. 2 Satz 2 sich nur auf „mithaftende bewegliche Sachen" bezieht und daher auf mithaftende Forderungen nicht erstreckt werden kann, nicht die Wirkung, daß die Beschlagnahme als bekannt gilt. Dagegen steht auch dem Drittschuldner gegenüber die Kenntnis des Versteigerungsantrages nach § 23 Abs. 2 Satz 1 einer Kenntnis der Beschlagnahme gleich. Danach gehört der Drittschuldner im Sinne des § 135 Abs. 2 BGB. zu den Personen, welche Rechte von einem Nichtberechtigten herleiten. Dies mit Recht deshalb, weil in der Annahme der Zahlung eine Verfügung des Schuldners liegt, auf die sich der Drittschuldner beruft, und auf die er seine Befreiung von der Verbindlichkeit gründet. Vgl. Jäckel, Anm. 2 zu § 22, S. 98; Planck, BGB. Anm. 5 zu § 135 BGB.

Der Erlaß des Zahlungsverbotes erfolgt nur auf Antrag des betreibenden Gläubigers, bei der Zwangsverwaltung auch auf Antrag des Verwalters (§ 151 Abs. 3). Ausschließlich zuständig für den Erlaß ist das Gericht, welches nach § 15 die Zwangsversteigerung anordnet. Vgl. Jäckel, Anm. 2 zu § 22, S. 97; Fischer und Schäfer, Anm. 2 S. 215; Wolff Anm. 6 zu § 22 S. 75. Die Zustellung des Zahlungsverbots geschieht von Amts wegen (§ 3) nach den §§ 4—7. Eine öffentliche Zustellung findet nicht statt und wird durch die Zustellung des § 6 ersetzt RG. Bd. 22 S. 408. Vgl. auch Jäckel, S. 97; Wolff Anm. 6 S. 76. Ein Verfügungsverbot an den Schuldner erübrigt sich, da dieses schon in dem Einleitungsbeschluß, welcher dem Schuldner zugestellt wird, mitenthalten ist.

Der in § 22 in Bezug genommene § 845 ZPO. lautet:

Schon vor der Pfändung kann der Gläubiger auf Grund eines vollstreckbaren Schuldtitels durch den Gerichtsvollzieher dem Drittschuldner und dem Schuldner die Benachrichtigung, daß die Pfändung bevorstehe, zustellen lassen mit der Aufforderung an den Drittschuldner, nicht an den Schuldner zu zahlen, und mit der Aufforderung an den Schuldner, sich jeder Verfügung über die Forderung, insbesondere der Einziehung derselben zu enthalten. Der vorherigen Erteilung einer vollstreckbaren Ausfertigung und der Zustellung des Schuldtitels bedarf es nicht.

Die Benachrichtigung an den Drittschuldner hat die Wirkung eines Arrestes (§ 930), sofern die Pfändung der Forderung innerhalb drei Wochen bewirkt wird. Die Frist beginnt mit dem Tage, an welchem die Benachrichtigung zugestellt ist.

Die Zustellung des privaten Zahlungsverbotes kann schon vor Stellung des Versteigerungsantrages geschehen. Vgl. Wolff, Anm. 7 zu § 22 S. 76 und Fischer u. Schäfer Anm. 2 S. 216. Erfolgt die Zustellung, nachdem die Beschlagnahme dem Schuldner gegenüber bereits wirksam geworden ist, so erübrigt sich die Benachrichtigung an den Schuldner.

Die Benachrichtigung an den Drittschuldner gemäß § 845 ZPO. hat die Wirkung der Beschlagnahme erst dann, wenn innerhalb der dreiwöchigen Frist auf Antrag des Gläubigers das gerichtliche Zahlungsverbot aus § 22 Abs. 2 dem Drittschuldner zugestellt wird (§ 845 Abs. 2 ZPO.). In diesem Falle wird das Datum der Beschlagnahme auf den Tag der Zustellung der privaten Benachrichtigung zurückgezogen. RG. Bd. 17 S. 329; Jäckel, Anm. 3 S. 98.

§ 23.

Wirkungen der Beschlagnahme.

Die Beschlagnahme hat die Wirkung eines Veräußerungsverbots. Der Schuldner kann jedoch, wenn sich die Beschlagnahme auf bewegliche Sachen erstreckt, über einzelne Stücke innerhalb der Grenzen einer ordnungsmäßigen Wirtschaft auch dem Gläubiger gegenüber wirksam verfügen.

Kommt es bei einer gegen die Beschlagnahme verstoßenden Verfügung nach § 135 Abs. 2 des BGB. darauf an, ob derjenige, zu dessen Gunsten verfügt wurde, die Beschlagnahme kannte, so steht die Kenntnis des Versteigerungsantrags einer Kenntnis der Beschlagnahme gleich. Die Beschlagnahme gilt auch in Ansehung der mithaftenden beweglichen Sachen als bekannt, sobald der Versteigerungsvermerk eingetragen ist.

---

1. Allgemeine Wirkung der Beschlagnahme. Nach Satz 1 hat die Beschlagnahme die Wirkung eines Veräußerungsverbotes. Dieses wirkt nur relativ d. h. zum Schutze bestimmter Personen. Die nach der Beschlagnahme von dem Schuldner vorgenommene Verfügung ist daher nicht nichtig, sondern nur dem betreibenden Gläubiger gegenüber unwirksam (§§ 135, 136 BGB.).

2. Die Wirkungen im einzelnen. Diese Unwirksamkeit erstreckt sich auf Verfügungen aller Art, insbesondere auf

a) die Veräußerung und Belastung des Grundstücks. Der Schuldner darf auch nach Eintragung des Versteigerungsvermerks auflassen und dingliche Rechte bestellen. Diese Akte sind aber für den Fortgang des Verfahrens ohne Einfluß. Der auf diese Art im Grundbuch später Eingetragene kann zum Nachteile der ihm vorgehenden Gläubiger im Versteigerungsverfahren keine Rechte ausüben. Hiernach ist der Schuldner bezüglich grundbuchlicher Transaktionen durch die Eintragung des Versteigerungsvermerkes nicht behindert. Soweit Hypotheken und Grundschulden dem Eigentümer zustehen, kann er über diese, auch wenn sie der Forderung des betreibenden Gläubigers dem Range nach vorgehen, wirksam verfügen und auf einen Dritten übertragen, da sich auf diese Rechte das Veräußerungsverbot nicht erstreckt. Vgl. Jäckel S. 101. Mit Recht wird von Fischer und Schäfer S. 217 hierzu bemerkt, daß allerdings die Lage des betreibenden Gläubigers dabei eine Verschlechterung erfahren kann. Denn während der Eigentümer, solange ihm Hypothek und Grundschuld zustand, keine Zinsen verlangen konnte, stehen jetzt dem Dritten von der Abtretung ab Zinsen zu (§§ 1177, 1197 Abs. 2 BGB.).

Die Gläubiger des Schuldners, welche im Wege der Zwangsvollstreckung dessen Eigentümerhypothek- oder Grundschuld gepfändet und überwiesen erhalten haben (§§ 837, 857 Abs. 6 ZPO.), können sowohl bei der Überweisung an Zahlungsstatt (§ 835 Abs. 2 ZPO.), als auch bei der zur Einziehung (§ 835 ZPO.), ebenso wie bei der Verpfändung (§§ 1282, 1289, 1291 BGB.) Zinsen fordern.

Wird nach der Beschlagnahme vom Schuldner das Grnndstück veräußert, so können von letzterem bezüglich seiner ehemaligen Eigentümerhypothek bzw. Grundschuld nunmehr auch Zinsen verlangt werden.

Bei einer Maximalhypothek ist der Rang derselben von der Eintragung abhängig, wenn auch die Höhe der Forderung noch nicht feststeht. Ist die Forderung, für welche sie bestellt ist, überhaupt nicht zur Entstehung gelangt, so steht die Hypothek nach § 1163 BGB. dem Eigentümer zu und verwandelt sich nach § 1177 BGB. in eine Grundschuld. Bei Realisierung dieser ist der Schuldner wohl befugt, auch nach der Beschlagnahme Valuta für sie entgegenzunehmen, ebenso wie er bei der Zwangsversteigerung, sofern seine Grundschuld dem Recht des betreibenden Gläubigers vorgeht, diese für sich liquidieren kann (§ 1197 BGB.). Vgl. Jäckel S. 101.

Erhöhung des Zinsfußes einer eingetragenen Hypothek oder Grundschuld bis auf fünf vom Hundert, welche nach § 1119 BGB. der Zustimmung der im Range gleich- oder nachstehenden Berechtigten nicht bedarf, ist nach der Beschlagnahme dem betreibenden Gläubiger gegenüber unwirksam. Jäckel, S. 101, Wolff, Anm. 4 zu § 23. Dasselbe gilt von der Erhöhung der Renten einer Rentenschuld bis auf einen Betrag von fünf vom Hundert der Ablösungssumme. Vgl. Fischer u. Schäfer S. 217.

b) Das Veräußerungsverbot ergreift ferner bewegliche Sachen (Zubehör) und Forderungen, auch solche, die erst später hinzutreten. Über sie darf der Schuldner in keiner den Gläubiger benachteiligenden Weise verfügen. Dagegen ist ihm nach § 23 Satz 2 gestattet, über einzelne Stücke innerhalb der Grenzen einer ordnungsmäßigen Wirtschaft auch dem Gläubiger gegenüber wirksam zu verfügen. Die Denkschrift bemerkt hierzu, daß diese Vorschrift in Einklang steht mit dem auch nach der Beschlagnahme dem Schuldner verbleibenden Recht, das Grundstück innerhalb der bezeichneten Grenzen zu verwalten und zu benutzen. „Die Entziehung der fraglichen Befugnis ist durch den Zweck der Zwangsversteigerung an sich nicht geboten; der Gläubiger, der zu seiner

Befriedigung die Nutzungen des Grundstücks in Anspruch nehmen will, kann jederzeit die Zwangsverwaltung beantragen."

Welche Verfügungsakte im einzelnen hiernach dem Schuldner gestattet sind, ist nach den Umständen des einzelnen Falles zu beurteilen. Der durch die Veräußerung erzielte Erlös fällt nicht unter die Beschlagnahme. Vgl. Fischer und Schäfer Anm. 2 zu § 23 S. 217. Zu der gegenteiligen Auffassung von Jäckel, Anm. 3 b) zu § 23 S. 102 und Wolff, Anm. 6 zu § 23, wonach der Schuldner den Erlös, soweit er ihn nicht zum Unterhalt oder in der Wirtschaft verbraucht, an das Vollstreckungsgericht abliefern muß, bietet der Wortlaut des Gesetzes keinen Anhalt. Auch das allgemeine Prinzip, nach dem dem Schuldner trotz der Beschlagnahme die Verwaltung und Nutzung des Grundstücks verbleibt, steht dem von Jäckel u. Wolff vertretenen Ergebnis entgegen.

Eine nicht in den Grenzen einer ordnungsmäßigen Wirtschaft liegende Verfügung ist dem Gläubiger gegenüber unwirksam; der Gläubiger kann dinglich auf Rückgewähr der entfernten Gegenstände klagen. Auch dem Ersteher steht dieses Klagerecht zu, weil mit Rücksicht auf die erfolgte Beschlagnahme die Veräußerung und Entfernung der Erzeugnisse und Bestandteile nicht die Wirkung hat, um sie von der Haftung frei werden zu lassen (§§ 1121, 1122 BGB.). Bei einer vorsätzlichen Beiseiteschaffnng, Zerstörung oder Entziehung von der Beschlagnahme unterworfenen Gegenständen macht sich der Schuldner eines Vergehens nach § 137 des deutschen Strafgesetzbuchs (Gefängnis bis zu 1 Jahr) schuldig.

Ist zu besorgen, daß durch das Verhalten des Schuldners die ordnungsmäßige Wirtschaft gefährdet wird, so kann der Gläubiger gemäß § 25 die zur Abwendung der Gefährdung erforderlichen Maßregeln beim Vollstreckungsgericht beantragen. Das Nähere s. bei § 25.

3. Rechtsstellung des Dritten. Die dem Veräußerungsverbot zuwider erfolgte Verfügung des Schuldners ist auch dem Dritten gegenüber, zu dessen Gunsten die Verfügung getroffen wurde, unwirksam d. h. sie wird als nicht bestehend angesehen. Demnach hat bei Veräußerung des beschlagnahmten Grundstücks das Verfahren trotzdem seinen Fortgang zu nehmen, bei Bestellung eines dinglichen Rechts, wird sie, soweit sie zum Nachteile des betreibenden Gläubigers erfolgt ist, nicht berücksichtigt. Handelt es sich um eine unerlaubte Veräußerung beschlagnahmter beweglicher Sachen, so müssen sie vom Dritten zurückgegeben werden (§§ 816, 822 BGB.). Ebenso kann auch der Drittschuldner, welcher infolge unzulässiger Verfügung des Schuldners über die Forderung gezahlt hat, sich auf die Zahlung demjenigen gegenüber, welcher nach dem Ergebnis des Verfahrens zur Einziehung der Forderung berechtigt wird, nicht mit Erfolg berufen. Vgl. Jäckel, Anm. 4 zu § 23 S. 102.

Vorstehendes Anfechtungsrecht des Gläubigers wird gegenstandslos, wenn sich ergibt, daß der Gläubiger trotz der Verfügung einen Nachteil nicht erlitten hat, z. B. wenn er durch das Meistgebot befriedigt wird. Die Geltendmachung des Anfechtungsrechts ist aber nicht abhängig von dem Ergebnis des Verfahrens und von der Beendigung desselben, so daß das Recht des Gläubigers auch den Zuschlag überdauert. Vgl. Jäckel, Anm. 4 zu § 23 S. 102.

Die dem Dritten (Erwerber) gegenüber eintretende Unwirksamkeit der getroffenen Verfügung hat zur Voraussetzung, daß dem Dritten die Beschlagnahme bekannt oder infolge grober Fahrlässigkeit unbekannt war. Dies folgt aus § 135 Abs. 2 BGB., wonach die Vorschriften zugunsten derjenigen, welche Rechte von einem Nichtberechtigten herleiten, entsprechende Anwendung finden. Dem Dritten muß daher seine Kenntnis von der Beschlagnahme und bei beweglichen Sachen die Tatsache, daß seine Unkenntnis auf grober Fahrlässigkeit beruht, nachgewiesen werden. Abs. 2 § 23 bestimmt, daß, wenn die Beschlagnahme zum Vollzug gelangt ist, die Kenntnis des Versteigerungsantrages auf Seiten des Dritten einer Kenntnis der Beschlagnahme gleichsteht, „auch in Ansehung der mithaftenden beweglichen Sachen als bekannt gilt, sobald der Versteigerungsvermerk eingetragen ist. Daraus ergibt sich in Verbindung mit § 22 Abs. 1 Satz 2 zunächst, daß eine der Beschlagnahme zuwiderlaufende Verfügung des Schuldners über bewegliche Sachen unter allen Umständen auch für den Erwerber unwirksam ist, wenn sie nach der Eintragung des Versteigerungsvermerks vorgenommen wird. Und in der gleichen Lage befindet sich ein Erwerber, der den Versteigerungsantrag kennt, schon vor der Eintragung, wenn im Augenblicke der Verfügung entweder dem Schuldner der Versteigerungsbeschluß zugestellt ist oder dem Grundbuchamt ein Ersuchen um Eintragung des Versteigerungsvermerks vorliegt, auf welches demnächst die Eintragung erfolgt." (Denkschr.)

Bezüglich des Zeitpunktes, in welchem die Kenntnis von der Beschlagnahme bei dem Dritten vorhanden sein muß, ist folgendes zu beachten:

a) Handelt es sich um den Erwerb von Rechten, die der Eintragung im Grundbuch bedürfen (Eigentum, sonstige dingliche Rechte), so ist die Zeit des Einganges des Eintragungsantrages oder wenn die nach § 873 BGB. erforderliche Einigung erst später zustande gekommen ist, die Zeit der Einigung maßgebend (§ 892 Abs. 2 BGB.).

Bezüglich der Priorität zwischen dem Beschlagnahmegläubiger und z. B. dem Hypothekengläubiger, dessen Antrag auf Eintragung der Hypothek bei dem Grundbuchamt bereits gestellt war, als die Beschlagnahme durch Zustellung erfolgte, oder als das Ersuchen um Eintragung des Versteigerungsvermerkes bei dem Grundbuchamt einging, ist anzunehmen, daß der Hypothekengläubiger vorgeht, da gemäß § 17 GBO. die später beantragte Eintragung nicht vor der Erledigung des früher gestellten Antrages erfolgen darf.

Umgekehrt ist zu entscheiden, wenn zur Zeit der Stellung des Eintragungsantrages der Beschlagnahmebeschluß dem Schuldner bereits zugestellt ist, oder das Ersuchen um Eintragung des Versteigerungsvermerkes bei dem Grundbuchamt bereits eingegangen ist. Hier muß der Hypothekengläubiger dem Beschlagnahmegläubiger nachstehen; sofern ersterem nachgewiesen werden kann, daß er zur Zeit der Einreichung seines Eintragungsantrages bereits Kenntnis von dem Versteigerungsantrage hatte. Vgl. Jäckel Anm. 6a zu § 23 S. 106.

b) Ist zum Erwerbe des Rechts Eintragung im Grundbuch nicht erforderlich, so muß der gute Glaube des Dritten zur Zeit des Erwerbes vorhanden sein. Beim Erwerbe beweglicher Sachen und Forderungen ist der gute Glaube des Erwerbers schon ausgeschlossen, wenn ihm die Beschlagnahme infolge grober Fahrlässigkeit unbekannt geblieben ist (§§ 932 Abs. 2, 936 BGB.). Beim Erwerbe von Sachen, z. B. im Wege des Kaufs, muß in der Regel im Zeitpunkt der Übergabe der gute Glaube, vorhanden sein (§§ 929, 932 BGB.). Folgt die Einigung über den Übergang des Eigentums der tatsächlichen Übergabe nach (§ 929 Abs. 2 BGB.), so ist entscheidend, ob der Erwerber zur Zeit der Einigung Kenntnis von der Beschlagnahme bezw. von dem Versteigerungsantrage gehabt hat. Ist die Übergabe der veräußerten Sache, welche durch constitutum possessorium im Besitze des Schuldners verblieben ist, erst nach der Beschlagnahme an den Erwerber erfolgt, so kommt es auf den guten Glauben des Erwerbers zur Zeit der Übergabe nicht an (§§ 930, 933 BGB.).

Ist die veräußerte Sache im Besitze eines Dritten gewesen, und hat der Eigentümer dem Erwerber den Anspruch auf Herausgabe der Sache abgetreten (§ 931 BGB.), so wird nach § 934 BGB. unterschieden, ob der Veräußerer mittelbarer Besitzer war oder nicht. Im ersteren Falle ist, da der Erwerber mit der Abtretung des Anspruchs Eigentümer wird, der Zeitpunkt der Abtretung des Anspruchs auf Herausgabe, im letzteren Falle, da der Erwerber erst dann Eigentümer wird, wenn er den Besitz der Sache von dem Dritten erlangt, der Zeitpunkt der Einräumung dieses Besitzes für die Kenntnis des Erwerbers von der Beschlagnahme entscheidend.

4. Verhältnis der Beschlagnahme zur Konkurseröffnung. § 13 KO. bestimmt, daß im Gegensatz zu anderen Veräußerungsverboten der in den §§ 135, 136 BGB. bezeichneten Art eine bei der Zwangsvollstreckung in das unbewegliche Vermögen erfolgte Beschlagnahme den Konkursgläubigern gegenüber wirksam bleibt. Voraussetzung ist, daß der im Augenblicke der Konkurseröffnung d. h. zu der im Eröffnungsbeschlusse angegebenen Stunde, event. um die Mittagsstunde des Tages, an welchem der Beschluß erlassen ist (§ 108 KO.), die Beschlagnahme wirksam geworden ist.

Zu beachten ist, daß die Zustellung des Beschlagnahmebeschlusses an den Schuldner erst als bewirkt angesehen wird, wenn sie tatsächlich zur Ausführung gelangt. Im Falle der öffentlichen Zustellung müssen daher zwischen der Anheftung des Beschlusses an die Gerichtstafel und der Konkurseröffnung zwei Wochen verstrichen sein. Eine Zurückziehung gemäß § 207 ZPO. ist hier nicht anwendbar, weil die Wahrung einer Frist nicht in Frage kommt. Vgl. Jäckel, Anm. § 8a zu § 23 S. 108.

Die Aufhebung des Versteigerungsbeschlusses muß erfolgen, wenn das Vollstreckungsgericht vor der Zustellung seines Beschlusses von der Konkurseröffnung Kenntnis bekommt oder wenn sich nachträglich ergibt, daß die Beschlagnahme für einen persönlichen Anspruch durch Zustellung nach der Konkurseröffnung erfolgt ist. Für die Konkursgläubiger ist die Beschlagnahme mit dem Eingange des Eintragungsersuchens beim Grundbuchamt nur dann als bewirkt anzusehen, wenn die Eintragung des Vermerkes noch vor der Konkurseröffnung geschehen ist. Die Eintragung des Vermerkes muß unterbleiben, wenn das Grundbuchamt nach dem Eingange des Ersuchens vor Erledigung desselben Kenntnis von der Konkurseröffnung erhält. Vgl. Jäckel, Anm. 8b zu § 23 S. 109.

5. Verhältnis des betreibenden Gläubigers und der Realgläubiger zur Konkurseröffnung. Der betreibende Gläubiger erlangt mit der Beschlagnahme unter der Voraussetzung des § 22 Abs. 1 das Recht auf Befriedigung aus dem Grundstück (§ 10 Nr. 5). Da er dies Recht hat, steht ihm bei nachfolgender Eröffnung des Konkurses nach § 47 KO. die Befugnis gegenüber den Konkursgläubigern zu, abgesonderte Befriedigung zu verlangen. Dingliche Gläubiger sind ebenso gestellt, ohne daß erst für diese durch die Beschlagnahme ein Recht auf Befriedigung aus dem Grundstück und damit ein Absonderungsrecht im Konkurse geschaffen zu werden braucht. Realgläubiger werden demnach durch die Konkurseröffnung in der Fortsetzung der Zwangsversteigerung in keiner Weise behindert (§§ 4, 47 KO.).

6. Erlöschen der Beschlagnahmerechte. In der Denkschrift wird hierzu bemerkt: „Da die Beschlagnahme lediglich die Bestimmung hat, der Durchführung der

Zwangsversteigerung zu dienen, so versteht es sich von selbst, daß sie nebst den durch sie begründeten Rechten des Gläubigers in Wegfall kommt, wenn das Verfahren aufgehoben wird. Ebenso selbstverständlich erscheint es, daß im Falle der Zurücknahme des Versteigerungsantrags die Beschlagnahme als erledigt gelten muß, ohne daß es darauf ankommen könnte, ob der Beschluß auf Aufhebung (§ 29) ergangen und dem Gläubiger zugestellt worden ist (§ 32)."

Bei Durchführung des Verfahrens erlischt die Beschlagnahme nicht schon mit der Erteilung des Zuschlags, wenn auch durch ihn der Ersteher Eigentümer wird, sondern erst mit der Herausgabe des Grundstücks an den Ersteher und der Besitzräumung bezw. Besitzentsetzung des Schuldners (§ 93), da der Schuldner, solange er im Besitze ist, sich auch in der Lage befindet, auf das Grundstück und die von der Beschlagnahme ergriffenen, beweglichen Sachen zum Nachteile des Gläubigers einzuwirken. Vgl. Fischer u. Schäfer, Anm. 6 zu § 23 S. 220. RG. in Strafsachen Bd. 8 S. 113. Die Aufhebung des Verfahrens und damit das Erlöschen der Beschlagnahme tritt ferner ein mit der rechtskräftigen Versagung des Zuschlags, sofern die Fortsetzung des Verfahrens nicht zulässig ist (§ 86).

Dagegen tritt die Aufhebung der Beschlagnahme nicht ein bei Anordnung einer gerichtlichen Verwaltung gemäß § 94, oder wenn das Verfahren nur gegenüber einem von mehreren betreibenden Gläubigern aufgehoben oder Zurücknahme des Versteigerungsantrages seitens eines Gläubigers erfolgt ist. Die im § 13 Abs. 3 an die erste Beschlagnahme geknüpften Folgen bleiben bestehen.

Die Löschung des Versteigerungsvermerkes im Grundbuch ist nur eine Folge der Beendigung des Verfahrens. Das Erlöschen der Beschlagnahme ist daher unabhängig von der Löschung des Versteigerungsvermerkes im Grundbuche.

Mit dem Erlöschen der Beschlagnahme erlangt der Schuldner die freie Verfügung über das Grundstück und die mithaftenden Sachen und Forderungen. Für den Gläubiger hört auch das Anfechtungsrecht auf bezüglich aller der Beschlagnahme zuwider erfolgten Verfügungen des Schuldners. Vgl. Jäckel, Anm. 7 zu § 23 S. 108.

7. R e c h t l i c h e N a t u r d e r B e s c h l a g n a h m e. Durch die Beschlagnahme wird für den Gläubiger nicht ein Pfandrecht am Grundstück, sondern nur ein Vorzugsrecht, d. h. ein Recht auf vorzugsweise Befriedigung aus dem Grundstück begründet. Vgl. Jäckel, Anm. 9 zu § 23 S. 109 f.

§ 24.

Verwaltungs- und Benutzungsrecht des Schuldners.

Die Verwaltung und Benutzung des Grundstücks verbleibt dem Schuldner nur innerhalb der Grenzen einer ordnungsmäßigen Wirtschaft.

B e d e u t u n g d e s § 24 u n d A b g r e n z u n g v o n § 23. § 24 gibt die Schranke für die tatsächlichen Verfügungsakte des Schuldners an. § 23 regelt die rechtliche Verfügungsmacht des Schuldners.

Da der Schuldner trotz der Beschlagnahme Eigentümer des Grundstücks bleibt und daher gemäß § 903 BGB. mit der ihm gehörigen Sache nach seinem Belieben verfahren kann, bedurfte es einer besonderen Bestimmung im Gesetze, um diese Befugnisse des Schuldners als Eigentümers einzuschränken. Deshalb bestimmt § 24, daß zwar die Verwaltung und Benutzung des Grundstücks dem Schuldner verbleibt, aber nur innerhalb der Grenzen einer ordnungsmäßigen Wirtschaft. Ob der Schuldner die ihm hierbei gezogenen Grenzen überschritten hat, kann nur nach den tatsächlichen Verhältnissen des einzelnen Falles entschieden werden.

Fällt eine Überschreitung dem Schuldner zur Last, so ist er dem Gläubiger gemäß §§ 823 ff. BGB. schadensersatzpflichtig; unter Umständen auch strafrechtlich verfolgbar nach § 137 StGB., auch kann der Gläubiger Sicherungsmaßregeln gemäß § 25 beantragen.

Hervorzuheben ist noch bezüglich der Verfügungsmacht des Schuldners folgendes: Der Schuldner ist befugt, einzuernten, gewerbliche und landwirtschaftliche Betriebe (Brennerei, Steinbruch, Bergwerk) fortzusetzen, Wälder in forstwirtschaftlicher Weise zu nutzen. Auch die Verpachtung und Vermietung nicht bloß einzelner Parzellen und Grundstücke, sondern auch des ganzen Grundstücks kann unter Umständen geboten und daher zulässig sein. Beispiele: Vermietung des Hauses an Sommergäste oder als Gasthaus, Verpachtung des Grundstücks behufs Anlegung einer Kiesgrube, Bergwerks oder sonstiger industrieller Betriebe u. dgl. m.

Zur Einziehung von Forderungen ist der Schuldner grundsätzlich nicht berechtigt mit Ausnahme von Versicherungsforderungen, sofern diese zu dem Zwecke geschieht, um den versicherten oder zerstörten Gegenstand wiederherzustellen oder neu zu beschaffen. Vgl. Jäckel Anm. zu § 24 S. 111.

Eine Pflicht des Schuldners zur Führung der Verwaltung besteht nicht. Übernimmt er die Verwaltung, so steht er nicht etwa den Gläubigern gegenüber als ihr Verwalter da. Er handelt nach eigenem pflichtmäßigen Ermessen, ist weder ohne weiteres rechenschaftspflichtig, noch kann er Ersatz etwaiger Verwendungen verlangen, ist aber auch nicht verpflichtet, aus eigenen Mitteln Aufwendungen zur Fortführung der Wirtschaft zu machen.

§ 25.

Sicherungsmaßregeln.

Ist zu besorgen, daß durch das Verhalten des Schuldners die ordnungsmäßige Wirtschaft gefährdet wird, so hat das Vollstreckungsgericht auf Antrag des Gläubigers die zur Abwendung der Gefährdung erforderlichen Maßregeln anzuordnen. Das Gericht kann die Maßregeln aufheben, wenn der zu deren Fortsetzung erforderliche Geldbetrag nicht vorgeschossen wird.

Kosten 4.
Sicherungsmaßregeln 1, 3.
Voraussetzungen des § 25: 2.

1. Sicherungsmaßregeln. Dem Gläubiger des Schuldners stehen verschiedene Mittel zu Gebote, um einer das Grundstück gefährdenden Tätigkeit des Schuldners Einhalt zu tun.

Will er den Schuldner gänzlich von der Verwaltung und Nutzung des Grundstücks ausschließen, so muß er die Zwangsverwaltung beantragen, wobei indessen nach § 149 dem Schuldner, wenn er zur Zeit der Beschlagnahme auf dem Grundstücke wohnt, die für seinen Hausstand unentbehrlichen Räume zu belassen sind.

Ist der Gläubiger zugleich Hypotheken- oder Grundschuldgläubiger, so kann er, wenn durch das Verhalten des Eigentümers eine die Sicherheit der Hypothek oder Grundschuld gefährdende Verschlechterung des Grundstücks zu besorgen ist, bei dem Prozeßgericht die zur Abwendung der Gefährdung erforderlichen Maßregeln beantragen (§§ 1134, 1135, 1192, 1200 BGB.). Hierzu steht ihm sowohl der ordentliche Prozeßweg als auch der Weg der einstweiligen Verfügung gemäß §§ 935 ff. ZPO., unter Umständen also auch beim Vollstreckungsgericht (§ 942 ZPO.) offen.

Die vorbezeichneten Schutzmittel des Gläubigers sind teils mit großen Kosten und Weiterungen verbunden, teils soweit die Rechte aus §§ 1134, 1135 BGB. in Frage kommen, nur dem dinglich Berechtigten, nicht dem persönlichen Gläubiger zugänglich. Deshalb erschien es besonders zum Schutze auch der persönlichen Gläubiger geboten, Vorsorge für Sicherungsmaßregeln zu treffen, die direkt vom Vollstreckungsgericht ausgehen können. Mit Rücksicht hierauf wird dem Vollstreckungsgericht im § 25 die Befugnis gegeben, auf Antrag des Gläubigers die zur Abwendung der Gefährdung erforderlichen Maßregeln anzuordnen. Unter den dem Gläubiger gegebenen Schutzmaßregeln steht ihm die Wahl frei. Der betreibende Hypotheken- oder Grundschuldgläubiger kann seine Rechte entweder im Wege der einstweiligen Verfügung beim Prozeßgericht oder auf Grund des § 25 geltend machen. Vgl. Jäckel Anm. zu § 25; Fischer u. Schäfer Anm. 5 zu § 25; a. A. Wolff Anm. 1 zu § 25 S. 82.

2. Voraussetzungen des § 25. Das gefährdende Verhalten des Schuldners muß sich auf Tatsachen stützen, zu denen allerdings auch Unterlassungen (z. B. Unterlassung der Fruchtbestellung, Versicherung, Nichteinbringung der Ernte, Leerstehenlassen von Wohnungen u. dgl. m.) gehören. Auch Vorgänge, welche auf den Schuldner Bezug haben und vor der Eröffnung des Verfahrens liegen, können mit herangezogen werden. Die einzelnen Tatsachen, aus denen sich die Besorgnis und die Gefährdung rechtfertigen, sind glaubhaft zu machen. Ein schuldhaftes Verhalten des Schuldners ist nicht erforderlich.

Der Begriff der ordnungsmäßigen Wirtschaft ist weder hier, noch im BGB. näher erläutert. Er ist nach den Grundsätzen und Erfahrungen des praktischen Lebens zu gestalten. Vgl. Jäckel S. 112; Wendt im Archiv f. zivil. Praxis Bd. 27 S. 433 ff.

Ob die Voraussetzungen des § 25 gegeben sind, unterliegt dem freien richterlichen Ermessen des Vollstreckungsgerichts. Nur auf Antrag des betreibenden Gläubigers kann das Vollstreckungsgericht eingreifen, nicht also von Amts wegen, auch nicht auf Antrag eines anderen Interessenten.

3. Die Sicherungsmaßregeln im einzelnen. Diese sind dem Ermessen des Vollstreckungsgerichts völlig überlassen. Es ist dem Gerichte unbenommen, auch einen Hüter zur Bewachung des Grundstücks und Verwahrung der von der Beschlagnahme miterfaßten Gegenstände zu bestellen (KommissBer.). Gegenstände, die der Beschlagnahme nicht unterliegen, können selbstverständlich von den Sicherungsmaßregeln nicht mit ergriffen werden. Die Anordnung des Gerichts, welche in Form des Beschlusses ergeht, unterliegt keiner Beschwerde (§ 95), auch nicht der Beschluß, durch welchen der Antrag des Gläubigers abgewiesen wird. Auch dem Schuldner steht kein Widerspruchsrecht zu, jedoch kann das Gericht auf dessen Einwendungen event. von neuem Ermittlungen anstellen, mündliche Verhandlung event. Beweiserhebung anordnen und je nach dem Ergebnis dieser seinen früheren Beschluß aufheben, abändern oder bei demselben verbleiben. Vgl. Jäckel S. 113.

4. **Kosten.** Die zur Durchführung der getroffenen Maßregeln erforderlichen Kosten sind auf Anordnung des Gerichts vom Gläubiger vorzuschießen. In Preußen ist nach den §§ 6, 119 Abs. 1 GKG. v. 25. Juni 1895 in d. Fassung der Bek. des Justizminist. v. 6. Oktober 1899 (GS. S. 326) das Gericht befugt, den Erlaß der Anordnung von der Vorschußzahlung abhängig zu machen. Aus Satz 3 des § 25 ergibt sich nur, daß das Gericht die angeordneten Maßregeln wieder aufheben kann, wenn der zu deren Fortsetzung erforderliche Geldbetrag nicht vorgeschossen wird. Ebenso Fischer u. Schäfer Anm. 3 zu § 26 S. 223. Abweichend Jäckel Anm. zu § 25 und Wolff Anm. 11 zu § 25.

Der Gläubiger kann den vorgeschossenen Geldbetrag als Kosten der Rechtsverfolgung gemäß § 10 Abs. 2, § 12 Nr. 1 an der Stelle seines Anspruchs mitliquidieren; sie sind aber nicht zu den nach § 109 aus dem Erlöse vorweg zu entnehmenden Kosten des Verfahrens zu rechnen, da die durch die Anordnung von Sicherungsmaßregeln entstehenden Kosten dem Antragsteller zur Last fallen. A. M. Wolff Anm. 2. Der Gläubiger hat auch nicht das Vorrecht aus § 10 Nr. 1, selbst wenn das Gericht als Maßregel die gerichtliche Verwaltung anordnet. Vgl. Jäckel Anm. zu § 25 S. 113.

§ 26.

Veräußerung nach der Beschlagnahme.

Ist die Zwangsversteigerung wegen des Anspruchs aus einem eingetragenen Rechte angeordnet, so hat eine nach der Beschlagnahme bewirkte Veräußerung des Grundstücks auf den Fortgang des Verfahrens gegen den Schuldner keinen Einfluß.

---

1. **Wirkung dem eingetragenen Gläubiger gegenüber.** Der Schutz des guten Glaubens soll dem Erwerber eines Grundstücks dann nicht zuteil werden, wenn die Zwangsversteigerung wegen des Anspruchs aus einem eingetragenen Rechte betrieben wird, und die Veräußerung des Grundstücks nach der Beschlagnahme erfolgt ist. Die Beschlagnahme bleibt also auch dem neuen Erwerber gegenüber bestehen, auch selbst wenn er zur Zeit des Erwerbes keine Kenntnis von ihr erlangt hat. Das Verfahren nimmt gegen den Veräußerer als bisherigen Schuldner seinen Fortgang; es bedarf nicht etwa gegen den neuen Erwerber der Ausstellung einer Vollstreckungsklausel, aber letzterer gilt gemäß § 9 als „Beteiligter“ für das fernere Verfahren. Seine Zuziehung erfolgt von Amts wegen, wenn er vor Eintragung des Versteigerungsvermerkes im Grundbuch als Eigentümer eingetragen worden ist (§ 9 Nr. 1), sonst nur auf Anmeldung ev. Glaubhaftmachung seines Rechts (§ 9 Nr. 2).

§ 26 steht im Einklang mit § 325 Abs. 3 ZPO., wo bestimmt ist, daß das Urteil, wenn es einen Anspruch aus einer eingetragenen Reallast, Hypothek, Grundschuld oder Rentenschuld betrifft, im Falle einer Veräußerung des belasteten Grundstücks in Ansehung des Grundstücks gegen den Rechtsnachfolger auch dann wirkt, wenn dieser die Rechtshängigkeit nicht gekannt hat. Vorstehende Bestimmungen sind in der Denkschrift zu § 293d ZPO. damit begründet, daß in solchen Fällen dem

Gläubiger die Durchführung seines Rechts um so weniger erschwert werden dürfe, als der Grundstückserwerber die eingetragene Last oder Schuld aus dem Grundbuch ersehe und beim Erwerbe des Grundstücks mit der Möglichkeit, daß ein Anspruch daraus anhängig sei, rechnen müsse.

2. Zeitpunkt der Veräußerung. Die Veräußerung gilt „nach der Beschlagnahme" als bewirkt, wenn die Voraussetzungen des § 22 Abs. 1 erfüllt sind. Sind letztere nicht erfüllt, ist die Veräußerung nach der Beschlagnahme erfolgt, so kann das Verfahren gegen den Rechtsnachfolger nur nach § 325 ZPO. fortgesetzt werden, es muß also die Vollstrecknngsklausel erst gegen den Rechtsnachfolger erwirkt werden. Das Vollstreckungsgericht wird dafür in diesem Falle gemäß § 28, da die Veräußerung aus dem Grundbuch ersichtlich ist, entweder das Verfahren einstweilen einstellen und dem betreibenden Gläubiger unter Bestimmung einer Frist die Beschaffung der Vollstreckungsklausel aufgeben oder das Verfahren sofort aufheben.

3. Begriff und Umfang der Veräußerung. Nur eine Veräußerung durch den Schuldner kommt in Frage. Sonstige Fälle des Eigentumswechsels, Erbfolge (vgl. § 779 ZPO.), Vereinbarung allgemeiner Gütergemeinschaft seitens des Schuldners mit seinem Ehegatten (§ 1438 BGB.), Aufgabe des Eigentums durch Dereliktion (§ 928 BGB.) fallen nicht unter § 26.

Die Veräußerung muß das Grundstück betreffen; auf die Veräußerung mithaftender beweglicher Sachen bezieht sich § 26 nicht.

4. Wirkung dem persönlichen Gläubiger gegenüber. Ist die Zwangsversteigerung wegen einer persönlichen Forderung angeordnet, so ist zu unterscheiden, ob zur Zeit der Veräußerung der Versteigerungsvermerk bereits eingetragen war oder nicht. Im ersteren Falle hat die Veräußerung keinen Einfluß auf den Fortgang des Verfahrens (§§ 135, 892 Abs. 1 BGB.). War der Versteigerungsvermerk zur Zeit der Veräußerung noch nicht eingetragen, so ist die Beschlagnahme dem Erwerber gegenüber nur wirksam, wenn sie ihm zur Zeit der Auflassung des Grundstücks an ihn bekannt war (§§ 875 Abs. 2, 925 BGB.). Selbst wenn sie ihm bekannt war, darf das Verfahren gegen den neuen Erwerber nicht ohne weiteres fortgesetzt werden, sondern muß gemäß § 28 zunächst einstweilen eingestellt werden, bis der betreibende Gläubiger im Prozeßwege die gerichtliche Feststellung der Unwirksamkeit erreicht hat. Vgl. Wolff, Anm. 1 zu § 26.

Wird das Verfahren ohne diese Feststellung im Prozesse fortgesetzt, so steht dem Erwerber nach § 771 ZPO. Widerspruch dagegen zu.

§ 27.

Beitrittsbeschluß.

Wird nach der Anordnung der Zwangsversteigerung ein weiterer Antrag auf Zwangsversteigerung des Grundstücks gestellt, so erfolgt statt des Versteigerungsbeschlusses die Anordnung, daß der Beitritt des Antragstellers zu dem Verfahren zugelassen wird. Eine Eintragung dieser Anordnung in das Grundbuch findet nicht statt.

Der Gläubiger, dessen Beitritt zugelassen ist, hat dieselben Rechte, wie wenn auf seinen Antrag die Versteigerung angeordnet wäre.

1. Rechtliche Natur des Beitritts. Die Denkschrift bemerkt hierzu: „Wenn einem Gläubiger das Recht zusteht, die Zwangsversteigerung eines Grundstücks zu verlangen, so darf dieses Recht nicht dadurch beeinträchtigt werden, daß vor ihm ein anderer Gläubiger die Anordnung des Verfahrens erwirkt hat. Da aber für ein zweites Verfahren kein Raum ist, so kann einem neuen Versteigerungsantrage nur in der Form der Zulassung des Beitritts stattgegeben werden." Das im Gang befindliche Verfahren nimmt seinen Fortgang; die bereits laufenden Fristen laufen weiter. Ist der ursprüngliche Versteigerungsantrag bereits erledigt, wenn der neue Antrag eingeht, so ist auf letzteren das Verfahren zu eröffnen. Der Versteigerungsvermerk im Grundbuch bleibt bestehen. Der Zeitpunkt der Eintragung des Vermerks bleibt unter den Voraussetzungen des § 13 maßgebend für die Berechnung der laufenden und rückständigen Beträge. Geht ein Antrag des Gläubigers auf Versteigerung ein, obwohl das Verfahren bereits schwebt, so ist der Antrag ohne weiteres als Beitrittsgesuch zu behandeln.

2. Voraussetzungen des Beitrittsgesuchs. Die Zulassung hat dieselben Voraussetzungen, wie die Anordnung des Verfahrens (§ 27 Abs. 1 Satz 1). Denkschr. Es müssen daher die nach §§ 16, 17 dem Versteigerungsantrage beizufügenden Urkunden auch dem Beitrittsgesuche beigefügt werden. Man hält es jedoch allgemein für zulässig, daß der beitretende Gläubiger in seinem Gesuche auf die vom ersten Gläubiger beigebrachten, bei den Akten befindlichen Nachweisungen über die Erbfolge, sowie auf die landesgesetzlich (§ 5 EG. u. Art. 4 des pr. AG. ZwVG.) beizubringenden Steuerbuchauszüge Bezug nimmt. Vgl. Jäckel Anm. 2 zu § 27, Wolff Anm. 2 zu § 27 S. 86. Dagegen muß der beitretende Gläubiger die Eintragung des Schuldners als Eigentümer, da möglicherweise inzwischen ein Eigentumswechsel eingetreten sein kann, von neuem gemäß § 17 Abs. 2 nachweisen. Vgl. Wolff Anm. 2 zu § 27, Jäckel Anm. 2 zu § 27.

Ist ein Eigentumswechsel nach Anordnung der Zwangsversteigerung erfolgt, und der neue Eigentümer im Grundbuch eingetragen, so ist der Beitritt des Gläubigers auf Grund der gegen den früheren Eigentümer ergangenen vollstreckbaren Titel nicht mehr zulässig. Der Gläubiger muß erst gegen den neuen Eigentümer die Vollstreckungsklausel erwirken. Ist letzteres erfolgt, so kann dem Beitrittsgesuch stattgegeben werden.

3. Beziehung des Beitritts zum Grundbuch. Abs. 1 Satz 2 bestimmt ausdrücklich, daß die Zulassung des Beitritts in das Grundbuch nicht eingetragen wird.

4. Wirkungen des Beitrittsbeschlusses. Der beitretende Gläubiger erlangt durch den Beschluß dieselben Rechte, wie derjenige, auf dessen Antrag die Versteigerung angeordnet worden ist. Beide sind völlig unabhängig voneinander. Insbesondere ist, falls der ursprüngliche Versteigerungsantrag zurückgenommen wird oder als zurückgenommen gilt, das Verfahren für den Gläubiger, dessen Beitritt zugelassen ist, gleichwohl fortzusetzen (§ 27 Abs. 2). Der einmal eingetragene Versteigerungsvermerk wirkt zugunsten des beigetretenen Gläubigers, sobald der Beitrittsbeschluß dem Schuldner zugestellt und damit die Beschlagnahme auch für diesen Gläubiger wirksam geworden ist. Vgl. Jäckel Anm. 5 zu § 27; Fischer u. Schäfer Anm. 2 zu § 27; Wolff Anm. 4 zu § 27 will die Wirkungen schon mit dem Erlaß des Beitrittsbeschlusses eintreten lassen.

5. Umfang des Beitrittsbeschlusses. Der Beitritt kann sich nur auf dasjenige Versteigerungsobjekt beziehen, bezüglich dessen die Versteigerung angeordnet worden ist.

Dasselbe Versteigerungsobjekt liegt nicht vor, wenn zuerst die Versteigerung eines Bruchteils beantragt und angeordnet ist, und demnächst der Beitritt in einen anderen Bruchteil desselben Grundstücks beantragt wird. Verschiedene Bruchteile sind in diesem Falle wie selbstständige Versteigerungsobjekte zu behandeln. Vgl. Jäckel Anm. 6 zu § 27; Fischer u. Schäfer Anm. 5 zu § 27. Ob eine Verbindung der beiden Verfahren erfolgen kann, und ob sie getrennt zu halten sind, richtet sich nach § 18.

In ähnlicher Weise ist zu verfahren, wenn ein Gläubiger zwar einem bereits schwebenden Verfahren beitreten will, zugleich aber sein Antrag ein anderes Grundstück mitergreifen soll, welches sich noch in der Versteigerung befindet. In diesem Fall ist der Beitritt bezüglich des in der Versteigerung befindlichen Grundstücks zuzulassen, hinsichtlich des anderen Grundstücks ist der Antrag als Versteigeruugsantrag anzusehen und ein neues Verfahren zu eröffnen.

Um dasselbe Versteigerungsobjekt handelt es sich dagegen, wenn das Verfahren schon bezüglich des ganzen Grundstücks schwebt, und demnächst ein Beitrittsgesuch bezüglich eines Bruchteils gestellt wird. Dem Beitritt ist hier stattzugeben. Schwebt das Verfahren über den Anteil eines Miteigentümers, und wird hierauf die Versteigerung des ganzen Grundstücks beantragt, so ist auf den letztgestellten Antrag der Gläubiger als der schwebenden Bruchteilsversteigerung beitretend zu erklären und bezüglich des nicht in der Versteigerung befindlichen Anteils ein neues Verfahren zu eröffnen. Ob eine Verbindung der beiden Verfahren stattfinden kann, hängt auch hier wieder davon ab, ob die Voraussetzungen des § 18 vorliegen. Vgl. Jäckel Anm. 6 zu § 27; Wolff Anm. 7 zu § 27. Abweichend Fischer u. Schäfer Anm. 5 zu § 27.

6. Dauer des Beitritts. Der Beitritt ist solange zulässig, als das Verfahren schwebt. Das Verfahren gilt als beendigt, wenn das Eigentum auf den Ersteher bzw. auf einen neuen Erwerber übergegangen ist. Schuldner bleibt nun bis zum Zuschlag Eigentümer (§§ 89, 90). Mit Rücksicht darauf, daß der Zuschlag versagt werden kann, ist der Beitritt zulässig nur bis zur Verkündung des Zuschlags. Vgl. Jäckel Anm. 4 zu § 27; Wolff Anm. 9 zu § 27.

7. Über die Stelle des beigetretenen Gläubigers bei Feststellung des geringsten Gebots vgl. Anm. zu § 44.

II. Aufhebung und einstweilige Einstellung des Verfahrens.

§ 28.

Wird dem Vollstreckungsgericht ein aus dem Grundbuch ersichtliches Recht bekannt, welches der Zwangsversteigerung oder der Fortsetzung des Verfahrens entgegensteht, so hat das Gericht das Verfahren entweder

sofort aufzuheben oder unter Bestimmung einer Frist, binnen welcher der Gläubiger die Hebung des Hindernisses nachzuweisen hat, einstweilen einzustellen. Im letzteren Falle ist das Verfahren nach dem Ablaufe der Frist aufzuheben, wenn nicht inzwischen der Nachweis erbracht ist.

---

1. Einwendungen des Schuldners und Rechte Dritter. Die Denkschrift bemerkt hierzu: „Inwieweit das Zwangsversteigerungsverfahren durch Einwendungen des Schuldners sowie durch entgegenstehende Rechte Dritter gehemmt wird, bestimmt sich im allgemeinen nach den Vorschriften der ZPO. §§ 766 ff. Daß insbesondere bei Anwendung des § 775 der ZPO. stets das Vollstreckungsgericht darüber zu befinden hat, ob eine der dort bezeichneten Voraussetzungen für die Aufhebung oder Einstellung der Zwangsvollstreckung vorliegt, kann einem Zweifel nicht unterliegen.

Nach § 771 der ZPO. kann ein Dritter, der behauptet, daß ihm ein die Zwangsversteigerung hinderndes Recht zustehe, seinen Widerspruch nur im Wege der Klage bei dem Gerichte geltend machen, in dessen Bezirke die Zwangsvollstreckung erfolgt. Dabei sind nach § 771 Abs. 3 für die Einstellung der Zwangsvollstreckung die Vorschriften des § 769 (vgl. § 775) der ZPO. maßgebend. In Übereinstimmung mit dem § 70 des preußischen Gesetzes weicht § 28 von diesem Grundsatze für den Fall ab, daß das Recht, auf welches der Widerspruch gestützt wird, aus dem Grundbuch ersichtlich ist. Es würde der Bedeutung des Grundbuchs nicht entsprechen, wenn auch ein solches Recht, um von dem Vollstreckungsgerichte berücksichtigt zu werden, regelmäßig erst der Feststellung im Wege des Rechtsstreits bedürfte. Der § 28 bestimmt demgemäß, daß das Vollstreckungsgericht, wenn ihm ein Recht der bezeichneten Art bekannt wird, das Verfahren entweder sofort oder nach dem fruchtlosen Ablauf einer von ihm dem Gläubiger zur Beseitigung des Hindernisses gewährten Frist aufzuheben hat."

2. Art der entgegenstehenden Rechte. Im einzelnen kommen als Hinderungsgründe, soweit sie aus dem Grundbuch ersichtlich sind, in Betracht: Nichteingetragensein des Schuldners als Eigentümer des zur Vollstreckung stehenden Grundstücks laut Abschrift des Grundbuchblattes (§ 17), die Lehns- und Fideikommißqualität des Grundstücks, der Umstand, daß der Schuldner in der Verfügungsfähigkeit beschränkt ist. Hierher gehört auch der Fall, daß nach Inhalt des Grundbuchs ein Grundstück zu einem Nachlaß gehört, dessen Erben zwar als Eigentümer eingetragen sind, welche aber in ihrer Verfügung laut Testament beschränkt sind, da der Nachlaß, zu dem das Grundstück gehört, durch den Testamentsvollstrecker vertreten wird, und nur mit Einwilligung des letzteren Verfügung über Nachlaßobjekte, also auch über das Grundstück getroffen werden darf.

3. Verfahren. Ist das Hindernis von der Art, daß es nicht beseitigt werden kann, so ist das Verfahren sofort aufzuheben. Kann der Mangel gehoben werden, so ist unter Fristgewährung einstweilen einzustellen. Die Maßnahmen des Vollstreckungsrichters erfolgen von Amts wegen. Die vom Richter gesetzten Fristen können auf Antrag nach den §§ 224 Abs. 2 u. 3, 225 verlängert werden. Während des Laufens der Frist, wobei Beginn und Berechnung der Frist sich nach den §§ 221,

222 ZPO. richten, kann die Aufhebung des Verfahrens nicht erfolgen. Erst nach fruchtlosem Ablauf der Frist ist das Verfahren von Amts wegen aufzuheben. Der Nachweis der Hebung des Hindernisses kann auch noch nach Ablauf der gesetzten Frist geführt werden, sofern nicht die Aufhebung des Verfahrens bereits verfügt ist. Maßgebend für die Aufhebung ist der Zeitpunkt des Erlasses (vgl. Fischer u. Schäfer Anm. 2 zu § 28), nicht die Zustellung des Aufhebungsbeschlusses, wie Wolff Anm. 4 zu § 28 S. 90 annimmt.

Fühlt sich der Gläubiger, Schuldner oder ein Dritter durch die vom Vollstreckungsrichter gemäß § 28 angeordnete Maßnahme (Setzung der Frist, Einstellung oder Aufhebung des Verfahrens) beschwert, so kann er zunächst nach § 766 ZPO. Einwendungen und Erinnerungen beim Vollstreckungsgericht selbst erheben. Bei Zurückweisung dieser steht ihm die sofortige Beschwerde nach § 95 offen.

§ 29.

Zurücknahme des Antrages.

Das Verfahren ist aufzuheben, wenn der Versteigerungsantrag von dem Gläubiger zurückgenommen wird.

Folgen der Zurücknahme 3.
Form der Zurücknahme 1.
Rechtzeitigkeit der Zurücknahme 2.

1. Form der Zurücknahme. Die Zurücknahme kann sowohl mündlich im Versteigerungstermin, als auch außerhalb des Termins schriftlich oder zu Protokoll des Gerichtsschreibers erfolgen. Die Vertretungsvollmacht für das Verfahren genügt auch für die Zurücknahmeerklärung. Dies gilt auch für den Prozeßbevollmächtigten, der auf Grund seiner Prozeßvollmacht gemäß § 81 ZPO. auch zur Zurücknahmeerklärung ermächtigt gilt. Vormünder bedürfen zur Zurücknahme keiner Genehmigung des Vormundschaftsgerichts oder des Gegenvormundes (§§ 1810, 1812, 1821, 1822 BGB.).

2. Rechtzeitigkeit der Zurücknahme. Die Zurücknahmeerklärung ist noch rechtzeitig, wenn sie vor Verkündung des Zuschlagsbeschlusses bei Gericht eingegangen ist. Dies folgt aus § 35 in Verbindung mit § 89. Ist das Amtsgericht mit mehreren Richtern besetzt, so genügt es, wenn die Zurücknahme bei der gemeinsamen Briefannahmestelle des Gerichts rechtzeitig eingelaufen ist. Im Gesetz ist nicht besonders gesagt, wie dies anderwärts geschehen ist (z. B. § 13 Abs. 1 GBO.), daß der Eingang bei der Vollstreckungsabteilung des Gerichts rechtzeitig erfolgt sein müßte. Vgl. Jäckel Anm. zu § 29; a. M. Wolff Anm. 4 zu § 29. Es ist nicht notwendig, daß sie vor der Verkündung zu den Vockstreckungsakten oder in die Hände des Versteigerungsrichters gelangt ist. Dagegen genügt es nicht, daß bei der Zurücknahmeerklärung mittels eingeschriebenen Briefes nur der Postquittungsschein vor der Verkündung dem zur Empfangnahme von Einschreibsendungen befugten Gerichtsbeamten vorgelegt ist. Vgl. Fischer und Schäfer Anm. 1 zu § 29 S. 229 u. Jäckel Anm. 2 zu § 29 S. 126. War bereits vor Verkündung des Zuschlags die Zurücknahme bei Gericht eingegangen, aber nicht vorher zur Kenntnis des Versteigerungsrichters gelangt, so kann der Zuschlag mit der Beschwerde aus § 83 Nr. 6 angefochten werden. Dem Ersteher als solchem ist jedoch in diesem Falle die Beschwerde versagt. § 100 Abs. 2; Jäckel Anm. 2 zu § 29 S. 127.

3. Folgen der Zurücknahme. Mit der Zurücknahme erlöschen die Wirkungen der Beschlagnahme; es erledigt sich ohne weiteres das Verfahren. (Denkschr.) Das Verfahren ist durch Beschluß aufzuheben und das Grundbuchamt um Löschung des Versteigerungsvermerks zu ersuchen (§ 34).

Der Aufhebungsbeschluß hat nicht deklaratorische Bedeutung, da das Verfahren schon durch die Zurücknahme beendigt ist. Geht daher vor der Aufhebung des Verfahrens, aber nach oder gleichzeitig mit der Zurücknahmeerklärung eine Beitrittserklärung eines Gläubigers ein, so ist trotzdem das Verfahren aufzuheben, der Aufhebungsbeschluß zuzustellen und das Grundbuchamt um Löschung des Versteigerungsvermerks zu ersuchen. Gleichzeitig ist aber das Beitrittsgesuch als ein neuer selbständiger Versteigerungsantrag anzusehen und dementsprechend zu verfahren, insbesondere auch von neuem die Eintragung des Versteigerungsvermerkes im Grundbuch zu veranlassen. Letzteres ergibt sich aus § 22 Abs. 1 Satz 2. Der Aufhebungsbeschluß ist dem Schuldner und Gläubiger zuzustellen (§ 32).

Sind mehrere betreibende Gläubiger vorhanden, und hat nur einer von diesem den Versteigerungsantrag zurückgenommen, so scheidet er allein aus, und das Verfahren nimmt bezüglich der übrigen seinen Fortgang. Damit der Schuldner und die übrigen betreibenden Gläubiger von der Zurücknahme Kenntnis erhalten, ist ein Beschluß dahin zu erlassen, daß das Verfahren infolge der Zurücknahmeerklärung seitens eines der Gläubiger, soweit dessen Antrag in Frage kommt, seine Erledigung gefunden hat. Dieser Beschluß ist gemäß § 32 zuzustellen.

Ging der ausscheidende Gläubiger infolge der Priorität seiner Forderung den übrigen betreibenden Gläubigern vor, so ist der Wegfall dieses betreibenden Gläubigers für die Festsetzung des geringsten Gebots von Bedeutung. Es muß das geringste Gebot von neuem nach § 44 Abs. 1 festgesetzt werden. Erfolgt in diesem Falle die Zurücknahme erst im Versteigerungstermine nach Feststellung des geringsten Gebots, so muß das Verfahren vor Feststellung wiederholt werden. Die bereits abgegebenen Gebote, ebenso wie die Erklärung des Ausschlusses weiterer Anmeldungen verlieren ihre Gültigkeit.

Ist nicht hiernach verfahren worden, so ist der Zuschlag nach § 83 Nr. 1 wegen Verletzung der Vorschriften über die Feststellung des geringsten Gebots zu versagen. Geht die Zurücknahme erst nach dem Schluß der Versteigerung ein, so erlischt das Recht aus dem Meistgebot auf Erteilung des Zuschlags. Das Nähere s. bei § 33.

Die Zurücknahmeerklärung ist an sich unwiderruflich, aber der Gläubiger kann jederzeit von neuem den Versteigerungsantrag stellen, und wenn das Verfahren wegen der übrigen betreibenden Gläubiger seinen Fortgang genommen hat, demselben beitreten. Er erlangt im letzteren Falle auf diese Weise dieselbe Rechtsstellung, welche er vor seiner Zurücknahme hatte. Ist aber der Beitrittsbeschluß erst innerhalb der letzten zwei Wochen vor dem Versteigerungstermine dem Schuldner zugestellt, so kann sein vorgehender Anspruch nach § 44 Abs. 2 der Feststellung des geringsten Gebots nicht zugrunde gelegt werden. Geht der Widerruf dem Gericht vor oder gleichzeitig mit der Zurücknahmeerklärung ein, so ist letztere unwirksam (§ 30 Abs. 1 u. 2 BGB.). Eine Zurücknahme auf Zeit ist als Einwilligung in die einstweilige Einstellung des Verfahrens anzusehen und gemäß § 31 zu behandeln. Vgl. Jäckel Anm. 5 S. 128.

§ 30.

Einstellungsbewilligung.

Das Verfahren ist einstweilen einzustellen, wenn der Gläubiger die Einstellung bewilligt; ist die Einstellung erfolgt, so gilt eine neue Bewilligung als Rücknahme des Versteigerungsantrags.

Der Bewilligung der Einstellung steht es gleich, wenn von dem Gläubiger die Aufhebung des Versteigerungstermins bewilligt wird.

---

1. Allgemeine Übersicht. Die Einstellung unterscheidet sich von der definitiven Aufhebung des Verfahrens dadurch, daß bei ersterer die Wirkungen der Beschlagnahme und der eingetragene Versteigerungsvermerk, da das Verfahren nur ruht, nicht berührt werden. Die einstweilige Einstellung ist vom Vollstreckungsgericht anzuordnen, entweder auf Grund vorgängigen Beschlusses des Prozeßgerichts oder ohne derartigen Beschluß. Jäckel (Anm. 1 zu § 30) unterscheidet deshalb mit Recht zwei Kategorien von Fällen. Der Unterschied zeigt sich bei Berechnung der Einstellungsfrist § 31 Abs. 2. Zu der ersteren Kategorie zählt Jäckel a. a. O. die Fälle der §§ 707, 719, 732 Abs. 2, 738, 742, 744, 745, 749, 769—774, 785, 786, 795 ZPO., wobei zu bemerken ist, daß der die Einstellung aussprechende Beschluß des Prozeßgerichts (Ausnahme § 770 ZPO.), gegen welchen regelmäßig (Ausnahmen: §§ 707, 719 ZPO.) nur Beschwerde zulässig, und welcher nach § 794 Nr. 3 ZPO. vollstreckbar ist, dem Vollstreckungsgericht in Ausfertigung vorgelegt werden muß. Zu der zweiten Kategorie gehören außer dem Falle des § 766 ZPO. folgende Fälle:

a) Bestimmung einer Frist für den betreibenden Gläubiger zur Beseitigung eines Hindernisses (§ 28).

b) Bewilligung der Einstellung seitens des Gläubigers (§ 30);

c) Vorlegung einer Quittung oder Postscheins seitens des Schuldners über nachträgliche Befriedigung des Gläubigers (§ 775 Nr. 4 u. 5 ZPO.).

d) Vorläufige Anordnug der Einstellung der Zwangsvollstreckung seitens des Vollstreckungsgerichts nach § 769 Abs. 2 ZPO.;

e) Zahlung des zur Befriedigung des betreibenden Gläubigers und zur Deckung der Kosten erforderlichen Betrages an das Gericht nach Beginn der Versteigerung seitens des Schuldners oder eines Dritten § 75;

f) Deckung des Gläubigers durch das Gebot auf eines der mehreren, zur Zwangsversteigerung gebrachten Grundstücke § 76;

g) Nichtabgabe eines Gebotes oder Erlöschen sämtlicher Gebote im ersten Versteigerungstermin § 77 Abs. 1.

2. Einstellungsbewilligung nach § 30. Die Denkschrift betont, daß mit Rücksicht auf die Lage des Schuldners das Gesetz dem Gläubiger die Befugnis nicht versagen darf, das Verfahren eine Zeitlang ruhen zu lassen. Auf der anderen Seite komme jedoch in Betracht, daß eine solche Unterbrechung des Verfahrens infolge des damit verbundenen Anwachsens der laufenden Leistungen (§ 10 Nr. 3, 4, § 13) andere Beteiligte schädigen kann. Der § 30 läßt deshalb nach dem Vorgange des § 51 Abs. 1 des preußischen und des § 82 des sächsischen Gesetzes die einstweilige

Einstellung des Verfahrens auf Bewilligung des Gläubigers nur mit der Maßgabe zu, daß die Einstellung nur einmal erfolgen kann, und daß eine erneute Bewilligung als Zurücknahme des Versteigerungsantrages (§ 29) gilt.

Als eine weitere Beschränkung tritt noch hinzu, daß die Einstellung nicht länger als sechs Monate dauern darf (§ 31 Abs. 2). Wird der Antrag auf Fortsetzung des Verfahrens nicht innerhalb dieser Frist gestellt, so ist das Verfahren von Amts wegen aufzuheben. Es ist daher gleichzeitig mit dem Einstellungsbeschluß die Wiedervorlage der Akten nach 6 Monaten zu verfügen. Hervorzuheben ist noch, daß, wenn mehrere betreibende oder beigetretene Gläubiger vorhanden sind, jeder selbständig das Recht aus § 30 hat, vorausgesetzt, daß die übrigen Gläubiger zustimmen. Hat aber z. B. Gläubiger A die Einstellung bewilligt, und wird demnächst mit Zustimmung des Gläubigers A auf Antrag des Gläubigers B von neuem das Verfahren einstweilen eingestellt, so gilt der Versteigerungsantrag des A als zurückgenommen. Hieraus ergibt sich gleichzeitig, daß die Einwilligung eines Gläubigers in die Stundung eines anderen Gläubigers, sofern dadurch die Einstellung erfolgt, auch für ihn als Einstellungsbewilligung gilt. Bemerkenswert ist noch, daß derselbe Gläubiger nur einmal während des ganzen Verfahrens die Einstellung bewilligen darf. Daraus folgt, daß es nicht darauf ankommt, ob die beiden Stundungen desselben Gläubigers unmittelbar einander folgen, oder ob zwischen beiden inzwischen das Verfahren fortgesetzt worden ist. Notwendig ist jedoch, daß das Verfahren tatsächlich auf Grund der Bewilligung des Gläubigers einstweilen eingestellt worden ist und nicht etwa aus einem anderen Grunde, z. B. aus § 28. Deshalb sagt das Gesetz: Ist die Einstellung erfolgt, so gilt eine neue Bewilligung als Rücknahme des Versteigerungsantrages.

3. Form der Einstellungsbewilligung. Die Bewilligung kann bei Gericht schriftlich eingereicht oder zu Protokoll des Gerichtsschreibers erklärt werden. Die schriftliche Urkunde muß den Erfordernissen des § 775 Nr. 4 ZPO. genügen, d. h. sich entweder als eine öffentliche Urkunde oder als eine von dem Gläubiger ausgestellte Privaturkunde darstellen, aus welcher sich ergibt, daß der Gläubiger Stundung bewilligt hat. Die hiernach als ausreichend zu erachtende Privaturkunde muß aber von dem Gläubiger eigenhändig durch Namensunterschrift oder mittels gerichtlich oder notariell beglaubigten Handzeichens unterzeichnet sein (§ 126 BGB.). Ob der Gläubiger in seiner Erklärung ausdrücklich von einer Bewilligung der Einstellung spricht, oder ob er sich des Ausdrucks Stundung oder Fristgewährung bedient, ist unerheblich. Jedenfalls muß aber aus der Erklärung hervorgehen, daß die Einstellung zugunsten des Schuldners erfolgen soll, nicht etwa zugunsten des Gläubigers. Ebensowenig kommt es darauf an, ob der Antrag vom Gläubiger selbst oder vom Schuldner unter Beifügung der Einstellungsbewilligung seitens des Gläubigers bei dem Vollstreckungsgericht eingereicht wird. Lautet die Einstellungsbewilligung auf einen bestimmten Zeitraum z. B. auf drei Monate oder auf länger als sechs Monate, so hat das Vollstreckungsgericht trotzdem die Einstellung schlechthin ohne Fristbestimmung anzuordnen. In beiden Fällen besteht die Möglichkeit, daß der Gläubiger aus irgend welchen Gründen, die sich aus dem der Bewilligung zugrunde liegenden Sachverhältnis ergeben, vor Ablauf der gewährten Frist innerhalb der gesetzlichen sechs Monate die Fortsetzung des Verfahrens beantragt. Diesem Antrage müßte ohne Rücksicht auf die in der Einwilligungserklärung gewährte Frist stattgegeben werden. Vgl Jäckel Anm. 2 zu § 30, teilweise abweichend Wolff Anm. 3.

4. Rechtzeitigkeit der Einstellungsbewilligung. Die Bewilligung kann noch rechtzeitig bis zur Erteilung des Zuschlags gewährt werden. Geht die Bewilligung erst nach dem Schluß der Versteigerung, aber vor der Erteilung des Zuschlags ein, so erfolgt die Einstellung durch Versagung des Zuschlags (§§ 33, 83, Nr. 6) oder dessen Aufhebung im Beschwerdewege (§ 100 Abs. 3).

Nach § 86 wirkt die rechtskräftige Versagung des Zuschlags, wenn die Fortsetzung des Verfahrens zulässig ist, wie eine einstweilige Einstellung. Die Fortsetzung des Verfahrens richtet sich nach § 31.

5. Rechtliche Natur der neuen Bewilligung im Sinne des § 30 Abs. 1. Das Gesetz sagt ausdrücklich: Die neue Bewilligung gilt als Rücknahme des Versteigerungsantrags. Danach ist jede hiervon abweichende Erklärung des Gläubigers unbeachtlich.

6. Aufhebung des Versteigerungstermins. Nach § 30 Abs. 2 steht der Einstellungsbewilligung die Bewilligung der Aufhebung des Versteigerungstermins gleich. Auch hier muß aber die letztgedachte Bewilligung im Interesse des Schuldners erfolgt sein. Der Antrag des Gläubigers auf Verlegung des Termins aus anderen Gründen, z. B. nach § 43 oder § 85 hat nicht diese Wirkung. Unbeachtlich ist, wenn der Gläubiger gleichzeitig mit der Aufhebung des Termins die Anberaumung eines neuen Termins beantragt.

§ 31.

Fortsetzung des Verfahrens.

Im Falle einer einstweiligen Einstellung darf das Verfahren, soweit sich nicht aus dem Gesetz ein anderes ergibt, nur auf Antrag des Gläubigers fortgesetzt werden.

Wird der Antrag nicht binnen sechs Monaten gestellt, so ist das Verfahren aufzuheben. Die Frist beginnt, wenn die Einstellung von dem Prozeßgericht angeordnet war, mit der Wiederaufhebung der Anordnung, in den übrigen Fällen mit der Einstellung des Verfahrens.

---

1. Bedeutung des § 31. § 31 bezieht sich auf alle Fälle der Einstellung, ausgenommen der Fall des § 28. Dies geht auch aus Abs. 2 Satz 2 hervor, wo von der von dem Prozeßgericht angeordneten Einstellung die Rede ist. § 30 betraf nur die Einstellung, welche auf Bewilligung des Gläubigers erfolgt.

2. Fortsetzung des Verfahrens. Fortgesetzt kann nur dann ein Verfahren werden, wenn es vordem eingestellt war. War es aufgehoben, kann nur eine Neuanordnung gemäß §§ 15 ff. in Frage kommen.

In der Regel bedarf es zur Fortsetzung eines Antrags des Gläubigers, da dessen Interesse hier allein in Betracht kommt. (Denkschr.) Jeder betreibende Gläubiger kann diesen Antrag stellen, in dem Beitritt eines Gläubigers ist zugleich der Antrag auf Fortsetzung des Verfahrens enthalten.

Der Antrag ist nicht erforderlich, „soweit sich aus dem Gesetz ein anderes ergibt". Ein solcher Ausnahmefall liegt vor bei Einstellung des Verfahrens seitens des Vollstreckungsgerichts nach § 769 Abs. 2 ZPO. unter Bestimmung einer Frist, binnen welcher die Entscheidung des Prozeßgerichts beizubringen ist. In diesem Falle ist nach fruchtlosem Ablauf der Frist die Zwangsvollstreckung von Amts wegen fortzusetzen. Eine fernere Ausnahme bildet § 28. Auch hier ist das Verfahren, wenn der Gläubiger fristgemäß die Hebung des Hindernisses nachweist, das Verfahren von Amts wegen fortzusetzen.

3. Die Frist von sechs Monaten. Die sechsmonatliche Frist, binnen welcher der Antrag gestellt werden muß, ist nach den §§ 187 Abs. 1, 188 Abs. 2, Abs. 3 BGB. § 222 ZPO. zu berechnen. Die Frist ist keine Notfrist, aber eine gesetzliche; sie kann auf einseitigen Antrag weder verlängert noch abgekürzt werden (§ 224 Abs. 2 ZPO.). Zu einer Verlängerung der Frist würde es der Zustimmung sämtlicher Beteiligter bedürfen, da diese wegen des Anwachsens der Zinsen an der Einhaltung der gesetzten Frist interessiert sind. Vgl. Fischer u. Schäfer Anm. 2 S. 233. Eine Vereinbarung zwischen Gläubiger und Schuldner wegen Verlängerung der Frist genügt nicht. A. M. Wolf Anm. 3.

Die Frist beginnt, wenn die Einstellung von dem Prozeßgericht angeordnet war, mit der zugestellten Aufhebung dieser Anordnung, da die Dauer der Einstellung von dem Verlaufe des Prozesses abhängt. Anordnungen des Prozeßgerichts bezüglich der Einstellung sind zusammengestellt in Anm. 1 zu § 30.

Eine in der Berufungsinstanz gemäß § 719 ZPO. erlassene Anordnung auf Einstellung wird durch die Zurückweisung der Berufung ohne Erlaß eines besonderen Beschlusses hinfällig, RG. Bd. 42 S. 370. Die Frist beginnt in diesem Falle mit der Zustellung des Berufungsurteils. In allen übrigen Fällen beginnt die Frist mit der Einstellung des Verfahrens. Geschieht letzteres im Wege des Beschlusses, so beginnt die Frist mit der Verkündung ev. mit der Zustellung des Einstellungsbeschlusses an den Gläubiger. Dies greift auch im Falle des § 77 Platz (Jäckel Anm. 3). Im Falle der Einstellung mittels Versagung des Zuschlags (§§ 33, 86), beginnt die Frist mit der Rechtskraft des den Zuschlag versagenden Beschlusses d. h. mit dem Ablauf der Beschwerdefrist gegen diesen Beschluß.

4. Entscheidung über die Fortsetzung des Verfahrens. Eines besonderen Beschlusses bedarf es hierzu nicht. Soll das Verfahren fortgesetzt werden, so hat das Vollstreckungsgericht nur nötig, den Versteigerungstermin anzuberaumen. Hierin liegt gleichzeitig die Fortsetzung des Verfahrens. Gegen die Terminsbestimmung steht den Beteiligten die sofortige Beschwerde (§ 95) offen.

Wird ein gestellter Antrag auf Fortsetzung abgelehnt, so muß hierüber ein besonderer, motivierter Beschluß erlassen werden, der nach § 329 ZPO. entweder zu verkünden oder dem die Fortsetzung beantragenden Gläubiger zuzustellen ist. Hiergegen ist die sofortige Beschwerde (§ 95) zulässig.

5. Besondere Fristbestimmung. Die Frist ist für den Fall des § 76 im Abs. 2 auf drei Monate herabgesetzt.

6. Landesgesetzlicher Vorbehalt. Die Anordnung über Einstellung und Fortsetzung des Verfahrens gehört nach § 13 Abs. 1 EG. ZwVG. zu denjenigen Amtshandlungen, welche durch Landesgesetz einer anderen Behörde, oder einem Beamten oder Notar übertragen werden können.

§ 32.

Zustellung des Aufhebungs- und Einstellungsbeschlusses.

Der Beschluß, durch welchen das Verfahren aufgehoben oder einstweilen eingestellt wird, ist dem Schuldner, dem Gläubiger und, wenn die Anordnung von einem Dritten beantragt war, auch diesem zuzustellen.

In allen Fällen, selbst dann, wenn die Aufhebung oder Einstellung vom Prozeßgericht angeordnet ist, oder wenn infolge der Rücknahme des Versteigerungsantrags die Aufhebung des Verfahrens von selbst eintritt, muß das Vollstreckungsgericht einen besonderen Beschluß über die Einstellung bezw. Aufhebung des Verfahrens erlassen. Aus dem Beschlusse muß der Grund der Aufhebung bezw. Einstellung erhellen. Die Zustellung des Beschlusses erfolgt von Amts wegen an den Schuldner und den betreibenden Gläubiger, und wenn die Aufhebung bezw. Einstellung auf Antrag eines Dritten geschehen ist, auch an diesen. Für die Zustellung sind maßgebend die §§ 3—7. Die Zustellung ist auch dann erforderlich, wenn der Beschluß verkündet war, ebenso wie im Falle des § 77 Abs. 2 (Wolff Anm. 2). Dagegen greift § 32 nicht Platz im Falle des § 33, da hier nur die Verkündung, nicht die Zustellung des Versagungsbeschlusses vorgeschrieben ist (Jäckel Anm. zu § 32, Fischer u. Schäfer Anm.). Kommt mit der Aufhebung oder Einstellung ein bereits anberaumter Termin in Wegfall, so ist hiervon den Beteiligten, denen die Bekanntmachung zugestellt ist, Nachricht zu geben. Außerdem ist selbstverständlich die Terminsbestimmung von der Gerichtstafel zu entfernen. Ob auch der Wegfall des Termins in denjenigen öffentlichen Blättern bekannt zu geben ist, in denen die Terminsbestimmung veröffentlicht worden ist (§ 39 Abs. 1), ist je nach den Umständen dem Ermessen des Gerichts überlassen.

§ 33.

Aufhebung (Einstellung) nach Schluß der Versteigerung.

Nach dem Schlusse der Versteigerung darf, wenn ein Grund zur Aufhebung oder zur einstweiligen Einstellung des Verfahrens oder zur Aufhebung des Termins vorliegt, die Entscheidung nur durch Versagung des Zuschlags gegeben werden.

Bedeutung des § 33: 1. Schluß der Versteigerung 2.
Folgen der Nichtbeachtung des § 33: 3.

1. Bedeutung des § 33. Es soll durch die Vorschrift des § 33 das Erlöschen der bereits abgegebenen Gebote verhindert werden. Dies bedarf der Erläuterung. Gemäß § 37 Nr. 5 können diejenigen, welche ein der Versteigerung entgegenstehendes Recht haben, bis zur Erteilung des Zuschlags die Aufhebung oder einstweilige Einstellung des Verfahrens herbeiführen. Aber nicht bloß infolge der Einwendungen Dritter und des Schuldners, sondern auch von Amts wegen kann das Vollstreckungsgericht auch noch nach Schluß der Versteigerung einen Grund zur Aufhebung oder einstweiligen Einstellung des Verfahrens für gegeben erachten. In diesen Fällen soll nun das Vollstreckungsgericht den Grund zur Einstellung oder Aufhebung des Verfahrens oder Aufhebung des Termins nicht durch einfachen Beschluß aussprechen, denn dies würde nach § 72 Abs. 3 unbedingt das Erlöschen der Gebote zur

Folge haben, und er würde das ganze Ergebnis der Versteigerung vereiteln, wenn er sich als sachlich nicht gerechtfertigt erwiese. Mit Rücksicht hierauf schreibt der § 53 vor, daß in einem solchen Falle die Entscheidung nur durch Versagung des Zuschlags (§ 83) gegeben werden darf. Eine solche Entscheidung bringt die am Schlusse der Versteigerung noch gültigen Gebote erst zum Erlöschen, wenn sie rechtskräftig ist (§ 86), und die Beteiligten sind daher imstande, durch Erhebung der Beschwerde die Aufhebung der Entscheidung und die Erteilung des Zuschlages herbeizuführen. (Denkschr.) Für die Verkündung und Zustellung des Zuschlagversagungsbeschlusses gelten die allgemeinen Regeln (§§ 87ff.), nicht aber § 32. Einer Zustellung des Beschlusses bedarf es daher überhaupt nicht (Jäckel Anm. 2; Wolff Anm. 2). Die Beschwerdefrist läuft daher von der Verkündung ab (§ 98).

§ 33 umfaßt auch die Fälle des § 769 Abs. 2 ZPO. Außer der Versagung muß hier das Vollstreckungsgericht eine Frist bestimmen, binnen welcher die Entscheidung des Prozeßgerichts beizubringen ist bei Vermeidung der Fortsetzung des Verfahrens. Es brauchen alsdann nicht zwei Beschlüsse vom Vollstreckungsgericht erlassen zu werden, sondern es genügt, wenn durch Beschluß der Zuschlag versagt wird unter gleichzeitiger Bestimmung einer Frist zur Bebringung der prozeßrichterlichen Entscheidung. Die Frist zur Beschwerde beginnt auch bei diesem Beschluß von der Verkündung ab zu laufen. Jäckel Anm. 3.

2. Schluß der Versteigerung. Maßgebend für das im § 33 angeordnete Verfahren ist, daß der Aufhebungs- oder Einstellungsgrund erst nach Schluß der Versteigerung entstanden ist. Schluß der Versteigerung tritt in dem Zeitpunkte ein, in welchem trotz der Aufforderung zur Abgabe von Geboten nach Verlauf einer Stunde seit der ersten Aufforderung ein Gebot nicht mehr abgegeben, und das letzte Gebot sowie der Schluß der Versteigerung verkündet wird (§ 73). Bis zu diesem Zeitpunkte hat das Vollstreckungsgericht, wenn ein Grund zur Aufhebung oder Einstellung gegeben ist, einen Aufhebungs- oder Einstellungsbeschluß zu erlassen. Sind bereits Gebote abgegeben bezw. zugelassen worden, so erlöschen diese ohne weiteres und definitiv. Eine gegen den Beschluß erhobene erfolgreiche Beschwerde würde die bereits erloschenen Gebote nicht mehr wirksam machen können. Vgl. Jäckel Anm. 4.

3. Folgen der Nichtbeachtung des § 33. Wird unter Nichtbeachtung des § 33 statt der Versagung des Zuschlags ein Beschluß auf Einstellung oder Aufhebung des Verfahrens erlassen, so muß der Beschluß im Wege der Beschwerde aufgehoben werden. Das Beschwerdegericht muß alsdann, wenn die Aufhebung bezw. Einstellung gerechtfertigt ist, den Zuschlag versagen, und wenn sie unbegründet ist, unter Aufhebung des angefochtenen Beschlusses einen neuen Versteigerungstermin anordnen. Dagegen kann das Beschwerdegericht in dem letztgedachten Falle nicht den Zuschlag erteilen, da durch den Beschluß, gleichviel ob begründet oder nicht, alle abgegebenen Gebote erloschen sind. Vgl. Jäckel Anm. 5.

§ 34.

Löschung des Versteigerungsvermerkes.

Im Falle der Aufhebung des Verfahrens ist das Grundbuchamt um Löschung des Versteigerungsvermerkes zu ersuchen.

1. Zeitpunkt des Ersuchens. Das Löschungsersuchen ergeht gewöhnlich gleichzeitig mit dem Aufhebungsbeschluß. Streng genommen dürfte das Ersuchen erst abgehen, wenn der Aufhebungsbeschluß nach § 32 zugestellt ist. Die Rechtskraft des Aufhebungsbeschlusses ist nicht abzuwarten, da die gegen den Beschluß eingelegte Beschwerde keinen Suspensiveffekt hat (§ 572 Abs. 1 ZPO.). Im Falle der Beschwerde kann aber das Vollstreckungsgericht die Vollziehung seiner Entscheidung aussetzen, d. h. im vorliegenden Falle das Grundbuchamt ersuchen, die Löschung des Versteigerungsvermerks einstweilen noch nicht auszuführen (§ 572 Abs. 2 ZPO.). Das Beschwerdegericht hat die gleiche Befugnis, kann aber noch vor der Entscheidung weitergehende einstweilige Anordnungen erlassen z. B. die Wiedereintragung des Versteigerungsvermerkes bis zur Entscheidung über die Beschwerde anordnen und dementsprechend das Grundbuchamt direkt um die Eintragung ersuchen. Ebenso Wolff Anm. 2 zu § 34, etwas abweichend Jäckel Anm. zu § 34, der die dem Beschwerdegericht eingeräumte weitere Befugnis auch dem Vollstreckungsgericht gewähren will.

2. Einzelheiten bezüglich des Ersuchens. Das Ersuchen ergeht von Amts wegen. Die Löschung des Versteigerungsvermerks setzt stets ein Ersuchen des Vollstreckungsgerichts voraus. Diesem Ersuchen ist seitens des Grundbuchamts, ohne daß es die Rechtmäßigkeit desselben zu prüfen hätte, zu entsprechen. Es hat nur zu prüfen, ob das Ersuchen in der Form dem Gesetze entspricht. Für die Form des Ersuchens gelten die gleichen Erfordernisse, wie für das Eintragungsersuchen (vgl. § 19).

3. Löschung des Versteigerungsvermerkes. Von der eingetragenen Löschung ist seitens des Grundbuchamts dem Vollstreckungsgericht, dem Eigentümer und denjenigen eingetragenen Berechtigten Mitteilung zu machen, deren Recht durch sie betroffen wird (§ 55 GBO.). Nach Eingang dieser Mitteilung beim Vollstreckungsgericht, welches zu diesem Zwecke behufs Kontrolle die Wiedervorlage der Akten zu verfügen hat, kann die Weglegung der Akten angeordnet werden. Die Aufbewahrungsfrist beträgt in Preußen bei Zwangsversteigerungen, sofern der Zuschlag nicht erteilt ist, fünf Jahre (Allg. Verf. v. 6. September 1900 unter A. I § 3 Nr. 6. JMBl. S. 569).

III. Bestimmung des Versteigerungstermins.

§ 35.

Ausführung der Versteigerung.

Die Versteigerung wird durch das Vollstreckungsgericht ausgeführt.

Nach § 13 EG. ZwVG. kann durch Landesgesetz bestimmt werden, daß die durch das Reichsgesetz dem Vollstreckungsgericht zugewiesenen Amtshandlungen, soweit nicht über die Anordnung, Aufhebung oder Verbindung des Verfahrens oder über die Zulassung des Beitritts eines Gläubigers zu entscheiden ist, von einer anderen Behörde oder einem Beamten oder einem Notar ganz oder teilweise wahrzunehmen sind. Hiernach könnte landesgesetzlich die Ausführung der Versteigerung einer anderen Behörde, einem Beamten oder Notar übertragen werden. Soweit aber die Landesgesetzgebung von diesem Vorbehalt keinen Gebrauch gemacht hat, muß das Vollstreckungsgericht allein das ganze Verfahren bis zu Ende durchführen. Nur bezüglich der

Forderungen und beweglichen Sachen, welche von der Versteigerung ausgeschlossen worden sind, kann das Vollstreckungsgericht nach § 65 unter gewissen Voraussetzungen die besondere Versteigerung oder anderweitige Verwertung anordnen.

§ 36.

Terminsbestimmung. Zeit. Ort.

Der Versteigerungstermin soll erst nach der Beschlagnahme des Grundstücks und nach dem Eingange der Mitteilungen des Grundbuchamts bestimmt werden.

Der Zeitraum zwischen der Anberaumung des Termins und dem Termine soll, wenn nicht besondere Gründe vorliegen, nicht mehr als sechs Monate betragen.

Der Termin kann nach dem Ermessen des Gerichts an der Gerichtsstelle oder an einem anderen Orte im Gerichtsbezirk abgehalten werden.

---

1. Rechtliche Natur und Vorschriften des § 36. § 36 enthält nur Ordnungsvorschriften für die Anberaumung des Termins, Zeit und Ort, deren Nichtbeobachtung die Gültigkeit des Verfahren nicht beeinflussen, insbesondere kann daher deswegen nicht der Zuschlagsbeschluß angefochten werden.

Da die Anordnungen des Gerichts über Zeit und Ort der Terminsbestimmung nur die Art und Weise des Verfahrens betreffen, so können gegen sie Erinnerungen nach § 766 ZPO. gezogen werden. Beschwerde ist durch § 95 ausgeschlossen.

2. Zeit der Terminsbestimmung. Der Versteigerungstermin soll erst nach der Beschlagnahme des Grundstücks und nach dem Eingange der Mitteilungen des Grundbuchamts bestimmt werden. Gemäß § 19 Abs. 2 erfolgen die Mitteilungen des Grundbuchamts erst nach Eintragung des Versteigerungsvermerks.

Die Beschlagnahme des Grundstücks wird nun aber nach § 22 Abs. 1 wirksam entweder mit Zustellung des Anordnungsbeschlusses an den Schuldner oder mit dem Eingang des erfolgreichen Ersuchens um Eintragung des Versteigerungsvermerks beim Grundbuchamt. Da der Eintritt jedes dieser beiden Ereignisse für die Wirksamkeit der Beschlagnahme genügt, so braucht auch bei der Terminsbestimmung nicht die Zustellung des Einleitungsbeschlusses an den Schuldner abgewartet zu werden, sofern nur die Mitteilungen des Grundbuchamts eingegangen sind. Die Mitteilungen des Grundbuchamts sollen deshalb abgewartet werden, weil aus ihnen sich vielleicht die Notwendigkeit ergibt, das Verfahren aufzuheben oder eine Frist gemäß § 28 zu bestimmen. Von der Anberaumung kann alsdann zunächst keine Rede sein. Dagegen kann mit Rücksicht auf die jetzige Fassung des § 36 nicht als notwendig zugegeben werden, daß trotz Eingangs der grundbuchamtlichen Mitteilungen auch die Zustellung des Anordnungsbeschlusses an den Schuldner stets erfolgt sein muß, da die Rücksichtnahme auf die Kenntnis des Schuldners von dem Verfahren durch § 43 Abs. 2 genügend gewahrt erscheint, wonach ein Eröffnungs- oder Beitrittsbeschluß zwei Wochen vor dem Termin dem Schuldner zugestellt sein muß. Vgl. Wolff Anm. 2; Fischer u. Schäfer Anm. 2; a. M. Jäckel Anm. 2 zu § 36; Henle Anm. 2.

Ausnahmsweise muß jedoch die Zustellung des Beitrittsbeschlusses abgewartet werden, wenn der erste betreibende Gläubiger vor der Terminsanberaumung den Antrag zurückgenommen und zugleich vor der Rücknahme ein anderer die Versteigerung beantragt hat, da zugunsten des beitretenden Gläubigers die Beschlagnahme stets erst mit der Zustellung wirksam wird. Vgl. Fischer u. Schäfer Anm. 2. Die Einlegung der Beschwerde gegen die Anordnung der Versteigerung hindert zwar nicht die Terminsbestimmung, doch können Vollstreckungs- und Beschwerdegericht anordnen, daß bis zur Entscheidung über die Beschwerde die Anberaumung des Termins ausgesetzt bleibt (§ 572 Abs. 2 u. 3 ZPO.).

3. Frist. Als Maximalfrist sind 6 Monate bestimmt. Aus besonderen Gründen, namentlich um eine dem Schuldner nachteilige Versteigerung zu ungelegener Zeit zu verhindern, ist auch die Bestimmung eines späteren Termins zulässig. Dies wird namentlich für die Versteigerung ländlicher Grundstücke in Betracht kommen (Denkschr.). Eine Minimalfrist ist zwar nicht ausdrücklich bestimmt, ergibt sich aber aus § 43 Abs. 1.

4. Ort. Der Ort muß stets im Gerichtsbezirk liegen. In das Ermessen des Gerichts ist nur gestellt, ob der Termin an Gerichtsstelle selbst oder an einem Ort außerhalb der Gerichtsstelle stattfinden soll. Die Wahl des Ortes wird von den besonderen Umständen abhängen, insbesondere an welchem Ort mehr zahlungsfähige Bietungslustige oder höhere Gebote zu erwarten sind.

Bei Abhaltung eines Termins außerhalb des Gerichtsbezirks (z. B. § 2 Abs. 2) bleibt das Verfahren und der erteilte Zuschlag trotzdem gültig. Vgl. Jäckel Anm. 4; Wolff Anm. 4.

5. Ein obligatorischer Vortermin zur Verhandlung über die Anmeldung dinglicher Ansprüche, Zeit, Ort und Art der Versteigerung, der in einigen Partikularrechten früher vorgesehen war, ist in das Reichsgesetz nicht aufgenommen, jedoch kann das Vollstreckungsgericht nach § 62 vor dem Versteigerungstermin Erörterungen der Beteiligten über das geringste Gebot und die Versteigerungsbedingungen veranlassen und zu diesem Zwecke einen besonderen Termin bestimmen.

Inhalt der Terminsbestimmung. (§§ 37, 38.)

§ 37.

Die Terminsbestimmung muß enthalten:

1. die Bezeichnung des Grundstücks;
2. Zeit und Ort des Versteigerungstermins;
3. die Angabe, daß die Versteigerung im Wege der Zwangsvollstreckung erfolgt;
4. die Aufforderung, Rechte, soweit sie zur Zeit der Eintragung des Versteigerungsvermerkes aus dem Grundbuche nicht ersichtlich waren, spätestens im Versteigerungstermine vor der Aufforderung zur Abgabe von Geboten anzumelden und, wenn der Gläubiger widerspricht, glaubhaft zu machen, widrigenfalls die Rechte bei der Feststellung des geringsten Gebots nicht berücksichtigt und bei der Verteilung des Versteigerungserlöses dem Anspruche des Gläubigers und den übrigen Rechten nachgesetzt werden würden;
5. die Aufforderung an diejenigen, welche ein der Versteigerung entgegenstehendes Recht haben, vor der Erteilung des Zuschlags

die Aufhebung oder einstweilige Einstellung des Verfahrens herbeizuführen, widrigenfalls für das Recht der Versteigerungserlös an die Stelle des versteigerten Gegenstandes treten würde.

§ 38.

Die Terminsbestimmung soll die Bezeichnung des zur Zeit der Eintragung des Versteigerungsvermerkes eingetragenen Eigentümers sowie die Angabe des Grundbuchblatts und der Größe des Grundstücks enthalten.

---

1. Bedeutung der §§ 37, 38. Die §§ 37, 38 enthalten den Inhalt der Terminsbestimmung (des sogenannten Subhastationspatentes). § 37 gibt den wesentlichen Inhalt („muß"), § 38 den nicht wesentlichen („soll") an. Landesgesetzlich vorgeschriebene weitere Angaben bezüglich des Inhalts (§ 6 EG.) sind stets zu dem nicht wesentlichen Inhalt zu rechnen. Über den Inhalt der Terminsbestimmung bei der Versteigerung von Bergwerken sind in den meisten Ausführungsgesetzungen noch nähere Bestimmungen getroffen, vgl. z. B. Preußen AG. ZwVG. Art. 20.

Fehlt eines der Erfordernisse des § 37 in der Terminsbestimmung, so muß der Termin nach § 43 aufgehoben, und wenn sich der Mangel erst nach dem Schlusse der Versteigerung herausstellt, der Zuschlag gemäß § 83 Nr. 7 versagt, oder letzterer im Beschwerdewege nach § 100 wieder aufgehoben werden. An diesem Resultate würde selbst eine übereinstimmende Erklärung sämtlicher Interessenten, nach welcher der Mangel nicht beachtet werden sollte, nichts zu ändern vermögen, da der Termin auch für unbekannte Beteiligte zur Anmeldung von Rechten mit präklusivischer Frist bestimmt ist. Vgl. Jäckel Anm. 1.

Bei § 38 hat das bloße Fehlen eines der darin bezeichneten Erfordernisse nicht diese Bedeutung. Nur unter ganz besonderen, erschwerenden Umständen, „wenn die ganze Terminsbestimmung durch die unrichtige Angabe unverständlich oder unklar wird, z. B. unrichtige Angabe des Grundbuchblattes" (Jäckel), wird sie unwirksam sein, und dasselbe Verfahren Platz greifen müssen, wie beim Fehlen eines wesentlichen Bestandteils des § 37.

2. Zweck der §§ 37, 38. Über den Zweck äußert sich die Denkschrift folgendermaßen: Für die Gestaltung des Inhalts der §§ 37, 38 kommt in Betracht, daß es sich darum handelt, alle, deren Rechte von dem Verfahren berührt werden, zur Wahrnehmung dieser Rechte zu veranlassen und zugleich diejenigen, welche zum Erwerbe des Grundstücks etwa geneigt sind, auf die Gelegenheit aufmerksam zu machen.

3. Bezeichnung des Grundstücks (§ 37 Nr. 1 und § 38).

Eine möglichst genaue Bezeichnung ist zur Orientierung der Realinteressenten und Kaufreflektanten geboten. Hierzu gehört insbesondere bei Realfolien die Angabe des Grundbuchblattes und die Größe des Grundstücks (§ 38). Soweit die Größe sich nicht aus dem Grundbuch oder der beglaubigten Abschrift des Grundbuchblatts ergibt (§ 19), kann sie ev. aus den Steuerauszügen (§ 5 EG. u. pr. AG. ZwVG. Art. 4) oder aus den nach § 42 Abs. 2 zu den Akten eingereichten Nachweisungen entnommen werden. Bei Angabe der Größe wird jedenfalls eine Gewährleistung für dieselbe nicht übernommen (§ 56 Satz 3). Deshalb hat auch keinesfalls falsche Angabe der Größe Versagung des Zuschlags zur Folge, gewährt auch nicht ein Beschwerderecht gegen den Zuschlag. Vgl. Jäckel Anm. 5 S. 142. Bei Personalfolien muß deutlich erhellen, welches Grundstück zur Versteigerung gelangt. Für Preußen sind noch nähere Bestimmungen getroffen durch die Allgem. Verfüg. vom 7. Dezember 1899 (JMBl. S. 790) abgedr. im Anhang der Ausgabe für Preußen.

Für die Zwangsversteigerung des Bergwerkeigentums, eines unbeweglichen Bergwerksanteils oder einer Kohlenabbaugerechtigkeit vgl. für Preußen bezüglich der näheren Angaben in der Terminsbestimmung Art. 20, 22 AG. ZwVG.

Nach § 38 soll in der Terminsbestimmung der Zeitpunkt besonders hervorgehoben werden, in welchem der Eigentümer als solcher im Grundbuch zur Eintragung gelangt ist. Für das Vollstreckungsgericht kommt hierbei nur die Zeit der Eintragung des Versteigerungsvermerkes in Betracht. Dies muß daher im Versteigerungspatent mitgeteilt werden. Es ist dies deshalb notwendig, weil von Eigentumsveränderungen nach Eintragung des Versteigerungsvermerkes das Vollstreckungsgericht keine Mitteilung erhält, und daher bei Erlaß der Terminsbestimmung ein anderer Eigentümer als bei Anordnung der Versteigerung eingetragen sein kann. Vgl. Fischer u. Schäfer Anm. 2 zu den §§ 37, 38 S. 238 f.

4. Zeit und Ort des Versteigerungstermins (§ 37 Nr. 2). Angabe von Tag und Stunde, ebenso wie genaue Bezeichnung des Terminsortes ist erforderlich. Findet sich ein Versehen in einer dieser Beziehungen in der öffentlichen Bekanntmachung (§ 39), so ist nach § 43 Abs. 1, sofern die Berichtigung nicht mehr 6 Wochen vor dem Termin erfolgen konnte, der Termin aufzuheben. Befindet sich aber der Fehler nur in einer den Beteiligten zuzustellenden Terminsbestimmung, so kann mit Zustimmung des davon Betroffenen gemäß § 84 darüber hinweggegangen werden. Jäckel Anm. 3. War nur das Terminszimmer nicht richtig angegeben, oder hat ein Wechsel im Terminszimmer inzwischen stattgefunden, so genügt es, wenn Einrichtungen (Aufstellung eines Gerichtsdieners oder Anschlag) getroffen worden sind, um den in dem ursprünglich bestimmten Lokal Erschienenen rechtzeitig den Lokalwechsel bekannt zu geben. Dies muß auch im Protokoll vermerkt werden. Das Verfahren würde auch bei Unterlassen der vorgedachten Vorsichtsmaßregeln nur dann ungültig sein, wenn Interessenten infolge des Versehens bezw. des Lokalwechsels verhindert worden wären, im Termine ihr Recht wahrzunehmen. Vgl. Wolff Anm. 3 zu § 37.

5. Art der Versteigerung. Es muß besonders angegeben werden, daß die Versteigerung „im Wege der Zwangsvollstreckung" erfolgt. Dies ist deshalb angeordnet, weil es noch andere Arten der Zwangsversteigerung z. B. zum Zwecke der Aufhebung der Gemeinschaft, auf Antrag der Erben, des Verwalters in dem Konkursverfahren, über den Nachlaß pp. mit abweichenden Wirkungen gibt (§§ 172 ff.). Bei den Zwangsversteigerungen, die nicht im Wege der Zwangsvollstreckung erfolgen, muß, da § 37 entsprechende Anwendung finden soll (§§ 172, 176, 180), gleichfalls der Rechtsgrund der Versteigerung z. B. zum Zwecke der Aufhebung der Gemeinschaft angegeben werden.

Einer Bezeichnung des Gläubigers und der beizutreibenden Forderung bedarf es nicht. Dem Interesse der Beteiligten geschieht durch § 41 Abs. 2 Genüge.

6. Aufgebot der aus dem Grundbuch nicht ersichtlichen Rechte (§ 37 Nr. 4). Nach dem pr. ZwVG. v. 13. Juli 1883 (§ 40 Nr. 8 u. § 108) und Entw. I des Reichsges. (§ 44 Nr. 4, § 152) hatte das Aufgebot den Zweck, behufs Feststellung des geringsten Gebots die nicht aus dem Grundbuch ersichtlichen Ansprüche zu ermitteln. Die Nichtanmeldung solcher Ansprüche hatte damals den Rechtsnachteil im Gefolge, daß diese Ansprüche von der Berücksichtigung bei Feststellung des geringsten Gebots ausgeschlossen wurden und bei Verteilung des Kaufgeldes gegen die berücksichtigten Ansprüche im Range zurücktraten. Dagegen wurde ihnen durch diese Bestimmungen der ihnen an sich gebührende Vorrang vor den in das geringste Gebot nicht aufgenommenen Forderungen, also namentlich vor dem betreibenden und allen hinter ihm stehenden Gläubigern nicht entzogen (Plenarbeschluß des Reichsgerichts vom 28. Dezember 1896, Entsch. Bd. 38 S. 312 ff. im Gegensatz zu der Entsch. des 5. Zivilsenats des Reichsgerichts, abgedr. RG. Bd. 23 S. 233 ff.).

Das Reichsgesetz verbindet jetzt mit dem Aufgebot einen viel weitergehenden Zweck, indem es nicht bloß die Ermittelung der aus dem Grundbuch nicht ersichtlichen Rechte für die Feststellung des geringsten Gebots erreichen, sondern durch den Anmeldungszwang auch den außerhalb des geringsten Gebots stehenden Gläubigern sowohl dem betreibenden Gläubiger, als den ihm nachstehenden Gläubigern die Möglichkeit eröffnen will, zu berechnen, bis zu welchem Betrage sie behufs ihrer Deckung bei der Versteigerung mitbieten müssen.

Zur vollständigen Erreichung dieses Zwecks hat das Reichsgesetz auch eine Verschärfung des Rechtsnachteils, für die Nichtanmeldung eingeführt, indem es bestimmt hat, daß nicht nur eine Nichtberücksichtigung bei der Feststellung des geringsten Gebots, sondern auch ein Zurücktreten im Range bei der Verteilung des Versteigerungserlöses hinter den Anspruch des betreibenden Gläubigers und die übrigen Rechte die Folge sein soll. Sie rücken also damit an die letzte Stelle.

Alle Rechte, soweit sie zur Zeit der Eintragung des Versteigerungsvermerkes aus dem Grundbuch nicht ersichtlich waren, insbesondere alle Zinsrückstände, Kosten, rückständige und laufende Beträge der öffentlichen Lasten bedürfen der Anmeldung. Das Reichsgesetz spricht von Rechten, nicht von Ansprüchen. Damit soll gesagt sein, daß auch Rechte zur Berücksichtigung angemeldet werden können, die nicht einen Anspruch auf Befriedigung aus dem Erlöse gewähren, sondern nur gegen den Ersteher bestehen bleiben sollen. Vgl. Jäckel Anm. 6 S. 144. Anmeldungspflichtig sind hiernach:

a) bestehende Rechte ohne Eintragung. Nur ganz ausnahmsweise können ohne Eintragung zur Entstehung gelangen Nießbrauch und eine Sicherungshypothek nach den §§ 1075 Abs. 1, 1287 BGB., vgl. auch § 848 Abs. 2 ZPO., ferner sind hierher gehörig Fälle, in denen ein Recht versehentlich gelöscht ist (§ 899 BGB., §§ 54, 71 Abs. 2, 76 GBO.). Vgl. Fischer u. Schäfer Anm. zu Nr. 4b, S. 240.

Ist jedoch gegen die Löschung ein Widerspruch eingetragen, so erübrigt sich die Anmeldung (§ 48). Einer Anmeldung bedürfen gleichfalls nicht eine Überbau- und Notwegrente, obwohl sie nicht eingetragen wird (§§ 914 Abs. 2, 917 BGB.), da sie auch ohne Berücksichtigung beim geringsten Gebot bestehen bleibt (§ 52 Abs. 2), ferner nach § 9 EG. nach Landesgesetz begründete Rechte an einem Grundstücke, welche nicht in einer Hypothek bestehen, soweit sie zur Wirksamkeit gegen Dritte der

Eintragung nicht bedürfen. Letzteres trifft für Preußen namentlich zu bei Grunddienstbarkeiten und Ablösungsrenten nach Art. 6 AG. und Art. 22 AG. BGB.

b) Ansprüche aus eingetragenen Rechten, die ihrem Umfange nach aus dem Grundbuche nicht ersichtlich sind, s. Näheres bei § 45.

c) ein Vorrang, welcher aus dem Grundbuch nicht hervorgeht, wobei zu bemerken ist, daß die Anmeldung, auch wenn der Vorrang nicht vor dem betreibenden Gläubiger in Anspruch genommen wird, zu erfolgen hat, widrigenfalls das Recht nach § 110 bei der Verteilung den „übrigen" Rechten nachgesetzt wird.

d) Rechte, die aus dem Grundbuch zwar ersichtlich, aber später als der Versteigerungsvermerk eingetragen sind. Diese Rechte stehen zwar dem betreibenden Gläubiger nach (§ 10 Nr. 6), aber gehen einem später beigetretenen Gläubiger vor, sofern ihre rechtzeitige Anmeldung erfolgt.

Die Anmeldung muß spätestens im Versteigerungstermine vor der Aufforderung zur Abgabe von Geboten geschehen. Nach § 66 Abs. 2 hat das Gericht nach erfolgter Feststellung und Verlesung des geringsten Gebots und der Versteigerungsbedingungen auf die bevorstehende Ausschließung weiterer Anmeldungen hinzuweisen.

Muß das geringste Gebot oder die Versteigerungsbedingungen, deren Abänderung durch die Beteiligten bis zum Schluß der Versteigerung möglich ist, von neuem festgestellt werden, so müssen auch die verspätet eingegangenen Anmeldungen, da die Ausschließung gegenstandslos geworden ist, berücksichtigt werden. Vgl. Jäckel Anm. 6 S. 145, 146.

Eine Ergänzung erfährt § 37 Nr. 4 durch § 8 EG. ZwVG., wonach landesgesetzlich bestimmt werden kann, daß die vor dem Inkrafttreten des BGB. eingetragenen Hypotheken bei der Feststellung des geringsten Gebots und bei der Aufstellung des Teilungsplans nur auf Grund der Anmeldung zu berücksichtigen sind. In Preußen gilt dies nach Art. 33 AG. ZwVG. für Hypotheken im Bezirke des vormaligen Appellationsgerichts zu Kassel, welche vor dem 1. Juli 1874 entstanden sind.

Außer der Anmeldung hat die Glaubhaftmachung (§ 294 ZPO.) des angemeldeten Rechts jedoch nur auf Widerspruch des betreibenden Gläubigers (§ 37 Nr. 4) zu geschehen. Nur bei Rückständen von wiederkehrenden Leistungen und den nach § 8 EG. ZwVG. vorgesehenen Hypotheken kann die Glaubhaftmachung nicht verlangt werden (§ 45 Abs. 2; § 8 EG. ZwVG.). Vgl. Fischer u. Schäfer Anm. zu Nr. 4 der §§ 37, 38 S. 240.

Nur im Falle des § 9 Nr. 2 können auch andere Beteiligte, sowie das Gericht die Glaubhaftmachung verlangen. Unterlassung der Glaubhaftmachung hat in diesem Falle nur zur Folge, daß der Anmeldende mit als Beteiligter zugelassen wird, während im Falle des § 37 Nr. 4 sie die Nichtberücksichtigung des angemeldeten Rechts im geringsten Gebot und im Teilungsplan bewirkt. Vgl. Fischer u. Schäfer, Anm. zu Nr. 4 der §§ 37, 38 S. 240.

7. Aufforderung an diejenigen, welche ein der Versteigerung entgegenstehendes Recht haben (§ 37 Nr. 5). Dieser Aufforderung bedarf es um der Wirkungen des Zuschlags willen (Motive S. 151). Durch den Zuschlag erwirbt der Ersteher das Eigentum an dem Grundstück und den übrigen mitversteigerten Gegenständen, und zwar ohne Rücksicht darauf, ob das Eigentum bisher dem Schuldner oder einem Dritten zustand (§ 90 Abs. 1 u. Abs. 2). Welche Rechte der Versteigerung entgegenstehen, darüber s. Anm. 1c α zu § 9.

Nach den Motiven beschränkt sich die Vorschrift des § 37 Nr. 5 nicht auf Rechte, welche aus dem Grundbuch nicht hervorgehen. Das Vollstreckungsgericht hat zwar eingetragene Rechte von Amts wegen (§ 28) zu berücksichtigen, so daß der Berechtigte an sich genötigt ist, die Einstellung des Verfahrens auf dem Wege der ZPO. (§ 771) herbeizuführen. Allein wenn das Verfahren fortgesetzt und durchgeführt wird, tritt auch in Ansehung eingetragener Rechte die unter Nr. 5 bestimmte Rechtsfolge ein.

Hervorzuheben ist, das weder § 28 noch § 37 Nr. 5 auf eine Vormerkung zur Erhaltung des Rechts auf Auflassung (§ 883 BGB.) Anwendung findet. Eine Berücksichtigung dieses Rechts bei Feststellung des geringsten Gebots muß erfolgen, wenn es dem betreibenden Gläubiger im Range vorgeht. Steht es im Range nach, so erlischt es durch den Zuschlag (§ 52) und es können Ansprüche nur am Erlöse erhoben werden. Jäckel S. 147; Dernburg Bürgerl. R. Bd. III § 50 unter 4.

Bei Nr. 5 wird zur Berücksichtigung des Rechts verlangt, daß rechtzeitig die Aufhebung oder einstweilige Einstellung des Verfahrens herbeigeführt worden ist. Die Aufhebung bezw. Einstellung setzt regelmäßig eine Anordnung des Prozeßgerichts nach § 769 Abs. 1 ZPO. voraus. In dringenden Fällen ist diese Befugnis auch dem Vollstreckungsgericht gegeben, jedoch nur unter Bestimmung einer Frist, innerhalb welcher die Entscheidung des Prozeßgerichts beizubringen ist (§ 769 Abs. 2 ZPO.).

Ist die einstweilige Anordnung vom Prozeßgericht erlassen oder durch vollstreckbares Urteil die Zwangsvollstreckung für unzulässig erklärt worden, so muß gemäß § 775 Nr. 1, § 776 ZPO. auch noch die Entscheidung dem Versteigerungsgericht behufs Berücksichtigung des Rechts nach § 37 Nr. 5 rechtzeitig vorgelegt und von diesem die Vollziehung der Entscheidung durch Beschluß gemäß der §§ 32, 33 erwirkt werden. Die rechtzeitige Geltendmachung hängt aber davon ab, daß der Zuschlag noch nicht erteilt ist.

Öffentliche Bekanntmachung. (§§ 39, 40.)

§ 39.

Die Terminsbestimmung muß durch einmalige Einrückung in das für Bekanntmachungen des Gerichts bestimmte Blatt öffentlich bekannt gemacht werden.

Hat das Grundstück nur einen geringen Wert, so kann das Gericht anordnen, daß die Einrückung unterbleibt; in diesem Falle muß die Bekanntmachung dadurch erfolgen, daß die Terminsbestimmung in der Gemeinde, in deren Bezirke das Grundstück belegen ist, an die für amtliche Bekanntmachungen bestimmte Stelle angeheftet wird.

§ 40.

Die Terminsbestimmung soll an die Gerichtstafel angeheftet werden. Ist das Gericht nach § 2 Abs. 2 zum Vollstreckungsgerichte bestellt, so soll die Anheftung auch bei den übrigen Gerichten bewirkt werden.

Das Gericht ist befugt, noch andere und wiederholte Veröffentlichungen zu veranlassen; bei der Ausübung dieser Befugnis ist insbesondere auf den Ortsgebrauch Rücksicht zu nehmen.

Die öffentliche Bekanntmachung ist unerläßlich („muß"). Sie erfolgt durch Einrückung in dasjenige Blatt, welches für Bekanntmachungen des Gerichts bestimmt ist (§ 39 Abs. 1). Mit Rücksicht auf § 43 Abs. 1 muß die Bekanntmachung sechs Wochen vor dem Termin bewirkt werden, widrigenfalls der Versteigerungstermin aufzuheben und vom neuen zu bestimmen ist.

Wer das Blatt zu bezeichnen hat, entscheidet sich nach Landesrecht. Nicht ausgeschlossen ist, daß für die Bekanntmachung der Versteigerungstermine ein anderes Blatt gewählt wird, als für sonstige gerichtliche Veröffentlichungen (Denkschr.). Für Preußen ist im Art. 5 AG. ZwVG. für die Bekanntmachung der Terminsbestimmung der Anzeiger des Amtsblattes bestimmt. Nach der Begründung zum AG. ist diese bereits früher im pr. ZwVG. (§ 46 Abs. 1 Nr. 2) vorgeschriebene Art der Bekanntmachung beibehalten worden, um ein gleichmäßiges Verfahren und die Zusammenfassung aller einschlägigen Veröffentlichungen in bestimmten Blättern sicherzustellen. Die Bekanntmachung gilt an dem Tage bewirkt, an welchem die betreffende Nummer des Blattes zur Ausgabe gelangt.

Eine einmalige Einrückung ist das Mindestmaß. Dem Bedürfnisse nach weiterer Verbreitung der Terminsbestimmung kann nach § 40 Abs. 2 genügt werden. Hat das Gericht noch andere und wiederholte Veröffentlichungen verfügt, ist aber die Verfügung versehentlich überhaupt nicht oder nur mangelhaft ausgeführt worden, so kann der Zuschlag lediglich deshalb nicht versagt werden (§ 83). Vgl. Jäckel Anm. 2 zu §§ 39, 40 S. 149.

Nach § 7 EG. bleiben die bestehenden landesgesetzlichen Vorschriften, nach welchen noch andere als die in den §§ 39, 40 bezeichneten Veröffentlichungen der Terminsbestimmungen zu erfolgen haben, unberührt. Für Preußen kommt dieser Vorbehalt nicht in Betracht. Dagegen finden sich auf Grund des Vorbehalts diesbezügliche Bestimmungen in § 25 des sächs. AG. u. Art. 26 des bayer. AG. v. 9. Juni 1899.

Für Grundstücke von geringem Werte gestattet § 39 Abs. 2 dem Vollstreckungsgerichte, die regelmäßige Art der Bekanntmachung durch Einrückung dadurch zu ersetzen, daß es die Terminsbestimmung in der Gemeinde an die für amtliche Bekanntmachungen bestimmte Stelle anheften läßt.

Ob das Grundstück nur einen geringen Wert hat, entscheidet das Vollstreckungsgericht nach freiem Ermessen. An welcher Stelle in der Gemeinde die Bekanntmachung anzuheften ist, bestimmt sich nach Landesrecht. Für Preußen hat die Verwaltungsbehörde die Stelle näher zu bestimmen (JMBl. 1839 S. 10 und 1847 S. 11). Gewöhnlich ist es der sog. Ortskasten. Die Belagsblätter über die erfolgte Einrückung und die Bescheinigung über die Anheftung, ebenso wie der Aushang an der Gerichtstafel sind vor dem Termin zu den Versteigerungsakten zu bringen. Vgl. das Nähere für Preußen in § 19 d. Geschäftsordn. d. Gerichtsschr. f. d. Amtsger. Allg. Verf. v. 2. Dez. 1899 (JMBl. S. 394 § 19).

Die Bescheinigung über die Anheftung wird von der betreffenden Ortsbehörde (Magistrat, Ortsvorsteher) erteilt. Der Beweis kann aber auch in anderer Weise geführt werden (Strieth. Arch. Bd. 60 S. 5).

Ist der Aushang gemäß § 39 Abs. 2 Ersatz der im Abs. 1 bestimmten regelmäßigen Bekanntmachung, dann gilt auch § 43 Abs. 1 für ihn, es muß daher der Aushang mindestens sechs Wochen vor dem Termin an der Gemeindetafel gehangen haben. Wird außer den Bekanntmachungen in den Zeitungen, wie es die Regel bildet, auch der Aushang an der Gemeindetafel angeordnet, so hat auf die Gültigkeit der Bekanntmachung eine vorzeitige Entfernung und Abnahme des Schriftstücks von der Tafel keine Wirkung. Dasselbe gilt auch für den Aushang an der Gerichtstafel, da es sich bei dieser Vorschrift stets nur um eine Ordnungsvorschrift handelt. Außer den amtlichen Bekanntmachungen kann jeder Beteiligte privatim weitere Veröffentlichungen der Terminsbestimmung vornehmen. Einen Ersatzanspruch wegen der dadurch entstandenen Kosten hat er jedoch nicht.

§ 41.

Zustellung an die Beteiligten.

Die Terminsbestimmung ist den Beteiligten zuzustellen.

Im Laufe der zweiten Woche vor dem Termine soll den Beteiligten mitgeteilt werden, auf wessen Antrag und wegen welcher Ansprüche die Versteigerung erfolgt.

Als Beteiligte gelten auch diejenigen, welche das angemeldete Recht noch glaubhaft zu machen haben.

Kreis der Beteiligten 1.
Mitteilungen nach Abs. 2: 2.
Mitteilung an Kassen, Behörden, Anstalten 3.

1. Wer ist Beteiligter im Sinne des Abs. 1. Wer zu den Beteiligten gehört, regelt sich nach § 9 unter Berücksichtigung des Abs. 3 des § 41. Es gehören ferner zu ihnen im Falle des § 85 der Meistbietende und bei der Wiederversteigerung (§ 133) auch der Ersteher, als nunmehriger Schuldner. Die Zustellung bestimmt sich nach den §§ 3—7 und ist zu beurkunden.

2. Mitteilungen nach Abs. 2. Die für die Beteiligten vorgesehenen Mitteilungen sollen sie in den Stand setzen, zu beurteilen, ob und inwieweit sie von der Zwangsversteigerung berührt werden, insbesondere ob ihr Anspruch Berücksichtigung bei der Feststellung des geringsten Gebots findet. Deshalb soll ihnen die Person des betreibenden Gläubigers, einschließlich des beigetretenen, der Betrag der beizutreibenden Forderung, Art des Anspruchs (dinglich oder persönlich), Schuldtitel bezeichnet werden. Das Subhastationspatent gibt ihnen hierüber keine Aufklärung. Einer Zustellung dieser Mitteilung bedarf es nicht. Dem Schuldner braucht diese Mitteilung nicht gemacht zu werden, auf ihn bezieht sich Abs. 2 nicht. Nach erfolgter Mitteilung fällt eine besondere Benachrichtigung an die Beteiligten von einer etwaigen Veränderung in der Person eines Gläubigers oder Hinzutritt eines Gläubigers weg. Hierüber wird erst in dem Versteigerungstermin Mitteilung gemacht (§ 66). Abs. 2 enthält nur eine Ordnungsvorschrift („soll").

3. Mitteilung an Kassen, Behörden und Anstalten. Bezüglich der Kassen, Behörden und Anstalten, welchen die Erhebung von öffentlichen Abgaben und Lasten nach der Landesgesetzgebung obliegt, bemerken die Motive zum preuß. ZwVG., daß es an sich Aufgabe der Behörden und Kassen, welchen die Erhebung dieser Gefälle obliegt, ist, darauf zu achten, namentlich durch Nachlesen der öffentlichen Blätter ihres Bezirks, ob ein Grundstück, auf welchem derartige Abgaben und Lasten ruhen, zur Zwangsversteigerung gestellt ist. Es wird jedoch gleichzeitig in den Motiven anerkannt, daß der Landesjustizverwaltung die Befugnis zusteht, den Gerichten als Organen der Verwaltung die Weisung zur Mitteilung an andere Behörden zu erteilen. Diesem Standpunkt ist auch die Kommission II des Reichsgesetzes beigetreten.

In Preußen sind diese Mitteilungen durch die Allg. Verf. v. 9. Dezember 1899 (JMBl. S. 802) geregelt, welche in der Ausgabe für Preußen im Anhang abgedruckt ist.

§ 42.

Einsicht der Angaben über das Grundstück und der erfolgten Anmeldungen.

Die Einsicht der Mitteilungen des Grundbuchamts, sowie der erfolgten Anmeldungen ist jedem gestattet.

Das gleiche gilt von anderen das Grundstück betreffenden Nachweisungen, welche ein Beteiligter einreicht, insbesondere von Abschätzungen.

Der Nachweis eines besonderen Interesses ist nicht erforderlich. Die Einsichtnahme der in dem § 42 genannten Schriftstücke ist daher jedem in der Gerichtsschreiberei der Vollstreckungsabteilung des Amtsgerichts in den Dienststunden gestattet. Auf andere Schriftstücke bezieht sich das Recht der freien Einsichtnahme für jedermann nicht. Verfügungen, Beschlüsse, Protokolle, Eingaben von Interessenten und dergl. mehr können nur von demjenigen eingesehen werden, der gemäß § 299 ZPO. ein rechtliches Interesse glaubhaft macht.

§ 43.

Versteigerungsfrist. Zustellungsfrist. Neuer Versteigerungstermin.

Der Versteigerungstermin ist aufzuheben und von neuem zu bestimmen, wenn die Bekanntmachung der Terminsbestimmung nicht sechs Wochen vor dem Termine bewirkt ist.

Das gleiche gilt, wenn nicht zwei Wochen vor dem Termine dem Schuldner ein Beschluß, auf Grund dessen die Versteigerung erfolgen kann, und allen Beteiligten, die schon zur Zeit der Anberaumung des Termins dem Gerichte bekannt waren, die Terminsbestimmung zugestellt ist, es sei denn, daß derjenige, in Ansehung dessen die Frist nicht eingehalten ist, das Verfahren genehmigt.

---

1. Versteigerungsfrist. Die Terminsbestimmung muß spätestens sechs Wochen vor dem Termine nach Maßgabe des § 39 bekannt gemacht sein. Dies muß von Amts wegen seitens des Gerichts geprüft werden. Ist die Frist nicht gewahrt, so muß ein neuer Termin von Amtswegen bestimmt werden, oder wenn der Mangel erst nach Schluß der Versteigerung bemerkt wird, muß der Zuschlag gemäß § 83 Nr. 1 u. 7 versagt werden. Die Nichtinnehaltung dieser Frist macht das ganze Verfahren nichtig. Eine Hebung des Mangels könnte auch nicht durch die Zustimmung aller Beteiligten erreicht werden, da die Frist mit dazu dient, die Anmeldung der Ansprüche unbekannt Beteiligter herbeizuführen (§ 37 Nr. 4 u. 5). Die Frist ist eine gesetzliche, die keine Abkürzung weder von Amts wegen noch auf Antrag zuläßt (§ 224 Abs. 2 ZPO.). Die Berechnung der Frist regelt sich nach den § 222 ZPO., §§ 187, 188 BGB. Unter Bekanntmachung ist die öffentliche Bekanntmachung des § 39 zu verstehen. Der Lauf

der Frist beginnt mit dem Tage der ersten Einrückung bezw. mit dem Tage der Anheftung. Die strenge Innehaltung der Versteigerungsfrist wird in der Denkschrift damit begründet, daß ein ungenügendes Resultat des Versteigerungstermins zu befürchten ist, wenn er nicht mindestens sechs Wochen vor seiner Abhaltung bekannt gemacht worden ist. Die sechswöchentliche Frist ist auch dann zu beobachten, wenn auf Antrag eines Gläubigers eine Verlegung des bereits anberaumten Versteigerungstermins erfolgt. Vgl. hierzu m. Erörterungen im „Recht" Nr. 22 vom 25. Nov. 1900 S. 487.

2. Zustellungsfrist. Um den Beteiligten die nötige Zeit zur Ermittelung des Sachverhalts und zur Vorbereitung auf den Termin zu verschaffen, fordert das Gesetz, daß die Zustellung der Terminsbestimmung (§ 49 Abs. 1) an die Beteiligten, welche dem Gerichte schon bei der Bestimmung des Termins bekannt sind, nicht später als zwei Wochen vor dem Termine bewirkt werde. Damit aber auch dem Schuldner eine angemessene Frist gegeben werde, innerhalb welcher er sich mit dem Gläubiger ins Einvernehmen setzen und die Einstellung des Verfahrens vor der Versteigerung herbeiführen könne, bestimmt das Gesetz ferner, daß unter allen Umständen ein Zeitraum von zwei Wochen zwischen der Zustellung des Versteigerungsbeschlusses (§ 22 Abs. 1) und dem Termine frei bleiben müsse. Ist jedoch dieser Beschluß durch Rücknahme des Versteigerungsantrages erledigt, so genügt es, wenn ein Beitrittsbeschluß (§ 27) vor dem Beginne des Zeitraums dem Schuldner zugestellt worden und noch wirksam ist (§ 43 Abs. 2). Denkschr. Hiernach sind als wesentliche Fristen von Amtswegen zu beachten

a) die sechswöchige Frist zwischen der öffentlichen Bekanntmachung der Terminsbestimmung und dem Termine selbst;

b) die zweiwöchige Frist zwischen der Zustellung der Terminsbestimmung an die Beteiligten und dem Termine selbst;

c) die zweiwöchige Frist zwischen der Zustellung des Versteigerungsbeschlusses bezw. Beitrittes an den Schuldner und dem Termine selbst.

3. Folgen der Nichtwahrung der Zustellungsfrist. Auch hier hat das Gericht wie zu 1, schon vor dem Termin zu prüfen, ob die Zustellungsfristen gewahrt sind. Wird ein diesbezüglicher Mangel entdeckt, so ist der Versteigerungstermin aufzuheben, ev. ist der Zuschlag zu versagen. Der Mangel kann hier jedoch dadurch geheilt werden, daß der Beteiligte, um den es sich handelt, das Verfahren genehmigt (§ 43 Abs. 2 verbunden mit § 83 Nr. 1).

IV. Geringstes Gebot. Versteigerungsbedingungen.

§ 44.

Bei der Versteigerung wird nur ein solches Gebot zugelassen, durch welches die dem Anspruche des Gläubigers vorgehenden Rechte, sowie die aus dem Versteigerungserlöse zu entnehmenden Kosten des Verfahrens gedeckt werden (geringstes Gebot).

Wird das Verfahren wegen mehrerer Ansprüche von verschiedenem Range betrieben, so darf der vorgehende Anspruch der Feststellung des geringsten Gebots nur dann zugrunde gelegt werden, wenn der wegen

dieses Anspruchs ergangene Beschluß dem Schuldner zwei Wochen vor dem Versteigerungstermine zugestellt ist.

Anfechtung der Feststellung des geringsten Gebots 5.
Berechnung des geringsten Gebots 2.
Konkurrenz mehrerer betreibender Gläubiger und deren Einfluß auf das geringste Gebot 3.
Kosten 4.

1. Deckungsprinzip. Das Reichsgesetz hat sich dem bereits partikularrechtlich in Deutschland, in Preußen seit 1883, in Sachsen seit 1884, in Bayern seit 1886, in Geltung befindlichen Deckungsprinzip angeschlossen. Das Deckungsprinzip beruht auf dem Grundsatz, daß die Zwangsversteigerung nur unter Wahrung der dem betreibenden Gläubiger vorgehenden Rechte ausgeführt werden dürfe. Die Denkschrift hebt hervor, daß das Deckungsprinzip den Forderungen der Gerechtigkeit entspricht. Es hindert den Gläubiger, eine für ihn selbst aussichtslose Versteigerung lediglich zum Nachteile des Schuldners durchzuführen, und sichert die das Grundstück belastenden Rechte gegen Beeinträchtigung, die auf ein nachstehendes Recht sich stützen.

2. Berechnung des geringsten Gebots. Die Durchführung des sogenannten Deckungsprinzips erfolgt am einfachsten in der Weise, daß bei der Versteigerung nur ein solches Gebot zugelassen wird, durch welches die dem Anspruche des Gläubigers vorgehenden Rechte, sowie die aus dem Versteigerungserlöse zu entnehmenden Kosten des Verfahrens gedeckt werden. (§ 44 Abs. 1.) Dies Gebot ist das sog. geringste Gebot. Bei Feststellung der dem Anspruche des betreibenden Gläubigers vorgehenden Rechte sind nicht bloß Hypotheken und Grundschulden, sondern auch Rechte, die nicht auf Zahlung eines Geldbetrages gehen, zu berücksichtigen. Die zu deckenden Rechte wiederum umfassen nicht nur die Rechte am Grundstücke, sondern auch die Rechte auf Befriedigung aus demselben, soweit sie nach § 10 dem betreibenden Gläubiger vorgehen. Die berücksichtigten Rechte bleiben, soweit sie nicht durch Zahlung zu decken sind, bestehen (§ 52). Der Anspruch des betreibenden Gläubigers kommt bei Feststellung des geringsten Gebots nicht in betracht, auch dann nicht, wenn er nur für einen Teil seines Anspruchs die Zwangsversteigerung betreibt. Zu den Kosten des Verfahrens, welche gemäß § 109 aus dem Versteigerungserlöse vorweg zu entnehmen sind, gehören auch die von dem beitreibenden Gläubiger auf die gerichtlichen Kosten der Zwangsversteigerung geleisteten Vorschüsse. Wären die Vorschüsse nicht geleistet, so müßte die Gerichtskasse sie als Kosten liquidieren. Vgl. Jäckel Anm. 1 zu § 44 S. 156 u. Wolff Anm. 2 Abs. 2 zu § 44 S. 110.

Das geringste Gebot ist vor dem Beginn der Versteigerung durch das Vollstreckungsgericht festzustellen (§ 66). Diese Feststellung soll vor allem dem Ersteher bezw. Bieter den Umfang und den Betrag der bestehen bleibenden Rechte ersichtlich machen. Anderseits ist sie nötig, um die sofortige Prüfung jedes einzelnen Gebotes, welches auf das Grundstück abgegeben wird, zu ermöglichen (Denkschr.). Bei der Feststellung sind einmal die bar zu zahlenden Beträge zu berechnen (§ 49), und ferner anzugeben, die zwar berücksichtigten, aber da sie durch Zahlung nicht zu decken sind, bestehen bleibenden Rechte.

Wohl zu beachten ist, daß gewisse Rechte bestehen bleiben, auch wenn sie bei Feststellung des geringsten Gebots nicht berücksichtigt worden sind. Es sind dies die in den §§ 912—917 BGB. bezeichneten Renten (§ 52 Abs. 2) und nach Maßgabe des § 9 EG. die nach Landesgesetz begründeten, nicht in einer Hypothek bestehenden Rechte an einem Grundstücke, die zur Wirksamkeit gegen Dritte der Eintragung nicht bedürfen.

Verpflichten diese Rechte zu wiederkehrenden Leistungen, so haftet der Ersteher erst von dem Zuschlage ab (§ 56); die rückständigen und bis dahin laufenden müssen aus dem Erlöse entnommen werden. Anzumelden sind daher stets die rückständigen, die laufenden nur, soweit sie nicht aus dem Grundbuch hervorgehen (z. B. nicht eingetragene Renten, Art. 22 des pr. AG. z. BGB.). Jäckel Anm. 1 zu § 44 S. 156. Sicherungshypotheken sind ohne Glaubhaftmachung zu dem eingetragenen Betrage zu berücksichtigen, es müßte denn etwa der Berechtigte erklären, daß sie nur zu einem geringeren Betrage bestehen.

3. Konkurrenz mehrerer betreibender Gläubiger. Wird das Verfahren wegen mehrerer Ansprüche von verschiedenem Range betrieben, so bestimmt sich das geringste Gebot nach dem Range des bestberechtigten Anspruchs. Über den Rang entscheidet § 10. Dadurch stellt sich das geringste Gebot am niedrigsten.

Streitig ist, wie das geringste Gebot zu berechnen ist, wenn vor dem betreibenden Gläubiger ein Anspruch eingetragen steht, bezüglich dessen nur zugunsten eines der betreibenden Gläubiger eine Vorrechtseinräumung stattgefunden hat. Alsdann ist es, da nach § 880 BGB. die Rangordnung nicht bloß obligatorische, sondern dingliche Wirkung hat, so anzusehen, als ob an der Stelle, an welcher das zurücktretende Recht eingetragen ist, das vortretende Recht bis zum Betrage des ersteren eingetragen wäre. Damit ergibt sich von selbst, daß, wenn der zurücktretende Gläubiger die Zwangsversteigerung betreibt, der vortretende Gläubiger mit seinem Rechte bei der Feststellung des geringsten Gebots von Amts wegen zu berücksichtigen ist, während in dem umgekehrten Falle der zurücktretende Gläubiger bei Feststellung des geringsten Gebots nicht berücksichtigt wird. (Bericht d. Komm. des Reichstags.) Zur Illustration des Vorstehenden dient folgendes Beispiel (aus den Motiven): „Die Zwangsversteigerung wird von B und C betrieben. Das beiden vorgehende Recht des A ist gegenüber dem C, nicht aber (infolge Prioritätseinräumung) gegenüber dem B unwirksam. Zur Deckung des A ist ein höheres Gebot erforderlich, als zur Deckung des B. Gleichwohl kann C verlangen, daß das geringste Gebot nach Maßgabe des Rechtes des B, nicht des A, festgestellt werde, obschon B ihm im Range vorgeht, und B kann die Versteigerung des Grundstücks unter Bedingungen, welche auch ihm Zahlung verschaffen, nach näherer Bestimmung des (jetzigen) § 59 beanspruchen".

Die Bestimmung des geringsten Gebots nach dem vorgehenden Anspruch ist ausgeschlossen, wenn der wegen dieses Anspruchs ergangene Versteigerungs- oder Beitrittsbeschluß (§§ 20, 27) dem Schuldner nicht rechtzeitig (§ 43 Abs. 2) zugestellt ist; in einem solchen Falle muß der folgende Anspruch der Feststellung des geringsten Gebots zugrunde gelegt werden (§ 44 Abs. 2).

Soll von der Vorschrift des § 44 Abs. 2 abgewichen werden, so muß die Zustimmung sowohl des Schuldners, als derjenigen Gläubiger vorliegen, welche, wenn die Feststellung des geringsten Gebots nach einem erst innerhalb der beiden letzten Wochen vor dem Termin zugelassenen Beitritt erfolgt, hierbei nicht berücksichtigt werden können.

Mit Jäckel Anm. 2 zu § 44 S. 158 ist anzunehmen, daß Abs. 2 auch dann Platz greift, wenn zwar der Beitritt rechtzeitig stattgefunden, aber zugunsten des beigetretenen Gläubigers erst innerhalb der beiden letzten Wochen vor dem Versteigerungstermine eine Rangänderung (Prioritätseinräumung) erfolgt ist. Denn dann ist der Beschluß nicht „wegen *dieses* Anspruchs" dem Schuldner rechtzeitig zugestellt.

4. Kosten, welche in das geringste Gebot mit aufzunehmen

sind. Welche Kosten aus dem Versteigerungserlöse zu entnehmen sind, bestimmt sich nach § 109. Als Verfahrenskosten kommen für das geringste Gebot in Betracht die baren Auslagen, soweit sie sich bis zum Bietungstermin feststellen lassen, und die Gerichtsgebühr. Zu den ersteren gehören die Gebühren des hinzugezogenen Rechnungsverständigen (schätzungsweise bestimmt). Für Preußen Allg. Verf. v. 16. Sept. 1895 (JMBl. S. 273) und Allg. Verf. v. 22. Dez. 1899 (JMBl. S. 865), die Kosten der öffentlichen Bekanntmachung des Versteigerungstermins (Insertionskosten ꝛc.) und etwa entstandene Portoauslagen. Schreibgebühren werden nach § 116 des preuß. GKG. in der Regel nicht erhoben. Als Gerichtsgebühr werden erhoben nach § 125 des preuß. GKG. für den Erlaß der Bekanntmachung des Versteigerungstermins $^2/_{10}$, für die Abhaltung des ersten Versteigerungstermins $^2/_{10}$, für die Abhaltung eines jeden Versteigerungstermins nach Abhaltung des ersten $^1/_{10}$, der im § 8 des deutsch. GKG. bestimmten Gebühr. Die Wertstufe ergibt sich nach § 127 des preuß. GKG. aus dem Gebote, für welches der Zuschlag erteilt ist, also aus dem Bargebote und den im geringsten Gebot berücksichtigten Rechten. Erreicht das Gebot nicht $^2/_3$ des Wertes des Gegenstandes, so treten diese $^2/_3$ bei Berechnung der zu erhebenden Gebühren an Stelle des Gebots. Ist der Zuschlag nicht erteilt, so werden die nach § 125 (s. ob.) zu erhebenden Gebühren nach dem Werte des Gegenstandes berechnet. Der Wert des Gegenstandes bestimmt sich nach § 124 d. pr. GKG.

5. Anfechtung der Feststellung des geringsten Gebots. Die Anfechtung ist nur mit der Beschwerde gegen die Entscheidung über den Zuschlag zulässig. Hierzu sind nach Maßgabe der §§ 83 Nr. 1, 97, 100 Abs. 1 berechtigt:

a) Der betreibende Gläubiger, wenn ein Anspruch, obwohl er widersprochen hat, bei Feststellung des geringsten Gebots berücksichtigt worden ist. Jäckel Anm. 4 zu § 44 s. a.

b) der Beteiligte, dessen Anspruch bei Feststellung des geringsten Gebots nicht berücksichtigt worden ist, sofern er durch den Zuschlag benachteiligt ist. Jäckel Anm. 4 zu § 44 s. b.

§ 45.

Rechte, welche zu berücksichtigen sind.

Ein Recht ist bei der Feststellung des geringsten Gebots insoweit, als es zur Zeit der Eintragung des Versteigerungsvermerkes aus dem Grundbuch ersichtlich war, nach dem Inhalte des Grundbuchs, im übrigen nur dann zu berücksichtigen, wenn es rechtzeitig angemeldet und, falls der Gläubiger widerspricht, glaubhaft gemacht wird.

Von wiederkehrenden Leistungen, die nach dem Inhalte des Grundbuchs zu entrichten sind, brauchen die laufenden Beträge nicht angemeldet, die rückständigen nicht glaubhaft gemacht zu werden.

---

1. Inwieweit sind Rechte zu berücksichtigen?

a) Bei der Feststellung des geringsten Gebots sind alle Rechte, insoweit sie zur

Zeit der Eintragung des Versteigerungsvermerkes (§ 19) aus dem Grundbuch ersichtlich waren, nach dem Inhalt des Grundbuchs zu berücksichtigen. Maßgebend ist allein der Inhalt des Grundbuchs. Bei Divergenz der beglaubigten Abschrift des Grundbuchblattes, welche seitens des Vollstreckungsgerichts der Feststellung zugrunde gelegt wird, von dem Inhalte des Grundbuchs ist demnach unter Umständen das geringste Gebot unrichtig festgestellt und daher der Zuschlag zu versagen (§ 83 Nr. 1), bezw. der Anfechtung im Wege der Beschwerde unterworfen (§ 100).

Die nach der Eintragung des Versteigerungsvermerkes eingetragenen Rechte, Veränderungen (Pfandrechte, Nießbrauch, Abtretungen 2c.) werden nur berücksichtigt, wenn sie rechtzeitig angemeldet und, falls der betreibende Gläubiger widerspricht, glaubhaft gemacht worden sind. Die Anmeldung kann nicht etwa dadurch ersetzt werden, daß das Vollstreckungsgericht anderweitig z. B. durch Einsicht der Grundakten von den späteren Eintragungen Kenntnis erlangt. Eine Berücksichtigung dieser nach der Eintragung des Versteigerungsvermerkes eingetragenen Rechte ist selbst dann ausgeschlossen, wenn ihre Eintragung vor der Zulassung eines dem Verfahren beitretenden Gläubigers erfolgt, und der erste betreibende Gläubiger weggefallen ist. Vgl. Jäckel Anm. 1 S. 161 und Wolff Anm. 5 S. 113.

Sind Rechte zwar erst nach der Beschlagnahme (§ 22), aber vor der Eintragung des Versteigerungsvermerkes eingetragen worden, so sind sie von Amts wegen zu berücksichtigen.

Die zu Unrecht gelöschten oder bei der Abschreibung eines Grundstücks nicht mit übertragenen Posten (§ 47 Abs. 2 GBO.) sind nicht zu berücksichtigen. Dasselbe gilt bezüglich der zwar eingetragenen, aber nicht zur Entstehung gelangten oder erloschenen Rechte. Voraussetzung ist, daß das Erlöschen oder Aufhören des Rechts liquide vorliegt z. B. die zur Löschung erforderlichen Urkunden im Bietungstermine vorgelegt werden (Motive S. 162). Widerspruch eines Beteiligten hat die Berücksichtigung des erloschenen Rechtes bei Feststellung des geringsten Gebots zur Folge. Vgl. Wolff Anm. 2.

Nach § 8 EG. kann durch Landesgesetz bestimmt werden, daß die vor dem Inkrafttreten des BGB. eingetragenen Hypotheken bei der Feststellung des geringsten Gebots und bei der Aufstellung des Teilungsplans nur auf Grund einer Anmeldung zu berücksichtigen sind. Preußen hat von diesem Vorbehalt Gebrauch gemacht für die vor dem 1. Juli 1874 entstandenen hessischen Hypotheken, die nicht in eine Hypothek des preußischen Rechts umgewandelt worden sind. Art. 33 pr. AG. ZwVG.

„Insoweit“ im Abs. 1 will besagen, daß auch die Rangordnung der eingetragenen Rechte nach dem Inhalt des Grundbuchs zu berücksichtigen ist. Die Kommission II wollte nur die Fassung des Gesetzes abkürzen (Dem. S. 86).

b) Soweit Rechte aus dem Grundbuch **nicht** ersichtlich sind („im übrigen“), sind sie nur dann zu berücksichtigen, wenn sie rechtzeitig (§ 37) angemeldet und erforderlichenfalls (§ 9 Nr. 2) glaubhaft gemacht sind. Hierunter fallen alle nicht eingetragenen Rechte und Ansprüche, insbesondere die aus § 10 Nr. 1—3, ferner bei eingetragenen Rechten dem Umfange nach unbestimmte Ansprüche auf Befriedigung aus dem Grundstücke. Hiernach sind anzumelden:

α) Rückstände wiederkehrender Leistungen von Ansprüchen, die im Grundbuch eingetragen sind;

β) Nebenleistungen, die außer den Zinsen satzungsgemäß nach § 1115 Abs. 2 BGB. an eine Kreditanstalt, deren Satzung von der zuständigen Behörde öffentlich bekannt gemacht worden ist, zu entrichten sind, sofern bei der Eintragung im Grundbuch auf die Satzung Bezug genommen ist;

γ) Ansprüche auf Ersatz der Kosten der Kündigung und Rechtsverfolgung (§ 10 Abs. 2, § 12 Nr. 1).

2. Form der Anmeldung. Das Gesetz enthält hierüber keine Spezialvorschrift. Die Anmeldung kann privatschriftlich oder zu Protokoll des Gerichtsschreibers erfolgen; sie kann auch mündlich im Versteigerungstermin erklärt werden und ist dann dementsprechend in das Protokoll aufzunehmen. Die Anmeldung kann auch durch einen Vertreter, selbst wenn er nicht geschäftsfähig (§ 165 BGB.) ist, rechtsgültig geschehen. Vorlegung privatschriftlicher Vollmacht seitens des Vertreters genügt (§ 167 Abs. 2 BGB.). Von Amts wegen ist die Vollmacht nicht zu prüfen. Da aber die Anmeldung ein einseitiges Rechtsgeschäft ist, so ist sie gemäß § 174 BGB. unwirksam, wenn der Bevollmächtigte eine Vollmachturkunde nicht vorlegt, und der andere die Anmeldung aus diesem Grunde unverzüglich zurückweist. Vgl. Wolff Anm. 6; Jäckel Anm. 5. Nachträgliche Genehmigung der Beteiligten ist für zulässig erachtet worden. Entsch. des RG. in Gruchots Beiträgen Bd. 36 S. 1112.

3. Inhalt der Anmeldung. Die Anmeldung muß Betrag, Rechtsgrund und Rang des Anspruchs bestimmt angeben. Bei wiederkehrenden Naturalleistungen (z. B. Altenteilsprästationen) muß wenigstens angegeben werden, welche Leistungen und von wann ab sie gefordert werden. Das Gericht hat alsdann gemäß § 46 einen Geldbetrag für sie festzusetzen.

4. Bis zu welchem Zeitpunkte kann die Anmeldung geschehen? Sie erfolgt noch rechtzeitig bis zur Aufforderung zur Abgabe von Geboten. §§ 37^4, 66 Abs. 2. Ist ein Anspruch erst nach diesem Zeitpunkte, aber noch im Termine geltend gemacht worden, so muß er in das Protokoll aufgenommen werden, da er event. bei der aus irgend einem Grunde nötigen neuen Feststellung des geringsten Gebots berücksichtigt werden müßte. Findet daher in demselben Termine eine Neufeststellung des geringsten Gebots statt, oder muß ein neuer Versteigerungstermin anberaumt werden, so kann die versäumte Anmeldung nachgeholt werden. Vgl. Wolff Anm. 10; Jäckel Anm. 5.

5. Die Glaubhaftmachung. Sie ist nur erforderlich bei den nicht aus dem Grundbuch ersichtlichen Rechten („den übrigen"), sofern der betreibende Gläubiger widerspricht. Widerspruch eines anderen Beteiligten hat nicht diese Wirkung. Von Amts wegen kann das Gericht hier die Glaubhaftmachung nicht verlangen (anders in den Fällen des § 9 Nr. 2). Der Widerspruch des betreibenden Gläubigers ist zulässig bis zur Aufforderung zur Abgabe von Geboten. Nichterklärung des Gläubigers steht der Zustimmung gleich. Hat er ausdrücklich zugestimmt, so ist ein späterer Widerspruch nicht zulässig, sofern nicht eine neue Feststellung des geringsten Gebots erforderlich wird. In letzterem Falle hat der betreibende Gläubiger wieder freie Hand. Vgl. Jäckel Anm. 6. Nach den Motiven bedarf es bei eingetragenen wiederkehrenden Leistungen, soweit sie rückständig sind, nur der Anmeldung, nicht dagegen der Glaubhaftmachung des angemeldeten Anspruchs, da dieser sich aus dem Grundbuch ergibt. Die Art der Glaubhaftmachung ergibt sich aus § 294 ZPO.

6. Bedeutung und Wirkung der Anmeldung und Glaubhaftmachung. Die Anmeldung und Glaubhaftmachung bewirkt die Berücksichtigung des Rechts bei Feststellung des geringsten Gebots. Zugleich wird durch diese Feststellung des geringsten Gebots die Geltendmachung aller anderen, nicht berücksichtigten Rechte und Ansprüche gegenüber dem Ersteher begrenzt und ausgeschlossen. Trotz der Berücksichtigung eines Rechts im geringsten Gebot kann das Bestehen des Rechts noch im Verteilungstermin bestritten werden. Es ist hierzu der betreibende Gläubiger nicht nur dann für befugt zu erachten, wenn er der Anmeldung des Anspruchs nicht widersprochen, sondern sogar wenn er den Anspruch ausdrücklich für das geringste Gebot zugelassen hat. Jäckel Anm. 7. Jur. Wochenschr. 1893 S. 71.

Auch die Anmeldung selbst hindert den anmeldenden Gläubiger nicht, noch im Verteilungsverfahren den angemeldeten Betrag zu verändern. Liquidiert er erst im Verteilungsverfahren einen höheren Betrag, so tritt er mit dem bei der Feststellung des geringsten Gebots nicht berücksichtigten Betrag gemäß § 110 hinter die übrigen Gläubiger zurück. Liquidiert der Gläubiger im Verteilungsverfahren einen geringeren Betrag, als bei der Feststellung des geringsten Gebots berücksichtigt ist, so kommt der hierdurch freigewordene Betrag dem im Range nächststehenden Gläubiger event. dem Subhastaten zugute. Vgl. Jäckel Anm. 7.

7. Übergehung eines Rechts. Ist ein Recht nicht berücksichtigt worden, welches im Falle der Berücksichtigung bestehen geblieben wäre, so erlischt es durch den Zuschlag (§ 52 Abs. 1 Satz 2, § 91 Abs. 1). Hierdurch ist der übergangene Gläubiger, welcher ein Recht auf Bestehenbleiben seines Anspruchs hat, benachteiligt. Es steht ihm daher die Beschwerde gegen den Zuschlag zu (§§ 83, 97, 100).

8. Über die zu Unrecht erfolgte Berücksichtigung vgl. § 44 Anm. 5.

9. Die einzelnen Fälle der Vorrechtseinräumung. **a)** Hat der betreibende Gläubiger der ihm unmittelbar nachfolgenden Post das Vorrecht eingeräumt, so wird die vortretende Post bei Feststellung des geringsten Gebots voll berücksichtigt. Sind Zwischenposten vorhanden, und ist der Betrag der Post des betreibenden, zurücktretenden Gläubigers höher als der Betrag der vortretenden Post, so tritt mit ihrem Betrage die vortretende Post an die Stelle der zurücktretenden und wird zu diesem Betrage in das geringste Gebot aufgenommen. Die Zwischenposten werden hierdurch nicht berührt.

Beispiel: Folgende Posten sind eingetragen:

Primus: 10000 — Secundus: 20000 — Tertius: 50000 — Quartus: 40000 — Quintus: 30000.

Tertius ist betreibender Gläubiger und hat bezüglich seiner Post Quintus das Vorrecht eingeräumt.

Für die Feststellung des geringsten Gebots ist die Rangordnung folgende: Primus 10000, Secundus 20000, Quintus 30000, Tertius 20000, Quartus 40000, Tertius 30000. Zu berücksichtigen sind für das geringste Gebot nur Primus, Secundus, Quintus. Bei Verteilung des Erlöses ist von den 20000 des Tertius ab alles zu löschen.

Ist dagegen die zurücktretende Post kleiner als die vortretende, so kann der Stellenaustausch nur zu dem Betrage der zurücktretenden Post erfolgen und die vortretende Post bleibt mit dem von der Vorrechtseinräumung nicht betroffenen Restbetrag an ihrem ursprünglichen Platz stehen und rangiert an dieser Stelle.

Beispiel: Folgende Posten sind eingetragen:

Primus: 10000 — Secundus: 20000 — Tertius: 30000 — Quartus: 40000 — Quintus: 50000.

Tertius ist betreibender Gläubiger und hat Quintus das Vorrecht eingeräumt. Bei Feststellung des geringsten Gebots werden hier berücksichtigt: Primus: 10000, Secundus: 20000, Quintus mit 30000, Quartus: 40000, Quintus: 20000. In dieser Höhe und Reihenfolge bleiben die Posten bestehen. Die nicht berücksichtigten, an Stelle des Quintus rangierenden 30000 des Tertius können gelöscht werden.

b) Ist die vortretende Post der betreibende Gläubiger, und sind Zwischenposten nicht vorhanden, so wird die zurücktretende Post bei der Feststellung des geringsten Gebots nicht berücksichtigt. Sind Zwischenposten vorhanden, und ist die vortretende Post kleiner als die zurücktretende, so bleiben sowohl die zurücktretende Post (mit ihrem ganzen Betrage) als auch die Zwischenposten bei Feststellung des geringsten Gebots außer Betracht.

Beispiel: Folgende Posten sind eingetragen:

Primus: 10000 — Secundus: 20000 — Tertius: 50000 — Quartus: 40000 — Quintus: 30000.

Quintus ist betreibender Gläubiger, und Tertius hat Quintus das Vorrecht eingeräumt. Bei Feststellung des geringsten Gebots sind hier nur Primus und Secundus zu berücksichtigen. Bei Verteilung des Erlöses rangieren nach Primus und Secundus Quintus mit 30000, Tertius mit 20000, Quartus mit 40000, Tertius mit 30000. Dasselbe Resultat tritt ein, wenn die vortretende Post größer ist, als die zurücktretende.

Beispiel: Folgende Posten sind eingetragen:

Primus: 10000 — Secundus: 20000 — Tertius: 30000 — Quartus: 40000 — Quintus: 50000.

Quintus ist betreibender Gläubiger und Tertius hat Quintus das Vorrecht eingeräumt. Weder Tertius noch Quartus können hier bei Feststellung des geringsten Gebots Berücksichtigung verlangen, da Quintus das Verfahren nicht bloß mit den dem Tertius vorgehenden 30000 betreibt, sondern zugleich wegen der restlichen 20000, die infolge der Prioritätszession das Vorrecht vor Quartus haben. Die Forderung des Quartus wird fällig. Quartus kann allerdings sein Ablösungsrecht gemäß § 268 BGB. dem Quintus gegenüber geltend machen und hätte dann nur 30000 dem Quintus zu zahlen. Tut er dies, so kann Quintus die Versteigerung wegen 20000 nur unter Berücksichtigung der Zwischenpost weiter betreiben. Jäckel Anm. 9b S. 169. Macht Quartus von der Ablösung keinen Gebrauch, so stellt sich bei der Verteilung des Erlöses die Rangordnung folgendermaßen: Primus: 10000. Secundus: 20000. Quintus mit 30000. Quartus: 40000. Quintus mit 20000. Tertius mit 30000. Es können hier gelöscht werden sämtliche Posten von Quintus mit 30000 ab.

c) Ist die Zwischenpost der betreibende Gläubiger, so ist der Betrag der zurückgetretenen Post für die Berücksichtigung der vorgehenden Post maßgebend. Ist die vortretende Post kleiner als die zurücktretende, so kommt letztere noch mit dem Restbetrage (Differenz zwischen der vortretenden Post und dem Betrage der vor der Rangänderung vorgehenden Post) zur Berücksichtigung.

Beispiel: Folgende Posten sind eingetragen:

Primus: 10000 — Secundus: 20000 — Tertius: 50000 — Quartus: 40000 — Quintus: 30000.

Quartus ist betreibender Gläubiger. Tertius hat bezüglich seiner Post Quintus das Vorrecht eingeräumt. Vor Quintus rangieren alsdann an Stelle des Tertius, Quintus mit 30000, Tertius mit 20000.

Ist die vertretende Post größer, so kann sie nur zu dem Betrage der zurücktretenden Post berücksichtigt werden, während sie mit dem Restbetrage, welcher von der Vorrechtseinräumung nicht berührt wird, an ihrem alten Platze rangiert.

Beispiel: Folgende Posten sind eingetragen:

Primus: 10000 — Secundus: 20000 — Tertius: 30000 — Quartus: 40000 — Quintus: 50000.

Quartus ist betreibender Gläubiger. Tertius hat Quintus das Vorrecht eingeräumt. Vor Quartus rangiert alsdann an Stelle des Tertius Quintus mit 30000. Bei Verteilung des Erlöses folgt hinter Quartus Quintus mit dem Rest von 20000 und erst hinter diesen 20000 des Quintus rangiert Tertius mit 30000.

d) Wird das zurücktretende Recht auf anderem Wege als durch Rechtsgeschäft aufgehoben, so geht der dem vortretenden Recht eingeräumte Rang verloren (§ 880 Abs. 4 BGB. argum. e contrario). Ist in diesem Falle im Grundbuch zwar die Löschung des zurückgetretenen Rechts erfolgt, steht aber die Vorrechtseinräumung im Grundbuch noch eingetragen, so kann sich das Vollstreckungsgericht, da der Löschungsgrund aus dem Grundbuch nicht ersichtlich ist, nur an die Tatsache halten, daß die Rangänderung eingetragen und ihr Erlöschen nicht bewiesen ist. Die Rangänderung ist daher als fortbestehend bei Feststellung des geringsten Gebots zu berücksichtigen. Im Interesse der Beteiligten liegt es unter diesen Umständen in dem Versteigerungstermin den Löschungsgrund aufzuklären.

10. Berücksichtigung des Rangvorbehalts. Der Eigentümer kann sich gemäß § 881 Abs. 1 BGB. bei der Belastung seines Grundstücks mit einem Rechte z. B. einer Hypothek die Befugnis vorbehalten, ein anderes, dem Umfange nach bestimmtes Recht z. B. Hypothek, Grundschuld, Reallast mit dem Range vor jenem Rechte eintragen zu lassen. Dieser Vorbehalt bedarf der Eintragung im Grundbuche (§ 881 Abs. 2 BGB.). Ist zwar der Vorbehalt im Grundbuch eingetragen, aber zur Zeit der Feststellung des geringsten Gebots das durch den Vorbehalt begünstigte Recht noch nicht zur Eintragung gelangt, so wird der Vorbehalt überhaupt nicht berücksichtigt. Ist aber das Recht, dem der Vorrang beigelegt ist, bereits eingetragen, und folgt es unmittelbar dem mit dem Vorbehalte belasteten Rechte, so ist bei der Feststellung des geringsten Gebots, wenn die belastete Post der betreibende Gläubiger ist, die vortretende Post zu berücksichtigen. Ist letztere der betreibende Teil, so bleibt die mit dem Vorbehalt belastete Post unberücksichtigt.

Schwieriger gestaltet sich die Sachlage, wenn der Eigentümer das Grundstück nach dem mit dem Vorbehalte belasteten Rechte zunächst mit einem Rechte ohne Vorbehalt belastet hat, und demnächst erst das Recht, dem der Vorrang beigelegt ist, eingetragen wird. Hier bleibt die Zwischenpost von dem Rangvorbehalt unberührt. Nach § 881 Abs. 3 BGB. hat der Vorrang insoweit keine Wirkung, als das mit dem Vorbehalt eingetragene Recht infolge der inzwischen eingetretenen Belastung eine über den Vorbehalt hinausgehende Beeinträchtigung erleiden würde. Der durch die Weiterbelastung (Begründung der Zwischenpost) eintretende Ausfall trifft insofern das spätere, mit Vorrang eingetragene Recht (vgl. Fischer-Henle BGB. Anm. 5 zu § 881).

Ist die Zwischenpost ebenso groß, wie das mit Vorbehalt eingetragene Recht, so ist der ganze Vorbehalt für die Feststellung des geringsten Gebots bedeutungslos. Es sind eingetragen für A 5000 mit Vorbehalt des Vorrangs für spätere 5000; für

B 5000 ohne Vorbehalt und demnächst für C 5000 mit dem vorbehaltenen Vorrang vor A. Ist in diesem Falle C betreibender Gläubiger, so beträgt das geringste Gebot 5000 (die Post des B). Ist dagegen die Zwischenpost kleiner als das mit Vorbehalt eingetragene Recht, so behält der Vorbehalt seine Wirksamkeit. Beträgt daher in dem obigen Beispiel die Zwischenpost nur 500, und ist C betreibender Gläubiger, so stellt sich die Rangordnung, wie folgt: C 4500, A 500, B 500, A 4500.

§ 46.

Schätzung wiederkehrender, nicht in Geld bestehender Leistungen.

Für wiederkehrende Leistungen, die nicht in Geld bestehen, hat das Gericht einen Geldbetrag festzusetzen, auch wenn ein solcher nicht angemeldet ist.

---

1. Grund der Vorschrift. Die Festsetzung eines Geldbetrages für die wiederkehrenden Leistungen ist notwendig, da sie (§ 49 Abs. 1) durch Zahlung aus dem Versteigerungserlöse zu berichtigen sind. (Denkschr.)

2. Begriff der wiederkehrenden Leistungen. Hierunter fallen nicht wiederkehrende Leistungen, deren Umfang zwar unbestimmt, deren Entrichtung aber nur in Geld bestehen kann, wie bei Zinsen, Renten. Es handelt sich im vorliegenden Falle namentlich um Naturalleistungen, Ansprüche aus § 10 Nr. 2 auf Wohnung, Kost, Kleidung des Gesindes.

3. Richterliche Feststellung des Werts. Diese geschieht von Amts wegen. Sie ist dem Ermessen des Richters überlassen. Der Zuziehung von Sachverständigen steht nichts im Wege. Ist der Wert der Jahresleistungen gefunden, so muß dieser gemäß § 121 kapitalisiert werden. Eine richterliche Schätzung erübrigt sich, sobald ein bestimmter Geldbetrag angemeldet und glaubhaft gemacht wird. Dann muß dieser Betrag der Berechnung zugrunde gelegt werden. (Motive.) Verstößt hiergegen der Versteigerungsrichter, und setzt er seinerseits den Betrag zu niedrig oder zu hoch fest, so unterliegt der Zuschlagsbeschluß der Anfechtung, Wolff Anm. 5 zu § 46. Ist die richterliche Schätzung zulässig und zu niedrig ausgefallen, und liquidiert ein Beteiligter, was ihm unbenommen bleibt, einen höheren Betrag, so muß er mit dem die richterliche Festsetzung übersteigenden Betrage seines Liquidats hinter die übrigen Beteiligten gemäß § 110 zurücktreten. Jäckel Anm. zu § 46. War die richterliche Schätzung zu hoch, fällt der freiwerdende Betrag dem Gläubiger zu, der mit seinem Anspruch zuerst ausfällt. Jäckel Anm. zu § 46.

§ 47.

Berechnung wiederkehrender Leistungen.

Laufende Beträge regelmäßig wiederkehrender Leistungen sind für die Zeit bis zum Ablaufe von zwei Wochen nach dem Versteigerungstermine zu decken. Nicht regelmäßig wiederkehrende Leistungen werden mit den Beträgen berücksichtigt, welche vor dem Ablaufe dieser Frist zu entrichten sind.

---

1. Begriff der wiederkehrenden Leistungen nach § 47. § 47 enthält eine nähere Erläuterung des § 46. Er bezieht sich auf alle, auch in Geld bestehenden, wiederkehrenden Leistungen. Unter § 47 fallen daher Zinsen, Amortisationsraten, die Nebenleistungen des § 1115 BGB., Altenteilprästationen, Renten, Abgaben und öffentliche Lasten. Im § 47 werden ferner nach Vorgang des § 103 BGB., regelmäßig und nicht regelmäßig wiederkehrende Leistungen unterschieden. Zu den letzteren gehören Deich-, Wegebau-, Kirchenbaubeiträge.

2. Berechnung. a) Nach § 56 trägt der Ersteher erst vom Zuschlag ab die Lasten. Die laufenden Beträge der unter 1 näher bezeichneten Lasten wären an sich dem § 103 BGB. entsprechend, sofern sie wiederkehrende sind, bis zum Zuschlage zu berücksichtigen. Da indessen dieser Tag bei dem Beginne der Versteigerung noch nicht feststeht, so wird, um der möglichen Schädigung eines Gläubigers, dessen Anspruch gedeckt werden muß vorzubeugen, durch § 47 des Gesetzes der maßgebende Zeitpunkt in der Weise bestimmt, daß die Beträge bis zum Ablaufe von zwei Wochen nach dem Versteigerungstermin anzusetzen sind. (Denkschr.) Die hier positiv bestimmte Berechnung ist nur für die Feststellung des geringsten Gebots maßgebend, nicht etwa für die Verteilung des Erlöses. Wolff Anm. 3 zu § 47.

b) Bei nicht regelmäßig wiederkehrenden Leistungen kommt es für die Berechnung darauf an, ob sie bis zum Zuschlag fällig geworden sind. Ist ein Fälligkeitstermin nicht ersichtlich, so bedarf es der Anmeldung und Glaubhaftmachung des vor dem Zuschlage eintretenden Fälligkeitstermines. Ist letzteres verabsäumt worden, und sind infolgedessen diese Leistungen beim geringsten Gebot nicht berücksichtigt worden, so können sie, sofern sie vor dem Zuschlage fällig gewesen sind, hinterher nicht mehr von dem Ersteher beansprucht werden. Jäckel Anm. zu § 47.

§ 48.

Berücksichtigung bedingter, sowie durch Vormerkung oder Widerspruch gesicherter Rechte.

Bedingte Rechte sind wie unbedingte, Rechte, die durch Eintragung eines Widerspruchs oder einer Vormerkung gesichert sind, wie eingetragene Rechte zu berücksichtigen.

---

1. Behandlung bedingter Rechte. Da die Feststellung des geringsten Gebots nicht von einer Bedingung abhängig gemacht werden kann (Denkschr.), werden bedingte (auflösend und aufschiebend bedingte) Rechte, wie unbedingte, behandelt. Dies gilt nur für die Feststellung des geringsten Gebots. Im Verteilungsverfahren kommen für bedingte Rechte die §§ 119, 120 in Betracht. Von bedingten Rechten kann nicht mehr gesprochen werden, wenn im Versteigerungstermin nachgewiesen werden kann, daß das bedingte Recht durch Eintritt der auflösenden Bedingung in Wegfall gekommen oder durch Nichteintritt der Bedingung überhaupt nicht zur Entstehung gelangt ist. Zu den bedingten Rechten gehören auch Ansprüche von unbestimmtem Betrage, darüber s. § 14. Den bedingten sind die befristeten Rechte gemäß § 163 BGB. gleichzustellen. Vgl. Wolff Anm. 2 zu § 48.

2. Vormerkung und Widerspruch. Ist gemäß § 894 BGB. ein Widerspruch gegen die Richtigkeit des Grundbuchs eingetragen, oder ist gemäß § 883 BGB.

zur Sicherung des Anspruchs auf Einräumung oder Aufhebung eines Rechts an einem Grundstück oder an einem das Grundstück belastenden Rechte oder auf Änderung des Inhalts oder des Ranges eines solchen Rechts eine Vermerkung im Grundbuch eingetragen, so sind bei der Feststellung des geringsten Gebots die so gesicherten zukünftigen Rechte, wie eingetragene Rechte, zu berücksichtigen. Diese Vorschrift kann nur dahin verstanden werden, daß das Recht, welches gesichert werden soll, wenn es eingetragen wäre, eine neue selbständige Belastung des Grundstücks ergeben muß. Denn soweit sich die Vormerkung oder der Widerspruch auf ein bereits eingetragenes Recht bezieht, z. B. es ist eine Vormerkung für einen anderen bezüglich einer bereits eingetragenen Hypothek eingetragen, oder es bezweckt der Widerspruch die Löschung einer zu Unrecht erfolgten Eintragung, bleiben sie bei der Feststellung des geringsten Gebots unberücksichtigt. Bezweckt dagegen die Vormerkung die Sicherung eines Anspruchs auf Eintragung einer Hypothek, Grund- oder Rentenschuld für einen Dritten, oder ist ein Widerspruch gegen die erfolgte Löschung einer Hypothek eingetragen, so muß in dem einen Fall die Hypothek, Grund- oder Rentenschuld, gleich als ob sie schon eingetragen wäre, in dem anderen Falle die Hypothek, gleich als ob sie noch nicht gelöscht wäre, berücksichtigt werden.

Ist eine Vormerkung für die im § 10 Nr. 1—3 bezeichneten Ansprüche eingetragen, so braucht sie bei der Feststellung des geringsten Gebots nur dann berücksichtigt zu werden, wenn der Berechtigte die Barzahlung ablehnt und seinen Anspruch anmeldet, damit derselbe bestehen bleibt.

Ist eine Vormerkung zur Sicherung eines Anspruchs auf Auflassung eingetragen, und geht sie dem Range nach dem betreibenden Gläubiger vor, so muß sie gleichfalls bei Feststellung des geringsten Gebots berücksichtigt werden. Sie wird als eine Grundstückslast angesehen, welche nicht auf Leistungen aus dem Grundstück gerichtet ist.

Ist die Vormerkung nicht berücksichtigt worden, so erlischt sie gemäß § 52. Der Berechtigte kann sich wegen derselben nur noch an den Versteigerungserlös halten nach Maßgabe der ihm durch die Vormerkung gesicherten Rangstelle, Jäckel Anm. 3 zu § 48 u. RG. Entsch. Bd. 18 S. 297.

§ 49.

Das Bargebot. Hinterlegung.

Der Teil des geringsten Gebots, welcher zur Deckung der Kosten sowie der im § 10 Nr. 1 bis 3 und im § 12 Nr. 1, 2 bezeichneten Ansprüche bestimmt ist, desgleichen der das geringste Gebot übersteigende Betrag des Meistgebots ist von dem Ersteher im Verteilungstermine bar zu berichtigen (Bargebot).

Das Bargebot ist von dem Zuschlag an zu verzinsen.

Der Ersteher wird durch Hinterlegung von seiner Verbindlichkeit befreit, wenn die Hinterlegung und die Ausschließung der Rücknahme im Verteilungstermine nachgewiesen werden.

---

1. Berichtigung des Meistgebots (Bargebot). § 49 bestimmt, welcher Teil des Meistgebots und damit zugleich auch des geringsten Gebots seitens des Erstehers bar zu berichtigen ist.

Bar zu bezahlen sind: Die in dem § 10 Nr. 1—3 bezeichneten Ansprüche, die Kosten der Kündigung und Rechtsverfolgung und die sonstigen Leistungen des § 12, die laufenden und rückständigen Beträge wiederkehrender Leistungen, die aus dem Versteigerungserlös zu entnehmenden Kosten des Verfahrens. Außerdem ist derjenige Betrag des Meistgebots bar zu zahlen, welcher das geringste Gebot übersteigt. Dieser Betrag wird zunächst dem betreibenden Gläubiger zur Berichtigung seines Hauptanspruchs zufließen, ev. den ihm im Range gleichstehenden oder nachfolgenden Realgläubigern, deren Rechte zur Löschung gelangen. Die übrigen im geringsten Gebot enthaltenen Ansprüche aus Rechten am Grundstück, welche dem Anspruche des betreibenden bezw. beigetretenen Gläubigers vorgehen, bleiben bestehen und gehen auf den Ersteher mit über.

Alle Rechte, die aus dem Bargebot berichtigt werden sollen, erlöschen.

2. Zahlungszeit. Die Zahlung des Erstehers ist mit Rücksicht auf das für die Verteilung des Versteigerungserlöses vorgeschriebene Verfahren in dem Termine zu leisten, in welchem der Erlös verteilt wird. (Denkschr.)

Der in diesem Termine zu zahlende Betrag, das Bargebot, ist von dem Zuschlag ab zu verzinsen (§ 49 Abs. 2). Dies rechtfertigt sich dadurch, daß die Nutzungen des Grundstücks mit dem Zuschlag auf den Ersteher übergehen. Die Verzinsung beträgt nach § 246 BGB. vier Prozent.

3. Hinterlegung. Der Ersteher kann sich von seiner Verbindlichkeit zur Verzinsung des Bargebots durch Hinterlegung des Bargebots mit den bis zum Tage der Hinterlegung zu berechnenden Zinsen befreien.

Die Hinterlegung hat nach den Bestimmungen des § 374 BGB. zu erfolgen. Da die Hinterlegung die im Verteilungstermin an das Gericht zu leistende Zahlung ersetzen soll, so muß der Ersteher bei der Hinterlegung auf Rücknahme des hinterlegten Betrages verzichtet haben. Beides, sowohl die Hinterlegung, als die Ausschließung der Rücknahme muß seitens des Erstehers im Verteilungstermin nachgewiesen werden.

Die näheren Bestimmungen über die Hinterlegung sind durch die Art. 144—146 EG. BGB. den Landesgesetzen überlassen. In Preußen gilt die Hinterlegungsordnung v. 14. März 1879 (GS. S. 249), in der Fassung des AG. z. BGB. v. 20. September 1899 (GS. S. 177) Art. 84.

Die Hinterlegung erfolgt bei den Kassen der in den §§ 1, 2 der Hinterl.Ordn. bezeichneten Hinterlegungsstellen; es sind das die Regierungshauptkassen, in den Hohenzollernschen Landen die Landeskasse in Sigmaringen. Für Berlin ist auf Grund der Allg. Verf. v. 31. Juli 1879 (JMBl. S. 216) die Ministerial-, Militär- und Baukommission zu Berlin und als Kasse die vereinigte Konsistorial-, Militär- und Baukasse, ebenda, bestimmt.

Die Einzahlung zur Hinterlegung kann unmittelbar bei der Kasse oder mittels portofreier Einsendung durch die Post geschehen (§ 12 Abs. 1). Im Falle der Einzahlung durch die Post gilt die Einzahlung erst mit dem Eingang bei der Kasse als bewirkt (§ 12 Abs. 2).

Diese Bestimmung gilt nur für das Verhältnis zwischen dem Hinterleger und der Kasse. Nach § 375 wirkt die Hinterlegung, wenn die hinterlegte Sache der Hinterlegungsstelle durch die Post übersendet worden ist, auf die Zeit der Aufgabe der Sache zur Post zurück. Da diese Bestimmung für das Verhältnis zwischen dem

Hinterleger und dem Gläubiger maßgebend ist, so ist auch für den Fall des § 49 Abs. 3 anzunehmen, daß der Ersteher von seiner Zinsverpflichtung mit der Aufgabe des Geldes zur Post befreit wird. Ebenso Jäckel Anm. 3 zu § 49.

Nach § 14 der Hinterl.Ordn. kann die Einzahlung oder Einsendung des Geldes ohne vorgängiges Gesuch erfolgen. Erfolgt sie ohne vorgängiges Gesuch, so ist eine schriftliche Erklärung in zwei Exemplaren bei der Einzahlung vorzulegen oder bei der Einsendung gleichzeitig einzusenden. Die Erklärung muß den in § 14 der Hinterl.-Ordn. näher angegebenen Inhalt haben.

Mit Rücksicht auf § 49 Abs. 3 muß die Erklärung noch den Zusatz enthalten, daß auf Rücknahme des hinterlegten Betrages seitens des Hinterlegers verzichtet wird.

Da die Kasse nach § 16 der Hinterl.Ordn. nur das eine Exemplar der Erklärung zurückbehält und das andere mit der Bescheinigung über die erfolgte Hinterlegung dem Hinterleger zurückgibt, so ist der Ersteher in der Lage, durch diese Urkunde die Hinterlegung und die Ausschließung der Rücknahme im Verteilungstermin gemäß § 49 Abs. 3 nachzuweisen. Nach § 31 der Hinterl.Ordn. wird der hinterlegte Betrag auf Ersuchen des Vollstreckungsgerichts entweder an den Hinterleger selbst oder an die von ihm (nach Maßgabe des Verteilungsplans) bezeichnete Person gezahlt.

Nach § 117 Abs. 3 kann das Vollstreckungsgericht statt der Zahlung dem Berechtigten auch eine Anweisung auf den hinterlegten Betrag erteilen. Dem hierdurch legitimierten Empfänger ist die Hinterlegungsstelle gehalten, den hinterlegten Betrag auszuzahlen (§ 30 Abs. 1 Nr. 1 und 2 der Hinterl.Ordn.).

Erhöhung der Barzahlung. (§§ 50, 51.)

§ 50.

Soweit eine bei der Feststellung des geringsten Gebots berücksichtigte Hypothek, Grundschuld oder Rentenschuld nicht besteht, hat der Ersteher außer dem Bargebot auch den Betrag des berücksichtigten Kapitals zu zahlen. In Ansehung der Verzinslichkeit, des Zinssatzes, der Zahlungszeit, der Kündigung und des Zahlungsorts bleiben die für das berücksichtigte Recht getroffenen Bestimmungen maßgebend.

Das gleiche gilt:

1. wenn das Recht bedingt ist und die aufschiebende Bedingung ausfällt oder die auflösende Bedingung eintritt;
2. wenn das Recht noch an einem anderen Grundstücke besteht und an dem versteigerten Grundstücke nach den besonderen Vorschriften über die Gesamthypothek erlischt.

Haftet der Ersteher im Falle des Abs. 2 Nr. 2 zugleich persönlich, so ist die Erhöhung des zu zahlenden Betrags ausgeschlossen, soweit der Ersteher nicht bereichert ist.

§ 51.

Ist das berücksichtigte Recht nicht eine Hypothek, Grundschuld oder Rentenschuld, so finden die Vorschriften des § 50 entsprechende Anwendung. Der Ersteher hat statt des Kapitals den Betrag, um welchen sich der Wert des Grundstücks erhöht, drei Monate nach erfolgter Kündigung zu zahlen und von dem Zuschlag an zu verzinsen.

Der Betrag soll von dem Gerichte bei der Feststellung des geringsten Gebots bestimmt werden.

---

1. Allgemeiner Inhalt des § 50. § 50 regelt den Fall, daß im Verteilungstermin oder schon vorher sich herausstellt, daß eine bei der Feststellung des geringsten Gebots berücksichtigte übernommene Hypothek, Grundschuld oder Rentenschuld nicht besteht (Abs. 1), oder infolge der Mithaftung eines anderen Grundstücks erlischt, oder daß das Recht von einer Bedingung abhängig ist und durch deren Ausfall oder Eintritt sich erledigt (Abs. 2). Die Denkschrift hebt mit Recht hervor, daß der Vorteil hiervon nicht dem Ersteher, dem das Grundstück unter der Voraussetzung zugeschlagen worden ist, daß der Wert der ausgefallenen Post in dem Kaufpreis mit enthalten sei, sondern den Beteiligten zukommen müsse, welche durch die Annahme des Fortbestandes jenes Rechts einen Vermögensausfall erlitten haben, da sie nicht zur Deckung gelangt sind.

Das preuß. ZwVG. (§§ 58, 59) verpflichtete deshalb den Ersteher, anstatt des wegfallenden „Realanspruch einen anderen Anspruch von gleicher Höhe unter den für den ersteren festgestellten Bedingungen der Verzinsung und der Zahlung zu übernehmen", und auch in den Gesetzen von Bayern (1886 Art. 7 Abs. 2) und Sachsen (§ 16 Abs. 2) hat diese besondere Art der Übernahme Eingang gefunden. Aus einer solchen Übernahme ergaben sich aber, namentlich wenn der wegfallende und der für die Übernahme in Frage kommende Anspruch ihrer rechtlichen Natur nach verschieden sind, vielfache Zweifel und Verwicklungen. Das Reichsgesetz vermeidet diese Schwierigkeiten dadurch, das es mit dem Wegfall eines bei der Feststellung des geringsten Gebots berücksichtigten Rechtes eine entsprechende Erhöhung des Umfanges der Zahlungspflicht eintreten läßt. Für Hypotheken, Grundschulden und Rentenschulden bestimmt der § 50, daß der Ersteher außer dem Bargebot auch den Betrag des berücksichtigten Kapitals zu zahlen hat, daß jedoch hinsichtlich der Verzinslichkeit, des Zinssatzes, der Zahlungszeit, der Kündigung und des Zahlungsorts die einmal getroffenen Bestimmungen maßgebend bleiben.

Bezüglich der Zahlung dieses weiteren Betrages ist nach § 125 in dem Teilungsplan festzustellen, wenn dieser Betrag zugeteilt werden soll.

2. Allgemeiner Inhalt des § 51. Die Grundsätze des § 50 greifen in entsprechender Weise Platz bei den übrigen Rechten. Gemeint sind damit hauptsächlich Reallasten. Handelt es sich um ein Recht, welches auf die Lebensdauer der Berechtigten beschränkt ist, z. B. Altenteil, so ist nach Jäckel Anm. 2 S. 179 zu unterscheiden, ob der Berechtigte die Verkündung des Zuschlags erlebt hat oder nicht.

Ist der Berechtigte erst nach diesem Zeitpunkte gestorben, so ist das Recht gegen den Ersteher bestehen geblieben, da er nach § 50 die Lasten vom Zuschlage ab zu tragen hat. Es tritt daher keine Erhöhung der Barzahlung ein.

Eine Erhöhung der Barzahlung erfolgt nur dann, wenn der Berechtigte vor dem Zuschlage gestorben ist.

Die Barzahlung erhöht sich nach § 51 um den Betrag, um welchen der Wert des Grundstücks durch den Wegfall des Rechts vergrößert worden ist. Wegen der Zahlung dieses Mehrbetrags gilt dasselbe, wie bei § 50.

3. Voraussetzungen des § 50. Entscheidend ist, daß das Recht bei Feststellung des geringsten Gebots berücksichtigt ist. Ob das Nichtbestehen schon im Versteigerungstermin behauptet oder erst im Verteilungstermin geltend gemacht worden ist, ist unerheblich.

Im Abs. 2 Nr. 1 muß die aufschiebende Bedingung ausgefallen oder die auflösende Bedingung eingetreten sein. Geschieht dies bis zum Verteilungstermine, so wird die Zuteilung des vom Ersteher außer dem Bargebot nach dem § 50 zu zahlenden Betrages an die Beteiligten nach § 125 Abs. 1 als unbedingte ausgeführt. Jäckel Anm. 4 S. 181.

Was von aufschiebend bedingten Ansprüchen gilt, gilt auch von Ansprüchen von unbestimmtem Betrage gemäß der allgemeinen Vorschrift im § 14. Die durch Vormerkung oder Widerspruch gesicherten Rechte stehen nach § 48 bei der Feststellung des geringsten Gebots eingetragenen Rechten gleich. Bei Fortfall dieser Rechte ist nach § 50 zu verfahren. Wolff Anm. 4b zu § 50 S. 120.

4. Die Gesamthypothek. Nach den Bestimmungen des BGB. erlischt eine Gesamthypothek auf dem zur Zwangsversteigerung stehenden Grundstück, wenn der Eigentümer eines anderen mithaftenden Grundstückes den Gläubiger befriedigt, oder wenn das Gläubigerrecht auf den Eigentümer übertragen wird, oder wenn sich Forderung und Schuld in der Person des Eigentümers vereinigen, endlich wenn der Gläubiger aus dem mithaftenden Grundstück oder aus Gegenständen, auf welche sich bei diesem die Hypothek erstreckt, befriedigt wird. (§§ 1173, 1181 BGB.)

Ist in diesen Fällen die Gesamthypothek bei Feststellung des geringsten Gebots berücksichtigt worden, welche später an dem versteigerten Grundstücke erloschen ist, so greift § 50 Abs. 1 Platz, und es tritt eine Erhöhung der Barzahlung ein, soweit der Ersteher nicht etwa persönlich verhaftet ist und durch das Erlöschen des Rechts nicht bereichert wird (§ 50 Abs. 3). Konnte der Eigentümer des Grundstücks, aus dem der Gläubiger befriedigt wurde, von dem Ersteher oder einem Rechtsvorgänger dieses Ersatz verlangen, so geht die Hypothek an dem versteigerten Grundstück in Höhe der Ersatzforderung auf den Eigentümer des anderen Grundstücks über (§ 1182 BGB.). Ebenso geht auf den Eigentümer, der den Gläubiger befriedigt, wenn er von dem Ersteher oder dessen Rechtsvorgänger Ersatz verlangen kann, in Höhe des Ersatzanspruchs auch die Hypothek an dem versteigerten Grundstück auf ihn über und bleibt mit der Hypothek an seinem eigenen Grundstücke Gesamthypothek (§ 1173 Abs. 2 BGB.). In beiden Fällen tritt in der Regel eine Erhöhung der Barzahlung nicht ein, höchstens nur insoweit, als der Kapitalsbetrag der Hypothek den Ersatzanspruch übersteigt. Befriedigt der persönliche Schuldner den Korrealgläubiger, oder vereinigen sich Forderung und Schuld in seiner Person, so ist zu unterscheiden, ob der Schuldner von den Eigentümern der belasteten Grundstücke oder von deren Rechtsvorgängern Ersatz verlangen kann oder nicht.

a) Hat der persönliche Schuldner keinen Ersatzanspruch, so erlischt die Forderung (§ 362 BGB.), und die Gesamthypothek fällt den Eigentümern der belasteten Grundstücke als Eigentümerhypothek gemeinschaftlich zu (§§ 1172 Abs. 1, 1163 Abs. 1 BGB.). Da in diesem Falle die Hypothek an dem versteigerten Grundstück nicht erlischt, tritt eine Erhöhung der Barzahlung nicht ein.

b) Hat der persönliche Schuldner gegen den Eigentümer eines der belasteten Grundstücke einen Ersatzanspruch, dann geht die Hypothek an diesem einen Grundstück in Höhe des Ersatzanspruches auf ihn über. Die Hypothek an den übrigen Grundstücken erlischt kraft Gesetzes (§ 1174 Abs. 1 BGB.). Ist nun das ersatzpflichtige Grundstück das versteigerte, so kann eine Erhöhung, soweit die Hypothek bestehen bleibt, nicht in Frage kommen. Ist dagegen eins der anderen mitverhafteten Grundstücke ersatzpflichtig, so tritt die Erhöhung ein, weil die Hypothek an dem versteigerten Grundstück erlischt.

c) Hat der persönliche Schuldner einen Ersatzanspruch gegen alle Eigentümer als Gesamtschuldner, so geht die Gesamthypothek zur Sicherung der Ersatzforderung auf ihn über (§ 1164 Abs. 1 BGB). Erhöhung der Barzahlung tritt also nicht ein.

Hat der Korrealgläubiger auf die Hypothek verzichtet, oder wird er mit seinem Rechte im Wege des Aufgebotsverfahrens (§ 1170 BGB.) ausgeschlossen, so fällt die Hypothek den Eigentümern der belasteten Grundstücke gemeinschaftlich zu (§ 1175 BGB.), bleibt also als Eigentümerhypothek auch an dem versteigerten Grundstücke bestehen. Erhöhung der Barzahlung ist ausgeschlossen.

Der Ersteher ist wie jeder der beteiligten Eigentümer berechtigt, zu verlangen, daß die Hypothek an seinem Grundstück auf den Teilbetrag, der dem Verhältnisse des Wertes seines Grundstücks zu dem Werte der sämtlichen Grundstücke entspricht, beschränkt und in dieser Beschränkung ihm zugeteilt wird (§ 1172 Abs. 2 BGB.). Der Ersteher erhält alsdann an Stelle der Gesamthypothek eine Einzelhypothek d. h. eine Eigentümerhypothek. (Vgl. § 64 GBO., § 1176 BGB.) Die Hypothek besteht also zu diesem Teile nicht mehr an den anderen Grundstücken, deshalb tritt auch hier keine Erhöhung der Barzahlung ein. Beschränkt sich der Verzicht oder die Ausschließung des Korrealgläubigers nur auf die bei dem versteigerten Grundstück eingetragene Hypothek, so erlischt die Hypothek an diesem (§ 1175 BGB.). Hier tritt alsdann die Erhöhung der Barzahlung ein, sofern nicht etwa § 50 Abs. 3 (persönliche Haftung des Erstehers gegenüber dem Korrealgläubiger) Platz greift.

5. Abs. 3 des § 50. Im Falle des Abs. 3 ist der Ersteher nur dann nicht bereichert, wenn der Korrealgläubiger auf die Hypothek an dem versteigerten Grundstück verzichtet (§ 1175 Abs. 1 BGB.).

In allen übrigen Fällen des Erlöschens der Gesamthypothek an dem versteigerten Grundstück (§§ 1173 Abs 1, 1181 Abs. 2, 1174 Abs. 1 BGB.) ist der Ersteher bereichert, weil er nicht ersatzpflichtig ist. Vgl. Jäckel Anm. 5 S. 183 f. Lang im Arch. f. ziv. Praxis Bd. 89 S. 338.

6. Verfahren bei nachträglicher Feststellung, daß § 50 vorliegt. Stellt sich erst nach Ausführung der Verteilung des Erlöses heraus, daß ein Fall des § 50 vorgelegen hat, und demnach bei Feststellung des geringsten Gebots ein Recht als bestehend berücksichtigt wurde, welches nicht bestand, so ist für eine Tätigkeit des Versteigerungsrichters kein Raum mehr, da dessen Aufgabe mit der Ausführung des Teilungsplans erledigt ist. Da in diesem Fall der Ersteher auf Kosten des ausfallenden Gläubigers bereichert ist, haftet er diesem im ordentlichen Verfahren aus der Bereicherung gemäß §§ 812 ff. BGB. (Vgl. Wolff Anm. 7 zu § 50, Jäckel Anm. 6 zu § 125, Eccius bei Gruchot Bd. 41 S. 211, Schöller, Zwangsverst. S. 70; auch RG. in Jur. Wochenschr. 1899 S. 250 Nr. 63.)

Auch die Frage, ob der ausfallende Gläubiger von dem Ersteher die Eintragung seines Anspruchs als Sicherungshypothek nach Maßgabe des § 128 verlangen kann, wird allgemein (Jäckel, Wolff) verneint. Denn das dingliche Recht ist erloschen, und der Bereicherungsanspruch ist nur ein persönlicher.

7. Nachstehende Post. Nach dem I. Entwurf (§ 69 Abs. 2) sollten die Bestimmungen des § 50 auch dann Platz greifen, „wenn eine bei Feststellung des geringsten Gebots berücksichtigte Hypothek oder Grundschuld dem nicht berücksichtigten Rechte eines anderen Beteiligten nachsteht oder gleichsteht, oder gegenüber einem solchen Beteiligten unwirksam ist, zugunsten dieses Beteiligten, sofern derselbe von seinem Rechte Gebrauch macht". Soweit die Erhöhung eintrat, sollte die Hypothek oder Grundschuld erlöschen.

Praktisch wird der hier gesetzte Fall, wenn nach Eintragung des Versteigerungsvermerkes eine Post zur Eintragung gelangt, der die Priorität vor der bei der Feststellung des geringsten Gebots zu berücksichtigenden Post oder der gleiche Rang eingeräumt wird. Beispiel bei Wolff Anm. 8 zu § 50. Die Bestimmung des Entw. I ist von der Kommission II gestrichen worden. Danach muß der nacheingetragene nicht berücksichtigte Postinhaber sein Recht bei der Verteilung an Stelle der berücksichtigten Post bezw. zugleich mit dieser geltend machen und dasselbe, wenn die Beteiligten es bestreiten, im Prozeßwege weiter verfolgen. Jäckel Anm. 6 zu §§ 50, 51.

§ 52.

Bestehenbleibende und erlöschende Rechte.

Ein Recht bleibt insoweit bestehen, als es bei der Feststellung des geringsten Gebots berücksichtigt und nicht durch Zahlung zu decken ist. Im übrigen erlöschen die Rechte.

Das Recht auf eine der in den §§ 912 bis 917 des Bürgerlichen Gesetzbuchs bezeichneten Renten bleibt auch dann bestehen, wenn es bei der Feststellung des geringsten Gebots nicht berücksichtigt ist.

---

1. Bedeutung des § 52. § 52 enthält die Ausführung des Deckungsprinzips in Übereinstimmung mit § 49 und in Ergänzung desselben. Da die Zwangsversteigerung nach dem Reichsgesetz nur unter Bestehenbleiben der dem betreibenden Gläubiger vorgehenden Ansprüche stattfinden soll, so mußte darüber Bestimmung getroffen werden, wie die Deckung für die vorgehenden Ansprüche zu erfolgen hat.

Das Reichsgesetz geht hierbei von zwei wichtigen Grundsätzen aus: Hypotheken und Grundschulden, die dem Anspruche des betreibenden Gläubigers vorgehen, werden durch die Zwangsversteigerung nicht fällig. Ferner findet eine Übernahme der dem betreibenden Gläubiger vorgehenden Hypotheken und Grundschulden seitens des Erstehers in Anrechnung auf das geringste Gebot nicht statt. Damit ist das Anrechnungsprinzip, welches noch in dem preuß. ZwVG. §§ 54 ff. anerkannt war, verworfen. Es begnügt sich das Reichsgesetz damit, das geringste Gebot ziffernmäßig auf den Betrag, welchen die Deckung der durch Barzahlung zu befriedigenden Ansprüche erfordert, festzustellen, im übrigen aber dadurch zu ergänzen, daß die dem betreibenden Gläubiger vorgehenden Rechte an dem Grundstück bestehen bleiben, ohne daß dem Ersteher deswegen ein Anspruch auf Gewährleistung zugestanden wird (Motive).

Im Einklang hiermit bestimmt § 52 Satz 1, daß Rechte insoweit bestehen bleiben, als sie bei Feststellung des geringsten Gebots berücksichtigt und nicht durch die aus dem Bargebot zu erfolgende Zahlung zu decken sind.

Zu den Rechten gehören nicht nur „die Rechte am Grundstücke", sondern auch vorgemerkte Rechte, welche als persönliche Rechte, die reallastartig auf dem Grundstücke ruhen, anzusehen sind (Bem. S. 96).

2. Erlöschende Rechte. Es erlöschen

a) alle Rechte, welche dem Anspruche des betreibenden Gläubigers vorgehen, wenn sie bei Feststellung des geringsten Gebots nicht berücksichtigt oder berücksichtigt durch Zahlung zu decken sind. Ob sie zu Recht oder zu Unrecht unberücksichtigt geblieben sind, ist unerheblich. Waren sie zu Unrecht unberücksichtigt geblieben, unterliegt allerdings der Zuschlag der sofortigen Beschwerde.

b) Das Recht des betreibenden Gläubigers auf Befriedigung aus dem Grundstück. Wird die Zwangsversteigerung wegen eines dinglichen Anspruchs betrieben, so erlischt dieses Recht vollständig; geschieht es nur wegen eines persönlichen Anspruchs, so erlischt das nach § 10 durch die Beschlagnahme begründete Recht. Die persönliche Haftung des Schuldners bleibt bestehen. In den Motiven (S. 176) wird besonders hervorgehoben, daß, wenn die Zwangsversteigerung nur wegen der Zinsen einer eingetragenen Forderung betrieben wird, auch die Kapitalforderung erlischt.

c) alle, dem Anspruche des betreibenden Gläubigers gleich- oder nachstehenden Rechte. Eine reichsgesetzliche Ausnahme besteht nach § 52 Abs. 2, nur für das Recht auf eine der in den §§ 912—917 BGB. bezeichneten Renten, im übrigen kann jeder Beteiligte nach Maßgabe des § 59 eine abweichende Feststellung der Versteigerungsbedingungen verlangen.

Außerdem ist, soweit ein nach Landesgesetz begründetes Recht an einem Grundstück, das nicht in einer Hypothek besteht, zur Wirksamkeit gegen Dritte der Eintragung nicht bedarf, oder soweit eine Dienstbarkeit oder eine Reallast als Leibgedinge, Leibzucht, Altenteil oder Auszug eingetragen ist, die Landesgesetzgebung nach § 9 Abs. 1 EG. ZwVG. zu bestimmen befugt, daß das Recht von der Zwangsversteigerung unberührt bleibt, auch wenn es bei der Feststellung des geringsten Gebots nicht berücksichtigt ist. Der Vorbehalt wird jedoch durch den § 9 Abs. 2 des EG. eingeschränkt, nach welchem das Erlöschen eines solchen Rechts auf Verlangen eines Beteiligten als Versteigerungsbedingung zu bestimmen ist, wenn durch das Fortbestehen ein dem Rechte vorgehendes oder gleichstehendes Recht des Beteiligten beeinträchtigt werden würde.

Für Preußen ist die im vorstehenden berührte Materie geregelt im Art. 6 des pr. AG. ZwVG. (Näheres in der Ausgabe für Preußen bei Art. 6 a. a. O.)

§ 53.

Schuldübernahme des Erstehers.

Haftet bei einer Hypothek, die bestehen bleibt, der Schuldner zugleich persönlich, so übernimmt der Ersteher die Schuld in Höhe der Hypothek; die Vorschriften des § 416 des Bürgerlichen Gesetzbuchs finden mit der Maßgabe entsprechende Anwendung, daß als Veräußerer im Sinne dieser Vorschriften der Schuldner anzusehen ist.

Das gleiche gilt, wenn bei einer Grundschuld oder Rentenschuld, die bestehen bleibt, der Schuldner zugleich persönlich haftet, sofern er spätestens im Versteigerungstermine vor der Aufforderung zur Abgabe von Geboten die gegen ihn bestehende Forderung unter Angabe ihres Betrags und Grundes angemeldet und auf Verlangen des Gerichts oder eines Beteiligten glaubhaft gemacht hat.

---

1. Zweck der Vorschrift des § 53. Die Vorschrift des § 53 entspricht der Billigkeit und ist im Interesse des Schuldners getroffen. Indem das Gesetz bestimmt, daß der Ersteher mit dem Zuschlage als gesetzliche Versteigerungsbedingung die persönliche Verbindlichkeit des bisherigen Schuldners bezüglich der bestehen bleibenden Hypotheken, Grund- und Rentenschulden übernimmt, ist für den bisherigen Schuldner die Möglichkeit gegeben, von seiner persönlichen Verbindlichkeit bezüglich dieser Schulden befreit zu werden.

Für diese Schuldübernahme sollen dieselben Regeln, wie sie bei Kaufverträgen über Grundstücken, bei denen Hypotheken in Anrechnung auf den Kaufpreis übernommen werden, gemäß § 416 BGB. gelten, entsprechende Anwendung finden.

2. Voraussetzung der Schuldübernahme.

a) Es müssen Hypothek, Grund-Rentenschuld „bestehen bleiben". Ob das Bestehenbleiben darauf zurückzuführen ist, daß die Forderung als eine dem betreibenden Gläubiger vorgehende gemäß §§ 44, 52 bei Feststellung des geringsten Gebots berücksichtigt werden mußte, oder ob das Bestehenbleiben nach § 59 als besondere Versteigerungsbedingung gesetzt worden war, ist für den Eintritt des Erstehers in die persönliche Schuldverbindlichkeit gleichgültig. Hat der Gläubiger das Fortbestehen einer Hypothek, welche nach § 52 erlöschen würde, als besondere Versteigerungsbedingung aufgestellt (§ 59 Abs. 3), so liegt darin zugleich die Einwilligung des Gläubigers, den Ersteher als persönlichen Schuldner statt des bisherigen Schuldners anzunehmen. Vgl. Jäckel Anm. 3 zu § 53.

Dagegen findet die Vorschrift des § 53 keine Anwendung, wenn nach § 91 Abs. 2 das Bestehenbleiben der Schuld zwischen Gläubiger und Ersteher vereinbart wird. Nach § 91 Abs. 3 Satz 2 wirkt diese Vereinbarung wie die Befriedigung des Gläubigers aus dem Grundstücke und bringt damit auch die Tilgung der persönlichen Forderung mit sich. Vgl. Jäckel Anm. 3, Fischer und Schäfer Anm. 2 zu § 53; a. M. Wolff Anm. 8 zu § 53. Auf Reallasten bezieht sich § 53 nicht. Bezüglich der Grundschuld ist die Anwendung des § 53 davon abhängig, daß dieselbe mit Rücksicht auf eine persönliche Schuld, ohne daß diese in Wegfall kommen sollte und lediglich zur Sicherung dieser bestellt worden ist, oder daß der Eigentümer die persönliche Verpflichtung übernommen hat, für die Grundschuld, wenn die die dingliche Haftung des Grundstücks nicht ausreicht, aufzukommen.

Da für die Grundschuld dem Gesetze nach nur das Grundstück haftet, und da unter diesen Umständen der Ersteher das Nichtvorhandensein einer persönlichen Verbindlichkeit annehmen kann, so hat das Gesetz, um den Ersteher der Billigkeit entsprechend vor Überraschungen zu sichern, bestimmt, daß wenn von den Beteiligten auch eine persönliche Haftung vereinbart ist, der Schuldner verpflichtet ist, die gegen ihn bestehende Forderung rechtzeitig anzumelden und glaubhaft zu machen. Die Glaubhaftmachung hat „auf Verlangen des Gerichts oder eines Beteiligten" zu geschehen (ebensowie im § 9 Nr. 2).

Mit Rücksicht auf die allgemeine und uneingeschränkte Fassung des Gesetzes wird man unter Beteiligten jeden Interessenten zu verstehen haben. Vgl. Wolff Anm. 7, a. M. Jäckel Anm. 4, welcher hier als Beteiligten nur diejenigen erachtet, deren Rechte nicht durch Berücksichtigung bei Feststellung des geringsten Gebots gesichert sind.

Die Anmeldung ist, sofern sie rechtzeitig d. h. spätestens im Versteigerungstermin vor der Aufforderung zur Abgabe von Geboten erfolgt ist (§ 53 Abs. 2), nach § 66 in dem Versteigerungstermin vom Gericht bekannt zu machen.

Ist die Anmeldung oder Glaubhaftmachung nicht oder nicht rechtzeitig geschehen, so tritt der Ersteher nicht in die persönliche Verbindlichkeit ein. Hat der Subhastat demnächst auf Grund seiner persönlichen Verbindlichkeit den Grundschuldgläubiger befriedigt, so kann der Ersteher vom Subhastaten insofern haftbar gemacht werden, als er die Grundschuld als Entgelt für das Grundstück übernommen hat. Der Ersteher haftet daher dem Subhastaten einmal aus dem Rechtsverhältnisse, durch welches er das Grundstück erworben hat, sodann aus der rechtlosen Bereicherung (§ 812 BGB.).

b) Der Schuldner muß sogleich persönlich verpflichtet sein. § 53 Abs. 1 findet demnach keine Anwendung, wenn ein Dritter der persönliche Schuldner ist. Letzteres tritt ein, wenn für die Schuld eines Dritten der Eigentümer eines Grundstücks letzteres verpfändet und eine Hypothek auf diesem bestellt, oder wenn bei einem Eigentumswechsel der Erwerber des Grundstücks die persönliche Schuld nicht übernommen hat.

3. Die Schuldübernahme. Der Eintritt des Erstehers in die persönliche Schuld der bestehenbleibenden Hypothek erfolgt kraft Gesetzes mit dem Zuschlag. Solange und sofern der Gläubiger der Hypothek seine Genehmigung zur Schuldübernahme nicht erteilt hat, äußert letztere ihre Wirkung nur zwischen dem Ersteher und dem Subhastaten. Der Ersteher ist dem Subhastaten gegenüber verpflichtet, den Gläubiger rechtzeitig zu befriedigen (§ 415 Abs. 3 BGB.). Der Subhastat wird von seiner persönlichen Verbindlichkeit bei der Schuldübernahme erst frei, wenn der Gläubiger sie genehmigt.

Da hiernach die Genehmigung des Gläubigers vornehmlich im Interesse des Subhastaten liegt, hat der Subhastat die Schuldübernahme dem Gläubiger mitzuteilen (§ 416 Abs. 1 BGB).

Bei der freiwilligen Grundstücksveräußerung kann die Mitteilung des Veräußerers erst erfolgen, wenn der Ersteher als Eigentümer im Grundbuch eingetragen ist. Diese Bestimmung soll nach der Denkschrift z. BGB. dahin wirken, daß sich die persönliche Schuld mit dem Eigentum an dem für die Schuld verhafteten Grundstück in der Person des Erwerbers vereinigt. Bei der Zwangsversteigerung würde dieser Zweck bereits mit dem Zuschlag des Grundstücks an den Ersteher verwirklicht werden. Deshalb wollen einzelne (Fischer und Schäfer Anm. 1 zu § 53 S. 264) die Mitteilung schon vom Zuschlage ab zulassen, während die herrschende Meinung (Jäckel Anm. 4 S. 193, Wolff Anm. 5 zu § 53) mit Rücksicht darauf, daß für § 53 Abs. 1 die Vorschriften des § 416 BGB. entsprechende Anwendung finden sollen, die Mitteilung erst von der Eintragung des Erstehers als Eigentümer im Grundbuch ab für möglich hält. Die Mitteilung muß schriftlich (Form: § 126 BGB.) geschehen und den Hinweis enthalten, daß der Übernehmer an die Stelle des bisherigen Schuldners tritt, wenn nicht der Gläubiger die Verweigerung innerhalb sechs Monaten seit Empfang der Mitteilung erklärt.

Der Ersteher kann mit Rücksicht auf seine Haftung nach § 415 Abs. 3 BGB. vom Subhastaten verlangen (§ 416 Abs. 3 Satz 1 BGB.), daß er diese Mitteilung macht. Kommt der Subhastat diesem Verlangen nicht nach, so ist er dem Ersteher schadensersatzpflichtig (vgl. Planck, BGB. Anm. 1g zu § 416 BGB.).

Sind seit dem Empfange der Mitteilung sechs Monate verstrichen, so gilt die Genehmigung als erteilt, wenn nicht der Gläubiger sie dem Subhastaten gegenüber vorher verweigert hat. Vor Beginn der Frist bzw. Eingang der formellen Mitteilung kann die Genehmigung nicht wirksam erteilt werden. (Vgl. Planck, BGB. Anm. 1d zu § 416, Fischer und Schäfer Anm. 1 u. Jäckel Anm. 5 zu § 53.) Dasselbe gilt von der vor dem Fristbeginn erklärten Verweigerung. Sie muß, um wirksam zu werden, innerhalb der Frist wiederholt werden. Da die Verweigerung dem Subhastaten gegenüber erklärt werden muß, so greifen bei dessen Abwesenheit die Bestimmungen der §§ 130—132 BGB. Platz. Die Genehmigung kann auch durch konkludente Handlungen geschehen, z. B. dadurch, daß der Gläubiger den Ersteher wegen der Zinszahlung mahnt oder ihm das Kapital kündigt. Sobald die Erteilung oder Verweigerung der Genehmigung feststeht, ist der Subhastat verpflichtet, hiervon den Ersteher zu benachrichtigen (§ 416 Abs. 3 Satz 2 BGB).

Bei Fristablauf ohne Erklärung tritt kraft Gesetzes der Ersteher als persönlicher Schuldner an die Stelle des bisherigen Schuldners (des Subhastaten), welcher nunmehr von der persönlichen Verbindlichkeit frei wird (§ 414 BGB.).

Bezüglich der Einwendungen des Schuldübernehmers bestimmt § 417 BGB., daß der Übernehmer solche entgegensetzen kann, welche sich aus dem Rechtsverhältnisse zwischen dem Gläubiger und dem bisherigen Schuldner ergeben, dagegen kann er eine dem bisherigen Schuldner zustehende Forderung nicht aufrechnen. Da die Schuldübernahme nur einen Personenwechsel auf der Schuldnerseite enthält, liegt in ihr keine vertragsmäßige Anerkennung des Bestehens der Schuld. Planck, BGB. Anm. 1 zu § 417.

Infolge der Schuldübernahme erlöschen nach § 418 BGB. die für die Forderung bestellten Bürgschaften und Pfandrechte, falls nicht der Bürge oder der Eigentümer der Pfandsache in die Schuldübernahme einwilligt. Handelt es sich um eine Gesamthypothek, welche noch auf anderen Grundstücken ruht, so erlischt sie auch auf diesen (§§ 418 Abs. 1 Satz 2; 1175 Abs. 1 Satz 2 BGB. Vgl. Fischer u. Schäfer, insbesondere aber Wolff Anm. 5 und dessen Ausführungen gegen Jäckel Anm. 5, nach welchem die hypothekarische Mithaftung anderer Grundstücke nicht erlischt). Auch hier bleibt die Hypothek bestehen, wenn die Eigentümer der mithaftenden Grundstücke in die Schuldübernahme einwilligen.

Ein mit der Forderung für den Fall des Konkurses des Erstehers verbundenes Vorzugsrecht (§ 61 Nr. 1—4 KO.) kann im Konkurse über das Vermögen des Erstehers nicht geltend gemacht werden (§ 418 Abs. 2 BGB.). Ob es als Realrecht (Liedlohnforderung des § 10 Nr. 2) im Zwangsversteigerungsverfahren geltend gemacht werden kann, hängt davon ab, ob die sonstigen Voraussetzungen gegeben sind (z. B. Rückständigkeit aus dem letzten Jahr). Vgl. Wolff Anm. 5 zu diesem §.

Wird die Genehmigung der Schuldübernahme von dem Gläubiger rechtzeitig verweigert, so bleibt der Subhastat dem Gläubiger gegenüber persönlicher Schuldner. Befriedigt der Subhastat auf Grund seiner persönlichen Verbindlichkeit den Gläubiger, so geht die Hypothek auf ihn über, weil er gegen den Ersteher Anspruch auf Befriedigung des Gläubigers hat und daher von ihm Ersatz verlangen kann (§ 1164 Abs. 1 Satz 1 BGB.).

Verzichtet der Gläubiger auf die Hypothek, oder hebt er sie nach § 1183 BGB. durch Rechtsgeschäft mit Zustimmung des Erstehers auf, oder räumt er einem anderen Rechte den Vorrang ein, so wird der Subhastat nach § 1165 BGB. von seiner persönlichen Verbindlichkeit insoweit frei, als er ohne diese Verfügung des Gläubigers aus § 1164 BGB. aus der Hypothek hätte Ersatz verlangen können.

Hat der Ersteher, der nicht zugleich der persönliche Schuldner ist, den Gläubiger befriedigt, so geht, soweit er den Gläubiger befriedigt hat, nach § 1143 BGB. die Forderung auf ihn über.

Mit der Forderung geht auch die Hypothek als Eigentümerhypothek, nicht als Grundschuld auf ihn über (§ 1153 Abs. 2; § 1177 Abs. 2 BGB. Jäckel Anm. 5, Leske a. a. O. S. 533, 541, Hachenburg, Beiträge S. 28 ff. a. M. Fischer u. Schäfer Anm. 1 S. 265). Die Rechte aus der Hypothek bestimmen sich in diesem Falle gemäß § 1177 Abs. 2 BGB. für den Ersteher, solange die Vereinigung besteht, nach den für eine Grundschuld des Eigentümers geltenden Vorschriften (§ 1197 BGB.).

Nimmt der Gläubiger den Ersteher auf Grund seiner dinglichen Haftung in Anspruch, und betreibt er zu diesem Zwecke die Zwangsversteigerung des Grundstücks, so muß er den persönlichen Schuldner unverzüglich benachrichtigen, da letzterer, insoweit er durch die Unterlassung der Benachrichtung einen Schaden erleidet, die Befriedigung des Gläubigers wegen eines Ausfalls bei der Zwangsversteigerung verweigern kann (§ 1166 BGB.).

§ 54.

Kündigung und vorzeitige Fälligkeit.

Die von dem Gläubiger dem Eigentümer oder von diesem dem Gläubiger erklärte Kündigung einer Hypothek, einer Grundschuld oder einer Rentenschuld ist dem Ersteher gegenüber nur wirksam, wenn sie spätestens in dem Versterungstermine vor der Aufforderung zur Abgabe von Geboten erfolgt nnd bei dem Gericht angemeldet worden ist.

Das gleiche gilt von einer aus dem Grundbuche nicht ersichtlichen Tatsache, infolge deren der Auspruch vor der Zeit geltend gemacht werden kann.

Bedeutung und Inhalt des Abs. 1: 1, 2, 3.
Bedeutung und Inhalt des Abs. 2: 7.
Form der Anmeldung 4.
Grund der Vorschrift des § 54: 3.
Kündigung einer Hypothek 2c. nach BGB. 1.
Kündigung einer Hypothek 2c. nach § 54 des ZwVG. 2.
Rechtshängigkeit des Anspruchs aus einer eingetragenen Hypothek 2c. und Bedeutung derselben für den Ersteher 8.
Schutz des Erstehers gegen gerichtliche Entscheidungen 8.
Wirkung der Anmeldung 6.
Zeitpunkt der Anmeldung 5.

1. Die Kündigung einer Hypothek, Grundschuld oder Rentenschuld nach BGB. Hängt die Fälligkeit der Forderung von einer Kündigung ab, so ist nach § 1141 BGB. die Kündigung für die Hypothek, d. h. für das dingliche

Recht nur wirksam, wenn sie entweder von dem Gläubiger dem Eigentümer oder von dem Eigentümer dem Gläubiger erklärt wird. Hierbei gilt zugunsten des Gläubigers derjenige, welcher im Grundbuch als Eigentümer eingetragen ist, als der Eigentümer. Diese Bestimmungen gelten analog für die Grund- und Rentenschuld, § 1192 und §§ 1199—1202 BGB. Ist die Kündigung von dem persönlichen Schuldner, der nicht Eigentümer ist, oder diesem gegenüber seitens des Gläubigers erklärt worden, so wird durch dieselbe der Eigentümer des Grundstücks, soweit das dingliche Recht in Frage kommt, nicht berührt; sie ist für ihn bedeutungslos.

Die Wirkungen einer stattgehabten Kündigung bestehen auch im Falle der freiwilligen Veräußerung des Grundstücks oder Übertragung der Hypothek oder Grundschuld für jeden Rechtsnachfolger fort, ohne daß die Kündigung in das Grundbuch eingetragen zu sein braucht (Motive z. Entw. e. BGB. Bd. III S. 689). Es ist hierbei unerheblich, ob der Erwerber beim Erwerbe von der Kündigung Kenntnis hatte oder nicht.

2. Die Kündigung nach § 54. Anders ist die Behandlung der Kündigung bei der Zwangsversteigerung. Hier bestimmt § 54, daß die von dem Gläubiger dem Eigentümer oder von diesem dem Gläubiger erklärte Kündigung einer Hypothek, einer Grundschuld oder Rentenschuld dem Ersteher gegenüber nur wirksam ist, wenn sie spätestens im Versteigerungstermine vor der Aufforderung zur Abgabe von Geboten erklärt und bei dem Gericht angemeldet ist.

3. Der Grund der Vorschrift des § 54. Er besteht nach den Motiven (zu § 68 E. I) darin, daß von dem Bestehenbleiben der dem betreibenden Gläubiger vorgehenden Hypotheken und Grundschulden ein günstiger Einfluß auf die Höhe der Gebote zu erwarten sei. Diese Erwartung sei indes nur dann berechtigt, wenn der Bieter in Ermangeluug einer entgegenstehenden Eröffnung darauf rechnen dürfe, daß er, falls ihm der Zuschlag erteilt wird, die Hypothek oder die Grundschuld zunächst nicht zu bezahlen braucht. Um Täuschungen vorzubeugen, sei es erforderlich, daß solchen Tatsachen, welche ein alsbaldiges bezw. nach dem Inhalt des Grundbuchs nicht zu gewärtigendes Vorgehen des beteiligten Gläubigers rechtfertigen, die Wirksamkeit gegen den Ersteher versagt werde, sofern sie nicht bei dem Vollstreckungsgericht so zeitig angemeldet würden, daß der Richter die Anmeldung in dem Versteigerungstermin vor der Aufforderung zur Abgabe von Geboten gemäß (jetzt) § 66 Abs. 1 bekannt geben könne.

4. Form der Anmeldung. Eine besondere Form ist nicht vorgeschrieben. Die Anmeldung kann auch schriftlich erfolgen; sie kann vom Gläubiger oder vom Schuldner oder vom rechtlich interessierten Dritten bewirkt werden. Ein rechtliches Interesse des Dritten liegt dann vor, wenn der persönliche Schuldner auf Grund der ihm gegenüber wirksamen Kündigung zur Zahlung genötigt worden ist und seinen Ersatzanspruch gegen den Ersteher geltend machen will. Hier bedarf es zur Herbeiführung der Fälligkeit des Anspruches der vorausgegangenen Anmeldung der Kündigung. Vgl. Jäckel Anm. 1 S. 195. Unterbleibt die Anmeldung, so ist die tatsächlich erfolgte Kündigung dem Ersteher gegenüber unter allen Umständen wirkungslos, selbst wenn dieser sie bei Abgabe seines Gebotes gekannt hat.

5. Zeitpunkt der Anmeldung. Das Gesetz bestimmt nur den spätesten Zeitpunkt. Dies ist im Versteigerungstermin die Zeit bis zur Aufforderung zur Abgabe von Geboten. Die Anmeldung kann auch schon vor dem Termin erfolgen. Eine

nach der Aufforderung zur Abgabe von Geboten dem Subhastaten gegenüber erfolgte Kündigung könnte dem Ersteher gegenüber nur Wirksamkeit erlangen, wenn der Zuschlag versagt oder wiederaufgehoben worden ist.

6. Wirkung der Anmeldung. Durch die Anmeldung werden die Rechte aus der Kündigung dem Ersteher gegenüber gewahrt. Vorausgesetzt ist dabei, daß die Kündigung vorher tatsächlich erfolgt ist, denn die Anmeldung ersetzt nicht etwa die Kündigung. Sie muß deshalb spätestens im Versteigerungstermin vor der Abgabe von Geboten erfolgt sein.

Ob letzteres geschehen ist, wird vom Vollstreckungsgericht nicht geprüft, nicht einmal Glaubhaftmachung wird verlangt. Wird es bestritten, so muß darüber im Prozeßwege entschieden werden. Dem Gläubiger ebenso wie dem persönlichen Schuldner und etwaigen Mitverpflichteten gegenüber bleibt die gehörig erfolgte Kündigung auch ohne Anmeldung stets wirksam. Vgl. Jäckel Anm. 1 S. 195 f.

Der Vollstreckungsrichter hat die erfolgte Anmeldung zu Protokoll zu nehmen und nach § 66 bekannt zu machen. Erfolgt die Bekanntmachung versehentlich nicht, so kann der Zuschlag versagt oder angefochten werden wegen unrichtiger Feststellung der Versteigerungsbedingungen (§§ 83 Nr. 1, 100). Die Unterlassung hat aber nicht die Unwirksamkeit der Anmeldung dem Ersteher gegenüber zur Folge, da zu betonen ist, daß die Anmeldung nur dem Ersteher gegenüber erforderlich ist.

7. Bedeutung und Inhalt des Abs. 2. Der Kündigung wird jede aus dem Grundbuch nicht ersichtliche Tatsache, infolge deren der Anspruch vor der Zeit geltend gemacht werden kann, gleichgestellt (Denkschrift). Hierher gehören die besonderen Vertragsbestimmungen, nach denen bei nicht pünktlicher Zinszahlung das Kapital sofort fällig werden soll, vorausgesetzt, daß nach Angabe des Gläubigers dieser Fall vorliegt, oder der Fall des § 1133 BGB. (sofortige Fälligkeit der Forderung wegen Gefährdung der Sicherheit nach angemessener Fristbestimmung), sofern die Fristbestimmung noch dem Subhastaten gegenüber erfolgt und in dessen Besitzzeit fruchtlos abgelaufen ist, oder aber sofern die Verschlechterungen in die Besitzzeit des Erstehers fallen. Vgl. Jäckel Anm. 2 zu § 54 S. 196.

Nicht unter Abs. 2 fällt die im Grundbuch eingetragene Vertragsklausel, daß der Schuldner oder Eigentümer sich der sofortigen Zwangsvollstreckung unterwirft, oder daß im Falle der Einleitung der Zwangsverst. oder Zwangsverw. das eingetragene Kapital sofort fällig wird, da beide Klauseln aus dem Grundbuch ersichtlich sind. Vgl. Jäckel Anm. 2 S. 196, a. M. Fischer u. Schäfer Anm. 2 S. 268, welche im letztgedachten Falle eine Anmeldung für nötig halten, da es sich um ein dem Gläubiger eingeräumtes Recht handle, von dem dieser keinen Gebrauch zu machen braucht (vgl. BGB. § 360). Letzteres ist jedoch nicht ausschlaggebend, da lediglich der Umstand, ob die die vorzeitige Fälligkeit bedingende Tatsache aus dem Grundbuch ersichtlich ist, über die Anmeldung entscheidet.

8. Schutz des Erstehers gegen gerichtliche Entscheidungen. Rechtshängigkeit des Anspruchs aus einer eingetragenen Reallast, Hypothek, Grundschuld oder Rentenschuld. Gemäß § 325 Abs. 3 ZPO. wirkt das Urteil gegen den Ersteher eines im Wege der Zwangsversteigerung veräußerten Grundstücks nur dann, wenn die Rechtshängigkeit spätestens im Versteigerungstermine vor der Aufforderung zur Abgabe von Geboten angemeldet worden ist. Ist die Anmeldung rechtzeitig erfolgt, gilt der Anspruch für die Zwangsversteigerung als ein nach § 52 bestehen bleibender. Vgl. Jäckel Anm. 3.

§ 55.

Umfang des Gegenstandes der Versteigerung.

Die Versteigerung des Grundstücks erstreckt sich auf alle Gegenstände, deren Beschlagnahme noch wirksam ist.

Auf Zubehörstücke, die sich im Besitze des Schuldners oder eines neu eingetretenen Eigentümers befinden, erstreckt sich die Versteigerung auch dann, wenn sie einem Dritten gehören, es sei denn, daß dieser sein Recht nach Maßgabe des § 37 Nr. 5 geltend gemacht hat.

Bedeutung der Vorschrift des Abs. 1: 2.
Bedeutung der Vorschrift des Abs. 2: 3.
Begriffsbestimmung der Zubehörstücke 4.
Besondere Bestimmung bezüglich der Zubehörstücke 3.
Fremde Zubehörstücke 5.
Umfang des Gegenstandes der Versteigerung 1.

1. Welche Gegenstände werden von der Versteigerung ergriffen? Nach Abs. 1 erstreckt sich die Versteigerung des Grundstücks prinzipiell auf alle Gegenstände, deren Beschlagnahme noch wirksam ist. Der Kreis dieser Gegenstände ergibt sich aus §§ 20, 21 d. Ges. Voraussetzung für das Ergriffenwerden der beweglichen Sachen und Forderungen von der Versteigerung ist, daß die Beschlagnahme für sie zur Zeit der Versteigerung noch wirksam ist.

Nicht wirksam ist die Beschlagnahme, sofern der Schuldner über einzelne bewegliche Sachen gemäß § 23 Abs. 1 innerhalb der Grenzen einer ordnungsmäßigen Wirtschaft verfügt hat, oder sofern sie inzwischen untergegangen sind. Eine Erweiterung erfährt der Umfang der von der Versteigerung betroffenen Gegenstände, indem auch die Gegenstände mit versteigert werden, welche nachträglich zur Ergänzung und Vermehrung des Zubehörs angeschafft sind.

2. Bedeutung der Vorschrift des Abs. 1. Die im Abs. 1 getroffene Bestimmung gilt als gesetzliche Versteigerungsbedingung, von der nur gemäß § 59 (Ausschluß oder Abänderung der gesetzlichen Versteigerungsbedingungen durch vereinbarte Verkaufsbedingungen) oder nach § 65 (Anordnung einer abgesonderten Versteigerung einer Forderung oder einer beweglichen Sache durch das Gericht) abgewichen werden kann.

3. Bedeutung des Abs. 2. Besondere Bestimmung bezüglich der Zubehörstücke. Wegen der rechtlichen Behandlung der Zubehörstücke bei der Versteigerung äußert sich die Denkschrift dahin:

„Bei der Bedeutung, welche das Zubehör eines Grundstücks für dessen Wert hat, muß jeder, der auf das Grundstück bietet, sicher sein, daß er, falls ihm der Zuschlag erteilt wird, mit dem Grundstück alle Sachen erwirbt, die nach den §§ 97, 98 des BGB. als Zubehör anzusehen sind. Nur so ist auf ein angemessenes Ergebnis der Versteigerung zu rechnen. Ob die einzelne Sache Eigentum des Schuldners oder eines Dritten ist, kann es nicht ankommen; nur wenn dieser sein Recht nach Maßgabe des § 37 Nr. 5 des Reichsgesetzes geltend gemacht hat, unterliegt die Sache der Versteigerung nicht (§ 55 Abs. 2)."

Danach wird im Abs. 2 die Versteigerung miterstreckt auf alle Zubehörstücke, die sich im Besitze des Schuldners oder eines neu eingetretenen Eigentümers befinden, selbst wenn sie einem Dritten gehören. Zugunsten des letzteren wird nur dann eine Ausnahme gemacht, wenn er gemäß § 37 Nr. 5 rechtzeitig vor Erteilung des Zuschlags unter Berücksichtigung des § 771 ZPO. die einstweilige Aufhebung oder Einstellung des Verfahrens in die ihm gehörigen Gegenstände herbeigeführt hat. Bloße Anmeldung der Rechte genügt nicht. Vgl. Jäckel Anm. 6 zu § 55 S. 200, RG. Bd. 39 S. 293 ff. Hat der Ersteher gewußt, daß die Zubehörstücke Dritten gehören, so erwirkt er trotzdem das Eigentum an ihnen. Vgl. Jäckel Anm. 3 S. 199, Reinhard Anm. 3, Henle Anm. 1; a. M. Wolff Anm. 7 S. 131. Mit Recht wendet Jäckel a. a. O. gegen die Wolffsche Ansicht, die dem Ersteher im Falle seines bösen Glaubens den Eigentumserwerb an fremden Zubehörstücken abspricht, ein, daß die von Wolff angeführten §§ 926 Abs. 2, 932 ff. BGB. nur vom rechtsgeschäftlichen Eigentumserwerb sprechen, und sich nicht auf den besonderen Regeln unterstehenden Eigentumserwerb mittels Zuschlages beziehen. Die früheren Eigentümer der Sachen können sich daher nur an den entsprechenden verhältnismäßigen Teil des Versteigerungserlöses halten. Bem. S. 112. Wolff Anm. 9.

4. Begriffsbestimmung der Zubehörstücke. Für diese sind und bleiben maßgebend die §§ 97, 98 BGB. Es handelt sich also um bewegliche Sachen, die, ohne Bestandteile der Hauptsache zu sein, dem wirtschaftlichen Zwecke der Hauptsache zu dienen bestimmt sind und zu ihr in einem dieser Bestimmung entsprechenden räumlichen Verhältnisse stehen. Bezüglich der Bestimmung der Zubehörsache ist zu beachten, daß die Sache nicht notwendig, unmittelbar dem Betriebe der Hauptsache dienen muß, sondern es genügt, wenn sie mittelbar den Zwecken der Hauptsache dient, z. B. Gondeln auf einem Nachbarteich als Zubehör eines Gasthofs, RG. Bd. 47 S. 197 ff., oder Pferde der Bierfuhrwerke als Zubehör der Brauerei, RG. Bd. 47 S. 262 f. Die Sachen können sich auch auf einem benachbarten und fremden Grundstücke befinden. RG. in Jur. Wochenschr. 1901 S. 184.

Auch für die Zwangsversteigerung gilt § 97 Abs. 2, wonach die vorübergehende Benutzung einer Sache für den wirtschaftlichen Zweck einer anderen nicht die Zubehöreigenschaft begründet.

5. Fremde Zubehörstücke. Dies sind Zubehörstücke, die sich nicht im Besitze des Schuldners oder eines neu eingetragenen Eigentümers befinden, z. B. Sachen, welche dem Mieter, Pächter, Nießbraucher, Sequester des Grundstücks gehören. Sie werden von der Versteigerung nicht berührt, auf sie erstreckt sich letztere nicht. Aus der Fassung des Gesetzes ergibt sich ferner ohne weiteres, daß, wenn die fremden Zubehörstücke dauernd räumlich getrennt sind, sie nicht der Versteigerung unterliegen. Hat der Pächter oder Nießbraucher das Grundstückinventar zum Schätzungswert übernommen mit der Verpflichtung, es gegen Zahlung des letzteren zurückzugewähren, so greifen die §§ 587—589, 594, 1048 BGB. Platz. Gemäß § 57 tritt der Ersteher in die dem Eigentümer hieraus erwachsenden Rechte und Pflichten ein. Vgl. Fischer und Schäfer Anm. 4 S. 270.

§ 56.

Übergang der Gefahr, Nutzungen und Lasten. Gewährleistung.

Die Gefahr des zufälligen Unterganges geht in Ansehung des Grundstücks mit dem Zuschlag, in Ansehung der übrigen Gegenstände mit dem Schlusse der Versteigerung auf den Ersteher über. Von dem Zuschlag an gebühren dem Ersteher die Nutzungen und trägt er die Lasten. Ein Anspruch auf Gewährleistung findet nicht statt.

Ausschluß der Gewährleistung 5. Lasten 4. Nutzungen 3. Übergang der Gefahr 1. Zufälliger Untergang 2.

1. Übergang der Gefahr. Das Gesetz unterscheidet hierbei zwischen dem Grundstücke und den übrigen versteigerten Gegenständen. Es handelt sich bei der Regelung des Gefahrsübergangs nur um den zufälligen Untergang, nicht um die Gefahr der zufälligen Verschlechterung, letztere trägt immer der Ersteher, da nach Satz 3 des § 56 ein Anspruch auf Gewährleistung überhaupt nicht stattfindet.

a) Bezüglich des Grundstücks. Der Gefahrsübergang ist hier im Anschluß an § 446 Abs. 2 BGB. geregelt. § 446 Abs. 2 BGB. bestimmt, daß mit der Übergabe der verkauften Sache die Gefahr des zufälligen Unterganges auf den Käufer übergeht und daß, wenn der Käufer vor der Übergabe eines Grundstücks in das Grundbuch eingetragen wird, schon mit der Eintragung diese Wirkung eintritt. In beiden Zeitpunkten vollzieht sich der Eigentumsübergang. Bei der Zwangsversteigerung tritt der Eigentumsübergang mit dem Zuschlage ein (§ 90). Daher geht auch die Gefahr des Unterganges mit dem Zuschlage auf den Ersteher über. Es kommt hierbei weder auf die Übergabe, noch auf die grundbuchliche Eintragung an. Erst nach dem Zuschlage entsteht für den Ersteher der Anspruch auf Räumung und Herausgabe des Grundstücks (§ 93).

Bei Untergang des Grundstücks ist zu unterscheiden, ob hiervon das ganze Grundstück oder nur ein Teil desselben betroffen wird. Inwieweit hierbei überhaupt das Grundstück als nicht mehr vorhanden, oder nicht mehr mit dem Gegenstande identisch anzusehen ist, welcher zur Zwangsversteigerung gebracht wurde, hängt von der Art und wirtschaftlichen Bestimmung des Grundstücks und dem Umfange der Zerstörung ab. Dabei ist aber zu beachten, daß ein Wohngebäude oder ein Fabrikgebäude, bei welchem dieses zerstört worden ist, nicht mehr als Gegenstand der Versteigerung in Betracht kommen kann. Vgl. Jäckel Anm. 3 zu § 56 S. 201, Reinhard Bd. I Anm. II 3b zu § 56 S. 297. Dasselbe wird zu gelten haben, wenn ein Teil des Grundstücks, welcher auf den Wert desselben von maßgebender Bedeutung ist, untergegangen und zerstört ist. Dies trifft nicht nur dann zu, wenn der nunmehr verringerte Wert des Grundstücks das geringste Gebot nicht mehr erreicht, so daß ein zulässiges Gebot gar nicht vorliegen würde, sondern auch wenn der gegenwärtige Wert sich zwar mit dem geringsten Gebot deckt, aber durch die Herabsetzung des Gebots die ausfallenden Realgläubiger in ihren Rechten geschädigt sein würden. Vgl. Fischer und Schäfer Anm. 1a zu § 56 S. 271; a. M. Reinhard Anm. II 3b zu § 56.

Der Zuschlag würde also in diesen Fällen ausgeschlossen sein. Ist er trotzdem infolge Unkenntnis der Sachlage erteilt, so ist und bleibt er nichtig und ohne Rechtswirkung, selbst wenn er durch Ablauf der Beschwerdefrist rechtskräftig geworden ist. Der Ersteher würde daher trotz Rechtskraft des Zuschlags die Zahlung des Meistgebots mit Recht verweigern können. Vgl. Jäckel Anm. 3 zu § 56, Reinhard Anm. II 4 zu § 56. Hat der Ersteher das Meistgebot bereits gezahlt, so kann er Herauszahlung desselben von denjenigen verlangen, in deren Hände es gekommen ist.

Dem Untergange des ganzen Grundstücks steht es gleich, wenn das Grundstück vor dem Zuschlag dem Verkehr entzogen wird, indem vor diesem Zeitpunkte z. B. die Enteignung vollzogen worden ist (Art. 109 EG. BGB. und für Preußen § 44 Enteign.Ges. v. 11. Juni 1874), oder wenn im Zusammenlegungsverfahren an Stelle des Grundstücks eine Entschädigung in Geld oder anderen Grundstücken oder Grundstücksanteilen getreten ist (Art. 113 EG. BGB.; für Preußen § 147 Gemeinh.-Teil.Ordn. v. 7. Juni 1821, § 86 Ges. v. 2. März 1850). In diesen Fällen liegt die Unmöglichkeit der Eigentumsübertragung an den Ersteher vor. Irrig ist, wenn Wolff Anm. 8 zu § 56 in der Enteignung nur einen eigentümlich gestalteten Eigentumswechsel sieht; die Enteignung ist mehr, sie setzt das Grundstück außerhalb des Verkehrs und führt damit den Untergang desselben im privatrechtlichen Sinne herbei.

Ein zufälliger Untergang nebensächlicher Bestandteile des Grundstücks ändert die Identität des Grundstücks nicht, der Zuschlag ist demnach zu erteilen. Es wird dies nur als eine Verschlechterung des Grundstücks angesehen, bezüglich deren der Ersteher berechtigt ist, von dem von ihm zu zahlenden Meistgebot einen entsprechenden Teil abzuziehen. Er muß dies Recht im Verteilungstermin geltend machen, sonst steht ihm nur der Prozeßweg gegen die, welche bei Berücksichtigung dieser Minderung nicht zur Hebung gekommen wären, offen.

b) In Ansehung der übrigen Gegenstände, auf welche die Versteigerung sich erstreckt hat, geht die Gefahr des zufälligen Untergangs erst mit dem Schlusse der Versteigerung auf den Ersteher über. Der Schluß der Versteigerung geschieht gemäß § 73 Abs. 2 durch Verkündung seitens des Gerichts.

War dem Ersteher vor Abgabe des Gebots der zufällige Untergang nicht bekannt, so kann er zwar den Zuschlag nicht anfechten (so Reinhard), sondern nur verhältnismäßige Minderung des Meistgebots beanspruchen (Wolff Anm. 2 zu § 56). War dem Ersteher der Untergang bekannt, so kann er dieses Recht nicht geltend machen, da sein Recht durch den Zuschlag nicht beeinträchtigt wird (§ 84).

2. Zufälliger Untergang. Unter zufälligem Untergang ist jeder Untergang zu verstehen, welchen der Ersteher nicht zu vertreten hat. Vgl. Reinhard Anm. II, 1 zu § 56; Fischer u. Schäfer Anm. 2; a. M. Wolff Anm. 6 zu § 56.

3. Nutzungen. Von dem Zuschlage an gebühren dem Ersteher die Nutzungen. Der Begriff der Nutzungen bestimmt sich nach § 100 BGB., wobei bezüglich des Begriffs der Früchte § 99 BGB. Platz greift. Die Auseinandersetzung bezüglich der Früchte zwischen dem Schuldner (bisherigen Eigentümer) und dem Ersteher regelt sich nach §§ 101 bis 103 BGB. Danach gebühren

a) die zur Zeit des Zuschlags stehenden Früchte und nicht gewonnenen Erzeugnisse dem Ersteher.

b) Die zur Zeit getrennten Früchte und gewonnenen Erzeugnisse dem Schuldner, soweit sie nicht Zubehör sind, oder als solche der Beschlagnahme unterliegen und deshalb von der Versteigerung mitergriffen werden (vgl. das § 55 Gesagte). Zivilfrüchte, d. h. solche, die in der Vergütung für die Überlassung des Gebrauchs oder Fruchtgenusses bestehen, insbesondere Miets- und Pachtzinsen, sind nach Verhältnis der Besitzzeit zwischen dem bisherigen Eigentümer und dem Ersteher zu verteilen (§ 101 Nr. 2 BGB.). War der Zins vierteljährlich im voraus zu entrichten, und ist derselbe an den bisherigen Eigentümer gezahlt worden, so hat letzterer dem Ersteher denselben insoweit herauszuzahlen, als er auf die Zeit nach dem Zuschlage verhältnismäßig zu entrichten war. Der diesbezügliche Regreßanspruch des Erstehers gegen den bisherigen Eigentümer stützt sich lediglich auf ungerechtfertigte Bereicherung. Selbstverständlich ist derselbe Anspruch auch dem Subhastaten gegenüber dem Ersteher gegeben, sofern letzter den nachträglich zahlbaren Mietzins auch für die Zeit vor dem

Zuschlage erhoben hat. Sind die Mietszinsen seitens der Gläubiger des Subhastaten rechtswirksam in voller Höhe gepfändet worden, so findet die dementsprechende Auseinandersetzung zwischen diesem und dem Ersteher statt.

Vorstehendes gilt nur für die regelmäßig wiederkehrenden Zivilfrüchte. Für den Bezug der anderen Zivilfrüchte entscheidet der Zeitpunkt der Fälligkeit (§ 101 Nr. 2 BGB.), d. h. ob sie vor oder nach dem Zuschlage fällig werden, je nachdem gebühren sie dem bisherigen Eigentümer oder dem Ersteher.

4. Lasten. Von dem Zuschlag an trägt der Ersteher auch die Lasten. Gemäß § 103 BGB. ist hierbei zwischen den regelmäßig wiederkehrenden, z. B. öffentlichen Abgaben, Hypotheken-Grundschuldzinsen, Versicherung, Renten und anderen Lasten, Schulbau-, Kirchenbaulast, Servituten, Anliegerbeiträge zu unterscheiden. Bei ersteren findet eine Verteilung, ähnlich wie bei den regelmäßig wiederkehrenden Zivilfrüchten, hier nach dem Verhältnisse der Dauer der Verpflichtung statt, während bei letzteren der Zeitpunkt der Fälligkeit, ob vor oder nach dem Zuschlage, entscheidend ist.

5. Der Ausschluß der Gewährleistung. Derselbe wird ausdrücklich im letzten Satz des § 56 ausgesprochen. Er ergreift nicht bloß die Sachmängel, sondern auch die Mängel im Recht (Denkschr.). Letzteres ist wichtig für ein solches Recht, welches bei der Versteigerung nicht erwähnt und berücksichtigt und aus dem Grundbuch nicht ersichtlich gewesen ist, z. B. eine Grunddienstbarkeit, und daher gemäß § 9 Abs. 1 EG. auch gegen den Ersteher bestehen und wirksam bleibt. Vgl. Reinhard Anm. V 2 S. 302 f.

Bezüglich der Sachmängel macht es keinen Unterschied, ob es sich um verborgene Mängel oder um das Fehlen einer zugesicherten Eigenschaft handelt. Anders liegt jedoch der Fall, wenn die Beteiligten oder einer der Beteiligten dem Ersteher gegenüber ein bestimmtes Garantieversprechen wegen einer besonders zugesicherten Eigenschaft der Sache übernommen haben. Alsdann haften sie auf das Interesse, welches der Ersteher an dem Vorhandensein der zugesicherten Eigenschaft hat. Ist dies Gararantieversprechen in die Versteigerungsbedingungen aufgenommen, so werden auch die Folgen, Art, Umfang und Reihenfolge der Haftung im voraus bereits festzustellen sein. Vgl. Jäckel Anm. 5 zu § 56.

§ 57.

Miete und Pacht. Kündigungsrecht.

Ist das Grundstück einem Mieter oder Pächter überlassen, so finden die Vorschriften der §§ 571, 572, des § 573 Satz 1 und der §§ 574, 575 des Bürgerlichen Gesetzbuchs entsprechende Anwendung. Der Ersteher ist jedoch berechtigt, das Miet- oder Pachtverhältnis unter Einhaltung der gesetzlichen Frist zu kündigen. Die Kündigung ist ausgeschlossen, wenn sie nicht für den ersten Termin erfolgt, für den sie zulässig ist.

---

1. Miete und Pacht. Über die grundsätzliche Regelung der Miete und Pacht bei der Zwangsversteigerung bemerkt die Denkschrift: „Ist das zu versteigernde Grundstück vermietet und der Besitz dem Mieter eingeräumt, so liegt es nahe, den für den Fall der freiwilligen Veräußerung geltenden Grundsatz: „Kauf bricht nicht Miete" (§§ 571 ff. des BGB.) auch auf das Rechtsverhältnis zwischen dem Ersteher und dem Mieter zu übertragen. Andererseits kann es aber der Erzielung eines angemessenen Erlöses Schwierigkeiten bereiten, wenn der Erwerber damit rechnen muß, daß Grundstück im Besitz eines Mieters zu finden, dessen Recht vielleicht noch Jahre dauert und auch durch sonstige Beschränkungen dem Eigentümer hinderlich ist. Es handelt sich darum, hier eine billige Ausgleichung herbeizuführen. Demgemäß sieht der § 57 des Entwurfs die entsprechende Anwendung der §§ 571, 572, des § 573 Satz 1 und der §§ 574, 575 des BGB. vor, gewährt aber zugleich im Anschluß an das Preuß. Gesetz § 22 Abs. 3 Satz 1 dem Ersteher die Befugnis, das Mietsverhältnis unter Einhaltung der gesetzlicheu Frist (§ 565 des BGB.) für den ersten Termin nach dem Zuschlage zu kündigen. Übrigens kann der Mieter sein Interesse dadurch wahren, daß er das Recht aus dem Mietverhältnisse nach § 9 Nr. 2 anmeldet und eine ihm günstigere Versteigerungsbedingung nach Maßgabe des § 59 des Entwurfs herbeiführt.

Für das Pachtverhältnis muß das gleiche gelten wie für das Mietverhältnis."

2. Einzelheiten bezüglich der Miete und Pacht. Überlassung des Grundstücks bei Miete und Pacht. Erfordernis für die im § 57 getroffenen Bestimmungen ist, daß das Grundstück dem Mieter oder Pächter überlassen, d. h. der Besitz (mittelbarer oder unmittelbarer) eingeräumt ist. Es ist nicht notwendig, daß Abschluß des Vertrages und Überlassung bereits vor der Beschlagnahme erfolgt ist, es genügt, wenn beides bis zum Zuschlage geschieht.

Glaubt der betreibende Gläubiger, daß der Schuldner durch die nach der Beschlagnahme erst erfolgte Überlassung des Grundstücks das ihm nach § 24 zustehende Verwaltungsrecht überschritten habe, so ist er befugt, den Zusatz zur Versteigerungsbedingung zu stellen, daß der Ersteher die Unwirksamkeit jener Überlassung an den Mieter oder Pächter gegen letzteren geltend machen dürfe. Der Zustimmung des bisherigen Eigentümers oder Mieters bedarf es hierzu nicht. Vgl. Reinhard Anm. II 2 zu § 57; a. M. Jäckel Anm. 1 zu § 57.

Ob der Ersteher auf Grund dieser Versteigerungsbedingung mit dem Zuschlag sofort von dem Mieter bzw. Pächter Räumung des Grundstücks verlangen kann, wird davon abhängen, ob seitens des bisherigen Eigentümers oder Mieters bzw. Pächters die Überschreitung des Verwaltungsrechts bei Überlassung des Grundstücks nach der Beschlagnahme bestritten wird. Geschieht letzteres, so muß die Entscheidung des Prozeßgerichts abgewartet werden. Das dem Ersteher eingeräumte Recht, Räumung zu verlangen, ist daher nur ein bedingtes.

3. Nichtüberlassung des Grundstücks bei Miete und Pacht. Miet- und Pachtverträge, die bis zum Zuschlage nicht durch Überlassung vollzogen worden, sind für den Ersteher bedeutungslos. Gemäß § 59 kann aber jeder Beteiligte, also der bisherige Eigentümer, Mieter bzw. Pächter die Erfüllung des abgeschlossenen, aber noch nicht vollzogenen Mietsvertrages zur Versteigerungsbedingung erheben. Erwirbt der Ersteher das Grundstück unter dieser Bedingung, so tritt er in den abgeschlossenen Mietsvertrag ein, und sind seine Rechte und Pflichten dem Mieter gegenüber lediglich nach dem Mietsvertrage zu beurteilen (§§ 578, 571 BGB.).

4. Rechtsstellung des Erstehers bei Überlassung des Grundstücks vor der Beschlagnahme an Mieter bzw. Pächter. Der Ersteher tritt an Stelle des Vermieters gemäß § 571 Abs. 1 BGB. in die sich während der Dauer seines Eigentums aus dem Mietsverhältnis ergebenden Rechte und Verpflichtungen ein.

a) Er hat daher den Miets-(Pacht-)Zins zu beanspruchen von dem Zuschlag ab, wobei nach Verhältnis der Zeit eine Verteilung des Zinses zwischen ihm und dem bisherigen Eigentümer zu erfolgen hat.

α) Was die etwa vor dem Zuschlag erfolgte Verfügung der Subhastaten bezüglich des Mietzinses im Wege der Abtretung, Verpfändung oder Einziehung anlangt, so finden nach § 57 d. Ges. für den Ersteher die in den §§ 573 Satz 1 u. 574 BGB. enthaltenen Bestimmungen entsprechende Anwendung. Danach hat der Ersteher die Vorausverfügungen des Subhastaten insoweit als rechtswirksam anzuerkennen, als sie sich auf den Mietzins für das zur Zeit des Zuschlags laufende und das folgende Kalendervierteljahr beziehen. Eine Verfügung über den Mietszins für eine spätere Zeit braucht der Ersteher nicht gegen sich gelten zu lassen, selbst dann nicht, wenn er sie bei Abgabe seines Gebotes gekannt hätte. § 573 Satz 2 BGB. findet für die Zwangsversteigerung keine Anwendung. Der rechtsgeschäftlichen Verfügung ist die im Wege des Arrestes, der einstweiligen Verfügung oder der Zwangsvollstreckung (Pfändung und Überweisung) erfolgte Verfügung gleichzustellen. Vgl. Wolff Anm. 2, Fischer u. Schäfer Anm. 5 b α u. Reinhard Anm. III 2 c zu § 57.

β) Nimmt der Subhastat mit dem Mieter ein Rechtsgeschäft in Ansehung der Mietzinsforderung, insbesondere Zahlung, Erlaß, Stundung des Mietzinses vor, so ist dies dem Ersteher gegenüber wirksam, soweit es sich nicht auf den Mietzins für eine spätere Zeit, als das Kalendervierteljahr, in welchem der Mieter von der Zuschlagserteilung Kenntnis erlangt, und das folgende Vierteljahr bezieht. Voraussetzung dieses weitgehenden Schutzes des Mieters ist aber Nichtkenntnis von Eigentumswechsel.

Ein Beispiel für vorstehendes bildet: Ist der Zuschlag am 30. September erteilt, und erhält hiervon der Mieter erst am 2. Oktober Kenntnis, so kann er die am 1. Oktober fällige Miete bis zum 31. März des folgenden Jahres rechtswirksam am Fälligkeitstage an den Subhastaten zahlen. Diese Zahlung muß der Ersteher gegen sich gelten lassen. Der Ersteher hat bei dieser Sachlage selbst das größte Interesse daran, sofort nach Erteilung des Zuschlages den Mietern hiervon Kenntnis zu geben.

γ) Der Mieter bzw. Pächter ist auch dem Ersteher gegenüber berechtigt, mit einer Gegenforderung gegen den Subhastaten aufzurechnen, sofern die Gegenforderung vor Kenntnis des Zuschlages entstanden ist. Selbst nach Erlangung der Kenntnis kann eine solche Verrechnung der Gegenforderung stattfinden, wenn sie nur später als der Mietzins fällig geworden ist (§ 575 BGB.).

Zur Sicherunng seines Mietsanspruches hat der Ersteher ein gesetzliches Pfandrecht an den eingebrachten Sachen des Mieters oder Pächters, im Falle der Verpachtung auch an den Früchten des Grundstücks (§§ 559 ff., 585 BGB.), wobei jedoch zu beachten ist, daß auch das Pfandrecht des bisherigen Eigentümers wegen des auf die Zeit vor dem Zuschlage zu verteilenden Mietszinses selbständig bestehen bleibt und sogar als älteres Recht dem Rechte des Erstehers vorgeht (§§ 1209, 1257 BGB.).

Der Ersteher tritt auch in die Rechte einer vom Mieter für die Erfüllung seiner Verpflichtungen geleisteten Sicherheit gemäß § 572 BGB. ein. Er hat damit Anspruch auf Ausantwortung dieser Sicherheit, ebenso wie auch der Mieter deren

Herausgabe an den Ersteher verlangen kann. Der Subhastat kann jedoch vor Ausantwortung der Sicherheit Befriedigung für seine eigenen Ansprüche gegen Mieter oder Pächter, da diese dem Anspruche des Erstehers vorgehen, verlangen. (Vgl. Planck BGB. Anm. zu § 572 Abs. 1 S. 321).

b) Der Ersteher ist andererseits verpflichtet, dem Mieter bzw. Pächter den vertragsmäßigen Gebrauch des Grundstücks, bei der Pacht auch den Genuß der Früchte, soweit sie nach den Regeln einer ordnungsmäßigen Wirtschaft als Ertrag anzusehen sind, zu gewähren, und auch das Grundstück in einem zu dem vertragsmäßigen Gebrauch geeigneten Zustande zu überlassen und während der Vertragsdauer in diesem Zustande zu erhalten (§§ 535, 536, 581 BGB., in Einklang damit §§ 21 Abs. 3, 152 Abs. 2 des Ges.). Bei Nichterfüllung dieser Verpflichtung haftet der Subhastat für den von dem Ersteher zu ersetzenden Schaden, wie ein Bürge, der auf die Einrede der Vorausklage verzichtet hat. Von dieser Haftung kann sich aber der Subhastat befreien, wenn er dem Mieter von dem Übergang des Eigentums Kenntnis gegeben hat, und letzterer das Mietsverhältnis nicht für den ersten Termin, für den die Kündigung (vertragsmäßig oder gesetzlich) zulässig ist, gekündigt hat (§ 571 Abs. 2, § 579 BGB.). Daß der Mieter auf andere Weise von dem Eigentumsübergange Kenntnis erhält, genügt nicht. Der Subhastat wird auch bei gehöriger Mitteilung nur von der Haftung für die Zukunft, d. h. von dem Tage der zulässigen Kündigung ab befreit. Vgl. Planck a. a. O. Anm. 4c zu § 571 BGB.

Für die Verpflichtungen des Erstehers dem Mieter und Pächter gegenüber haftet auch der Meistbietende, der das Recht aus dem Meistgebot an einen anderen abgetreten oder für Rechnung eines anderen geboten hat und gemäß §§ 81, 82 für mithaftend erklärt ist. Ein Kündigungsrecht hat der Meistbietende jedoch nicht, da dieses nur dem Ersteher nach dem Gesetze zusteht.

5. Rechtsstellung des Rechtsnachfolgers des Erstehers. Veräußert der Ersteher nach Erteilung des Zuschlags das Grundstück an einen anderen, so tritt dieser nach § 571 Abs. 1 BGB. in die Rechte und Pflichten aus dem Miet- oder Pachtverhältnisse ein. Das Kündigungsrecht aus § 57 Satz 2 steht auch ihm zu, soweit nicht bereits der Ersteher von demselben Gebrauch gemacht hat. Trifft letzteres zu, so bleibt die Kündigung auch für den neuen Erwerber gegen den Mieter wirksam. Vgl. Wolff Anm. 7 zu § 57.

6. Das Kündigungsrecht des Erstehers. Das im Satz 2 dem Ersteher und nur diesem eingeräumte Kündigungsrecht gibt dem Ersteher die Möglichkeit, ohne Rücksicht auf die vertraglichen Kündigungsbestimmungen das Miets- oder Pachtverhältnis vorzeitig, d. h. unter Innehaltung der gesetzlichen Kündigungsfristen aufzulösen. Nur die Dauer des Vertrages wird hierdurch berührt, in seinem sonstigen Inhalt bleibt der Vertrag unverändert bestehen.

Bei Grundstücksmiete, der die Miete von Wohnräumen und anderen Räumen gemäß § 580 BGB. gleichzustellen ist, ist die Kündigung nur für den Schluß eines Kalendervierteljahres zulässig und hat spätestens am dritten Werktag des Vierteljahrs zu erfolgen (§ 565 BGB.); bei Pacht ist die Kündigung nur für den Schluß eines Pachtjahrs zulässig und hat spätestens am ersten Werktage des halben Jahres zu geschehen, mit dessen Ablauf die Pacht endigen soll (§ 595 BGB).

Das vorzeitige Kündigungsrecht des Erstehers besteht aber nur, sofern es für den ersten Termin, für den die Kündigung möglich ist, ausgeübt wird. Hiernach muß er den nächsten Kündigungstermin nach dem Zuschlage innehalten, zu welchem die Kündigung möglich ist. Ist also z. B. der Zuschlag am 30. September erteilt, so muß er bei Miete spätestens am 3. Oktober kündigen; ist der Zuschlag erst am 1. Oktober erteilt, so muß er das Mietsverhältnis bis zum 3. Januar d. n. J. gekündigt haben.

Beim Pachtvertrag ist der nächste Kündigungstermin nicht nach dem Kalenderjahr, sondern nach dem Pachtjahr, d. i. dem Beginne des Pachtverhältnisses (nicht identisch mit Wirtschaftsjahr) zu berechnen.

Unter dem Zeitpunkte des Zuschlages ist der Tag zu verstehen, an welchem derselbe verkündet (§ 89), in der Beschwerdeinstanz, an welchem er an den Ersteher zugestellt ist (§ 104).

Ist die Kündigung seitens des Erstehers rechtzeitig erfolgt, aber der erteilte Zuschlag im Beschwerdewege rechtskräftig aufgehoben worden, so wird auch die Kündigung wieder beseitigt und unwirksam. Jäckel Anm. 3 zu § 57. Hat der Ersteher von dem gesetzlichen Kündigungsrecht keinen Gebrauch gemacht, so finden die vertraglichen Bestimmungen für ihn in demselben Umfange, wie sie für den Subhastaten galten, Anwendung.

Erfolgt die Zwangsversteigerung zum Zwecke der Aufhebung einer Gemeinschaft, so ist die Anwendung des § 57 und damit eine vorzeitige Kündigung ausgeschlossen (§ 183). Im Falle der vorzeitigen Kündigung seitens des Erstehers kann der Mieter oder Pächter nur gemäß den Bestimmungen der §§ 325, 541 BGB. gegen den Vermieter bzw. Verpächter (Subhastaten) Schadensersatz wegen Nichterfüllung verlangen, weil die weitere Vertragserfüllung für den Vermieter infolge eines von ihm zu vertretenden Umstandes unmöglich geworden ist. Dieser Anspruch ist aber ein rein persönlicher und deshalb im besonderen Prozeßwege geltend zu machen. Jäckel Anm. 3 zu § 57 S. 208; Wolff Anm. 10. Hat der Ersteher von dem gesetzlichen Kündigungsrecht keinen Gebrauch gemacht, so finden die vertraglichen Bestimmungen für ihn in demselben Umfange, wie sie für den Subhastaten galten, Anwendung.

Da hiernach die Vertragsbeziehungen zwischen dem Subhastaten und dem Mieter bzw. Pächter durch die Zwangsversteigerung insoweit nicht berührt werden, als der Ersteher nicht in die Verträge eingetreten ist, so kann auch der Subhastat, selbst wenn er das Grundstück ersteht, das dem Ersteher gegebene außerordentliche Kündigungsrecht nicht ausüben, da dies mit der ihm obliegenden Vertragstreue in Widerspruch stehen würde. Vgl. Jäckel Anm. 3, Fischer und Schäfer Anm. 2, Wolff Anm. 10.

7. Anwendungsgebiet des § 57. § 57 gilt nur für die Miet- und Pachtverhältnisse, welche nach dem Inkrafttreten des BGB. entstanden sind. Die vor dem BGB. begründeten Miet- und Pachtverhältnisse regeln sich nach dem bisherigen Recht (§ 2 Abs. 1 EG. ZwVG. und Art. 170 EG. BGB.). Die Geltung des bisherigen Rechts ist jedoch gemäß Art. 171 EG. BGB. dahin eingeschränkt, daß sie in dem Zeitpunkt aufhört, in welchem zuerst nach neuem Recht gekündigt werden konnte.

Da die Bestimmungen des Art. 172 EG. BGB. über die Rechte des Pächters oder Mieters gegenüber dem Erwerber des Grundstücks für den Fall der Zwangsversteigerung keine Anwendung finden können (vgl. Jäckel Anm. 6; Fischer und Schäfer Anm. 6), sind die Bestimmungen des § 57 auf die alten Miet- und Pachtverhältnisse durch die landesrechtlichen Ausführungsgesetze ausdrücklich für anwendbar erklärt. Für Preußen vgl. Art. 7 AG. ZwVG.; ebenso Bayern Art. 28 Abs. 2, Sachsen § 8.

§ 58.

Kosten des Zuschlages.

Die Kosten des Beschlusses, durch welchen der Zuschlag erteilt wird, fallen dem Ersteher zur Last.

---

1. Kostenschuldner. Entsprechend der für den Kauf im § 449 BGB. getroffenen Bestimmung, nach welcher der Käufer eines Grundstücks die Kosten der Auflassung und der Eintragung zu tragen hat, fallen die Kosten des Zuschlagsbeschlusses dem Ersteher zur Last. Sie treffen nur diesen persönlich, so daß er mit seinem gesamten Vermögen einschließlich des erworbenen Grundstücks hierfür haftet.

Diese Kosten gehören weder zu den Kosten des Verfahrens, welche aus dem Versteigerungserlöse vorweg zu entnehmen sind, da sie hiervon ausdrücklich im § 109 ausgenommen sind, noch sind sie dem Kaufgelde zuzurechnen. Im Falle der Zahlungsunfähigkeit des Erstehers können die Kosten nicht etwa nach § 788 ZPO., wonach die Kosten der Zwangsvollstreckung dem Schuldner zur Last fallen, dem Schuldner oder nach § 89 d. deutsch. Ger.Kost.Ges. dem betreibenden Gläubiger auferlegt werden (s. o. Wolff Anm. 1), da, wie Jäckel Anm. zu § 58 mit Recht ausführt, einmal die Anwendbarkeit des § 788 a. a. O. ausgeschlossen ist, weil die Kosten des Zuschlagsbeschlusses nach dem Gesetz zu den Kosten des Verfahrens nicht gerechnet werden, und sodann auch § 89 l. c. nicht Platz greift, weil die Voraussetzungen desselben nicht gegeben sind. Die Kosten treffen nach § 89 den Antragsteller nur in Ermangelung eines anderen Schuldners. Im vorliegenden Falle ist aber ein anderer Schuldner, nämlich der Ersteher, vorhanden. Der Ersteher, der die Kosten gezahlt hat, hat keinen Rückgriff gegen den Schuldner, da die von ihm gezahlten Kosten mit zum Entgelt für das Grundstück gehören, Wolff Anm. 2, Reinhard II, 1 S. 313.

Wie der Ersteher, haftet für die Kosten der Meistbietende in den Fällen der §§ 81, 82, da die gesamtschuldnerische Mithaftung auch die Kosten des Zuschlags mitumfaßt, nicht dagegen haftet reichsrechtlich der Dritte in dem Falle des § 61, da die Zahlungspflicht dieses Dritten sich auf die Interventionssumme beschränkt. Reinhard II 2a und b, Jäckel Anm. Der Ersteher hat auch die Kosten seiner Eintragung als Eigentümer zu tragen.

2. Art und Höhe der Kosten. Die Höhe der Gerichtsgebühr ist landesgesetzlich geregelt. Für Preußen sind maßgebend §§ 126—128, 133, 135 des pr. Gerichtskostenges. (vgl. Ausgabe für Preußen, Anhang). Neben der Gebühr ist, nach § 126 Abs. 2, der Wertstempel gemäß Tarifnummer 32, 78 des Stempelsteuerges. v. 31. Juli 1895 (Ges.S. S. 413) zu erheben.

Für die Kosten der Eintragung des Erstehers als Eigentümer im Grundbuch haftet nach § 132 des pr. Gerichtskostenges. in Verbindung mit § 1 daselbst der Ersteher, ebenso der Meistbietende in den Fällen des § 81 Abs. 2 und 3. Jäckel Anm. zu § 58. Die Höhe der Gebühr ist im § 57 daselbst geregelt.

Bezüglich der Erinnerungen gegen den Ansatz von Gebühren und Auslagen entscheidet nach § 4 des deutsch. GKG. das Gericht der Instanz gebührenfrei. In Einklang hiermit steht § 25 des pr. GKG., nach welchem die Entscheidung dem Gericht, bei dem der Ansatz erfolgt ist, zugewiesen wird. Dieser Beschwerdeweg muß innegehalten werden. Unzulässig ist die Erinnerung im Wege der Klage geltend zu machen (Entsch. des Reichsger. Bd. 25 S. 33. JMBl. 1896 S. 322). Erinnerungen wegen der Stempel gehören nicht hierher (Jurist. Wochenschr. 1897 S. 467 Nr. 28).

§ 59.

Abänderung der gesetzlichen Versteigerungsbedingungen.

Jeder Beteiligte kann eine von den gesetzlichen Vorschriften abweichende Feststellung des geringsten Gebots und der Versteigerungsbedingungen verlangen. Wird durch die Abweichung das Recht eines anderen Beteiligten beeinträchtigt, so ist dessen Zustimmung erforderlich.

Sofern nicht feststeht, ob das Recht durch die Abweichung beeinträchtigt wird, ist das Grundstück mit der verlangten Abweichung und ohne sie auszubieten.

Soll das Fortbestehen eines Rechtes bestimmt werden, das nach § 52 erlöschen würde, so bedarf es nicht der Zustimmung eines nachstehenden Beteiligten.

---

1. Zweck der Vorschrift des § 59. Die Denkschrift bemerkt hierzu: „Die Versteigerungsbedingungen sind ebensowenig wie die Vorschriften über das geringste Gebot zwingender Natur. Beide gelten nur insoweit, als nicht eine abweichende Feststellung erfolgt. Eine solche kann aber, da dem Vollstreckungsgerichte nur die Leitung des Verfahrens zusteht, nicht durch das Ermessen dieses Gerichts, sondern nur durch die Beteiligten selbst herbeigeführt werden. Der § 59 Abs. 1 des Entw. gibt daher jedem der Beteiligten das Recht, eine von den gesetzlichen Vorschriften abweichende Feststellung des geringsten Gebots und der Versteigerungsbedingungen zu verlangen, fügt aber, um die Interessen der übrigen nicht zu verletzen, die Einschränkung hinzu, daß, wenn durch die Abweichung das Recht eines anderen Beteiligten beeinträchtigt wird, dessen Zustimmung erforderlich ist. Ob eine solche Beeinträchtigung anzunehmen ist, kann für den einzelnen Fall zweifelhaft sein. Diese Ungewißheit läßt sich aber in einfacher Weise dadurch heben, daß das Grundstück doppelt ausgeboten wird, mit der verlangten Abweichung und ohne sie. Verlangt ein Beteiligter, dessen Recht nach § 52 erlöschen würde, daß das Fortbestehen dieses Rechtes bestimmt werde, so ist für die ihm nachstehenden Beteiligten die Gefahr einer Beeinträchtigung gewöhnlich ausgeschlossen. Es erscheint daher unbedenklich, wenn der § 59 Abs. 2 der Vereinfachung halber vorschreibt, daß es der Zustimmung dieser Beteiligten nicht bedarf."

2. Inhalt der verlangten Abänderung. Die gesetzlichen Versteigerungsbedingungen sind namentlich in den §§ 44, 47—58, 63—65 bestimmt. Sowohl Abweichungen der dort festgesetzten Bedingungen, als auch Einfügung besonderer Bedingungen ist möglich.

3. Schranke für die Abänderung der Versteigerungsbedingungen. Es ist die Zustimmung desjenigen Beteiligten erforderlich, dessen Recht durch die Abweichung beeinträchtigt wird. Die Zustimmung muß ausdrücklich geschehen. Ist der Beteiligte nicht anwesend, so muß der Nachweis der Zustimmung beigebracht werden.

4. Wann liegt die Beeinträchtigung des Rechts eines Beteiligten vor? Dies trifft stets dann zu, wenn das Recht des Beteiligten infolge

der Abweichung nicht die gleiche Berücksichtigung findet, wie nach den gesetzlichen Versteigerungsbedingungen, z. B. wenn das Recht des Beteiligten, statt daß er Barzahlung erhält, bestehen bleiben soll, oder umgekehrt, oder wenn er weniger erhält, oder wenn infolge der Abweichung eine derartige Erhöhung des geringsten Gebots eintritt, daß ein zulässiges Gebot nicht mehr erreicht wird.

Wird die Zustimmung nicht erteilt, so ist die Bedingung unzulässig; auf das Meistgebot mit der Abweichung darf der Zuschlag nicht erteilt werden.

Steht nicht fest, ob das Recht durch die Abweichung beeinträchtigt wird, so findet nach Abs. 2 § 59 doppeltes Ausgebot des Grundstücks statt, d. h. mit der verlangten Abweichung und ohne sie.

Die Motive (S. 183) bemerken zu diesem doppelten Ausgebot: „Es handelt sich hierbei aber nicht um eine nur probeweise, sondern um eine ernstliche Versteigerung, so zwar, daß mit jedem der beiden Ausgebote so lange fortgefahren wird, bis kein Gebot mehr erfolgt. Die Bieter bleiben daher an ihre Gebote gemäß (dem jetzigen) § 72 gebunden, bis festgestellt ist, welches derselben das beste ist.“

Streitig ist, ob doppeltes Ausgebot nötig ist, wenn ein dem betreibenden Gläubiger vorgehender Hypothekengläubiger auf Berücksichtigung seiner Hypothek bei Feststellung des geringsten Gebots verzichtet. Unzweifelhaft ist, daß durch einen derartigen Verzicht eine abweichende Feststellung des geringsten Gebots und eine Erhöhung des Bargebots eintritt. Damit ist aber, da der verzichtende Hypothekengläubiger aus dem Meistgebote zu befriedigen ist, eine Verengung und Verminderung des Kreises der Bietungslustigen verbunden. Hierin liegt zugleich eine Beeinträchtigung des betreibenden Gläubigers bzw. der nachstehenden Gläubiger und des Schuldners. Letztere können verlangen, daß der verzichtende Hypothekengläubiger nicht einseitig zu ihrem Nachteile sich ein nach dem Gesetze ihm nicht gegebenes Recht auf Barzahlung verschafft. Deshalb ist zur Berücksichtigung des Verzichts die Zustimmung der anderen Berechtigten erforderlich. Vgl. Reinhard Anm. III 2 zu § 59; Fischer u. Schäfer Anm. 2; a. M. Jäckel Anm. 3; Wolff Anm. 3 S. 141.

Dagegen bedarf der Ausschluß des nach § 57 Abs. 2 dem Ersteher zustehenden Kündigungsrechts nicht der Zustimmung des Mieters oder Pächters, da hierin nur eine Erweiterung der Rechte dieser, nicht eine Beeinträchtigung des Schuldners gefunden werden kann. Vgl. Fischer u. Schäfer Anm. 2.

5. Fortbestehen eines erlöschenden Rechts. Soll das Bestehenbleiben eines Rechts, welches nach § 52, da es mit in das geringste Gebot fällt, erlischt, als Versteigerungsbedingung bestimmt werden, so bedarf diese Abänderung nach der ausdrücklichen Vorschrift des Abs. 3 nicht der Zustimmung eines nachstehenden Beteiligten. Zu den nachstehenden Beteiligten, deren Zustimmung nicht erforderlich ist, gehören auch der Schuldner und der Eigentümer des Grundstücks. Vgl. Jäckel Anm. 4; Wolff Anm. 6. Die vorgehenden und gleichstehenden Berechtigten müssen, soweit für sie in dem Fortbestehen des Rechts eine Beeinträchtigung enthalten ist, zustimmen. Eine Beeinträchtigung liegt nicht vor, wenn das doppelte Ausgebot ergibt, daß der vorstehende Berechtigte gedeckt ist oder unter allen Umständen ausfällt. Nach Maßgabe des Landesgesetzes bleibt nach § 9 EG., soweit ein nach Landesrecht begründetes Recht, das nicht in einer Hypothek besteht, der Eintragung zur Wirksamkeit gegen Dritte nicht bedarf, oder soweit eine Dienstbarkeit oder eine Reallast als Leibgedinge, Leibzucht, Altenteil oder Auszug eingetragen ist, das Recht von der Zwangsverst.

unberührt, auch wenn es bei der Feststellung des geringsten Gebots nicht berücksichtigt ist.

Der Fortbestand dieser Rechte ist daher gesetzliche Versteigerungsbedingung. Eine Beeinträchtigung der vorstehenden oder gleichstehenden Berechtigten liegt darin deshalb nicht, weil diese nach Abs. 2 des § 9 EG., wenn sie durch den Fortbestand beeinträchtigt werden, das Erlöschen des Rechts als Versteigerungsbedingung stellen können. Preußen hat von dem Vorbehalte des § 9 EG. Gebrauch gemacht im Art. 6 AG. ZwVG. (vgl. über Art. 6 Ausgabe für Preußen).

6. Nichtbeachtung der Vorschriften des § 59. Diese hat die Versagung des Zuschlags aus § 83 Nr. 1 zur Folge. Gegen den erteilten Zuschlag ist Beschwerde aus § 100 gegeben, insbesondere dann, wenn zu der Abänderung die erforderliche Zustimmung eines Beteiligten fehlt, oder wenn das erforderliche doppelte Ausgebot nicht vorgenommen ist, nicht dagegen, wenn doppeltes Ausgebot erfolgt ist, ohne daß es erforderlich war.

§ 60.

Festsetzung von Zahlungsfristen.

Jeder Beteiligte kann verlangen, daß für den das geringste Gebot übersteigenden Betrag des Meistgebots Zahlungsfristen als Versteigerungsbedingung festgestellt werden; die Zustimmung eines anderen Beteiligten ist nicht erforderlich. Soweit Zahlungsfristen bewilligt werden, ist das Gebot von dem Zuschlag an zu verzinsen.

Ausnahmen von § 60: 2.
Berechtigter zu dem Verlangen aus § 60: 3.
Dauer der Fristgewährung 5.
Form, Inhalt und Zulässigkeit des Antrages 4.
Grund der Vorschrift 1.
Verzinsungspflicht 6.

1. Grund der Vorschrift. Hierüber äußert sich die Denkschrift folgendermaßen: „Die Regel des § 59 Abs. 1, derzufolge eine von den gesetzlichen Vorschriften abweichende Feststellung der Versteigerungsbedingungen nur verlangt werden kann, wenn diejenigen Beteiligten zustimmen, deren Rechte durch die Abweichung beeinträchtigt werden, soll nach § 60 für den Fall eine Ausnahme erleiden, daß ein Beteiligter die Festsetzung von Zahlungsfristen verlangt. Die Bewilligung derartiger Fristen entspricht den Gewohnheiten großer Rechtsgebiete, namentlich Süddeutschlands, und ist auch durch die betreffenden Landesgesetze anerkannt. Sie erleichtert dort den weniger bemittelten Kreisen der Bevölkerung den Ankauf kleinerer Grundstücke und wirkt so dem wirtschaftlich nicht zu begünstigenden Zwischenhandel mit diesen Grundstücken entgegen. Indem sie den Kreis der Bieter erweitert und höhere Gebote veranlaßt, liegt sich zugleich im Interesse aller Beteiligten. Jedoch ist mit Rücksicht auf diejenigen Beteiligten, deren Ansprüche durch das geringste Gebot zu decken sind, die Einschränkung erforderlich, daß solche Zahlungstermine nur für den das geringste Gebot übersteigenden Betrag des Meistgebots bewilligt werden dürfen. Weiterhin muß jedem Beteiligten, dessen Recht durch die Bewilligung von Zahlungsfristen beeinträchtigt werden würde, also insbesondere dem betreibenden Gläubiger und denjenigen, die ihm im Range gleichstehen oder nachstehen, die Befugnis eingeräumt werden, zu verlangen, daß das Grundstück mit Zahlungsfristen und ohne sie ausgeboten und daß auf Grund

des mit Zahlungsfristen erfolgten Aufgebots der Zuschlag nur dann erteilt wird, wenn ein Dritter unter Sicherheitsleistung sich verpflichtet, die dem Ersteher obliegende Zahlung vollständig oder mit einem Abzug im Verteilungstermine zu bewirken, und wenn im Falle eines Abzugs nach dessen Abrechnung das Meistgebot mit Zahlungsfristen höher ist als das andere Meistgebot (§ 61). Ähnliche Vorschriften enthält schon das badische Recht. Den Beteiligten wird dadurch die Möglichkeit gewährt, sich gegen die Nachteile zu sichern, die für sie mit der Bewilligung von Zahlungsfristen namentlich dann verbunden sein können, wenn ihr durch den Zuschlag erlöschendes Recht einen bereits fälligen Anspruch begründet."

2. Ausnahme von § 60. Auf das geringste Gebot erstreckt sich § 60 nicht. Der Betrag des geringsten Gebots ist daher der Regel nach bar und sofort zu bezahlen. Soll für den barzuzahlenden Teil des geringsten Gebots Stundung gewährt werden, so kann dies nach § 59 nur unter Zustimmung aller Beteiligten auf Grund besonderer Versteigerungsbedingung geschehen. Zu bemerken ist, daß eine dem Ersteher nach §§ 50, 51 treffende Erhöhung der Barzahlung unter das geringste Gebot fällt, und die nach § 60 vereinbarten Zahlungsfristen für dieselbe keine Anwendung finden. Die Stundung des § 60 trifft nur den das geringste Gebot übersteigenden Betrag des Meistgebots.

3. Wer ist zu dem Verlangen berechtigt? Nach dem Wortlaut des Gesetzes jeder Beteiligte, während das besondere Recht aus § 61 nur dem Beteiligten zusteht, dessen Recht durch die Bewilligung von Zahlungsfristen beeinträchtigt werden würde. Der Kreis der Beteiligten ist im Sinne des § 60 dahin zu begrenzen, daß nur diejenigen in Betracht kommen, welche an dem höheren Gebot infolge der Setzung der Zahlungsfristen noch ein Interesse haben; es scheiden daher aus alle die, welche durch das geringste Gebot gedeckt sind, auch Mieter und Pächter. Vgl. Jäckel Anm. 1 zu §§ 60, 61, Fischer u. Schäfer Anm. 3 zu §§ 60, 61, Reinhard Anm. II 1 zu § 60; a. A. Wolff Anm. 3 zu § 60.

4. Form, Inhalt, Zulässigkeit des Antrages. Bezüglich der Form schreibt das Gesetz nichts Besonderes vor. Der Antrag kann daher mündlich im Termin, aber auch vorher zu Protokoll des Gerichtsschreibers oder schriftlich in beglaubigter Urkunde gestellt werden. Er hat die Dauer der Zahlungsfristen anzugeben. Wie lange der Antrag zulässig ist, ist streitig. Es frägt sich, ob er nur bis zur Verlesung der festgestellten Versteigerungsbedingungen (§ 66 Abs. 1) oder bis zum Schluß der Versteigerung (§ 73 Abs. 2) gestellt werden kann. Letzteres ist das Richtige. Vgl. Jäckel Anm. 2, Wolff Anm. 4 zu § 60, Reinhard Anm. II 2 zu § 60; a. A. Fischer u. Schäfer, welche sich für die erstere Alternative entscheiden (Anm. 3 zu § 60).

Die bereits vor Stellung des Antrages abgegebenen Gebote erlöschen nicht, da kein Übergebot vorliegt (§ 72), wie Reinhard a. a. O. mit Recht betont, sondern bleiben als Gebote ohne Fristbestimmung bestehen. Daneben findet aber ein neues Ausgebot mit Zahlungsfristen statt, so daß das Grundstück doppelt mit und ohne Zahlungsfristen ausgeboten wird.

Wird ein Antrag nach § 61 nicht gestellt, so wird der Zuschlag alsdann demjenigen Bieter zu erteilen zu sein, welcher das für die Zwangsversteigerungsmasse günstigste Gebot abgegeben hat. Vgl. Wolff Anm. 4a zu § 60.

5. Dauer der Fristgewährung. Diese ist dem Ermessen der Beteiligten überlassen. Haben mehrere Beteiligte Fristen von verschiedener Länge bewilligt, so

muß das Ausgebot unter jeder der gesetzten Fristen erfolgen. Der Zuschlag ist dann demjenigen zu erteilen, welcher das dem Betrage nach höchste Gebot ohne Rücksicht auf die Fristgewährung abgegeben hat. Liegen gleich hohe Gebote vor, so geht dasjenige vor, welches die kürzeste Frist gewährt, und daher das günstigere ist. Vgl. Jäckel Anm. 1, Reinhard II, 4 zu § 60; a. A. Fischer u. Schäfer Anm. 3 zu §§ 60, 61.

6. Verzinsungspflicht. Soweit Zahlungsfristen bewilligt werden, hat der Ersteher das Meistgebot bezw. die gestundeten Beträge gemäß § 246 BGB. mit vier vom Hundert von dem Zuschlag an zu verzinsen.

§ 61.

Doppeltes Ausgebot bei Bewilligung von Zahlungsfristen.

Im Falle des § 60 ist auf Antrag eines Beteiligten, dessen Recht durch die Bewilligung von Zahlungsfristen beeinträchtigt werden würde, das Grundstück mit Zahlungsfristen und ohne sie auszubieten. Der Zuschlag wird auf Grund des mit Zahlungsfristen erfolgten Ausgebots nur erteilt, wenn ein Dritter unter Sicherheitsleistung sich verpflichtet, die dem Ersteher obliegende Zahlung vollständig oder mit einem Abzug im Verteilungstermine zu bewirken, und wenn im Falle eines Abzugs nach dessen Abrechnung das Meistgebot mit Zahlungsfristen höher ist als das andere Meistgebot.

In Ansehung der Verpflichtung des Dritten finden die Vorschriften des § 53, in Ansehung der Sicherheitsleistung die Vorschriften des § 69 entsprechende Anwendung. Die Sicherheitsleistung ist nicht erforderlich, wenn für ein eigenes Gebot des Dritten Sicherheitsleistung nicht verlangt werden könnte.

Wird der Dritte bei der Erteilung des Zuschlags für zahlungspflichtig erklärt, so tritt die Forderung gegen den Dritten als Versteigerungserlös an die Stelle der Forderung gegen den Ersteher; die Forderung gegen den Ersteher steht dem Dritten zu.

Beschränkung der Erteilung des Zuschlages im Falle des § 61: 2.
Sicherheitsleistung 3.
Verstoß gegen die Vorschriften des § 61: 6.
Voraussetzungen des § 61: 1.
Wegfall der Sicherheitsleistung 4.
Zahlungsverpflichtung des Dritten 5.

1. Voraussetzungen des § 61. Diese sind

a) Es muß ein Beteiligter nach § 60 Zahlungsfristen für den Ersteher gefordert haben.

b) Es muß dadurch das Recht eines Beteiligten, insbesondere des betreibenden Gläubigers und desjenigen, der ihm im Range gleichsteht oder nachsteht, benachteiligt sein. Alsdann kann der Beteiligte Ausgebot des Grundstücks mit und ohne Zahlungsfrist verlangen.

2. Beschränkung der Erteilung des Zuschlags im Falle des § 61. Der Zuschlag wird auf Grund des mit Zahlungsfristen erfolgten Ausgebots nur erteilt, wenn ein Dritter unter Sicherheitsleistung sich verpflichtet, die dem Ersteher obliegende Zahlung (Meistgebot) vollständig oder mit einem Abzug im Ver-

teilungstermine zu bewirken, und wenn im Falle eines Abzugs nach dessen Abrechnung das Meistgebot mit Zahlungsfristen höher ist, als das andere Meistgebot. Wird der Zuschlag mit der Befristung erteilt, so ist der Dritte in dem Zuschlagsbeschlusse gemäß § 82 unter Angabe seiner Schuld für zahlungspflichtig zu erklären.

3. Die Sicherheitsleistung. Da für dieselbe nach Abs. 2 nur die Vorschriften des § 69 entsprechende Anwendung finden sollen, so folgt daraus, daß weder § 67 Abs. 1 noch § 68 hier Platz greifen.

Daher ist der Dritte zur Sicherheitsleistung auch ohne Antrag eines Beteiligten verpflichtet, und ferner sind für die Höhe der Sicherheit in Ermangelung anderer Vorschriften die Bestimmungen der ZPO. maßgebend und deshalb vom Vollstreckungsgericht nach freiem Ermessen zu bestimmen (§§ 108 ff. ZPO.). Unter ein Zehntel des Bargebots darf die Sicherheit nicht betragen. Vgl. Jäckel Anm. 3, Wolff Anm. 5.

4. Wegfall der Sicherheitsleistung. Nach Abs. 2 ist die Sicherheitsleistung nicht erforderlich, wenn für ein eigenes Gebot des Dritten Sicherheitsleistung nicht verlangt werden könnte, also § 67 Abs. 3 Satz 1 und § 10 Nr. 1 EG. (vgl. dazu pr. AG. Art. 9) Platz greifen. Im Falle des § 67 Abs. 2 braucht der Bieter nur auf Verlangen des Gläubigers Sicherheit zu leisten.

Der Bieter selbst, für den der Dritte die Zahlungspflicht übernommen hat, braucht nach § 67 Abs. 3 Satz 2 keine Sicherheit zu leisten. Vgl. Fischer u. Schäfer Anm. 5. Reinhard Anm. II 4.

Ein Verzicht auf Sicherheitsleistung seitens der Beteiligten ist zulässig. Reinhard Anm. II 4.

5. Die Zahlungsverpflichtung des Dritten.

a) Rechtliche Bedeutung des Abs. 2. Nach § 61 Abs. 2 sollen in Ansehung dieser die Vorschriften des § 53 entsprechende Anwendung finden. Der Sinn dieser Vorschrift ist unklar und wahrscheinlich nur infolge eines Versehens bei Abänderung des ursprünglichen Entwurfes stehen geblieben. Sie ist übernommen aus den §§ 78, 67 Abs. 2 des Entw. I.

§ 67 Abs. 2 schrieb vor, daß der Ersteher die dem Schuldner obliegende persönliche Verbindlichkeit auch bezüglich derjenigen Ansprüche übernehmen sollte, welche aus dem bar zu zahlenden Teile des Meistgebots befriedigt werden sollten. In Verbindung damit wurde im § 78 des Entw. I bestimmt, daß in Ansehung der Verpflichtung des Dritten der § 67 Abs. 2 entsprechende Anwendung finden solle. § 67 Abs. 2 des Entw. I wurde von der Komm. II gestrichen, aber die überflüssig gewordene Bestimmung in § 78 blieb stehen und ging in den jetzigen § 61 über. Schöller, Zwangsverst. S. 75 will deshalb der Vorschrift des § 61 Abs. 2 gar keine Bedeutung beimessen, da sie gegenstandslos geworden sei. Die herrschende Meinung z. B. Jäckel Anm. 5 und Reinhard Anm. 3 zu § 61, Wolff, sehen den Sinn der Vorschriften darin, daß auch der Dritte die persönliche Haftung des Schuldners für diejenigen Ansprüche, die aus dem von ihm zu zahlenden Betrage zur Hebung gelangen, übernimmt. Damit wird auch der Dritte dem Subhastaten gegenüber für die von ihm übernommene Zahlungsverpflichtung haftbar erklärt, und letzterer kann verlangen, daß der Dritte, wenn er die ihm obliegende Zahlung im Verteilungstermin nicht leistet, ihn von der bestehen gebliebenen persönlichen Verbindlichkeit gegenüber den Gläubiger befreie. A. M. Günther S. 78; Fischer u. Schäfer Anm. 6.

b) Wird der Dritte bei dem Zuschlage für zahlungspflichtig erklärt, so tritt die

Forderung gegen den Dritten als Versteigerungserlös an die Stelle der Forderung gegen den Ersteher.

Erstreckt sich die Intervention des Dritten nicht auf das ganze Meistgebot, so ist das Meistgebot teils vom Dritten, teils vom Ersteher aufzubringen. Nur soweit der Dritte Zahlung im Verteilungstermin übernommen hat, ist die persönliche Haftung des Erstehers ausgeschlossen, insoweit liegt daher eine Schuldübernahme auf Seiten des Dritten vor mit der Maßgabe, daß er sich in Höhe der Interventionssumme an den Ersteher halten kann (§ 61 Abs. 3 letzter Satz). Hiernach ist der Teil des Meistgebots, für den der Dritte eine Zahlungspflicht nicht übernommen hat, vom Ersteher im Verteilungstermin bar zu berichtigen.

Über die Ausführung der Verteilung und die Sicherung der Forderung des Dritten gegen den Ersteher vgl. § 134.

6. Verstoß gegen die Bestimmungen des § 61 Abs. 1 gibt das Beschwerderecht gegen den Zuschlag gemäß §§ 83, 96 ff.

§ 62.

Vorbereitung der Versteigerungsbedingungen.

Das Gericht kann schon vor dem Versteigerungstermin Erörterungen der Beteiligten über das geringste Gebot und die Versteigerungsbedingungen veranlassen, zu diesem Zwecke auch einen besonderen Termin bestimmen.

---

1. Rechtliche Natur der Erörterungen. Dieselben haben nur einen vorbereitenden Charakter, sie können sowohl mündlich, als schriftlich erfolgen.

2. Terminsbestimmung. Die Anberaumung eines besonderen Termins für die Erörterungen ist dem Ermessen des Richters überlassen. Einer besonderen Ladung bedarf es für diesen Termin nicht, es genügt jede formlose Mitteilung, wobei es nicht einmal erforderlich ist, daß sämtlichen Beteiligten die Mitteilung zugeht. Alles dies ist dem richterlichen Ermessen anheimgestellt. Beim Nichterscheinen im Termin kann ein Rechtsnachteil nicht eintreten.

3. Ersatzanspruch für die Wahrnehmung des Termins. Die durch die Wahrnehmung des Termins entstandenen Reisekosten fallen unter die die Befriedigung aus dem Grundstück bezweckenden Kosten der Rechtsverfolgung und können daher an dieser Stelle liquidiert werden. § 10 letzter Abs. Vgl. Jäckel Anm. zu § 62 S. 221.

§ 63.

Ausgebot mehrerer Grundstücke.

Mehrere in demselben Verfahren zu versteigernde Grundstücke sind einzeln auszubieten.

Jeder Beteiligte kann verlangen, daß neben dem Einzelausgebot alle Grundstücke und, sofern einige von ihnen mit einem und demselben Rechte belastet sind, auch diese Grundstücke zusammen ausgeboten werden.

Auf Antrag kann das Gericht auch in anderen Fällen das Gesamtausgebot einiger der Grundstücke anordnen.

Das Gesamtausgebot kann vor oder nach dem Einzelausgebot erfolgen. Wird bei dem Einzelausgebot auf eines der Grundstücke ein Meistgebot abgegeben, das mehr beträgt als das geringste Gebot für dieses Grundstück, so erhöht sich bei dem Gesamtausgebote das geringste Gebot um den Mehrbetrag. Der Zuschlag wird auf Grund des Gesamtausgebots nur erteilt, wenn das Meistgebot höher ist als das Gesamtergebnis der Einzelausgebote.

Das Einzelausgebot unterbleibt, wenn die anwesenden Beteiligten zustimmen, deren Rechte bei der Feststellung des geringsten Gebots nicht zu berücksichtigen sind.

1. Prinzip des § 63. Das Gesetz (§ 63 Abs. 1) sieht hier die Einzelversteigerung als Regel vor. Da jedoch erfahrungsmäßig ein Gesamtausgebot nicht selten ein besseres Versteigerungsergebnis liefert, als das Einzelausgebot, so wird im § 63 Abs. 2 weiter bestimmt, daß die Grundstücke sämtlich oder einige von ihnen, wenn ein Beteiligter es verlangt, auch zusammen auszubieten sind (Denkschr.).

2. Wann muß das Gesamtausgebot erfolgen?

a) Wird von einem Beteiligten das Gesamtausgebot aller Grundstücke neben dem Einzelausgebot verlangt, so muß diesem Verlangen stattgegeben werden. Der Widerspruch einzelner Beteiligter ist belanglos.

b) Sind einige der zu versteigernden Grundstücke mit einem und denselben Rechte belastet, so müssen auch diese Grundstücke auf Antrag eines Beteiligten zusammen ausgeboten werden. Als Beteiligter gilt hier der, welcher an dem Gesamtausgebot auch nur ein mögliches Interesse hat, also der Schuldner, der betreibende Gläubiger und die, welche aus einem von dem Antrage betroffenen Grundstücke nach dem Korrealgläubiger Befriedigung finden wollen. Vgl. Jäckel Anm. 3b zu §§ 63, 64.

Unterbleibt das Gesamtausgebot in den Fällen a) u. b), so ist der Zuschlag zu versagen (§ 83 Nr. 2) und Beschwerde gegen den Zuschlag begründet (§ 100 Abs. 1).

3. Wann kann das Gesamtausgebot angeordnet werden? In anderen Fällen (als in den zu 2 gedachten) kann das Gericht nach freiem Ermessen auf Antrag das Gesamtausgebot einiger der Grundstücke anordnen. Fälle dieser Art sind wirtschaftliche Zusammengehörigkeit, erschwerte Zugänglichkeit. Vgl. Jäckel Anm. 3c zu §§ 63, 64. Anfechtung des Zuschlags, weil dem Antrage nicht stattgegeben ist, ist in diesem Falle ausgeschlossen.

4. Kreis der Beteiligten. Da das doppelte Ausgebot nur im Interesse derjenigen Beteiligten vorgesehen ist, deren Rechte bei der Feststellung des geringsten Gebots nicht berücksichtigt werden, so scheiden alle die, welche im geringsten Gebot berücksichtigt sind, ebenso Mieter und Pächter aus. Jäckel Anm. 2 u. 3a zu §§ 63, 46, Fischer u. Schäfer, Anm. 2b) zu § 63.

5. Berechnung des gerinsten Gebots. Hierüber bemerkt die Denkschrift:

„Das geringste Gebot wird alsdann zunächst für jedes einzelne Grundstück festgestellt; für die Gesamtversteigerung wird es aus den geringsten Geboten, wie sie für die einzelnen Grundstücke festgestellt sind, gebildet: Ist bei dem Einzelausgebot auf eines der Grundstücke ein Meistgebot abgegeben worden, welches höher ist als das für dieses Grundstück festgestellte Mindestgebot, so ist bei der Gesamtversteigerung das geringste Gebot um den fraglichen Mehrbetrag zu erhöhen. Die Deckung, welche ein Beteiligter durch das Einzelausgebot gefunden hat, wird ihm auf solche Weise auch für das Gesamtausgebot gesichert."

6. Voraussetzung für die Erteilung des Zuschlags beim Gesamtausgebot. Die Denkschrift äußert sich hierzu wie folgt: „Da das Einzelausgebot die regelmäßige Versteigerungsart bildet, so darf der Zuschlag auf Grund des Gesamtausgebots nur erteilt werden, wenn das bei diesem erzielte Meistgebot höher ist als das Gesamtergebnis der Einzelausgebote."

7. Reihenfolge der Ausgebote. Findet neben dem Einzelausgebot ein Gesamtausgebot statt, so entscheidet über die Reihenfolge richterliches Ermessen. Die Reihenfolge der Gebote wird jedoch damit nicht so scharf voneinander abgegrenzt, daß nach dem Einzelausgebot nur noch Gebote im Gesamtausgebot zulässig wären. Der Schluß der Versteigerung ist für beide Ausgebote einheitlich, so daß erst, nachdem sämtliche Gebote für das Einzel- und Gesamtausgebot erfolgt sind, die Versteigerung als Ganzes für geschlossen erklärt wird. Vgl. Jäckel Anm. 4 zu §§ 63, 64, Fischer u. Schäfer Anm. 3 zu § 63.

8. Wegfall des Einzelausgebots:

a) bei Einverständnis sämtlicher Beteiligter, daß lediglich ein Gesamtausgebot erfolgt;

b) es genügt nach Abs. 3 für den Wegfall des Einzelausgebots, wenn von den Beteiligten nur die zustimmen, die im Versteigerungstermin anwesend sind. Auf schriftliche Erklärungen Abwesender, ebenso wie auf letztere selbst ist keine Rücksicht zu nehmen.

§ 64.

Gesamtbelastung mehrerer Grundstücke.

Werden mehrere Grundstücke, die mit einer dem Anspruche des Gläubigers vorgehenden Gesamthypothek belastet sind, in demselben Verfahren versteigert, so ist auf Antrag die Gesamthypothek bei der Feststellung des geringsten Gebots für das einzelne Grundstück nur zu dem Teilbetrage zu berücksichtigen, der dem Verhältnisse des Wertes des Grundstücks zu dem Werte der sämtlichen Grundstücke entspricht; der Wert wird unter Abzug der Belastungen berechnet, die der Gesamthypothek im Range vorgehen und bestehen bleiben. Antragsberechtigt sind der Gläubiger, der Eigentümer und jeder dem Hypothekengläubiger gleich- oder nachstehende Beteiligte.

Wird der im Abs. 1 bezeichnete Antrag gestellt, so kann der Hypothekengläubiger bis zum Schlusse der Verhandlung im Versteigerungstermine verlangen, daß bei der Feststellung des geringsten Gebots für die Grundstücke nur die seinem Anspruche vorgehenden Rechte berücksichtigt werden; in diesem Falle sind die Grundstücke auch mit der verlangten Abweichung auszubieten. Erklärt sich nach erfolgtem Ausgebote der

Hypothekengläubiger der Aufforderung des Gerichts ungeachtet nicht darüber, welches Ausgebot für die Erteilung des Zuschlags maßgebend sein soll, so verbleibt es bei der auf Grund des Abs. 1 erfolgten Feststellung des geringsten Gebots.

Diese Vorschriften finden entsprechende Anwendung, wenn die Grundstücke mit einer und derselben Grundschuld oder Rentenschuld belastet sind.

Bedeutung der Vorschriften des § 64 Abs. 1: 2. Feststellung des geringsten Gebots 1.
Erlöschen der verteilten Gesamthypothek 4. Unanwendbarkeit des § 64 Abs. 1: 3.

1. Feststellung des geringsten Gebots. Im allgemeinen gilt, daß, wenn mehrere Grundstücke, die mit einer dem Anspruch des Gläubigers vorgehenden Gesamthypothek (§ 1132 BGB.) belastet sind, zusammen ausgeboten werden, bei der Feststellung des geringsten Gebots die Gesamthypothek mit ihrem vollen Betrage zu berücksichtigen ist, aber selbstverständlich nur einmal. Bei der Feststellung des geringsten Gebots für die Einzelversteigerung ist die Gesamthypothek in Ansehung jedes einzelnen Grundstücks zu ihrem vollen Betrage anzusetzen.

Wie in der Denkschrift mit Recht hervorgehoben wird, wird das Grundstück im Wege des Einzelausgebots dann nicht verkäuflich sein, wenn der Betrag der Gesamthypothek den Wert des Grundstücks nach Abzug der Belastungen übersteigt, die ihr im Range vorgehen und bestehen bleiben. Unter solchen Umständen ist dann ein Ergebnis nur im Wege des Gesamtausgebots zu erzielen. Von besonderer Bedeutung ist diese Frage für die Gebiete mit stark zersplittertem Grundbesitze, wo von der Gesamthypothek ein umfassender Gebrauch gemacht wird, die einzelnen mitbelasteten Grundstücke aber häufig nur einen geringen Wert haben.

Deshalb hat das Gesetz für derartige Fälle die Möglichkeit der Einzelversteigerung vorgesehen. Demgemäß wird im § 64 Abs. 1 Satz 1 bestimmt, daß, wenn in demselben Verfahren mehrere Grundstücke versteigert werden sollen, die mit einer dem Anspruche des Gläubigers vorgehenden Gesamthypothek belastet sind, auf Antrag eines Beteiligten die Gesamthypothek bei der Feststellung des geringsten Gebots für das einzelne Grundstück nur zu dem Teilbetrage zu berücksichtigen ist, der dem Verhältnisse des Wertes des Grundstücks zu dem Werte der sämtlichen Grundstücke entspricht; dabei soll der Wert unter Abzug der Belastungen berechnet werden, die der Gesamthypothek im Range vorgehen und bestehen bleiben (vgl. § 112 Abs. 2). Die Ausübung des hiermit den Beteiligten gewährten Rechts darf aber nicht zur Folge haben, daß andererseits derjenige, dem die Gesamthypothek zusteht, in der Wahrnehmung der Befugnisse beeinträchtigt wird, die zum Wesen einer solchen Hypothek gehören und durch § 1132 BGB. ausdrücklich anerkannt sind. Dem Hypothekengläubiger ist daher das Recht vorbehalten, bis zum Schlusse der Verhandlung im Versteigerungstermine zu verlangen, daß bei der Feststellung des geringsten Gebots der Betrag seiner Gesamthypothek auf die zu versteigernden Grundstücke in anderer Art verteilt wird oder für die Grundstücke nur die seinem Anspruche vorgehenden Rechte berücksichtigt werden (§ 64 Abs. 1 Satz 2). Macht der Hypothekengläubiger von seinem Wahlrechte Gebrauch, so ist er an die von ihm zunächst getroffene Entschließung nicht ohne weiteres gebunden, vielmehr kann er sie bis zum Schlusse der Verhandlung im Versteigerungstermin, also bis zu dem Zeitpunkt, in welchem er die Tragweite seiner Entschließung vollständig zu übersehen vermag, noch ändern. Um ihn nach dieser Richtung vollständig zu sichern, bestimmt das Gesetz, daß die verschiedenen Ausgebote, welche auf Grund des § 64 Abs. 1 notwendig werden, neben einander erfolgen, daß also die Bieter durchweg an ihre Meistgebote gebunden bleiben. Ob auf das eine oder das andere Meistgebot der Zuschlag erteilt werden soll, hängt lediglich von der Wahl des Hypothekengläubigers ab, da die verschiedenen Ausgebote nur in seinem Interesse erfolgen. Erklärt er sich nicht bis zum Schlusse der Verhandlung im Versteigerungstermine, so verbleibt es bei der nach § 64 Abs. 1 Satz 1 erfolgten Feststellung des geringsten Gebots und ist das auf dieser Grundlage abgegebene Meistgebot für die Erteilung des Zuschlags maßgebend.

2. Bedeutung der Vorschriften des § 64 Abs. 1. Hierzu führt die Denkschrift aus: „Durch die Vorschriften des § 64 Abs. 1 gestaltet sich zugleich die Lage derjenigen Gläubiger, deren Rechte der Gesamthypothek nachstehen, wesentlich günstiger. Kommt wie bei dem Gesamtausgebote, so bei der Einzelversteigerung der Betrag der Gesamthypothek nur einmal zum Ansatze, so wird auch im letzteren Falle der überschießende Wert der Grundstücke sofort für die nachstehenden Gläubiger frei, während bei Anwendung des § 44 sie sich wegen ihrer Befriedigung auf den Betrag verweisen lassen müssen, welchen der Ersteher des einzelnen Grundstücks gemäß § 50 Abs. 2 Nr. 2 für den Fall zu zahlen hat, daß demnächst die Gesamthypothek an diesem Grundstück erlöschen sollte (vgl. § 125). Vermöge der Bestimmung des § 64 Abs. 1 Satz 1 sind aber die nachstehenden Gläubiger jederzeit in der Lage, jenen Erfolg herbeizuführen und so den Weiterungen und Schwierigkeiten zu entgehen, welche mit der Verweisung auf eine spätere Ersatzzahlung regelmäßig verbunden sind. Der Eigentümer von Grundstücken, welche mit einer Gesamthypothek belastet sind, wird unter diesen Umständen leichter Gelegenheit finden, seinen Realkredit durch Bestellung von Nachhypothken auszunutzen."

3. Unanwendbarkeit des § 64 Abs. 1. Nach dem Reichstagskommissionsbericht bleibt es auch nach dem Antrage dem Gesamthypothekengläubiger unbenommen, auf Grund des § 1132 BGB. den Betrag seiner Gesamthypothek, sei es vor der Anordnung der Versteigerung, sei es, soweit es tatsächlich ihm noch möglich ist, auch noch nach der Anordnung der Versteigerung, auf die einzelnen belasteten Grundstücke nach seinem Belieben zu verteilen. Die Ausführung der Verteilung geschieht in der Weise, daß die Hypothek auf jedem einzelnen Grundstück, soweit sie den auf diesen entfallenden Teilbetrag übersteigt, gelöscht wird (§ 875 BGB.).

Aufgabe des Gläubigers ist es, dem Zwangsversteigerungsrichter rechtzeitig, d. h. wohl bis zum Schluß des Versteigerungstermins den Nachweis zu erbringen, daß die Löschung bewirkt ist. Vgl. Fischer u. Schäfer Anm. 4 zu § 64; abweichend Jäckel Anm. 5 A. a. u. Wolff Anm. 1a.

4. Erlöschen der verteilten Gesamthypothek. Eine nach Maßgabe des § 64 Abs. 1 verteilte Gesamthypothek erlischt, sobald der Zuschlag erfolgt ist, in Ansehung des einzelnen Grundstücks zu dem Betrage, welcher bei Feststellung des geringsten Gebots für das Grundstück nicht berücksichtigt war; soweit sie dagegen Berücksichtigung gefunden hat, bleibt sie an jedem der betreffenden Grundstücke als Einzelhypothek bestehen (§ 52). Ist nur ein Teil der mitbelastenden Grundstücke zur Versteigerung gebracht, so dauert die Gesamthypothek an den nicht versteigerten Grundstücken als solche in ihrem bisherigen Umfange fort; auch im Verhältnisse zu den einzelnen Hypotheken an den versteigerten Grundstücken bleibt sie insoweit Gesamthypothek, als die Beträge sich decken.

Um Löschung des betreffenden Teils der Gesamthypothek und des Vermerks, der die Gesamthaftung der versteigerten Grundstücke betrifft, hat das Vollstreckungsgericht nach § 130 das Grundbuchamt zu ersuchen.

§ 65.

Abgesonderte Verwertung von Forderungen oder beweglichen Sachen.

Das Gericht kann auf Antrag anordnen, daß eine Forderung oder eine bewegliche Sache von der Versteigerung des Grundstücks ausgeschlossen und besonders versteigert werden soll. Auf Antrag kann auch eine andere Art der Verwertung angeordnet, insbesondere zur Einziehung einer Forderung ein Vertreter bestellt oder die Forderung einem Beteiligten mit dessen Zustimmung an Zahlungs Statt überwiesen werden. Die Vorschriften der §§ 817, 820, 835 der Zivilprozeßordnung finden entsprechende Anwendung. Der Erlös ist zu hinterlegen.

Die besondere Versteigerung oder die anderweitige Verwertung ist nur zulässig, wenn das geringste Gebot erreicht ist.

---

1. Bedeutung und Anwendung des § 65. Als Ausnahme von der Regel bestimmt § 65, „daß auf Antrag das Gericht eine besondere Versteigerung oder anderweitige Verwertung von Forderungen oder beweglichen Sachen anordnen kann. Eine solche Maßregel ist geboten, wenn der Gegenstand von einem Dritten in Anspruch genommen und deshalb das Verfahren hinsichtlich dieses Gegenstandes eingestellt wird. Sie kann aber auch sonst angezeigt sein, namentlich dann, wenn von ihr die Erreichung eines höheren Preises zu erwarten ist. Der besonderen Verwertung von Zubehörstücken kann selbstverständlich ein Hypothekengläubiger, dessen Recht bestehen bleibt, dann widersprechen, wenn von dieser Verwertung eine die Sicherheit der Hypothek gefährdende Verschlechterung des Grundstücks im Sinne der §§ 1134, 1135 BGB. zu besorgen ist. Hiervon abgesehen schränkt das RGes. das Ermessen des Gerichts insofern ein, als es (§ 65 Abs. 2) die abgesonderte Verwertung von Forderungen oder beweglichen Sachen erst nach der Versteigerung des Grundstücks und nur dann zuläßt, wenn das geringste Gebot dabei erreicht ist." (Denkschr.)

2. Schranke für die Anwendung des § 65. Die Ausführung der Anordnung ist erst zulässig, sofern das Grundstück versteigert und das geringste Gebot erreicht ist (Abs. 2). Hierzu bemerkt die Denkschrift: „Die erstere Schranke ist geboten, weil die vorzeitige Verwertung, namentlich von Zubehör, leicht den Erfolg der Versteigerung des Grundstücks gefährden kann. Das geringste Gebot aber muß bei dieser Versteigerung erreicht sein, da sonst die Erteilung des Zuschlags für das Grundstück davon abhängig bleibt, daß die gesonderte Verwertung der anderen Gegenstände zu einem befriedigenden Ergebnisse führt."

3. Vollzug der besonderen Versteigerung. Dieser liegt dem Vollstreckungsgericht ob. Für die Ausführung ist die entsprechende Anwendung der §§ 817, 820, 835 ZPO. vorgeschrieben. Die Hinterlegung des Erlöses ist im Hinblick auf das Verteilungsverfahren erforderlich. Der Erlös tritt zu der Masse.

4. Über die andere Art der Verwertung. Hierbei kommt auch freihändiger Verkauf durch einen Gerichtsvollzieher oder sonstigen Beauftragten in Betracht. Die Überweisung der Forderung an einen Beteiligten darf nur auf Antrag an Zahlungs Statt, nicht zur Einziehung erfolgen, wobei abgesehen von der Zustimmung vorausgesetzt wird, daß der Beteiligte in gleicher Höhe aus dem Versteigerungserlöse Hebung erlangt haben würde. Vgl. Jäckel Anm. 5.

V. Versteigerung.

§ 66.

Gang der Versteigerungsverhandlung.

In dem Versteigerungstermine werden nach dem Aufrufe der Sache die das Grundstück betreffenden Nachweisungen, die das Verfahren betreibenden Gläubiger, deren Ansprüche, die Zeit der Beschlagnahme und die erfolgten Anmeldungen bekannt gemacht, hierauf das geringste Gebot und die Versteigerungsbedingungen nach Anhörung der anwesenden Beteiligten, nötigenfalls mit Hilfe eines Rechnungsverständigen, unter Bezeichnung der einzelnen Rechte festgestellt und die erfolgten Feststellungen verlesen.

Nachdem dies geschehen, hat das Gericht auf die bevorstehende Ausschließung weiterer Anmeldungen hinzuweisen und sodann zur Abgabe von Geboten aufzufordern.

Der Versteigerungstermin beginnt mit dem Aufruf der Sache. Demnächst ist festzustellen, wer von den Beteiligten auf den Aufruf erschienen ist, und dies in dem Protokoll zu vermerken.

Die Anwesenden sind über die für die Versteigerung in Betracht kommenden Verhältnisse zu unterrichten. Dahin gehören **a)** die das Grundstück betreffenden Nachweisungen, insbesondere die Mitteilungen des Grundbuchamts, auch Auszug aus dem Steuerbuch (§§ 19 Abs. 2, 42, EG. § 5, pr. AG. Art. 4); **b)** Mitteilung über die betreibenden Gläubiger (§§ 9, 15, 27) und deren Ansprüche (§§ 16, 27); die Zeit der Beschlagnahme; **c)** Die erfolgten Anmeldungen (§§ 9 Nr. 2, 37 Nr. 4, 45, 53 Abs. 2, 54, EG. § 8, ZPO. § 325 Abs. 2).

Demnächst sind das geringste Gebot (§§ 44—48, EG. § 8) und die Versteigerungsbedingungen (§§ 49—58, EG. § 9) nach Anhörung der anwesenden Beteiligten festzustellen. Die bei der Feststellung des geringsten Gebots berücksichtigten Rechte sind einzeln zu bezeichnen.

Bei den rechnerischen Arbeiten kann der Richter einen Rechnungsverständigen zuziehen. In Preußen sind bei jedem Gerichte Rechnungsbeamte aus den Gerichtsschreibern, bei größeren Amtsgerichten besondere Kalkulatoren bestellt. Allg. Verf. v. 16. Sept. 1895 (JMBl. S. 273) (Kayser-Mugdan, Reichs-Justizgesetze 6. Aufl. S. 259, Nr. 43a). Über die Rechnungsgebühren und deren Höhe vgl. für Preußen: pr. GKG. §§ 113 Nr. 7, 117, 119; Allg. Verf. v. 22. Dezember 1899 (JMBl. S. 865) Nr. 1 u. 3 (abgedruckt in Kayser-Mugdan, RJG. S. 260 Nr. 43c). Die erfolgten Feststellungen müssen verlesen werden. Hieran schließt sich der Hinweis des Richters auf die bevorstehende Ausschließung weiterer Anmeldungen und die

Aufforderung zur Abgabe von Geboten. Die Zeit, wann dies geschieht, ist wegen § 73 Abs. 1 nach Stunde und Minuten festzustellen und im Protokoll zu vermerken. Mit diesem Zeitpunkt sind auch weitere Anmeldungen ausgeschlossen. Über die Form der Abgabe der Gebote enthält das Gesetz keine Bestimmung. Anwesenheit des Bieters im Termin ist nicht notwendig; ebensowenig ist schriftliches Gebot ausgeschlossen, jedoch unter Wahrung der im § 129 BGB. vorgeschriebenen Form. Vgl. Wolff Anm. 8.

Sicherheitsleistung für Gebote. (§§ 67—70.)

§ 67.

Ein Beteiligter, dessen Recht durch Nichterfüllung des Gebots beeinträchtigt werden würde, kann Sicherheitsleistung verlangen, jedoch nur sofort nach Abgabe des Gebots. Das Verlangen gilt auch für weitere Gebote desselben Bieters.

Steht dem Bieter eine durch das Gebot ganz oder teilweise gedeckte Hypothek, Grundschuld oder Rentenschuld zu, so braucht er Sicherheit nur auf Verlangen des Gläubigers zu leisten. Auf Gebote des Schuldners oder eines neu eingetretenen Eigentümers findet diese Vorschrift keine Anwendung.

Für ein Gebot des Reichs, der Reichsbank oder eines Bundesstaats kann Sicherheitsleistung nicht verlangt werden. Das gleiche gilt in Ansehung eines Gebots, zu dessen Erfüllung sich nach § 61 ein Dritter verpflichtet hat.

§ 68.

Die Sicherheit ist für ein Zehntel des Bargebots, wenn aber der Betrag der aus dem Versteigerungserlöse zu entnehmenden Kosten höher ist, für diesen Betrag zu leisten.

Ein Beteiligter, dessen Recht nach § 52 bestehen bleibt, kann Sicherheitsleistung bis zur Höhe des Betrags verlangen, welcher zur Deckung der seinem Rechte vorgehenden Ansprüche durch Zahlung zu berichtigen ist.

Bietet der Schuldner oder ein neu eingetretener Eigentümer des Grundstücks, so kann der Gläubiger Sicherheitsleistung bis zur Höhe des Betrags verlangen, welcher zur Deckung seines Anspruchs durch Zahlung zu berichtigen ist.

§ 69.

Die Sicherheitsleistung ist durch Hinterlegung von Geld oder inländischen Wertpapieren zu bewirken. Wertpapiere sind zur Sicherheitsleistung nur geeignet, wenn sie auf den Inhaber lauten und einen Kurswert haben; den Inhaberpapieren stehen Orderpapiere gleich, die mit Blankoindossament versehen sind. Mit Wertpapieren kann die Sicherheit in Höhe des ganzen Kurswerts geleistet werden.

Die Übergabe an das Gericht hat die Wirkung der Hinterlegung.

§ 70.

Das Gericht hat über die Sicherheitsleistung sofort zu entscheiden.

Erklärt das Gericht die Sicherheit für erforderlich, so ist sie sofort zu leisten. Unterbleibt die Leistung, so ist das Gebot zurückzuweisen.

Wird das Gebot ohne Sicherheitsleistung zugelassen und von dem Beteiligten, welcher die Sicherheit verlangt hat, nicht sofort Widerspruch erhoben, so gilt das Verlangen als zurückgenommen.

Art der Sicherheitsleistung 5.
Bedeutung der §§ 67--70: 1.
Höhe der Sicherheit 4.
Verfahren nach Übergabe der Sicherheit 8.
Vollzug der Sicherheitsleistung 6.
Wer hat Sicherheit zu leisten? 3.
Wer kann Sicherheit verlangen? 2.
Wirkung der Hinterlegung 7.

1. Bedeutung der §§ 67—69. Die vorstehenden §§ bezwecken die Beteiligten gegen Gebote zu schützen, deren Verwirklichung eintretenden Falls unsicher sein würde. Im Anschluß an das pr. Gesetz (§ 62 Abs. 1) bestimmt das RGes. (§ 67 Abs. 1), daß ein Beteiligter, dem durch die Abgabe eines Gebots die Aussicht auf Befriedigung eröffnet wird, Sicherheitsleistung für die Erfüllung dieses Gebots zu verlangen befugt ist. Die Befugnis geht dem einzelnen Gebote gegenüber verloren, wenn sie nicht sofort ausgeübt wird. Demnach kann das Verlangen auf Sicherheitsleistung nur im Termin von einem anwesenden oder vertretenen Beteiligten gestellt werden. Da die Sicherheit immer nur auf Verlangen eines Beteiligten zu leisten ist, folgt von selbst, daß dieser Beteiligte sich auch mit jeder anderen Art der Leistung begnügen kann. (Denkschr.)

2. Wer kann Sicherheit verlangen? Jeder Beteiligte, dessen Recht, durch Nichterfüllung des Gebots beeinträchtigt werden würde. Zu den Beteiligten gehören auch diejenigen, deren Rechte bei der Feststellung des geringsten Gebots berücksichtigt sind, da auch diese, wenn das Meistgebot nicht erledigt werden kann, Ausfall der bar zu zahlenden Beträge fürchten müssen, und ferner ihnen auch durch die Nichtbefriedigung vorgehender Ansprüche auf Kosten, Zinsen und wiederkehrende Leistungen eine Schmälerung ihrer Sicherheit droht. Der Schuldner gehört auch zu den Antragsberechtigten, nicht aber Mieter und Pächter und alle diejenigen, welche von dem Gebote gar nicht betroffen und keine Befriedigung aus dem Erlöse zu erwarten haben. Vgl. Fischer u. Schäfer Anm. 2.

Um festzustellen, ob der Beteiligte etwas von dem Gebote erhalten würde, müssen, wenn der Antrag auf Sicherheitsleistung gestellt ist, von dem Richter die vorgehenden Ansprüche summarisch berechnet und mit dem abgegebenen Gebote verglichen werden. Nur wenn jene Ansprüche geringer sind, als das abgegebene Gebot, kann überhaupt der Betetligte aus dem Gebot befriedigt und also, wenn dasselbe nicht erfüllt wird, beeinträchtigt werden (Motive). Bei mehreren Antragsberechtigten ist jeder allein und selbständig zu dem Verlangen auf Sicherheitsleistung befugt (Motive).

3. Wer hat Sicherheit zu leisten? Als Regel ist festzuhalten, daß hierzu jeder Bieter verpflichtet ist. Befreit von der Sicherheitsleistung sind: **a)** Gebote des Reichs, der Reichsbank oder der Bundesstaaten (§ 67 Abs. 3 Satz 1); ferner Gebote der landesgesetzlich von der Kautionspflicht befreiten kommunalen Körperschaften, sowie gewisse Kreditanstalten und Sparkassen (§ 10 EG.).

In Preußen sind die fiskalischen Stationen Vertreter des Fiskus. Daher gilt auch die Befreiung für Gebote der pr. Seehandlungssozietät (Bericht der Kommission des Herrenhauses zu § 62 pr. ZwVG. S. 32), der Ansiedlungskommission (pr. Ges. v. 26. April 1886 für Westpreußen und Posen), sowie der pr. Gerichtskasse, RG. v. 21. November 1899, Jur. Wochenschr. S. 826 Nr. 2 (1899). In Preußen ist bezüglich der landesgesetzlich befreiten Körperschaften nähere Bestimmung getroffen im AG. und zwar im Art. 9, welcher lautet: „Für ein Gebot einer Gemeinde oder eines anderen Kommunalverbandes, einer landschaftlichen, ritterschaftlichen, städtischen oder provinzialen Kreditanstalt oder einer öffentlichen Sparkasse kann Sicherheitsleistung nicht verlangt werden.

b) Gebot, zu dessen Erfüllung sich nach § 61 ein Dritter verpflichtet hat (§ 67 Abs. 3 Satz 2).

Gewissen Einschränkungen unterliegt die Sicherheitsleistung, sofern dem Bieter eine durch das Gebot ganz oder teilweise gedeckte Hypothek, Grundschuld oder Rentenschuld zusteht. Alsdann braucht er Sicherheit nur auf Verlangen des Gläubigers zu leisten (§ 67 Abs. 2 Satz 1). Diese Erleichterung wird nach der Denkschrift aus Gründen der Billigkeit gerechtfertigt, da sie den in dieser Lage befindlichen Beteiligten in Stand setzt, die Gebote auf das Grundstück bis zu einem für seinen Anspruch genügenden Betrag zu steigern. Andererseits werden berechtigte Interessen durch diese Begünstigung nicht verletzt.

Auf die Sicherheit der Hypothek, Grund- oder Rentenschuld kommt es nicht an, ebensowenig auf die Höhe derselben, es genügt, wenn der Hypothek (Grundschuld) des Bieters das Gebot auch nur zum geringsten Betrage Deckung gewährt. Die Sicherheit kann überhaupt nicht verlangt werden, wenn und soweit das Gebot über die Hypothek (Grundschuld) des Bieters hinausgeht.

Da das Gesetz nur verlangt, daß die Hypothek (Grundschuld ꝛc.) dem Bieter zusteht, ist es nicht erforderlich, daß die Hypothek ꝛc. auf den Namen des Bieters im Grundbuch eingetragen steht, er muß nur nach den Vorschriften des bürgerlichen Rechts über sie für sich zu verfügen befugt sein. Hat er eine Briefpost ohne Eintragung erworben, so muß er seine Legitimation durch Vorlegung des Briefs und der schriftlichen Abtretungserklärung nachweisen (§ 1117 Abs. 3 BGB., vgl. auch § 1155 BGB.).

Der Zeitpunkt des Erwerbs der Hypothek oder Grundschuld ist gleichgültig. Der Erwerb kann auch nach Eintragung des Versteigerungsvermerks erst bewirkt worden sein.

Es genügt dagegen nicht, wenn der Bieter nur ein Nießbrauchs- oder Pfandrecht an der Hypothek besitzt.

Das Privilegium kommt dem Bieter auch zu, wenn ihm nur eine Sicherungshypothek zusteht, oder wenn die Hypothek zunächst durch Eintragung einer Vormerkung oder eines Widerspruchs gesichert ist. Vgl. Jäckel Anm. 2 B d und Wolff Anm. 6 zu § 67.

Ist der Schuldner oder der neu eingetretene Eigentümer der Bieter, so findet das Privileg des § 67 Abs. 2 Satz 1 keine Anwendung, sondern jeder Beteiligte, dessen Recht sonst beeinträchtigt werden würde, kann Sicherheitsleistung verlangen.

4. Höhe der Sicherheit. Das Gesetz schreibt im Anschluß an das pr. Ges. v. 1883 (§ 62 Abs. 2) vor, daß die Sicherheit für ein Zehntel des Bargebots, d. h. des im Verteilungstermine durch Zahlung zu berichtigenden Teiles des Gebots, wenn aber der Betrag der nach § 109 aus dem Versteigerungserlöse zu entnehmenden Kosten höher ist, für diesen Betrag geleistet werden soll (§ 68 Abs. 1).

Bei der Berechnung des Zehntels kommt, wie in der Denkschrift hervorgehoben wird, derjenige Teil des Gebots, für welchen Zahlungsfristen festgesetzt worden sind, nicht in Betracht; es folgt dies aus dem Begriff des Bargebots. Die gestundeten Beträge gehören nicht zu diesem, da sie nicht im Verteilungstermin bar zu zahlen sind. Vgl. Jäckel Anm. 3, Wolff Anm. 1 zu § 68.

Die in dem Gesetz als Regel festgesetzte Höhe der Sicherheit bezweckt nach der Denkschrift, die Beteiligten vor Schaden zu bewahren, ohne doch den Kreis der Bieter über Gebühr einzuschränken. Zwei Abweichungen von der Regel bezüglich der Höhe der Sicherheit treten auf Verlangen ein:

a) wenn ein Beteiligter, dessen Recht nach § 52 bestehen bleibt, Sicherheitsleistung verlangt. Mit Rücksicht auf das Deckungsprinzip muß hier die Sicherheit bis zur vollen Höhe des Betrages geleistet werden, welcher zur Deckung der Ansprüche durch Zahlung zu berichtigen ist, die dem Rechte eines solchen Beteiligten vorgehen (§ 68 Abs. 2). Vorstehendes findet keine Anwendung auf Beteiligte, deren Rechte gemäß § 59 oder nach landesgesetzlicher Vorschrift bestehen bleiben. Vgl. Jäckel Anm. 3a.

b) wenn der Schuldner oder derjenige, der das Grundstück erworben hat, nachdem es zur Zwangsvollstreckung gestellt war, als Bieter auftritt, so kann der Gläubiger Sicherheitsleistung bis zur Höhe des Betrages verlangen, der zur Deckung seines Anspruchs durch Zahlung zu berichtigen ist (§ 68 Abs. 3).

Die Denkschrift bemerkt hierzu zur Rechtfertigung, daß in diesem Falle, wo die Zahlungsfähigkeit eines solchen Bieters von vornherein zweifelhaft erscheint, dem betreibenden Gläubiger billigerweise nicht zugemutet werden könne, sich bei dem gewöhnlichen Betrage der Sicherheitsleistung zu beruhigen.

Bei der Wiederversteigerung (§ 133) ist der frühere Schuldner oder neu eingetretene Eigentümer nur zur Sicherheitsleistung nach Abs. 1, der Ersteher dagegen zur Sicherheitsleistung nach Abs. 3 verpflichtet. Gehört das Versteigerungsgrundstück zu einer Konkursmasse und ist die Zwangsversteigerung nicht auf Betreiben des Konkursverwalters, sondern eines Gläubigers angeordnet oder fortgesetzt, so greift Abs. 3 § 68 Platz, wenn der Konkursverwalter ein Gebot für die Masse abgibt. Betreibt der Konkursverwalter selbst das Verfahren, so hat er bezüglich der Sicherheitsleistung nicht die Stellung des Schuldners.

Letzteres tritt jedoch ein, wenn ein anderer Gläubiger dem von dem Konkursverwalter betriebenen Verfahren beigetreten ist. Vgl. Jäckel Anm. 3b, Wolff Anm. 7 zu § 67.

Auf den Ehegatten des Schuldners bezieht sich § 68 Abs. 3 nicht, sofern nicht zwischen den Eheleuten allgemeine Gütergemeinschaft besteht. Der Miteigentümer gilt nur dann als Schuldner, wenn die Versteigerung zum Zwecke der Aufhebung der Gemeinschaft erfolgt (nicht aber, wenn es sich um die Versteigerung des Anteils eines anderen Miteigentümers handelt). Ein Miteigentümer braucht für sein Gebot überhaupt keine Sicherheit zu leisten, wenn ihm eine durch das Gebot ganz oder teilweise gedeckte Hypothek, Grundschuld oder Rentenschuld zusteht (§ 184).

Der Erbe, gegen welchen die Zwangsversteigerung fortgesetzt wird, oder welcher nach § 175 Abs. 1 die Zwangsversteigerung beantragt hat, steht dem Schuldner gleich und hat, wie dieser, Sicherheit zu leisten.

Der Anspruch auf erhöhte Sicherheitsleistung greift nur dann durch, wenn das Verlangen nach erhöhter Sicherheit ausdrücklich gestellt ist. Vgl. Jäckel Anm. 3b, Wolff Anm. 4 zu § 68.

5. Art der Sicherheitsleistung. Für die Sicherheitsleistung kommen nach § 69 Abs. 1 nur Geld und inländische Wertpapiere in Betracht. Von den Wertpapieren sind nur solche zur Sicherheitsleistung geeignet, welche auf den Inhaber oder auf Order lauten, wobei die Orderpapiere mit Blankoindossament versehen sein müssen.

Die Inhaberpapiere müssen im Inlande einen Kurswert haben. Es ist Aufgabe des Bieters, dem Richter nötigenfalls durch Vorlegung des Kurszettels den Kurswert nachzuweisen, wobei die Feststellung des Kurswertes dem richterlichen Ermessen anheimgegeben ist. Ist daher der Richter der Ansicht, daß der angegebene Kurs falsch oder fingiert ist, so ist er berechtigt, sie zurückzuweisen. Die Papiere müssen hiernach jederzeit zum Umsatz wirklich geeignet „börsenmäßig lieferbar" sein; daher können auch Papiere, bei denen die Kupons oder Talons fehlen, zurückgewiesen werden, da dies die Verkäuflichkeit der Papiere an der Börse ausschließt. Das Fehlen eines Kupons würde jedoch kein Hindernis bilden. Im allgemeinen gilt aber auch für das Zwangsversteigerungsverfahren § 234 Abs. 2 BGB., wonach mit den Wertpapieren die Zins-, Renten-, Gewinnanteil- und Erneuerungsscheine zu hinterlegen sind. Mündelsicher brauchen die Papiere (abweichend vom § 234 Abs. 1 BGB.) nicht zu sein.

Abweichend vom § 234 Abs. 3 BGB. kann mit Wertpapieren die Sicherheit in Höhe des ganzen Kurswerts geleistet werden. Bei den Orderpapieren muß die Echtheit der Blankoindossamente feststehen bzw. geprüft werden, auch darüber entscheidet richterliches Ermessen. Forderungen, welche in das Reichsschuldbuch oder in das preuß. Staatsschuldbuch eingetragen sind, Forderungen aus Sparkassenbüchern oder aus sonstigen Legitimationspapieren sind keine Wertpapiere und daher zur Hinterlegung nicht geeignet. Vgl. Jäckel Anm. 4; Fischer u. Schäfer Anm. 7.

Gemäß dem in § 10 EG. ZwVG. gemachten Vorbehalt ist im Art. 10 des preuß. AG. bestimmt, daß im bisherigen Geltungsbereiche des rheinischen Rechts die Sicherheit für ein Gebot auch durch Stellung eines Bürgen nach § 239 BGB. geleistet werden kann. Jedoch findet nach Abs. 3 des Art. 10 diese Bestimmung auf Gebote des Schuldners oder eines neu eingetretenen Eigentümers keine Anwendung.

6. Vollzug der Sicherheitsleistung. Die Sicherheitsleistung ist durch Hinterlegung zu bewirken. Da die Hinterlegung sofort, nachdem das Gericht die Sicherheit erforderlich erklärt hat, zu leisten ist (§ 70 Abs. 2), und da die landesrechtlichen Bestimmungen der Bundesstaaten, nach welchen eine besondere Stelle als Hinterlegungsstelle anerkannt ist, aufrecht erhalten sind (EG. BGB. Art. 144, 145), sodaß in diesen Fällen die Hinterlegungsstelle nicht mit dem Vollstreckungsgericht zusammenfällt (wie z. B. in Preußen vgl. Hinterl.Ordn. v. 14. März 1879, AG. BGB. Art. 84, Allg. Verf. v. 31. Juli u. 26. Aug. 1879, Verf. des Finanz-Minist. betr. d. Hinterlegungsw. v. 15. Dez. 1899, Min.Bl. f. i. V. 1900 S. 5), so hat das Gesetz im § 69 Abs. 2 bestimmt, daß die Übergabe der Sicherheit an das Vollstreckungsgericht die Wirkung der Hinterlegung hat. Die Übergabe geschieht formlos in die Hände des Vollstreckungsrichters, welcher in das Protokoll einen Vermerk über die Person des Hinterlegenden, die hinterlegten Stücke, Grund der Hinterlegung und die tatsächlich erfolgte Übergabe aufzunehmen hat.

7. Wirkung der Hinterlegung. Mit der Hinterlegung erwerben die Berechtigten d. h. die Beteiligten, welche aus dem Bargebot ihre Befriedigung erhalten sollen, ein Pfandrecht an dem hinterlegten Gelde oder an den hinterlegten Wertpapieren und, wenn das Geld oder die Wertpapiere nach landesgesetzlicher Vorschrift in das Eigentum des Fiskus oder der als Hinterlegungsstelle bestimmten Anstalt übergehen, ein Pfandrecht an der Forderung auf Rückerstattung (§ 233 BGB.). Die letztgedachte Bestimmung greift für Preußen Platz, da nach § 7 der pr. Hinterl.-Ordn. v. 14. März 1879 das hinterlegte Geld in das Eigentum des Staats übergeht. Die Wertpapiere dagegen werden nach § 36 der Hinterl.Ordn. unverändert verwahrt.

8. Das Verfahren nach Übergabe der Sicherheit. Dieses regelt sich nach Maßgabe der Art. 144—146 EG. z. BGB. nach den landesgesetzlichen Bestimmungen.

In Preußen hat der Vollstreckungsrichter die übergebene Sicherheit gemäß §§ 73, 74 Nr. 1, 75 der Hinterl.Ordn. von Amts wegen zur vorläufigen Verwahrung zu bringen. Die vorläufige Verwahrung geschieht bei der Verwahrungsstelle des Amtsgerichts d. h. die vorläufig zu verwahrenden Gegenstände werden nach § 9 der Hinterl.Ordn. unter gemeinschaftlichem Verschluß des Amtsrichters und des Gerichtsschreibers aufbewahrt. Geld wird ohne Vermischung mit anderem Gelde aufbewahrt (§ 81 Hinterl.Ordn.).

Es bedarf zur Annahme einer Annahmeverfügung des Vollstreckungsrichters, welche nach § 5 der Allg. Verf. v. 26. Dezember 1899 (JMBl. S. 170, abgedruckt in Kayser-Mugdan, RJG. S. 977 ff.) die in die Spalten 3—5 des Verwahrungsbuchs einzutragenden Angaben enthalten muß, d. h. Name des Hinterlegers (hier des Vollstreckungsrichters), Veranlassung zur Hinterlegung, Gegenstand der Verwahrung.

Zur Absendung der in Verwahrung genommenen Gegenstände an die Hinterlegungsstelle gemäß §§ 82—84 der Hinterl.Ordn. in Verbindung mit §§ 8 ff. der Allg. Verf. v. 26. Dezember 1899 bedarf es einer Ausgabeverfügung des Vollstreckungsrichters. Die Übersendung an die Hinterlegungsstelle kann jederzeit erfolgen.

Sind seit der Annahme sechs Monate abgelaufen, ohne daß die Herausgabe verfügt ist, so haben die Verwahrungsbeamten den Antrag auf Erlaß einer solchen Verfügung zu stellen (§ 11 Abs. 2 der Allg. Verf. v. 26. Dezember 1899).

Der Bieter ist nach § 235 BGB. berechtigt, das hinterlegte Geld gegen geeignete Wertpapiere, die hinterlegten Wertpapiere gegen andere geeignete Wertpapiere oder gegen Geld umzutauschen.

Dagegen greift § 240 BGB., wonach eine Ergänzung oder Leistung anderweiter Sicherheit für den Fall der nachträglichen Unzulänglichkeit der Sicherheit vorgesehen ist, für die Bietungskaution nicht Platz, da es sich hierbei nur um eine Sicherheitsleistung für ganz kurze Zeit handelt. Vgl. Motive zu § 94 E. I, Wolff Anm. 11 zu § 70; a. M. Fischer u. Schäfer Anm. 8 zu § 70.

9. Die Entscheidung über das Verlangen auf Sicherheitsleistung. Nach § 70 Abs. 1 hat der Versteigerungsrichter sofort durch einen zu verkündenden Beschluß über die Rechtzeitigkeit des gestellten Verlangens betr. die Verpflichtung des Bieters zur Sicherheitsleistung, und die Höhe der Sicherheit nach Maßgabe der §§ 67—69 zu entscheiden. Die Zahlungsfähigkeit des Bieters kommt nicht in Betracht. Die Entscheidung kann dahin gehen, daß der Antrag als unzulässig zurückzuweisen und damit das beanstandete Gebot ohne Sicherheitsleistung zuzulassen ist oder aber,

daß dem Antrage entsprechend der Bieter in bestimmter Höhe zur Sicherheitsleistung verpflichtet ist.

Wird das Verlangen zurückgewiesen, und erhebt der Antragsteller nicht sofort gegen den Beschluß Widerspruch, so gilt nach § 70 Abs. 3 das Verlangen als zurückgenommen.

Da alsdann das beanstandete Gebot ohne Sicherheitsleistung zugelassen ist, so erlischt das vor diesem abgegebene Gebot, da ein Übergebot zugelassen ist (§ 72 Abs. 1). Widerspricht der Antragsteller sofort dem sein Verlangen zurückweisenden Beschluß, so erlischt das dem beanstandeten Gebot vorhergehende Gebot nicht, sondern das Vollstreckungsgericht hat bei dem Zuschlage beide Gebote, sofern weitere Gebote nicht abgegeben worden sind, zu berücksichtigen und darüber, ohne an die früher getroffene Entscheidung gebunden zu sein (§ 79), sich schlüssig zu machen, ob das Gebot ohne Sicherheitsleistung zugelassen werden durfte. Gelangt das Gericht zu demselben Ergebnis, wie vorher, und wird der Zuschlag dementsprechend erteilt, so steht dem Beteiligten, dessen Antrag auf Sicherheitsleistung damit endgültig zurückgewiesen ist, die Beschwerde gegen den Zuschlag zu (§§ 81, 97, 100).

Hat dagegen das Gericht seine früher getroffene Entscheidung nicht aufrecht erhalten und dem dem beanstandeten Gebot vorhergehenden den Zuschlag erteilt, so steht sowohl den Beteiligten, welche den Zuschlag für das beanstandete Gebot verlangt haben (§ 74), als auch dem Bieter dieses (§ 97 Abs. 1) die Beschwerde gegen den Zuschlag zu. Vgl. Jäckel Anm. 6b.

Erklärt das Gericht die Sicherheitsleistung für erforderlich, so ist sie sofort zu leisten (§ 70 Abs. 2). Wird sie nicht oder nicht in gesetzlicher Höhe und Art geleistet, so ist durch Beschluß das Gebot zurückzuweisen. Mit der Zurückweisung erlischt das Gebot endgültig, wenn derselben nicht der Bieter oder ein Beteiligter sofort widerspricht (§ 72 Abs. 2).

Erfolgt der sofortige Widerspruch, so bleibt das beanstandete Gebot bestehen. Bei Erteilung des Zuschlages wird, sofern es auf dieses Gebot noch ankommt, nochmals zu prüfen sein, ob die frühere Zurückweisung der Sicherheitsleistung zu Recht geschehen ist. Auch hier ist alsdann die Beschwerde gegen den Zuschlag gegeben, einerseits dem zurückgewiesenen Bieter und den Beteiligten, welche der Zurückweisung widersprochen haben, sofern der Zuschlag der dem beanstandeten Gebot vorhergehenden Gebot erteilt ist, anderseits sofern der Zuschlag dem beanstandeten Gebot erteilt ist, dem Beteiligten, welcher die Sicherheitsleistung verlangt hat. Vgl. Jäckel Anm. 6b.

Ist für das frühere Gebot desselben Bieters keine Sicherheit verlangt worden, so steht dieser Umstand dem Verlangen auf Sicherheitsleistung für spätere Gebote desselben Bieters nicht entgegen. Ebenso wirkt das einmal gestellte Verlangen auf Sicherheitsleistung für weitere Gebote desselben Bieters (§ 67 Abs. 1 Satz 2). Nur müssen diese Gebote in demselben Termin bezüglich desselben Grundstücks erfolgt sein. Vgl. Jäckel Anm. 6c.

§ 71.

Unwirksame Gebote.

Ein unwirksames Gebot ist zurückzuweisen.

Ist die Wirksamkeit eines Gebots von der Vertretungsmacht desjenigen, welcher das Gebot für den Bieter abgegeben hat, oder von der

Zustimmung eines anderen oder einer Behörde abhängig, so erfolgt die Zurückweisung, sofern nicht die Vertretungsmacht oder die Zustimmung bei dem Gericht offenkundig ist oder durch eine öffentlich beglaubigte Urkunde sofort nachgewiesen wird.

---

1. Welche Gebote sind unwirksam?) **a)** Das Gericht hat, wenn dem von ihm für zulässig erklärten Verlangen der Sicherheitsleistung nicht sofort entsprochen wird, das Gebot alsbald zurückzuweisen (§ 70 Abs. 1 u. 2).

b) Ein Gebot ist zurückzuweisen, sofern es wegen mangelnder oder beschränkter Geschäftsfähigkeit des Bieters unwirksam ist. Hierunter fallen Gebote der im §§ 104, 105, 106, 114, 1906 BGB. bezeichneten Personen. Gebote der Ehefrauen sind auch ohne Zustimmung des Ehemannes unbeschränkt zuzulassen.

c) Zurückzuweisen ist das Gebot, welches das geringste Gebot nicht erreicht (§ 44 Abs. 1).

d) Gebote des Richters oder Protokollführers (Gerichtsschreibers), mögen sie in eigenem oder fremdem Namen abgegeben sein, sind unwirksam. Dies folgt nach der herrschenden Meinung (Jäckel Anm. 2 b zu §§ 71, 72, Reinhard Anm. II 4 zu § 71, Fischer u. Schäfer Anm. 2 e zu § 71) aus §§ 41, 49 ZPO. Die Anwendung der §§ 456—459 BGB. ist für die Zwangsversteigerung, welcher nicht den Regeln des Kaufs zu unterstellen ist, ausgeschlossen.

e) Dasselbe gilt, wenn die Vertretungsmacht desjenigen, der für einen anderen geboten hat, oder die zur Wirksamkeit des Gebots erforderliche Zustimmung eines Dritten nicht bei Gericht offenkundig ist, oder durch eine öffentlich beglaubigte Urkunde sofort nachgewiesen wird (§ 71 Abs. 2). Vorstehendes greift Platz, *α*) für alle diejenigen, die in der Geschäftsfähigkeit beschränkt sind. Zu bemerken ist hierbei noch: der Vormund, der Pfleger, ebenso der Vater oder die Mutter, als Vormund ihres volljährigen Kindes (nicht aber bei Geboten des Vaters oder der Mutter kraft elterlicher Gewalt über ein minderjähriges Kind) bedürfen nach § 1821 Nr. 4, 1903, 1904, 1905 BGB. zu einem Vertrage, der auf den entgeltlichen Erwerb eines Grundstücks gerichtet ist, der Genehmigung des Vormundschaftsgerichts.

Die Mutter, welcher zur Ausübung der elterlichen Gewalt ein Beistand bestellt ist, bedarf nach § 1690 BGB. zum entgeltlichen Erwerb von Grundstücken der Genehmigung des Beistandes, welche jedoch durch die Genehmigung des Vormundschaftsgerichts ersetzt werden kann.

Ein Konkursverwalter hat nach § 134 Nr. 2 KO. zum Erstehen von Grundstücken die Genehmigung des Gläubigerausschusses bezw. der Gläubigerversammlung einzuholen. Der Nachweis der Genehmigung braucht jedoch dem Versteigerungsrichter nicht geführt zu werden, weil durch eine Zuwiderhandlung die Gültigkeit der Rechtshandlung des Verwalters nicht berührt wird (§ 136 KO.).

β) Die Genehmigung zum Grundstückserwerb ist nach Maßgabe der Art. 86 u. 88 EG. BGB. der landesgesetzlichen Regelung überlassen, indem die landesgesetzlichen Vorschriften unberührt bleiben, welche den Erwerb von Rechten durch juristische Personen beschränken oder von staatlicher Genehmigung abhängig machen, soweit diese Vorschriften Gegenstände im Werte von mehr als 5000 Mk. betreffen, und welche den Erwerb von Grundstücken durch Ausländer von staatlicher Genehmigung abhängig machen.

In dieser Beziehung sind für Preußen folgende Vorschriften getroffen:

A. AG. BGB. Art. 7 § 1. Juristische Personen, die in Preußen ihren Sitz haben, bedürfen zum Erwerbe von Grundstücken im Werte von mehr als 5000 Mk. der Genehmigung der staatlichen Aufsichtsbehörde. Dies gilt nicht für Familienstiftungen, für juristische Personen, deren Rechtsfähigkeit auf einem neben dem Bürgerlichen Gesetzbuch bestehenden Reichsgesetze beruht, sowie für solche juristische Personen des öffentlichen Rechtes, welche nach den für sie geltenden Gesetzen ohne die im Abs. 1 bezeichnete Genehmigung Grundeigentum erwerben können.

Sparkassen, die durch staatliche Verleihung Rechtsfähigkeit erlangt haben, können ein von ihnen beliehenes Grundstück im Zwangsversteigerungsverfahren ohne die Genehmigung erwerben.

§ 2. Juristische Personen, die in einem anderen Bundesstaat ihren Sitz haben, bedürfen zum Erwerbe von Grundstücken im Werte von mehr als 5000 Mk. der Genehmigung des Königs oder der durch königliche Verordnung bestimmten Behörde.

Der gleichen Genehmigung bedürfen ausländische juristische Personen zum Erwerbe von Grundstücken ohne Rücksicht auf den Wert.

Anmerkung zu Art. 7. (Vgl. Stranz u. Gerhard, Pr. AG. BGB. S. 81 ff.)

Art. 7 regelt die Beschränkungen des Erwerbs von Grundstücken für juristische Personen. Er schafft nunmehr materiell einheitliches Recht für ganz Preußen. Die Beschränkungen sind verschiedenartig geregelt, je nachdem eine juristische Person, die in Preußen oder in einem anderen deutschen Bundesstaate oder im Auslande ihren Sitz hat, in Frage kommt.

Einzelheiten zu § 1 Abs. 1. **a)** Vorbehaltlich der in Abs. 2 und 3 enthaltenen Einschränkungen bezieht sich Art. 7 auf juristische Personen aller Art, Vereine, Stiftungen und juristische Personen des öffentlichen Rechts.

b) Es bedarf der Genehmigung nur für den Erwerb des Eigentums an einem Grundstück, nicht also für den Erwerb eines anderen Rechts an Grundstücken (§§ 873 ff. BGB.), auch nicht des Erbbaurechts. Die ursprüngliche Fassung des Entw. welche lautete: „zum Erwerbe des Eigentums an einem Grundstücke“ ist von der Kommiss. d. Abg.H. nur deshalb in die jetzige Fassung abgeändert worden, um eine Gesetzesumgehung durch Parzellierung der einzelnen Teile vor dem Erwerbe zu verhindern, und um klar zu stellen, daß der Wert des Gesamterwerbes, nicht des einzelnen Grundstücks, im Falle eines einheitlichen Erwerbes maßgebend ist. Auf die Art des Eigentumserwerbes kommt es nicht an.

Ausnahme hiervon findet sich nur im Abs. 3 für Sparkassen.

c) Der Erwerbsbeschränkung des Art. 7, welcher nur von Grundstücken spricht, unterliegen nicht Bergwerke, Bergwerksanteile des älteren Rechts, die selbständigen Gerechtigkeiten, welche nach bisherigem preußischen Recht zu den unbeweglichen Sachen gehören und wie Grundstücke behandelt werden. Ebensowenig findet bei Gegenständen, welche bei der Zwangsversteigerung wie Immobilien betrachtet werden (§§ 162 ff., AG. ZwVG. Art. 15 ff., 22 ff.), z. B. in das Schiffsregister eingetragene Schiffe, Art. 7 Anwendung. Anders steht es bei Bahneinheiten bezüglich des Bahnkörpers und der übrigen Grundstücke, welche dauernd dem Bahnunternehmen gewidmet sind, mit den darauf errichteten Baulichkeiten, welche zur Bahneinheit gehören; hier greift Art. 7 Platz, da es sich um Grundstücke handelt. Vgl. Ges. über die Bahneinheiten, in d. Bek. v. 8. Juli 1902 (GS. S. 238).

10*

d) Bei der Wertsberechnung der 5000 Mk. ist der gemeine Wert maßgebend, nicht das Meistgebot.

e) Die Grundstücke müssen in Preußen belegen sein. Dies folgt aus dem Zweck der Vorschriften des Art. 7, welcher die allzu große Anhäufung von Grundstücken bei juristischen Personen verhindern soll.

f) Der Sitz der juristischen Person bestimmt sich nach § 24 BGB., der der Stiftung nach § 80 BGB. Der Sitz der juristischen Personen des öffentlichen Rechts bestimmt sich nach den Vorschriften des öffentlichen Rechts. Staatliche Aufsichtsbehörde ist der Reg.-Präsident (Instr. z. Geschäftsführung der Regierungen v. 23. Okt. 1817 § 2 Nr. 5 u. 6. Landesverw.G. v. 30. Juli 1883 § 18, vgl. auch Kab.Ordre v. 3. Jan. 1845. Min.Bl. f. innere Verw. S. 33 u. Erl. v. 11. März 1845, das. S. 59).

g) Einzelheiten zu Abs. 2. Abs. 2 dispensiert 3 Kategorien von juristischen Personen von der Genehmigung des Abs. 1: α) Familienstiftungen, β) juristische Personen des öffentlichen Rechts, welche nach den für sie geltenden Gesetzen ohne die im Abs. 1 bezeichnete Genehmigung Grundeigentum erwerben können; γ) juristische Personen, deren Rechtsfähigkeit auf einem neben dem BGB. bestehenden Reichsgesetze beruht. Zu β) Hierher gehören z. B. die landschaftlichen Kreditinstitute bezüglich der bepfandbrieften, zur Zwangsversteigerung gestellten Güter (Allerh. Erlaß v. 1. Dez. 1869, GS. S. 1185) und nach der neueren Gesetzgebung die Stadt- und Landgemeinden (Preuß. Städteordn. v. 30. Mai 1853 § 50; Landgem.Ordn. v. 3. Juli 1891 § 114 enthaltend nur Beschränkungen bezügl. der Veräußerung von Grundstücken). Zu γ) Hierher gehören: Die Aktiengesellschaften, die Kommanditgesellschaften auf Aktien (§§ 210, 320 HGB.), die Gesellsch. mit beschr. Haftung (§ 13 des RGes. v. 20. April 1892 in der Fass. v. 20. Mai 1898), die Erwerbs- und Wirtschaftsgen. (§ 17 RGes. v. 1. Mai 1889 in der Fass. v. 20. Mai 1898), die Kolonialgesellschaften (§ 8 RGes. v. 17. April 1886 und 15. März 1888 und Art. 1 RGes. v. 2. Juli 1899), die kommunalen Verbände der Deutschen Schutzgebiete (Kais. Verordn. v. 3. Juli 1899), die Innungen (§ 86 RGes. v. 26. Juli 1897), Innungsverbände (§ 104g a. a. O.), und Handwerkskammern (§ 103n a. a. O.), eine Anzahl Unterstützungskassen und zwar eingeschr. Hilfskassen (RGes. v. 7. April 1876 und 1. Juni 1884 § 5), Ortskrankenkassen, Betriebs-, Baukrankenkassen (§§ 25, 64, 72 Ges. betr. die Krankenversicherung der Arbeiter in der Fass. v. 10. April 1892), die Berufsgenossenschaften zum Zwecke der Unfallversicherung, ferner die Versicherungsanstalten. § 1 Abs. 3 bezieht sich nicht nur auf die öffentlichen, sondern auch auf die rechtsfähigen (§ 22 BGB.) Privatsparkassen. Sie müssen in Preußen ihren Sitz haben.

§ 2 Abs. 1. Die Genehmigung ist stets notwendig. Ausnahmen des § 1 Abs. 2 u. 3 gelten hier nicht. Zu § 2 kommt noch in Betracht Art. 6 der Verordn. v. 16. Nov. 1899 z. Ausführ. d. BGB. (GS. S. 562), wo bestimmt ist: Die zum Erwerbe von Grundstücken nach Art. 7 § 2 AG. z. BGB. erforderliche Genehmigung wird Aktiengesellschaften, Kommanditgesellschaften auf Aktien, eingetragenen Genossenschaften, eingeschriebenen Hilfskassen, rechtsfähigen gegenseitigen Versicherungsgesellschaften und Gewerkschaften, die außerhalb Preußens in einem Deutschen Bundesstaat ihren Sitz haben, von den zuständigen Ministern erteilt.

Bezüglich der Hypothekenbanken findet sich in § 5 Abs. 3 des Hypothekenbankgesetzes v. 13. Juli 1899 folgende Vorschrift: Der Erwerb von Grundstücken ist den Hypotheken nur zur Verhütung von Verlusten an Hypotheken oder zur Beschaffung von Geschäftsräumen gestattet. In Ansehung eines solchen Erwerbes stehen in jedem Bundesstaat Hypothekenbanken, die in dem Gebiete eines anderen Bundesstaats ihren Sitz haben, den einheimischen Hypothekenbanken gleich.

In den übrigen Fällen wird die Genehmigung vom König erteilt (vgl. Ges. v. 4. Mai 1846, GS. S. 235). Auch der Fiskus eines anderen Bundesstaates bedarf der königlichen Genehmigung. Für ausländische physische Personen bestehen in Preußen keine Beschränkungen im Erwerbe von Grundeigentum (vgl. Ges. v. 28. Mai 1874 § 1, GS. S. 195).

B. Gewissen Beamtenkategorien ist in Preußen der Erwerb von Grundstücken im Bereich ihres Ressorts untersagt bzw. nur mit Genehmigung ihres Dienstchefs gestattet.

a) Die Bergbeamten des Staates, deren Frauen und unter elterlicher Gewalt stehenden Kinder bedürfen nach § 195 des Allg. Berggeſ. v. 24. Juni 1865 zu Erwerbungen von Bergwerkseigentum im Verwaltungsbezirk der ersteren der Genehmigung des Handelsministers. Diese Bestimmung ist ausdrücklich aufrecht erhalten durch Art. 67 EG. z. BGB.

b) Staatliche Forstbeamte dürfen ein Grundstück, welches in den ihrer Aufsicht und Verwaltung anvertrauten Forsten und Revieren ein Holzungs-, Hütungs- oder sonstiges Recht hat oder mit denselben grenzt, nicht erwerben. Ausnahmen hiervon dürfen durch das Finanzministerium gestattet werden. (Kab.Ord. v. 5. Sept. 1821, GS. S. 158).

c) Mitglieder der Provinzial-Domänenverwaltung sollen Domänengrundstücke in der Provinz, in welcher sie angestellt sind und arbeiten, nur nach vorgängiger Dispensation des Chefs der oberen Domänenverwaltung auf den Antrag des Präsidenten der Provinzialverwaltung erwerben (Kab.Ord. v. 29. Febr. 1812, GS. S. 16).

Dies gilt auch für Domänen-Rentbeamte (Reskr. v. 18. Jan. u. 4. Dez. 1837).

Die Beschränkungen zu b u. c halten Wolff Anm. 2a u. c und Niedner, Kommentar Anm. 1 zu Art. 85 EG. z. BGB. für beseitigt, da sie nicht im EG. aufrecht erhalten seien, jedoch mit Unrecht, denn sie gehören dem öffentlichen Recht an.

2. Die Legitimation des Vertreters. Sofern die Legitimation des Vertreters, sei es gesetzlichen Vertreters oder Bevollmächtigten, nicht bei dem Gericht offenkundig ist, muß sie sofort geführt werden. Dies gilt selbst für den Fall, wenn der Bieter gegen die Zurückweisung Widerspruch erhoben hat. Einen Ausweg bietet nur § 81 Abs. 3.

Der Nachweis der Legitimation des Vertreters muß durch eine öffentlich beglaubigte Urkunde geführt werden.

Zur öffentlichen Beglaubigung gehört nach § 129 Abs. 1 BGB., daß die Erklärung schriftlich abgefaßt, und die Unterschrift des Erklärenden von der zuständigen Behörde oder einem zuständigen Beamten oder Notar beglaubigt werden muß. Die öffentliche Beglaubigung wird durch die gerichtliche oder notarielle Beurkundung der Erklärung ersetzt (§ 129 Abs. 2 BGB.).

3. Nachweis der Genehmigung. Für diesem gilt dasselbe, wie für die Legitimation des Vertreters.

§ 72.

Erlöschen der Gebote.

Ein Gebot erlischt, wenn ein Übergebot zugelassen wird und ein Beteiligter der Zulassung nicht sofort widerspricht. Das Übergebot gilt als zugelassen, wenn es nicht sofort zurückgewiesen wird.

Ein Gebot erlischt auch dann, wenn es zurückgewiesen wird und der Bieter oder ein Beteiligter der Zurückweisung nicht sofort widerspricht.

Das gleiche gilt, wenn das Verfahren einstweilen eingestellt oder der Termin aufgehoben wird.

---

1. Über den rechtlichen Charakter des Gebots. Grund der Gebundenheit des Bieters. In dem Gebot ist weder eine privatrechtliche Kaufofferte, noch die Annahme einer in dem Versteigerungsausgebote liegenden Offerte zu sehen. Es finden daher auch nicht die für die privatrechtlichen Verträge getroffenen Bestimmungen des BGB. über die Gebundenheit des Offerenten und die Erklärungspflicht des anderen Teils (§§ 146, 147) Anwendung.

Die Bestimmungen über die Gebundenheit des Bieters in der Zwangsversteigerung erklären sich nicht aus privatrechtlichen Gesichtspunkten, sondern aus öffentlich rechtlichen, aus dem Zwecke und der Konstruktion des Verfahrens. Um des Verfahrens willen muß einerseits Vorsorge getroffen sein, daß der Bieter nicht willkürlich von seinem Gebote zurücktreten kann, andererseits erheischt die billige Rücksicht auf den Bieter, daß er an sein Gebot nicht länger gebunden wird, als es der Zweck des Verfahrens notwendig mit sich bringt.

Nach diesen Gesichtspunkten sind die Bestimmungen im § 72 getroffen.

2. Erlöschungsgründe des § 72. Das Erlöschen eines Gebots tritt grundsätzlich ein, **a)** wenn ein Übergebot zugelassen, **b)** wenn das Gebot zurückgewiesen, **c)** wenn das Verfahren eingestellt, oder **d)** wenn der Termin aufgehoben wird.

3. Die Gebundenheit des Bieters. Diese beginnt erst mit der Zulassung des Gebots seitens des Richters. Es bedarf hierzu nicht eines besonderen Ausspruchs, sondern es genügt, wenn es durch Gerichtsbeschluß zugelassen ist. An die Zurückweisung ist der Richter bei der Entscheidung über den Zuschlag nicht gebunden (§ 79).

Der Richter kann jedoch bei der Erteilung des Zuschlags das zurückgewiesene Gebot nur dann noch berücksichtigen, wenn der Zurückweisung sofort widersprochen worden ist. Die Gebundenheit des Bieters dauert fort, bis einer der Erlöschungsgründe vorliegt. Nur dann bleibt der Bieter bis zur rechtskräftigen Entscheidung über den Zuschlag gebunden, wenn er selbst der Zurückweisung des Gebots oder wenn ein Beteiligter dieser Zurückweisung oder der Zulassung des Übergebots widerspricht.

4. Die Erlöschungsgründe im einzelnen. **a)** Die Zulassung des Übergebots. Das dem Übergebot vorhergegangene Gebot erlischt erst dann, wenn ein

Übergebot zugelassen ist, und ein Beteiligter der Zulassung nicht sofort widerspricht (§ 72 Abs. 1 Satz 1).

Der Bieter ist zu diesem Widerspruch nicht befugt, er steht nur dem Beteiligten zu. Der Bieter kann auch sein Gebot nicht zurückziehen, wenn Widerspruch gegen das Übergebot erhoben und damit streitig ist, ob es den Zuschlag erhält. Der Bieter bleibt alsdann gebunden, bis über den Zuschlag rechtskräftig entschieden ist.

b) Die Zurückweisung des Übergebots. Das Übergebot erlischt, wenn es zurückgewiesen, und nicht sofort Widerspruch erhoben wird.

Wird dagegen der Zurückweisung des Übergebots seitens des Überbieters oder eines Beteiligten sofort widersprochen, so bleibt zunächst sowohl das Übergebot als auch das demselben vorhergehende Gebot bestehen, bis zwischen letzterem und dem Übergebot die Entscheidung durch den Zuschlagsbeschluß gefällt wird.

Es kann sogar vorkommen, daß der Richter weder dem Überbieter noch dem vorstehenden Bieter den Zuschlag erteilt, sofern nämlich das Übergebot ohne Widerspruch zugelassen ist, und der Richter bei der Entscheidung über den Zuschlag zu der Überzeugung gelangt, daß das Übergebot hätte zurückgewiesen werden müssen. Vgl. Jäckel Anm. 1b zu §§ 71, 72.

c) Einstweilige Einstellung des Verfahrens oder Aufhebung des Termins. Das Gebot erlischt, sobald durch Beschluß die Aufhebung ausgesprochen ist, ohne Rücksicht auf die Rechtskraft desselben. Selbst wenn der Beschluß im Beschwerdewege aufgehoben wird, bleibt das Gebot erloschen.

Auf den Grund der Einstellung des Verfahrens oder Aufhebung des Termins kommt es nicht an.

§ 73.

Dauer und Schluß der Versteigerung.

Zwischen der Aufforderung zur Abgabe von Geboten und dem Zeitpunkt, in welchem bezüglich sämtlicher zu versteigernder Grundstücke die Versteigerung geschlossen wird, muß mindestens eine Stunde liegen. Die Versteigerung muß so lange fortgesetzt werden, bis der Aufforderung des Gerichts ungeachtet ein Gebot nicht mehr abgegeben wird.

Das Gericht hat das letzte Gebot und den Schluß der Versteigerung zu verkünden. Die Verkündung des letzten Gebots soll mittels dreimaligen Aufrufs erfolgen.

Bedeutung des § 73 für den Gang des Verfahrens 1.
Dauer der Versteigerung 3.
Rechtliche Natur der Vorschriften des Abs. 1: 2.
Schluß der Versteigerung 5.
Versteigerung mehrerer Grundstücke 4.

1. Bedeutung des § 73 für den Gang des Verfahrens. § 73 regelt das eigentliche Versteigerungsgeschäft. Der 2. Abschnitt des Versteigerungstermins (1. Abschnitt oder Einleitung: § 66) beginnt mit der Aufforderung zur Abgabe von Geboten. Er endet mit der Verkündung des Schlusses der Versteigerung. Der Zeitpunkt, in welchem die vorgedachte Aufforderung ergeht, und in welchem der Schluß der Versteigerung verkündet wird, sind nach Stunde und Minute in das Protokoll aufzunehmen.

2. Rechtliche Natur der Vorschriften des Abs. 1. Abs. 1 enthält zwingendes Recht. Eine Verletzung der dort gegebenen Vorschriften hat notwendigerweise die Versagung des Zuschlags bezw. Anfechtung zur Folge (§§ 83 Nr. 7, 100).

3. Dauer der Versteigerung. Die Festsetzung der Mindestdauer von 1 Stunde für die Abgabe der Gebote soll einer übereilten Erledigung des Verfahrens vorbeugen. Während dieses Zeitraumes dürfen sich der Richter und der Gerichtsschreiber nicht aus dem Terminszimmer entfernen. Will oder muß der Richter auf kurze Zeit die Terminsstelle verlassen, so muß er durch zu verkündenden Gerichtsbeschluß den Termin auf den Zeitpunkt seiner Rückkehr, welcher genau anzugeben ist, vertagen. Diese Zwischenzeit wird in die Minimalfrist von 1 Stunde nicht eingerechnet. Wird nach Ablauf der Stunde noch weiter geboten, so darf der Schluß der Versteigerung erst erfolgen, wenn der Aufforderung des Gerichts ungeachtet ein Gebot nicht mehr abgegeben wird.

4. Die Versteigerung mehrerer Grundstücke. Falls mehrere Grundstücke in demselben Verfahren zu versteigern sind, braucht der Zeitraum von einer Stunde nicht für die Versteigerung jedes einzelnen Grundstücks eingehalten zu werden, es genügt, wenn für die Versteigerung überhaupt der Zeitraum von einer Stunde verstrichen ist (Denkschr.).

Nach der Fassung des Abs. 1 ist es nach dem Bericht der Reichstagskommission bei Einzelausgebot mehrerer Grundstücke nicht unzulässig, die Versteigerung so vorzunehmen, daß zunächst die Gebote auf ein bestimmtes einzelnes Grundstück, dann auf ein zweites usw. abgegeben werden. Nur müssen auch noch nachträglich Gebote auf jedes einzelne Grundstück angenommen werden, solange die Versteigerung nicht geschlossen ist. Der Schluß darf nicht stattfinden, bevor nicht eine Stunde seit der ersten Aufforderung verstrichen ist. Die einstündige Frist läuft bezüglich sämtlicher Grundstücke, auch derjenigen, für welche Gebote nicht sogleich bei Beginn der Versteigerung entgegengenommen sind. Wenn in dem vorerwähnten Bericht zum Schluß noch bemerkt wird, daß es nach Ablauf dieser Stunde nicht unzulässig sei, hinsichtlich eines Grundstücks die Versteigerung zu schließen, hinsichtlich eines anderen noch fortzuführen, so widerspricht dies den in § 63 ausgesprochenen Vorschriften, daß jeder Beteiligte das Gesamtausgebot verlangen kann, solange noch ein Grundstück zur Versteigerung steht, und daß sowohl auf das Gesamtausgebot, als auch auf das Einzelausgebot bis zum Schluß der Versteigerung geboten werden darf. Vgl. Wolff Anm. 5; Jäckel Anm. 1.

5. Schluß der Versteigerung. Abs. 2 enthält nur Ordnungsvorschriften. Das letzte Gebot ist dasjenige, auf welches nach Ablauf der einstündigen Frist trotz richterlicher Aufforderung zur Abgabe von Geboten ein Gebot nicht mehr abgegeben worden ist. Das letzte Gebot ist unter Nennung des Namens des Bieters dreimal aufzurufen. Alsdann hat der Richter den Schluß der Versteigerung zu verkünden. Erst damit hört die Möglichkeit der Abgabe von weiteren Geboten auf. Es können daher noch zwischen der richterlichen Aufforderung und dem Schlusse der Versteigerung Gebote abgegeben werden. Richterliche Aufforderung, sowie Schluß der Versteigerung müssen aus dem Protokoll ersichtlich sein, bei letzterem sogar Stunde und Minute.

§ 74.

Anhörung der anwesenden Beteiligten über den Zuschlag.

Nach dem Schlusse der Versteigerung sind die anwesenden Beteiligten über den Zuschlag zu hören.

Eine Verpflichtung zur Erklärung besteht nicht. Wird Widerspruch oder ausdrückliche Zustimmung erklärt, so muß dies im Protokoll festgestellt werden. Weder die Genehmigung noch der erklärte Widerspruch haben eine rechtsgeschäftliche Bedeutung, sondern sind nur ein prozessualer Vorgang. Der Richter hat die zur Versagung des Zuschlags führenden Gründe (§ 83) von Amts wegen zu prüfen. Wenn sämtliche Beteiligte das Verfahren genehmigt haben, so werden die im § 83 Nr. 1—5 aufgeführten Versagungsgründe geheilt (§ 84).

§ 75.

Zahlung an das Gericht.

Zahlt nach dem Beginne der Versteigerung der Schuldner oder ein Dritter, der berechtigt ist, den Gläubiger zu befriedigen, den zur Befriedigung und zur Deckung der Kosten erforderlichen Betrag an das Gericht, so wird das Verfahren einstweilen eingestellt.

---

1. Befugnis und Pflicht des Vollstreckungsgerichts zur Empfangnahme von Zahlungen. Bei der Immobiliarzwangsvollstreckung ist dem Gericht zwar die Anordnung und Durchführung der Vollstreckung zugewiesen, daraus folgt aber nicht ohne weiteres, daß das Gericht berufen ist, Zahlungen zur Befriedigung der Gläubiger entgegenzunehmen. Der Regel nach kann der Schuldner mit befreiender Wirkung nur an den Gläubiger oder dessen legitimierten Vertreter, zu denen jedoch der Prozeßbevollmächtigte, sofern er nur Bevollmächtigter im Rahmen des § 81 ZPO. ist, nicht gehört, zahlen. Die Befriedigung erfolgt alsdann außerhalb des Vollstreckungsverfahrens. Der Gläubiger ist nach seiner Befriedigung dem Schuldner gegenüber verpflichtet, den Versteigerungsantrag zurückzunehmen (§§ 29, 33). Tut er dies nicht, so kann der Schuldner oder der an der Aufhebung des Verfahrens interessierte Dritte durch den Prozeßrichter (§§ 767, 769, 771 ZPO.) oder nach Maßgabe der §§ 769 Abs. 2, 775 Nr. 4, 5 ZPO. durch das Vollstreckungsgericht die Einstellung des Verfahrens erwirken.

Um dem Schuldner und in Hinblick auf § 1150 BGB. jedem anderen, welcher ein Recht an dem Grundstücke durch die Versteigerung zu verlieren Gefahr läuft, noch im Versteigerungstermine die Abwendung der Veräußerung zu ermöglichen, hat das Gesetz den gedachten Beteiligten gestattet, zur Befriedigung des Gläubigers und zur Deckung der Kosten des Verfahrens den erforderlichen Geldbetrag an das Gericht zu zahlen. Dem Gericht wird hierdurch die Amtspflicht auferlegt, das Geld in Empfang zu nehmen und an den Empfangsberechtigten abzuliefern (Motive S. 214).

Diese Verpflichtung erwächst jedoch dem Gericht erst nach Beginn des Versteigerungstermins. Die Zahlung selbst ist bis zur Verkündung des Zuschlags zulässig.

2. Wer ist befugt, die Zahlung zu leisten? Außer dem Schuldner jeder, der Gefahr läuft, durch die Zwangsvollstreckung ein Recht an dem Grundstück zu verlieren (§§ 268, 1150 BGB.). Hierher gehören also die Realgläubiger und dinglich Berechtigten, deren Ansprüche nicht in das geringste Gebot aufgenommen sind, Mieter und Pächter, da für diese der Besitzverlust in Frage kommt, und der neue Eigentümer des Grundstücks, gleichviel ob er das Eigentum nach der Eröffnung des Verfahrens oder vorher erworben hat. Ob gemäß § 267 BGB. jedem Dritten, soweit der Schuldner nicht in Person zu leisten hat, die Befugnis zusteht, Zahlung zu leisten, ist streitig, aber mit Rücksicht auf den Wortlaut des Gesetzestextes zu verneinen. Vgl. Jäckel Anm. 2, Reinhard Anm. II. 4.; a. M. Wolff Anm. 2, Günther S. 100.

3. Berechnung der zuzuzahlenden Summe. Der zuzuzahlende Gesamtbetrag setzt sich zusammen aus der zur Vollstreckung stehenden Hauptforderung nebst Zinsen bis zum Zahlungstage, den Kosten der Zwangsversteigerung, soweit sie aus den Akten ersichtlich sind, d. h. gerichtliche und außergerichtliche Kosten, soweit solche von dem betreibenden Gläubiger liquidiert werden. Teilzahlung hat das Gericht nicht anzunehmen.

4. Wirkung der Zahlung an das Gericht. Nach erfolgter Zahlung ist das Verfahren einstweilen einzustellen, oder wenn erst nach Schluß der Versteigerung gezahlt, ist der Zuschlag zu versagen. Die Zahlung an den Richter steht aber der Befriedigung des Gläubigers nicht gleich (Motive). Die Zahlung erfolgt daher auf Gefahr und Kosten des Zahlenden. Der Schuldner wird daher auch erst befreit, wenn die Auszahlung des Geldes an den Gläubiger erfolgt oder rechtmäßig hinterlegt ist (§ 372 BGB.). Eine Verpflichtung zur Ermittlung des Empfangsberechtigten liegt dem Gericht nicht ob. Erst nach erfolgter Befriedigung des Gläubigers kann eine endgültige Einstellung (Aufhebung) des Verfahrens erfolgen. Im übrigen finden hierbei die §§ 31, 32 Anwendung.

§ 76.

Deckung des Gläubigers durch ein Einzelgebot.

Wird bei der Versteigerung mehrerer Grundstücke auf eines oder einige so viel geboten, daß der Anspruch des Gläubigers gedeckt ist, so wird das Verfahren in Ansehung der übrigen Grundstücke einstweilen eingestellt; die Einstellung unterbleibt, wenn sie dem berechtigten Interesse des Gläubigers widerspricht.

Ist die einstweilige Einstellung erfolgt, so kann der Gläubiger die Fortsetzung des Verfahrens verlangen, wenn er ein berechtigtes Interesse daran hat, insbesondere wenn er im Verteilungstermine nicht befriedigt worden ist. Beantragt der Gläubiger die Fortsetzung nicht vor dem Ablaufe von drei Monaten nach dem Verteilungstermine, so gilt der Versteigerungsantrag als zurückgenommen.

---

1. Grund der Vorschrift des § 76. Für die Mobiliarvollstreckung ist im § 803 ZPO. bestimmt, daß die Zwangsvollstr. nicht weiter ausgedehnt werden darf, als zur Befriedigung des Gläubigers und zur Deckung der Kosten der Zwangsvollstr. erforderlich ist, und nach § 818 ZPO. wird die Versteigerung eingestellt, sobald der Erlös zur Befriedigung des Gläubigers und zur Deckung der Kosten der Zwangsvollstreckung hinreicht (vgl. auch §§ 1230 Satz 2, 1243 Abs. 1 BGB.). Für die Immobiliarvollstreckung fehlt eine dem § 803 ZPO. entsprechende Vorschrift. Der Grund hierfür wird dahin angegeben, daß „sich bei der Zwangsversteigerung mehrerer Grundstücke mit einiger Sicherheit von vornherein nicht sagen läßt, welche Höhe auf dieselben die Gebote erreichen werden." Motive z. E. I ZwVG. S. 215. Dagegen hat auch für die Immobiliarvollstreckung zur Schonung des Schuldners eine dem § 818 ZPO. ähnliche Vorschrift im § 76 Anerkennung gefunden. Nach § 76 soll das Gericht, wenn auf eines oder einige der Grundstücke soviel geboten wird, daß der Anspruch des Gläubigers gedeckt ist, die Versteigerung der übrigen Grundstücke einstellen, sofern nicht das berechtigte Interesse des Gläubigers die Fortsetzung erforderlich macht.

2. Voraussetzungen des § 76. a) Die mehreren Grundstücke müssen in demselben Verfahren versteigert werden.

Greift § 76 Platz in einem Falle, wo gemäß § 64 Abs. 2 ein Doppelausgebot erfolgt ist, so ist eine Einstellung des Verfahrens erst möglich, wenn der Korrealgläubiger sich darüber erklärt hat oder durch Nichterklärung feststeht, welches Ausgebot für die Erteilung des Zuschlages maßgebend sein soll (§ 64 Abs. 2).

b) Der Anspruch des Gläubigers muß durch das Meistgebot, welches auf eines oder einige der zu versteigernden Grundstücke abgegeben ist, gedeckt sein. Der Anspruch des Gläubigers ergibt sich aus dem Anordnungs- und Beitrittsbeschlusse unter Hinzurechnung der Zinsen bis zu dem noch nicht bestimmten, aber vom Richter schätzungsweise zu bestimmenden Verteilungstermine. Die dem Gläubiger zustehenden Kosten bilden einen Anteil seines Anspruchs und müssen daher mit gedeckt sein. Vgl. Jäckel Anm. 2a, Reinhard Anm. II 1a zu § 76.

c) Es darf ein berechtigtes Interesse des Gläubigers die Fortsetzung des Verfahrens nicht erforderlich machen. Nach dem Gesetz liegt ein berechtigtes Interesse des Gläubigers insbesondere dann vor, wenn er im Verteilungstermin nicht befriedigt worden ist. Die Denkschrift hebt noch hervor, daß das gleiche zutrifft, wenn nach Lage der Sache zu erwarten ist, daß gegen den Beschluß, durch welchen der Zuschlag in Ansehung der versteigerten Grundstücke erfolgt, von der einen oder anderen Seite Beschwerde erhoben und damit die Befriedigung des Gläubigers aus diesen Grundstücken in Frage gestellt oder erheblich verzögert werden wird.

Auch in Fällen der korrealen Belastung der Grundstücke kann aus Billigkeit gegen den Schuldner das Verfahren in Ansehung derjenigen Grundstücke einstweilen eingestellt werden, deren Versteigerung zum Zwecke der Befriedigung des Gläubigers nicht mehr erforderlich ist. Allerdings wird dabei das Recht des Korrealgläubigers, aus jedem der ihm verhafteten Grundstücke nur einen bestimmten Betrag zu seiner Befriedigung zu verlangen, berücksichtigt werden müssen. Auch kann nach Lage der Umstände der Korrealgläubiger ein berechtigtes Interesse an der Durchführung des Verfahrens bezüglich sämtlicher Grundstücke besitzen. Ein Beispiel hierfür bei Jäckel Anm. 2b.

3. Über den Einstellungsbeschluß. Es bedarf nicht eines Antrages

des Schuldners. Sind die Voraussetzungen des § 76 gegeben, so hat das Gericht von Amts wegen einzustellen, jedoch nicht gegen den Willen des Schuldners, sofern dessen Interesse, z. B. bei Verschiedenheit der Haftung desselben, verletzt wird.

Da das Verfahren eingestellt wird, sobald soviel geboten ist, daß der Anspruch des Gläubigers gedeckt ist, so kann die Einstellung auch schon während des Versteigerungsgeschäfts geschehen. Ist sie unterblieben, so kann sie nach Schluß der Versteigerung in der Weise nachgeholt werden, daß nach § 33 der Zuschlag versagt wird.

Der die einstweilige Einstellung aussprechende Beschluß bedarf außer der Verkündung im Versteigerungstermin der Zustellung der im § 32 genannten Beteiligten.

Gegen die Einstellung hat der betreibende Gläubiger die Beschwerde (§§ 95, 97). Wird der Antrag auf Einstellung zurückgewiesen, und ist der Zuschlag, obwohl die Voraussetzungen des § 76 gegeben waren, erteilt, so hat der Schuldner die Beschwerde (§ 83 Nr. 5).

4. Fortsetzung des Verfahrens. Die Fortsetzung des Verfahrens findet, wenn die Einstellung angeordnet ist, nur auf Antrag des Gläubigers statt (§ 31 Abs. 1). Letzterer muß hierfür ein berechtigtes Interesse dartun. Hierüber entscheidet das Gericht. Wann ein berechtigtes Interesse vorliegt, darüber vgl. Anm. 2c). Der Antrag des Gläubigers kann schon vor dem Verteilungstermin gestellt werden, in der Regel wird er ihn erst nach diesem Termin stellen können. Der Antrag auf Fortsetzung kann nach Ablauf von drei Monaten nach dem Verteilungstermin nicht mehr gestellt werden. Der Versteigerungsantrag gilt nach Ablauf dieser Frist als zurückgenommen, und die Wirkungen der Beschlagnahme erlöschen von selbst.

Gilt der Versteigerungsantrag als zurückgenommen, oder ist das Verfahren aufgehoben, so ist das Grundbuchamt um Löschung des Versteigerungsvermerks zu ersuchen (§ 34).

§ 77.

Ergebnislosigkeit des Versteigerungstermins.

Ist ein Gebot nicht abgegeben oder sind sämtliche Gebote erloschen, so wird das Verfahren einstweilen eingestellt.

Bleibt die Versteigerung in einem zweiten Termine gleichfalls ergebnislos, so wird das Verfahren aufgehoben. Liegen die Voraussetzungen für die Anordnung der Zwangsverwaltung vor, so kann auf Antrag des Gläubigers das Gericht anordnen, daß das Verfahren als Zwangsverwaltung fortgesetzt wird. In einem solchen Falle bleiben die Wirkungen der für die Zwangsversteigerung erfolgten Beschlagnahme bestehen; die Vorschrift des § 155 Abs. 1 findet jedoch auf die Kosten der Zwangsversteigerung keine Anwendung.

Ergebnislosigkeit der Versteigerung im zweiten Termin 2.
Inhalt des Abs. 1: 1.
Überleitung des Verfahrens zur Zwangsverwaltung 3.

1. Inhalt des Abs. 1. Abs. 1 regelt die Fälle, in denen der Richter überhaupt nicht in die Lage kommt, über den Zuschlag zu befinden, da entweder kein

Gebot vorliegt, oder weil sämtliche Gebote vor Schluß der Versteigerung erloschen sind. Letzteres trifft im Sinne des Abs. 1 bei denjenigen Geboten zu, welche ohne Widerspruch zurückgewiesen sind. Vgl. Jäckel Anm. 1, Reinhard Anm. I 2; a. M. Fischer u. Schäfer Anm. 1.

Sind demnach bei Schluß der Versteigerung Gebote nicht oder nicht mehr vorhanden, so ist das Verfahren durch Beschluß einstweilen einzustellen, welcher gemäß § 32 zuzustellen ist.

2. Ergebnislosigkeit der Versteigerung in einem zweiten Termin. Liegen die Voraussetzungen des Abs. 1 auch in einem zweiten Termine vor, welchen der Gläubiger nach Maßgabe des § 31 zu beantragen befugt ist, so ist das Verfahren durch Beschluß, welcher gemäß § 32 zuzustellen ist, aufzuheben und die Löschung des Versteigerungsvermerks nachzusuchen (§ 34).

Ist der zweite Termin ergebnislos verlaufen, und liegen die Voraussetzungen der Zwangsverwaltung vor, so kann auf Antrag des Gläubigers das Gericht anordnen, daß das Verfahren als Zwangsverwaltung fortgesetzt wird.

3. Die Überleitung des Verfahrens zur Zwangsverwaltung. Der Antrag des Gläubigers wird in der Regel in dem ergebnislos verlaufenen zweiten Versteigerungstermine gestellt werden, jedenfalls muß er vor Zustellung des Aufhebungsbeschlusses an den Schuldner gestellt sein. Jäckel Anm. 3a. Der Fortsetzungsbeschluß ist dem Gläubiger und dem Schuldner von Amts wegen zuzustellen. Bei Fortsetzung des Verfahrens als Zwangsverwaltung bleiben die Wirkungen der für die Zwangsversteigerung erfolgten Beschlagnahme zugunsten derjenigen Gläubiger, welche den Antrag gestellt haben oder ihm beigetreten sind, bestehen. Durch die Überleitung in die Zwangsverwaltung erhält die Beschlagnahme einen weiteren Umfang, indem sie die Wirkungen des § 148 nach sich zieht und damit auch dem Schuldner die Verwaltung und Nutzung des Grundstücks entzieht.

Diese weitergehenden Wirkungen treten gemäß §§ 22, 151 Abs. 1 erst mit der Zustellung des Fortsetzungsbeschlusses an den Schuldner, mit Eingang des Eintragungsersuchens beim Grundbuchamt oder mit der Erlangung des Besitzes seitens des Zwangsverwalters ein.

Das Grundbuchamt ist um Eintragung der Fortsetzung des Verfahrens als Zwangsverwaltung gemäß §§ 19 Abs. 1, 146 zu ersuchen. Die Eintragung hat in der Form der Eintragung einer Veränderung bei dem eingetragenen und stehenbleibenden Versteigerungsvermerke etwa in folgender Fassung: „Die Fortsetzung des Verfahrens als Zwangsverwaltung ist angeordnet, eingetragen am . . .“ zu geschehen. Vgl. Fischer u. Schäfer Anm. 7. Die Beteiligten sind von der Anordnung zu benachrichtigen (§ 146 Abs. 2); Verwalter ist zu bestellen (§ 150); und alles weitere verläuft nach den für die Zwangsverwaltung getroffenen Bestimmungen.

Die bis zur Überleitung entstandenen Kosten sollen nach Abs. 2 nicht aus den Nutzungen vorweg bestritten werden, sondern fallen dem betreibenden Gläubiger persönlich zur Last (für Preußen s. §§ 133, 124 GKG.).

§ 78.

Das Terminsprotokoll.

Vorgänge in dem Termine, die für die Entscheidung über den Zuschlag oder für das Recht eines Beteiligten in Betracht kommen, sind

durch das Protokoll festzustellen; bleibt streitig, ob oder für welches Gebot der Zuschlag zu erteilen ist, so ist das Sachverhältnis mit den gestellten Anträgen in das Protokoll aufzunehmen.

Anwendung der §§ 159—163, 165 ZPO. 1. Inhalt des Protokolls 2.
Bedeutung, rechtliche des Protokolls 3.

1. Anwendung der §§ 159—163, 165 ZPO. Eine unmittelbare Anwendung der vorstehenden, auf das Protokoll bezüglichen Vorschriften ist um deswillen ausgeschlossen, weil die Verhandlung im Versteigerungstermin keine mündliche Verhandlung im Sinne der ZPO. ist. Eine entsprechende Anwendung der Vorschriften erscheint bei der suppletorischen Stellung dieses Gesetzes zur ZPO. unbedenklich.

Nach der Denkschrift enthält § 78 nur diejenigen Bestimmungen über das Terminsprotokoll, welche sich durch die Besonderheiten der Zwangsversteigerung rechtfertigen.

2. Inhalt des Protokolls. Das Protokoll muß enthalten:

a) Tag und Ort der Verhandlung (§ 36 Abs. 3, § 37 Nr. 2 d. G., § 159 Nr. 1 ZPO.).

b) Den Namen des Richters, des Gerichtsschreibers und des etwa zugezogenen Dolmetschers.

c) Bezeichnung der Zwangsversteigerungssache.

d) Aufruf der Sache.

e) Namen der erschienenen Beteiligten, gesetzlichen Vertreter, Bevollmächtigten und Beistände (§ 159 Nr. 4 ZPO.).

f) Feststellung aus den Akten, daß die vorgeschriebene Bekanntmachung des Versteigerungstermins und die Zustellung der Terminsbestimmung rechtzeitig erfolgt ist (§ 43 Abs. 1 u. 2).

g) Die Bekanntmachung der das Grundstück betreffenden Nachweisungen, der das Verfahren betreibenden Gläubiger, deren Ansprüche und die Zeit der Beschlagnahme (§ 66), sowie die Bekanntmachung der erfolgten Anmeldungen, etwaige hierüber abgegebene Erklärungen der betreibenden Gläubiger, Entscheidung des Gerichts.

h) Die Feststellung der Versteigerungsbedingungen und des geringsten Gebots, sowie die Verlesung dieser Feststellungen (§ 66 Abs. 1).

i) Den richterlichen Hinweis auf die bevorstehende Ausschließung weiterer Anmeldungen und die Aufforderung zur Abgabe von Geboten, wobei die Zeit genau anzugeben ist (§ 66 Abs. 2).

k) Die Aufführung der abgegebenen Gebote, das Verlangen von Sicherheitsleistung, die hierüber ergangenen gerichtlichen Entscheidungen (Zulassung bezw. Zurückweisung), die Leistung einer Sicherheit.

Schnell aufeinander folgende Gebote können zunächst mündlich vom Richter entgegengenommen werden und bedürfen nur insoweit der Aufnahme in das Protokoll, als sie nicht bereits durch Übergebot, Zurückweisung gegenstandslos geworden sind.

l) Die Feststellung, daß trotz der Aufforderung ein Gebot nicht mehr abgegeben ist, die Verkündung des letzten Gebots durch dreimaligen Aufruf und die Verkündung des Schlusses der Versteigerung (§ 73), wobei Stunde und Minute anzugeben ist.

m) Die Anhörung der Beteiligten über den Zuschlag (§ 74), welche Anträge dabei gestellt, und welche Erklärungen abgegeben worden sind.

n) Die Verkündung der Entscheidung über den Zuschlag oder die Anberaumung eines besonderen Verkündungstermines (§ 87).

o) Der Vermerk der Vorlesung des Protokolls, der erfolgten Genehmigung, bezw. welche Einwendungen dagegen erhoben sind (§ 162 ZPO.).

p) Die Unterzeichnung des abgeschlossenen Protokolls durch den Richter und den Gerichtsschreiber (§ 163 ZPO.). Beteiligter und Bieter brauchen nicht mit zu unterschreiben.

Vorstehendes bildet den regelmäßigen Inhalt des Protokolls. Der Aufnahme bedürfen in dasselbe, wenn abweichende Versteigerungsbedingungen gestellt sind (§ 59), wenn Ausgebot gegen Zahlungsfristen beantragt wird (§§ 60, 61), Versteigerung mehrerer Grundstücke in demselben Verfahren (§§ 63, 64, 70) u. a. m.

3. Rechtliche Bedeutung des Protokolls. Das Protokoll schafft vollen Beweis für die darin beurkundeten Vorgänge. Nur die protokollierten Vorgänge können nach § 80 für die Erteilung des Zuschlags maßgebend sein. Insoweit ist nur der Nachweis der Fälschung zulässig (§ 164 ZPO.). Andere Vorgänge, die nicht für den Zuschlag, aber für Rechte eines Beteiligten z. B. bei der Verteilung erheblich sind, können durch den Nachweis der objektiven Unrichtigkeit entkräftet werden. Vgl. Reinhard Anm. II 7 zu § 78.

VI. Entscheidung über den Zuschlag.

§ 79.

Unverbindlichkeit früherer Entscheidungen.

Bei der Beschlußfassung über den Zuschlag ist das Gericht an eine Entscheidung, die es vorher getroffen hat, nicht gebunden.

Das Gericht kann bei der Beschlußfassung über den Zuschlag auch von früher getroffenen Entscheidungen, selbst von rechtskräftig gewordenen, abweichen. Es handelt sich jedoch dabei nur um solche Entscheidungen, die das Vollstreckungsgericht selbst getroffen hat; an eine Entscheidung des Beschwerdegerichts ist das Vollstreckungsgericht stets gebunden, mithin auch an seine eigne Entscheidung, sofern letztere materiell von dem Beschwerdegericht bestätigt worden ist. Hat das Beschwerdegericht demnächst über den Zuschlag zu entscheiden (§ 101), so ist es hierbei an seine eigne, früher in der Beschwerdeinstanz abgegebene Entscheidung nach § 79 nicht gebunden. Vgl. Jäckel Anm. 4.

§ 80.

Behandlung nicht protokollierter Vorgänge des Versteigerungstermins.

Vorgänge in dem Versteigerungstermine, die nicht aus dem Protokoll ersichtlich sind, werden bei der Entscheidung über den Zuschlag nicht berücksichtigt.

Bedeutung von „Vorgang" 1.
Beweiskraft des Protokolls 2.
Einschränkung der Vorschrift des § 80: 3.

1. Was bedeutet Vorgang? Unter Vorgang ist jede Anmeldung, Erklärung, Widerspruch, Antrag eines Beteiligten im Versteigerungstermin, sowie aber auch jede andere Tatsache, z. B. Sicherheitsleistung zu verstehen. In allen diesen Fällen müssen die vorgedachten Tatbestände aus dem Protokoll hervorgehen, wobei es allerdings genügt, daß sie aus anderen protokollierten Vorgängen ersichtlich sind.

2. Beweiskraft des Protokolls. Aus § 80 in Verbindung mit § 78 geht hervor, daß die Anfechtung des Protokolls wegen Unvollständigkeit der darin beurkundeten Vorgänge oder wegen Nichtaufnahme eines Vorganges ausgeschlossen ist. Vgl. Jäckel Anm. 1 zu § 80 u. Wolff Anm. 1; a. A. Fischer u. Schäfer Anm. 1.

3. Einschränkung der Vorschrift des § 80. Der aus dem Protokoll nicht ersichtliche Vorgang wird aber nur bei der Entscheidung über den Zuschlag nicht berücksichtigt. Soweit es sich um Feststellung der Vorgänge im Termin für andere Zwecke handelt, ist das Protokoll nicht maßgebend sondern jede andere Beweisführung zugelassen, z. B. bezüglich der Anmeldung eines Rechts bei Berücksichtigung im aufzustellenden Verteilungsplan.

§ 81.

Zuschlag an den Meistbietenden.

Der Zuschlag ist dem Meistbietenden zu erteilen.

Hat der Meistbietende das Recht aus dem Meistgebot an einen anderen abgetreten und dieser die Verpflichtung aus dem Meistgebot übernommen, so ist, wenn die Erklärungen im Versteigerungstermin abgegeben oder nachträglich durch öffentlich beglaubigte Urkunden nachgewiesen werden, der Zuschlag nicht dem Meistbietenden, sondern dem anderen zu erteilen.

Erklärt der Meistbietende im Termin oder nachträglich in einer öffentlich beglaubigten Urkunde, daß er für einen anderen geboten habe, so ist diesem der Zuschlag zu erteilen, wenn die Vertretungsmacht des Meistbietenden oder die Zustimmung des anderen entweder bei dem Gericht offenkundig ist oder durch eine öffentlich beglaubigte Urkunde nachgewiesen wird.

Wird der Zuschlag erteilt, so haften der Meistbietende und der Ersteher als Gesamtschuldner.

Abtretung des Rechts aus dem Meistgebot an einen anderen 3.
Form für die Abtretungs- und Übernahmeerklärung 4.
Meistgebot für fremde Rechnung oder im Namen eines anderen 4.
Recht auf Erteilung des Zuschlags 2.
Wer ist Meistbietender? 1.
Wirkung der Unwirksamkeit des Höchstgebots 1.
Zusammentreffen mehrerer Höchstgebote 1.

1. Wer ist Meistbietender? Zusammentreffen mehrerer Höchstgebote. Wirkung der Unwirksamkeit des Höchstgebots. Meistbietender ist, wer das dem Betrage nach höchste, günstigste, gültige Gebot abgegeben hat.

Liegen mehrere gleich hohe, aber nacheinander abgegebene Gebote vor, so kommt nur das zuerst abgegebene in Betracht, da ein später abgegebenes Gebot nur wirksam ist, wenn es höher ist, als die bereits abgegebenen. Vgl. Fischer u. Schäfer Anm. 1 zu § 81. Schwieriger liegt der Fall, wenn zwei gleich hohe bezw. höchste Gebote unter gleich günstigen Bedingungen gleichzeitig abgegeben werden. Hier wird entsprechend dem § 659 BGB. das Loos entscheiden müssen. Vgl. Jäckel Anm. 4 zu § 74; Reinhard Anm. 5 zu § 71; a. M. Wolff Anm. 2 zu § 81, welcher ohne Grund beide Gebote als unwirksam und nur das vorhergehende Gebot als wirksam erachtet.

Liegen gleichzeitig zwei Höchstgebote vor, von denen das eine unter irgendwelchen den Beteiligten günstigeren Bedingungen abgegeben ist, so geht letzteres vor. „Kann der Zuschlag auf das Meistgebot nicht erteilt werden, so scheidet dasselbe aus der Reihe der Gebote aus. Die Folge hiervon ist, daß das nächsthöchste Gebot, sofern es nicht gemäß (jetzt) § 72 erloschen ist, als das Meistgebot gilt. Auf dieses Gebot sind dann die das Meistgebot betreffenden Vorschriften anzuwenden" (Motive). Alles dies hat das Gesetz als selbstverständlich angesehen und nicht besonders erst im Gesetz erwähnt.

2. Recht auf Erteilung des Zuschlags. Aus Abs. 1 in Verbindung mit § 97 Abs. 1 folgt, daß der Meistbietende ein Recht auf den Zuschlag hat. Dieses Recht besteht nur „in den Grenzen, welche aus den besonderen Rechten der Beteiligten sich ergeben. Es fällt namentlich fort, wenn der Versteigerungsantrag zurückgenommen oder das Verfahren einstweilen eingestellt wird" (Motive). Abgesehen hiervon darf das Gebot nicht unwirksam sein (§§ 70—72). Das Recht des Meistbietenden kann nicht dadurch beseitigt werden, daß sich sämtliche Beteiligte über Erteilung des Zuschlags an einen anderen Bieter einigen.

3. Abtretung des Rechts aus dem Meistgebot an einen anderen. Zur Berücksichtigung der Abtretung der Rechte aus dem Meistgebot zugunsten des Zessionars bei der Zuschlagserteilung muß außer der Abtretung der Rechte und ihrer Annahme auch noch die Übernahme der Verpflichtung aus dem Meistgebot seitens des Zessionars ausdrücklich urkundlich ausgesprochen werden. Erst durch die Übernahmeerklärung wird neben dem Meistbietenden der Zessionar für das Meistgebot den Subhastationsbeteiligten haftbar (RG. Bd. 40 S. 316). Die Abtretung als solche und deren Annahme begründet nur Rechte unter den Kontrahenten.

4. Form für die Abtretungs- und Übernahmeerklärung. Sie geschieht entweder durch mündliche Erklärung im Versteigerungstermine, wobei die Abgabe der Erklärung aus dem Terminsprotokoll hervorgehen muß (§§ 78, 80), oder nachträglich durch schriftliche Erklärung in notariell beglaubigter Urkunde. Die Abtretungserklärung kann auch noch nach dem Versteigerungstermin, sogar noch im Verkündungstermin, abgegeben werden; sie ist alsdann zu protokollieren und zu verlesen. Vgl. Fischer u. Schäfer Anm. 4; Wolff Anm. 7; Reinhard Anm. II 2. Die Abtretung und Übernahme muß unbedingt erfolgen, und darf das Rechtsverhältnis, wie es zwischen dem Meistbietenden und den an dem Verfahren Beteiligten bestand, nicht modifiziert und verändert werden. Vgl. Jäckel Anm. 3. Der Übernehmer muß, da ihm der Zuschlag erteilt werden soll, die Fähigkeit zum Grundstückserwerb besitzen, wozu auch der Nachweis einer etwa erforderlichen Zustimmung eines anderen oder einer Behörde gehört. Genügt der Übernehmer vorstehenden Erfordernissen nicht, so wird der Zuschlag dem Meistbietenden erteilt. Zu einer Sicherheitsleistung nach den §§ 67—70 ist der Übernehmer nicht verpflichtet; sie ist überflüssig, da die Haftung

des Meistbietenden fortdauert. Der Übernehmer kann selbstverständlich das Recht aus dem Meistgebot weiter abtreten, auch auf den Meistbietenden zurückübertragen, jedoch bleibt er selbst stets für das Meistgebot verhaftet, und es wird dadurch nur ein Gesamtschuldverhältnis begründet (§ 81 Abs. 4).

5. Meistgebot für fremde Rechnung oder im Namen eines anderen. Dieser Fall wird im Abs. 3 geregelt. Die Motive bemerken dazu: „Der Dritte kann gute Gründe haben, zunächst seinen Namen nicht zu nennen und deshalb einen anderen als Bieter vorzuschieben. Beachtenswert sind insbesondere die Fälle, wenn der Fiskus oder eine Gemeinde das Grundstück erwerben will, aber befürchten muß, daß, wenn dies bei der Versteigerung bekannt wird, die Gebote weit über den Wert des Grundstücks hinaufgetrieben werden. In Betracht kommt auch der Fall, wenn jemand im Interesse eines Dritten, vielleicht eines Abwesenden oder sonst Verhinderten, als Bieter aufzutreten sich veranlaßt findet." Voraussetzung für Erteilung des Zuschlags an den Dritten ist einerseits die Erklärung des Meistbietenden nach Schluß der Versteigerung im Termin oder nachträglich bis zur Verkündung des Zuschlags in öffentlich beglaubigter Form, anderseits Offenkundigkeit oder Nachweis durch eine öffentlich beglaubigte Urkunde der Vertretungsmacht oder Zustimmung des anderen. Der Vertretene muß auch in seiner Person bezüglich der Fähigkeit zum Grundstückserwerb allen Erfordernissen des Meistbietenden genügen.

§ 82.

Inhalt des Zuschlagsbeschlusses.

In dem Beschlusse, durch welchen der Zuschlag erteilt wird, sind das Grundstück, der Ersteher, das Gebot und die Versteigerungsbedingungen zu bezeichnen; auch ist im Falle des § 61 der Dritte, welcher die Verpflichtung des Erstehers übernommen hat, unter Angabe seiner Schuld für zahlungspflichtig und im Falle des § 81 Abs. 4 der Meistbietende für mithaftend zu erklären.

Form der Entscheidung 1. Inhalt des Beschlusses 2.

1. Form der Entscheidung. Die Entscheidung erfolgt jetzt im Gegensatz zu dem früheren preußischen Recht (vgl. das Nähere bei Jäckel Anm. 1), welches die Entscheidung als Urteil bezeichnete, entsprechend dem für gerichtliche Entscheidungen in Zwangsvollstreckungssachen geltenden allgemeinen Grundsatze in Form eines Beschlusses. Die Entscheidung über den Zuschlag erfolgt nicht auf Grund einer mündlichen Verhandlung. Die Anhörung der Beteiligten, welche gemäß § 74 stattfindet, hat nicht die Natur einer solchen, da nicht das mündliche Vorbringen, sondern das protokollarisch festgestellte Sach- und Streitverhältnis die Grundlage der Entscheidung bildet (Motive). Der Beschluß, welcher auch bei Abwesenheit sämtlicher Beteiligter zu erlassen ist, kann auch von einem Richter verkündet werden, welcher dem Versteigerungstermin nicht beigewohnt hat.

2. Inhalt des Beschlusses. Die Motive S. 242 bemerken hierzu: „Der Beschluß, durch welchen der Zuschlag erteilt wird, stellt formell das Ergebnis der Versteigerung fest; er ist bestimmend einerseits für die Änderungen, welche durch den Zuschlag an den Rechten der Beteiligten entstehen, anderseits für die rechtliche Stel-

lung des Erstehers, den Rechtserwerb und die Verbindlichkeiten desselben. Die Wirkungen des Zuschlags werden durch das Gesetz und bzw. die Versteigerungsbedingungen geregelt. „Die Voraussetzungen für die Regelung hat der Beschluß zu ergeben."

Im einzelnen hat der Beschluß folgende Angaben zu enthalten:

a) Das Grundstück nach seiner grundbuchmäßigen Bezeichnung. Wenn es auf den Umfang des Grundstücks ankommt, empfiehlt es sich, die im Kataster enthaltene Beschreibung aufzunehmen. Zubehörstücke und mitversteigerte Forderungen sind nicht zu erwähnen. Bei der Versteigerung des Anteils eines Miteigentümers ist anzugeben, wessen Anteil und welche Quote zugeschlagen wird.

b) Der Ersteher ist nach Namen, Stand (Gewerbe), Wohnort anzugeben.

c) Unter Gebot ist das Bargebot zu verstehen; dasselbe ist in Reichswährung anzugeben. Die bestehen bleibenden Rechte sind in die Versteigerungsbedingungen aufzunehmen.

d) Die Versteigerungsbedingungen, soweit sie nicht die gesetzlichen sind, müssen in dem Beschlusse selbst, nicht bloß in den Gründen, angegeben werden. „Sind besondere Bedingungen nicht gestellt, so genügt es in dem Beschlusse zum Ausdruck zu bringen, daß das Grundstück unter den gesetzlichen Bedingungen dem Ersteher zugeschlagen werde. Schweigt der Beschluß über die Bedingungen gänzlich, so sind lediglich die gesetzlichen Bedingungen maßgebend." (Motive.)

e) Im Falle des § 61 ist die Zahlungspflicht des Dritten unter Angabe des Betrages, welchen er im Verteilungstermin zu zahlen hat und im Falle des § 81 Abs. 4 die Mithaft des Meistbietenden anzugeben.

Im bisherigen Geltungsbereich des rheinischen Rechts ist, sofern zur Sicherheit für ein Gebot ein Bürge gestellt ist, bei der Zuschlagserteilung an den Bieter in dem Beschlusse der Bürge unter Angabe der Höhe seiner Schuld für mithaftend zu erklären. Preuß. AG. Art. 10 Abs. 2.

Bezüglich des weiteren Inhalts des Beschlusses, enthält das Gesetz keine besonderen Bestimmungen; es behält daher bei den Vorschriften der ZPO. sein Bewenden. Einen Tatbestand braucht der Beschluß nicht zu enthalten, die Mitteilung von Gründen, ebenso wie die unterschriftliche Vollziehung des Beschlusses seitens des Richters erscheint dagegen selbstverständlich. Besonders unentbehrlich ist die Angabe von Gründen bei Versagung des Zuschlags, um einerseits dem Beschwerdegericht die Nachprüfung zu ermöglichen, und anderseits aus ihnen feststellen zu können, ob die Versagung wie eine Einstellung oder Aufhebung des Verfahrens wirkt (§ 86). Einen Verkündungsvermerk braucht der Beschluß nicht zu enthalten. Schreibfehler, Rechenfehler und offenbare Unrichtigkeiten sind, wie bei Urteilen (§ 319 Abs. 1 ZPO.), von Amts wegen jederzeit zu berichtigen. Dagegen findet das bei Urteilen vorgesehene Verfahren bei Berichtigung des Tatbestandes und Ergänzung des Urteils hier keine Anwendung.

Gesetzliche Folgen, die das Verfahren oder der Zuschlag nach sich zieht, brauchen in den Beschluß nicht aufgenommen zu werden, z. B. die Haftung für die Kosten (§§ 58, 109), die Verpflichtung des Erstehers zur Zahlung im Verteilungstermin, zur Verzinsung (§ 49) u. a. m. Vgl. Jäckel Anm. 3.

§ 83.

Versagung des Zuschlags.

Der Zuschlag ist zu versagen:
1. wenn die Vorschrift des § 43 Abs. 2 oder eine der Vorschriften über die Feststellung des geringsten Gebots oder der Versteigerungsbedingungen verletzt ist;
2. wenn bei der Versteigerung mehrerer Grundstücke das Einzelausgebot oder das Gesamtausgebot den Vorschriften des § 63 Abs. 1, Abs. 2 Satz 1, Abs. 5 zuwider unterblieben ist;
3. wenn in den Fällen des § 64 Abs. 2 Satz 1, Abs. 3 die Hypothek, Grundschuld oder Rentenschuld oder das Recht eines gleich- oder nachstehenden Beteiligten, der dem Gläubiger vorgeht, durch das Gesamtergebnis der Einzelausgebote nicht gedeckt werden;
4. wenn die nach der Aufforderung zur Abgabe von Geboten erfolgte Anmeldung oder Glaubhaftmachung eines Rechtes ohne Beachtung der Vorschrift des § 66 Abs. 2 zurückgewiesen ist;
5. wenn der Zwangsversteigerung oder der Fortsetzung des Verfahrens das Recht eines Beteiligten entgegensteht;
6. wenn die Zwangsversteigerung oder die Fortsetzung des Verfahrens aus einem sonstigen Grunde unzulässig ist;
7. wenn eine der Vorschriften des § 43 Abs. 1 oder des § 73 Abs. 1 verletzt ist.

Allgemeines über die Versagungsgründe 1. Zu Nr. 1: 2; zu Nr. 2: 3; zu Nr. 3: 4; zu Nr. 4: 5; zu Nr. 5: 6; zu Nr. 6: 7; zu Nr. 7: 8.

1. Allgemeines über die Versagungsgründe. Das Gesetz bestimmt in den §§ 83, 85 in einer das Ermessen des Gerichts ausschließenden Weise die Gründe, aus welchen der Zuschlag versagt werden muß.

Im § 83 selbst sind 2 Gruppen von Versagungsgründen zu unterscheiden. Entweder handelt es sich um solche Gesetzesverletzungen, bei denen unter allen Umständen die Nichtigkeit des Verfahrens eintritt (absolute Versagungsgründe auf Grund unheilbarer Nichtigkeit). Hierher gehören Nr. 6 u. 7 des § 83, oder es kommen solche Gesetzesverletzungen in Frage, bei denen nur die Rechte einzelner Beteiligter betroffen werden. Sie können im Interesse der anderen Beteiligten außer Betracht bleiben, wenn entweder das betroffene Recht durch das Meistgebot gedeckt, der Berechtigte also nicht benachteiligt ist, oder wenn dieser das gesetzwidrige Verfahren genehmigt hat (relative Versagungsgründe auf Grund heilbarer Nichtigkeit) (§ 83 Nr. 1—5, § 84).

Die Versagungsgründe sind stets von Amts wegen zu berücksichtigen. Nach dem Reichstagskommissionsbericht kann das Gericht einen Mangel, wegen dessen der Zuschlag versagt werden mußte, nicht dadurch heben, daß es von Amts wegen einen Termin zur Fortsetzung der Versteigerung anberaumt.

2. Zu Nr. 1. Die Vorschrift des § 43 Abs. 1 betrifft die Zustellung von Anordnungs- und Beitrittsbeschlüssen an den Schuldner, sowie die Zustellung der Terminsbestimmung an die Beteiligten. Der Zuschlag ist zu versagen, wenn die vorerwähnte Zustellung nicht nur nicht fristgemäß, wobei hier § 187 ZPO. keine Anwendung findet, sondern auch mangelhaft ausgeführt ist, z. B. wenn die Postsendung bei Zustellung durch Aufgabe zur Post nicht mit der Bezeichnung „Einschreiben" versehen oder eine in wesentlichen Punkten unrichtige Terminsbestimmung zugestellt worden ist. Vgl. Jäckel Anm. 5.

3. Zu Nr. 2. Vgl. das zu §§ 63, 64 Gesagte.

4. Zu Nr. 3. Bei der Feststellung des geringsten Gebots für jedes der mehreren zur Zwangsversteigerung in demselben Verfahren stehenden Grundstücke, die mit einer dem betreibenden Gläubiger vorgehenden Gesamthypothek belastet sind, kann der Korrealgläubiger nach § 64 Abs. 1 genötigt werden, in eine verhältnismäßige Verteilung seiner Korrealhypothek auf die einzelnen Grundstücke zu willigen, so daß bei jedem Grundstück nur ein Teil derselben im geringsten Gebot Berücksichtigung findet. Alsdann kann der Korrealgläubiger nach § 64 Abs. 2 verlangen, daß bei der Feststellung des geringsten Gebots für jedes Grundstück nur die seinem Anspruche vorgehenden Rechte berücksichtigt werden. Macht er von diesem Verlangen Gebrauch, so sind die einzelnen Grundstücke doppelt auszubieten, und zwar in dem einen Male so, daß die Korrealhypothek bei jedem Grundstück nur zu dem verhältnismäßigen Teilbetrage berücksichtigt ist, und zum anderen so, daß in jedem geringsten Gebot nur die der Korrealhypothek vorgehenden Rechte berücksichtigt sind. Nachdem beide Ausgebote erfolgt sind, hat sich der Korrealgläubiger gemäß § 64 Abs. 2 zu erklären, welches Ausgebot für die Erteilung des Zuschlags maßgebend sein soll. Wählt er das Ausgebot mit der Beschränkung der Berücksichtigung der der Korrealhypothek vorgehenden Rechte bei dem geringsten Gebot, so ist der Zuschlag gemäß § 83 Nr. 3 zu versagen, wenn sich ergibt, daß die Einzelmeistgebote nicht ausreichen, um die Korrealhypothek und die derselben gleich- oder nachstehenden, dem betreibenden Gläubiger aber vorgehenden Rechte zu decken.

5. Zu Nr. 4. Die Motive (S. 233) bemerken hierzu: Die Unterlassung des Hinweises auf die mit der Aufforderung zur Abgabe von Geboten eintretende Ausschließung weiterer Anmeldungen ist nicht schon an sich, sondern nur dann ein Versagungsgrund, wenn ein Beteiligter nach jener Aufforderung die Anmeldung oder Glaubhaftmachung eines Rechtes wirklich versucht hat, hiermit aber wegen der mit der Aufforderung verbundenen Ausschließung zurückgewiesen worden ist. Ist umgekehrt nach der Aufforderung zu der Abgabe von Geboten trotz Hinweis auf die Ausschließung eine nach dieser erfolgte Anmeldung oder Glaubhaftmachung noch zugelassen und durch anderweite Feststellung des geringsten Gebots berücksichtigt, so liegt darin nach der herrschenden Meinung (Jäckel Anm. 8, Reinhard Anm. II 4) für den Zuschlag kein Versagungsgrund (a. A. Fischer u. Schäfer Anm. zu Nr. 4).

6. Zu Nr. 5. Voraussetzung ist hier, daß das Recht eines bestimmt Beteiligten verletzt wird. Hierher gehören die Fälle des § 37 Nr. 5, ferner eingetragene Rechte, wegen deren nach § 28 eine Aufhebung oder einstweilige Einstellung des Verfahrens hätte erfolgen müssen. Vgl. Jäckel Anm. 9 Abs. 2.

7. Zu Nr. 6. Im Gegensatz zu Nr. 5 handelt es sich bei Nr. 6 um Mängel und Hindernisse, welche die allgemeinen Voraussetzungen des Verfahrens, die Zulässigkeit der Anordnung, Fortsetzung und Durchführung betreffen, die im Gegensatz zu Nr. 5 jeder Beteiligte geltend machen kann. Diese Mängel können der verschiedensten Art sein, sie können die Person des Gläubigers oder Schuldners, die örtliche Unzuständigkeit des Gerichts, den vollstreckbaren Titel, die Qualität des Grundstücks, wenn das Grundstück inzwischen enteignet oder dem freien Verkehr entzogen ist, betreffen

Eine genaue Zusammenstellung der Mängel im einzelnen s. b. Fischer u. Schäfer Anm. zu Nr. 6.

8. Zu Nr. 7. Die Vorschrift des § 43 Abs. 1 ist verletzt und damit der Zuschlag zu versagen, wenn die Bekanntmachung überhaupt nicht oder nicht fristgemäß, sechs Wochen vor dem Termin, erfolgt ist. Dieselbe muß auch den nach § 37 wesentlichen Inhalt enthalten.

Verletzung der §§ 38, 40, § 6 EG. sind nicht wesentlich und ziehen nicht die Versagung des Zuschlags nach sich.

Zur Versagung des Zuschlags führt auch die Nichtbeachtung der Vorschrift des § 73 Abs. 1, nach welcher zwischen der Aufforderung zur Abgabe von Geboten und Schluß der Versteigerung mindestens eine Stunde liegen und die Feststellung getroffen sein muß, daß der Aufforderung des Gerichts ungeachtet ein Gebot nicht mehr abgegeben ist.

Zu Nr. 6 u. 7 bemerkt die Denkschrift: „Jeder dieser Verstöße ist geeignet, den Kreis der Bieter einzuschränken und dadurch auf die Höhe des Meistgebots nachteilig einzuwirken. Eben deshalb liegt selbst dann, wenn das erzielte Meistgebot sämtliche Rechte deckt, eine Beeinträchtigung rechtlicher Interessen wenigstens insofern vor, als bei Abgabe eines höheren Gebots der nach Befriedigung der Berechtigten übrigbleibende Rest des Versteigerungserlöses dem bisherigen Eigentümer des Grundstücks zufallen würde."

§ 84.

Heilung der Mängel durch Nichtbeeinträchtigung oder Genehmigung.

Die im § 83 Nr. 1 bis 5 bezeichneten Versagungsgründe stehen der Erteilung des Zuschlags nicht entgegen, wenn das Recht des Beteiligten durch den Zuschlag nicht beeinträchtigt wird oder wenn der Beteiligte das Verfahren genehmigt.

Die Genehmigung ist durch eine öffentlich beglaubigte Urkunde nachzuweisen.

---

1. Übersicht. Beim Vorhandensein relativer Versagungsgründe ist der Zuschlag zu erteilen, wenn das Recht des Beteiligten durch den Zuschlag nicht beeinträchtigt wird, oder wenn der Beteiligte das Verfahren genehmigt.

2. Über die Benachteiligung. Ob das Recht des Beteiligten beeinträchtigt wird, muß vom Richter von Amts wegen geprüft werden. Nur dann, wenn diese Prüfung das Nichtvorhandensein einer Benachteiligung des Rechts des Beteiligten ergibt, wird der Mangel geheilt.

Stets benachteiligt gilt der Schuldner, weil er sein Grundstück verliert; selbstverständlich liegt auch darin eine Benachteiligung, wenn ein Beteiligter sich durch den Zuschlag Barzahlung gefallen lassen müßte, während er verlangen kann, daß sein Recht bestehen bleibt. Ausgeschlossen ist eine Benachteiligung des Berechtigten, wenn letzterer durch das Meistgebot gedeckt ist. Ob dies zutrifft, hat der Richter durch Aufstellung einer summarischen Berechnung der zur vollen Deckung des Berechtigten erforderlichen Summe, wie im Falle des § 67 Abs. 1, zu prüfen. Liegt die Möglichkeit einer nicht vollständigen Deckung vor, so ist der Zuschlag zu versagen.

3. **Über die Genehmigung.** Die Genehmigung seitens des Beteiligten muß mündlich im Versteigerungs- oder Verkündungstermine zu gerichtlichen Protokoll (§§ 78, 80) oder schriftlich in öffentlich beglaubigter Urkunde (§ 84 Abs. 2) erklärt werden. Nichterklärung des Widerspruchs gegen Erteilung des Zuschlags seitens des im Bietungstermin anwesenden Beteiligten ist keine Genehmigung. Die Genehmigung ist strikt zu interpretieren. Sie ist eine Prozeßhandlung, kein Dispositivakt. Vgl. Jäckel Anm. 4.

Wer zur Vertretung des Beteiligten für das Verfahren legitimiert ist, kann auch die Genehmigung für den Beteiligten erklären. Der Vormund bedarf keiner besonderen Genehmigung. (§ 1822 Nr. 13 BGB. ist unanwendbar.)

§ 85.

Neue Versteigerung auf Antrag eines Beteiligten.

Der Zuschlag ist zu versagen, wenn vor dem Schlusse der Verhandlung ein Beteiligter, dessen Recht durch den Zuschlag beeinträchtigt werden würde, die Bestimmung eines neuen Versteigerungstermins beantragt und sich zugleich zum Ersatze des durch die Versagung des Zuschlags entstehenden Schadens verpflichtet, auch auf Verlangen eines anderen Beteiligten Sicherheit leistet. Die Vorschriften des § 67 Abs. 3 Satz 1 und des § 69 finden entsprechende Anwendung. Die Sicherheit ist in Höhe des im Verteilungstermine durch Zahlung zu berichtigenden Teiles des bisherigen Meistgebots zu leisten.

Die neue Terminsbestimmung ist auch dem Meistbietenden zuzustellen.

Für die weitere Versteigerung gilt das bisherige Meistgebot mit Zinsen von dem durch Zahlung zu berichtigenden Teile des Meistgebots unter Hinzurechnung derjenigen Mehrkosten, welche aus dem Versteigerungserlöse zu entnehmen sind, als ein von dem Beteiligten abgegebenes Gebot.

In dem fortgesetzten Verfahren findet die Vorschrift des Abs. 1 keine Anwendung.

---

1. **Grund des § 85.** Die Denkschrift bemerkt zu § 85 folgendes: „Ist das Versteigerungsverfahren durchweg gesetzmäßig verlaufen, so kann doch das erreichte Meistgebot infolge vorübergehender, die Preisbildung ungünstig beeinflussender Umstände hinter demjenigen Betrage zurückbleiben, der bei anderen Verhältnissen erzielt worden wäre. Mit Rücksicht hierauf gewährt das Gesetz im Anschluß an das in Preußen und den meisten anderen Bundesstaaten bestehende Recht jedem Beteiligten, der von dem Zuschlag auf Grund des vorliegenden Meistgebots einen Ausfall zu befürchten hat, die Befugnis, unter bestimmten, von ihm zu erfüllenden Voraussetzungen die wiederholte Versteigerung des Grundstücks in einem neuen Termine zu verlangen (§ 85)."

2. **Voraussetzungen des § 85.** **a)** Antrag des Beteiligten, dessen Recht durch den Zuschlag beeinträchtigt werden würde. Über die Beeinträchtigung vgl.

Anm. 2 zu § 84, wobei jedoch der Unterschied gegenüber § 84 besteht, daß im Falle des § 85 die Beeinträchtigung des Rechts des Beteiligten feststehen muß. Überhaupt nicht beeinträchtigt sind alle die, welche durch das Meistgebot gedeckt sind, oder für die die Höhe des Meistgebots gleichgültig ist, insbesondere Mieter und Pächter. Erreicht das Meistgebot nicht den wahren Wert des Grundstücks, oder fallen Forderungen aus, für die der Schuldner persönlich haftet, so gilt auch der Schuldner als benachteiligt.

Der betreibende Gläubiger, welcher es regelmäßig stets in der Hand hat, die Einstellung des Verfahrens herbeizuführen (§ 30 Abs. 1), wird von § 85 nur dann Gebrauch machen, wenn er schon einmal die Einstellung bewilligt hat. Vgl. Jäckel Anm. 2.

Der Antrag muß „vor dem Schluß der Verhandlung" zwischen Schluß der Versteigerung und Schluß der Verhandlung gestellt werden. Die Verhandlung umfaßt auch die Anhörung der Beteiligten (§ 94). Ein nach dem Versteigerungstermin gestellter Antrag ist selbst dann unzulässig, wenn Sicherheitsleistung angeboten wird.

b) Gleichzeitiges Erbieten des Antragstellers zum Ersatz des durch Versagung des Zuschlags entstehenden Schadens. Das Erbieten geschieht in einer dem Gericht gegenüber vor Schluß der Verhandlung abzugebenden Erklärung, welche zu Protokoll festzustellen ist. Der Schaden, welcher durch die Versagung des Zuschlags eintritt, ist verschieden, je nachdem es in dem fortgesetzten Verfahren zum Zuschlag kommt oder nicht.

α) Wird der Zuschlag erteilt, so besteht der Schaden in dem Fehlbetrage, welcher sich für diejenigen Berechtigten ergibt, die ihre Deckung dadurch verlieren, daß neue bevorrechtigte Ansprüche angemeldet werden, und daß die weiterlaufenden Zinsen die ihnen vorgehenden Ansprüche erhöhen.

Hiernach haftet der Antragsteller allen Beteiligten in Höhe desjenigen Betrages, welcher auf sie bei der Verteilung entfallen sein würde, wenn der Zuschlag dem im ersten Versteigerungstermin erzielten Meistgebot erteilt worden wäre.

β) Wird der Zuschlag in dem fortgesetzten Verfahren nicht erteilt, so haftet der Antragsteller denjenigen Beteiligten, welche ein Recht auf Erteilung des Zuschlags haben, also dem betreibenden Gläubiger, nicht aber den diesem nachstehenden Gläubigern und dem Schuldner, da diese kein Recht auf Erteilung des Zuschlags hatten. (Vgl. Jäckel Anm. 4, Reinhard Anm. II 3 a.)

Die Ersatzpflicht gegenüber dem betreibenden Gläubiger erstreckt sich auf denjenigen Betrag, den dieser bei dem ersten Meistgebot erhalten haben würde. In dem neuen Termin ist der Zuschlag zu versagen, wenn das im ersten Termin abgegebene Meistgebot mit Zinsen und Kosten des Abs. 3, welches nach Abs. 3 in dem neuen Termin als Gebot des Antragstellers gilt, das nunmehrige Mindestgebot nicht erreicht, und ein diesem Mindestgebot entsprechendes Gebot nicht abgegeben wird.

c) Auf Verlangen eines anderen Beteiligten hat der Antragsteller in voller Höhe des Bargebots Sicherheit zu leisten. Als anderer Beteiligter gilt jeder Interessent, dessen Recht durch die Anberaumung eines zweiten Versteigerungstermins und die damit verbundene Verzögerung des Verfahrens berührt wird (Jäckel). Von der Sicherheitsleistung befreit sind, da die Vorschriften des § 67 Abs. 3 Satz 1 entsprechende Anwendung finden, das Reich, Reichsbank oder Bundesstaat. Eine Ausdehnung auf die landesgesetzlich privilegierten Bieter (Art. 9 d. pr. AG.) erscheint mit Rücksicht auf die Fassung des Gesetzes nicht angängig. Jäckel Anm. 5; a. A. Wolff Anm. 12, Reinhard Anm. II 4d, Fischer u. Schäfer Anm. 2c.

3. Der neue Versteigerungsantrag hat zur Folge, daß das bisherige Meistgebot nebst Zinsen und Kosten als ein von den Beteiligten abgegebenes Gebot gilt. Daraus ergibt sich, daß der Antrag ohne Zustimmung der übrigen Beteiligten nicht zurückgenommen werden kann, und daß die Stellung des Antrages nicht ein Erlöschen des bisherigen Meistgebots nach sich zieht. Wird dem Antrag aus § 85 stattgegeben, so geschieht dies durch Versagung des Zuschlages, anderenfalls bei Zurückweisung des Antrages durch Erteilung des Zuschlages.

Mit der Rechtskraft des Beschlusses, durch welchen der Zuschlag versagt wird, treten nach § 86, da die Fortsetzung des Verfahrens zulässig ist, die Wirkungen der einstweiligen Einstellung ein. Alsdann ist der neue Versteigerungstermin anzuberaumen, wobei die neue Terminsbestimmung nach § 85 Abs. 2 auch dem Meistbietenden zuzustellen ist. Unterbleibt die letztgedachte Zustellung, so kann daraus nach der herrschenden Meinung (Jäckel Anm. 6, Fischer u. Schäfer Anm. 4; a. M. Wolff Anm. 6), weil der Meistbietende nicht Beteiligter im Sinne des § 9 ist, und daher die §§ 43 Abs. 2, 83 Nr. 1 unanwendbar sind, nicht die Anfechtung des Zuschlages hergeleitet werden. Erst mit der Rechtskraft des den Zuschlag versagenden Beschlusses erlischt das frühere Meistgebot, bis dahin ist auch der Meistbietende nach § 97 zur Beschwerde befugt.

4. Das Verfahren im neuen Versteigerungstermin wird wie ein neues Verfahren behandelt, gleich als ob das frühere Verfahren nicht eingeleitet gewesen wäre. Das geringste Gebot und die Versteigerungsbedingungen sind von neuem festzustellen, wobei die früheren Anmeldungen, aber auch die neuen, welche für das frühere Verfahren verspätet waren, zu berücksichtigen sind.

Nur das eine aus dem früheren Verfahren bleibt bestehen, daß das frühere Meistgebot nach Abs. 3 als ein von den Beteiligten abgegebenes Gebot gilt; Gebote, welche dies Meistgebot nicht übersteigen, sind unzulässig. Dies folgt aus Abs. 3. Für die Sicherheitsleistung gelten die gewöhnlichen Regeln (§§ 67—70). Auch der Antragsteller als Bieter, welcher in dem ersten Termin Sicherheit geleistet hat, ist zu nochmaliger Sicherheitsleistung verpflichtet, wenn er weitere Gebote abgeben will, da der Zweck beider Sicherheitsleistungen ein verschiedener ist. Die Sicherheitsleistung aus § 85 Abs. 1 erfolgt zur Schadloshaltung für den durch Versagung des Zuschlags eintretenden Nachteil, während die Bietungskaution den Beteiligten haftet, welche Befriedigung aus dem zu erfüllenden Meistgebot erwarten. Jäckel Anm. 7, Wolff Anm. 16, Fischer u. Schäfer Anm. 5.

5. Wiederholte Anberaumung eines weiteren Versteigerungstermins. Diese ist nach Abs. 4 ausgeschlossen. Nur dann wäre die Anberaumung eines neuen (dritten) Termins möglich, wenn das geringste Gebot für den zweiten Versteigerungstermin höher festgestellt werden mußte, als für den ersten, und das höchste abgegebene Gebot dieses Gebot nicht erreicht.

§ 86.

Wirkung der Versagung des Zuschlags.

Die rechtskräftige Versagung des Zuschlages wirkt, wenn die Fortsetzung des Verfahrens zulässig ist, wie eine einstweilige Einstellung, anderenfalls wie die Aufhebung des Verfahrens.

Der Versagungsbeschluß äußert seine Wirkungen nicht mit dem Erlaß, sondern erst mit der Rechtskraft, d. h. nach Ablauf der mit seiner Verkündung beginnenden Beschwerdefrist (§ 98). Der Versagungsbeschluß ist zu verkünden, nicht auch zuzustellen (§ 87). Die Wirkungen können alsdann die einer einstweiligen Einstellung oder einer Aufhebung des Verfahrens sein. Welche von beiden Wirkungen eintritt, richtet sich nach den Gründen des Beschlusses. Ergibt sich aus den Gründen, daß eine Fortsetzung des Verfahrens unzulässig ist, so ist das Vollstreckungsgericht hieran gebunden. (Jäckel Anm. 1, Wolff Anm. 2, Reinhard Anm. II 1.)

Ist die Fortsetzung des Verfahrens zulässig, so tritt mit dem Tage der Rechtskraft des Versagungsbeschlusses ohne weiteres die einstweilige Einstellung des Verfahrens ein. Mit der zu kontrollierenden Rechtskraft des Versagungsbeschlusses ist demnächst zu verfügen, daß die Akten nach 6 Monaten wieder vorzulegen sind.

Ist die Fortsetzung des Verfahrens unzulässig, so tritt mit der Rechtskraft des Versagungsbeschlusses ohne weiteres die Aufhebung des Verfahrens ein. Ein besonderer Aufhebungsbeschluß braucht nicht zu ergehen; das Vollstreckungsgericht hat nach § 34 das Grundbuchamt um die Löschung des Versteigerungsvermerks zu ersuchen. Ob dem Gläubiger von diesem Ersuchen Kenntnis zu geben ist, ist streitig (bejahend Jäckel Anm. 3, Reinhard Anm. II 3, verneinend Fischer u. Schäfer Anm. 3a).

§ 87.

Verkündung der Entscheidung über den Zuschlag.

Der Beschluß, durch welchen der Zuschlag erteilt oder versagt wird, ist in dem Versteigerungstermin oder in einem sofort zu bestimmenden Termine zu verkünden.

Der Verkündungstermin soll nicht über eine Woche hinaus bestimmt werden. Die Bestimmung des Termins ist zu verkünden und durch Anheftung an die Gerichtstafel bekannt zu machen.

Sind nachträglich Tatsachen oder Beweismittel vorgebracht, so sollen in dem Verkündungstermine die anwesenden Beteiligten hierüber gehört werden.

---

1. Die Verkündung des Beschlusses über Versagung bezw. Erteilung des Zuschlags ist stets wesentlich. In der Regel wird sie im Versteigerungstermin selbst erfolgen, jedoch ist zulässig, daß der Beschluß in einem sofort zu bestimmenden besonderen Termin (Verkündungstermin) erfolgt.

Die Verkündung der Entscheidung kann auch durch einen anderen Richter, als den, der die Versteigerung abgehalten hat, geschehen. Die Verkündung hat in Gegen=

wart eines Gerichtsschreibers unter Aufnahme eines Protokolls hierüber, welch letzteres auch die erschienenen Beteiligten aufzuführen hat, zu erfolgen.

2. Nachträgliches Vorbringen von Tatsachen oder Beweismitteln. Nachträglich sollen nach Abs. 3 über diejenigen Vorgänge, welche nach dem Versteigerungstermin und vor dem Verkündungstermin liegen, soweit sie auf die Entscheidung über den Zuschlag von Bedeutung sind, die anwesenden Beteiligten gehört werden. Zu diesen Vorgängen gehören nachträglich erfolgte Zurücknahme des Versteigerungsantrags, eine von dem Gläubiger erklärte Einstellungsbewilligung (§§ 29, 30). Sind Erhebungen wegen des nachträglichen Vorbringens erforderlich, so ist sofort ein neuer Verkündungstermin zu bestimmen, für welchen die Vorschrift in § 87 Abs. 2 gleichfalls maßgebend ist.

§ 88.

Die Zustellung des Zuschlagsbeschlusses.

Der Beschluß, durch welchen der Zuschlag erteilt wird, ist den Beteiligten, soweit sie weder im Versteigerungstermine noch im Verkündungstermin erschienen sind, und dem Ersteher sowie im Falle des § 61 dem für zahlungspflichtig erklärten Dritten und im Falle des § 81 Abs. 4 dem Meistbietenden zuzustellen. Als Beteiligte gelten auch diejenigen, welche das angemeldete Recht noch glaubhaft zu machen haben.

---

1. An wen muß die Zustellung erfolgen? Wird der Zuschlag erteilt, so ist der Beschluß zuzustellen: **a)** dem Ersteher, dem für zahlungsfähig erklärten Dritten (§§ 61, 82) und dem neben dem Ersteher haftenden Meistbietenden (§ 81 Abs. 4, § 82). Soweit nach Landesrecht in dem Zuschlagsbeschlusse ein Bürge für mithaftend erklärt ist (§ 10 Nr. 2 EG., Art. 10 pr. Ausf.Ges.), ist auch an diesen zuzustellen.

b) an Beteiligte (§ 9 Nr. 2), auch an diejenigen, welche das angemeldete Recht noch glaubhaft zu machen haben. Ausgenommen sind diejenigen, welche entweder in dem Versteigerungstermin oder in dem Verkündungstermin anwesend waren. Ob ein Beteiligter in einem dieser beiden Termine anwesend war, entscheidet sich schlechthin nach dem Protokoll (§ 164 ZPO. Jäckel Anm. 3b). Ein Bieter, dessen Gebot nicht erloschen ist, gehört zu den Beteiligten, da ihm nach § 97 Abs. 1 die Beschwerde zusteht. Vgl. Jäckel Anm. 3b.

2. Wie muß die Zustellung erfolgen? Sie erfolgt von Amts wegen (§ 3) gemäß der §§ 4—7. Der ganze Beschluß nebst Begründung ist zuzustellen, nicht bloß die Formel des Beschlusses. Ein Verzicht auf die Zustellung dürfte aus dem von Jäckel Anm. 3b angeführten Grunde deshalb statthaft sein, weil die materiellen Wirkungen des Zuschlags sich an die Verkündung knüpfen (§ 89). Ebenso Reinhard Anm. II 2, a. A. Henle Anm. 2, Wolff Anm. 2a, Fischer u. Schäfer Anm. 2 wollen den Verzicht nur dann als wirksam anerkennen, wenn zugleich auf das Recht der Beschwerde verzichtet wird (§ 514 ZPO.).

§ 89.

Zeitpunkt der Wirksamkeit des Zuschlages.

Der Zuschlag wird mit der Verkündung wirksam.

---

1. Über die Wirksamkeit der Verkündung. Voraussetzung der Wirksamkeit der Verkündung ist, daß der Beschluß im Versteigerungstermin selbst verkündet worden ist, oder daß der Termin zur Verkündung bestimmt war. Die Verkündung ist so wesentlich, daß eine Ersetzung derselben durch Zustellung des Beschlusses nicht erfolgen kann.

Ist die Verkündung überhaupt unterblieben, so muß sie nachgeholt werden, und die Wirkungen des Beschlusses können erst von dem letztgedachten Zeitpunkt ab eintreten. Wolff Anm. 3, Fischer u. Schäfer Anm. 2, a. M. Jäckel Anm. 1, Reinhard Anm. I 2.

2. Die materiellen Wirkungen der Verkündung des Zuschlags ergeben sich aus den §§ 90—94, 49 Abs. 2 (Verzinsung des Bargebots), § 56 Satz 1 u. Satz 2 (Übergang der Gefahr, Nutzungen und Lasten), § 53 (Übernahme der persönlichen Schuld), § 57 (Eintritt in Miet- und Pachtverträge).

Die materiellen Wirkungen des Zuschlags. (§§ 90—94.)

§ 90.

Zeitpunkt der Wirksamkeit des Zuschlags.

Durch den Zuschlag wird der Ersteher Eigentümer des Grundstücks, sofern nicht im Beschwerdewege der Beschluß rechtskräftig aufgehoben wird.

Mit dem Grundstück erwirbt er zugleich die Gegenstände, auf welche sich die Versteigerung erstreckt hat.

Eigentumserwerb durch den Zuschlag und seine rechtliche Natur 1.
Voraussetzung des Eigentumserwerbs des Erstehers 2.
Umfang des Eigentumserwerbs 3.

1. Der Eigentumserwerb durch den Zuschlag und seine rechtliche Natur. Im Einklang mit den Bestimmungen des BGB. (§§ 932, 933) bestimmt das Gesetz, daß der Ersteher durch den Zuschlag das Eigentum an dem Grundstück und den übrigen mitversteigerten Gegenständen erwirbt und zwar ohne Rücksicht darauf, ob das Eigentum bisher dem Schuldner oder einem Dritten zustand (§ 90 Abs. 1 Satz 1, Abs. 2). „Der Erwerb wird zwar erst dann unanfechtbar, wenn Zuschlagsbeschluß die Rechtskraft beschreitet, im übrigen aber vollzieht er sich unabhängig von der Berichtigung des Bargebots und der Eintragung des Erstehers“ (Denkschr.).

Der Zuschlag ist demnach kein rechtsgeschäftlicher Akt, es liegt kein Kaufgeschäft vor, da die Erfordernisse des Kaufs fehlen, sondern der Richter handelt in Ausübung seines Amts nach Maßgabe der positiven, gesetzlichen Bestimmungen kraft öffentlichen Rechts. Die Wirkung des Zuschlags bestimmt daher auch das Gesetz unabhängig von dem Willen des Schuldners, der sonst Beteiligten und auch des Erstehers.

Durch den Zuschlag wird auch das Eigentum für den Ersteher begründet, selbst wenn er bei Abgabe seines Gebots wußte, daß nicht der Schuldner, sondern ein Dritter Eigentümer des Grundstücks ist. Auf die Gut- und Bösgläubigkeit des Erstehers kommt es also nicht an. Das Erlöschen des bisherigen Eigentums tritt unmittelbar ein. Damit wird der bei der Bekanntmachung des Versteigerungstermins angedrohte Rechtsnachteil (§ 37 Nr. 5) verwirklicht. Diese Wirkung tritt jedoch nicht ein, wenn die Terminsbestimmung nicht die im § 37 Nr. 5 bezeichnete Aufforderung enthalten hat, oder wenn in der Terminsbestimmung das Grundstück unrichtig oder so ungenügend bezeichnet ist, daß der wahre Eigentümer die Identität mit dem ihm gehörigen Grundstück nicht erkennen konnte. Vgl. hierzu Fischer u. Schäfer Einleit. § 8 S. 28—32 u. Anm. 1 zu § 91; Jäckel Anm. 1 u. 2, Reinhard Anm. I zu § 44; a. A. Wolff Anm. 1 zu § 90.

2. Voraussetzung des Eigentumserwerbs des Erstehers. „Der Zuschlag verschafft dem Ersteher nur dann das Eigentum, sofern der Zuschlagsbeschluß nicht im Beschwerdewege rechtskräftig aufgehoben wird." Dadurch ist der Eigentumserwerb des Erstehers von einer vom Gesetz bestimmten Voraussetzung abhängig gemacht. Wird daher der Zuschlagsbeschluß aufgehoben, so gilt es, als ob der Ersteher überhaupt nicht Eigentümer geworden wäre, er muß daher die in der Zwischenzeit gezogenen Nutzungen herausgeben, während er andererseits für die Lasten nicht aufzukommen braucht. Die Auseinandersetzung wird zwischen ihm und dem Subhastaten zu geschehen haben, sofern nicht in der Beschwerdeinstanz einem anderen Bieter der Zuschlag erteilt oder das Verfahren fortgesetzt wird. Wird einem anderen Bieter der Zuschlag erteilt, so findet die Auseinandersetzung mit diesem statt.

Wird das Verfahren fortgesetzt, so hat der neue Ersteher weder einen Ersatzanspruch, noch haftet er für die Aufwendungen des früheren Erstehers. Für ihn sind lediglich der neue Zuschlagsbeschluß und dessen Bedingungen maßgebend. Möglicherweise kann aber der frühere Ersteher wegen der Bereicherung von ausgefallenen Gläubigern in Anspruch genommen und seine ev. Ersatzansprüche gegen den letzten Perzipienten geltend machen. Die vorgedachte Auseinandersetzung kann nur außerhalb des Versteigerungsverfahrens erfolgen und würde ev. im Prozeßwege zu erzwingen sein. Jäckel Anm. 3.

Die übrigen Dispositionen des früheren Erstehers in der Zwischenzeit (Kündigung) werden abgesehen von der Veräußerung und Verpfändung beweglicher Sachen, bezüglich deren die Vorschriften zugunsten derjenigen, welche Rechte von einem Meistberechtigten herleiten (§§ 932 ff., § 1207 BGB.), in Geltung bleiben, mit der Aufhebung des Zuschlagsbeschlusses gleichfalls hinfällig.

3. Umfang des Eigentumserwerbes. In welchem Umfang das versteigerte Grundstück dem Ersteher zugeschlagen wird, ergibt sich aus dem Zuschlagsbeschluß, welcher das zugeschlagene Grundstück näher zu bezeichnen hat. Nimmt der Beschluß auf das Grundbuchblatt Bezug, so wird man annehmen müssen, daß das Grundstück in dem Umfang zugeschlagen wird, wie es dort verzeichnet und eingetragen steht. Da bekanntlich die Grundlage des Grundbuchs die durch Landesrecht dazu bestimmten amtlichen Verzeichnisse (GBO. §§ 2, 89), für Preußen die Grund- und Gebäudesteuerbücher, Verordn. v. 13. Nov. 1890, GS. S. 519 Art. 2, die ihrerseits wieder auf die Flurkarte (Kataster- oder Gemarkungskarte) zurückgehen (§ 3 d. Allg. Verf. v. 20. Nov. 1899, JMBl. S. 349), bilden, so wird der auf diese Weise näher bezeichnete und näher zu ermittelnde Umfang des Grundstückes nach Lage und Begrenzung auch für den Ersteher maßgebend sein müssen, (streitig). Vgl. Fischer u.

Schäfer Anm. 2 und die dort angef. Entscheidungen des Reichsgerichts, a. A. Jäckel Anm. 4, Wolff Anm. 3.

Verweist der Zuschlagsbeschluß bei der Bezeichnung des Grundstücks nicht auf das Grundbuch, so wird bei Zweifel über den Umfang des Grundstücks „der Weg der historischen Ermittlung" einzuschlagen sein. Vgl. Jäckel Anm. 4.

Nach Abs. 2 erwirbt der Ersteher mit dem Grundstück zugleich die Gegenstände, auf welche sich die Versteigerung erstreckt hat. Nach § 55 Abs. 1 gehören zu diesen alle Gegenstände, deren Beschlagnahme noch wirksam ist, nach Abs. 2 auch die im Besitze des Schuldners oder eines neu eingetretenen Grundstückseigentümers befindlichen Zubehörstücke, selbst wenn sie einem Dritten gehören, sofern nicht letzterer sein Recht nach Maßgabe des § 37 Nr. 5 geltend gemacht hat.

Durch abweichende Feststellung der Versteigerungsbedingungen (§ 59) oder durch Anordnung der Sonderverwertung (§ 65) können die Wirkungen des Zuschlages bezüglich der von der Beschlagnahme ergriffenen Gegenstände ausgeschaltet und anders geregelt werden.

Mithaftende Forderungen, insbesondere Ansprüche auf Versicherungsgelder nach Maßgabe des § 21 Abs. 1 gehen mit dem Zuschlage kraft Gesetzes auf den Ersteher über (§ 412 BGB.).

§ 91.

Erlöschen der Rechte. Bestehenbleiben von Rechten auf Vereinbarung.

Durch den Zuschlag erlöschen unter der im § 90 Abs. 1 bestimmten Voraussetzung die Rechte, welche nicht nach den Versteigerungsbedingungen bestehen bleiben sollen.

Ein Recht an dem Grundstücke bleibt jedoch bestehen, wenn dies zwischen dem Berechtigten und dem Ersteher vereinbart ist und die Erklärungen entweder im Verteilungstermin abgegeben oder, bevor das Grundbuchamt um Berichtigung des Grundbuchs ersucht ist, durch eine öffentlich beglaubigte Urkunde nachgewiesen werden.

Im Falle des Abs. 2 vermindert sich der durch Zahlung zu berichtigende Teil des Meistgebots um den Betrag, welcher sonst dem Berechtigten gebühren würde. Im übrigen wirkt die Vereinbarung wie die Befriedigung des Berechtigten aus dem Grundstücke.

Bestehenbleiben von Rechten auf Vereinbarung 2. Wirkungen der Vereinbarung 3.
Erlöschen der Rechte 1.

1. Das Erlöschen der Rechte. Wirkung des Zuschlags ist, daß alle Rechte erlöschen, welche nicht nach den Versteigerungsbedingungen bestehen bleiben sollen.

Das Erlöschen der Rechte tritt in dem Zeitpunkt ein, in welchem der Zuschlag wirksam, d. h. der Ersteher nach § 90 Eigentümer wird. Die Rechte erlöschen aber nicht, wenn der Zuschlagsbeschluß im Beschwerdewege rechtskräftig aufgehoben wird. Im letztgedachten Falle wird das Fortbestehen der Rechte angenommen, gleichfalls als ob sie nie erloschen wären.

Die regelmäßige Wirkung des Zuschlags trifft diejenigen Rechte nicht, welche nach den Versteigerungsbedingungen bestehen bleiben sollen. Deshalb sind die Versteigerungsbedingungen, unter denen der Zuschlag erteilt wird, im Beschlusse zu bezeichnen (§ 82). Die Versteigerungsbedingungen, aus welchen sich das Fortbestehen der Rechte ergibt, können gesetzliche (§ 52, § 9 EG.) oder vereinbarte (§ 59) sein. Enthält der Beschluß nichts über die Bedingungen, so gilt, daß die Rechte in dem durch die gesetzlichen Versteigerungsbedingungen vorgesehenen Umfange erlöschen sollen.

2. Bestehenbleiben auf Vereinbarung. Abgesehen von den Fällen, in welchen Rechte nach den Versteigerungsbedingungen bestehen bleiben, kann nach Abs. 2 das Bestehenbleiben eines Rechts an dem Grundstück durch Vereinbarung zwischen dem Berechtigten und dem Ersteher erreicht werden. Zeitlich kann die Vereinbarung vor oder nach dem Zuschlage getroffen werden. In dem Gesetz ist nur der späteste Zeitpunkt bestimmt. Der Nachweis muß spätestens bis zu dem nach § 130 an das Grundbuchamt gerichteten Ersuchen um Grundbuchberichtigung dem Vollstreckungsgericht erbracht werden. Der Nachweis der Vereinbarung kann durch Abgabe mündlicher Erklärungen zu gerichtlichem Protokoll im Verteilungstermin oder durch Übergabe öffentlich beglaubigter Urkunden erbracht werden.

Die Vereinbarung kann sich nur auf Rechte, die am Grundstücke bestehen, erstrecken (§ 10 Nr. 4); Rechte auf Befriedigung aus dem Grundstücke (§ 10 Nr. 1—3, 5) kann sie nicht ergreifen, diese erlöschen unter allen Umständen.

Als Berechtigter im Sinne des Abs. 2 gilt derjenige, welcher über das Recht verfügen kann. Die Legitimation des Berechtigten hat das Vollstreckungsgericht nur dann zu prüfen, wenn die Auszahlung der Hypothek aus dem Erlöse an den Berechtigten in Frage kommt, oder auf letzteren die Forderung gegen den Ersteher übertragen werden soll (§ 126). Bei Buchhypotheken muß die Vereinbarung mit dem im Grundbuch eingetragenen Gläubiger getroffen sein (§ 1154 Abs. 3 BGB). Vgl. Jäckel Anm. 5, a. A. Fischer u. Schäfer Anm. 3, Reinhard Anm. II d.

Das Bestehenbleiben des Rechts im Falle des Abs. 2 ist auch gegeben, wenn der Anspruch des Berechtigten nur bedingt oder wenn im Verteilungsverfahren dagegen Widerspruch erhoben ist. Erlegt in diesem Falle der Ersteher gemäß der Vereinbarung den entsprechenden Teil des Meistgebots nicht, so wird die Forderung auf den Eventualberechtigten unter der entsprechenden Bedingung übertragen. Auch die für die Forderung einzutragende Sicherungshypothek (§ 128) wird gleichfalls bedingt eingetragen. Wird dagegen das Meistgebot vom Ersteher vollständig hinterlegt, so ist der dem Widersprechenden eventuell zukommende Betrag in entsprechender Anwendung der §§ 120, 124 Abs. 2 für den Eventualberechtigten und den Ersteher zu hinterlegen. Vgl. Jäckel Anm. 5 Fischer u. Schäfer Anm. 3.

3. Die Wirkungen der Vereinbarung. Diese sind nach Abs. 3 folgende: **a)** Die Zahlungspflicht des Erstehers wird in der Weise beeinflußt, daß der nach § 49 zu zahlende Teil des Meistgebots sich um den Betrag mindert, welchen der Berechtigte bei Verteilung des Erlöses zu erhalten hätte, wenn das Recht gemäß § 91 unterginge. Der Einfluß des Vertrages kommt im Falle des § 61 dem für zahlungspflichtig erklärten Dritten, im Falle des § 81 auch dem Meistbietenden zugute (Motive).

b) In Beziehung auf das Recht selbst hat der Vertrag die Wirkung, daß dasselbe als nicht erloschen gilt, d. h. mit voller dinglicher Wirkung gegen jedermann fortbesteht (Motive).

c) Die Motive heben hervor, „daß die Tragweite des Vertrags sich nicht auf das versteigerte Grundstück und das Verhältnis der Vertragschließenden untereinander beschränkt. Das Gesetz muß damit rechnen, daß regelmäßig ein persönlicher Schuldner, mitunter auch noch ein Mitverpflichteter vorhanden sein wird, daß ein Dritter für den Fall der Zahlung aus dem Grundstücke dem bisherigen Eigentümer desselben regreßpflichtig sein wird, und daß für den Anspruch des Berechtigten noch andere Grundstücke haften können. Wird dieser Anspruch durch Zahlung aus dem Versteigerungserlöse befriedigt, so ist die Folge die, daß die vorhandene persönliche Verbindlichkeit wegfällt, die Regreßpflicht begründet wird, und das Recht an den mithaftenden Grundstücken erlischt. Muß nun auch dem Ersteher und dem Berechtigten gestattet werden, die Zahlung dadurch zu umgehen, daß sie das Erlöschen des Rechtes ausschließen, so darf doch das Gesetz eine solche Vereinbarung nur unbeschadet jener berechtigten Interessen zulassen. Es müssen also die Wirkungen, welche die Zahlung gehabt haben würde, auf den Vertrag, durch welchen das Erlöschen des Rechts verhindert wird, übertragen werden. Dies wird nach dem Vorgange von Preußen passend dahin ausgedrückt, daß die Vereinbarung wie eine im Wege der Zwangsversteigerung aus dem Grundstücke gewährte Befriedigung wirkt."

Hieraus ergibt sich, daß, wenn die aufrecht erhaltene Hypothek auf mehreren Grundstücken als Gesamthypothek haftet, die übrigen frei werden (§ 1181 Abs. 2 BGB.).

Nur dann, wenn der Eigentümer des subhastierten Grundstücks von dem Eigentümer eines der mitbelasteten Grundstücke oder einem Rechtsvorgänger dieses Eigentümers Ersatz verlangen kann, geht an ihn die Hypothek an dem Grundstücke dieses Eigentümers über (§ 1182 BGB.). Hiernach tritt im Falle einer Gesamthypothek stets die Wirkung ein, daß die Mithaft der Grundstücke aufhört. Im Falle des § 1181 ist die Hypothek auf den mithaftenden Grundstücken überhaupt erloschen. Im Falle des § 1182 haften das versteigerte Grundstück nur noch dem bisherigen Gläubiger für seinen Anspruch und die mithaftenden Grundstücke nur noch dem Eigentümer des versteigerten Grundstücks für seinen Ersatzanspruch. Jäckel Anm. 7 zu 3. Die sich hieraus ergebende Unrichtigkeit des Grundbuchs werden die Beteiligten richtig zu stellen haben.

d) Das Rangverhältnis der bestehenbleibenden Post zu anderen Rechten kann durch die Vereinbarung nicht verändert werden. Um das bisherige Rangverhältnis zu sichern, bedarf es, wenn die Ansprüche anderer Berechtigter, welche auf Barzahlung aus dem Versteigerungserlöse Anspruch haben, nicht befriedigt und demzufolge für die den Berechtigten übertragene Forderung gegen den Ersteher Sicherungshypotheken eingetragen werden (§§ 118, 128, 130) der Eintragung eines Rangvermerkes im Grundbuch (§ 879 Abs. 3 BGB., § 46 GBO.).

§ 92.

Werterſatz für nicht auf Kapitalzahlung gerichtete Rechte.

Erlischt durch den Zuschlag ein Recht, das nicht auf Zahlung eines Kapitals gerichtet ist, so tritt an die Stelle des Rechtes der Anspruch auf Ersatz des Wertes aus dem Versteigerungserlöse.

Der Ersatz für einen Nießbrauch, für eine beschränkte persönliche Dienstbarkeit sowie für eine Reallast von unbestimmter Dauer ist durch Zahlung einer Geldrente zu leisten, die dem Jahreswert des Rechtes gleichkommt. Der Betrag ist für drei Monate vorauszuzahlen. Der An-

spruch auf eine fällig gewordene Zahlung verbleibt dem Berechtigten auch dann, wenn das Recht auf die Rente vor dem Ablaufe der drei Monate erlischt.

Bei ablösbaren Rechten bestimmt sich der Betrag der Ersatzleistung durch die Ablösungssumme.

---

1. Surrogationsprinzip. Für die an dem Grundstück bestehenden Rechte, soweit sie durch den Zuschlag erlöschen, tritt an die Stelle des Rechtes der Anspruch auf Ersatz des Wertes aus dem Versteigerungserlös (Surrogationsprinzip). Die Anwendung dieses Prinzips gestaltet sich nach der Art der einzelnen Rechte verschieden. Die Umwandlung in eine Geldleistung ist nach Abs. 1 anders als nach Abs. 2; für die Rechte aus Abs. 1 wird eine einzige Kapitalssumme, für die Rechte des Abs. 2 dagegen der Jahreswert berechnet und zugrunde gelegt.

a) Das Eigentum. Hierzu bemerken die Motive: „Der Eigentümer, welchem das Grundstück durch den Zuschlag genommen wird, erlangt dafür den Anspruch auf Zahlung des Betrages, welcher in Erfüllung des Meistgebotes von dem Ersteher oder einem anderen zu zahlen ist, gegen den Verpflichteten und, wenn die Zahlung an das Gericht bewirkt wird, das Eigentum an den Geldstücken, natürlich unbeschadet der den übrigen Beteiligten zustehenden Rechte."

b) Diejenigen Rechte der Beteiligten, welche in einem Anspruch auf Befriedigung aus dem Grundstücke durch Zahlung einer Geldsumme sich betätigen, setzen sich einfach an der Forderung aus dem Meistgebote und, soweit dasselbe durch Zahlung erfüllt wird, an dem Gelde fort (Motive). Dies findet auf Hypotheken, Grund- und Rentenschulden Anwendung. Auch bei Bestellung der Rentenschuld, muß nach § 1199 Abs. 2 BGB. der Betrag bestimmt werden, durch dessen Zahlung die Rentenschuld abgelöst werden kann. Die Ablösungssumme muß im Grundbuch angegeben werden. Sie tritt an Stelle des Kapitals, § 1200 Abs. 2 BGB.; § 92 Abs. 3 dies. G.

c) Die übrigen, an dem Grundstück bestehenden Rechte werden entweder durch einmalige Zahlung eines Kapitals (Abs. 1) oder durch Gewährung einer Geldrente (Abs. 2) aus dem Versteigerungserlöse abgefunden. Im Falle des Abs. 1 wird der Wert des Rechts selbst geschätzt, im Falle des Abs. 2 findet eine Abschätzung der einzelnen Leistungen statt, wobei der Jahreswert dieser festgestellt wird.

2. Die Kapitalsabfindung. Sie findet statt bei folgenden Rechten: Erbbaurechten (§§ 1012 ff. BGB.), Grunddienstbarkeiten, Reallasten von bestimmter Dauer, Rentenschulden (§§ 1199 ff. BGB.), Vorkaufrechte, nach Landesgesetz begründete veräußerliche und vererbliche Nutzungsrechte (Art. 196, 197, EG. BGB.) und das landesgesetzlich bestehende dingliche Wiederkaufsrecht. Bezüglich des Vorkaufsrechts ist zu bemerken, daß „es als ein über die Zwangsversteigerung hinauswirkendes Recht nur für die Fälle in Betracht kommt, wo es für mehrere oder für alle Verkaufsfälle bestellt worden ist, da es andernfalls nach §§ 512, 1098 BGB. durch die Zwangsversteigerung gegenstandslos wird. Fraglich bleibt dabei mit Rücksicht auf die eigenartige Natur des Vorkaufsrechts, ob sich dessen Wert überhaupt in der Weise feststellen läßt, daß es durch Zahlung einer bestimmten Geldsumme abgegolten und demgemäß bei der Verteilung des Versteigerungserlöses berücksichtigt werden kann" (Bem. S. 202).

Anlangend das Wiederkaufsrecht, kann ein solches für die Zwangsversteigerung nur insoweit berücksichtigt werden, als landesgesetzlich auf den durch EG. BGB. vorbehaltenen Gebieten ein solches begründet ist, da das BGB. nur ein persönliches Wiederkaufsrecht kennt (§§ 497—503), wobei es an der Natur des Rechts nichts ändert, wenn es durch Eintragung einer Vormerkung gesichert ist (§ 833 BGB.). In Preußen können Rentengüter auf Grund des Art. 62 EG. BGB. durch Art. 29 AG. BGB. zugunsten des Veräußerers mit einem jedem Eigentümer gegenüber wirksamen Wiederkaufsrechte belastet werden. Dieses Wiederkaufsrecht kann, wenn das Rentengut im Wege der Zwangsversteigerung veräußert wird, ausgeübt werden. Art. 29 §§ 3, 6—9. Der zum Wiederkauf berechtigende Fall tritt erst mit dem Zuschlage ein; die Ausübung geschieht außerhalb des Verfahrens. Ist das Wiederkaufsrecht bei dem geringsten Gebot nicht berücksichtigt und durch den Zuschlag erloschen, so tritt nach § 92 an die Stelle des Rechts der aus dem Erlöse zu deckende Entschädigungsanspruch. Vgl. Jäckel Anm. 1, Fischer u. Schäfer Anm. 3.

3. Die Abfindung durch Zahlung einer Geldrente. (Abs. 2.) Diese wird gewährt für den Nießbrauch, eine beschränkte persönliche Dienstbarkeit (§§ 1090—1093 BGB.) und für eine Reallast von unbestimmter Dauer, insbesondere Altenteile. Die Geldrente muß dem Jahreswerte des Rechts gleichkommen, wobei sie stets in dreimonatlich vorauszahlbaren Beträgen festzustellen ist (analog § 760 Abs. 2 BGB.).

Die Bestimmung des Abs. 2 Satz 3, daß der Anspruch auf eine fällig gewordene Zahlung dem Berechtigten auch dann verbleibt, wenn das Recht auf die Rente vor dem Ablaufe der drei Monate erlischt, kommt vor allem dem Erben des Berechtigten zu Gute.

§ 93.

Zwangsvollstreckung auf Räumung und Herausgabe.

Aus dem Beschlusse, durch welchen der Zuschlag erteilt wird, findet gegen den Besitzer des Grundstücks oder einer mitversteigerten Sache die Zwangsvollstreckung auf Räumung und Herausgabe statt. Die Zwangsvollstreckung soll nicht erfolgen, wenn der Besitzer auf Grund eines Rechtes besitzt, das durch den Zuschlag nicht erloschen ist. Erfolgt gleichwohl die Zwangsvollstreckung, so kann der Besitzer nach Maßgabe des § 771 der Zivilprozeßordnung Widerspruch erheben.

Zum Ersatze von Verwendungen, die vor dem Zuschlage gemacht sind, ist der Ersteher nicht verpflichtet.

1. Besitzerlangung an dem zugeschlagenen Grundstück. Da der Ersteher nach § 90 durch den Zuschlag Eigentümer des Grundstücks wird, kann er auch den Besitz verlangen. Soweit kein Hindernis besteht, kann er sich selbst diesen Besitz verschaffen. Bei sich zeigendem Widerstand wird ihm gerichtliche Hilfe gewährt. Die Grundlage dieser gerichtlichen Hilfe bildet der Zuschlagsbeschluß. In Übereinstimmung mit einer Reihe von Landesgesetzen legt deshalb das Gesetz dem Zuschlagsbeschlusse die Bedeutung eines vollstreckbaren Titels bei, vermöge dessen der Ersteher unmittelbar die Zwangsvollstr. auf Räumung und Herausgabe betreiben kann.

2. Die Zwangsvollstreckung gegen den Subhastaten. Auf Antrag des Erstehers erteilt der Gerichtsschreiber des Vollstreckungsgerichts dem Zuschlagsbeschlusse nach §§ 724, 795 ZPO. die Vollstreckungsklausel (vollstreckbare Ausfertigung). Nach Zustellung derselben oder unter ihrer gleichzeitigen Zustellung wird die Zwangsvollstreckung durch einen vom Ersteher persönlich oder durch Vermittlung des Gerichtsschreibers beauftragten Gerichtsvollzieher in derselben Weise bewirkt, wie wenn ein Urteil zu vollstrecken wäre, welches auf Herausgabe des Grundstücks lautete (§ 885 ZPO.).

Der Gerichtsvollzieher hat alsdann den Schuldner aus dem Besitz zu setzen und den Gläubiger in den Besitz einzuweisen (§ 885 ZPO., § 80[1] d. Geschäftsanw. f. Gerichtsvollz. v. 12. Dez. 1899, JMBl. S. 627).

Die Zwangsvollstreckung der mitversteigerten beweglichen Sachen geschieht nach § 883 ZPO., indem der Gerichtsvollzieher dieselben dem Schuldner wegnimmt und dem Gläubiger übergibt. Welche bewegliche Sachen als mitversteigert anzusehen sind, ergibt sich allerdings nicht aus dem Zuschlagsbeschlusse. Der Gerichtsvollzieher wird daher nur diejenigen Sachen als mitversteigert ansehen können, welche gesetzlich als Zubehör eines Grundstücks gelten (§§ 97, 98 BGB. u. § 80 Nr. 4 u. 8 d. zit. Geschäftsanweis. f. Gerichtsvollzieher). Gegen die Entscheidung des Gerichtsvollziehers können sowohl seitens des Erstehers als auch des Schuldners die Rechtsbehelfe des § 766 ZPO. beim Vollstreckungsgericht geltend gemacht werden.

3. Die Zwangsvollstreckung gegen Dritte. Auch gegen jeden Dritten ist der Zuschlagsbeschluß vollstreckbar, sofern er auf Grund eines Rechts besitzt, welches durch den Zuschlag erloschen ist. Die Zwangsvollstr. darf gegen den Dritten gemäß § 750 ZPO. nur beginnen, wenn gegen ihn nach Maßgabe der §§ 727, 325 ZPO. die Vollstreckungsklausel beim Vollstreckungsgericht erwirkt und gleichzeitig das Besitzverhältnis, sofern es nicht bei Gericht offenkundig ist, durch öffentliche oder öffentlich beglaubigte Urkunden nachgewiesen ist (a. M. Wolff Anm. 4).

Soll sich die Zwangsvollstr. auch auf die Herausgabe beweglicher Sachen, welche sich beim Dritten befinden, erstrecken, so müssen die vorgelegten Urkunden auch ergeben, daß die im Besitze des Dritten befindlichen Sachen auch zu den mitversteigerten gehören. In der Vollstreckungsklausel sind demnächst auch die dem Dritten wegzunehmenden Sachen aufzuführen. Wird die Erteilung der Vollstreckungsklausel in dieser Form überhaupt oder in dem beantragten Umfange abgelehnt, so kann der Ersteher gemäß § 731 ZPO. auf Erteilung der Vollstreckungsklausel beim Vollstreckungsgericht klagen. Er kann aber auch im gewöhnlichen Gerichtsstande als Eigentümer gegen den Dritten auf Räumung und Herausgabe klagen.

Hat der Subhastat trotz Beschlagnahme bewegliche Sachen veräußert, und sind diese in dem Besitze von Dritten, so bedarf es keiner Pfändung und Überweisung des Anspruches des Subhastaten auf Herausgabe gemäß § 866 ZPO., sondern der Ersteher kann direkt auf Grund seines Eigentums infolge der Zuschlagswirkung (§§ 55, 90) auf Herausgabe klagen. Dasselbe trifft auch für Forderungen zu, die dem Ersteher mit zugeschlagen worden sind. Vgl. Jäckel Anm. 2, Fischer u. Schäfer Anm. 1.

4. Die Zwangsvollstreckung auf Herausgabe von Urkunden. Sind Urkunden im Besitze des Schuldners, welche zum Beweise der Forderung dienen, so kann die Herausgabe derselben im Wege der Zwangsvollstreckung nach Maßgabe der §§ 883 ff. ZPO. erwirkt werden (§ 836 Abs. 3 ZPO.). Die Zwangsvollstreckung findet auch Dritten gegenüber, die sich im Besitze der Urkunde befinden, unmittelbar statt, da der Ersteher mit der Forderung zugleich das Eigentum an den darüber ausgestellten Urkunden und damit auch den Herausgabeanspruch erlangt hat. Vgl. Fischer u. Schäfer Anm. 1.

Auch Urkunden, welche die Besitz-, Eigentums- und Rechtsverhältnisse des versteigerten Grundstücks betreffen, müssen als mitversteigert gelten, und kann ihre Herausgabe gemäß § 93 vom Besitzer seitens des Erstehers erzwungen werden. Hierher gehören Kauf-, Miet-, Pachtverträge, Auszüge aus Steuerbüchern, Karten, sonstiges Katastermaterial.

5. Nichtanwendung des § 93 gegen Dritte. Die Zwangsvollstr. soll nicht erfolgen, wenn der Besitzer auf Grund eines Rechtes besitzt, das durch den Zuschlag nicht erloschen ist. Ein solches Recht steht dem Mieter und Pächter, dessen Recht durch den Zuschlag an sich nicht erlischt, (§ 57) oder dem Dritten zu, welchem ein in das geringste Gebot aufgenommenes Nießbrauchsrecht zusteht.

6. Über Verwendungen und deren Ersatz. Nach Abs. 2 können Verwendungen, die vor dem Zuschlage gemacht sind, weder von den Realgläubigern noch von dem Ersteher erstattet verlangt werden. Insoweit sind die Vorschriften der §§ 999, 1000 BGB. abgeändert; dagegen greifen die Bestimmungen des BGB. (§§ 994—996) Platz bezüglich der Verwendungen, die nach dem Zuschlage gemacht sind.

§ 94.

Gerichtliche Verwaltung für Rechnung des Erstehers.

Auf Antrag eines Beteiligten, der Befriedigung aus dem Bargebote zu erwarten hat, ist das Grundstück für Rechnung des Erstehers in gerichtliche Verwaltung zu nehmen, solange nicht die Zahlung oder Hinterlegung erfolgt ist. Der Antrag kann schon im Versteigerungstermine gestellt werden.

Auf die Bestellung des Verwalters sowie auf dessen Rechte und Pflichten finden die Vorschriften über die Zwangsverwaltung entsprechende Anwendung.

---

1. Grund der Vorschrift des § 94. Setzt sich der Ersteher sofort nach Erteilung des Zuschlags auf Grund freiwilliger Räumung des Subhastaten oder auf Grund des § 93 in den Besitz des Grundstücks, so erlangt er, da er durch den Zuschlag Eigentümer des Grundstücks geworden ist (§ 90), die tatsächliche Verfügung über das Grundstück, dessen Bewirtschaftung, Bestimmung über die Zubehörstücke usw. Infolge dieser weitgehenden Befugnisse des Erstehers kann, sofern das Meistgebot noch nicht erlegt ist, das Recht der Beteiligten, welche Zahlung aus dem Bargebot zu erwarten haben und bei der noch nicht erfolgten Zahlung des Bargebots auf den Wert des Grundstücks angewiesen sind, erheblich gefährdet und beeinträchtigt

werden. Zum Schutze der Interessen der Beteiligten hat infolgedessen das Gesetz bestimmt, daß jeder Beteiligte, der Befriedigung aus dem Bargebot zu erwarten hat, solange nicht die Zahlung oder Hinterlegung erfolgt ist, verlangen kann, daß das Grundstück für Rechnung des Erstehers in gerichtliche Verwaltung genommen werde.

2. Antrag. Antragsberechtigung. Antragsform. Zeit der Antragstellung. Die Anordnung aus § 94 setzt stets einen Antrag voraus. Antragsberechtigt ist jeder Beteiligte, „welcher Befriedigung aus dem Bargebot zu erwarten hat". Als solcher gilt auch der Schuldner, falls ihm ein Überschuß aus dem Erlöse in Aussicht steht. Vgl. Jäckel Anm. 2, Wolff Anm. 1. Der Antrag kann mündlich im Versteigerungstermin oder auch im Verkündungstermin zu gerichtlichem Protokoll, außerhalb des Termins schriftlich oder zu Protokoll des Gerichtsschreibers gestellt werden. Zulässig ist der Antrag bis zur Zahlung oder Hinterlegung des Erlöses.

Erfolgt die Zahlung nicht im Verteilungstermin, und ist die Forderung gegen den Ersteher auf die Berechtigten übertragen, so kann der Antrag auch noch nach dem Termin innerhalb drei Monaten gestellt werden, solange die Übertragung noch nicht wie die Befriedigung aus dem Grundstücke wirkt (§ 118 Abs. 2). Vgl. Jäckel Anm. 2; Fischer u. Schäfer Anm. 2; Wolff Anm. 3.

Bei Übertragung der Forderung infolge Bewilligung von Zahlungsfristen gemäß §§ 60, 61, welche wie die Befriedigung aus dem Grundstück wirkt, ist der Antrag aus § 94 schlechthin unzulässig. Vgl. Wolff Anm. 3; Jäckel Anm. 2.

3. Abwendung der gerichtlichen Verwaltung. Der Ersteher kann die Anordnung der gerichtlichen Verwaltung abwenden und die Aufhebung der bereits getroffenen Anordnung herbeiführen, wenn er das Bargebot zahlt oder hinterlegt. Bei der Hinterlegung muß zugleich auf das Recht zur Rücknahme verzichtet werden (§§ 376 Abs. 2 Nr. 1, 378 BGB. u. § 49 Abs. 2 dieses Ges.). Die Hinterlegung braucht nur denjenigen Betrag zu umfassen, welcher nötig ist, um dem Antragsteller und den diesem vorgehenden Berechtigten Deckung zu gewähren. Vgl. Jäckel Anm. 3, Fischer u. Schäfer Anm. 5a.

Die Hinterlegung geschieht bei den nach Landesrecht zuständigen Hinterlegungsstellen. Nach der pr. Hinterl.Ordn. (§§ 73, 74 Nr. 3d) ist die vorläufige Verwahrung bei dem Vollstreckungsgerichte, welche nach § 72 der Hinterl.Ordn. in der Fassung des Art. 84 unter XV AG. BGB. in dem Verhältnisse zwischen den Beteiligten als Hinterlegung gilt, da von der Hinterlegung die Aufhebung einer Sicherungsmaßregel abhängt, ausreichend, um die Anordnung aus § 94 abzuwenden.

4. Die Anordnung der gerichtlichen Verwaltung. Liegen die Voraussetzungen des § 94 vor, so hat das Vollstreckungsgericht dem Antrage durch Beschluß zu entsprechen und zugleich den Verwalter zu ernennen. Gegen die Anordnung, wie gegen die Ablehnung des Antrages ist sofortige Beschwerde zulässig. Der Beschluß darf nicht vor Verkündung des Zuschlags erlassen werden. Der Beschluß ist außer dem Antragsteller und dem Ersteher auch den durch den Beschluß betroffenen Beteiligten zuzustellen. Vgl. Wolff Anm. 8.

5. Rechtliche Natur der gerichtlichen Verwaltung. Nach den Motiven ist diese Verwaltung keine Zwangsverwaltung im Sinne des dritten Titels, sondern eine Sicherungsmaßregel, aber immerhin eine gerichtliche Verwaltung, für welche in Ansehung der Bestellung des Verwalters, sowie der Rechte und Pflichten desselben die nämlichen Vorschriften wie für die Zwangsverwaltung maßgebend sein müssen. Anwendung finden daher die §§ 150, 152, 153, 154, 161 Abs. 1—3. Dem

gerichtlichen Verwalter steht der Besitz des Grundstücks zu, gegenüber den Mietern und Pächtern ist er nur mittelbarer Besitzer. Einer Beschlagnahme des Grundstücks für den Verwalter bedarf es nicht. Der Verwalter ist zur Einziehung der Miet- und Pachtzinsen und der Versicherungsgelder für befugt zu erachten. Vgl. Fischer u. Schäfer Anm. 4, Reinhard Anm. I, III 2c. Die Bestimmung des § 149, wonach dem Schuldner die unentbehrlichen Wohnräume zu belassen sind, findet bei der gerichtlichen Verwaltung keine Anwendung, da die Verwaltung für Rechnung des Erstehers geführt wird, und letzterer, da er Eigentümer geworden, befugt ist, von dem Schuldner die Räumung zu verlangen. Jäckel Anm. 4.

Die Verwaltungsüberschüsse hat der Verwalter nach Beendigung der Verwaltung an den Ersteher herauszugeben, wobei er jedoch berechtigt ist, während der Verwaltung aus den Einkünften die Abgaben, Lasten und sonstige Ausgaben, soweit sie durch eine ordnungsmäßige Wirtschaft gerechtfertigt sind, zu berichtigen.

Die Kosten der Verwaltung, Honorar des Verwalters fallen dem Ersteher zur Last, welcher gerichtsseitig auf Antrag des Verwalters auch angehalten werden kann, die erforderlichen Zuschüsse zu leisten. Gerichtsgebühren kommen für die Verwaltung nicht in Frage. § 130 des pr. GKG. findet auf § 94 keine Anwendung.

VII. Beschwerde.

§ 95.

Beschwerde gegen Entscheidungen vor der Beschlußfassung über den Zuschlag.

Gegen eine Entscheidung, die vor der Beschlußfassung über den Zuschlag erfolgt, kann die Beschwerde nur eingelegt werden, soweit die Entscheidung die Anordnung, Aufhebung, einstweilige Einstellung oder Fortsetzung des Verfahrens betrifft.

---

1. Der Beschwerde unterliegende Entscheidungen. Gemäß § 793 ZPO. kommen gegen Entscheidungen des Vollstreckungsgerichts nur die sofortige Beschwerde in Betracht. Damit „es ein böswilliger Schuldner nicht in der Hand hat, durch wiederholten Gebrauch des Rechtsmittels die Beendigung des Verfahrens bis ins Unbestimmte zu verzögern" (Motive), hat das Gesetz eine Beschränkung der Beschwerde insoweit getroffen, als sie gegen die Entscheidungen, welche vor dem Zuschlage ergangen sind, nur zugelassen ist, wenn sie die Anordnung, Aufhebung, einstweilige Einstellung oder Fortsetzung des Verfahrens betrifft. Die sonstigen hierher gehörigen Beschlüsse dienen zur Vorbereitung des Beschlusses, durch welchen der Zuschlag zu erteilen oder zu versagen ist, und ermangeln derjenigen Selbständigkeit, welche die Voraussetzung für die Zulassung eines Rechtsmittels bildet. Ihr Inhalt ist daher lediglich insoweit Gegenstand der Anfechtung, als darauf das Rechtsmittel gegen den Beschluß über die Erteilung des Zuschlags gestützt werden kann (Denkschr.).

2. Anwendungsfälle des § 95. Vor der Beschlußfassung über den Zuschlag sind unbeschränkt anfechtbar die Entscheidung über die Anordnung des Verfahrens (§ 15) einschließlich der Zulassung des Beitritts (§ 27), die Aufhebung (§§ 28, 29, 31, 32; § 776 ZPO.), die einstweilige Einstellung (§§ 28, 30—32, 75, 77; § 775 ZPO.), oder Fortsetzung (§§ 31, 43) des Verfahrens.

3. Das Verfahren. Über die Beschwerde entscheidet die Zivilkammer des dem Vollstreckungsgericht vorgesetzten Landgerichts. Gegen die Entscheidung des Landgerichts ist eine weitere Beschwerde an das Oberlandesgericht nur zulässig, wenn in ihr ein neuer selbständiger Beschwerdegrund enthalten ist. Ist die Beschwerde vom Landgericht aus formellen Gründen als unzulässig verworfen worden, so ist weitere Beschwerde stets zulässig. Anwaltszwang besteht weder für die Beschwerde, noch für die weitere Beschwerde. Sie hat keine aufschiebende Wirkung, jedoch kann das Vollstreckungsgericht, wie das Beschwerdegericht die Vollziehung der angefochtenen Entscheidung aussetzen. Die Entscheidung über die Beschwerde kann ohne vorgängige mündliche Verhandlung erfolgen. Ordnet das Beschwerdegericht die mündliche Verhandlung an, so hat es in dem Beschluß denjenigen zu bezeichnen, welchen der Beschwerdeführer als Gegner zu laden hat. Für die mündliche Verhandlung selbst gilt der Anwaltszwang.

§ 96.

Beschwerde gegen den Beschluß über die Erteilung des Zuschlags.

Auf die Beschwerde gegen die Entscheidung über den Zuschlag finden die Vorschriften der Zivilprozeßordnung über die sofortige Beschwerde nur insoweit Anwendung, als nicht in den §§ 97 bis 104 ein anderes vorgeschrieben ist.

Die Entscheidung über den Zuschlag unterliegt den Vorschriften der ZPO. über die sofortige Beschwerde nur mit gewissen, durch die Eigentümlichkeit des Versteigerungsverfahrens bedingten Abweichungen. Die Abweichungen von der ZPO., welche in den §§ 97—104 enthalten sind, betreffen die Befugnis zur Einlegung der Beschwerde (§§ 97, 102); den Beginn der Beschwerdefrist (§ 98); die Beschwerdegründe (§ 100); das Verfahren vor dem Beschwerdegericht und die Form der Entscheidung (§§ 99, 101); Zustellung des Beschlusses des Beschwerdegerichts (§ 103); Beginn der Wirksamkeit des in der Beschwerdeinstanz erteilten Zuschlags (§ 104).

§ 97.

Beschwerdeberechtigte.

Die Beschwerde steht im Falle der Erteilung des Zuschlags jedem Beteiligten, sowie dem Ersteher und dem für zahlungspflichtig erklärten Dritten, im Falle der Versagung dem Gläubiger zu, in beiden Fällen auch dem Bieter, dessen Gebot nicht erloschen ist, sowie demjenigen, welcher nach § 81 an die Stelle des Bieters treten soll.

Im Falle des § 9 Nr. 2 genügt es, wenn die Anmeldung und Glaubhaftmachung des Rechtes bei dem Beschwerdegericht erfolgt.

Die Beschwerdeberechtigten werden einzeln und erschöpfend genannt. Voraussetzung für die Zulässigkeit der Beschwerde der hierzu Berechtigten ist, daß ein Beschwerdegrund vorliegt. Wann und ob letzteres zutrifft, ist im § 100 geregelt. Der Kreis der Beschwerdeberechtigten ist verschieden, je nachdem der Zuschlag erteilt oder versagt worden ist.

1. Im Falle der Erteilung des Zuschlags ist beschwerdeberechtigt:

a) jeder Beteiligte (§ 9). Im Falle des § 9 Abs. 2 genügt es jedoch, wenn die Anmeldung und Glaubhaftmachung des Rechts bei dem Beschwerdegericht erfolgt;

b) der Ersteher und der für zahlungspflichtig erklärte Dritte (§§ 61, 82);

c) der Bieter, dessen Gebot nicht erloschen ist und derjenige, der nach § 81 an die Stelle des Bieters treten soll.

2. Im Falle der Versagung des Zuschlags ist beschwerdeberechtigt:

a) jeder betreibende Gläubiger;

b) der Bieter, dessen Gebot nicht erloschen ist und derjenige, der nach § 81 an die Stelle des Bieters treten soll.

Ist landesgesetzlich die Sicherheitsleistung durch Stellung eines Bürgen zugelassen (§ 10 Nr. 2 EG., Art. 10 pr. AG. ZwVG.), so gehört der Bürge nicht zu den Beschwerdeberechtigten. Der Fall der Bürgschaft hat nicht die rechtliche Tragweite und praktische Bedeutung der Fälle der §§ 61, 81, da der Bürge nur für einen verhältnismäßig kleinen Betrag des Gebotes zu haften hat.

§ 98.

Beginn der Beschwerdefrist.

Die Frist für die Beschwerde gegen einen Beschluß des Vollstreckungsgerichts, durch welchen der Zuschlag versagt wird, beginnt mit der Verkündung des Beschlusses. Das gleiche gilt im Falle der Erteilung des Zuschlags für die Beteiligten, welche im Versteigerungstermin oder im Verkündungstermin erschienen waren.

---

1. Inhalt des § 98. Während im allgemeinen auch für die Beschwerde im Zwangsversteigerungsverfahren die Regel des § 577 Abs. 2 ZPO. gilt, nach welcher die zweiwöchige Notfrist, innerhalb welcher die Beschwerde einzulegen ist, von der Zustellung der Entscheidung ab rechnet, wird für den Beschluß über Erteilung oder Versagung des Zuschlags im § 98, abweichend von der ZPO., mit Rücksicht auf die große Zahl der Beteiligten, und da der Beschluß selbst nicht allen Beschwerdeberechtigten zugestellt wird, bestimmt, daß die Beschwerdefrist von der Verkündung des Beschlusses ab läuft. Dies gilt ausnahmslos, soweit es sich um Anfechtung des Beschlusses handelt, durch den der Zuschlag versagt wird. Handelt es sich jedoch um Anfechtung des Beschlusses, durch den der Zuschlag erteilt ist, so greift die Vorschrift des § 98 nur für die Beteiligten Platz, welche im Versteigerungstermin oder im Verkündungstermin erschienen waren. Ist ein Beteiligter in keinem dieser Termine erschienen, so beginnt die Frist erst mit der Zustellung der Entscheidung. Für den Ersteher, den für zahlungspflichtig erklärten Dritten (§ 61) und den Meistbietenden im Falle des § 81 Abs. 2 u. 3 beginnt die Beschwerdefrist gleichfalls erst mit Zustellung des den Zuschlag erteilenden Beschlusses, da sie zwar beschwerdeberechtigt, aber nicht als Beteiligte im Sinne des Gesetzes anzusehen sind. Außer Betracht bleibt, ob sie im Versteigerungstermin oder Verkündungstermin anwesend waren.

2. Nichtanwendung des § 98. § 98 findet keine Anwendung für die weitere Beschwerde. Für diese fängt die Beschwerdefrist erst mit der Zustellung des

Beschlusses des Beschwerdegerichts zu laufen an (§ 103). Ebensowenig gilt § 98 für die Fälle des § 577 Abs. 2 Satz 3 ZPO. Das Nähere s. bei Jäckel Anm. 4.

§ 99.

Gegenerklärung. Beschwerdenverbindung.

Erachtet das Beschwerdegericht eine Gegenerklärung für erforderlich, so hat es zu bestimmen, wer als Gegner des Beschwerdeführers zuzuziehen ist.

Mehrere Beschwerden sind miteinander zu verbinden.

---

1. Gegenerklärung. Nur dann, wenn das Beschwerdegericht eine Gegenerklärung für erforderlich hält, hat es gleichzeitig zu bestimmen, wer als Gegner des Beschwerdeführers zuzuziehen ist. Wer als Gegner in Betracht kommen kann, hängt vom Ermessen des Gerichts ab. Maßgebend wird dabei sein, wessen Recht durch die Abänderung der angefochtenen Entscheidung am meisten betroffen wird. Die vom Gericht als Gegner nicht zugezogenen Beteiligten können nicht als Nebenintervenienten auftreten, da hier nicht ein Rechtsstreit im Sinne der ZPO. in Frage kommt. Vgl. Jäckel Anm. 1; Fischer u. Schäfer Anm. 2.

3. Beschwerdenverbindung. Diese ist aus praktischen Gründen geboten und daher obligatorisch gemacht.

§ 100.

Beschwerdegründe.

Die Beschwerde kann nur darauf gestützt werden, daß eine der Vorschriften der §§ 81, 83 bis 85 verletzt oder daß der Zuschlag unter anderen als den der Versteigerung zugrunde gelegten Bedingungen erteilt ist.

Auf einen Grund, der nur das Recht eines anderen betrifft, kann weder die Beschwerde noch ein Antrag auf deren Zurückweisung gestützt werden.

Die im § 83 Nr. 6, 7 bezeichneten Versagungsgründe hat das Beschwerdegericht von Amts wegen zu berücksichtigen.

Anwendung des Abs. 3: 3.
Beschränkung der Beschwerdegründe 1.
Rechtsinteresse des Beschwerdeberechtigten 2.

1. Beschränkung der Beschwerdegründe. Wie der Kreis der Beschwerdeberechtigten in § 97 erschöpfend geregelt ist, so werden auch im § 100 Abs. 1, um die Anwendung des Gesetzes zu erleichtern, nach dem Vorgange des pr. Ges. (§ 88) die Beschwerdegründe beschränkt und ausdrücklich und in erschöpfender Weise bezeichnet.

Hierbei kommen vor allem die für die Erteilung und Versagung des Zuschlags maßgebenden Vorschriften der §§ 81, 83—85 in Betracht. Sie haben sämtlich den Zweck, durch Verhütung einer unrichtigen Entscheidung das berechtigte Interesse der Beteiligten, sowie des Erstehers beziehungsweise des Meistbietenden zu schützen. Zur vollständigen Erreichung dieses Zwecks wird es im § 100 für zulässig erklärt, jeden Verstoß gegen die bezeichneten Vorschriften als Beschwerdegrund geltend zu machen. Als Beschwerdegrund gilt aber ferner, wenn der Zuschlag, ohne das Gesetz unmittelbar zu verletzen, unter anderen, als den der Versteigerung zugrunde gelegten Bedingungen erteilt ist.

2. Rechtsinteresse des Beschwerdeberechtigten nach Abs. 2. Abs. 2 bestimmt, daß ein Grund der nur das Recht eines anderen betrifft, weder die Beschwerde, noch den Antrag auf deren Zurückweisung zu rechtfertigen vermag. Dies entspricht der Auffassung, welche zu der Bestimmung des § 84 geführt hat.

3. Anwendung des Abs. 3. Für die Anwendung des Abs. 3 kommt weder das rechtliche Interesse des Beschwerdeführers, noch der Beschwerdegrund in Betracht. Die Vorschriften des § 83 Nr. 6 u. 7 sind in dem Grade wesentlich für das Verfahren, daß das Beschwerdegericht ihre Verletzung von Amts wegen berücksichtigen muß. Voraussetzung der Prüfung ist jedoch, daß die Beschwerde rechtzeitig und von einem Beschwerdeberechtigten (§ 97) erhoben ist.

§ 101.

Entscheidung auf die Beschwerde. Weitere Beschwerde.

Wird die Beschwerde für begründet erachtet, so hat das Beschwerdegericht unter Aufhebung des angefochtenen Beschlusses in der Sache selbst zu entscheiden.

Wird ein Beschluß, durch welchen der Zuschlag erteilt ist, aufgehoben, auf weitere Beschwerde aber für begründet erachtet, so ist unter Aufhebung des Beschlusses des Beschwerdegerichts die gegen die Erteilung des Zuschlags erhobene Beschwerde zurückzuweisen.

---

1. Inhalt der Entscheidung. Erachtet das Beschwerdegericht das Rechtsmittel für begründet, so darf es nicht, wie dies nach dem § 575 der ZPO. an sich zulässig wäre, die erforderliche Anordnung dem Gericht übertragen, dessen Beschluß aufzuheben ist. Vielmehr hat es, damit das Verfahren nicht verzögert wird, in der Sache selbst zu entscheiden (§ 101 Abs. 1); hierzu ist es auch imstande, da ihm das Sachverhältnis, auf Grund dessen der Zuschlag zu erteilen oder zu versagen ist, vollständig vorliegt (Denkschr.).

2. Weitere Beschwerde. Das zu 1 Gesagte gilt auch für die weitere Beschwerde, jedoch mit der Maßgabe, daß, wenn die von dem Beschwerdegericht aufgehobene Erteilung des Zuschlags für begründet erachtet wird, die zweite Entscheidung aufzuheben und die Beschwerde gegen die erste zurückzuweisen ist (§ 101 Abs. 2).

§ 102.

Die Berechtigten bei der weiteren Beschwerde.

Hat das Beschwerdegericht den Beschluß, durch welchen der Zuschlag erteilt war, nach der Verteilung des Versteigerungserlöses aufgehoben, so steht die weitere Beschwerde auch denjenigen zu, welchen der Erlös zugeteilt ist.

---

1. Grund der Vorschrift. Die Denkschrift bemerkt hierzu: Infolge der Bestimmungen der §§ 105, 107 kann es vorkommen, daß der Zuschlag noch nach der Verteilung des Versteigerungserlöses von dem Beschwerdegericht aufgehoben wird. Hierdurch wird die Lage derjenigen, welchen der Erlös zugeteilt ist, vollständig verändert. Es erscheint daher billig, daß jedem von ihnen die weitere Beschwerde gegen die Entscheidung des Beschwerdegerichts gewährt wird.

2. Auf die Art der Verteilung des Versteigerungserlöses kommt es nicht an. Sie kann durch Auszahlung an den Berechtigten, Hinterlegung (§ 117 Abs. 1 u. 2), Übertragung der Forderung gegen den Ersteher (§ 118) erfolgen. Als Zuteilung im Sinne des § 102 wird auch die Aufstellung des Teilungplanes, dessen Ausführung gemäß § 116 ausgesetzt ist oder nach welchem das vom Ersteher zu zahlende Bargebot sich gemäß § 91 Abs. 3 infolge Vereinbarung mit einem Berechtigten über das Bestehenbleiben seines Rechts mindert, gelten müssen. Jäckel Anm. 1, Reinhard Anm. II 1, a. A. Fischer u. Schäfer Anm. 2.

3. Auch für die nach § 102 für beschwerdeberechtigt Erklärten sind als Beschwerdegründe nur die im § 100 angeführten maßgebend.

§ 103.

Zustellung des Beschlusses des Beschwerdegerichts.

Der Beschluß des Beschwerdegerichts ist, wenn der angefochtene Beschluß aufgehoben oder abgeändert wird, allen Beteiligten und demjenigen Bieter, welchem der Zuschlag verweigert oder erteilt wird, sowie im Falle des § 61 dem für zahlungspflichtig erklärten Dritten und in den Fällen des § 81 Abs. 2, 3 dem Meistbietenden zuzustellen. Wird die Beschwerde zurückgewiesen, so erfolgt die Zustellung des Beschlusses nur an den Beschwerdeführer und den zugezogenen Gegner.

---

1. Zustellung. Hinsichtlich der Frage, in welcher Weise die Entscheidung über eine Beschwerde den davon betroffenen Personen bekannt zu machen ist, bestimmt das Gesetz, daß in allen Fällen eine Zustellung erfolgen muß. In der Denkschrift wird hierzu bemerkt, daß zwar eine mündliche Verhandlung über die Beschwerde nicht ausgeschlossen ist, und daß hiernach (jetzt) § 329 ZPO. der Weg der Verkündung des Beschlusses gegeben sein würde, daß indessen tatsächlich eine solche Verhandlung selten sein wird, und daß daher das Gesetz im Interesse der Vereinfachung von der Berücksichtigung dieses Falles absehen kann.

2. An wen ist zuzustellen? **a)** Wenn die Beschwerde zurückgewiesen wird, erfolgt die Zustellung des Beschlusses nur an den Beschwerdeführer und den zugezogenen Gegner.

b) Wird der angefochtene Beschluß aufgehoben oder abgeändert, so ist der Beschluß, da die Entscheidung für den Fortgang des Verfahrens maßgebend ist, allen Beteiligten und den im § 88 bezeichneten Personen, aber auch dem Bieter, welchem der Zuschlag verweigert wird, zuzustellen.

§ 104.

Wirksamkeit des in der Beschwerdeinstanz erteilten Zuschlags.

Der Beschluß, durch welchen das Beschwerdegericht den Zuschlag erteilt, wird erst mit der Zustellung an den Ersteher wirksam.

Die Vorschrift des § 89, nach welchem der Zuschlag mit der Verkündung wirksam wird, kann dem Standpunkt des § 103 gemäß nicht auf einen Beschluß, auf welchen das Beschwerdegericht den Zuschlag erteilt, übertragen werden, dieser Beschluß wird vielmehr gleichfalls erst mit der Zustellung an den Ersteher wirksam. (Denkschr.)

VIII. Verteilung des Erlöses.

Vorbemerkung. Das Verteilungsgeschäft ist nach dem Gesetz in Übereinstimmung mit den meisten Landesgesetzen nicht den Berechtigten überlassen, sondern von dem Vollstreckungsgericht auszuführen. „Die Notwendigkeit eines gerichtlichen Verteilungsverfahrens folgt schon aus der Offizialmaxime, von welcher das Versteigerungsverfahren beherrscht wird. Wenn dieses Verfahren so geordnet ist, daß alle beteiligten Rechte gleichmäßig berücksichtigt und geschützt werden, so verlangt die Konsequenz, daß das Gericht insoweit, als es diese Rechte durch den Zuschlag beseitigt, auch dafür sorgen muß, daß die Berechtigten den für sie an die Stelle des Grundstücks tretenden Erlös nach Maßgabe des Gesetzes erhalten. Hierzu kommt, daß das Gesetz, wenn es die Pflichten des Veräußerers einem Beteiligten nicht auferlegt, die Erfüllung dieser Pflichten durch das Verfahren selbst dem Ersteher gewährleisten muß. Von diesem Standpunkt ist der Ersteher wegen der dem Zuschlage entsprechenden Berichtigung des Grundbuchs an das Gericht zu weisen. Das Grundbuch aber kann erst nach der Verteilung des Versteigerungserlöses berichtigt werden.“ (Motive S. 274.)

Die Verteilung erfolgt auf Grund eines Teilungsplans, über den mit den Beteiligten zu verhandeln ist. Nur für die Aufstellung des Plans gelten besondere Regeln (§ 114), während für die Verhandlung, Erledigung erhobener Widersprüche und Ausführung des Planes die Bestimmungen der ZPO. (§§ 876—882) entsprechende Anwendung finden.

Über die rechtliche Natur des Teilungsplans bemerken die Motive (S. 276), daß „der Plan mit einem Teilungsurteil nichts gemein hat, denn der Versteigerungserlös ist nicht zu teilen, sondern unter die Berechtigten, welche in keiner Gemeinschaft miteinander stehen, zu verteilen. Der Richter, welcher den Plan anfertigt, übt hierbei lediglich eine beurkundende bezw. verwaltende Tätigkeit. Diese Tätigkeit kann freilich, wenn sie sich in rechtsverletzenden Anordnungen äußert, im Wege der Beschwerde angegriffen werden. Aber die Beschwerde gegen solche Anordnungen bedarf um so weniger einer besonderen Regelung, als sie in den meisten Fällen durch eine entsprechende Berichtigung des Plans oder durch dessen Ausführung sich erledigen wird. Seine für die Verteilung maßgebende Bedeutung gewinnt der Plan erst durch die Zustimmung der Beteiligten oder vielmehr dadurch, daß ihm nicht widersprochen wird. Erhebt aber ein Beteiligter Widerspruch, so kann über denselben nicht in dem summarischen Verteilungsverfahren, sondern nur im ordentlichen Prozesse entschieden werden. Daher muß, soweit der Widerspruch reicht, bis zu seiner Erledigung die Ausführung unterbleiben."

§ 105.

Bestimmung des Verteilungstermins.

Nach der Erteilung des Zuschlags hat das Gericht einen Termin zur Verteilung des Versteigerungserlöses zu bestimmen.

Die Terminsbestimmung ist den Beteiligten und dem Ersteher, sowie im Falle des § 61 dem für zahlungspflichtig erklärten Dritten und in den Fällen des § 81 Abs. 2, 3 dem Meistbietenden zuzustellen. Als Beteiligte gelten auch diejenigen, welche das angemeldete Recht noch glaubhaft zu machen haben.

Die Terminsbestimmung soll an die Gerichtstafel angeheftet werden.

Ist die Terminsbestimmung dem Ersteher und im Falle des § 61 auch dem für zahlungspflichtig erklärten Dritten, sowie in den Fällen des § 81 Abs. 2, 3 auch dem Meistbietenden nicht zwei Wochen vor dem Termine zugestellt, so ist der Termin aufzuheben und von neuem zu bestimmen, sofern nicht das Verfahren genehmigt wird.

---

1. Terminsbestimmung. Sofort nach Erteilung des Zuschlages d. h. nach Verkündung desselben (§ 89), oder wenn der Zuschlag erst in der Beschwerdeinstanz erteilt wird, nach Zustellung an den Ersteher ist von Amts wegen der Termin zur Verteilung des Versteigerungserlöses anzuberaumen. Weder der Umstand, daß der Zuschlag rechtskräftig geworden, noch daß Beschwerde gegen den Zuschlag eingelegt ist, steht der Anberaumung des Termins entgegen. Im letztgedachten Falle steht es jedoch dem Gericht, da die Verteilung sich nur als die Vollziehung des Zuschlagsbeschlusses darstellt, gemäß § 96 dieses Ges. in Verbindung mit § 572 Abs. 2 ZPO. frei, den anberaumten Termin wiederaufzuheben. Dies kann auch seitens des Beschwerdegerichts gemäß § 572 Abs. 2 ZPO. geschehen.

2. Inhalt der Terminsbestimmung. Der Termin dient zur Verteilung des Versteigerungserlöses. Dieser Zweck des Termins, ebenso wie Tag und Stunde, sind zu bezeichnen. Die Bestimmung enthält weder eine Ladung noch einen Hinweis auf die Folgen des Ausbleibens.

3. An wen ist die Terminsbestimmung zuzustellen? Zuzustellen ist sie allen Beteiligten, wobei zu diesen auch diejenigen zu rechnen sind, welche das angemeldete Recht noch glaubhaft zu machen haben, ferner dem Ersteher, dem für zahlungsfähig erklärten Dritten im Falle des § 61 und dem Meistbietenden in den Fällen des § 81 Abs. 2 u. 3.

4. Veröffentlichung der Terminsbestimmung. Nach Abs. 3 soll die Terminsbestimmung an die Gerichtstafel angeheftet werden. (Instruktionell.) „Eine Bekanntmachung des Verteilungstermins durch ein öffentliches Blatt ist nicht erforderlich, da eine öffentliche Aufforderung zur Anmeldung von Ansprüchen in diesem Abschnitt des Verfahrens nicht am Platze ist." (Motive.)

5. Besondere Fristsetzung für die Zustellung der Terminsbestimmung, Folgen der Versäumung. Um demjenigen, welcher bedeutende Barmittel zum Termin zu beschaffen hat, genügend Zeit zu lassen, bestimmt Abs. 4, daß für den Ersteher, dem zahlungspflichtigen Dritten und den mithaftenden Meistbietenden zwischen dem Zustellungstage und dem Terminstage volle zwei Wochen liegen müssen. Ist dieser Zeitraum nicht gewahrt, so ist der Termin aufzuheben und von neuem zu bestimmen, sofern nicht das Verfahren genehmigt wird. Die neue Terminsbestimmung ist wieder sämtlichen Beteiligten und Zahlungspflichtigen zuzustellen. Bei der neuen Terminsbestimmung ist auch die zweiwöchige Frist des Abs. 4 innezuhalten (vgl. Reinhardt III 1, Fischer u. Schäfer Anm. 4), und es genügt nicht, wie Jäckel Anm. 4 und Wolff Anm. 3 annehmen, daß die vorgeschriebenen zwei Wochen nur zwischen der Benachrichtigung vom ersten Termin und dem neuen Termin liegen müssen.

§ 106.

Vorbereitung des Verteilungsverfahrens.

Zur Vorbereitung des Verteilungsverfahrens kann das Gericht in der Terminsbestimmung die Beteiligten auffordern, binnen zwei Wochen eine Berechnung ihrer Ansprüche einzureichen. In diesem Falle hat das Gericht nach dem Ablaufe der Frist den Teilungsplan anzufertigen und ihn spätestens drei Tage vor dem Termin auf der Gerichtsschreiberei zur Einsicht der Beteiligten niederzulegen.

Die Beteiligten können auch ohne Aufforderung seitens des Gerichts eine Berechnung ihrer Ansprüche jederzeit vor dem Termin schriftlich zu den Akten einreichen oder zu Protokoll des Gerichtsschreibers erklären. An diese Berechnung sind die Beteiligten nicht gebunden, sie können sie im Termin selbst noch abändern oder ergänzen. Eine derartige Berechnung ist als Anmeldung anzusehen und gilt als Widerspruch gegen den Plan, sofern nicht der angemeldete Anspruch auf Antrag in den Plan aufgenommen ist (§ 115 Abs. 2).

Wenn das Gericht die Beteiligten auffordert, binnen zwei Wochen eine Berechnung ihrer Ansprüche einzureichen, so zieht die Nichtbefolgung dieser Aufforderung keine Rechtsnachteile nach sich. Solche dürfen auch nicht vom Gericht angedroht werden. Ob eine Aufforderung zu erlassen ist, ist dem freien Ermessen des Gerichts überlassen und wird gewöhnlich nur in verwickelteren Sachen angewandt. Erläßt das Gericht die Aufforderung, so hat es nach dem Ablaufe der Frist den Teilungsplan anzufertigen und ihn spätestens drei Tage vor dem Termin auf der Gerichtsschreiberei zur Einsicht der Beteiligten niederzulegen.

Die Anfertigung des Teilungsplans ist jedoch nur eine vorläufige, die definitive Feststellung geschieht erst im Termine selbst (§ 113). Jeder Beteiligte kann sich eine Abschrift von dem niedergelegten Entwurf des Teilungsplans erteilen lassen (§ 299 ZPO.).

§ 107.

Feststellung der Teilungsmasse. Zahlung des Erlöses.

In dem Verteilungstermin ist festzustellen, wieviel die zu verteilende Masse beträgt. Zu der Masse gehört auch der Erlös aus denjenigen Gegenständen, welche im Falle des § 65 besonders versteigert oder anderweit verwertet sind.

Die von dem Ersteher im Termine zu leistende Zahlung erfolgt an das Gericht.

Ein Geldbetrag, der zur Sicherheit für das Gebot des Erstehers hinterlegt ist, gilt als gezahlt.

Bietungskaution in Geld 3.
Gegenstand der Verteilung 1.
Zahlung des Erstehers an das Gericht 2.

1. Gegenstand der Verteilung. In dem Verteilungstermin ist zunächst festzustellen, wieviel die zu verteilende Masse beträgt. Gegenstand der Verteilung ist dasjenige, was nach dem Ergebnisse der Versteigerung bar zu zahlen ist. Hierzu gehört danach

a) Der Betrag des Bargebots (§ 49 Abs. 1) nebst vier vom Hundert Zinsen (§ 49 Abs. 2, § 246 BGB.) seit dem Tage der Wirksamkeit des Zuschlags (§§ 89, 104) bis zum Tage des Verteilungstermins. Sind dem Ersteher Zahlungsfristen bewilligt, so ist die Forderung gegen ihn zu verteilen.

Hat eine Hinterlegung des Meistgebots seitens des Erstehers gemäß § 49 Abs. 3 stattgefunden, so sind Zinsen vom Tage der Hinterlegung ab von ihm nicht mehr zu entrichten, sondern es fließen zur Masse nur die nach landesgesetzlicher Vorschrift aufgelaufenen Hinterlegungszinsen (in Preußen $2^1/_2$ %, Verordn. v. 21. Mai 1879, §§ 9, 10 Hinterl.Ordn.).

Anders steht es mit der von dem Ersteher nach den §§ 67—70 in Geld hinterlegten Bietungskaution. Ist letztere an die Hinterlegungsstelle abgeführt, so gebühren dem Ersteher als Hinterleger die Hinterlegungszinsen in vollem Umfange, während anderseits durch die Sicherheitsleistung seine Verpflichtung zur Verzinsung des Bargebots nicht berührt wird. Vgl. Reinhard Anm. II, 2; Fischer u. Schäfer Anm. 2a; a. M. Jäckel Anm. 1 zu 1).

b) Der Erlös derjenigen Gegenstände, welche nach § 65 besonders versteigert oder anderweit verwertet sind.

c) Versicherungsgelder für versicherte Erzeugnisse, soweit sie von der Beschlagnahme ergriffen sind (§ 21), sofern sie nicht mit versteigert (§ 55 Abs. 1) dem Ersteher mit zugeschlagen sind. Vorausgesetzt wird hierbei, daß diese Ansprüche gemäß § 65 durch besondere Versteigerungsbedingung von der Versteigerung ausgenommen sind, und ihre Einziehung für Rechnung der Masse angeordnet ist.

d) Der Amortisationsfonds eines bepfandbrieften Grundstücks wird nur dann für die Teilungsmasse in Betracht kommen, wenn nach den Satzungen im Falle der Zwangsversteigerung des belasteten Grundstücks der Amortisationsfonds zur Teilungsmasse auszuschütten ist (z. B. § 292a des rev. Pommersch. Landschaftsregl. v. 26. Oktober 1857).

e) Entschädigungsansprüche, die an Stelle des Grundstücks getreten sind und nach den Versteigerungsbedingungen nicht dem Ersteher gebühren, vgl. Jäckel Anm. 1 u. 4.

Nicht in die Teilungsmasse fallen die noch nicht verteilten Einkünfte aus einer Zwangsverwaltung. Die Teilungsmasse vermindert sich um die aus dem Versteigerungserlöse vorweg zu entnehmenden Kosten des Verfahrens (§ 109 Abs. 1).

2. Zahlung des Erstehers an das Gericht.

a) Rechtsstellung des Erstehers. Der Ersteher als solcher steht weder zu dem Schuldner noch zu den Realgläubigern oder dem Vollstreckungsgericht in einem Vertragsverhältnis. Er hat zwar nach Abs. 2 die von ihm in dem Termin zu leistende Zahlung an das Gericht zu bewirken. Letzteres nimmt aber die Zahlung nicht als Vertreter des Schuldners oder eines anderen Beteiligten, sondern nur als amtlich bestelltes Organ zur Durchführung des Vollstreckungsverfahrens entgegen. Der Ersteher ist durch die an das Gericht geleistete Zahlung von seiner Verbindlichkeit befreit.

b) Rechtsstellung der Berechtigten und des Subhastaten. Die Berechtigten sind nicht Gläubiger des Gerichts. Die Deckung der Berechtigten aus dem Versteigerungserlös geschieht durch das Gericht in seiner Eigenschaft als amtliches Vollstreckungsorgan. Schuldner der Berechtigten ist vielmehr der Subhastat, welcher seinerseits eine Forderung gegen den Ersteher auf Berichtigung des Bargebots hat. Die Berechtigten haben auch unmittelbar gegen den Ersteher keine Forderung; der Ersteher wird erst dann ihr direkter Schuldner, wenn ihnen das Vollstreckungsgericht die Forderung gegen ihn übertragen hat.

Hiernach wird die in der Praxis und Literatur sehr umstrittene Frage, wem der Beschluß, durch welchen der Gläubiger eines Berechtigten dessen Perzeptionsrate sich hat pfänden und überweisen lassen (z. B. Pfändung einer Forderung, für welche eine Hypothek besteht und Pfändung des für den Schuldner zu erwartenden Überschusses), als Drittschuldner zuzustellen ist. Als Drittschuldner ist weder das Vollstreckungsgericht noch der Ersteher, bevor die Übertragung der Forderung gegen ihn gemäß § 118 erfolgt ist, anzusehen. Als Drittschuldner kann daher nur der Subhastat und nach geschehener Übertragung der Forderung des Berechtigten gegen den Ersteher gemäß § 118 der Ersteher gelten. Vgl. RG. Bd. 40 S. 395, Jäckel Anm. 2, Reinhard Anm. III 1.

3. Die Bietungskaution in Geld. Nur bezüglich der in Geld hinterlegten (§ 69 Abs. 2) Bietungskaution bestimmt Abs. 3, daß dieselbe, soweit der Ersteher im Verteilungstermin nicht zahlt, als eine in diesem Termin geleistete Zahlung zu gelten hat. Abs. 3 findet keine Anwendung, wenn die Bietungskaution in Wertpapieren besteht. Hierfür greift § 108 Platz.

Befindet sich das Geld noch bei der vorläufigen Verwahrungsstelle des Gerichts, so hat der Vollstreckungsrichter für dessen Herausgabe zum Termine Sorge zu tragen, es wird dann gemäß § 117 Abs. 1 verfahren. Ist der Betrag bereits an die Hinterlegungsstelle abgeführt, so kann hier gemäß § 117 Abs. 3 statt der Zahlung eine Anweisung auf den hinterlegten Betrag erteilt werden.

§ 108.

Veräußerung der als Bietungskaution hinterlegten Wertpapiere.

Soweit das Bargebot nicht berichtigt wird, hat das Gericht, wenn Wertpapiere zur Sicherheit für das Gebot des Erstehers hinterlegt sind,

die Veräußerung der Papiere nach Maßgabe der Vorschriften über die Zwangsvollstreckung anzuordnen. Der Erlös ist nach Anordnung des Gerichts auszuzahlen oder zu hinterlegen.

Ist der Beschluß, durch welchen der Zuschlag erteilt wird, noch nicht rechtskräftig, so soll auf Antrag desjenigen, welcher die Sicherheit geleistet hat, die Veräußerung bis zur Rechtskraft ausgesetzt werden.

Bietungskaution für das Gebot des Erstehers 1. Verwendung des Erlöses 3.
Sicherstellung des Hinterlegers 4. Verwertung der Wertpapiere 2.

1. Bietungskaution für das Gebot des Erstehers. Im § 108 wird die Behandlung der in Wertpapieren geleisteten Bietungskaution geregelt. Die Sicherheit muß für das Gebot des Erstehers geleistet sein. Hierher gehören insbesondere die Fälle der §§ 67ff.; auch die Sicherheit, welche bei Bewilligung von Zahlungsfristen der für zahlungspflichtig erklärte Dritte (§ 82) dafür geleistet hat, daß er die dem Ersteher obliegende Zahlung vollständig oder mit dem Abzuge gemäß § 61 im Verteilungstermin bewirken werde. Für den richtigen Eingang der befristeten Zahlungen erstreckt sich diese Sicherheit nicht. Vgl. Jäckel Anm. 1.

2. Verwertung der Wertpapiere. Für die Verwertung der Papiere ist es unerheblich, ob sie von dem Ersteher, zahlungspflichtigen Dritten oder von sonst jemand für diesen geleistet sind. Die Verwertung der Papiere erfolgt seitens des Gerichts von Amts wegen, aber nur, soweit das Bargebot nicht berichtigt wird.

Die Verwertung der Papiere geschieht in Form der Veräußerung nach Maßgabe der Vorschriften über die Zwangsvollstreckung. Da die hinterlegten Papiere nach § 69 einen Kurswert haben müssen, so ist ein Gerichtsvollzieher gemäß § 821 ZPO. mit ihrem Verkauf aus freier Hand zum Tageskurse zu beauftragen. Sind mit Zustimmung des Sicherheitsberechtigten andere als kursfähige Papiere als Sicherheitsleistung angenommen worden, so werden nach § 108 ebenso die Zwangsvollstreckungsvorschriften zur Anwendung zu kommen haben. Die Veräußerung der Wertpapiere ist einzustellen, sobald der Erlös zur Deckung des am Bargebot fehlenden Betrages und zur Deckung der Kosten der Zwangsvollstreckung hinreicht (§ 818 ZPO.).

3. Verwendung des Erlöses. Wird der erzielte Erlös der Papiere noch vor Schluß des Verteilungstermins an das Vollstreckungsgericht abgeführt, so ist derselbe ebenso zu behandeln, als ob er von dem Ersteher in dem Termine selbst gezahlt wäre. Gelangt der Erlös erst nach dem Termin an das Vollstreckungsgericht, so ist der Teilungsplan ohne Rücksicht auf den zu erwartenden Erlös nach § 118 durch Übertragung der von dem Ersteher nicht berichtigten Forderung auf die Berechtigten auszuführen, jedoch mit dem Vorbehalte, die Verteilung entsprechend zu ändern, sobald der Erlös berücksichtigt werden kann (Motive). Der Vorbehalt muß ergeben, in welcher Weise der Erlös verwendet werden soll, wer von den Beteiligten Anspruch auf den Erlös hat. Steht die Person des Empfangsberechtigten nicht fest (§§ 120, 124, 126), so ist an Stelle der Zahlung die Hinterlegung anzuordnen. Der Gerichtsvollzieher ist in beiden Fällen mit entsprechender Anweisung zu verweisen und hiervon den betreffenden Beteiligten, sowie dem Ersteher Nachricht zu geben. Zu der vorbehaltenen nachträglichen Abänderung des Teilungsplans bedarf es der Ansetzung eines besonderen Verteilungstermins nicht. Vgl. Jäckel Anm. 4; Fischer u. Schäfer Anm. 3.

4. Sicherstellung des Hinterlegers. Zur Sicherstellung des Hinter-

legers bestimmt Abs. 2, daß, wenn der Beschluß, durch welchen der Zuschlag erteilt wird, noch nicht rechtskräftig ist, auf Antrag desjenigen, welcher die Sicherheit geleistet hat, die Veräußerung bis zur Rechtskraft ausgesetzt werden soll. Die Vorschrift ist nur instruktionell. Es kommt darauf nicht an, ob Beschwerde schon eingelegt ist. Ist es ungewiß, ob der Zuschlag rechtskräftig geworden ist, so hat der Antragsteller glaubhaft zu machen, daß die Rechtskraft noch nicht eingetreten ist. Vgl. Reinhard Anm. III.

§ 109.

Kosten, Verteilung des Überschusses.

Aus dem Versteigerungserlöse sind die Kosten des Verfahrens vorweg zu entnehmen, mit Ausnahme der durch die Anordnung des Verfahrens oder den Beitritt eines Gläubigers, durch den Zuschlag oder durch nachträgliche Verteilungsverhandlungen entstehenden Kosten.

Der Überschuß wird auf die Rechte, welche durch Zahlung zu decken sind, verteilt.

---

1. Kosten. Abs. 1 stellt als Regel auf, daß die Kosten des Verfahrens vorweg aus dem Versteigerungserlös zu entnehmen sind mit Ausnahme der im Abs. 1 besonders aufgeführten Kosten. Ausgenommen sind:

a) Die durch die Anordnung oder den Beitritt eines Gläubigers entstehenden Kosten. Diese Kosten fallen dem betreffenden Gläubiger zur Last, welcher sie gemäß § 10 Abs. 2 als Kosten der die Befriedigung aus dem Grundstück bezweckenden Rechtsverfolgung geltend machen kann.

b) Die Kosten des Zuschlags. Diese sind nach § 58 (vgl. auch pr. GKG. §§ 126, 133) von dem Ersteher zu tragen und in den Fällen des § 81 Abs. 2, 3 auch von dem Meistbietenden.

c) Kosten nachträglicher Verteilungsverhandlung. Diese sind aus der zur Verteilung gelangenden Spezialmasse vorweg zu entnehmen.

Als Kosten des Verfahrens im Sinne des § 109 gelten ferner nicht:

α) Die Kosten des Beschwerdeverfahrens, da bei diesen besondere Bestimmung über die Kostenpflicht erfolgt.

β) Kosten, die nach Maßgabe des Gesetzes einem bestimmten Schuldner zur Last fallen, z. B. Schreibgebühren für Abschriften und Ausfertigungen, die sich Beteiligte während des Verfahrens geben lassen.

Dagegen sind aus der Masse vorweg zu entnehmen: Gebühren für den Erlaß der Bekanntmachung, den oder die Versteigerungstermine und das Verteilungsverfahren, Gebühren der Rechnungsverständigen und Sachverständigen, Auslagen für die Bekanntmachung der Termine, für Porti.

Reicht die Teilungsmasse zur Deckung der vorstehenden Kosten nicht aus, so haftet für sie der Antragsteller (der betreibende Gläubiger), bei mehreren Antragstellern, sofern diese nicht Mitberechtigte sind, nach § 133 Abs. 2 des Preuß. GKG. jeder ohne Rücksicht auf die Mitverhaftung anderer.

Wieweit dem betreibenden Gläubiger für die gezahlten Kosten der Schuldner haftet, bestimmt sich nach § 788 ZPO. Nach § 788 fallen die Kosten der Zwangsvollstreckung, soweit sie notwendig waren, dem Schuldner zur Last. Dies gilt für die

Immobiliarzwangsversteigerungskosten jedoch nur insoweit, als der Schuldner für den Hauptanspruch persönlich haftet.

2. Verteilung des Überschusses. Die Reihenfolge der zur Befriedigung gelangenden Rechte regelt sich nach der in den §§ 10—12 gegebenen Rangordnung unter Berücksichtigung der in den §§ 37 Nr. 4, 110 gegebenen Vorschriften bezüglich der Zurücksetzung der nicht rechtzeitig angemeldeten Ansprüche. Der Richter hat ferner bei Feststellung der Rangordnung zu prüfen, ob die Ansprüche auf Befriedigung aus dem Erlöse mit den Rechten Dritter belastet sind, z. B. Nießbrauch (§§ 1073, 1077 BGB.), Pfandrechte (§ 1281 BGB.), fideikommissarische Rechte, Nacherbenrechte, welche alsdann selbstverständlich bei der Aufstellung des Verteilungsplans berücksichtigt werden müssen.

§ 110.

Zurücksetzung der nicht rechtzeitig angemeldeten Ansprüche.

Rechte, die ungeachtet der im § 37 Nr. 4 bestimmten Aufforderung nicht rechtzeitig angemeldet oder glaubhaft gemacht worden sind, stehen bei der Verteilung den übrigen Rechten nach.

Bedeutung der Zurücksetzung 1. Voraussetzung der Zurücksetzung 2.
Rangstellung der angemeldeten Rechte 3.

1. Bedeutung der Zurücksetzung. Die Vorschrift des § 110 enthält die Verwirklichung der im § 37 Nr. 4 enthaltenen Androhung. Die Zurücksetzung hinter allen Ansprüchen tritt ein nicht nur bezüglich der eingetragenen Rechte, soweit sie einer Anmeldung und Glaubhaftmachung bedürfen, sondern auch bezüglich der nicht eingetragenen, vorausgesetzt, daß sie beide nicht rechtzeitig angemeldet und glaubhaft gemacht sind.

2. Voraussetzung der Zurücksetzung. Es muß die Aufforderung zur Anmeldung gemäß § 37 Nr. 4 erfolgt und gleichzeitig der Rechtsnachteil des § 110 in der Terminsbestimmung angedroht sein. Fehlt eines von beiden Erfordernissen, so ist der Zuschlag zu versagen. Ist die Aufforderung unterblieben, und der Zuschlag bereits rechtskräftig geworden, so findet § 110 keine Anwendung sondern es verbleibt dann bei der Rangordnung der §§ 10ff.

3. Rangstellung der angemeldeten Rechte. Man kann zwei Klassen der hebungsberechtigten Ansprüche unterscheiden. In der ersten Klasse werden die von Amts wegen zu berücksichtigenden Rechte (Ansprüche, welche zur Zeit der Eintragung des Versteigerungsvermerks nach Existenz und Höhe aus dem Grundbuch ersichtlich sind) und die rechtzeitig angemeldeten gedeckt, in der zweiten Klasse, soweit der Erlös reicht, die verspätet angemeldeten. Innerhalb beider Klassen rangieren die Ansprüche gemäß § 10, die Priorität der Anmeldung entscheidet hier nicht. Vgl. Jäckel Anm. 3; Reinhard Anm. I.

§ 111.

Behandlung betagter Ansprüche. Zwischenzins.

Ein betagter Anspruch gilt als fällig. Ist der Anspruch unverzinslich, so gebührt dem Berechtigten nur die Summe, welche mit Hinzurechnung

der gesetzlichen Zinsen für die Zeit von der Zahlung bis zur Fälligkeit dem Betrage des Anspruchs gleichkommt; solange die Zeit der Fälligkeit ungewiß ist, gilt der Anspruch als aufschiebend bedingt.

Berechnung des Anspruchs bei unbestimmtem Verfalltag 3. Grundsätzliche Behandlung betagter Ansprüche 1. Unverzinslicher Anspruch 2.

1. Grundsätzliche Behandlung betagter Ansprüche. Im § 111 handelt es sich nur um Ansprüche auf Zahlung eines Kapitals, hauptsächlich Hypotheken und Grundschulden. Unter betagtem Anspruch ist ein noch nicht fälliger zu verstehen. Das Gesetz bestimmt, daß ein betagter Anspruch, gleichviel ob verzinslich oder unverzinslich, durch die Zwangsversteigerung fällig wird. Die Fälligkeit ist am Tage des Verteilungstermins als eingetreten anzusehen, bis dahin sind die vertragsmäßigen Zinsen zu berechnen. Ruht die Hypothek auf mehreren Grundstücken, so tritt die Fälligkeit der Hypothek nur auf dem zur Zwangsversteigerung stehenden Grundstück ein (Erk. d. Ob.Trib. v. 12. April 1878, Gruchot Bd. 22 S. 750). Die Fälligkeit der Hypothek erstreckt sich nur auf den dinglichen, nicht auf den persönlichen Anspruch. Bei völligem oder teilweisen Ausfall der Hypothek wird dadurch nicht etwa der der Hypothek zugrunde liegende Anspruch fällig (RG. Bd. 39 S. 322).

2. Unverzinslicher Anspruch. Satz 2 bezieht sich nur auf den unverzinslichen Anspruch. Ist der Anspruch unverzinslich, so muß sich der Gläubiger den Zwischenzins abrechnen lassen. Die Berechnung der Zwischenzinsen erfolgt nach der sogen. Hoffmannschen Methode, welche auch bei § 1133 BGB. u. § 65 KO. zur Anwendung kommt. Folgende Formel veranschaulicht die Berechnung, wenn man den vollen Betrag der Forderung mit K, das zu ermittelnde Kapital mit X, die Zeit vom Verteilungstermin, welcher Tag nicht mitgerechnet wird (§ 187 Abs. 1 BGB.) bis zum Fälligkeitstage mit Z bezeichnet und dabei als gesetzliche Zinsen gemäß § 246 BGB. 4 vom Hundert zugrunde legt: $x = \frac{100 . K}{100 + 4\ Z}$.

3. Berechnung des Anspruchs bei unbestimmtem Verfalltag. In diesem Falle ist die Berechnung des Interusurium unmöglich. Nach dem Gesetz gilt der Anspruch, sofern er unverzinslich ist, als aufschiebend bedingt. Es wird daher ein Deckungskapital zum vollen Betrage angesetzt und nach § 120 verfahren.

Sind Ansprüche von einer vorgängigen Kündigungsfrist abhängig gemacht, so gelten sie an dem Tage fällig, auf welchen zuerst gekündigt werden kann. Sind diese Ansprüche unverzinslich, so wird das Interusurium berechnet. Vgl. Jäckel Anm 4.

§ 112.

Verteilung des Gesamterlöses auf mehrere Grundstücke aus einem Gesamtausgebot.

Ist bei der Versteigerung mehrerer Grundstücke der Zuschlag auf Grund eines Gesamtausgebots erteilt und wird eine Verteilung des Erlöses auf die einzelnen Grundstücke notwendig, so wird aus dem Erlöse zunächst der Betrag entnommen, welcher zur Deckung der Kosten, sowie zur Befriedigung derjenigen bei der Feststellung des geringsten Gebots berücksichtigten und durch Zahlung zu deckenden Rechte erforderlich ist, für welche die Grundstücke ungeteilt haften.

Der Überschuß wird auf die einzelnen Grundstücke nach dem Verhältnisse des Wertes der Grundstücke verteilt. Dem Überschüsse wird der Betrag der Rechte, welche nach § 91 nicht erlöschen, hinzugerechnet. Auf den einem Grundstücke zufallenden Anteil am Erlöse wird der Betrag der Rechte, welche an diesem Grundstücke bestehen bleiben, angerechnet. Besteht ein solches Recht an mehreren der versteigerten Grundstücke, so ist bei jedem von ihnen nur ein dem Verhältnisse des Wertes der Grundstücke entsprechender Teilbetrag in Anrechnung zu bringen.

Reicht der nach Abs. 2 auf das einzelne Grundstück entfallende Anteil am Erlöse nicht zur Befriedigung derjenigen Ansprüche aus, welche nach Maßgabe des geringsten Gebots durch Zahlung zu berichtigen sind oder welche durch das bei dem Einzelausgebote für das Grundstück erzielte Meistgebot gedeckt werden, so erhöht sich der Anteil um den Fehlbetrag.

---

1. Entstehungsgeschichte des § 112. § 112 lautete in der ursprünglichen Fassung des dem Reichstage vorgelegten Gesetzentwurfs folgendermaßen: „Ist bei der Versteigerung unserer Grundstücke der Zuschlag auf Grund eines Gesamtgebots erteilt, so wird aus dem Erlöse zunächst der Betrag entnommen, welcher zur Befriedigung der bei der Feststellung des geringsten Gebots berücksichtigten, durch Zahlung zu deckenden Rechte erforderlich ist.

„Wird eine Verteilung des Überschusses auf die einzelnen Grundstücke notwendig, so erfolgt sie nach dem Verhältnisse des Wertes der Grundstücke. Der Wert wird unter Abzug der Belastungen berechnet, welche nach § 91 nicht erlöschen. Besteht eine solche Belastung an mehreren der versteigerten Grundstücke, so ist bei jedem von ihnen nur ein nach § 1172 Abs. 2 des BGB. zu ermittelnder Teilbetrag zu berücksichtigen.

Erreicht der nach Abs. 2 auf das einzelne Grundstück entfallende Anteil am Erlöse nicht den Betrag, um welchen ein bei dem Einzelausgebote für das Grundstück erzieltes Meistgebot das geringste Gebot überstiegen hatte, so erhöht sich der Anteil bis auf diesen Betrag."

Die Denkschrift bemerkte hierzu: „Einer besonderen Regelung bedarf die Verteilung des Versteigerungserlöses für den häufig vorkommenden Fall, daß mehrere in demselben Verfahren zur Versteigerung gebrachte Grundstücke, welche verschieden belastet sind, auf Grund eines Gesamtausgebots für ein einheitliches Meistgebot zugeschlagen werden. In einem solchen Falle ist zu berechnen, wie viel von dem Gesamterlöse nach dem Verhältnisse des Wertes der einzelnen Grundstücke zueinander auf jedes Grundstück entfällt. Um die Schwierigkeit dieser Berechnung tunlichst zu vermindern, schreibt das Gesetz vor, daß diejenigen, deren Rechte durch das geringste Gebot gedeckt sind, stets aus dem ungeteilten Gesamterlöse befriedigt werden sollen, gleichviel ob ihnen alle oder nur einzelne Grundstücke haften (§ 112 Abs. 1). Eine Zerlegung des Gesamterlöses wird demnach nur dann notwendig, wenn die verschiedenartige Belastung der Grundstücke durch Rechte herbeigeführt ist, die außerhalb des geringsten Gebots liegen. In diesem Falle aber darf für die Verteilung des

Gesamterlöses auf die einzelnen Grundstücke deren Wertverhältnis nicht schlechthin, sondern nur unter der Voraussetzung maßgebend sein, daß dadurch kein Berechtigter in seinen durch das Einzelausgebot erworbenen Aussichten auf Befriedigung beeinträchtigt wird. Hat also ein Einzelausgebot stattgefunden, so müssen diejenigen, welche aus dem für das Grundstück erzielten Meistgebote Befriedigung erlangt haben würden, wenn dem Bieter der Zuschlag erteilt wäre, in Höhe dieses Gebots unter allen Umständen aus dem Gesamterlöse befriedigt werden; der dem betreffenden Grundstücke zu überweisende Erlösanteil ist daher erforderlichenfalls entsprechend zu erhöhen (§ 112 Abs. 3)."

Die vorliegende Fassung des Gesetzes stammt aus der Kommission des Reichstags. Zur Begründung wird in dem Reichstagskommissionsbericht folgendes ausgeführt: „Die Vorschriften des § 112 Abs. 1 der Vorlage, nach denen aus dem Erlöse der Gesamtversteigerung der Betrag, welcher zur Befriedigung der bei der Feststellung des geringsten Gebots berücksichtigten, durch Zahlung zu deckenden Rechte erforderlich sei, ohne Unterschied, ob für diese Rechte die einzelnen Grundstücke ungeteilt haften, zunächst entnommen werden solle, führten, wenn einzelne der Grundstücke allein belastet seien, zu einer unbilligen Benachteiligung des nicht mit demselben Rechte belasteten anderen Grundstücks. Diese Unbilligkeit werde durch die neue Fassung des § 112 Abs. 1 nach dem Antrage vermieden. Auch im übrigen entspreche die von dem Antrage vorgeschlagene Art der Verteilung mehr dem Gedanken, daß es sich in dem in Rede stehenden Falle um die Auseinandersetzung einer Gemeinschaft handele, bei welcher der Betrag der Rechte, die an dem einzelnen Grundstücke bestehen blieben, gewissermaßen als Vorempfang auf den Anteil an dem Erlöse anzurechnen seien (vgl. §§ 2055, 2056 BGB.). Der Abs. 3 des § 112 in der Fassung des Antrags sehe endlich vor, daß der auf die einzelnen Grundstücke entfallende Erlös stets zur Deckung der nach dem geringsten Gebote durch Zahlung zu berichtigenden Ansprüche ausreiche. — Die Vertreter der verbündeten Regierungen erklärten sich mit dem Antrag und dessen Begründung einverstanden. Der Antrag wurde mit allen gegen eine Stimme angenommen."

2. Verteilung des Gesamterlöses. Voraussetzung des § 112 ist, daß mehrere Grundstücke in demselben Verfahren versteigert sind (§ 18), daß der Zuschlag auf Grund eines Gesamtausgebots erfolgt ist, und eine Verteilung des Erlöses auf die einzelnen Grundstücke notwendig wird. Nach dem Gesetz werden zur Verteilung des Gesamterlöses drei Rechnungsoperationen unterschieden, welche in der Reihenfolge, in welcher sie im Gesetze aufgeführt sind, bei der Berechnung zu berücksichtigen sind.

1. Vorwegnahme des Erlösanteils, welcher bei der Zerlegung in Spezialmassen ausscheidet (Abs. 1).

2. Verteilung des Überschusses in Spezialmassen (Abs. 2), eventuell

3. Ausgleichung, wenn eine Spezialmasse hinter dem beim Einzelausgebot erzielten Höchstgebot zurückbleibt (Abs. 3).

Zu 1: Aus dem Erlös wird vorweg entnommen der Betrag, welcher erforderlich ist zur Deckung der Kosten, soweit sie aus dem Versteigerungserlöse nach § 109 zu entnehmen sind, sowie zur Befriedigung derjenigen bei der Feststellung des geringsten Gebots berücksichtigten und durch Zahlung zu deckenden Rechte, für welche sämtliche Grundstücke ungeteilt haften.

Zu den letzterwähnten Ansprüchen, soweit für sie die Grundstücke ungeteilt haften, gehören insbesondere die Zinsen einer dem betreibenden Gläubiger vorgehenden

Gesamthypothek; diese unterliegen der Vorwegnahme auch dann, wenn einer solchen Gesamthypothek auf einzelnen der Grundstücke Einzelhypotheken vorgehen, oder wenn eine Gesamthypothek nicht auf allen, sondern nur auf einzelnen Grundstücken haftet. Der Betrag der Zinsen dieser Hypotheken, soweit sie in das geringste Gebot gehören, werden nicht in den gemeinschaftlich bleibenden Vorwegnahmefond eingestellt. Wichtig ist, daß die Rechnungsoperation nach § 112 niemals imstande ist, die Rangordnung unter den im geringsten Gebot stehenden, durch Barzahlung zu deckenden Ansprüchen zu ändern. Es soll durch die Vorwegnahme nur derjenige Betrag gefunden werden, welcher als Überschuß auf die einzelnen Grundstücke verteilt werden soll.

Beispiel: Die Grundstücke zu I und II sind zusammen für 3700 Mk. versteigert worden.

Im geringsten Gebot stehen als bar zu zahlende Beträge

100 Mk. Kosten, — 200 Mk. Zinsen für die auf Grundstück I ruhende Einzelhypothek, — 600 Mk. Zinsen für die auf den Grundstücken I u. II ruhende Gesamthypothek.

Von dem Erlöse sind zunächst vorweg zu nehmen:

100 + 600 = 700 Mk. Kosten und Zinsen der Gesamthypothek. Der Rest von 3000 Mk. wird gemäß Abs. 2 auf die beiden Grundstücke nach Verhältnis ihres Wertes 5000 Mk. zu 10000 Mk. verteilt. Es entfallen daher auf das Grundstück I 1000 Mk. u. auf das Grundstück II 2000 Mk.

Bar gezahlt werden nun aber nur 700 Mk. Davon werden 100 Mk. auf Kosten verrechnet. Die restlichen 600 Mk. werden aber nicht an den Gesamthypothekarier auf dessen Zinsrückstände ausgezahlt, sondern hierbei müssen vielmehr zunächst die rückständigen Zinsen des dem Range der Gesamthypothek vorgehenden Einzelhypothek berücksichtigt werden und zwar im Verhältnis des Wertes der beiden Grundstücke. Um den dem Einzelhypothekar zustehenden Betrag zu ermitteln, werden die übrig bleibenden 600 Mk. auf beide Grundstücke nach deren Wert verteilt, so daß auf das Grundstück I 200 Mk., auf das Grundstück II 400 Mk. entfallen. Den Betrag von 200 Mk. erhält der Einzelhypothekarier zur Tilgung seiner Zinsenforderung, während die 400 Mk. dem Gesamthypothekarier zur Tilgung der Zinsenschuld zufallen.

3. Verteilung des Überschusses in Spezialmassen (Abs. 2). Zunächst ist der lastenfreie Wert der einzelnen Grundstücke ohne Rücksicht auf deren Belastungen, selbst wenn diese bestehen bleiben, zu berechnen. Vor Verteilung der Überschüsse nach Maßgabe der ermittelten Einzelwerte wird dem Überschusse der Betrag der Rechte zugerechnet, welche nach § 91 bestehen bleiben. Nachdem nunmehr die so ermittelte Summe auf die einzelnen Grundstücke nach ihrem wahren Werte verteilt ist, wird nachträglich der Betrag der Rechte, welche an diesem Grundstück bestehen bleiben, wieder angerechnet und in Abzug gebracht. Besteht ein Recht, das bei Teilung des Überschusses von dem auf die einzelnen Grundstücke entfallenden Anteile wieder abgezogen werden muß, an mehreren der versteigerten Grundstücke, so ist bei jeden von ihnen nur ein dem Verhältnisse des Wertes der Grundstücke entsprechender Teilbetrag in Anrechnung zu bringen und abzuziehen (§ 112 Abs. 2 Satz 4).

4. Einzelheiten zur Verteilung des Gesamterlöses.

a) Wertsfeststellung der einzelnen Grundstücke. Gemäß § 11 EG. ZwVGes. kann durch die Landesgesetzgebung unbeschadet des § 112 Abs. 2 Satz 4 ZwVG. bestimmt werden, daß und nach welchen Grundsätzen der Wert des Grundstücks festgestellt werden soll. Für Preußen ist dies geschehen durch Art. 8 u. 21 des AG. ZwVG. (ähnlich Art. 29 des bayr. AG.). Art. 8 lautet: In den Fällen der §§ 64, 112 des Reichsgesetzes ist der Wert der Grundstücke auf den vierzigfachen Betrag des staatlich ermittelten Grundsteuerreinertrages und den fünfundzwanzigfachen Betrag des staatlich ermittelten Gebäudesteuernutzungswertes zu bestimmen. Ergeben sich begründete Bedenken gegen die Richtigkeit dieser Bestimmung, oder sind die Grundstücke nicht zur Grundsteuer oder Gebäudesteuer staatlich veranlagt, so hat das Gericht den Wert nach freiem Ermessen, nötigenfalls unter Zuziehung eines Sachverständigen, zu bestimmen.

In den Hohenzollernschen Landen ist anstelle des nach der Grund- und Gebäudesteuer zu berechnenden Wertes der Steueranschlag maßgebend. Art. 21 bestimmt: Ist der Wert des Gegenstandes des Verfahrens (sc. eines Bergwerkeigentums, unbeweglicher Bergwerksanteile und selbständiger Kohlenabbaugerechtigkeiten) festzustellen, so erfolgt die Feststellung durch das Gericht nach freiem Ermessen, nötigenfalls unter Zuziehung des zuständigen Revierbeamten (sc. eines Bergwerks).

Ein Beteiligter, welcher sich durch die Wertsfestsetzung des Vollstreckungsrichters benachteiligt glaubt, kann Widerspruch gegen den Plan und im Wege der Klage gegen den vom Widerspruch Betroffenen vor dem Prozeßgericht eine andere Wertfeststellung verlangen, da die auf § 11 EG. fußenden landesgesetzlichen Bestimmungen nur für die Zwangsversteigerung gelten, nicht aber den Prozeßrichter binden. Vgl. Entsch. d. RG. Bd. 39 S. 318 ff.

b) Streitig ist, welche Rechte nach § 91 nicht erlöschen und dem nach § 112 Abs. 1 sich ergebenden Überschusse des Barerlöses zuzurechnen sind. Unstreitig gehören zu diesen Rechten die im geringsten Gebot berücksichtigten, nicht durch Zahlung zu deckenden (§ 52) und die nach den besonderen Versteigerungsbedingungen (§ 59) bestehen bleibenden. Es frägt sich nur, ob hierher auch die Rechte zu zählen sind, welche in Gemäßheit einer nach § 91 Abs. 2 getroffenen Vereinbarung bestehen bleiben. Die Frage wird mit der herrschenden Meinung (Fischer u. Schäfer Anm. 3 zu Abs. 2, Reinhard Anm. II 2b) im allgemeinen zu bejahen und nur für den Ausnahmefall zu verneinen sein, wenn ausnahmsweise der Wert des nach § 91 Abs. 2 nicht erlöschenden Rechtes größer sein würde, als der Barbetrag, der sonst darauf entfallen würde. A. A. Jäckel Anm. 2 zu b).

c) Bezüglich des Wertes der bestehen bleibenden und dem Überschusse hinzuzurechnenden Rechte sind zu unterscheiden die auf Kapitalzahlungen gerichteten Rechte und Rechte anderer Art. Bei Hypotheken und Grundschulden ist als Wert der eingetragene Betrag einzustellen, bei Rentenschulden gilt als Wert die Ablösungssumme (§ 92) und bei Rechten anderer Art der nach § 51 Abs. 2 festgesetzte Wert. Reinhard Anm. II 2b. Gesamtbelastungen werden bei der Hinzurechnung nur einmal zu ihrem vollen Betrage berücksichtigt.

5. Beispiel zu 2. (Abs. 2). Drei Grundstücke (I, II, III) kommen zur Zwangsversteigerung. Die Werte der Grundstücke sind bei I 80000 Mk., bei II 40000 Mk., bei III 40000 Mk. Auf sämtlichen Grundstücken (I—III) ruht eine Gesamthypothek von 40000 Mk., auf Grundstück I ist eine Einzelhypothek von 12000 Mk eingetragen, auf Grundstück II ruht eine Einzelhypothek von 3000 Mk., während auf den Grundstücken I—III eine Gesamthypothek von 20000 Mk. eingetragen steht. Alle diese Hypotheken bleiben bestehen.

Von dem bei dem Gesamtausgebote erzielten, bar zu zahlenden Erlöse verbleiben nach Abzug der Kosten und Zinsen der Gesamthypotheken als Überschuß 30000 Mk., welche auf die drei Grundstücke zu verteilen sind. Zu diesem werden hinzugerechnet die bestehen bleibenden Hypotheken, so daß sich als Gesamtsumme ergibt: 40000 + 12000 + 3000 + 20000 + 30000 = 105000 Mk. Diese Gesamtsumme wird nach dem Werte der Grundstücke verteilt, so daß auf I 52500 Mk., auf II und III je 26250 Mk. entfällt.

Da in diesen Beträgen die durch Bestehenbleiben der Hypotheken bereits berichtigten und darum nunmehr anzurechnenden Beträge enthalten sind, so ist zum Zwecke der Anrechnung jede Gesamthypothek rechnerisch in Teilbeträge nach dem Werte der Grundstücke zu zerlegen, also die Gesamthypothek von 40000 Mk. für I auf 20000 Mk., für II und III auf je 10000 Mk., die Gesamthypothek von 20000 Mk. für I auf 10000 Mk., für II und III auf je 5000 Mk.

Auf die auf das Grundstück I entfallenen 52500 Mk. gelangen zur Anrechnung 20000 + 12000 + 10000 = 42000 Mk., so daß ein Rest von 105000 Mk. verbleibt. Von den auf Grundstück II entfallenen 26250 Mk. werden angerechnet 10000 + 3000 + 5000 = 18000 Mk., mithin ergibt sich ein Rest von 8250 Mk. Von den auf Grundstück III entfallenen 26250 Mk. gelangen zur Anrechnung 10000 + 5000 = 15000, und es verbleibt für III ein Rest von 11250 Mk.

Der zu verteilende Barerlös von 30000 Mk. ist nach vorstehendem in Einzelerlöse von 10500 Mk., 8250 Mk. und 11250 Mk. zu zerlegen.

6. Abs. 3 und dessen Bedeutung. Reicht nach der in Abs. 1 u. 2 vorgeschriebenen Verteilung des Erlöses der auf das einzelne Grundstück entfallende Erlösanteil nicht aus, um die im geringsten Gebot enthaltenen, durch Barzahlung zu berichtigenden Ansprüche zu decken, oder bleiben die ermittelten Spezialmassen hinter dem beim Einzelausgebote dafür erzielten Meistgebote zurück, so findet nach Abs. 3 eine Ergänzung des notleidenden Anteils auf Kosten der auf die übrigen Grundstücke entfallenden Anteile um den Fehlbetrag statt. In welchem Verhältnis die übrigen Anteile zur Ergänzung beizutragen haben, ist im Gesetz nicht ausdrücklich gesagt, doch wird man wohl annehmen müssen, daß die Höhe der Anteile maßgebend ist. Vgl. Jäckel Anm. 2c, Fischer u. Schäfer Anm. 4, a. A. Reinhard Anm. II 3, welcher das Wertverhältnis der Grundstücke hierfür entscheidend sein lassen will, ebenso Wolff Anm. 2.

Der Fall, daß sämtliche Anteile „notleiden", ist nicht möglich, weil das geringste Gebot für das Gesamtausgebot so gebildet wird, daß die für die Einzelgrundstücke festgestellten geringsten Gebote zusammengerechnet werden, und weil das geringste Gebot beim Gesamtausgebot gemäß § 63 Abs. 4 Satz 1 erhöht wird. Vgl. Jäckel Anm. 2 zu c, Fischer u. Schäfer Anm. 4.

7. Beispiel zu Abs. 3 (aus Fischer u. Schäfer Anm. 4.) Es werden 3 Grundstücke, die gleichen Wert haben, I, II, III gemeinschaftlich versteigert. Sie sind mit bestehenbleibenden Rechten belastet und zwar

Grundst. I mit 44000 Mk.; Grundst. II mit 48000 Mk.; Grundst. III mit 48000 Mk.

Ansprüche, die aus dem geringsten Gebot durch Barzahlung zu berichtigen sind, sind folgende:

Bei Grundst. I 1200 Mk.; bei Grundst. II 2800 Mk.; bei Grundst. III 1900 Mk.

Der zu verteilende Barerlös beträgt nach Berücksichtigung der im Abs. 1 vorgeschriebenen Abzüge 10000 Mk. Die auf die drei Grundstücke nach Abs. 2 zu verteilende Gesamtsumme beträgt 44000 Mk. + 48000 Mk. + 48000 Mk. + 10000 Mk.

= 150000 Mk., wovon auf jedes Grundstück $1/3$ = 50000 Mk. entfällt. Rechnet man bei jedem Grundstück die bestehenbleibenden Rechte an, so verbleiben als Erlösanteil

für Grundst. I 6000 Mk; für Grundst. II 2000 Mk.; für Grundst. III 2000 Mk.

Da der auf Grundstück II entfallende Erlösanteil nur 2000 Mk. beträgt, die durch Barzahlung aus dem geringsten Gebot zu berichtigenden Ansprüche aber 2800 Mk. betragen, so fehlen noch 800 Mk., welche ergänzt werden müssen. Die Ergänzung hat aus den auf die Grundstücke I u. III entfallenden Erlösanteile im Verhältnis von 6000 zu 2000 zu erfolgen, d. h. Grundstück I hat 600 Mk. und Grundstück III hat 200 Mk. beizusteuern, so daß sich die Erlösanteile für diese beiden Grundstücke nunmehr auf 5200 Mk. und 1800 Mk. verringern. Auch der für III verbleibende Erlösanteil reicht nicht hin, um die Baransprüche von 1900 Mk. zu berichtigen. Der zur Deckung nötige Betrag von 100 Mk. muß noch von dem Erlösanteil des Grundstücks I hergenommen, und daher der bereits auf 5200 Mk. zusammengeschmolzene Erlösanteil um weitere 100 Mk. gekürzt werden. Der Barerlös von 10000 Mk. ist in der Weise zu zerlegen, daß nunmehr

auf Grundst. I 5100 Mk.; auf Grundst. II 2800 Mk.; auf Grundst. III 1900 Mk. entfallen.

§ 113.

Aufstellung des Teilungsplans.

In dem Verteilungstermine wird nach Anhörung der anwesenden Beteiligten von dem Gerichte, nötigenfalls mit Hilfe eines Rechnungsverständigen, der Teilungsplan aufgestellt.

In dem Plane sind auch die nach § 91 nicht erlöschenden Rechte anzugeben.

1. Der Teilungsplan und dessen Aufstellung. Die Denkschrift bezeichnet den Teilungsplan als die Grundlage für die Verteilung. Die Aufstellung erfolgt in dem Verteilungstermine selbst. Daraus ergibt sich, daß alles, was vor dem Termine an Rechnungsarbeiten, Erklärungen der Beteiligten vorliegt, nur als schätzbares Material anzusehen ist, dessen Verwertung und Aufnahme in den Verteilungsplan von den definitiven Feststellungen im Verteilungstermin abhängt. Die Aufstellung des Plans geschieht durch den Richter, nötigenfalls mit Hilfe eines Rechnungsverständigen. Die Zuziehung des Rechnungsverständigen unterliegt dem Ermessen des Gerichts. Besitzt der Rechnungsverständige, was die Regel bildet, die Qualifikation als Gerichtsschreiber, so wird er meist als Protokollführer zugleich zugezogen werden. Seine Gebühren rechnen zu den Kosten des Verfahrens, die gemäß § 109 vorweg aus dem Versteigerungserlöse zu entnehmen sind.

2. Haftung des Richters und des Rechnungsverständigen bei Aufstellung des Teilungsplans. Für Verletzung der Amtspflicht gemäß § 839 BGB. haften Richter und Rechnungsverständiger solidarisch. Im übrigen wir

jedoch zu unterscheiden sein, ob es sich um Versehen bei rein rechnerischen Fragen handelt oder um richterliche Entscheidungen im Termin (z. B. bei Berücksichtigung eines Beteiligten oder Ausführung des Teilungsplans) handelt. Im ersteren Falle haftet allein der Rechnungsverständige, während in den sonst genannten Fällen der Richter verantwortlich ist. Die solidarische Haftung setzt beiderseitiges Verschulden voraus. Jäckel Anm. 4.

3. Voraussetzungen für die Aufstellung des Plans. Die anwesenden Beteiligten sind von dem Gericht vor Aufstellung des Teilungsplans zu hören. Hierzu gehört auch der anwesende Schuldner. Der Einigung der Beteiligten unterliegt die Frage, welche Ansprüche und in welcher Höhe und Reihenfolge in dem Teilungsplan berücksichtigt werden sollen. Hierzu bedarf es natürlich der Zustimmung sämtlicher Beteiligter, um deren Ansprüche es sich handelt. Über die Feststellung de Teilungsmasse und die bestehenbleibenden Rechte entscheidet das Gericht. Ist eine Einigung der Beteiligten über Befriedigung ihrer Ansprüche aus der Teilungsmasse nicht erzielt, z. B. wenn ein Beteiligter, welcher zustimmen mußte, nicht erschienen ist, so hat das Gericht nach den gesetzlichen Vorschriften den Teilungsplan aufzustellen.

4. Einwände und Widersprüche gegen den Plan und dessen Aufstellung. Der Teilungsplan enthält eine im Zwangsvollstreckungsverfahren ergehende gerichtliche Entscheidung. Nach § 793 ZPO. ist hiergegen die sofortige Beschwerde gegeben (Jäckel Anm. 3, Wolff Anm. 2, Reinhard Anm. I 2; RG. Bd. 45 S. 393).

Nicht dagegen findet § 766 ZPO. hier Anwendung, da die dort geforderte vorgängige Erhebung von Einwendungen beim Vollstreckungsgericht hier bereits ihre Erledigung durch die stattgehabte Anhörung der Beteiligten vor Aufstellung des Plans gefunden hat. Vgl. Fischer u. Schäfer Anm. 4.

Wohl zu unterscheiden von der sofortigen Beschwerde ist der Widerspruch gemäß § 115. Die sofortige Beschwerde richtet sich dagegen, daß der Plan nicht den gesetzlichen Verfahrensvorschriften entsprechend aufgestellt worden ist, während der Widerspruch gemäß § 115 einen ordnungsmäßig aufgestellten Teilungsplan voraussetzt, wobei jedoch in dem Plan ein angeblich besseres materielles Recht bei der Verteilung nicht berücksichtigt worden ist. Vgl. Jäckel Anm. 3, Schöller Zwangsverst. S. 39, Fischer u. Schäfer Anm. 4.

5. Inhalt des Teilungsplans. Derselbe ergibt sich aus Abs. 2 § 113 u. § 114. Nach Abs. 2 des § 113 sind in dem Plan auch die nach § 91 nicht erlöschenden Rechte anzugeben. Hierzu bemerken die Motive: „In den Teilungsplan sind nicht bloß die durch Barzahlung zu berichtigenden Ansprüche aufzuführen, sondern auch die bestehenbleibenden Rechte anzugeben, weil sie bestritten werden können, und insoweit, als sie in Wegfall kommen, der durch Zahlung zu berichtigende und zu verteilende Teil des Meistgebots sich erhöht. Dieser Grund trifft aber nicht allein für Hypotheken und Grundschulden, sondern für alle eingetragenen Rechte zu."

Die Aufnahme dieser Rechte in den Plan ist für die dingliche und persönliche Haftung des Erstehers belanglos, da diese bereits mit der Verkündung des Zuschlags eintritt. Die Aufnahme der bestehenbleibenden Rechte in dem Teilungsplan ist nur für diejenigen von Bedeutung, welche gegen ein solches Recht Widerspruch erheben und für den Fall seines Nichtbestehens die an dessen Stelle vom Ersteher zu zahlende Entschädigung für sich beanspruchen wollen.

§ 114.

Fortsetzung. Feststellung des Teilungsplans.

In den Teilungsplan sind Ansprüche, soweit ihr Betrag oder ihr Höchstbetrag zur Zeit der Eintragung des Versteigerungsvermerkes aus dem Grundbuch ersichtlich war, nach dem Inhalte des Buches, im übrigen nur dann aufzunehmen, wenn sie spätestens in dem Termin angemeldet sind. Die Ansprüche des Gläubigers gelten als angemeldet, soweit sie sich aus dem Versteigerungsantrag ergeben.

Laufende Beträge wiederkehrender Leistungen, die nach dem Inhalte des Grundbuchs zu entrichten sind, brauchen nicht angemeldet zu werden.

Anmeldung, Form und Inhalt 2.

Welche Ansprüche sind in den Teilungsplan aufzunehmen 1.

1. Welche Ansprüche sind in den Teilungsplan aufzunehmen? Das Gesetz unterscheidet Ansprüche, welche ohne Anmeldung gewissermaßen von Amts wegen, und solche, welche nur auf vorgängige Anmeldung hin in den Teilungsplan aufzunehmen sind (Feststellung der Schuldenmasse). Neben dieser Feststellung ist auch die Rangordnung der Ansprüche behufs Befriedigung aus dem Erlöse zu berücksichtigen und anzugeben.

A. Von Amts wegen werden in den Teilungsplan aufgenommen:

a) Die Ansprüche, deren Geldbetrag zur Zeit der Eintragung des Versteigerungsvermerks aus dem Grundbuch ersichtlich war.

Vorausgesetzt wird, daß die Rechte schon zur Zeit der Eintragung des Versteigerungsvermerks aus dem Grundbuch ersichtlich waren. Maßgebend, ist hiernach der Inhalt des Grundbuchs, und nicht genügt der Inhalt der beglaubigten Abschrift des Grundbuchblattes. Der Teilungsplan muß mit dem Inhalt des Grundbuchs übereinstimmen. Ist daher der Verteilungsplan nach dem Inhalt der beglaubigten Abschrift aufgestellt, und enthält die Abschrift ein Versehen, indem z. B. eine eingetragene Hypothek nicht darin enthalten ist, so leidet der Plan an einem gesetzlichen Mangel, infolgedessen er mit der sofortigen Beschwerde angefochten werden kann. Fischer u. Schäfer Anm. 5 b, a. A. Jäckel Anm. 1, der dem übergangenen Gläubiger behufs seiner Befriedigung nur die Bereicherungsklage gegen den letzten Perzipienten (§ 812 BGB.) geben will.

Die Frage, ob der Versteigerungsrichter für die vorgedachte fehlerhafte Aufstellung des Verteilungsplans regreßpflichtig gemacht werden könnte, ist zu verneinen, da der Vollstreckungsrichter sich auf den richtigen Inhalt der beglaubigten Abschrift des Grundbuchblattes verlassen durfte und nicht genötigt war, das Grundbuch selbst einzusehen. Dagegen kann in diesem Fall ein Schadensersatzanspruch gegen den Staat wegen Verfehlung des Grundbuchbeamten gemäß § 12 GBO. geltend gemacht werden. Fischer u. Schäfer Anm. 5 b α.

Es ist ferner nur der Inhalt des Grundbuchs, wie er sich zur Zeit der Eintragung des Versteigerungsvermerks darstellte, maßgebend. Spätere Eintragungen, selbst wenn sie dem Vollstreckungsrichter anderweit bekannt geworden wären, müssen behufs Berücksichtigung angemeldet werden. Es ersetzt auch in diesem Falle die Anmeldung nicht die Vorlegung des Grundbuchs selbst. Ist inzwischen ein in dem vorerwähnten kritischen Zeitpunkt eingetragenes Recht gelöscht werden, so hat hiervon der Vollstreckungsrichter amtlich keine Notiz zu nehmen. Jedoch wird man dem Vollstreckungsrichter das Recht zusprechen müssen, wenn der Berechtigte selbst das Erlöschen seines Rechts anzeigt, oder das Erlöschen von anderer Seite nachgewiesen wird, das erloschene Recht nicht mehr in dem Teilungsplan zu berücksichtigen. Vgl. Jäckel Anm. 2, Fischer u. Schäfer Anm. 5 bα, Wolff Anm. 1a, Reinhard Anm. II 1c.

Hierher gehören Hypotheken, Grundschulden und Rentenschulden; bei letzteren ist die Ablösungssumme aus dem Grundbuche ersichtlich, während bei ersteren der Geldbetrag im Grundbuch direkt angegeben ist. Für Korrealhypotheken gilt nichts Abweichendes. Sicherungshypotheken (§ 1184 BGB., §§ 866, 867 ZPO.) enthalten eine Forderung von bestimmtem Betrage. Bei ihnen wird eine Hypothek zu einem festen Betrage für eine bestimmte Forderung eingetragen, bei der sich aber der Eigentümer das Recht vorbehält, Einreden aus der Forderung gegenüber jedem Gläubiger, auch dem gutgläubigen Zessionar gegenüber geltend zu machen (Prot. d. II. Kommission des BGB., Bd. III S. 679—682). Hiernach sind die Sicherungshypotheken den Buchhypotheken völlig gleich zu stellen. Sind daher Zinsen eingetragen, sind auch diese von Amts wegen zu berücksichtigen. Ob die Eintragung nur eine vorläufige, ob mit Widerspruch oder Vormerkung versehene ist, ist unerheblich.

b) Ansprüche, bei denen nur ein Höchstbetrag im Grundbuch eingetragen ist. Zu diesen sind zu rechnen Maximalhypothek im Sinne des § 1190 BGB., die Fälle des § 882 BGB., Kautionshypothek des neueren preuß. Rechts (§ 24 Ges. über d. Eigentumserwerb v. 5. Mai 1872). Bei Nießbrauch, beschränkter persönlicher Dienstbarkeit oder Reallasten von unbestimmter Dauer hat der Berechtigte nur einen Anspruch auf eine Rente, nicht auf Kapitalabfindung, wobei der in dem Grundbuch eingetragene Betrag nur den Höchstbetrag darstellt (§ 121, Reinhard Anm. II 2 b). Der Anmeldung bedürfen daher diese Rechte nicht.

c) Laufende Beträge wiederkehrender Leistungen, die nach dem Inhalt des Grundbuchs zu entrichten sind. Hierher gehören Zinsen, Amortisationsraten und die laufenden Reallastleistungen. Rückstände sind stets anzumelden. Ergibt sich der Zinsanspruch nicht aus dem Grundbuch, so ist der Zinsanspruch nur auf Anmeldung zu berücksichtigen. Dies gilt insbesondere für gesetzliche und Verzugszinsen. Eingetragene Judikatszinsen werden ohne Anmeldung nur von der Beschlagnahme ab angesetzt. Zinsen von bestehenbleibenden Rechten sind nur bis zum Zuschlag zu berechnen und einzustellen, da sie vom Zuschlage ab dem Ersteher nur zur Last fallen.

Sind die wiederkehrenden Leistungen nicht auf Geld gerichtet, so können die laufenden Beträge nur dann in den Teilungsplan aufgenommen werden, wenn für sie ein bestimmter Geldbetrag angemeldet wird. In Frage kommen hierbei hauptsächlich Naturalprästationen bei Altenteilen, für die gemäß § 46 das Vollstreckungsgericht für das geringste Gebot einen Geldbetrag festzusetzen hat.

d) Der Anspruch des Gläubigers auf Kapital, Zinsen, Kosten und sonstige Nebenleistungen, soweit er sich aus dem Versteigerungsantrag oder dem Beitrittsgesuch ergibt.

e) Die gerichtlichen Kosten des Verfahrens. Sie sind an erster Stelle unter die Schuldenmasse aufzunehmen, selbst dann, wenn sie durch Vorschuß des Gläubigers gedeckt sind. Reinhard, Anm. II 5.

B. Alle anderen Ansprüche bedürfen der Anmeldung. Hierher gehören die nicht eingetragenen Rechte, insbesondere die Ansprüche des § 10 Nr. 1—3; aus eingetragenen Rechten die Rückstände wiederkehrender Leistungen; Ansprüche, die nicht Geld zum Gegenstand haben; aus dem Grundbuch nicht ersichtliche Kosten, Geldansprüche von unbestimmtem Betrage, für die ein Höchstbetrag nicht eingetragen ist (Kautionshypotheken des älteren deutschen Rechts); die erst nach der Eintragung des Versteigerungsvermerks eingetragenen Rechte; eingetragene Rechte, bezüglich deren gemäß § 8 EG. landesgesetzlich die Anmeldung vorgeschrieben ist. Preußen hat von diesem Vorbehalt durch Art. 33 AG. ZwVG. Gebrauch gemacht bezüglich der älteren (d. i. vor dem 1. Juli 1874 entstandenen) hessischen Hypotheken im Bezirk des vormaligen Appellationsgerichts zu Kassel, die eine im § 43 des Ges. v. 29. Mai 1873 (GS. S. 273) vorgesehene Umwandlung nicht erfahren haben.

Bei nicht erfolgter Anmeldung vorstehender Rechte nehmen sie an der Verteilung des Erlöses nicht teil. Nichts steht jedoch der Geltendmachung dieser nicht berücksichtigten Ansprüche im Wege der Klage gegen denjenigen Perzipienten, welcher infolge der Nichtberücksichtigung zur Hebung gelangt ist, entgegen. Jäckel Anm. 6 a. E.

2. Inhalt und Form der Anmeldung. Sie muß den Betrag und Grund des Anspruchs enthalten, auch muß angegeben werden, zu welcher Rangordnungsklasse der Anspruch gehört. Der Richter muß aus dem Inhalt der Anmeldung zu ersehen in der Lage sein, daß der angemeldete Anspruch zu denen gehört, welchen nach § 10 ein Recht auf Befriedigung aus dem Erlöse zukommt. Eine Glaubhaftmachung des Anspruchs erscheint selbst dann nicht erforderlich, wenn der Gläubiger oder ein anderer Beteiligter sie fordert. Sind Beteiligte mit der Einstellung des Anspruchs nicht einverstanden, so ist ihnen im § 115 das Recht des Widerspruchs gegeben. Jäckel Anm. 7, Reinhard III 3; a. M. Schöller S. 36, Fischer u. Schäfer Anm. 5 β.

Über die Form der Anmeldung gilt nichts besonderes, die Anmeldung muß spätestens im Termin erfolgen. Auch vorher kann sie privatschriftlich eingereicht oder zu Protokoll des Gerichtsschreibers erklärt werden. Im Termine selbst kann sie mündlich nur bis zum Schluß desselben oder bis stattgehabter Verteilung des Erlöses erklärt werden.

§ 115.

Verhandlung über den Teilungsplan. Erledigung von Widersprüchen.

Über den Teilungsplan wird sofort verhandelt. Auf die Verhandlung, sowie auf die Erledigung erhobener Widersprüche und die Ausführung des Planes finden die §§ 876 bis 882 der Zivilprozeßordnung entsprechende Anwendung.

Ist ein vor dem Termin angemeldeter Anspruch nicht nach dem Antrag in den Plan aufgenommen, so gilt die Anmeldung als Widerspruch gegen den Plan.

Der Widerspruch des Schuldners gegen einen vollstreckbaren Anspruch wird nach den §§ 767, 769, 770 der Zivilprozeßordnung erledigt.

Soweit der Schuldner durch Sicherheitsleistung oder Hinterlegung die Befriedigung eines solchen Anspruchs abwenden darf, unterbleibt die Ausführung des Planes, wenn die Sicherheit geleistet oder die Hinterlegung erfolgt ist.

1. Verhandlung über den Teilungsplan. Diese Verhandlung erfolgt zum Zwecke der Feststellung, ob Widersprüche erhoben werden. Geschieht dies, so ist darüber zu verhandeln und eine Erklärung sämtlicher Beteiligter über den Widerspruch herbeizuführen. Dabei ist zu beachten, daß, da nach Abs. 2 die Anmeldung, welche vor dem Termine erfolgt und gegen den Antrag nicht in den Plan aufgenommen ist, als Widerspruch gegen den Plan gilt, auch die Verhandlung hierauf erstreckt werden muß. Diese Verhandlung ist keine kontradiktorische, sondern besteht nur in einer Aufforderung zur Erklärung an die Beteiligten und in der Entgegennahme etwaiger Äußerungen dieser. Die Wichtigkeit dieser Verhandlung erhellt daraus, daß der Plan „seine für die Verteilung maßgebende Bedeutung erst dadurch gewinnt, daß ihm von seiten der Beteiligten nicht widersprochen wird". (Motive S. 276.) Als Hauptaufgabe der Verhandlung erscheint daher die Erledigung der Widersprüche. Es kann sein, daß diese durch die weitere Verhandlung zurückgenommen oder als zutreffend anerkannt, oder daß anderweit eine Einigung erzielt wird. In allen diesen Fällen bleibt der ursprüngliche Plan ev. nach Berichtigung in Gemäßheit der Einigung bezw. des Anerkenntnisses bestehen und gelangt dementsprechend zur Ausführung (§§ 117, 118). Wird der Widerspruch nicht beseitigt, so ist nach § 124 Abs. 1 zu verfahren.

2. Wer ist befugt, Widerspruch zu erheben? Jeder Beteiligte (§ 9) hat dieses Recht, jedoch nur, sofern er ein mittelbares rechtliches Interesse an der Nichtausführung des Plans hat. Daher bleibt auch nur insoweit die Ausführung des Plans bis zur Erledigung des Widerspruchs ausgesetzt. Es wird als notwendig erachtet, daß nur der Widerspruch zu berücksichtigen ist, der, wenn er begründet wäre, die Rechtslage des Widersprechenden zu verbessern geeignet wäre. Vgl. Jäckel Anm. 4, Reinhard Anm. II 1. Zur Erhebung des Widerspruchs, da nicht interessiert, ist nicht berechtigt der Ersteher. Dagegen ist zum Widerspruch befugt der Schuldner.

3. Der Widerspruch des Schuldners und des im Laufe des Verfahrens neu eingetretenen Eigentümers. Richtet sich der Widerspruch gegen einen (vorläufig oder endgültig) vollstreckbaren Anspruch, so greifen die §§ 767, 769, 770 ZPO. gemäß Abs. 3 Platz. Danach muß der Schuldner seine Einwendungen bei dem Prozeßgericht bereits durch Klage geltend gemacht haben und durch Erwirkung einer einstweiligen richterlichen Anordnung in Gemäßheit der §§ 769, 770 ZPO. die einstweilige Aussetzung der Wirkungen des vollstreckbaren Titels erlangt haben. Beides hat der Schuldner dem Vollstreckungsgericht im Termin nachzuweisen. Nur in dringenden Fällen würde letzteres selbst befugt sein, die vorgedachte einstweilige richterliche Anordnung zu treffen. Sie wäre jedoch unter Bestimmung einer Frist zu erlassen, innerhalb welcher die Entscheidung des Prozeßgerichts beizubringen wäre (§ 769 Abs. 2 ZPO.). Nach fruchtlosem Ablauf der gesetzten Frist ist der Plan ohne weiteres auszuführen.

Liegt kein vollstreckbarer Titel dem Anspruch zugrunde, gegen den sich der Widerspruch des Schuldners richtet, so ist der Widerspruch genau so zu behandeln, als ob er von einem anderen Beteiligten erhoben worden wäre. Kann jedoch der

Schuldner durch Sicherheitsleistung oder Hinterlegung der Zwangsvollstr. abwenden (§§ 707, 713 Abs. 2, 719, 720, 769, 770, 775 Nr. 3 ZPO.), so unterbleibt die Ausführung des Plans, wenn die Sicherheit geleistet oder die Hinterlegung erfolgt ist.

Für den Fall, daß sich der Widerspruch des Schuldners nur gegen die Rangstellung des Anspruchs richtet, findet § 115 Abs. 3 keine Anwendung, da § 115 Abs. 3 nur Einwendungen voraussetzt, welche den durch das Urteil festgestellten Anspruch selbst betreffen (§ 767 ZPO.). Dem Widerspruch des Schuldners gegen die Rangstelle eines Anspruchs kann insofern ein berechtigtes Interesse zugrunde liegen, als er für die Forderung, deren Berücksichtigung an bestimmter Stelle er in dem Plan verlangt, persönlich haftet, für die bereits berücksichtigte aber nicht. Jäckel Anm. 2. Ein im Laufe des Verfahrens neu eingetretener Eigentümer ist nur dann widerspruchsberechtigt, wenn er sein Recht angemeldet und auf Verlangen glaubhaft gemacht hat (§ 9 Nr. 2). Da § 115 Abs. 3 den neu eingetretenen Eigentümer nicht erwähnt, so erstreckt sich die Vorschrift des Abs. 3 ohne weiteres nicht auf ihn. Es ist vielmehr anzunehmen, daß sein Widerspruch lediglich wie der eines jeden anderen Beteiligten ohne besondere Beschränkung zu behandeln ist und daher die Ausführung des Teilungsplans aufschiebt. Abs. 3 des § 115 könnte nur dann für den neu eingetretenen Eigentümer Anwendung finden, wenn sich der Gläubiger auf Grund der §§ 325 Abs. 3, 727 ZPO. auch gegen ihn eine vollstreckbare Ausfertigung seines Titels hätte erteilen lassen. Jäckel Anm. 3; Wolff S. 219; Fischer u. Schäfer Anm. 2; Reinhard Anm. II, 6.

4. Form und Inhalt des Widerspruchs. Eine besondere Form für die Erhebung des Widerspruchs ist nicht vorgeschrieben. Es genügt jede Erklärung des Beteiligten, in welcher er in bestimmter Weise sein Nichteinverständnis mit der im Teilungsplan vorgesehenen Befriedigung kund gibt. Der Widerspruch kann sich gegen Existenz, Höhe, Rang eines in den Teilungsplan aufgenommenen Anspruchs richten. RG. Bd. 27 S. 305. Der Widerspruch muß erkennen lassen, welchen Anspruch er betrifft, in welchem Punkte er die Abänderung des Plans verlangt, da der Widerspruch sonst als nicht substantiiert zurückgewiesen werden könnte. Für den Fall, daß gemäß § 115 Abs. 2 ein vor dem Termin nicht gehörig angemeldeter Anspruch nicht nach Antrag in den Plan aufgenommen worden ist (§ 115 Abs. 2), muß die Anmeldung sowohl Betrag als auch Grund des Anspruchs ergeben, da hier überhaupt keine gehörige Anmeldung vorlag. Jäckel Anm. zu § 115, 6c zu § 876 ZPO.

Besondere Bestimmung gilt bezüglich der Ausführung des Teilungsplans, wenn Widerspruch gegen einen Anspruch der in Preußen bestehenden öffentlichen landschaftlichen (ritterschaftlichen) Kreditanstalt, welcher das Zwangsverfahren direkt zusteht, erhoben wird. Der Widerspruch hemmt in diesem Falle die Ausführung des Teilungsplans nicht. Der Widersprechende kann sein Recht nur nach erfolgter Zahlung im Prozeßwege geltend machen. §§ 1, 2, 8, 12, 13 des Ges. v. 3. Aug. 1897 (GS. S. 388), Art. 167 EG. BGB., § 2 EG. ZwVG., Art. 34 AG. ZwVG. und Näheres hierzu bei Fischer u. Schäfer Anm. 3c.

5. Zeitpunkt der Erhebung des Widerspruchs. Der Widerspruch kann sowohl im Termine, als auch vor dem Termine erhoben werden. Dies sieht § 877 ZPO. ausdrücklich vor. Dem steht nicht entgegen, daß der Plan selbst erst definitiv im Termin zur Aufstellung gelangt. Dementsprechend bestimmt auch § 115 Abs. 2, daß, wenn ein vor dem Termin angemeldeter Anspruch nicht nach dem Antrag in den Plan aufgenommen wird, die Anmeldung als Widerspruch gegen den

Plan gilt. Vgl. Fischer u. Schäfer Anm. 3a, Wolff Anm. 1b, Reinhard Anm. II 3; a. A. Jäckel Anm. 5.

6. Die im § 115 Abs. 1 in Bezug genommenen Bestimmungen der ZPO. Diese sind:

§ 876 ZPO. Wird in dem Termin ein Widerspruch gegen den Plan nicht erhoben, so ist dieser zur Ausführung zu bringen. Erfolgt ein Widerspruch, so hat sich jeder bei demselben beteiligte Gläubiger sofort zu erklären. Wird der Widerspruch von den Beteiligten als begründet anerkannt oder kommt anderweit eine Einigung zustande, so ist der Plan demgemäß zu berichtigen. Wenn ein Widerspruch sich nicht erledigt, so erfolgt die Ausführung des Plans insoweit, als der Plan durch den Widerspruch nicht betroffen wird.

§ 877 ZPO. Gegen einen Gläubiger, welcher in dem Termine weder erschienen ist noch vor dem Termine bei dem Gerichte Widerspruch erhoben hat, wird angenommen, daß er mit der Ausführung des Plans einverstanden sei.

Ist ein in dem Termine nicht erschienener Gläubiger bei dem Widerspruche beteiligt, welchen ein anderer Gläubiger erhoben hat, so wird angenommen, daß er diesen Widerspruch nicht als begründet anerkenne.

§ 878 ZPO. Der widersprechende Gläubiger muß ohne vorherige Aufforderung binnen einer Frist von einem Monate, welche mit dem Terminstage beginnt, dem Gerichte nachweisen, daß er gegen die beteiligten Gläubiger Klage erhoben habe. Nach fruchtlosem Ablaufe dieser Frist wird die Ausführung des Plans ohne Rücksicht auf den Widerspruch angeordnet.

Die Befugnis des Gläubigers, welcher dem Plane widersprochen hat, ein besseres Recht gegen den Gläubiger, welcher einen Geldbetrag nach dem Plane erhalten hat, im Wege der Klage geltend zu machen, wird durch die Versäumung der Frist und durch die Ausführung des Plans nicht ausgeschlossen.

Bemerkungen zu § 878:

a) Aktiv legitimiert zur Erhebung der Klage ist jetzt im Gegensatz zu § 114 des preuß. ZwVG. stets der widersprechende Gläubiger. Es sind jedoch abweichende Vereinbarungen der Beteiligten, auf Grund deren der bei dem ausschließlich zuständigen Gericht (§ 879 ZPO.) schwebende Prozeß mit umgekehrten Parteirollen geführt wird, zulässig (RG. Bd. 15 S. 221, RG. in Gruchots Beiträgen, Bd. 42 S. 746).

Passiv legitimiert für die Klage sind nur diejenigen Beteiligten, welche von dem Widerspruch betroffen werden, m. a. W. zu deren Nachteil der Teilungsplan abzuändern ist, wenn der Widerspruch für begründet erklärt wird (RG. Bd. 26 S. 424).

b) Über die Frist von einem Monat. Die Berechnung der einmonatlichen Frist regelt sich nach den §§ 187 Abs. 1, 188 Abs. 2 u. 3 BGB., § 222 ZPO. Sie ist eine gesetzliche, die zwar durch Vereinbarung der Parteien, nicht aber durch das Gericht verkürzt oder verlängert werden kann (§ 224 ZPO.). Sie läuft auch während der Gerichtsferien, da Zwangsvollstreckung in Frage kommt (§ 223 Abs. 2 ZPO., § 204 GVG.; Jur. Wochenschr. 1898 S. 222). Hat der widersprechende Gläubiger die gesetzte Frist, ohne Klage zu erheben, verstreichen lassen, haben aber andere widersprechende Gläubiger inzwischen Klage erhoben, und ist infolgedessen die Ausführung des Plans noch nicht erfolgt, so genügt es, wenn der Gläubiger, welcher erst nach Ablauf der Frist geklagt hat, vor Ausführung der Verteilung eine ihm günstige, rechtskräftige Entscheidung des Prozeßrichters beibringt. Diese ist alsdann bei der Verteilung zu berücksichtigen. Jäckel Anm. zu § 115, 6 d zu § 878 ZPO.

c) Nachweis der Klageerhebung. Dem Vollstreckungsgericht ist eine Abschrift der Klage nebst Zustellungsurkunde vorzulegen. Das Vollstreckungsgericht hat zu prüfen, ob die erhobene Klage mit dem Widerspruch in Einklang steht. Wäre dies nicht der Fall, so steht der Ausführung des Plans nach Ablauf der Frist nichts im Wege, sofern nicht etwa noch andere Widersprüche rechtshängig sind. Jäckel Anm. 6 zu § 115, s. c) zu § 878 ZPO.

d) Unterlassung der Klageerhebung und deren Bedeutung. Abs. 2 des § 878 ZPO. hebt besonders hervor, daß der mit Widerspruch gegen den Plan hervorgetretene Gläubiger durch Versäumung der gesetzten Frist nicht gehindert wird, wenn der Plan ohne Rücksicht auf den Widerspruch zur Ausführung gelangt ist, sein besseres Recht gegen den Gläubiger, welcher einen Betrag nach dem Plan erhalten hat, im Wege der Klage geltend zu machen (§§ 812, 818 f. BGB.).

§ 879 ZPO. Die Klage ist bei dem Verteilungsgericht und, wenn der Streitgegenstand zur Zuständigkeit der Amtsgerichte nicht gehört, bei dem Landgerichte zu erheben, in dessen Bezirke das Verteilungsgericht seinen Sitz hat.

Das Landgericht ist für sämtliche Klagen zuständig, wenn seine Zuständigkeit nach dem Inhalte der erhobenen und in dem Termine nicht zur Erledigung gelangten Widersprüche auch nur in betreff einer Klage begründet ist, sofern nicht die sämtlichen beteiligten Gläubiger vereinbaren, daß das Verteilungsgericht über alle Widersprüche entscheiden solle.

Bemerkungen zu § 879 ZPO.: Zuständigkeit des Gerichts. Für die Widerspruchsklage ist der Gerichtsstand ein ausschließlicher (§ 802 ZPO.). Zuständig ist das Verteilungsgericht oder das diesem übergeordnete Landgericht, je nachdem für die Klage Amts- oder Landgericht sachlich zuständig ist. Als Klageerhebung im Sinne des Gesetzes gilt nicht, wenn die Klage vor einem unzuständigen Gerichte erhoben ist. Eine solche Klage ist vom Vollstreckungsgericht nicht zu berücksichtigen.

Für die Klage aus dem besseren Recht außerhalb des Verteilungsverfahrens greifen die allgemeinen Regeln bezüglich der Zuständigkeit Platz.

Maßgebend für die sachliche Zuständigkeit des anzurufenden Gerichts ist derjenige Betrag, wegen dessen der Kläger eine dem Teilungsplan widersprechende Verteilung für sich begehrt. Vgl. Reincke, ZPO. Anm. I, 1 a zu § 879.

Für die Widerspruchsklage ist der Rechtsweg auch dann gegeben, wenn es sich um Ansprüche handelt, für welche sonst der Rechtsweg unzulässig wäre, z. B. wenn der Widerspruch eine Deichlast oder Gemeindeabgabe betrifft (§ 22 Deichges. v. 28. Jan. 1848 (GS. S. 54); §§ 18, 34 Zuständigkeitsges. v. 1. Aug. 1883). Vgl. auch Jäckel Anm. 6 zu § 115 s. b) zu § 879 ZPO.

§ 880 ZPO. In dem Urteile, durch welches über einen erhobenen Widerspruch entschieden wird, ist zugleich zu bestimmen, an welche Gläubiger und in welchen Beträgen der streitige Teil der Masse auszuzahlen sei. Wird dies nicht für angemessen erachtet, so ist die Anfertigung eines neuen Plans und ein anderweites Verteilungsverfahren in dem Urteile anzuordnen.

Bemerkungen zu § 880 ZPO.

a) Widerspruch ist unbegründet. Wird rechtskräftig der Widerspruch vom

Prozeßrichter für unbegründet erklärt, so ist der ursprüngliche Plan zur Ausführung zu bringen.

b) Widerspruch ist begründet. In diesem Falle verordnet § 880, daß in dem Urteile zugleich zu bestimmen ist, an welche Gläubiger und in welchen Beträgen der streitige Teil der Masse auszuzahlen ist. Es frägt sich, wie diese Bestimmung mit § 124 Abs. 1 dieses Ges. nach welchem, wenn der Widerspruch für begründet erklärt wird, im Plan festzustellen ist, wie der streitige Betrag verteilt soll, in Einklang zu bringen ist. Die herrschende Meinung (Wolff Anm. 1e, Jäckel Anm. 6 zu § 115, s. a) zu § 880 ZPO., Reinhard Anm. III 5a, Fischer u. Schäfer Anm 3 s. b) nimmt an, daß die Bestimmung der ZPO. für die Zwangsversteigerung nur dann Anwendung findet, wenn auch die im Plan wegen des Widerspruchs bereits vorgesehene Eventualverteilung mit Erfolg angefochten wird. Es bedarf hierzu eines besonderen, gegen die Eventualverteilung gerichteten Klageantrags in der Widerspruchsklage nicht, sondern es genügt der allgemein gehaltene Widerspruch. Vgl. Jäckel Anm. 6 zu § 115, s. a) zu § 880 ZPO.

Ist die Eventualverteilung im Prozeßwege mit Erfolg angefochten worden, so kann der Prozeßrichter von der ihm im Satz 2 des § 880 erteilten Befugnis Gebrauch machen. Tut er dies, so muß ein neuer Verteilungstermin anberaumt werden, da die Eventualverteilung, welche das Vollstreckungsgericht gemäß § 124 vorgenommen hat, hinfällig geworden ist. Gegenstand der neuen Verteilung bildet aber nur die Streitmasse, bezüglich welcher die Eventualverteilung aufgehoben ist. Infolgedessen sind zu dem neuen Termin nur diejenigen hinzuzuziehen, welche von dem Widerspruch betroffen sind. Ausgefallene Zwischengläubiger werden nicht berücksichtigt. Vgl. Jäckel Anm. 6 zu § 115, s. b) zu § 880 ZPO. und die dort zitierten Entscheidungen.

§ 881 ZPO. Das Versäumnisurteil gegen einen widersprechenden Gläubiger ist dahin zu erlassen, daß der Widerspruch als zurückgenommen anzusehen sei.

§ 882 ZPO. Auf Grund des erlassenen Urteils wird die Auszahlung oder das anderweite Verteilungsverfahren von dem Verteilungsgericht angeordnet.

Bemerkungen zu den §§ 881, 882 ZPO. Bedeutung der vorstehenden §§ für die Tätigkeit des Vollstreckungsgerichts.

Ist dem Vollstreckungsgericht die Erhebung der Widerspruchsklage nachgewiesen, so hat es nicht von Amts wegen für den Fortgang des Verfahrens Sorge zu tragen, sondern den Beteiligten liegt es ob, den Nachweis zu führen, daß die Widerspruchsklage erledigt ist. Im Falle des § 882 ZPO. bedarf es des Nachweises der Rechtskraft des erlassenen Urteils. Die Anberaumung eines besonderen Verteilungstermins ist nicht mehr erforderlich.

§ 116.

Aussetzung der Ausführung des Teilungsplans.

Die Ausführung des Teilungsplans soll bis zur Rechtskraft des Zuschlags ausgesetzt werden, wenn der Ersteher oder im Falle des § 61 der für zahlungspflichtig erklärte Dritte sowie in den Fällen des § 81 Abs. 2, 3 der Meistbietende die Aussetzung beantragt.

1. Bedeutung der Aussetzung. Die Vorschrift dient dem Interesse des Erstehers und des für oder neben ihm Zahlungspflichtigen. Da nach § 105 das Verteilungsverfahren bereits nach Zuschlagserteilung und nicht erst nach Rechtskraft des Zuschlags stattfindet, so sieht das Gesetz instruktionell auf Antrag die Aussetzung der Ausführung des Teilungsplans bis zur Rechtskraft des Zuschlags vor. Lehnt der Vollstreckungsrichter, obwohl die gesetzlichen Voraussetzungen (s. Anm. 2) für die Aussetzung gegeben sind, die Aussetzung ab, so ist sofortige Beschwerde zulässig. Das instruktionelle „soll" bezieht sich daher nur darauf, daß die Nichtbeachtung des § 116 die Rechtsbeständigkeit des Verfahrens nicht berührt. Wolff Anm. 3, Jäckel Anm. 3.

2. Voraussetzungen der Aussetzung sind

a) daß der Zuschlag noch nicht rechtskräftig ist,

b) Antrag der im § 116 bezeichneten Berechtigten.

3. Wirkung des Aussetzung. Der Verteilungstermin bleibt bestehen, der Verteilungsplan ist aufzustellen und darüber zu verhandeln. Nur die Ausführung der Verteilung unterbleibt, d. h. es werden die zugeteilten Beträge nicht ausgezahlt, und die Übertragung der Forderung gegen den Ersteher (§ 118) wird ausgesetzt.

4. Eintritt der Rechtskraft des Zuschlags. Nach eingetretener Rechtskraft des Zuschlags wird von Amts wegen die Ausführung des Teilungsplans bewirkt.

§ 117.

Ausführung des Plans durch Zahlung und Hinterlegung.

Soweit der Versteigerungserlös in Geld vorhanden ist, wird der Teilungsplan durch Zahlung an die Berechtigten ausgeführt.

Die Auszahlung an einen im Termine nicht erschienenen Berechtigten ist von Amts wegen anzuordnen. Die Art der Auszahlung bestimmt sich nach den Landesgesetzen. Kann die Auszahlung nicht erfolgen, so ist der Betrag für den Berechtigten zu hinterlegen.

Im Falle der Hinterlegung des Erlöses kann statt der Zahlung eine Anweisung auf den hinterlegten Betrag erteilt werden.

---

1. Zahlung des Barerlöses an den erschienenen oder vertretenen Berechtigten. Die Ausführung des Teilungsplans geschieht durch Zahlung, Hinterlegung und Übertragung. Soweit der Erlös bar vorhanden ist, wird der Teilungsplan nach Abs. 1 durch Zahlung an die Berechtigten sofort im Termin ausgeführt. Ist der Berechtigte nicht erschienen, so wird die Auszahlung angeordnet. Bei dem erschienenen Berechtigten kann das Vollstreckungsgericht Ausweis über seine Person verlangen. Ein Vertreter, auch der gesetzliche des Empfangsberechtigten, muß seine Vertretungsmacht nachweisen. Der Bevollmächtigte muß, falls nicht der Voll-

machtgeber die Bevollmächtigung dem Gericht mitgeteilt oder durch öffentliche Bekanntmachung kundgegeben hat (§ 171 BGB.), die Vollmachtsurkunde in Urschrift vorlegen.

Eine beglaubigte Abschrift genügt nicht. Nach dem Inhalt der Vollmachtsurkunde ist die Frage zu entscheiden, ob die Vollmacht zur Geldempfangnahme berechtigt. Die Prozeßvollmacht ermächtigt nur zur Empfangnahme der Kosten, infolgedessen genügt sie nicht zur Entgegennahme von Kapital und Zinsen.

Ein Vormund oder Pfleger (§ 1915 BGB.) kann Kosten, Zinsen und andere Nebenleistungen selbständig entgegennehmen, dagegen Kapitalzahlungen von mehr als 300 Mk. nur mit Genehmigung des Gegenvormundes oder Vormundschaftsgerichts (§§ 1812, 1813, 1825 BGB.). Ausnahmen bestehen nur für den befreiten Vormund (§ 1852 BGB.), für den Vater als Inhaber der elterlichen Gewalt oder als Vormund volljähriger Kinder (§ 1903 BGB.), für die Mutter nur dann, wenn ein Beistand (§ 690 BGB.) oder ein Gegenvormund (§ 1904) bestellt ist.

2. Zahlung an den nicht erschienenen Berechtigten. Kann die Auszahlung an einen im Termin nicht erschienenen Berechtigten nicht erfolgen, so hat das Gericht die Auszahlung von Amts wegen anzuordnen. Die Art der Auszahlung ist für diesen Fall der Landesgesetzgebung überlassen. Kann die Auszahlung nach diesen landesrechtlichen Bestimmungen nicht erfolgen, so bestimmt das Gesetz, daß der Betrag für den Berechtigten zu hinterlegen ist. Die Hinterlegung bewirkt hier, wie die Zahlung, die Befriedigung aus dem Grundstücke.

Preußen hat bezüglich der Art der Auszahlung von dem landesgesetzlichen Vorbehalt Gebrauch gemacht und das Weitere im Art. 11 des AG. ZwVG. geregelt. Das bayr. AG. überträgt (Art. 32) die Übersendung des Geldes dem Gerichtsschreiber (vgl. auch Art. 278 des württemb. AG. und § 38 der zugeh. Ausf.V.; § 8 des bad. AG., Art. 9 des hess. AG., § 6 des mecklenburg. und § 12 des elsaß-lothring. AG.).

3. Anweisung statt Zahlung. Abs. 3 gestattet dem Vollstreckungsgericht im Falle der Hinterlegung dem Berechtigten statt der Zahlung eine Anweisung auf den hinterlegten Betrag zu erteilen. Will das Vollstreckungsgericht dem Antrage des Berechtigten auf Auszahlung des hinterlegten Betrages stattgeben, so muß es gemäß § 31 der pr. Hinterl.Ordn. die Hinterlegungsstelle ersuchen, den hinterlegten Betrag an das Gericht zurück zu zahlen. Abs. 3 greift in den Fällen Platz, wo das Gericht eine Hinterlegung des Erlöses an den Berechtigten angeordnet hat, da die Auszahlung nach den landesrechtlichen Bestimmungen nicht erfolgen konnte, oder wo der Ersteher vor dem Termin den Erlös hinterlegt hat (§ 49 Abs. 3, vgl. auch § 107 Abs. 3), oder wo mit zur Teilungsmasse gehörige Gegenstände besonders versteigert oder anderweit verwertet worden sind, und der dafür erzielte Erlös hinterlegt ist.

Die Erteilung der Anweisung auf die Hinterlegungsstelle gilt als Zahlung, (§ 8 der pr. Hinterl.Ordn.) Fischer u. Schäfer Anm. 3.

§ 118.

Ausführung des Plans durch Übertragung der Forderung gegen den Ersteher an den Berechtigten.

Soweit das Bargebot nicht berichtigt wird, ist der Teilungsplan dadurch auszuführen, daß die Forderung gegen den Ersteher auf die

Berechtigten übertragen wird; die Übertragung erfolgt durch Anordnung des Gerichts. Das gleiche gilt, soweit Zahlungsfristen festgesetzt worden sind.

Die Übertragung wirkt wie die Befriedigung aus dem Grundstücke. Diese Wirkung tritt jedoch im Falle des Abs. 1 Satz 1 nicht ein, wenn vor dem Ablaufe von drei Monaten der Berechtigte dem Gerichte gegenüber den Verzicht auf die Rechte aus der Übertragung erklärt oder die Zwangsversteigerung beantragt. Wird der Antrag auf Zwangsversteigerung zurückgenommen oder das Verfahren nach § 31 Abs. 2 aufgehoben, so gilt er als nicht gestellt. Im Falle des Verzichts soll das Gericht die Erklärung dem Ersteher sowie demjenigen mitteilen, auf welchen die Forderung infolge des Verzichts übergeht.

Ausschluß der Wirkung der Übertragung im allgemeinen 4.
Ausschluß der Wirkung der Übertragung durch Verzicht 5.
Ausschluß der Wirkung der Übertragung durch den Antrag auf Zwangsversteigerung 6.
In welchen Fällen und in welcher Form geschieht die Übertragung der Forderung? 2.
Übertragung der Forderung 1.
Wirkung der Übertragung 3.

1. Übertragung der Forderung. Da das Gesetz den Übergang des Eigentums an den Zuschlag knüpft, so haben die Beteiligten, deren Ansprüche durch das Bargebot gedeckt sind, demgemäß ihre Befriedigung aus der gegen den Ersteher, im Falle des § 61 aus der gegen den für zahlungspflichtig erklärten Dritten verbleibenden Forderung zu suchen. Diese Forderung bildet den Gegenwert für den Eigentumserwerb des Erstehers. Zunächst steht sie daher dem bisherigen Eigentümer des Grundstücks zu. Ein anderer Beteiligter kann sie nur insoweit geltend machen, als sie auf ihn übertragen wird. Die Übertragung erfolgt nach Maßgabe des festgestellten Teilungsplans durch Anordnung des Vollstreckungsgerichts (§ 118 Abs. 1 Satz 1). (Denkschr.)

Die Wirkung derselben besteht darin, daß die Forderung gegen den Ersteher aus dem Vermögen des Subhastaten durch die Übertragung kraft richterlicher Anordnung ausscheidet, und der so Berechtigte nunmehr als neuer Gläubiger an die Stelle des bisherigen tritt. Dies gilt auch, wenn der Berechtigte nicht im Termine anwesend ist.

Die Übertragung im vorliegenden Falle untersteht nicht den Bestimmungen der ZPO. bezüglich der Überweisung (§§ 835 ff. ZPO.), sondern ist selbständig geregelt. Da nach der erfolgten Übertragung ein direktes Schuldverhältnis zwischen dem Ersteher und dem neuen Gläubiger geschaffen ist, so kann ersterer jetzt mit einer Gegenforderung gegen den neuen Gläubiger aufrechnen, wozu er vorher nicht in der Lage war. Gehört der Ersteher selbst zu den Hebungsberechtigten, z. B. als Hypothekengläubiger, so kann er die Aufrechnung, soweit er mit seinem Anspruch aus dem bar zu zahlenden Teile des Meistgebots zur Hebung kommen würde, verlangen und im Termin erklären. Es vermindert sich alsdann der bar zu zahlende Betrag des Meistgebots um den Betrag, welcher bei der Verteilung auf die Hypothek entfallen würde. Es frägt sich, ob der Ersteher = Gläubiger das Bestehenbleiben seiner Hypothek beanspruchen kann. Diese Frage dürfte zu bejahen sein. Da eine derartige Vereinbarung zwischen dem Ersteher und dem Gläubiger zulässig ist (§ 91 Abs. 2, 3), so muß, wie Jäckel Anm. 2 zutreffend hervorhebt, auch das Bestehenbleiben als möglich und zulässig erachtet werden, wenn Ersteher und Gläubiger in einer Person zusammenfallen.

2. In welchen Fällen, in welcher Form geschieht die Übertragung der Forderung. **a)** Die Übertragung findet statt in drei Fällen. α) wenn das Bargebot nicht berichtigt wird, sei es vom Ersteher, sei es von dem für zahlungspflichtig erklärten Dritten (§§ 61, 134);

β) soweit Zahlungsfristen festgesetzt worden sind (§ 118 Abs. 1 Satz 2).

γ) wenn der Ersteher außer dem durch Zahlung zu berichtigenden Teil des Meistgebotes einen weiteren Betrag nach den §§ 50, 51 zu zahlen hat (§ 125).

Die Übertragung geschieht in allen drei Fällen gleich, auch werden durch dieselbe die Berechtigten Gläubiger des Erstehers. Die Wirkungen der Übertragung sind jedoch in den drei Fällen wesentlich voneinander verschieden.

b) Die äußere Form der Übertragung besteht darin, daß der Richter in dem Verteilungstermin erklärt, er übertrage die Forderung gegen den Ersteher auf den Berechtigten in Höhe des diesem nach dem Teilungsplan zustehenden Betrages. Diese Erklärung des Richters ist in das Sitzungsprotokoll aufzunehmen und demnächst mit dem Protokoll zu verlesen. Dadurch wird die Übertragung wirksam. Eine Zustellung der Anordnung ist nur dann nötig, wenn die Übertragung überhaupt nicht in einem Termin und daher auch keine Verkündung erfolgt ist. Jäckel Anm. 3. Ebenso Reinhard Anm. I 2.

Bei der Übertragung auf mehrere Berechtigte muß die bei der Verteilung geltende Rangordnung (§§ 10—12, 110) beachtet werden, da diese für die demnächst einzutragenden Sicherungshypotheken, deren Eintragung nach § 128 mit dem Range des Anspruchs erfolgt, von Wichtigkeit wird. Jäckel Anm. 3, Fischer u. Schäfer Anm. 2.

3. Die Wirkung der Übertragung. Die Übertragung wirkt nach Abs. 2 „wie die Befriedigung aus dem Grundstücke". Diese Wirkung tritt stets ein, wenn die Übertragung erfolgt ist, weil Zahlungsfristen festgesetzt worden sind; sie tritt nicht ein, wenn die Übertragung erfolgt ist, weil der Ersteher außer dem durch Zahlung zu berichtigenden Teile des Meistgebots einen weiteren Betrag nach den §§ 50, 51 zu zahlen hat (§ 125 Abs. 3); sie tritt nur unter gewissen Beschränkungen ein (Abs. 2 Satz 2), wenn der Ersteher die Barzahlung im Verteilungstermin nicht geleistet hat.

4. Ausschluß der Wirkung der Übertragung im allgemeinen. **a)** Wenn die Übertragung „wie die Befriedigung aus dem Grundstück" wirkt, so tritt damit auch die Befreiung des bisherigen Schuldners von seiner persönlichen Verbindlichkeit ein. Es erlöschen dann auch die für letztere bestehenden akzessorischen Rechte, wie Bürgschaft und Pfand. Diese Wirkung kann dem Berechtigten unter Umständen nachteilig sein, da ihm der Fortbestand der persönlichen Verbindlichkeit des Schuldners mit den Nebenrechten wertvoller sein kann, als der ihm übertragene Anspruch gegen den Ersteher mit der dafür einzutragenden Sicherungshypothek. Diesem wohlberechtigten Interesse des Berechtigten trägt das Gesetz dadurch Rechnung, daß es bestimmt, es solle bei der Übertragung nicht die Wirkung der Befriedigung aus dem Grundstück eintreten, wenn der Berechtigte vor dem Ablauf von drei Monaten entweder auf die Rechte aus der Übertragung verzichtet oder die abermalige Zwangsversteigerung des Grundstücks beantragt (§ 118 Abs. 2).

b) Über das Verhältnis der im Abs. 2 Satz 2 zu Satz 1 gegebenen Vorschriften herrscht Streit. Es frägt sich, ob die Wirkung der Befriedigung aus dem Grundstück, wenn die Voraussetzungen des Satzes 2 vorliegen, überhaupt erst nach drei Monaten eintritt oder sofort mit der Übertragung, und die dadurch eingetretenen Wirkungen bei Eintritt der Voraussetzungen des Satzes 2 wieder rückgängig gemacht werden. Im letztgedachten Falle würde mit der Übertragung die persönliche Haftung des Schuldners, Haftung des Bürgen, von Pfändern sofort in Wegfall kommen, während im erstgedachten Falle diese Haftung fortbestehen bliebe. Träte die Wirkung der Übertragung gemäß Abs. 2 Satz 1 erst nach drei Monaten ein, so stände die Wirkung unter einer auflösenden Bedingung. Dies erscheint nach der Entstehungsgeschichte des § 118 Abs. 2, wie sie Jäckel Anm. 5 näher gibt, und mit Rücksicht auf die vorliegende Fassung des Gesetzes nicht zutreffend. Vielmehr ist mit der herrschenden Meinung (Jäckel Anm. 5, Reinhard Anm. III 2) anzunehmen, daß zunächst nur eine Übertragung zahlungshalber eintreten soll, die erst später nach drei Monaten in eine Übertragung an Zahlungsstatt übergeht, wenn nicht die im Abs. 2 Satz 2 bestimmten Voraussetzungen vorliegen, die diesen Übergang zu hindern geeignet sind. Bezüglich der Beweislast ist mit Jäckel Anm. 5 anzunehmen, daß, wer die Voraussetzungen des Abs. 2 Satz 2 als vorliegend behauptet, dies zu beweisen hat.

5. Ausschluß der Wirkung der Übertragung durch Verzicht. Der Verzicht muß dem Vollstreckungsgericht gegenüber erklärt sein. Eine besondere Form ist nicht vorgeschrieben; schriftliche Erklärung genügt an sich. Mit Rücksicht auf § 130 dürfte es sich wegen der Grundbuchberichtigung empfehlen, die Erklärung in öffentlicher oder öffentlich beglaubigter Urkunde abzugeben. Die Verzichtserklärung wird erst wirksam in dem Zeitpunkte, in welchem sie dem Vollstreckungsgericht zugeht (§ 130 BGB.). Im Falle des Verzichts soll das Gericht die Erklärung dem Ersteher, sowie demjenigen mitteilen, auf welchen die Forderung infolge des Verzichts übergeht. Dies sind die ausgefallenen Gläubiger, auf welche die Forderung des Verzichtenden zu übertragen gewesen wäre, wenn der Verzichtende schon vor der Verteilung weggefallen wäre. Das Aufrücken der nachstehend Berechtigten tritt ohne besondere Übertragung des Gerichts ohne weiteres ein, und zwar nach dem Inhalt des Plans und der in diesem festgestellten Reihenfolge. Fehlt es an einem ausgefallenen Gläubiger, so kommt die Verzichtleistung dem Vollstreckungsschuldner zugute. Für das Einrücken des ausgefallenen Gläubigers infolge des Verzichts wird die Rangstellung der Zwischenposten, welche bei der Übertragung bereits berücksichtigt worden sind, nicht verändert. Der einrückende Gläubiger erhält also seine Rangstellung hinter diesen und tritt nicht etwa in die Rangstelle des Verzichtenden. Vgl. Jäckel Anm. 6a; Reinhard Anm. IV, 5.

6. Ausschluß der Wirkung der Übertragung durch den Antrag auf Zwangsversteigerung. Die durch den Antrag veranlaßte abermalige Zwangsversteigerung ist ein neues selbständiges Verfahren, das gegen den Ersteher als den nunmehrigen Eigentümer des Grundstücks oder gegen den späteren Eigentümer betrieben wird. Auf die Anordnung, Fortsetzung und Endigung dieses Verfahrens finden daher, von den Sondervorschriften des § 133 und des § 128 Abs. 4 abgesehen, die für die Zwangsversteigerung überhaupt geltenden Bestimmungen Anwendung.

Der Antrag muß innerhalb der dreimonatlichen Frist gestellt sein. Durch die rechtzeitige Stellung dieses Antrages wird erreicht, daß zugunsten des Antragstellers die Übertragung nicht wie die Befriedigung aus dem Grundstücke wirkt. Der Antrag verliert die vorbezeichnete Wirkung, wenn der Gläubiger den Antrag auf Zwangsversteigerung zurücknimmt (§ 29), oder es im Falle einer einstweiligen Einstellung des Verfahrens versäumt, rechtzeitig die Fortsetzung des Verfahrens zu beantragen (§ 31 Abs. 2).

Nur aus diesen beiden Gründen tritt der Wegfall der Wirkung des Antrages ein. Wird aus einem anderen Grunde, z. B. auf Grund des § 77 Abs. 2 oder wegen inzwischen eingeleiteter Enteignung des Grundstücks das Verfahren eingestellt oder aufgehoben, so wirkt die Übertragung nicht wie die Befriedigung aus dem Grundstück.

Behandlung bedingter Ansprüche. (§§ 119, 120.)

§ 119.

Wird auf einen bedingten Anspruch ein Betrag zugeteilt, so ist durch den Teilungsplan festzustellen, wie der Betrag anderweit verteilt werden soll, wenn der Anspruch wegfällt.

§ 120.

Ist der Anspruch aufschiebend bedingt, so ist der Betrag für die Berechtigten zu hinterlegen. Soweit der Betrag nicht gezahlt ist, wird die Forderung gegen den Ersteher auf die Berechtigten übertragen. Die Hinterlegung sowie die Übertragung erfolgt für jeden unter der entsprechenden Bedingung.

Während der Schwebezeit gelten für die Anlegung des hinterlegten Geldes, für die Kündigung und Einziehung der übertragenen Forderung sowie für die Anlegung des eingezogenen Geldes die Vorschriften der §§ 1077 bis 1079 des Bürgerlichen Gesetzbuchs; die Art der Anlegung bestimmt derjenige, welchem der Betrag gebührt, wenn die Bedingung ausfällt.

---

1. **Inhalt der §§ 119, 120. Allgemeines.** In diesen Paragraphen wird die Behandlung bedingter Ansprüche, und zwar im § 119 bei Aufstellung des Teilungsplans, und im § 120 bei der Ausführung des Plans geregelt. Die hier in Frage kommenden Ansprüche sind solche, welche ein Recht auf Befriedigung aus dem Versteigerungserlös gewähren.

§ 119 betrifft sowohl die aufschiebend, als die auflösend bedingten Ansprüche, während § 120 sich nur auf die aufschiebend bedingten bezieht.

2. **Wann sind Ansprüche bedingt?** Die Ansprüche können aus doppeltem Grunde bedingt sein, einmal kann die Forderung bedingt oder aber letztere zwar unbedingt, aber das Realrecht bedingt sein. Dies trifft vor allem für die Ansprüche zu, welche nur durch Vormerkung oder Widerspruch gesichert sind. Bei einer Kautions=

hypothek im Sinne des § 1190 BGB. ist die Forderung bedingt, da sie einen Anspruch von unbestimmtem Betrage enthält (§ 14). Sie gilt daher als aufschiebend bedingt. Nicht trifft dies aber für Sicherungshypotheken zu, da bei diesen weder die Forderung noch das Realrecht bedingt ist.

3. Behandlung bedingter Ansprüche bei Aufstellung des Plans. Das Gesetz bestimmt in § 119, daß bedingte Ansprüche im Teilungsplan wie unbedingte zu berücksichtigen sind. Demnach wird auf sie ein Teil des Versteigerungserlöses verteilt, zugleich aber bestimmt, wie der Betrag bei Wegfall des Rechts d. h. bei aufschiebend bedingten Ansprüchen für den Fall des Ausfalles der Bedingung und bei resolutiv bedingtem Anspruche im Falle des Eintritts der Bedingung anderweit verteilt wird (Eventualverteilung).

4. Behandlung aufschiebend bedingter Ansprüche bei Ausführung des Teilungsplans (§ 120).

§ 120 unterscheidet: **a)** ob der dem bedingt Berechtigten und dem Eventualberechtigten zugeteilte Betrag bar vorhanden ist oder **b)** ob er vom Ersteher nicht bezahlt ist.

Zu a) Ist der Betrag bar vorhanden, so unterbleibt wegen Schwebens der Bedingung die Auszahlung, und es erfolgt statt dessen die Hinterlegung für beide Berechtigte unter entgegengesetzt wirkenden Bedingungen. Erfolgt die Hinterlegung, so sind die landesgesetzlichen Bestimmungen maßgebend. Die Berechtigten können das Geld anderweit anlegen; beide bedingt Berechtigte können nur gemeinschaftlich über das Geld Bestimmung treffen, es einziehen, kündigen und anlegen. Kommt eine andere Einigung nicht zustande, so muß das Geld nach den für die Anlegung von Mündelgeld geltenden Vorschriften des BGB. (§ 1079) verzinslich angelegt werden. Die Art der Anlegung (§§ 1807, 1808 BGB.) bestimmt als der zunächst Berechtigte der Eventualberechtigte (Günther, Zwangsverst. S. 145). Während der Schwebezeit ist der Eventualberechtigte zum Bezuge der Zinsen (§ 158 Abs. 1 BGB.) berechtigt, vorbehaltlich der Rückerstattungspflicht nach Eintritt der Bedingung, sofern nach dem Inhalt des Rechtsgeschäfts die an den Eintritt der Bedingung geknüpften Folgen zurückbezogen werden sollen (§ 159 BGB.). Die Zinsberechtigung ist in der der Hinterlegung oder Übertragung beizufügenden Bedingung zum Ausdruck zu bringen.

Ruht das Geld bei der Hinterlegungsstelle, so regelt sich das weitere Verfahren bezüglich der Auszahlung des hinterlegten Betrages nach den landesgesetzlichen Bestimmungen. Das Vollstreckungsgericht hat damit nichts zu tun.

In Preußen ist zur Auszahlung Bewilligungserklärung von beiden Berechtigten oder Antrag auf Auszahlung eines der Berechtigten und Nachweis seiner Berechtigung für den anderen durch rechtskräftiges gerichtliches Urteil (preuß. Hinterleg.-Ordn. v. 14. März 1879 §§ 20, 30 Nr. 1 u. 3) erforderlich.

Zu b) Ist der Betrag nicht bar vorhanden, so ist die Forderung gegen den Ersteher auf jeden der beiden Berechtigten unter entgegengesetzten Bedingungen zu übertragen. Die für die übertragene Forderung einzutragende Sicherungshypothek ist für beide Berechtigte unter entgegengesetzten Bedingungen einzutragen. Der Ersteher kann den Betrag seiner Schuld nur an beide Berechtigte zahlen; jeder kann statt der Zahlung Hinterlegung für beide fordern. Die von dem Ersteher für die übertragene Forderung zu entrichtenden Zinsen ist der Eventualberechtigte auch hier einzuziehen allein befugt. Ist die Bedingung eingetreten oder ausgefallen, so hat der Berechtigte Anträge auf Umschreibung der Hypothek auf seinen Namen unmittelbar bei dem Grundbuchamt zu stellen und die Einwilligung des anderen Beteiligten oder ein diese Einwilligung ersetzendes rechtskräftiges Urteil beizubringen.

5. Behandlung auflösend bedingter Ansprüche. Über die Behandlung auflösend bedingter Ansprüche enthält das Gesetz keine Bestimmung. Hiernach wird daran festzuhalten sein, daß derjenige, dessen Recht durch den Eintritt der Bedingung endigen soll, bis dahin genau so zu behandeln ist, wie wenn die Bedingung nicht bestände. Ist daher der auf den Anspruch entfallende Betrag bar vorhanden, so findet die Auszahlung an den Berechtigten statt. Mit Eintritt der Bedingung ist der Empfänger verpflichtet, das Empfangene an den Eventualberechtigten zurückzuerstatten. Die in der Zwischenzeit gezogenen Zinsen behält der Bedingtberechtigte (§ 158 Abs. 2 BGB.), wenn nicht das Gegenteil aus dem zugrunde liegenden Rechtsgeschäft folgt.

Geschieht die Ausführung des Plans durch Übertragung, so erfolgt sowohl die Übertragung als auch die Eintragung einer Sicherungshypothek für die übertragene Forderung unbedingt, nach Eintritt der Bedingung besteht jedoch die Verpflichtung zur Abtretung an den Eventualberechtigten. Vgl. Fischer u. Schäfer Anm. 3b, Reinhard Anm. III 1. A. A. Jäckel Anm. 4.

§ 121.

Behandlung der nicht auf Kapitalzahlung gerichteten Ersatzansprüche.

In den Fällen des § 92 Abs. 2 ist für den Ersatzanspruch in den Teilungsplan ein Betrag aufzunehmen, welcher der Summe aller künftigen Leistungen gleichkommt, den fünfundzwanzigfachen Betrag einer Jahresleistung jedoch nicht übersteigt; zugleich ist zu bestimmen, daß aus den Zinsen und dem Betrage selbst die einzelnen Leistungen zur Zeit der Fälligkeit zu entnehmen sind.

Die Vorschriften der §§ 119, 120 finden entsprechende Anwendung; die Art der Anlegung des Geldes bestimmt der zunächst Berechtigte.

Berechnung 1. Rentenzahlung 2.

1. Berechnung. Nach § 92 Abs. 2 ist der Ersatz für einen Nießbrauch, für eine beschränkte persönliche Dienstbarkeit, sowie für eine Reallast von unbestimmter Dauer durch Zahlung einer dem Jahreswerte des Rechts gleichkommenden Geldrente zu leisten. Zur Gewährung dieser Rente muß in den Teilungsplan ein Betrag aufgenommen werden, dessen Höhe in § 121 bestimmt wird. Der Kapitalbetrag soll der Summe aller künftigen Leistungen gleichkommen, darf jedoch nicht den fünfundzwanzigfachen Betrag einer Jahresleistung übersteigen. Deshalb muß zunächst stets ermittelt werden, wie hoch der Jahreswert des Rechts zu veranschlagen ist. Bei zeitlich bestimmten Rechten ist der fünfundzwanzigfache Betrag der Jahresleistung die Maximalgrenze. Bei zeitlich unbestimmten Rechten, z. B. Nießbrauch auf Lebenszeit, Altenteil muß eine wahrscheinliche Lebensdauer vom Vollstreckungsgericht berechnet werden. Welcher Anhaltspunkte sich hierbei das Gericht bedienen will, ist ihm überlassen. Verwendung können dabei finden die Tabellen der Leibrentenversicherungsanstalten oder für Preußen die Tabellen, die zu den §§ 16–18 des preuß. Erbschaftssteuergesetzes v. 24. Mai 1881 beigefügt sind.

2. Rentenzahlung. Zur Zeit der Fälligkeit sind die einzelnen Rentenbeträge aus den Zinsen und dem Kapital selbst zu entnehmen. Da hier in der überwiegenden Mehrzahl der Fälle nur Rechte in Betracht kommen, die mit dem Tode des Berechtigten erlöschen, hat das Gesetz den Anspruch auf die einzelnen Leistungen als aufschiebend bedingt behandelt, wobei vorausgesetzt wird, daß der Berechtigte den Fälligkeitstag erlebt. Deshalb sollen auch nach Abs. 2 die Vorschriften der §§ 119, 120 entsprechende Anwendung finden. Infolgedessen muß eine Eventualverteilung des ermittelten Betrages stattfinden. Der Kapitalsbetrag wird nicht ausgezahlt, sondern behufs Entnahme der Rentenbeträge hinterlegt. Über die Art der Anlegung hat der zunächst Berechtigte (Altenteiler, Nießbraucher 2c.) zu bestimmen. Ist der auf das Deckungskapital zugeteilte Betrag nicht bar vorhanden, so wird die Forderung gegen den Ersteher unter der aus der Natur des Rechts sich ergebenden Beschränkung auf den Berechtigten und Eventualberechtigten übertragen.

Reicht der Versteigerungserlös zur Deckung des nach Abs. 1 in den Plan aufzunehmenden Betrages nicht aus, so frägt sich, ob dadurch eine Verkürzung der Jahresrente oder der Bezugsdauer für den Berechtigten eintritt. Nach der herrschenden Meinung (Jäckel Anm. 3, Fischer u. Schäfer Anm. 2, Reinhard Anm. IV) ist anzunehmen, daß der Berechtigte ohne Rücksicht auf die Dauer des Kapitalbestandes den vollen Bezug der ihm gebührenden Jahresrente beanspruchen kann, da er auf die ihm im Range Nachstehenden, welche bei seinem vorzeitigen Wegfall einen Anspruch auf den Rest haben, keine Rücksicht zu nehmen braucht. Vgl. Jäckel Anm. 3. Anders wäre die Sachlage, wenn mit dem Rentenberechtigten noch andere gleichstehende Gläubiger konkurrieren. Alsdann muß eine gemeinschaftliche Masse gebildet werden, um den Ausfall festzustellen, der auf jeden verhältnismäßig zu verteilen ist. Selbstverständlich wird sich dementsprechend im Interesse der anderen gleichstehenden Gläubiger sowohl das Deckungskapital als die Jahreshebung vermindern. Der Rentenberechtigte kann für die Folge nur noch die verminderte Jahreshebung bis zur Erschöpfung des Deckungskapitals für sich beanspruchen. Vgl. Jäckel Anm. 3, Reinhard Anm. IV, Fischer u. Schäfer Anm. 2.

Behandlung von Gesamtbelastungen. (§§ 122, 123.)

§ 122.

Sind mehrere für den Anspruch eines Beteiligten haftende Grundstücke in demselben Verfahren versteigert worden, so ist, unbeschadet der Vorschrift des § 1132 Abs. 1 Satz 2 des Bürgerlichen Gesetzbuchs, bei jedem einzelnen Grundstücke nur ein nach dem Verhältnisse der Erlöse zu bestimmender Betrag in den Teilungsplan aufzunehmen. Der Erlös wird unter Abzug des Betrags der Ansprüche berechnet, welche dem Anspruche des Beteiligten vorgehen.

Unterbleibt die Zahlung eines auf den Anspruch des Beteiligten zugeteilten Betrags, so ist der Anspruch bei jedem Grundstück in Höhe dieses Betrags in den Plan aufzunehmen.

§ 123.

Soweit auf einen Anspruch, für den auch ein anderes Grundstück

haftet, der zugeteilte Betrag nicht gezahlt wird, ist durch den Teilungsplan festzustellen, wie der Betrag anderweit verteilt werden soll, wenn das Recht auf Befriedigung aus dem zugeteilten Betrage nach Maßgabe der besonderen Vorschriften über die Gesamthypothek erlischt.

Die Zuteilung ist dadurch auszuführen, daß die Forderung gegen den Ersteher unter der entsprechenden Bedingung übertragen wird.

1. Anwendung des § 122 Abs. 1 und Inhalt desselben. Die §§ 122, 123 regeln die Verteilung der Einzelerlöse zur Befriedigung eines auf den versteigerten Grundstücken korrealiter haftenden Anspruchs. Nach § 122 müssen die mehreren für den Anspruch haftenden Grundstücke in demselben Verfahren versteigert worden sein. Durch § 122 bleibt das dem Gläubiger einer Gesamthypothek eingeräumte Recht, nach § 1132 Abs. 1 Satz 2 BGB., nach seinem Belieben aus jedem der Grundstücke die Befriedigung ganz oder teilweise zu suchen, unberührt. Nur wenn der Gläubiger von vorstehendem Wahlrecht keinen Gebrauch macht, greift § 122 ein.

Danach sind von Amts wegen die Erlöse der einzelnen Grundstücke zur Befriedigung der Korrealhypothek verhältnismäßig heranzuziehen. Dabei kommt aber von dem zu verteilenden Erlös der Betrag in Abzug, welcher zur Deckung vorgehender Ansprüche gebraucht wird. Die vorgehenden Ansprüche dürfen in diesem Falle nur solche sein, welche nicht stehen bleiben, sondern durch Barzahlung zu decken sind. Beispiel: die Grundstücke A und B sind mit einer Gesamthypothek von 1000 Mk. belastet. Von den erzielten Einzelerlösen verbleiben nach Abzug der auf jedem Grundstück vorgehenden, durch Barzahlung zu berichtigenden Ansprüche 700 Mk. bei A; 900 Mk. bei B. Zur Deckung der Gesamthypothek hat also der Erlös des Grundstücks A im Verhältnisse von 700 zu 1600, der Erlös des Grundstücks B im Verhältnisse von 900 zu 1600 beizutragen, so daß $\frac{700 \,.\, 1000}{1600} = 437{,}5$ Mk. aus jenen 700 der Masse A, und $\frac{900 \,.\, 1000}{1600} = 562{,}5$ Mk. aus jenen 900 der Masse B zu entnehmen sind. Der Überschuß ist dann bei jedem Grundstück nach der festgesetzten Reihenfolge zu verteilen. Die Belastung der einzelnen Grundstücke hinter der Gesamthypothek kommt für das Beitragsverhältnis nicht in Betracht.

2. Bedeutung und Anwendung des Abs. 2. Die in Abs. 1 getroffene Regelung der Verteilung der Gesamtbelastung auf die erzielten Erlöse der einzelnen Grundstücke findet nach Abs. 2 nur Anwendung, wenn die auf jedem Grundstück dem Gesamtgläubiger zugeteilten Beträge an ihn gezahlt oder hinterlegt werden können. Wenn dagegen der Ersteher keine Zahlung geleistet und deshalb nach § 118 dem Berechtigten die Forderung gegen den Ersteher zu übertragen ist, so greift die Bestimmung des Abs. 2 ein.

Hiernach ist der Anspruch, wenn die Zahlung eines auf den Anspruch zugeteilten Betrages unterbleibt, bei jedem Grundstück in Höhe dieses Betrags in den Plan aufzunehmen. Fischer u. Schäfer a. a. O. Anm. 2 macht hierfür folgendes Beispiel:

Die Grundstücke I und II sind mit einer Gesamthypothek von 1000 Mk. belastet. Von den erzielten Barerlösen verbleiben nach den gesetzlich gemachten Abzügen 500 Mk. für das Grundstück I, 1100 Mk. für das Grundstück II. Werden die Barerlöse nicht gezahlt, so ist nach Abs. 2 zur Deckung des dem Berechtigten zustehenden Anspruchs von 1000 Mk. sowohl in den Plan des Grundstücks I, als auch in den des Grundstücks II je 1000 Mk. aufzunehmen. Dies geschieht zur Feststellung der Schuldenmasse. Die zur Deckung der 1000 Mk. vorzunehmende Übertragung der Forderung des Berechtigten gegen den Ersteher kann nur insoweit stattfinden, als ein verfügbarer Betrag des erzielten Erlöses bei dem betreffenden Grundstück vorhanden ist. Bezüglich des Grundstücks I waren von dem Erlös 500 Mk. verfügbar. Nur in dieser Höhe kann daher bei Grundstück I zur Deckung der Forderung des Gesamthypothekars die Übertragung erfolgen, während bei dem Grundstück II, bei welchem ein Reinerlös von 1100 Mk. zur Verfügung steht, die Forderung in voller Höhe von 1000 Mk. gegen den Ersteher an den Gesamthypothekar zu übertragen ist. Gemäß § 128 ist auf dem Grundstück I eine Sicherungshypothek von 500 Mk. und auf dem Grundstück II eine solche von 1000 Mk. einzutragen. Wenn hiernach auch der Berechtigte an jedem Grundstück eine Sicherungshypothek erhält, die im ganzen den Betrag seiner Forderung übersteigen, so geschieht dies doch nur zu seiner Sicherheit. Befriedigung erhält er nur einmal. Sobald er befriedigt ist, wird der andere, zu seiner Verfügung stehende Forderungsbetrag frei und gelangt an die nächst ausfallenden Berechtigten. Es muß deshalb gemäß § 123 bereits eine Eventualverteilung in dem Plane in der Weise vorgesehen werden, daß die Nächstberechtigten auf die dem Gesamtberechtigten zugeteilten Beträge bedingt anzuweisen sind.

3. I n h a l t u n d B e d e u t u n g d e s § 123. Die Anwendung des § 123 setzt voraus, **a)** einen Anspruch, für den auch ein anderes Grundstück haftet, wobei es gleichgültig ist, ob das andere Grundstück überhaupt zur Versteigerung gelangt. **b)** Der bei der Versteigerung des einen Grundstücks für den Korrealanspruch zugeteilte Betrag des Versteigerungserlöses muß unbezahlt geblieben sein, jedoch die Möglichkeit der Befriedigung des Korrealgläubigers bestehen. Da hiernach die Möglichkeit gegeben ist, daß die Befriedigung des Korrealgläubigers aus dem anderen ihm haftenden, nicht zur Versteigerung gelangten Grundstück erfolgt, oder daß das Recht auf Befriedigung aus dem zugeteilten Betrage nach Maßgabe der besonderen Vor- Vorschriften über die Gesamthypothek (§§ 1173, 1174, 1175, 1181 BGB.) erlischt, so bestimmt Abs. 1 des § 123, daß der zugeteilte Betrag in dem Teilungsplan b e d i n g t auf die nächstberechtigten ausfallenden Beteiligten zu verteilen ist. Reinhard Anm. 1, 2. Wie Fischer u. Schäfer Anm. 4 mit Recht hervorheben, ist § 123 nur ein besonderer Anwendungsfall des im § 119 enthaltenen allgemeinen Prinzips.

§ 124.

Eventualverteilung bei erhobenem Widerspruch.

Im Falle eines Widerspruchs gegen den Teilungsplan ist durch den Plan festzustellen, wie der streitige Betrag verteilt werden soll, wenn der Widerspruch für begründet erklärt wird.

Die Vorschriften des § 120 finden entsprechende Anwendung; die Art der Anlegung bestimmt derjenige, welcher den Anspruch geltend macht.

Das gleiche gilt, soweit nach § 115 Abs. 4 die Ausführung des Planes unterbleibt.

---

1. Eventualverteilung. Wird der gegen den Teilungsplan erhobene Widerspruch für begründet erklärt, so wird eine Eventualverteilung vorgenommen und festgestellt, wem der streitige Betrag zufällt. Diese Eventualverteilung kann mit der Widerspruchsklage, indem die Widerspruchsklage von vornherein nicht bloß gegen die Primärbedachten, sondern auch die Eventualbedachten gerichtet wird, vor dem Prozeßrichter angefochten werden. Das Urteil, sofern es den Widerspruch als berechtigt anerkennt, kann gleichzeitig die Eventualverteilung aufheben und andere Grundsätze für die Aufstellung des Teilungsplans festsetzen. An diese Feststellungen im Urteil ist der Vollstreckungsrichter gebunden.

2. Folgen des Widerspruchs. Solange der Widerspruch noch nicht erledigt ist, wird der von dem Widerspruch betroffene Anspruch als aufschiebend bedingt behandelt. Infolgedessen wird der bar gezahlte Betrag für beide als Streitmasse hinterlegt. Wird der Betrag von dem Ersteher nicht gezahlt, so wird die Forderung gegen den Ersteher dem liquidierenden Gläubiger für den Fall, daß der erhobene Widerspruch nicht für begründet erklärt wird und demjenigen, dem er bei der Eventualverteilung zugeteilt ist, unter der entgegengesetzten Bedingung übertragen. Über Anlegung, Kündigung und Einziehung des streitigen Betrages gilt das bei § 120 Bemerkte. Die Art der Anlegung bestimmt derjenige, welcher den Anspruch geltend macht.

3. Verfahren nach Erledigung des Widerspruchs. Ist die Erledigung des Widerspruchs, sei es durch Vorlegung einer mit Rechtskraftzeugnis versehenen Urteilsausfertigung oder durch den Nachweis der nicht rechtzeitig erhobenen Widerspruchsklage (§ 878 ZPO.) oder durch den Nachweis einer anderweitigen Erledigung erfolgt, so hat das Vollstreckungsgericht von Amts wegen den Teilungsplan zur Ausführung zu bringen. Hat das Prozeßgericht die Aufstellung eines neuen Teilungsplans angeordnet, so muß selbstverständlich ein neuer Verteilungstermin anberaumt werden. Sonst bedarf es eines neuen Termins nicht.

4. Verfahren bei Widerspruch gegen vollstreckbare Forderung. An sich findet, wenn der Schuldner gegen eine vollstreckbare Forderung Widerspruch erhoben hat, § 124 keine Anwendung, da ohne Rücksicht hierauf gemäß § 115 Abs. 3 der Plan zur Ausführung gebracht wird. Nur in den Fällen, in welchen durch einstweilige Anordnung gemäß §§ 769, 770 ZPO. die Einstellung oder Aufhebung der Zwangsvollstreckung wegen des streitigen Anspruchs angeordnet ist, oder wo dem Schuldner das Recht zusteht, durch Sicherheitsleistung oder Hinterlegung die Zwangsvollstreckung abzuwenden, und die Sicherheitsleistung und Hinterlegung erfolgt ist, wird nach § 124 verfahren, da der Anspruch alsdann als ein nicht vollstreckbarer anzusehen ist.

§ 125.

Verteilung einer Erhöhung des Bargebotes.

Hat der Ersteher außer dem durch Zahlung zu berichtigenden Teile des Meistgebots einen weiteren Betrag nach den §§ 50, 51 zu zahlen, so ist durch den Teilungsplan festzustellen, wem dieser Betrag zugeteilt werden soll. Die Zuteilung ist dadurch auszuführen, daß die Forderung gegen den Ersteher übertragen wird.

Ist ungewiß oder streitig, ob der weitere Betrag zu zahlen ist, so erfolgt die Zuteilung und Übertragung unter der entsprechenden Bedingung. Die §§ 878 bis 882 der Zivilprozeßordnung finden keine Anwendung.

Die Übertragung hat nicht die Wirkung der Befriedigung aus dem Grundstücke.

Fälle des § 125: 2.
Geltendmachung und Nachweis des Nichtbestehens eines berücksichtigten Rechts nach Ausführung der Verteilung 5.
Übertragung des Anspruchs auf den Ersatzbetrag 4.
Ungewißheit und Streit der Zahlung des weiteren Betrages 3.
Verteilung eines Betrages außer dem Bargebote 1.

1. Verteilung eines Betrages außer dem Bargebote. Es handelt sich im § 125 nicht um die Verteilung des Bargebotes, sondern „um Verteilung des Betrages, um welchen in den Fällen der §§ 50, 51 der durch Zahlung zu berichtigende Teil des Meistgebots sich erhöht. Die Zahlung dieses Betrages hat nicht in dem Teilungstermin, überhaupt nicht im Verteilungsverfahren, sondern außerhalb desselben zu erfolgen. Zu verteilen ist nicht ein Barerlös im Sinne des § 117, auch nicht die Forderung, soweit sie nach § 118 zu übertragen ist, sondern die Forderung, auf einen Teil des Meistgebotes, der nur unter bestimmten Voraussetzungen und nur nach Maßgabe besonderer Vorschriften durch Zahlung zu berichtigen ist. Die Zuteilung des Betrages kann zwar, weil ihr Gegenstand eine Forderung ist, nur durch Übertragung dieser Forderung an die aus derselben zu befriedigenden Berechtigten ausgeführt werden. Aber es liegt kein Grund vor, hieran die Befriedigung der Berechtigten zu knüpfen, vielmehr ist die Forderung gegen den Ersteher nur zahlungshalber zu übertragen und von einer Anwendung des § 118 Abs. 2 Satz 1 gänzlich abzusehen" (Motive).

2. Die zu unterscheidenden Fälle des § 125. Abs. 1, 3 des § 125 regeln zunächst den gewöhnlichen Fall, daß mit Rücksicht auf die Vorschrift des § 50 Abs. 1 Satz 2 zur Zeit des Verteilungstermins die Forderung gegen den Ersteher noch nicht fällig ist.

Leistet der Ersteher die Zahlung im Verteilungstermin, so wird der Betrag zusammen mit dem sonst vorhandenen Barerlöse verteilt. Dieser Fall wird im Gesetz nicht ausdrücklich erwähnt. Erfolgt die Zahlung nicht in dem Termine, so muß die Forderung gegen den Ersteher in derselben Weise wie ein rückständiger Betrag des Bargebots verteilt und übertragen werden; die Forderung ist jedoch nicht ohne weiteres vollstreckbar, und ebensowenig wirkt ihre Übertragung wie eine Befriedigung aus dem Grundstücke (§ 125 Abs. 1, 3). Vielmehr besteht die praktische Bedeutung der Übertragung nur darin, den Beteiligten, die mit ihren Ansprüchen auf die Forderung angewiesen sind, die Legitimation zu verschaffen, deren sie bedürfen, um die

Forderung nach dem Eintritt der Fälligkeit gegen den Ersteher geltend machen zu können. Die Geltendmachung selbst bleibt dem Belieben der Beteiligten überlassen und berührt die Ausführung des Teilungsplanes auch dann nicht, wenn es zur Zeit der Aufstellung desselben ungewiß oder streitig erscheint, ob eine Verpflichtung des Erstehers zur Ersatzzahlung gegeben ist. Es ist daher im letzteren Falle zur Wahrung der Rechte gegen den Ersteher ein Widerspruch gegen den Plan nicht erforderlich; lediglich die Übertragung erfährt eine der Sachlage entsprechende Einschränkung (§ 125 Abs. 2). Im übrigen ist es selbstverständlich, daß die Forderung überhaupt nur dann in das Verteilungsverfahren einbezogen werden kann, wenn die sie begründenden Tatsachen, soweit diese nicht dem Vollstreckungsgerichte bereits anderweit bekannt sind, in dem Verteilungstermine zur Sprache gebracht werden. Ist also beispielsweise die Ersatzzahlung aus dem Grunde zu leisten, weil ein Recht, dessen Bestehen angenommen war, in Wirklichkeit nicht oder nicht mehr besteht, so ist für das Gericht ein Anlaß, im Teilungsplan eine Zuteilung der Forderung vorzunehmen, nur dann gegeben, wenn auf Grund des behaupteten Sachverhalts gegen den Plan, soweit er das Recht als bestehend aufführt, Widerspruch erhoben wird. (Denkschr.)

3. Ungewißheit und Streit der Zahlung des weiteren Betrages (Abs. 2). Hierzu bemerken die Motive: Die Voraussetzung, von welcher die erhöhte Zahlungspflicht des Erstehers abhängt, ist das Nichtbestehen eines Rechts, welches durch den Zuschlag nicht erlischt, bezw. der Wegfall eines aufschiebend oder auflösend bedingten derartigen Rechts durch den Ausfall der aufschiebenden oder durch die Erfüllung der auflösenden Bedingung. Sofern das Vorhandensein der Voraussetzung nicht dergestalt nachgewiesen ist, daß das Recht gelöscht werden muß (vgl. § 130 Abs. 2), ist die Forderung gegen den Ersteher ungewiß bezw. bedingt.

4. Die Übertragung des Anspruchs auf den Ersatzbetrag. Im Falle des Abs. 1, wo das Nichtbestehen des berücksichtigten Rechts gewiß ist, erfolgt die Übertragung der Forderung gegen den Ersteher auf Zahlung des Ersatzbetrages auf den nach Verteilung des Bargebots nächsten ausfallenden Gläubiger in Höhe des Ausfalls. Ein etwaiger Überschuß ist auf den Subhastaten zu übertragen. In diesem Falle geschieht die Übertragung unbedingt, während sie, wenn das Bestehen des Rechts streitig oder ungewiß ist, unter der Bedingung des Wegfalls oder Nichtbestehens erfolgt (Abs. 2). Die Höhe des zuzahlenden Ersatzbetrages deckt sich im Falle des § 50 bei Hypotheken, Grundschulden, Rentenschulden mit dem Kapital bezw. der Ablösungssumme. Wenn ein anderes Recht in Frage kommt, so soll die Höhe der Zuzahlung bei Feststellung des geringsten Gebots bestimmt werden (§ 51 Abs. 2). Wird vom Ersteher die Höhe des festgesetzten Ersatzbetrages bestritten, so unterbleibt die Übertragung, und es müssen die ausfallenden Gläubiger im Prozeßwege ihre Ansprüche auf den bestrittenen Betrag geltend machen.

Nachdem der Teilungsplan durch Zuteilung und Übertragung ausgeführt ist, hat das Vollstreckungsgericht das Grundbuchamt noch um Eintragung der entsprechenden Sicherungshypothek zu ersuchen (§ 128 Abs. 1).

5. Geltendmachung und Nachweis des Nichtbestehens eines berücksichtigten Rechts nach Ausführung der Verteilung. Eine neue oder Nachtragsverteilung hat in diesem Falle nicht stattzufinden. Der dingliche Anspruch des ausfallenden Gläubigers ist erloschen, es bleibt nur der persönliche (Bereicherungs-) Anspruch des letzteren gegen den Ersteher bestehen. (§ 812 BGB.) Vgl. im übrigen

Jäckel Anm. 6 und die dort zitierte Literatur, auch Entsch. d. RG. v. 4. Febr. 1899, Jur. Wochenschr. S. 250 Nr. 63.

§ 126.

Eventualverteilung bei Unbekanntsein des Berechtigten.

Ist für einen zugeteilten Betrag die Person des Berechtigten unbekannt, insbesondere bei einer Hypothek, Grundschuld oder Rentenschuld der Brief nicht vorgelegt, so ist durch den Teilungsplan festzustellen, wie der Betrag verteilt werden soll, wenn der Berechtigte nicht ermittelt wird.

Der Betrag ist für den unbekannten Berechtigten zu hinterlegen. Soweit der Betrag nicht gezahlt wird, ist die Forderung gegen den Ersteher auf den Berechtigten zu übertragen.

---

1. Voraussetzung des Unbekanntseins. Erfordert wird, daß die Person des Berechtigten, natürliche oder juristische Person, und deren Anspruchsberechtigung so nachgewiesen ist, daß ein Zweifel an der Zuteilung des Anspruchs an den Berechtigten nicht besteht. § 126 greift daher auch Platz, wenn der Berechtigte verstorben ist, und seine Erben unbekannt oder nicht legitimiert sind, oder wenn Berechtigte in Frage kommen, für welche nach den §§ 1912, 1913 BGB. ein Pfleger bestellt werden müßte. Dagegen findet § 126 keine Anwendung, wenn die Person des Berechtigten zwar bekannt, aber sein Aufenthalt oder sein gesetzlicher Vertreter unbekannt ist, oder der erschienene Vertreter sich im Termine nicht gehörig legitmieren kann. In diesen Fällen ist nach § 117 zu verfahren.

Als besonderen Fall des Unbekanntseins des Berechtigten hebt das Gesetz hervor, daß der Berechtigte als unbekannt gilt, wenn der Hypothekenbrief (Grundschuld-Rentenbrief) nicht vorgelegt werden kann. Dies gilt jedoch nur, wenn auf den Hauptanspruch (§ 12 Nr. 3) ein Betrag zugeteilt ist. Soweit nur Rückstände von Zinsen, Nebenleistungen und Kosten, für die das Grundstück gemäß § 1118 BGB. haftet, eingefordert werden, bedarf es der Vorlegung des Briefes nicht (§§ 1159, 1160 Abs. 3 BGB.). Amortisationsbeiträge, welche zur Rückzahlung des Kapitals dienen, sind nicht den Zinsen gleich zu stellen.

Bei Hypotheken und Grundschulden, über die kein Brief erteilt ist, ergibt sich die Person des Berechtigten aus dem Inhalte des Grundbuchs. Diese Vermutung kann natürlich durch den Nachweis entkräftet werden, daß der eingetragene Gläubiger durch den Schuldner befriedigt und dadurch das dingliche Recht auf letzteren übergegangen ist. Für den Versteigerungsrichter gilt hiernach zunächst der Inhalt des Grundbuchs als zu Recht bestehend, und es ist Sache des Schuldners, seine Rechte geltend zu machen und Widerspruch gegen den aufgestellten Verteilungsplan zu erheben. (§§ 1143 f., 1163, 1164, 891, 1138 BGB.). Fischer u. Schäfer Anm. 3.

2. Folgen des Unbekanntseins des Berechtigten. a) In dem Teilungsplan ist eine Eventualverteilung vorzunehmen und der nächst ausfallende Berechtigte in dem Plane zu verzeichnen, an welchen der Betrag fällt, wenn der Berechtigte nicht ermittelt wird (Abs. 1).

b) Der gezahlte Betrag ist für den unbekannten Berechtigten zu hinterlegen. Soweit der Betrag nicht gezahlt wird, ist die Forderung gegen den Ersteher auf den unbekannten Berechtigten zu übertragen.

Über das weitere Verfahren, Bestellung eines Vertreters zur Ermittelung des Berechtigten vgl. §§ 135—141.

3. Stellt sich das Unbekanntsein des Berechtigten erst nach erfolgter Verteilung heraus, indem der abgesendete Betrag zurückkommt, da Adressat verstorben ist oder dessen Erben unbekannt sind, so ist zwecks Ergänzung des Verteilungsplans gemäß § 126 ein neuer Termin anzuberaumen, zu dem der Ersteher, der Schuldner und die ausfallenden Gläubiger zu laden sind. Vgl. Jäckel Anm. 3. Fischer u. Schäfer Anm. 5.

§ 127.

Behandlung vorgelegter Urkunden.

Wird der Brief über eine infolge der Versteigerung erloschene Hypothek, Grundschuld oder Rentenschuld vorgelegt, so hat das Gericht ihn unbrauchbar zu machen. Ist das Recht nur zum Teil erloschen, so ist dies auf dem Briefe zu vermerken. Wird der Brief nicht vorgelegt, so kann das Gericht ihn von dem Berechtigten einfordern.

Im Falle der Vorlegung eines vollstreckbaren Titels über einen Anspruch, auf welchen ein Betrag zugeteilt wird, hat das Gericht auf dem Titel zu vermerken, in welchem Umfange der Betrag durch Zahlung, Hinterlegung oder Übertragung gedeckt worden ist.

Der Wortlaut der Vermerke ist durch das Protokoll festzustellen.

---

1. Allgemeines. Das Gesetz unterscheidet in der Behandlung der vorgelegten Urkunden einerseits Hypothekenbriefe, Grund- und Rentenschulden und andererseits vollstreckbare Titel.

2. Behandlung vorgelegter Hypotheken-, Grund- und Rentenschuldbriefe.

a) Bei vollständigem Erlöschen des Rechts. Diese Urkunden sind, wenn die darin beurkundeten Rechte infolge der Versteigerung ganz erloschen sind, unbrauchbar zu machen. Für die Form der Unbrauchbarmachung sind die in den einzelnen Bundesstaaten die von der Landesjustizverwaltung für die Grundbuchämter getroffenen Vorschriften in gleicher Weise auch vom Vollstreckungsrichter anzuwenden. In Preußen ist nach § 42 der Allg. Verf. vom 20. Nov. 1899 z. Ausführung der GBO. der Vermerk über die erste Eintragung des Rechts zu durchstreichen und der Brief mit Einschnitten zu versehen. Ist eine Schuldurkunde mit dem Briefe verbunden (§ 58 GBO.), so ist diese abzutrennen und an denjenigen, der den Brief eingereicht hat, zurückzugeben (§ 69 Satz 2 GBO.). Die Setzung eines Vermerks auf den Brief betreffend die Tilgung des Anspruchs durch Zahlung, Ausfall oder Übertragung ist nicht vorgeschrieben.

b) Ist das in dem Brief beurkundete Recht nur zum Teil erloschen, so kann im allgemeinen von einer Unbrauchbarmachung der vorgelegten Urkunde keine Rede sein, da die Urkunde zum Teil ihre Gültigkeit behält. Das Recht ist infolge der Versteigerung nur zum Teil erloschen, α) wenn gemäß § 91 Abs. 2 zwischen dem Ersteher und dem Hypothekengläubiger die Vereinbarung getroffen ist, daß die zur Hebung kommende Hypothek zu einem Teilbetrage bestehen bleiben soll,

β) wenn im Falle der Vorrechtseinräumung an ein nachstehendes, dem Betrage geringeres Recht die Hypothek oder Grundschuld nur mit dem überschießenden Betrage im geringsten Gebot Berücksichtigung findet; Fischer u. Schäfer Anm. 2a.

γ) wenn infolge einer abweichenden Feststellung der Versteigerungsbedingungen (§ 59) ein Recht nur zum Teil in das geringste Gebot aufgenommen worden ist.

δ) wenn über mehrere, im Range gleichstehende oder unmittelbar aufeinander folgende Hypotheken gemäß §§ 66, 70 GBO. nur ein Hypothekenbrief ausgestellt worden ist, und nur eine Hypothek oder einzelne der Rechte infolge der Versteigerung erloschen sind;

ε) wenn über eine Gesamthypothek oder Gesamtgrundschuld gemäß §§ 59 Abs. 1, 70 BGO. nur ein Brief gebildet ist, und das Recht infolge der Versteigerung nur an einem Grundstück oder an einzelnen dieser Grundstücke erlischt.

In den zu b) α—ε aufgeführten Fällen ist das teilweise Erlöschen des Rechts auf dem Briefe zu vermerken (Abs. 1 Satz 2, vgl. auch § 1145 BGB. § 62 BBO.).

Der Vermerk ist, da die Vorschrift des § 62 GBO. entsprechende Anwendung findet, mit Unterschrift und Siegel zu versehen. Das Gesetz stellt ausdrücklich fest, daß, wenn der Brief zum Zwecke der Unbrauchbarmachung nicht eingereicht wird, das Gericht ihn von den Berechtigten einfordern kann. Ein Zwangsmittel zur Durchführung der Aufforderung auf Einreichung der Urkunde ist dem Gerichte nicht gegeben, kann auch nicht landesgesetzlich eingeführt werden. Vgl. Fischer u. Schäfer Anm. 3, Wolff Anm. 8, Reinhard Anm. II 3. Immerhin besteht im Falle des § 126 ein indirekter Zwang für den Berechtigten zur Vorlegung des Briefes. Die Löschung des Rechts ist von der Vorlegung und Unbrauchbarmachung des Briefes nicht abhängig (§ 131). Für die dadurch geschaffene Möglichkeit des Mißbrauchs des Briefes über ein bereits erloschenes Recht bleibt der Inhaber des Briefes verantwortlich. (Motive S. 304.) Das Grundstück haftet für die erloschene Post dem gutgläubigen Erwerber des Briefes nie, da der Erwerb erfolgt ist, als die Post bereits erloschen und die Löschung im Grundbuch vermerkt war, oder wenn sie bei dem Erwerbe noch nicht gelöscht war, der Erwerber aus dem Inhalt des Grundbuchs ersehen konnte, daß über das Grundstück das Zwangsversteigerungsverfahren bereits eingeleitet war. Vgl. Jäckel Anm. 4, Wolff Anm. 8, Fischer u. Schäfer Anm. 3.

3. Behandlung eines vorgelegten vollstreckbaren Titels. Abs. 2 bestimmt, daß im Falle der Vorlegung eines vollstreckbaren Titels über einen Anspruch, auf welchen ein Betrag zugeteilt wird, das Gericht auf dem Titel zu vermerken hat, in welchem Umfange der Betrag durch Zahlung, Hinterlegung oder Übertragung gedeckt worden ist.

4. Protokollarische Feststellung der Vermerke. Um eine angemessene Kontrolle des Verfahrens zu ermöglichen, ist im Abs. 3 die Vorschrift getroffen, daß in das Protokoll über den Verteilungstermin der Wortlaut der auf die vorgelegten Urkunden gesetzten Vermerke aufzunehmen ist. Wird eine mit dem Vermerk zu versehende Urkunde erst nach dem Termin eingereicht, so genügt es dem Wortlaut des erteilten Vermerks sei es in der richterlichen Verfügung selbst oder in Form einer Registratur in den Akten kenntlich zu machen.

Die für den Versteigerungserlös einzutragenden Sicherungshypotheken. (§§ 128, 129.)

§ 128.

Soweit für einen Anspruch die Forderung gegen den Ersteher übertragen wird, ist für die Forderung eine Sicherungshypothek an dem Grundstücke mit dem Range des Anspruchs einzutragen. War das Recht, aus welchem der Anspruch herrührt, nach dem Inhalte des Grundbuchs mit dem Rechte eines Dritten belastet, so wird dieses Recht als Recht an der Forderung miteingetragen.

Soweit die Forderung gegen den Ersteher unverteilt bleibt, wird eine Sicherungshypothek für denjenigen eingetragen, welcher zur Zeit des Zuschlags Eigentümer des Grundstücks war.

Mit der Eintragung entsteht die Hypothek. Vereinigt sich die Hypothek mit dem Eigentum in einer Person, so kann sie nicht zum Nachteil eines Rechtes, das bestehen geblieben ist, oder einer nach Abs. 1, 2 eingetragenen Sicherungshypothek geltend gemacht werden.

Wird das Grundstück von neuem versteigert, so ist der zur Deckung der Hypothek erforderliche Betrag bar zu berichtigen.

§ 129.

Die Sicherungshypothek für die im § 10 Nr. 1 bis 3 bezeichneten Ansprüche für die im § 10 Nr. 4 bezeichneten Ansprüche auf wiederkehrende Leistungen und für die im § 10 Abs. 2 bezeichneten Kosten kann nicht zum Nachteile der Rechte, welche bestehen geblieben sind, und der übrigen nach § 128 Abs. 1, 2 eingetragenen Sicherungshypotheken geltend gemacht werden, es sei denn, daß vor dem Ablaufe von sechs Monaten nach der Eintragung derjenige, welchem die Hypothek zusteht, die Zwangsversteigerung des Grundstücks beantragt. Wird der Antrag auf Zwangsversteigerung zurückgenommen oder das Verfahren nach § 31 Abs. 2 aufgehoben, so gilt er als nicht gestellt.

---

1. Zweck der Vorschriften in den §§ 128, 129. Da nach § 90 der Ersteher ohne Rücksicht auf die Erfüllung seiner Zahlungsverbindlichkeiten infolge des Meistgebots durch den Zuschlag Eigentümer wird, entspricht es nur der Billigkeit, wenn das Gesetz wenigstens dafür Sorge trifft, daß die unbefriedigt gebliebenen Ansprüche aus dem Meistgebot gegen den Ersteher möglichst sicher gestellt werden. Dabei sucht aber das Gesetz auch klar zu stellen, daß dieser Anspruch auf Sicherheitsleistung kein dauernder, sondern nur vorübergehender ist, und daß die Belastung des Grundstücks mit derartigen Hypotheken keine dauernde sein soll, da sie sonst zur Schädigung des Realkredits führen würde. Diesen beiden Gesichtspunkten trägt das Gesetz dadurch Rechnung, daß es in Übereinstimmung mit § 866 Abs. 1 ZPO. in § 128 bestimmt, daß, soweit für einen Anspruch die Forderung gegen den Ersteher übertragen wird, für die Forderung eine Sicherungshypothek an dem Grundstück mit dem Range des Anspruchs einzutragen ist. Andererseits wird der provisorische Charakter dieser Sicherungshypothek dadurch gewahrt, daß bei einer neuen Versteigerung des Grundstücks der zur Deckung der Hypothek erforderliche Betrag bar zu berichtigen ist (§§ 128 Abs. 4 u. 129). Vgl. Jäckel Anm. 1.

2. Die Sicherungshypothek für die Forderung gegen den Ersteher. Zur Sicherung der Forderung auf Zahlung des Erlöses gegen den Ersteher ist nach § 128 für den Forderungsbechtigten eine Sicherungshypothek an dem versteigerten Grundstück einzutragen. Das Vollstreckungsgericht hat um Eintragung dieser Hypothek das Grundbuchamt von Amts wegen zu ersuchen (§§ 130, 131). Die Erteilung eines Hypothekenbriefes ist mit Rücksicht auf § 1185 BGB. bei der Sicherungshypothek ausgeschlossen. Die Höhe der übertragenen Forderung ist auch für den Betrag der einzutragenden Sicherungshypothek maßgebend. Die Übertragung kann ihren Grund darin haben, daß der Ersteher seine Zahlungspflicht im Termine nicht erfüllt hat (§ 118 Abs. 1 Satz 1), oder daß Zahlungsfristen gesetzt sind (§ 118 Abs. 1 Satz 2), oder daß der Fall des § 125 vorliegt. Ist die Übertragung eine bedingte, und ist die Forderung bedingungsweise einem Erstberechtigten und einem Eventualberechtigten übertragen worden (§§ 119, 120, 121, 123—125), so muß auch in der Eintragung der Sicherungshypothek die entsprechende Bedingung zum Ausdruck gebracht werden. Die Sicherungshypothek ist unter Angabe der Bedingung für beide einzutragen. Auf den Grund der Eintragung kommt es nicht an.

„Nach Beendigung der Verteilung hat das Vollstreckungsgericht, sofern der Zuschlag rechtskräftig geworden ist, von Amts wegen zu veranlassen, daß die Veränderungen, die der Zuschlag in den Rechtsverhältnissen an dem Grundstücke herbeigeführt hat, zur Eintragung in das Grundbuch gelangen und daß zugleich, falls eine Forderung aus dem durch Zahlung zu berichtigenden Teile des Meistgebots verblieben ist, für die zu ihrer Geltendmachung Berechtigten eine Sicherungshypothek eingetragen wird (§ 128 Abs. 1, 2, §§ 130, 131). Das Gesetz schreibt diese Eintragung im Interesse der Übersichtlichkeit des Rechtszustandes allgemein vor. Sie hat sich daher, abweichend von dem pr. Ges. (§ 124 Abs. 4), dessen Bestimmungen im übrigen für das Gesetz vorbildlich waren, auch auf denjenigen Teil der Forderung zu erstrecken, welcher zur Deckung von Zinsen, Beitreibungskosten und anderen Nebenansprüchen aus bestehen bleibenden Rechten übereignet ist. Die Eintragung der Hypothek für solche Nebenansprüche, sowie für die im § 10 Nr. 1—3 bezeichneten Ansprüche darf jedoch den Rechten, welche bestehen geblieben sind, und den übrigen nach § 128 Abs. 1, 2 eingetragenen Sicherungshypotheken nicht zum dauernden Nachteile gereichen. Der § 129 trifft in dieser Richtung die erforderliche Vorsorge." (Denkschr.)

Der Anspruch aus der Sicherungshypothek ist nach Ausführung des Teilungsplans und erfolgter Eintragung abgesehen von den Fällen der §§ 50, 51 gegen den Ersteher und jeden späteren Eigentümer vollstreckbar. Näheres s. Anm. 1 zu den §§ 132, 133.

3. Rang der einzutragenden Sicherungshypothek. Die Eintragung

der Sicherungshypothek erfolgt mit dem Range des Anspruchs, zu dessen Deckung die Forderung übertragen ist. Da das Grundbuchamt gemäß § 39 GBO. die Eintragung auf Grund des Ersuchens zu bewirken hat, muß in dem Ersuchen des Vollstreckungsrichters das Rangverhältnis der einzutragenden Sicherungshypotheken untereinander und ihr Verhältnis zu bestehen bleibenden Rechten genau bezeichnet werden, soweit ihr Rang von der allgemeinen gültigen Reihenfolge der Eintragungen (§ 879 BGB., § 46 GBO.) abweicht.

Für das Rangverhältnis mehrerer Sicherungshypotheken sind die §§ 10—12, 109, 110 bestimmend. Der Rang zu den bestehenbleibenden Rechten regelt sich gemäß § 879 BGB., § 46 BGO. nach der zeitlichen Reihenfolge der Eintragungen. Die Sicherungshypotheken für diejenigen Rechte, welche im § 10 Ziffer 1—3 aufgeführt sind, z. B. wegen der gerichtlichen Kosten des Verfahrens gehen den bestehenbleibenden Rechten vor, ohne daß es der Zustimmung der zurücktretenden Rechte bedarf. § 880 BGB. greift hier nicht Platz. Inwieweit die bestehenbleibenden Rechte gegen diesen Nachteil Schutz genießen, ergibt sich aus § 128 Abs. 3 und 4 und § 129.

An sich ist für jede zur Deckung eines Anspruchs übertragene Forderung eine Sicherungshypothek einzutragen, wobei es nicht darauf ankommt, ob jede der Eintragungen unter besonderer Nummer erfolgt (wie Fischer u. Schäfer Anm. 3 es wollen), oder ob die Eintragungen unter *einer* Nummer mit Unterabteilungen (wie Jäckel Anm. 3 vorschlägt) geschehen. Vgl. Reinhard Anm. II 1 zu § 128.

4. *Änderung des Rangverhältnisses.* Hierzu bemerkt die Denkschrift: Wird der Gläubiger, für dessen Forderung eine Sicherheitshypothek eingetragen ist, später befriedigt oder erlischt die Forderung aus einem anderen Grunde, so geht nach § 1163 BGB. die Hypothek auf den Ersteher über. Der § 128 Abs. 3 Satz 2 bestimmt aber dem gegenüber, daß die nach § 128 Abs. 1 begründete Sicherungshypothek von dem Ersteher nicht zum Nachteil eines Rechtes, das bestehen geblieben ist, oder einer nach § 128 Abs. 1, 2 eingetragenen Sicherungshypothek geltend gemacht werden kann. Diese Einschränkung rechtfertigt sich durch die Erwägung, daß es zur Begründung der Sicherungshypothek gar nicht gekommen wäre, wenn der Ersteher seine Zahlungsverpflichtung rechtzeitig erfüllt hätte, und daß aus der verspäteten Erfüllung ihm keine Rechte zum Nachteile derjenigen Gläubiger erwachsen dürfen, die ihrerseits Anspruch auf Barzahlung im Verteilungstermine hatten. Mit Rücksicht auf die Besonderheiten, welche gemäß § 128 Abs. 3 Satz 2, § 129 und § 132 Abs. 1 Satz 1 für die hier in Frage stehenden Sicherungshypotheken gelten, soll bei der Eintragung der Hypotheken im Grundbuch ersichtlich gemacht werden, daß sie auf Grund eines Zwangsversteigerungsverfahrens erfolgt ist (§ 130 Abs. 1 Satz 2).

5. *Eintragung von Belastungen des durch die Sicherungshypothek gedeckten Anspruchs.* War das Recht, aus welchem der durch die Übertragung gedeckte Anspruch herrührt, nach dem Inhalt des Grundbuchs mit dem Rechte eines Dritten (Nießbrauch, Pfandrecht) belastet, so setzt sich das Recht des Dritten ohne weiteres an der übertragenen Forderung fort. Zur Wahrung des Rechts des Dritten in Hinblick auf § 892 BGB. bestimmt das Gesetz im § 128 Abs. 1 Satz 2 ausdrücklich, daß dieses Recht als Recht an der Forderung miteinzutragen ist. Die Zurücksetzung im Range, welche sich aus § 128 Abs. 3 Satz 2 für die Sicherungshypothek ergibt, trifft auch das sie belastende Recht eines Dritten, sofern letzteres erst nach der Versteigerung gegen den Ersteher erworben ist. Hat der Dritte sein Recht schon vor der Versteigerung erworben, so bleibt das bisherige Rangverhältnis für das Recht des Dritten bestehen.

Eine weitere Modifikation des Ranges ist im § 129 vorgesehen. Die Sicherungshypothek für die im § 10 Nr. 1—3 bezeichneten Ansprüche, die im § 10 Nr. 4 erwähnten Ansprüche auf wiederkehrende Leistungen und die im § 10 Abs. 2 bezeichneten Kosten kann, wenn der Inhaber des Anspruchs nicht binnen sechs Monaten vom Tage der Eintragung ab gerechnet, die anderweite Zwangsversteigerung betreibt, nicht zum Nachteil eines bestehen gebliebenen Rechts und der übrigen, nach § 128 eingetragenen Sicherungshypotheken geltend gemacht werden. Nach Ablauf der Frist treten die vorbezeichneten Ansprüche hinter die bestehen gebliebenen Rechte und die übrigen, auf Grund der Zwangsversteigerung eingetragenen Posten im Range zurück. Dasgleiche gilt, wenn der Antrag zurückgenommen wird, oder nach erteilter Einstellungsbewilligung die Fortsetzung des Verfahrens nicht rechtzeitig beantragt wird. Dritte Erwerber der Sicherungshypothek müssen § 129 gegen sich gelten lassen, sofern aus dem Grundbuch hervorgeht, daß die Sicherungshypothek auf Grund eines Zwangsversteigerungsverfahrens zur Eintragung gelangt ist. Vgl. Jäckel Anm. 7, Wolff Anm. 2 zu § 129.

6. Umwandlung der Sicherungshypothek in eine gewöhnliche Hypothek. Bei Umwandlung der gegen den Ersteher eingetragenen Sicherungshypothek in eine Hypothek (§ 1186 BGB.) oder Grundschuld (§ 1198 BGB.) bedarf es unter analoger Anwendung des § 1186 BGB. nicht der Zustimmung der im Range gleich- oder nachstehenden Berechtigten. Jäckel Anm. 6, Wolff Anm. 5, Reinhard Anm. IV 2c zu § 128.

Erwirbt ein Dritter nach Umwandlung die Hypothek und ist gemäß § 130 Abs. 1 Satz 2 aus dem Grundbuch ersichtlich, daß die Hypothek ursprünglich eine im Zwangsversteigerungsverfahren begründete Sicherungshypothek war, so gilt die der Hypothek anhaftende Beschränkung des § 128 Abs. 3 auch dem Dritten gegenüber. Vgl. Jäckel Anm. 6, Wolff Anm. 5 zu § 128.

7. Entstehung der Sicherungshypotheken. Nach den Motiven (S. 306) hat die Eintragung der Sicherungshypothek die Natur einer Zwangsmaßregel gegen den Ersteher. Deshalb entsteht sie gemäß § 128 Abs. 3 ebenso wie die im Wege der Zwangsvollstreckung eingetragenen Sicherungshypotheken (§ 867 Abs. 1 ZPO.) erst durch die Eintragung im Grundbuch, nicht schon durch die Übertragung des § 118. Für die Sicherungshypothek finden im übrigen die Bestimmungen der §§ 1184—1186 BGB. Anwendung, soweit nicht aus dem besonderen Zweck der hier fraglichen Sicherungshypotheken abweichende Bestimmungen aus dem Gesetze selbst hervorgehen. Dagegen ist eine Anwendung der Bestimmungen der §§ 866 Abs. 3 u. 867 Abs. 2 ZPO. auf die gegen den Ersteher eingetragenen Sicherungshypotheken ausgeschlossen. Jäckel Anm. 5.

8. Barberichtigung der Sicherungshypotheken. Bei einer neuen Versteigerung sind nach Abs. 4 des § 128 die Sicherungshypotheken bar zu berichtigen, auch wenn sie in das geringste Gebot fallen. Diese Bestimmung ist im Interesse des Realkredits getroffen worden, da sonst die Sicherungshypotheken, soweit sie nicht dem betreibenden Gläubiger zustehen, in das geringste Gebot kommen und dann das Grundstück auch mit solchen Beträgen dauernd belasten würden, welche, wie der Liedlohn, Rückstände auf öffentliche Abgaben usw. bei jeder ersten Versteigerung zur baren Auszahlung gelangten. (Bericht der Kommission des Reichstages S. 192.)

Das Ersuchen um Berichtigung des Grundbuchs. (§§ 130, 131.)

§ 130.

Ist der Teilungsplan ausgeführt und der Zuschlag rechtskräftig, so ist das Grundbuchamt zu ersuchen, den Ersteher als Eigentümer einzutragen, den Versteigerungsvermerk sowie die durch den Zuschlag erloschenen Rechte zu löschen und die Eintragung der Sicherungshypotheken für die Forderung gegen den Ersteher zu bewirken. Bei der Eintragung der Hypotheken soll im Grundbuch ersichtlich gemacht werden, daß sie auf Grund eines Zwangsversteigerungsverfahrens erfolgt ist.

Ergibt sich, daß ein bei der Feststellung des geringsten Gebotes berücksichtigtes Recht nicht zur Entstehung gelangt oder daß es erloschen ist, so ist das Ersuchen auch auf die Löschung dieses Rechtes zu richten.

Hat der Ersteher, bevor er als Eigentümer eingetragen worden ist, die Eintragung eines Rechtes an dem versteigerten Grundstücke bewilligt, so darf die Eintragung nicht vor der Erledigung des im Abs. 1 bezeichneten Ersuchens erfolgen.

§ 131.

In den Fällen des § 130 Abs. 1 ist zur Löschung einer Hypothek, einer Grundschuld oder einer Rentenschuld, im Falle des § 128 zur Eintragung des Vorranges einer Sicherungshypothek die Vorlegung des über das Recht erteilten Briefes nicht erforderlich.

---

1. Berichtigung des Grundbuchs von Amts wegen. Es gehört zur Amtspflicht des Vollstreckungsrichters, die durch den Zuschlag eingetretene Unrichtigkeit und Veränderungen des Grundbuchs im Wege des Ersuchens an das Grundbuchamt richtig zu stellen und dadurch wieder eine Übereinstimmung des Inhalts des Grundbuchs mit der wirklichen Rechtslage herbeizuführen.

Diese Verpflichtung des Vollstreckungsrichters kann ihm nicht von dem Ersteher oder den Beteiligten abgenommen werden. Erst wenn das Ersuchen des Vollstreckungsgerichts an das Grundbuchamt erfolgt und die dementsprechenden Eintragungen bewirkt sind, ist anderweiten Anträgen des Erstehers und der Beteiligten auf Berichtigung des Grundbuchs nach Maßgabe der §§ 894 ff. BGB. Raum gegeben. Hierzu bedarf es alsdann nicht der Vermittlung des Vollstreckungsgerichts, sondern die Anträge sind direkt an das Grundbuchamt zu richten und von diesem selbständig zu erledigen. Selbstverständlich kann auf diesem Wege von den Berechtigten auch der Inhalt des Ersuchens des Vollstreckungsgerichts nach erfolgter Eintragung angefochten werden, da „bei dem Verteilungsverfahren nur der Zuschlagsbeschluß konstitutive Wirkung hat und die zu dessen Ausführung dienenden Maßnahmen des Vollstreckungsgerichts nur Verwaltungsmaßregeln sind, welche die Beschreitung des Rechtsweges nicht ausschließen." (Motive S. 269.)

Hat das Vollstreckungsgericht das ihm obliegende Ersuchen überhaupt nicht gestellt, oder war das Ersuchen unrichtig oder unvollständig, so können die Beteiligten hiergegen auch auf Grund des § 766 ZPO. vorstellig werden, wobei gegen einen ablehnenden Bescheid sofortige Beschwerde gegeben ist (§ 793 ZPO.). Wie Fischer u. Schäfer Anm. 1 mit Recht hervorheben, kann auf diese Weise nur eine zu Unrecht unterbliebene Eintragung (oder Löschung) bewirkt, nicht aber einseitig eine bereits geschehene Eintragung beseitigt werden, da es hierzu der Zustimmung oder Verurteilung der eingetragenen Berechtigten bedarf (vgl. §§ 19, 54, 71 Abs. 2 GBO.).

2. Voraussetzungen des an das Grundbuchamt zu richtenden Ersuchens. Diese sind

a) die Ausführung des Teilungsplans,
b) die Rechtskraft des Zuschlags.

Zu a) Der Plan ist ausgeführt, wenn die ganze Teilungsmasse gezahlt oder hinterlegt (§ 117), der Anspruch gegen den Ersteher auf Zahlung übertragen (§ 118) und im Falle der Eventualverteilung die Hinterlegung oder Übertragung bedingt geschehen oder bei Unbekanntsein des Berechtigten die Hinterlegung oder Übertragung unter Vorbehalt der Feststellung der Person der Berechtigten erfolgt ist. Der Plan gilt als „ausgeführt", sobald festgestellt ist, wer den zugeteilten Betrag erhalten soll. Jäckel Anm. 2. Es braucht daher bei dem Ersuchen nicht abgewartet zu werden, ob etwaige Widersprüche gegen den Plan erledigt oder die für einen zugeteilten Betrag unbekannten Berechtigten ermittelt oder bedingte Ansprüche zu unbedingten geworden sind.

Zu b) Die Rechtskraft hat das Vollstreckungsgericht von Amts wegen festzustellen. Bei bestehenden Zweifeln über die Nichteinlegung von Beschwerden, da diese auch unmittelbar beim Beschwerdegericht eingelegt werden können, empfiehlt es sich für das Vollstreckungsgericht, beim Beschwerdegericht anzufragen.

3. Verhältnis des Vollstreckungsgerichts zum Beschwerdegericht. Der Grundbuchrichter hat nicht zu prüfen, ob das Vollstreckungsgericht örtlich zuständig, die in dem Ersuchen enthaltene Anordnung von Eintragungen sachlich gerechtfertigt, insbesondere ob das Ersuchen übereinstimmt mit dem Zuschlagsbeschluß oder der Verteilungsverhandlung, ob der Zuschlagsbeschluß rechtskräftig ist. Es beschränkt sich vielmehr die Prüfungspflicht des Grundbuchrichters darauf, ob das Ersuchen in der vorgeschriebenen Form erfolgt, und ob das Vollstreckungsgericht zu den einzelnen Eintragungsanordnungen gesetzlich berechtigt ist. Steht der Inhalt des Ersuchens mit dem grundbuchamtlichen Inhalt offenbar in Widerspruch, so wird der Grundbuchrichter dem Vollstreckungsrichter hiervon vor Erledigung des Ersuchens Mitteilung zu machen haben. Sollte jedoch der Versteigerungsrichter keine Veranlassung finden, den Bedenken des Grundbuchrichters Folge zu geben, so muß dem gestellten Ersuchen um Eintragung entsprochen werden, da für den Inhalt und die Grundlagen des Ersuchens der Vollstreckungsrichter allein die Verantwortung trägt. Lehnt das Grundbuchamt das Ersuchen ab oder führt es dasselbe unrichtig oder unvollständig aus, so steht dem Vollstreckungsrichter die Beschwerde zu (Johow-Küntzel, Jahrbuch Bd. 3 S. 156). Das Ersuchen muß der Eintragung auch in dem Falle vorausgehen, wenn der Vollstreckungsrichter zugleich Grundbuchrichter ist. Vgl. Jäckel Anm. 3. A. M. Eccius in Gruchots Beiträgen Bd. 44 S. 531.

4. Form des Ersuchens. Reichsgesetzlich ist über die Form keine Vor-

schrift getroffen. Für Preußen ist nach Art. 9 des pr. AG. GBO., das Ersuchen „ordnungsmäßig zu unterschreiben und mit Siegel oder Stempel zu versehen". Die Gültigkeit der Eintragung ist von der Beobachtung der Form nicht abhängig. Eccius bei Gruchot, Beiträge Bd. 44 S. 531.

5. Inhalt des Ersuchens. Dieses geht

a) auf Eintragung des Erstehers als Eigentümers,

b) auf Löschung des Versteigerungsvermerkes,

c) auf Löschung der durch den Zuschlag erloschenen Rechte,

d) auf Eintragung der Sicherungshypotheken für die gegen den Ersteher übertragene Forderung (Abs. 1).

e) Ergibt sich, daß ein bei der Feststellung des geringsten Gebots berücksichtigtes Recht nicht zur Entstehung gelangt, oder daß es erloschen ist, so ist das Ersuchen auch auf die Löschung dieses Rechts zu richten (Abs. 2).

Die Eintragungen zu a—d sind gleichzeitig vorzunehmen.

Zu a) Der Ersteher ist auch dann als Eigentümer in das Grundbuch einzutragen, wenn er als solcher bereits eingetragen ist. Dies geschieht, weil seine Eintragung auf Grund des Zuschlags mit Rücksicht auf die §§ 37 Nr. 5, 90 rechtliche Bedeutung haben kann. Vgl. Jäckel Anm. 4, Reinhard Anm. II, 1, Fischer u. Schäfer Anm. 3a; a. M. Wolff Anm. 7. Der Eintragung zu a und b bedarf es auch, wenn die Wiederversteigerung des Grundstück nach § 133 beantragt ist. Ist der Zuschlag mehreren erteilt, so ist in dem Ersuchen mit Rücksicht auf § 48 GBO. anzugeben, ob eine Gemeinschaft nach Bruchteilen oder zur gesamten Hand (z. B. eheliche Gütergemeinschaft) vorliegt.

Zu b) Der Versteigerungsvermerk ist zu erlöschen, weil er nach der Ausführung des Teilungsplans seinen Zweck erfüllt hat (Motive).

Zu c) Durch den Zuschlag erlöschen alle eingetragenen Rechte, welche nicht nach Inhalt des geringsten Gebots (§§ 52, 59, 91 Abs. 1) oder einer nachträglich zwischen dem Ersteher und Berechtigten getroffenen Vereinbarung (§ 91 Abs. 2) oder nach besonderer gesetzlicher Bestimmung (§ 52 Abs. 2, § 9 EG., Art. 6 pr. AG.) bestehen bleiben. Es erlöschen mithin auch die erst nach der Eintragung des Versteigerungsvermerks eingetragenen Rechte. Hat der Versteigerungsrichter von letzteren keine Kenntnis erhalten, so wird es dem Grundbuchrichter obliegen nach Eingang des Ersuchens, da auch die Löschung dieser Rechte dasselbe umfassen muß, den Versteigerungsrichter auf diese Rechte aufmerksam zu machen, und die Ergänzung des Ersuchens nach dieser Richtung hin anheimzustellen (Schöller, Zwangsverst. S. 48, Jäckel Anm. 5, Reinhard Anm. I 3e zu § 130). Um vorstehende Weiterungen zu vermeiden, ist partikularrechtlich (vgl. sächs. AG. vom 19. Juni 1900 § 13) vorgeschrieben, daß der Vollstreckungsrichter vor Abgang des Ersuchens die Grundbuchakten einzusehen hat.

Das Ersuchen um Eintragung oder Löschung von Rechten kann nur Rechte am versteigerten Grundstücke betreffen. Das Ersuchen um Löschung einer Korrealhypothek kann nicht auf die mithaftenden Grundstücke ausgedehnt werden, vielmehr bleibt die Korrealhypothek auf diesen eingetragen, und der Grundbuchrichter hat gemäß § 49 Abs. 2 GBO. von Amts wegen auf den Blättern der mithaftenden Grundstücke nur zu vermerken, daß die Mithaft des versteigerten Grundstücks erloschen ist. Jäckel Anm. 5, Reinhard Anm. I 3h zu § 130, Fischer u. Schäfer Anm. 2b. Zu den zu löschenden Rechten gehören auch Zwangsverwaltungs- und Konkursvermerke. Bestand gleichzeitig neben der Zwangsversteigerung die Zwangsverwaltung, so ist mit dem

Zuschlage das Grundstück auch von der Zwangsverwaltung frei geworden. Im Konkursfalle gilt insofern das gleiche, als mit dem Zuschlage das Grundstück, selbst wenn der Gemeinschuldner der Ersteher desselben ist, aus der Konkursmasse ausscheidet. Der Vollstreckungsrichter hat alsdann das Grundbuchamt um Löschung des Konkursvermerkes zu ersuchen.

Zu d) Bei Eintragung der Sicherungshypotheken ist der einzutragende Betrag, das Rangverhältnis, in welchem die Sicherungshypotheken zueinander und zu den bestehenbleibenden Rechten stehen, genau anzugeben. In dem Ersuchen ist auch zu vermerken, daß die Eintragung auf Grund einer Zwangsversteigerung erfolgt. Der letztgedachte Vermerk, welcher auch ohne Ersuchen des Vollstreckungsrichters vom Grundbuchrichter für die Eintragung zu beachten ist, verfolgt den Zweck, aus dem Grundbuch für jedermann ersichtlich zu machen, daß für die Sicherungshypothek die Rangzurücksetzung in den Fällen der §§ 128 Abs. 3 u. 129 Platz greift, und daß sie gegen den Ersteher und jeden späteren Eigentümer vollstreckbar ist (§ 132 Abs. 1). Für die einzutragende Sicherungshypothek ist die Erteilung eines Hypothekenbriefes ausgeschlossen (§ 1185 Abs. 1 BGB.).

Ist die Übertragung bedingungsweise erfolgt und hat eine Eventualverteilung stattgefunden (§§ 119—121, 123, 124), so ist nur e i n e Sicherungshypothek für den Erstberechtigten und Eventualberechtigten einzutragen. Ist der Rang, welcher dem Eventualberechtigten zukommt, verschieden von dem des Erstberechtigten, so muß der von der Reihenfolge der Eintragung abweichende Rang, den die Hypothek bei Eintritt der Bedingung einnimmt, angegeben werden. Fischer u. Schäfer Anm. 3d, Reinhard Anm. II 4b; a. M. Schöll, Zwangsverst. S. 51, Jäckel Anm. 6. Reinhard a. a. O. gibt folgendes Beispiel für die Fassung der Grundbucheintragung:

Auf Grund der Zwangsversteigerung

a) 1000 Mk. (mit Zinsen) Sicherungshypothek wegen der dem Gläubiger übertragenen Forderung gegen den Ersteher, mit dem Vorrang vor der Sicherungshypothek unter b.

Die Übertragung an A ist unter der Bedingung erfolgt, daß usw. Für den Fall, daß diese Bedingung ausfällt, ist die Forderung dem Gläubiger C übertragen. Die Hypothek hat in diesem Falle den Rang hinter derjenigen unter b.

b) 1000 Mk. (mit Zinsen) Sicherungshypothek wegen der dem Gläubiger B übertragenen Forderung gegen den Ersteher.

Zu e) Ausnahmsweise kann das Ersuchen um Löschung auch ein Recht treffen, welches bei der Festsetzung des geringsten Gebots berücksichtigt worden ist und deshalb bestehen bleiben sollte (Abs. 2), sofern sich ergibt, daß es nicht zur Entstehung gelangt oder wieder erloschen ist. Das Nichtbestehen oder das Nichtmehrbestehen eines solchen Rechts ist für die Versteigerung insofern von Bedeutung, als infolge davon ein Ersatzbetrag zu zahlen (§§ 50, 51) und gemäß § 125 durch Übertragung zu verteilen ist. Damit nun nicht wegen des Bestehenbleibens des Rechts in Höhe des Ersatzbetrages eine Sicherungshypothek eingetragen werde, was im Falle der Nichtlöschung geschehen müßte, muß der Vollstreckungsrichter im Falle des Nichtbestehens des Rechts für die Löschung desselben Sorge tragen.

Da das Erlöschen dieser Rechte nicht durch den Zuschlag eintritt, so müssen die Urkunden, die das Erlöschen ergeben, dem Ersuchen beigefügt werden. Ist das Recht ein verbrieftes, so muß der über die erloschene Post gebildete Brief beigefügt werden. § 131 greift hier nicht Platz.

Ist das Bestehen eines bei der Feststellung des geringsten Gebots berücksichtigten Rechts streitig, so hat der Widersprechende dafür zu sorgen, die Eintragung eines Widerspruchs bei dem bestrittenen Recht gemäß § 899 BGB. herbeizuführen. Der Versteigerungsrichter hat in diesem Falle von Amts wegen nichts zu veranlassen. (Anders nach §§ 115 Abs. 2, 124 Ziff. 3 des preuß. ZwVGes. v. 1883.) Vgl. Jäckel Anm. 9.

Vollstreckbarkeit des Anspruchs gegen den Ersteher. (§§ 132, 133.)

§ 132.

Nach der Ausführung des Teilungsplans ist die Forderung gegen den Ersteher und im Falle des § 81 Abs. 4 auch gegen den für mithaftend erklärten Meistbietenden, der Anspruch aus der Sicherungshypothek gegen den Ersteher und jeden späteren Eigentümer vollstreckbar. Diese Vorschrift findet keine Anwendung, soweit der Ersteher einen weiteren Betrag nach den §§ 50, 51 zu zahlen hat.

Die Zwangsvollstreckung erfolgt auf Grund einer vollstreckbaren Ausfertigung des Beschlusses, durch welchen der Zuschlag erteilt ist. In der Vollstreckungsklausel ist der Berechtigte sowie der Betrag der Forderung anzugeben; der Zustellung einer Urkunde über die Übertragung der Forderung bedarf es nicht.

§ 133.

Die Zwangsvollstreckung in das Grundstück ist gegen den Ersteher ohne Zustellung des vollstreckbaren Titels oder der nach § 132 erteilten Vollstreckungsklausel zulässig; sie kann erfolgen, auch wenn der Ersteher noch nicht als Eigentümer eingetragen ist. Der Vorlegung des im § 17 Abs. 2 bezeichneten Zeugnisses bedarf es nicht, solange das Grundbuchamt noch nicht um die Eintragung ersucht ist.

---

1. Wirkungen des Zuschlagsbeschlusses. Persönliche und dingliche Vollstreckbarkeit. Um dem Berechtigten zur Beitreibung der ihm gegen den Ersteher übertragenen Forderung den Prozeßweg zu ersparen, ist aus Gründen der Billigkeit dem Zuschlagsbeschluß die Vollstreckbarkeit mit doppelter Wirkung beigelegt. Derjenige, welchem die Forderung aus dem Zuschlage gegen den Ersteher übertragen ist, kann gegen den Ersteher und seine Universalrechtsfolger und im Falle des § 81 Abs. 4 gegen den für mithaftend erklärten Meistbietenden die Zwangsvollstreckung in das gesamte Vermögen (bei dem Ersteher also auch in das ihm zugeschlagene Grundstück) vornehmen. Wegen des Anspruchs aus der Sicherungshypothek steht dem Berechtigten die Zwangsvollstreckung gegen das mit der Sicherungshypothek belastete Grundstück und dessen Zubehörstücke zu. Dieser Zwangsvollstreckung ist nicht nur der Ersteher des Grundstücks, sonder nauch jeder spätere Eigentümer desselben unterworfen. Handelt es sich um die Vollstreckung der persönlichen Forderung gegen den Ersteher, so ist zu beachten, daß dieselbe schon mit der Ausführung des Teilungsplans vollstreckbar wird, ohne daß die Rechtskraft des Zuschlages eingetreten zu sein braucht, während der dingliche Anspruch aus der Sicherungshypothek erst mit dem Bestehen derselben, d. h. mit der erfolgten Eintragung im Grundbuch vollstreckbar wird. Vgl. Reinhard Anm. II 4 zu § 132.

2. Die Notwendigkeit einer Vollstreckungsklausel für den Zuschlag als vollstreckbaren Titel. In dem Zuschlagsbeschlusse ist die von dem Ersteher zu zahlende Summe festgestellt (§ 82). Da nach diesem die Forderung gegen den Ersteher dem Subhastaten zusteht, so liegt in der auf Grund des Teilungsplans erfolgten Übertragung der Forderung gegen den Ersteher auf den Berechtigten eine Rechtsnachfolge auf der Gläubigerseite. Wie Jäckel Anm. 2 mit Recht hervorhebt, ist „diese Rechtsnachfolge zugleich der Akt, ohne welchen die Vollstreckbarkeit nicht eintreten kann," denn erst durch die Übertragung ist der Zuschlagsbeschluß in Verbindung mit dieser zum vollstreckbaren Titel geworden. Deshalb bedarf es nicht zur Erteilung der Vollstreckungsklausel der Anordnung des Richters, wie in den §§ 726, 727, 730 ZPO., sondern der Gerichtsschreiber des Vollstreckungsgerichts kann die Klausel selbständig erteilen. (Vgl. Jäckel Anm. 2, Wolff Anm. 4 zu § 132, Fischer u. Schäfer Anm. 2, Reinhard Anm. III, 3 zu § 132, Günther I S 159.)

Ist dagegen nach erfolgter Übertragung der vollstreckbar gewordenen Forderungen eine Rechtsnachfolge eingetreten, so bedarf es zur Erteilung der Vollstreckungsklausel für diesen Rechtsnachfolger der richterlichen Anordnung.

Die Vollstreckungsklausel muß nach § 125 ZPO. den Berechtigten und den Betrag der Forderung ergeben, da beides aus dem Zuschlagsbeschluß nicht hervorgeht. Sie wird daher ungefähr folgenden Wortlaut haben müssen: „Vorstehende Ausfertigung wird dem A für die ihm gegen den Ersteher B übertragene Forderung von . . . . Mk. . . Pf. nebst vier vom Hundert Zinsen seit dem . . . . zum Zwecke der Zwangsvollstreckung erteilt."

Ist eine Rechtsnachfolge auf seiten des Schuldners eingetreten, so kann die Vollstreckungsklausel nur auf Anordnung des Richters erteilt werden. Berechtigt zu dem Verlangen auf Erteilung der vollstreckbaren Ausfertigung sind alle die, auf welche die Forderung bezw. ein Teil der Forderung gegen den Ersteher übertragen ist, außer den Gläubigern auch der Schuldner ev. der im Laufe des Verfahrens eingetretene neue Eigentümer bezüglich des sich ergebenden Überschusses, ferner die Gerichtskasse wegen der aus dem Erlöse zu entnehmenden Kosten.

3. Zustellung. Gemäß § 750 ZPO. ist der Beginn der Zwangsvollstr. davon abhängig, daß der Zuschlagsbeschluß bereits zugestellt ist oder gleichzeitig zugestellt wird. Hierbei fragt sich, ob Voraussetzung der Zwangsvollstr. Zustellung des mit Vollstr.-klausel versehenen Zuschlagsbeschlusses ist, oder ob die vorgängige Zustellung des Zuschlagsbeschlusses an den Ersteher gemäß § 88 genügt. Ersteres ist allein richtig. Vgl. Jäckel Anm. 3, Wolff Anm. 5 zu § 132. Zur Vollstreckung des Anspruchs aus der Sicherungshypothek gegen einen Besitznachfolger in das Grundstück ist nach § 750 Abs. 2 ZPO. die Zustellung nochmals erforderlich, es muß außerdem eine Abschrift der Urkunde über seine Eintragung und eine Abschrift über die Eintragung der Sicherungshypothek zugestellt werden. Vgl. Jäckel Anm. 3, Wolff Anm. 5 zu § 132.

4. **Einwendungen gegen die Vollstreckung.** Einwendungen gegen die Zulässigkeit der Klausel sind nach § 792 Abs. 2 ZPO. zu behandeln, und Einwendungen, welche den Anspruch selbst betreffen, sind im Wege der Klage bei dem zuständigen Amts- bezw. Landgericht gemäß § 796 Abs. 3 ZPO. geltend zu machen.

5. **Die Wiederversteigerung** (§ 133).

a) Rechtliche Natur. Die Wiederversteigerung (Resubhastation) ist nach dem Reichsgesetz eine neue Zwangsversteigerung mit einigen Erleichterungen bezüglich der Anordnung, soweit sie gegen den Ersteher stattfinden soll (§ 133).

Schuldner ist der Ersteher und im Falle der Geltendmachung des Anspruchs aus der Sicherungshypothek jeder spätere Eigentümer des Grundstücks. Wird ein Überschuß bei der Versteigerung erzielt, so gebührt letzterer den vorgedachten Schuldnern, während bei der anderweiten Versteigerung aus § 817 Abs. 3 ZPO. der Überschuß dem vollstreckenden Gläubiger zugute kommt.

Wird das frühere Meistgebot bei der neuen Versteigerung nicht erreicht, so kann, da es sich um ein ganz neues Verfahren handelt, kein Anspruch auf Ersatz gegen den früheren Eigentümer des Grundstücks erhoben werden, da dieser durch den Zuschlag als Beteiligter aus dem Verfahren ausgeschieden ist. Anders steht es mit dem Ersteher des Grundstücks. Dieser ist zwar durch den Zuschlag unbedingt Eigentümer des Grundstücks geworden, aber haftet dem Berechtigten für den Ausfall, den er durch die Wiederversteigerung erleidet, da er wegen des Anspruchs aus der Übertragung gemäß §§ 118, 132 persönlich haftet.

b) Besonderheiten bei der Wiederversteigerung, welche sich gegen den Ersteher richtet. Die Wiederversteigerung unterliegt in diesem Falle gewissen Erleichterungen:

α) die Zwangsvollstreckung kann beginnen, ohne daß dem Ersteher vorher der vollstreckbare Titel oder die nach § 132 erteilte Vollstreckungsklausel zugestellt ist;

β) die Zwangsvollstreckung kann erfolgen, auch wenn der Ersteher noch nicht als Eigentümer eingetragen ist. Wenn das Grundbuchamt noch nicht um die Eintragung ersucht ist, bedarf es nicht der Vorlegung des im § 17 Abs. 2 bezeichneten Zeugnisses.

Da nach Vorstehendem im Falle der Wiederversteigerung gegen den Ersteher von der vorgängigen Zustellung des Vollstreckungstitels und der Vollstreckungsklausel Abstand genommen wird, so bleibt doch auch für dieses Verfahren die Vorschrift des § 132 Abs. 2 bestehen, wonach der Antragsteller eine vollstreckbare Ausfertigung des Zuschlagsbeschlusses beizubringen hat, die ihn als den Berechtigten und den Ersteher als den Schuldner ausweist. Ob dem Antrage stets auch die landesgesetzlich vorgeschriebenen Auszüge aus dem Steuerbuche beizufügen sind, wird nach Lage des Falls vom Ermessen des Richters abhängen. Vgl. z. B. Art. 4 des pr. AG., Jäckel Anm. 5c, Reinhard Anm. II 3 zu § 133 hält die wiederholte Beifügung eines Steuerbuchauszuges für entbehrlich.

Die zu *α*) und *β*) aufgeführten Erleichterungen greifen nur Platz,

aa) sofern der Antragsteller zu denjenigen gehört, welchen eine Forderung gegen den Ersteher übertragen ist. Hierzu gehört auch der frühere Eigentümer wegen der Hyperocha, der Universalsukzessor und hinsichtlich der Forderung gegen den Ersteher auch der Singularsukzessor des Berechtigten. Nicht dazu gehören aber diejenigen, deren Ansprüche bei der Feststellung des geringsten Gebots oder auf Grund des § 91 Abs. 2 bestehen geblieben sind. Vgl. Jäckel Anm. 5b, Wolff Anm. 3a zu § 133.

bb) Der Ersteher muß noch Eigentümer des erstandenen Grundstücks sein. Dem Singularsukzessor des Erstehers gegenüber findet die erleichterte Zwangsvollstreckung an sich keine Anwendung. Gegen diesen ist der Antrag nur zulässig, wenn er im Grundbuch als Eigentümer eingetragen ist. Zum Beweise dessen ist das Zeugnis des Grundbuchamts (§ 17 Abs. 2) beizubringen. Ferner sind einzureichen Ausfertigung des Zuschlagsbeschlusses mit Vollstreckungsklausel gemäß § 132 Abs. 2, wobei der Antragsteller, um die Klausel zu erlangen, Eintragung der Sicherungshypothek und die Rechtsnachfolge nachweisen muß, und die Urkunde über deren Zustellung. Bezüglich der Auszüge aus den Steuerbüchern vgl. das zu b) β) Gesagte. Zum Nachweise der Eintragung der Sicherungshypothek wird die Überreichung der davon erfolgten Mitteilung des Grundbuchamts (§ 55 GBO.) genügen.

c) Einzelheiten über das Verfahren bei der Wiederversteigerung. Wie bereits bemerkt, wird die Wiederversteigerung als ein ganz neues und selbständiges Verfahren behandelt. Die Prozeßvollmacht für das frühere Verfahren genügt nicht für dieses. Das Verfahren regelt sich im übrigen völlig nach den gesetzlichen Bestimmungen für das Zwangsversteigerungsverfahren ohne Rücksicht auf das vorangegangene Verfahren. Nur darin zeigt sich eine Wirkung des früheren Verfahrens, daß bei der Feststellung des geringsten Gebots in der Resubhastation Sicherungshypotheken, die in der vorangegangenen Zwangsversteigerung gemäß § 128 begründet worden sind, nicht als bestehen bleibende, sondern als durch Barzahlung zu deckende zu berücksichtigen sind (§ 128 Abs. 4).

d) Die Vorschrift des § 133, welche allgemein von der „Zwangsvollstreckung in das Grundstück“ spricht, gilt auch für die Zwangsverwaltung.

6. Unanwendbarkeit der §§ 132, 133. Die §§ 132, 133 finden keine Anwendung, wenn der Ersteher einen weiteren Betrag nach den §§ 50, 51 zu zahlen hat. Der Anspruch auf die Zahlung ist hier im gewöhnlichen Prozeßwege geltend zu machen. Vgl. Fischer u. Schäfer Anm. 11.

§ 134.

Behandlung des von dem Dritten im Falle des § 61 zu zahlenden Betrages.

Im Falle des § 61 tritt für das Verteilungsverfahren an die Stelle der Forderung gegen den Ersteher die Forderung gegen den für zahlungspflichtig erklärten Dritten. Wird von dem Dritten die ihm obliegende Zahlung im Verteilungstermine bewirkt, so ist für seine Forderung gegen den Ersteher eine Sicherungshypothek an dem versteigerten Grundstück einzutragen. Auf die Hypothek finden die Vorschriften des § 128 Abs. 3 Satz 1, des § 130 Abs. 1 und des § 132 entsprechende Anwendung.

Übersicht über den Inhalt des § 134: 1. Verhältnis (rechtliche Natur) zwischen dem Berechtigten und dem Dritten 2. Verhältnis (rechtliche Natur) des Dritten zum Ersteher 3.

1. Übersicht über den Inhalt des § 134. Satz 1 regelt das Rechtsverhältnis der zur Hebung kommenden Beteiligten gegenüber dem intervenierenden Dritten. Satz 2 und 3 regelt das Verhältnis des Dritten zum Ersteher.

2. Das Verhältnis zwischen dem Berechtigten und dem Dritten. § 134 Satz 1 wiederholt zunächst nur den Inhalt des § 61 Abs. 3 und stellt fest, daß der intervenierende Dritte auch für das Verteilungsverfahren ebenso zu behandeln ist, wie der Ersteher. Soweit sich der Dritte verpflichtet hat, für den Ersteher zu zahlen, soweit ist der Ersteher von der Zahlungspflicht befreit, er scheidet insoweit als Schuldner der Masse aus, an seine Stelle tritt der Dritte. Zahlt der Dritte seiner Verpflichtung entsprechend, so wird der gezahlte Betrag nach Maßgabe des Teilungsplans verteilt. Soweit der Dritte nicht zahlt, wird die Forderung gegen ihn auf die Berechtigten gemäß § 118 übertragen. Diese Übertragung hat die Wirkung des § 118 Abs. 2, denn sie tritt an die Stelle der Forderung gegen den Ersteher, sie wirkt daher wie die Befriedigung aus dem Grundstück, wenn diese Wirkung nicht nach § 118 Abs. 2 ausgeschlossen wird. Die übertragene Forderung kann auf Grund einer nach § 132 zu erteilenden vollstreckbaren Ausfertigung des Zuschlagsbeschlusses im Wege der Zwangsvollstr. gegen den Dritten beigetrieben werden.

Für die auf die Berechtigten übertragene Forderung gegen den Dritten ist nach Maßgabe der §§ 128—132 eine Sicherungshypothek an dem versteigerten Grundstück einzutragen. Vgl. Jäckel Anm. 2, Schöller, Zwangsverst. S. 75; Günther, Zwangsverst. S. 163, Reinhard Anm. IIe. A. M. Wolff Anm. 1 und Fischer u. Schäfer Anm. 2, welche die Zulässigkeit der Eintragung einer Sicherungshypothek verneinen. Ist wegen der Forderung gegen den Dritten eine Sicherungshypothek eingetragen, so ist der Anspruch aus der Sicherungshypothek gegen den Ersteher und jeden späteren Eigentümer vollstreckbar. Infolge der bestehenden Sicherungshypothek ist auch die Wiederversteigerung, sobald der Ersteher als Eigentümer eingetragen ist, zulässig.

3. Das Rechtsverhältnis des Dritten zum Ersteher. Soweit der Dritte den Versteigerungserlös übernommen und gezahlt hat, steht ihm kraft Gesetzes (§ 61 Abs. 3 a. E.) die Ersatzforderung auf Zahlung des Erlöses gegen den Ersteher zu. Die Geltendmachung dieses Ersatzanspruchs, bei welchem ein etwaiges Innenverhältnis zwischen dem Dritten und dem Ersteher mitzuberücksichtigen ist, liegt, wie Fischer u. Schäfer Anm. 2b mit Recht betonen, „an sich, da die Forderung nicht Gegenstand der Verteilung bildet, außerhalb des Vollstreckungsverfahrens." Infolgedessen muß die Verfolgung dieses Anspruchs im gewöhnlichen Prozesse erfolgen. Nur zur Sicherung der Ersatzforderung des zahlenden Dritten gegen den Ersteher bestimmt § 134 Satz 2, daß auf Ersuchen des Vollstreckungsgerichts von dem Grundbuchamte eine Sicherungshypothek für den Dritten an dem versteigerten Grundstücke einzutragen ist. Notwendige Voraussetzung der Eintragung ist, daß der Dritte die ihm obliegende Zahlung im Verteilungstermine vollständig bewirkt hat. Hat eine teilweise Zahlung nur stattgefunden, so ist die Eintragung einer Hypothek ausgeschlossen. Nach Eintragung der Sicherungshypothek kann der Dritte seinen dinglichen Anspruch nach dem in § 134 auch hier für anwendbar erklärten § 132, nachdem er eine vollstreckbare Ausfertigung des Zuschlagsbeschlusses nach Ablauf des Fälligkeitstermines (§ 751 Abs. 1 ZPO.) erlangt hat, im Wege der Zwangsvollstreckung gegen den Ersteher oder den späteren Eigentümer beitreiben. Die für die Wiederversteigerung geltenden Vorschriften des § 133 finden hier keine Anwendung, da § 134 die entsprechende Anwendung des § 133 nicht erwähnt.

Die Vollstreckbarkeit des Anspruchs aus der Sicherungshypothek setzt die Geltendmachung des dinglichen, nicht des persönlichen Anspruchs voraus. Der Entw. I enthielt deshalb im § 180 Abs. 2 die ausdrückliche Vorschrift, daß die Forderung des Dritten gegen den Ersteher nicht vollstreckbar ist. Diese Bestimmung ist später weggelassen worden, „weil ohne sie die Vollstreckbarkeit aus keiner gesetzlichen Vorschrift gefolgert werden kann." Diesen Standpunkt wird man auch für die Auslegung des § 134 für maßgebend erachten müssen. Vgl. Fischer u. Schäfer Anm. 2b, Reinhard Anm. IV 2 zu § 61, Anm. III 5 zu § 134; a. M. Jäckel Anm. 3, Wolff Anm. 3.

§ 135.

Ermittelung des unbekannten Berechtigten.

Ist für einen zugeteilten Betrag die Person des Berechtigten unbekannt, so hat das Vollstreckungsgericht zur Ermittelung des Berechtigten einen Vertreter zu bestellen. Die Vorschriften des § 7 Abs. 2 finden entsprechende Anwendung. Die Auslagen und Gebühren des Vertreters sind aus dem zugeteilten Betrage vorweg zu entnehmen.

---

1. Grund und Bedeutung der Vorschrift des § 135. Die Denkschrift bemerkt hierzu:

In den meisten Landesgesetzen fehlt es an Vorschriften darüber, wie das Verteilungsverfahren zum Abschlusse gebracht werden soll, wenn sich für einen zugeteilten Betrag ein Berechtigter nicht gemeldet hat. Solche Vorschriften erscheinen jedoch kaum entbehrlich, da sonst derjenige, welchem nach dem Teilungsplane der fragliche Betrag im Falle der Nichtermittelung des Berechtigten gebührt, mit der Geltendmachung seines Rechtes so lange warten müßte, bis nach allgemeinen Grundsätzen ein Aufgebot des hinterlegten Barbetrags oder der für die Forderung aus dem Meistgebote haftenden Sicherungshypothek zulässig wäre. Im Anschluß an das Preuß. Gesetz (§§ 131—135) schreibt deshalb der Entwurf vor, daß das Vollstreckungsgericht von Amts wegen dem unbekannten Berechtigten einen Vertreter zu bestellen hat, dem die Ermittelung des Berechtigten obliegt, und daß, falls diese Ermittelungen innerhalb dreier Monate nach dem Verteilungstermine zu keinem Ergebnisse führen, der demnächst Berechtigte mit Ermächtigung des Vollstreckungsgerichts das Aufgebot zum Zwecke der Ausschließung des unbekannten Berechtigten von dem zugeteilten Betrag in Antrag bringen darf (§§ 135, 137, 138). Die Erledigung des Aufgebotsverfahrens, auf welches, abgesehen von den besonderen Bestimmungen des § 140, die allgemeinen Vorschriften der ZPO. Anwendung finden, ist aus praktischen Rücksichten nach dem Vorgange des Preußischen Gesetzes ebenfalls dem Vollstreckungsgericht übertragen.

2. Voraussetzung der Bestellung des Vertreters. Voraussetzung der Bestellung ist, daß die Person des Berechtigten unbekannt ist. Es genügt auch, wenn der Berechtigte zwar bekannt, aber den Brief über die Hypothek, Grund- oder Rentenschuld nicht vorlegen kann. Vgl. Jäckel Anm. 2; Wolff Anm. 4. Ist der Berechtigte der Person nach bekannt, nur sein Aufenthaltsort unbekannt, so ist der Betrag ohne Bestellung eines Vertreters gemäß § 117 Abs. 2 zu hinterlegen. Ebensowenig ist ein Vertreter zu bestellen, wenn dem unbekannten Berechtigten bereits ein Vertreter bestellt ist, z. B. Abwesenheitspfleger, Nachlaßpfleger oder -verwalter u. dgl. m.

3. Aufgabe und Stellung des Vertreters. Seine Aufgabe besteht darin, die Person des Berechtigten zu ermitteln und die zum Nachweis der Legiti=

mation desselben erforderlichen Urkunden zu beschaffen. Das Aufgebot des Berechtigten oder der für kraftlos zu erklärenden Urkunden zu betreiben, ist er jedoch nicht befugt.

Nach § 7 Abs. 2, welcher nach § 135 Satz 2 entsprechende Anwendung findet, ist der Vertreter auch zur Benachrichtigung des ermittelten Berechtigten verpflichtet.

4. Auslagen und Gebühr des Vertreters. Dem Vertreter kann gemäß § 7 Abs. 2 von dem Berechtigten eine Vergütung für seine Tätigkeit und Ersatz seiner Auslagen fordern. Die Auslagen sind glaubhaft zu machen. Die Festsetzung erfolgt durch Beschluß des Vollstreckungsgerichts, gegen den sofortige Beschwerde zulässig ist. Ist ein Barbetrag für den Berechtigten zur Hebung gelangt, so ist aus diesem der für den Vertreter festgesetzte Betrag vorweg zu entnehmen. Ist die Zuteilung durch Übertragung der Forderung gegen den Ersteher erfolgt, so ist vom Vollstreckungsgericht dem Vertreter nach Maßgabe des festgesetzten Betrages ein Teil der Forderung und damit auch der dafür eingetragenen Sicherungshypothek und zwar mit Vorrecht vor dem Überrest zu überweisen. Auf Grund der Überweisung erfolgt die Eintragung des betreffenden Teils der Sicherungshypothek auf den Namen des Vertreters im Grundbuch. Der Vertreter ist alsdann berechtigt nach § 132 die Wiederversteigerung zu betreiben. Vgl. Wolff Anm. 3, Jäckel Anm. 4.

§ 136.

Kraftloserklärung von Hypotheken-, Grundschuld- oder Rentenschuldbriefen.

Ist der Nachweis des Berechtigten von der Beibringung des Briefes über eine Hypothek, Grundschuld oder Rentenschuld abhängig, so kann der Brief im Wege des Aufgebotsverfahrens auch dann für kraftlos erklärt werden, wenn das Recht bereits gelöscht ist.

---

1. Grund und Bedeutung der Vorschrift. Besteht der Legitimationsmangel bei dem sich meldenden Gläubiger lediglich darin, daß er den über eine Hypothek, Grundschuld oder Rentenschuld gebildeten Brief nicht vorzulegen vermag, so hat er außerhalb des Vollstreckungsverfahrens gemäß § 1162 BGB. nach den Bestimmungen der Zivilprozeßordnung (§§ 1003 ff.) vor dem zuständigen Aufgebotsrichter das Aufgebotsverfahren zu betreiben, um den Brief für kraftlos erklären zu lassen. Da nun das Recht des Gläubigers nach § 91 Abs. 1 durch den Zuschlag erlischt, und die Löschung ohne Rücksicht auf die Vorlegung des über das Recht gebildeten Briefes gemäß § 131 Abs. 2 bewirkt wird, und daher das Recht meistenteils schon gelöscht sein wird, wenn der Berechtigte das Aufgebot des Briefes beantragt, so soll durch die Vorschrift des § 136 verhütet werden, daß das Aufgebot deshalb nicht zugelassen werden möchte, weil das Recht bereits gelöscht ist.

2. Unterschied zwischen dem Aufgebot aus § 136 und dem nach den §§ 138 ff. Das Aufgebotsverfahren bezweckt die Kraftloserklärung des Briefes und damit die Legitimation des nicht legitimierten Berechtigten, während in den §§ 138 ff. der Eventualberechtigte die Ausschließung des unbekannten Berechtigten vor dem Vollstreckungsgericht zu erlangen bezweckt. Beide Aufgebote können nebeneinander laufen.

Nach dem Wortlaut des § 138 darf der Antrag auf Ermächtigung zum Aufgebot des Eventualberechtigten nicht deshalb abgelehnt werden, weil das Aufgebotsverfahren aus § 136 bereits anhängig und vor dem Ablauf von drei Monaten noch nicht zum Abschluß gekommen ist. Mit Rücksicht auf die Fassung des Gesetzes kann den Motiven zu § 138 keine ausschlaggebende Bedeutung beigemessen werden. Vgl. Wolff Anm. 2, Fischer u. Schäfer Anm. 7 zu §§ 135—141; a. A. Jäckel Anm. 2, Reinhard Anm. II 4.

Nachträgliche Ermittelung des Berechtigten. (§§ 137—139.)

§ 137.

Wird der Berechtigte nachträglich ermittelt, so ist der Teilungsplan weiter auszuführen.

Liegt ein Widerspruch gegen den Anspruch vor, so ist derjenige, welcher den Widerspruch erhoben hat, von der Ermittelung des Berechtigten zu benachrichtigen. Die im § 878 der Zivilprozeßordnung bestimmte Frist zur Erhebung der Klage beginnt mit der Zustellung der Benachrichtigung.

§ 138.

Wird der Berechtigte nicht vor dem Ablaufe von drei Monaten seit dem Verteilungstermin ermittelt, so hat auf Antrag das Gericht den Beteiligten, welchem der Betrag anderweit zugeteilt ist, zu ermächtigen, das Aufgebotsverfahren zum Zwecke der Ausschließung des unbekannten Berechtigten von der Befriedigung aus dem zugeteilten Betrage zu beantragen.

Wird nach der Erteilung der Ermächtigung der Berechtigte ermittelt, so hat das Gericht den Ermächtigten hiervon zu benachrichtigen. Mit der Benachrichtigung erlischt die Ermächtigung.

§ 139.

Das Gericht kann im Falle der nachträglichen Ermittelung des Berechtigten zur weiteren Ausführung des Teilungsplans einen Termin bestimmen. Die Terminsbestimmung ist dem Berechtigten und dessen Vertreter, dem Beteiligten, welchem der Betrag anderweit zugeteilt ist, und demjenigen zuzustellen, welcher zur Zeit des Zuschlags Eigentümer des Grundstücks war.

Liegt ein Widerspruch gegen den Anspruch vor, so erfolgt die Zustellung der Terminsbestimmung auch an denjenigen, welcher den Widerspruch erhoben hat. Die im § 878 der Zivilprozeßordnung bestimmte Frist zur Erhebung der Klage beginnt mit dem Termine.

Ausführung des Teilungsplans ohne Terminsanberaumung 10.
Ermittelung des Berechtigten 2.
Fristablauf vor Bewilligung der Ermächtigung zum Aufgebot 5.
Nachträgliche Ermittelung des unbekannten Be-

1. Unterscheidung bezüglich der nachträglichen Ermittelung. Das Gesetz unterscheidet hierbei 3 Fälle. Der Berechtigte wird nachträglich ermittelt, aber vor Erteilung der Ermächtigung zum Aufgebot (§ 137). Die Ermittelung findet erst nach der Erteilung der vorgedachten Ermächtigung statt (§ 139). Endlich findet sie nach Erlaß des Ausschlußurteils statt (§ 141). In allen drei Fällen wird der Teilungsplan weiter ausgeführt.

2. Ermittelung des Berechtigten. Der Nachweis der Ermittelung ist dem Vollstreckungsgericht zuzuführen, welches auch darüber, ob der Berechtigte ermittelt ist, zu entscheiden hat. Vor der Entscheidung wird das Gericht diejenigen, welche bei der Nichtermittelung des Berechtigten interessiert sind, zu hören haben. Als solche Beteiligte kommen hier in Betracht der ev. bestellte Vertreter des Berechtigten, der Subhastat und der Eventualberechtigte. Erfolgt die Entscheidung unter Widerspruch der oder eines der Beteiligten, so hat das Gericht einen Beschluß zu verkünden, gegen welchen den Beteiligten die sofortige Beschwerde offen steht. Ohne Rücksicht auf das Ergebnis der sofortigen Beschwerde ist unbeschränkt noch dem angeblich Berechtigten der Klageweg gegeben, um die Anerkennung seiner Legitimation von den sie bestreitenden Beteiligten zu erlangen. Das auf diesem Wege ergangene rechtskräftige Urteil ist, soweit es der Entscheidung des Vollstreckungsgerichts entgegensteht, auch für den Vollstreckungsrichter bindend. Jäckel Anm. 2.

Sind die Beteiligten darüber einig, daß der nachträglich Ermittelte der Berechtigte ist, so bedarf es eines besonderen Beschlusses des Gerichts nicht, sondern die Entscheidung des Gerichts liegt darin, daß der Teilungsplan weiter ausgeführt wird. Dies erhellt auch aus § 138 Abs. 2. Der Eventualberechtigte ist von der weiteren Ausführung des Plans zu benachrichtigen, damit ihm Gelegenheit gegeben wird, hiergegen seine Beschwerde zu richten.

3. Verfahren nach der Ermittelung des Berechtigten. Wird der Berechtigte ermittelt, so muß die Verteilung gerade so bewirkt werden, wie es hätte geschehen müssen, wenn der Zwischenfall des § 126 nicht eingetreten wäre. Das Vollstreckungsgericht hat also, wenn der zugeteilte Betrag hinterlegt ist, dessen Auszahlung nach Maßgabe des § 117 zu veranlassen, wenn dagegen eine Übertragung erfolgt ist, die unbestimmte Übertragung in eine bestimmte umzuwandeln, und wenn bereits die Eintragung in das Grundbuch stattgefunden hat, das Grundbuchamt um die Berichtigung des Buches zu ersuchen.

Da es sich nach Ermittelung des Berechtigten nur um weitere Ausführung des Teilungsplans handelt, bedarf es nicht der Ansetzung eines Termins.

Bei der weiteren Ausführung des Teilungsplans sind die erwachsenen Kosten, sowohl Gerichtskosten für die nachträgliche Verteilung, als auch Auslagen und Gebühren des Vertreters, welche seitens des Vertreters zu diesem Zwecke zu liquidieren und von dem Vollstreckungsgerichte festzusetzen sind, zu berücksichtigen.

4. Widerspruch gegen den Anspruch des unbekannten Be-

rechtigten. Liegt ein Widerspruch gegen den Anspruch des unbekannten Berechtigten vor, so ist der widersprechende Beteiligte von der Ermittelung des Berechtigten zu benachrichtigen (Abs. 2). Die Benachrichtigung ist zuzustellen. Von der Zustellung ab zählt die einmonatliche Frist, binnen welcher gemäß § 878 ZPO. der widersprechende Gläubiger gegen den ermittelten Berechtigten Klage zu erheben hat. Das Vollstreckungsgericht hat von Amts wegen zu kontrollieren, ob in der einmonatlichen Frist die Klage erhoben ist. Wird der Nachweis der rechtzeitigen Klageerhebung geführt, so sind die weiteren Anträge der Parteien abzuwarten; andernfalls gilt der Widerspruch als nicht erhoben, und der Plan ist ohne Rücksicht auf denselben zur Ausführung zu bringen.

5. Fristablauf vor Bewilligung der Ermächtigung zum Aufgebot. Nach § 138 Abs. 1 muß eine Wartefrist von drei Monaten für die Ermittelung des Berechtigten abgelaufen sein, ehe dem Antrag der Eventualberechtigten um Bewilligung der Ermächtigung zur Einleitung des Aufgebotsverfahrens stattgegeben werden kann.

Die Erteilung der Ermächtigung geschieht durch Beschluß des Vollstreckungsgerichts, welcher dem Antragsteller und dem Vertreter zuzustellen ist (§ 329 Abs. 2 ZPO.). Gegen diesen Beschluß steht dem Vertreter des unbekannten Berechtigten und letzterem selbst die sofortige Beschwerde zu. Gegen Ablehnung des Antrages des Eventualberechtigten steht diesem die sofortige Beschwerde zu. Wird dem Eventualberechtigten die nachgesuchte Ermächtigung erteilt, so ist er damit für das Aufgebotsverfahren legitimiert.

6. Wieweit und mit welcher Wirkung kann der Eventualberechtigte das Aufgebotsverfahren betreiben? Das Aufgebotsverfahren des Eventualberechtigten bezweckt die Ausschließung des unbekannten Berechtigten von der Befriedigung aus dem ihm zugeteilten Betrage. Wenn nur einer von mehreren Eventualberechtigten die Ermächtigung zum Aufgebot nachsucht und erhält, so kann das Aufgebotsverfahren stets nur zugunsten des ihm zufallenden Betrages wirksam werden. Deshalb wirkt das Ausschlußurteil auch nur für den Antragsteller, nicht auch für andere Eventualberechtigte. Letztere sind daher darauf angewiesen, ihrerseits ein besonderes Aufgebotsverfahren zu beantragen. Jäckel Anm. 3 zu § 138, Reinhard Anm. II 7 zu § 138 und Fischer u. Schäfer Anm. 7 zu den §§ 135—141, a. M. Wolff Anm. 4.

Da bei dem Aufgebotsverfahren des einen von mehreren Eventualberechtigten nicht bloß der dem Antragsteller zugeteilte Betrag in Frage kommt, sondern auch noch Kosten, Gebühren und sonstige Ausgaben zu berücksichtigen sind, so ist die Ermächtigung auf das Aufgebot des gesamten Betrages zu erstrecken, auch wenn dem Antragsteller nur ein Teilbetrag zugeteilt ist. Vgl. Jäckel Anm. 3. Die Anträge mehrerer Eventualberechtigter sind, wenn möglich, nach § 959 ZPO. miteinander zu verbinden. Es wird in den Motiven auch empfohlen und als zweckmäßig bezeichnet, darauf hinzuwirken (durch Befragen der nicht als Antragsteller aufgetretenen übrigen Eventualberechtigten seitens des Gerichts), daß auch beim Vorhandensein mehrerer Berechtigter das Aufgebot in einem Verfahren erledigt wird.

7. Nachträgliche Ermittelung des unbekannten Berechtigten während des Aufgebotsverfahrens. Solange das Aufgebotsverfahren schwebt, und kein Ausschlußurteil erlassen ist, können die Ermittelungen nach dem unbekannten Berechtigten fortgesetzt werden. Sei es, daß letzterer sich selbst meldet und legitimiert, sei es, daß der Vertreter ihn ermittelt, jedenfalls hat die Feststellung

seitens des Gerichts, daß der Berechtigte ermittelt ist, die Einstellung des Aufgebotsverfahrens unmitelbar zur Folge. Die Ermittelung ist dem Ermächtigten durch Beschluß des Gerichts mitzuteilen. Mit der Zustellung dieses Beschlusses erlischt die Ermächtigung. Die Kosten des eingestellten Aufgebotsverfahrens sind bei der weiteren Ausführung des Teilungsplans vorweg zu berichtigen.

8. Terminsanberaumung für die weitere Ausführung des Teilungsplans. Es ist in das Ermessen des Vollstreckungsgerichts gestellt, ob es im Falle nachträglicher Ermittelung des Berechtigten nach Erteilung der Ermächtigung zur weiteren Ausführung des Teilungsplans einen Termin bestimmen will (§ 139 Abs. 1 Satz 1). Die Notwendigkeit der Terminsbestimmung wird davon abhängig sein, ob der ursprünglich aufgestellte Teilungsplan etwa wegen der inzwischen erwachsenen Kosten, Verschiebung der auszuzahlenden oder übertragenen Beträge bedingt, daher noch abzuändern ist, und es deshalb einer erneuten Verhandlung mit den Beteiligten bedarf. Vgl. Jäckel Anm. 1 zu § 139. Im Falle der Terminsbestimmung ist diese dem ermittelten Berechtigten und dessen Vertreter, dem Eventualberechtigten und demjenigen zuzustellen, der zur Zeit des Zuschlags Eigentümer des Grundstücks war, und sofern ein Widerspruch gegen den Anspruch vorliegt, auch dem Widersprechenden. Ist versehentlich keine Eventualverteilung im Teilungsplan vorgesehen, so muß allen ausgefallenen Gläubigern die Terminsbestimmung zugestellt werden. (Jäckel Anm. 2 zu § 139, Reinhard Anm. II 2a.)

9. Verhandlung in dem Termin. Der anberaumte Termin gilt als neuer Verteilungstermin, so daß auch die Erhebung eines Widerspruchs mit der Wirkung des § 115 zulässig ist. Jäckel Anm. 4, Reinhard Anm. II 2c.

Wird in dem Termin der Ermittelte nicht für legitimiert angesehen, so ist die Ermächtigung zum Aufgebot wieder zu erteilen, und das Aufgebotsverfahren nimmt seinen Fortgang. Gilt der Ermittelte als legitimiert, so ist an diesen nach Abzug der vorweg zu berichtigenden Kosten die Hebung auszuzahlen oder die dementsprechende Übertragung vorzunehmen und das Grundbuchamt um Berichtigung des Grundbuchs zu ersuchen. Die sofortige Beschwerde gegen die Entscheidung des Vollstreckungsrichters steht demjenigen zu, zu dessen Nachteil die Entscheidung ausgefallen ist; neben dem angeblich Berechtigten ist sie auch dessen Vertreter gegeben. Jäckel Anm. 4 zu § 139.

10. Ausführung des Teilungsplans ohne Terminsanberaumung. Das Vollstreckungsgericht hat in diesem Falle den Beteiligten Nachricht zu geben, wen es für nachträglich legitimiert erachtet und die Benachrichtigung diesen zuzustellen. Mit der Zustellung läuft für den, der Widerspruch erhoben hat, die Frist zur Erhebung der Klage (§ 878 ZPO.), ebenso wie von da ab die Frist für die sofortige Beschwerde des Eventualberechtigten sofern, gegen diesen die Entscheidung ausgefallen ist, beginnt. Jäckel Anm. 5 zu § 139.

§ 140.

Das Aufgebotsverfahren.

Für das Aufgebotsverfahren ist das Vollstreckungsgericht zuständig. Der Antragsteller hat zur Begründung des Antrags die ihm bekannten Rechtsnachfolger desjenigen anzugeben, welcher als letzter Berechtigter ermittelt ist.

In dem Aufgebot ist der unbekannte Berechtigte aufzufordern, sein Recht spätestens im Aufgebotstermin anzumelden, widrigenfalls seine Ausschließung von der Befriedigung aus dem zugeteilten Betrag erfolgen werde.

Das Aufgebot ist demjenigen, welcher als letzter Berechtigter ermittelt ist, den angezeigten Rechtsnachfolgern, sowie dem Vertreter des unbekannten Berechtigten zuzustellen.

Eine im Vollstreckungsverfahren erfolgte Anmeldung gilt auch für das Aufgebotsverfahren.

Der Antragsteller kann die Erstattung der Kosten des Verfahrens aus dem zugeteilten Betrage verlangen.

---

1. Zuständigkeit des Vollstreckungsgerichts. Verfahren. Die Motive bemerken hierzu, daß das Vollstreckungsgericht für das Aufgebotsverfahren als zuständig angenommen worden ist, wegen des engen Zusammenhanges, in welchem das Aufgebotsverfahren mit dem Verteilungsverfahren steht. Daß jenes Verfahren hierdurch seine Natur als Prozeßverfahren nicht verliert, ist nicht zweifelhaft. Das Vollstreckungsgericht ist nicht als solches, sondern als Prozeßgericht, znständig.

Für das Vollstreckungsgericht als Prozeßgericht kommen auch für das ganze Aufgebotsverfahren die Vorschriften der ZPO. zur Anwendung, soweit nicht in § 140 und landesgesetzlich gemäß § 12 EG. besondere Bestimmungen getroffen sind.

Auch für die Ladung und Zustellung gelten die Vorschriften der ZPO.

2. Die Begründung des Aufgebotsantrages. Gemäß § 947 Abs. 1 ZPO. kann seitens des Ermächtigten der Antrag schriftlich oder zum Protokoll des Gerichtsschreibers gestellt werden. Zur Begründung des Antrags sind vom Antragsteller die ihm bekannten Rechtsnachfolger desjenigen anzugeben, welcher als letzter Berechtigter ermittelt ist.

Die Legitimation des Antragstellers ergibt sich aus der ihm erteilten Ermächtigung.

3. Entscheidung über den Antrag. Die Entscheidung kann nach § 947 Abs. 1 ZPO. ohne vorgängige mündliche Verhandlung erfolgen. Wird der Antrag zurückgewiesen, so ist dagegen gemäß § 567 Abs. 1 ZPO. einfache Beschwerde gegeben. Ist der Antrag begründet, so erläßt das Vollstreckungsgericht das Aufgebot.

4. Das Aufgebot. In dasselbe ist insbesondere aufzunehmen (§ 947 ZPO.):

a) Die Bezeichnung des Antragstellers.

b) Genaue Bezeichnung der Post, auf welche der zugeteilte Betrag entfallen ist.

c) Die Aufforderung an den unbekannten Berechtigten, sein Recht spätestens im Aufgebotstermin anzumelden bei Vermeidung seiner Ausschließung von der Befriedigung aus dem zugeteilten Betrage.

d) Bestimmung des Aufgebotstermins.

Das Aufgebot ist: α) zuzustellen den im § 140 Abs. 4 bezeichneten Personen, nämlich dem, welcher als letzter Berechtigter ermittelt ist, den angezeigten Rechtsnachfolgern, sowie dem Vertreter des unbekannten Berechtigten, endlich dem Antragsteller.

β) Öffentlich bekannt zu machen. Gemäß § 12 EG. können die Landesgesetze die Art der Bekanntmachung des Aufgebots und die Aufgebotsfristen abweichend von den Vorschriften der §§ 948, 950 der ZPO. bestimmen. Preußen hat hiervon Gebrauch gemacht und in Art. 14 des AG. ZwVG. folgendes bestimmt.

Art. 14. In dem Aufgebotsverfahren zum Zwecke der Ausschließung eines unbekannten Berechtigten von der Befriedigung aus einem zugeteilten Betrag erfolgt die öffentliche Bekanntmachung des Aufgebots nach den für die öffentliche Bekanntmachung eines Versteigerungstermins geltenden Vorschriften. Die Aufgebotsfrist muß mindestens drei Monate betragen.

Hiernach hat die Bekanntmachung zu erfolgen durch mindestens einmalige Einrückung in das Amtsblatt und durch Anheftung an die Gerichtstafel (§§ 39, 40, Art. 5 AG.). Bei Rechten von geringem Werte kann nach § 39 Abs. 2 an Stelle der Einrückung in das Amtsblatt die Anheftung an die Gemeindetafel treten. Für die Anwendbarkeit des § 39 Abs. 2 kommt es selbstverständlich nur auf den Wert des Rechts, zu dessen Ausschließung das Aufgebot erfolgt, nicht auf den Wert des versteigerten Grundstücks an (Motive z. AG. S. 22).

Die Aufgebotsfrist von drei Monaten muß zwischen dem Tage der Einrückung und dem Aufgebotstermine liegen.

5. Das Ausschlußurteil. Dies Urteil ist nur auf Antrag, welcher nach § 952 Abs. 2 ZPO. schon vor dem Aufgebotstermine schriftlich gestellt oder zu Protokoll des Gerichtsschreibers erklärt werden kann, zu erlassen. Das Urteil lautet dahin, daß der unbekannt Berechtigte von der Befriedigung aus dem zugeteilten Betrage ausgeschlossen wird und nachstehenden Personen (folgen die Namen derselben) die von ihnen angemeldeten Rechte vorzubehalten sind.

Anmeldungen können bis zur Verkündung des Urteils erfolgen (§ 951 ZPO.) wobei eine im Vollstreckungsverfahren erfolgte Anmeldung auch für das Aufgebotsverfahren gilt (§ 140 Abs. 5). Die Anmeldung bedarf keiner Form.

Vor Erlassung des Urteils können nähere Ermittelungen, insbesondere die Versicherung der Wahrheit einer Behauptung des Antragstellers an Eides statt angeordnet werden (§ 952 Abs. 3 ZPO.).

Das Ausschlußurteil ist zu verkünden (§§ 310, 311, 958 Abs. 2 ZPO.); eine Zustellung desselben findet nicht statt. Das Gericht kann die öffentliche Bekanntmachung des wesentlichen Inhalts des Ausschlußurteils durch einmalige Einrückung in den Deutschen Reichsanzeiger anordnen (§ 956 ZPO.).

Das Urteil wird mit der Verkündung rechtskräftig. Es unterliegt jedoch nach Maßgabe der §§ 957, 958 ZPO. einer gegen den Antragsteller zu erhebenden Anfechtungsklage. Liegt ein Antrag auf Erlaß des Ausschlußurteils nicht vor, so kann binnen sechs Monaten nach dem Termine die Anberaumung eines neuen, nicht wieder öffentlich bekannt zu machenden Termins beantragt werden (§§ 952, 954, 955 ZPO.).

Gegen den Beschluß, durch welchen der Antrag auf Erlassung des Ausschlußurteils zurückgewiesen wird, sowie gegen Beschränkungen und Vorbehalte, welche dem Ausschlußurteile beigefügt sind, findet sofortige Beschwerde statt (§ 952 Abs. 4 ZPO.).

6. Kosten. Nach § 44 des deutsch. Gerichtskostenges. wird im Aufgebotsverfahren $^1/_{10}$ der Gebühr (§ 8) erhoben:

a) für die Entscheidung über die Zulässigkeit des Antrages auf Erlassung des Aufgebots;

b) für die vor der Einleitung des Aufgebotsverfahrens erfolgende Entscheidung über den Antrag auf Anordnung der Zahlungssperre;

c) für die Verhandlung im Aufgebotstermine;

d) für die Endentscheidung.

Außerdem werden die baren Auslagen erfordert (§§ 79, 80 a. a. O.).

Der Antragsteller ist vorschußpflichtig. Nach § 140 Abs. 6 kann er aber Erstattung aus dem zugeteilten Betrage verlangen.

§ 141.

Weitere Ausführung des Teilungsplans nach Erlaß des Ausschlußurteils.

Nach der Erlassung des Ausschlußurteils hat das Gericht einen Termin zur weiteren Ausführung des Teilungsplans zu bestimmen. Die Terminsbestimmung ist dem Antragsteller und den Personen, welchen Rechte in dem Urteile vorbehalten sind, dem Vertreter des unbekannten Berechtigten, sowie demjenigen zuzustellen, welcher zur Zeit des Zuschlags Eigentümer des Grundstücks war.

Ausführung des Teilungsplans. Nach Erlaß des Ausschlußurteils muß über den dem unbekannten Berechtigten, welcher nunmehr ausgeschlossen ist, zugeteilten Betrag verfügt werden. Hierzu bedarf es eines besonderen Termines, welcher durch Zustellung der Terminsbestimmung den im § 141 genannten Beteiligten mitzuteilen ist. Bei Aufstellung des Teilungsplans im Termin ist zu berücksichtigen, daß, wenn auch schon nach dem ursprünglichen Teilungsplan feststeht, an wen als Eventualberechtigten der freigewordene Betrag fällt, der letztgedachte Betrag nunmehr eine Kürzung erfährt, da aus diesem die etwa nach Landesrecht für nachträgliche Verteilungsverhandlung zu erhebenden Gerichtskosten (§ 109), die Gebühren und Auslagen des nach § 135 für den unbekannten Berechtigten bestellten Vertreters (§ 135 Abs. 3) und die Kosten des Aufgebotsverfahrens vorweg zu entnehmen sind. Abgesehen von dem Eventualberechtigten, welchem der freigewordene Betrag bereits nach § 126 zugeteilt ist, kommen noch für die Verteilung des frei gewordenen Betrages diejenigen in Betracht, denen das Ausschlußurteil ausdrücklich Rechte vorbehalten hat. Diese Ansprüche sind von Amts wegen in den Plan über die Verteilung des freigewordenen Betrages aufzunehmen. Jäckel Anm. 2.

Werden die vorbehaltenen Rechte im Termin anerkannt, so ist dementsprechend der Verteilungslan auszuführen. Bei Nichtanerkennung wirken sie wie ein gegen den Plan erhobener Widerspruch. Die Erledigung des Widerspruchs hat im Prozeßwege zu erfolgen, wobei dem, welchem das Recht vorbehalten ist, die Klägerrolle und dem Eventualberechtigten die Rolle des Beklagten zufällt.

Die Ausführung des nach Ausfall des Termins gestalteten Teilungsplans liegt dem Vollstreckungsgericht ob. Ist der zugeteilte Betrag hinterlegt, so wird über die unstreitigen Beträge durch Auszahlungsersuchen an die Hinterlegungsstelle oder Erteilung einer Anweisung auf die Hinterlegungsstelle verfügt, die streitigen Beträge bleiben hinterlegt.

Soweit die Forderung auf den unbezahlt gebliebenen Betrag übertragen und dafür eine Sicherungshypothek eingetragen ist, ist das Grundbuchamt nach Maßgabe der definitiven Gestaltung des Teilungsplans im Termin um Berichtigung des Grundbuchs zu ersuchen. Die Erhebung der Anfechtungsklage gegen das Ausschlußurteil hat für die Weiterführung und Beendigung des Verteilungsverfahrens keine Bedeutung. Nur wenn die Aufhebung des Ausschlußurteils vor der Verteilung erfolgt, so ist sie im Verteilungsverfahren zu berücksichtigen (Jäckel Anm. 1, Fischer u. Schäfer Anm. 11, Reinhard Anm. II 4).

§ 142.

Erlöschen der Rechte auf den hinterlegten Betrag.

In den Fällen des § 117 Abs. 2 und der §§ 120, 121, 124, 126 erlöschen die Rechte auf den hinterlegten Betrag mit dem Ablaufe von dreißig Jahren, wenn nicht der Empfangsberechtigte sich vorher bei der Hinterlegungsstelle meldet; derjenige, welcher zur Zeit des Zuschlags Eigentümer des Grundstücks war, ist zur Erhebung berechtigt. Die dreißigjährige Frist beginnt mit der Hinterlegung, in den Fällen der §§ 120, 121 mit dem Eintritte der Bedingung, unter welcher die Hinterlegung erfolgt ist.

---

1. Grund der Vorschriften des § 142. Die Vorschriften des § 142 bezwecken die Fortschaffung der hinterlegten Beträge, sofern der Empfangsberechtigte sich innerhalb dreißig Jahren nicht bei der Hinterlegungsstelle meldet, zu regeln. Im Anschluß an die §§ 382, 1171 Abs. 3, 1269 BGB. soll ein Erlöschen der Rechte auf den hinterlegten Betrag zugunsten desjenigen stattfinden, welcher zur Zeit des Zuschlags Eigentümer war.

Meldet sich der Empfangsberechtigte innerhalb der dreißigjährigen Frist bei der Hinterlegungsstelle, so muß er letzterer den Nachweis der Empfangsberechtigung führen. Dieser Nachweis gestaltet sich verschieden je nach dem Grunde der Hinterlegung. Die Entscheidung hierüber steht allein der Hinterlegungsstelle zu.

2. Fristberechnung. Die dreißigjährige Frist läuft in den Fällen der §§ 117 Abs. 2, 124, 126 von dem Tage des Einganges des hinterlegten Betrages bei der Hinterlegungsstelle, in den Fällen der §§ 120, 121 mit dem Eintritt der Bedingung, unter welcher die Hinterlegung erfolgt ist.

3. Erwerb des Grundstückeigentümers zur Zeit des Zuschlags. Mit Ablauf der dreißigjährigen Frist ist das Recht desjenigen, zu dessen Gunsten die Hinterlegung erfolgt ist, erloschen. Das Recht zur Erhebung steht nunmehr allein demjenigen zu, welcher Eigentümer des Grundstücks zur Zeit des Zuschlags war, also dem Subhastaten. Der Eigentümer muß sich aber melden und den Nachweis seines damaligen Eigentums führen. Innerhalb welcher Zeit er sich zu melden hat, ist reichsgesetzlich nicht bestimmt. Nach Art. 145 Abs. 1 Satz 1 EG. BGB., in Verbindung mit § 2 Abs. 1 Satz 1 EG. ZwVG. kann landesgesetzlich vorgeschrieben werden, daß der Anspruch auf Rückerstattung mit dem Ablauf einer gewissen Zeit oder unter sonstigen Voraussetzungen zugunsten des Fiskus oder der Hinterlegungsanstalt erlischt. Nur muß die Rücknahme mindestens während eines Jahres von dem Zeitpunkte ab gestattet werden, mit welchem das Recht des Gläubigers auf den hinterlegten Betrag erlischt (Art. 145 Abs. 1 Satz 2 EG. BGB.). Die letztgedachte Vorschrift findet auch für das Zwangsversteigerungsverfahren Anwendung (§ 2 EG. ZwVG.).

In Preußen findet nach Ablauf der vorerwähnten Frist auf Antrag der Hinterlegungsstelle ein gerichtliches Aufgebotsverfahren statt. Über den Fristbeginn bestimmt jetzt der durch Art. 84 AG. BGB. neu aufgenommene § 58b der Hinterleg.Ordn. folgendes:

Der Aufgebotsantrag ist nicht vor dem Ablauf von einunddreißig Jahren zulässig. Die einunddreißigjährige Frist beginnt:

a) in den Fällen der §§ 120, 121 mit dem Eintritt der Bedingung, unter welcher die Hinterlegung erfolgt ist; die Hinterlegungsstelle hat den Eintritt der Bedingung, soweit tunlich, zu ermitteln; ist der Eintritt der Bedingung nicht ermittelt, so beginnt die Frist mit der Einstellung oder der letzten Einstellung der Verzinsung;

b) in den übrigen Fällen mit dem Ende des Monats, in welchem die Hinterlegung erfolgt ist.

Die 31jährige Frist muß auch bei dem Aufgebot von Geldbeträgen unter 30 Mk. beobachtet werden. Dies ist jetzt ausdrücklich bestimmt durch Art. 84 AG. BGB. unter XIII, wo vorgeschrieben wird, daß der § 64 der Hinterl.Ordn. dahin geändert wird:

Der Erlaß des Aufgebots kann, unbeschadet der Vorschriften der §§ 58a, 58b nach dem Ablaufe von dreißig Jahren seit dem Ende des Monats beantragt werden, in welchem die Hinterlegung erfolgt ist.

Außergerichtliche Verteilung. (§§ 143—145.)

§ 143.

Die Verteilung des Versteigerungserlöses durch das Gericht findet nicht statt, wenn dem Gerichte durch öffentliche oder öffentlich beglaubigte Urkunden nachgewiesen wird, daß sich die Beteiligten über die Verteilung des Erlöses geeinigt haben.

§ 144.

Weist der Ersteher oder im Falle des § 61 der für zahlungspflichtig erklärte Dritte dem Gerichte durch öffentliche oder öffentlich beglaubigte Urkunden nach, daß er diejenigen Berechtigten, deren Ansprüche durch das Gebot gedeckt sind, befriedigt hat oder daß er von ihnen als alleiniger Schuldner angenommen ist, so sind auf Anordnung des Gerichts die Urkunden nebst der Erklärung des Erstehers oder des Dritten zur Einsicht der Beteiligten auf der Gerichtsschreiberei niederzulegen. Die Beteiligten sind von der Niederlegung zu benachrichtigen und aufzufordern, Erinnerungen binnen zwei Wochen geltend zu machen.

Werden Erinnerungen nicht innerhalb der zweiwöchigen Frist erhoben, so beschränkt sich das Verteilungsverfahren auf die Verteilung des Erlöses aus denjenigen Gegenständen, welche im Falle des § 65 besonders versteigert oder anderweit verwertet worden sind.

§ 145.

Die Vorschriften des § 105 Abs. 2 Satz 2 und der §§ 127, 130 bis 134 finden in den Fällen der §§ 143, 144 entsprechende Anwendung.

1. Vorbemerkung. Wie in der Denkschrift hervorgehoben wird, sind die Vorschriften der §§ 143—145 den in Bayern (Ges. v. 23. Februar 1879 Art. 95, 96 und v. 29. Mai 1886 Art. 32), in Braunschweig (Ges. v. 10. Juli 1879 §§ 94, 95), und in Mecklenburg (Verordnung v. 24. Mai 1879 §§ 72, 73) geltenden Rechte nachgebildet. Sie sollen den Geschäftsbetrieb der Gerichte erleichtern und den Beteiligten eine einfachere, billigere und schnellere Ausführung der Verteilung ermöglichen. Dem preußischen Recht war eine außergerichtliche Verteilung bisher unbekannt.

2. Übersicht. Das Gesetz unterscheidet scharf zwei voneinander ganz verschiedene Wege, um die gerichtliche Verteilung auszuschließen.

a) Die Einigung der Beteiligten über die Verteilung des Erlöses (§ 143) und

b) unmittelbare außergerichtliche Befriedigung derjenigen Berechtigten, die durch das Gebot gedeckt sind, durch den Ersteher (§ 144).

3. Die Einigung der Beteiligten.

a) Wer ist Beteiligter im Sinne des § 143? Zu den Beteiligten gehören hier alle diejenigen, welche nach Inhalt des Grundbuchs oder der erfolgten Anmeldungen Befriedigung aus dem Grundstücke oder aus dem an dessen Stelle getretenen Erlöse beanspruchen, ohne Rücksicht darauf, ob das angemeldete Recht der Glaubhaftmachung noch bedarf (§ 145, § 105 Abs. 2 Satz 2). Zu den Beteiligten ist auch der Schuldner und der im Laufe des Verfahrens neu eingetretene Eigentümer zu zählen. Beide haben an sich einen Anspruch auf den Erlös, sofern ein Überschuß sich ergibt. Hiernach müssen, wie Jäckel mit Recht betont, auch diejenigen Beteiligten der Einigung zustimmen, die einen Ausfall erleiden. Auch die Zustimmung der Gerichtskasse ist erforderlich, da sie wegen der nach § 109 aus dem Versteigerungserlöse vorweg zu entnehmenden Kosten des Verfahrens Anspruch darauf hat, bei der Verteilung berücksichtigt zu werden, da nach § 109 Abs. 2 nur der Überschuß zu verteilen ist. Vgl. Jäckel Anm. 1, Reinhard Anm. II 1; a. A. Wolff Anm. 3, u. Fischer u. Schäfer Anm. 3a, welche die Gerichtskasse nicht zu den Beteiligten zählen.

Nicht zu den Beteiligten gehören der Ersteher, der nach § 81 mithaftende Meistbietende und der für zahlungspflichtig erklärte Dritte (§ 61), ihre Zustimmung ist daher nicht erforderlich.

Beteiligte, welche nicht auf den Erlös angewiesen sind, wie z. B. Pächter, Mieter, ebenso Mitverpflichtete eines Gläubigers (Korrealschuldner, Pfandschuldner, Bürgen), brauchen zu der Einigung nicht zugezogen zu werden. Jäckel Anm. 1, Fischer u. Schäfer Anm. 3a.

b) Nachweis der Einigung. Der Nachweis der Einigung muß dem Gerichte geführt werden und zwar durch öffentliche (§ 415 ZPO.) oder öffentlich beglaubigte Urkunden (§ 129 BGB., § 183 RG. über Ang. d. freiw. Ger. v. 17. Mai 1898).

Auf Grund dieser Urkunden hat das Gericht festzustellen:

α) ob alle Beteiligten der Einigung zugestimmt haben. Die Legitimation derjenigen, welche als Beteiligte aufgetreten sind, ist zu prüfen und festzustellen. Bei Vertretenen muß auch die Vertretungsmacht durch öffentliche oder öffentlich beglaubigte Urkunden nachgewiesen sein. Hypotheken- und Grundschuldgläubiger müssen, sofern Briefe gebildet sind, sich durch deren Vorlegung legitimieren. Genehmigung des Vormundschaftsgerichts ist zu der zustimmenden Erklärung des Vormundes nur dann erforderlich, wenn durch die außergerichtliche Einigung gegenüber der gerichtlichen Verteilung der Mündel weniger erhalten würde (§ 1822 Nr. 13 BGB.). Fischer u. Schäfer Anm. 3b.

β) Ob die Einigung sich auf den ganzen Versteigerungserlös erstreckt und diesen erschöpft. Ist letzteres nicht der Fall und umfaßt die Einigung nur einen Teil des Erlöses, so tritt das gerichtliche Verteilungsverfahren ein, wobei allerdings die bereits erzielte Einigung über einen Teilbetrag für den Richter bei der Aufstellung des Teilungsplans bindend ist. Vgl. Jäckel Anm. 2b, Fischer u. Schäfer Anm. 3b.

Der dem Gericht zu erbringende Nachweis der Einigung hat sich auch darauf zu erstrecken, in welcher Weise die Verteilung von den Beteiligten vorgenommen ist. Es genügt nicht, daß sämtliche Beteiligte dem Gericht nur anzeigen, daß sie sich geeinigt haben. Denn das Gericht muß dem Ersteher mitteilen, an wen und wie er zu zahlen hat und hat ihm daher eine Abschrift der Einigung zu erteilen. Dagegen steht dem Gericht eine sachliche Prüfung des Inhalts der Einigung nicht zu.

c) Verfahren bei Nachweis der Einigung. Sieht das Gericht den Nachweis der Einigung für erbracht an, so ist kein Verteilungstermin erst anzuberaumen und der bereits anberaumte aufzuheben. Dies geht aus § 105 hervor, wo ausdrücklich der Termin zur Verteilung des Versteigerungserlöses bestimmt wird, und gerade diese Verteilung durch die außergerichtlich erfolgte Einigung gemäß § 143 ersetzt werden soll. Streitig ist, ob in diesem Falle das Gericht noch durch Beschluß das Verteilungsverfahren einzustellen hat (so Reinhard Anm. II 5b; Schöller, Zwangsverst. S. 51; Fischer u. Schäfer Anm. 3d), oder ob eine einfache Registrierung der Einigung seitens des Richters in den Akten und die Mitteilung an den Ersteher genügt (so Jäckel Anm. 2, Wolff Anm. 2). Da das Gesetz hierüber keine besondere Vorschrift gibt, wird man der letztgedachten Ansicht den Vorzug geben müssen.

Um die Ausführung des Inhalts der Einigung hat sich das Gericht nicht zu kümmern. Es findet infolgedessen auch keine der Einigung entsprechende Übertragung der Forderung gegen den Ersteher statt, ebensowenig die Eintragung einer Sicherungshypothek. Deshalb sind auch im § 145 die §§ 128, 129 nicht mit angezogen. Jäckel Anm. 4.

Da in dem § 145 auch die §§ 132, 133 entsprechend für anwendbar erklärt sind, ist anzunehmen, daß die auf Grund der Einigung der Beteiligten übertragenen Forderungen gegen den Ersteher ebenso vollstreckbar sind, wie die Forderungen, welche gerichtlich übertragen worden sind. Vgl. Jäckel Anm. 4, Fischer u. Schäfer Anm. 3e.

Hat die Einigung auch über die Verwendung einer hinterlegten Bietungskaution Bestimmung getroffen, so wird das Gericht behufs Ausführung der Einigung doch noch die Zustimmung desjenigen einzuholen haben, der die Kaution hinterlegt hat.

Verweigert der letztere diese, so müssen die Beteiligten gegen ihn den Prozeßweg beschreiten. Vgl. Jäckel Anm. 5, Wolff Anm. 9 Abs. 2 zu § 143.

d) Tätigkeit des Vollstreckungsgerichts nach Einigung. Da im § 145 auch die entsprechende Anwendung der §§ 127, 132 ausgesprochen ist, hat das Gericht einmal die Unbrauchmachung der überreichten Hypotheken-, Grund- und Rentenschuldbriefe, wie dies im § 127 vorgeschrieben ist, vorzunehmen, sodann das im § 130 vorgeschriebene Ersuchen an das Grundbuchamt um Grundbuchberichtigung zu richten.

4. Unmittelbare außergerichtliche Befriedigung der Berechtigten.

a) Die Einigung des Erstehers mit den Empfangsberechtigten. Der zweite Weg behufs Vermeidung der gerichtlichen Verteilung besteht in der Einigung des Erstehers oder des für zahlungspflichtig erklärten Dritten des § 61 mit den empfangsberechtigten Beteiligten. Der Ersteher kann hierbei entweder in der Weise verfahren, daß er diejenigen Berechtigten, deren Ansprüche durch das Gebot gedeckt sind, direkt durch Zahlung des ihnen zukommenden Betrages befriedigt oder mit ihnen vereinbart, daß sie ihn als alleinigen Schuldner annehmen.

Statt der Zahlung kann zwischen dem Ersteher und den Empfangsberechtigten auch jede andere Art der Befriedigung vereinbart werden, wie Aufrechnung, Konfusion und Hinterlegung unter Verzicht auf Rücknahme (§ 378 BGB.). Das dem Ersteher eingeräumte Recht des § 144 steht nicht dem für mithaftend erklärten Meistbietenden des § 81 zu.

b) Form des Nachweises der Befriedigung. Der Nachweis der Befriedigung oder der Schuldübernahme ist durch öffentliche oder öffentlich beglaubigte Urkunden zu führen.

5. Prüfung des Gerichts. Das Gericht hat auf Grund der überreichten Urkunden zu prüfen, ob die Einigung sich auf sämtliche Berechtigte erstreckt, und ob die Berechtigten genügend legitimiert sind.

Der Kreis der Berechtigten, deren Ansprüche durch das Gebot gedeckt sind, ergibt sich nicht allein aus dem Inhalt des Grundbuchs, sondern umfaßt auch alle die, welche, ohne im Grundbuch eingetragen zu sein, nach den Vollstreckungsakten ihre Ansprüche rechtzeitig (§ 37 Nr. 4) angemeldet haben, auch wenn das angemeldete Recht noch nicht glaubhaft gemacht ist. Zu den hier Berechtigten gehört auch die Gerichtskasse (abweichender Ansicht Fischer u. Schäfer Anm. B b).

Nicht zu den Berechtigten gehören Mieter, Pächter, diejenigen, deren Rechte bestehen bleiben oder solche, welche zwar Anspruch auf den Erlös erheben, aber ausfallen. Jäckel Anm. 7.

Bezüglich der Prüfung der Legitimation der Berechtigten gilt im allgemeinen dasselbe, wie bei der Einigung des § 143. Im Gegensatz zu § 143 kann aber hier die Befriedigung auch dem unbekannten Berechtigten gegenüber, sei es daß der Berechtigte sich durch Vorlegung des Briefes nicht auszuweisen vermag oder überhaupt unbekannt ist, sei es daß eine Post zwischen mehreren streitig ist, durch Hinterlegung erfolgen. Jäckel Anm. 7.

6. Das Verfahren nach erfolgter Prüfung. Hält das Gericht den Nachweis, daß der Ersteher alle in Betracht kommenden Berechtigten befriedigt hat oder von ihnen als alleiniger Schuldner angenommen ist, für erbracht, so hat das Gericht anzuordnen, daß die Urkunden nebst der Erklärung des Erstehers oder des Dritten zur Einsicht der Beteiligten auf der Gerichtsschreiberei niedergelegt werden. Das

Gericht hat ferner von der Niederlegung die Beteiligten zu benachrichtigen und aufzufordern, Erinnerungen binnen zwei Wochen geltend zu machen. Wird von einem Beteiligten rechtzeitig eine Erinnerung erhoben, so tritt das gerichtliche Verteilungsverfahren ein. Hiervon sind die Beteiligten und der Ersteher zu benachrichtigen. Demnächst ist Verteilungstermin anzuberaumen und hierzu gemäß § 105 zu laden. Inwieweit bei dem nunmehr stattfindenden gerichtlichen Verteilungsverfahren die bereits erfolgte Befriedigung von Ansprüchen zu berücksichtigen sind, hängt davon ab, ob bei deren Berücksichtigung Rechte anderer Beteiligter nicht geschädigt werden. Vgl. Jäckel Anm. 10a.

Werden Erinnerungen nicht erhoben, so verbleibt es bei der außergerichtlichen Einigung. Ein gerichtliches Verteilungsverfahren erübrigt sich in der Regel, es bedarf auch nicht der Anberaumung eines Verteilungstermins. Jäckel Anm. 10b, a. A. Wolff Anm. 12 zu § 144. Nur für den Fall, daß ein Erlös von denjenigen Gegenständen, welche nach § 65 besonders versteigert oder anderweitig verwertet sind, vorhanden ist, bedarf es eines gerichtlichen Verfahrens behufs Verteilung dieses Erlöses (§ 144 Abs. 2).

Wird der Ersteher von den Berechtigten als alleiniger Schuldner angenommen, so kann sich der Berechtigte, da im § 145 die §§ 132, 133 entsprechend für anwendbar erklärt sind, eine vollstreckbare Ausfertigung des Zuschlagsbeschlusses erteilen lassen, und auf Grund derselben die Zwangsvollstreckung sowohl gegen den Ersteher persönlich als auch gegen das Grundstück vornehmen (Jäckel Anm. 12). Die Erteilung der vollstreckbaren Ausfertigung ist jedoch in dem Falle ausgeschlossen, wenn durch die Einigung die Vollstreckbarkeit der Forderung für einige Zeit ausgeschlossen sein sollte. Beweispflichtig hierfür ist der Ersteher.

7. Tätigkeit des Vollstreckungsgerichts nach Erledigung des außergerichtlichen Verteilungsverfahrens. Die Tätigkeit des Vollstreckungsgerichts beschränkt sich darauf:

a) Die Briefe über erloschene Hypotheken und Grundschulden unbrauchbar zu machen und in Gemäßheit des § 127 mit den nötigen Vermerken zu versehen.

b) Das Grundbuchamt um Grundbuchberichtigung zu ersuchen (Eintragung des Erstehers, Löschung des Versteigerungsvermerks und der durch Zuschlag erloschenen Rechte). Ersuchen um Eintragung einer Sicherungshypothek findet nicht statt. Vgl. auch Krech i. d. Zeitschr. „das Recht“ 6. Jahrg. (1902) S. 527 f.

Ebensowenig bedarf es der Löschung derjenigen Rechte, über deren Bestehenbleiben sich die Beteiligten geeinigt haben.

3. Titel. Zwangsverwaltung.

§ 146.

Anwendung der Vorschriften über die Zwangsversteigerung.

Auf die Anordnung der Zwangsverwaltung finden die Vorschriften über die Anordnung der Zwangsversteigerung entsprechende Anwendung, soweit sich nicht aus den §§ 147 bis 151 ein anderes ergibt.

Von der Anordnung sind nach dem Eingange der im § 19 Abs. 2

bezeichneten Mitteilungen des Grundbuchamts die Beteiligten zu benachrichtigen.

1. Unterschied von der Zwangsversteigerung. Zur Befriedigung des Gläubigers aus dem Immobiliarbesitz des Schuldners gewährt das Gesetz zwei parallel laufende Wege, nämlich Zwangsversteigerung und Zwangsverwaltung. Beide Mittel können zugleich zur Anwendung gebracht werden. Beide Zwangsmaßregeln haben Grund und Zweck gemeinsam. „Der Grund liegt in dem Rechte des Gläubigers auf Befriedigung aus dem Grundstücke, der Zweck in der Herbeiführung der Befriedigung. Bei der Zwangsverst. ist es die Umsetzung des Grundstücks in Geld, bei der Zwangsverw. die Erhebung der Einkünfte, durch welche die Befriedigung des Gläubigers vermittelt wird." (Motive S. 322.)

2. Anwendung der Vorschriften über die Zwangsversteigerung. Die Gleichheit des Zweckes beider Zwangsmaßregeln bringt es mit sich, daß außer den allgemeinen Vorschriften des 1. Titels auch eine Reihe von Vorschriften des 2. Titels, insbesondere diejenigen über die Anordnung des Verfahrens, sich zur unveränderten Anwendung auf die Zwangsverw. eignen. Das Verfahren ist daher hier zum Teil durch Verweisung auf die entsprechenden Vorschriften des 2. Titels geregelt worden (vgl. § 146 Abs. 1, § 156 Abs. 2, § 157 Abs. 2, § 158 Abs. 3, § 161 Abs. 4). (Denkschr.)

Im einzelnen gelten für die Zwangsverw. die allgemeinen Vorschriften §§ 1—14. Aus dem 2. Titel kommen für die Zwangsverw. in Betracht die §§ 15—27, 28, 29, 32, 34, 117, 127, 142, 143—145. Zu den §§ 15—27 ist bezüglich der Zwangsverw. folgendes zu bemerken:

§ 16 Abs. 2: Die Beifügung von Steuerbuchauszügen ist für den Antrag auf Zwangsverwaltung nicht erforderlich (§ 5 EG., Art. 4 pr. AG.). § 17: Die Zwangsverw. findet auch gegen den Eigenbesitzer statt (§ 147). §§ 20, 21: Die Beschlagnahme des Grundstücks erstreckt sich bei der Zwangsverw. ihrem Zwecke entsprechend auf alle Gegenstände, welche für Hypotheken mithaften. § 22 Abs. 1: Die Beschlagnahme kann auch durch Übergabe des Grundstücks an den Verwalter oder dessen Besitzergreifung wirksam werden (§ 151 Abs. 1).

§ 22 Abs. 2: Das Zahlungsverbot an den Drittschuldner ist auch auf Antrag des Verwalters zu erlassen (§ 151 Abs. 3).

§ 23 Abs. 1 Satz 2 u. § 24 finden keine Anwendung (§ 148). Wohnt der Schuldner zur Zeit der Beschlagnahme auf dem Grundstücke, so sind ihm die für seinen Hausstand unentbehrlichen Räume zu belassen (§ 149 Abs. 1).

§ 27: Die Beschlagnahme kann für den beigetretenen Schuldner auch durch Zustellung des Beitrittsbeschlusses an den Verwalter wirksam werden (§ 151 Abs. 2).

3. Zulässigkeit der Zwangsverw. im Gegensatz zur Zwangsverst. Die Zwangsverw. ist in Fällen zulässig, wo eine Zwangsverst. nicht statthaft ist, z. B. landesgesetzlich wegen gewisser öffentlich rechtlicher Forderungen, bei denen die Zwangsverst. ausgeschlossen ist. Es kann auch ein die Veräußerung hinderndes Recht bestehen, welches die Zwangsverst., nicht aber die Zwangsverw. ausschließt. Vgl. §§ 772, 773 ZPO., Jäckel Anm. 3.

Ausgeschlossen ist die Zwangsverw. bei eingetragenen Schiffen.

4. Anordnung der Zwangsverw. Der Anordnungsbeschluß ist an den Gläubiger und Schuldner zuzustellen. Außerdem ist durch § 146 Abs. 2 eine Benachrichtigung auch der übrigen Beteiligten von der Anordnung des Verfahrens vorgeschrieben. Der Kreis der Beteiligten ergibt sich aus der dem Vollstreckungsgericht erteilten Abschrift des Grundbuchblatts; deshalb ist vor der Benachrichtigung deren Eingang abzuwarten.

§ 147.

Zwangsverwaltung gegen den Eigenbesitzer.

Wegen des Anspruchs aus einem eingetragenen Rechte findet die Zwangsverwaltung auch dann statt, wenn die Voraussetzungen des § 17 Abs. 1 nicht vorliegen, der Schuldner aber das Grundstück im Eigenbesitze hat.

Der Besitz ist durch Urkunden glaubhaft zu machen, sofern er nicht bei dem Gericht offenkundig ist.

---

1. Recht gegen den Eigenbesitzer. „Da bei der Zwangsverw. nur die Nutzungen des Grundstücks den Gegenstand der Zwangsvollstr. bilden, so richtet sich das Verfahren in erster Linie nicht gegen den Eigentümer, sondern gegen den Besitzer. Mit Rücksicht hierauf bestimmt der § 147, daß, falls der betreibende Gläubiger wegen eines eingetragenen Rechtes Befriedigung sucht, die Anordnung des Verfahrens nicht von den im § 17 Abs. 1 bestimmten Voraussetzungen abhängig sein, vielmehr es genügen soll, wenn der Schuldner das Grundstück im Eigenbesitze hat, d. h. als ihm gehörend besitzt (§ 872 BGB.). Vorausgesetzt wird dabei, daß entweder der Besitzer, der nicht zugleich Eigentümer ist, die Einleitung der Zwangsverw. auf Grund eines gegen den Eigentümer lautenden vollstreckbaren Titels freiwillig duldet oder daß der Gläubiger einen gegen den Besitzer selbst gerichteten vollstreckbaren Titel hat. Einen solchen Titel sich zu verschaffen, ist der Gläubiger in der Lage, da er sein dingliches Recht auf Befriedigung gegen jedermann verfolgen kann, also auch gegen den Besitzer des Grundstücks, soweit der Besitz die Befriedigung hindert. Die Rechte des Eigentümers werden durch die gegen den Besitzer angeordnete Zwangsverw. nicht berührt; der Eigentümer muß aber, wenn er die Aufhebung des Verfahrens herbeiführen will, gemäß § 771 ZPO. seinerseits den Weg der Klage gegen den betreibenden Gläubiger beschreiten. Für den Fall, daß der Gläubiger lediglich einen persönlichen Anspruch hat, verbleibt es bei dem Grundsatze des § 17, nach welchem die Einleitung des Verfahrens nur gegen den Eigentümer zulässig ist.“ (Denkschr.)

2. Unzulässigkeit der Zwangsverwaltung. Richtet sich der vollstreckbare Anspruch gegen Pächter, Mieter, Nießbraucher oder sonst unmittelbare Besitzer gemäß § 868 BGB., so findet eine Zwangsverwaltung in das ihrem Besitz unterliegende Grundstück nicht statt, da diese nur gegen den Eigenbesitzer und gegen den Eigentümer zulässig ist.

3. Glaubhaftmachung des Eigenbesitzes. Soweit der Besitz bei dem Gericht nicht offenkundig ist, hat der Gläubiger ihn glaubhaft zu machen. Es kann dies durch Urkunden jeder Art geschehen, z. B. Atteste von Ortsbehörden, eidesstattliche Versicherungen, es genügt auch die Bezugnahme auf die Urkunden, welche sich in der Verwahrung des Gerichts befinden.

§ 148.

Umfang und Wirkung der Beschlagnahme.

Die Beschlagnahme des Grundstücks umfaßt auch die im § 21 Abs. 1, 2 bezeichneten Gegenstände. Die Vorschrift des § 23 Abs. 1 Satz 2 findet keine Anwendung.

Durch die Beschlagnahme wird dem Schuldner die Verwaltung und Benutzung des Grundstücks entzogen.

---

1. Die Beschlagnahme. Umfang und Wirkung. Sowohl in ihrem Umfange als in ihren Wirkungen unterscheidet sich die Beschlagnahme in der Zwangsverwaltung von der in der Zwangsversteigerung.

Da die Zwangsverw. die Befriedigung des Gläubigers aus den Einkünften des Grundstücks zu erreichen sucht, kommen gerade die Nutzungen des Grundstücks für diesen Zweck in Betracht. Deshalb ergreift die Beschlagnahme nicht bloß die Gegenstände des § 20, sondern auch die durch den § 21 Abs. 1 u. 2 von der Zwangsverst. ausgeschlossenen Gegenstände, nämlich die land- und forstwirtschaftlichen Erzeugnisse des Grundstücks, auch wenn sie nicht mit dem Boden verbunden und nicht Zubehör sind; die Beschlagnahme bei der Zwangsverw. umfaßt demnach außer dem Grundstück und allen Bestandteilen nebst Zubehör, wobei für den Begriff der mithaftenden Gegenstände die §§ 1120—1131 BGB. maßgebend sind, insbesondere

a) getrennte Erzeugnisse und sonstige Bestandteile gemäß §§ 1120—1122 BGB. Letztere sind gemäß § 1120 BGB. der Beschlagnahme nicht unterworfen, wenn sie mit der Trennung nicht in das Eigentum des Grundstückseigentümers, sondern in dasjenige eines anderen Nutzungsberechtigten fallen, sofern das Recht des letzteren dem betreibenden Gläubiger gegenüber wirksam ist. Der dinglich Nutzungsberechtigte, insbesondere der Nießbraucher, wird von der Beschlagnahme nicht berührt, sofern er dem betreibenden Gläubiger vorgeht, nicht nachsteht.

b) Miet- und Pachtzinsforderungen und die Ansprüche auf wiederkehrende Leistungen aus einem mit dem Eigentum an dem Grundstücke verbundenen Rechte (§ 1126 BGB.). Auf die beiden letzterwähnten Forderungen erstreckt sich die Beschlagnahme nicht, sofern der Zins oder die Leistung bereits ein Jahr vor der Beschlagnahme fällig war oder wenn über diese Leistungen vor der Beschlagnahme freiwillig durch den Schuldner durch Einziehung oder in anderer Weise (im Wege der Zwangsvollstreckung) verfügt worden ist. Die Vorausverfügung ist jedoch dem Verwalter gegenüber unwirksam, wenn sie eine Leistung betrifft, welche erst drei Monate nach der Beschlagnahme fällig wird. Ebensowenig kann über den Pacht- und Mietzins vorausverfügt werden, soweit die Verfügung sich auf eine spätere Zeit als das zur Zeit der Beschlagnahme laufende und das folgende Kalendervierteljahr bezieht (§ 1124 Abs. 2 BGB.) War demnach der Miet- oder Pachtzins im voraus zu entrichten, so fällt er insoweit unter die Beschlagnahme, als er für eine spätere Zeit als das zur Zeit der Beschlagnahme laufende und das folgende Kalendervierteljahr zu entrichten war (§ 1123 Abs. 2 BGB.).

c) Ansprüche auf Versicherungsgelder. Die Versicherungsforderung aus einer Gebäudeversicherung fällt selbst dann unter die Beschlagnahme, wenn die Forderung erst nach der Beschlagnahme entsteht. Zwar gehört eine solche Forderung, von etwaigen Zinsen abgesehen, nicht zu den unter die Berechtigten zu verteilenden Erträgnissen. Sie bildet aber ein Surrogat des vernichteten oder beschädigten Teiles des in Beschlag genommenen Grundstücks und fällt deshalb unter die Beschlagnahme. Außerdem ist der Verwalter vermöge seiner Stellung berufen, darüber zu befinden, ob und in welcher Weise die Wiederherstellung des versichert gewesenen Teiles zu erfolgen hat. (Motive.)

Ist der Versicherer nach den Versicherungsbestimmungen nur verpflichtet, die Versicherungssumme zur Wiederherstellung des versicherten Gegenstandes zu zahlen, so ist eine diesen Bestimmungen entsprechende Zahlung an den Verwalter den Hypotheken- und damit auch den Beschlagnahmegläubigern gegenüber wirksam. § 1130 BGB. in Verbindung mit § 152 Abs. 1 dieses Ges. Vgl. Jäckel Anm. 1a, 2 und Peiser, Zwangsverw. 2. Aufl. S. 82.

2. Folgen der Beschlagnahme für den Schuldner. Die Beschlagnahme in der Zwangsverw. hat für den Schuldner weiter gehende Wirkungen, wie bei der Zwangsverst. Während die Beschlagnahme bei der Versteigerung nach § 24 dem Schuldner die Verwaltung und Benutzung des Grundstücks innerhalb einer ordnungsmäßigen Wirtschaft beläßt, bestimmt § 148 Abs. 2, daß ihm die Verwaltung und Benutzung des Grundstücks entzogen wird. Ebensowenig darf der Schuldner bei der Zwangsverw. innerhalb der Grenzen einer ordnungsmäßigen Wirtschaft über einzelne beschlagnahmte Stücke dem Gläubiger gegenüber wirksam verfügen, da nach § 148 Abs. 1 die Vorschrift des § 23 Abs. 1 Satz 2 keine Anwendung findet. Die Wirkungen der Beschlagnahme treten mit der Anordnung ein und sind unabhängig von der Übergabe des Grundstücks an den Verwalter. Die Dispositionen, welche der Schuldner bis zum wirklich erfolgten Eintreten des Verwalters trifft, sind Dritten gegenüber wirksam und können auch nach Beendigung der Zwangsverw. nicht angefochten werden. RG. Bd. 20 S. 293. Man wird jedoch daran festhalten müssen, daß der Schuldner als Geschäftsführer ohne Auftrag in der Zwischenzeit nur solche Geschäfte gültig vornehmen darf, die ohne Gefahr nicht aufgeschoben werden können. Vgl. §§ 672, 673 BGB., Wolff Anm. 4, Jäckel Anm. 1 4 b.

3. Miet- und Pachtbesitz. Das Recht des Mieters und Pächters auf Gebrauch bezw. Fruchtgenuß wird von der Beschlagnahme des Grundstücks nicht berührt. Eine Besitzübertragung an den Verwalter in der Weise, daß Bieter bezw. Pächter aus dem Besitz gesetzt werden, kann in diesem Falle nicht erfolgen, jedoch wird der unmittelbare Besitz, der dem Schuldner gemäß § 868 BGB. zusteht, auf den Verwalter übertragen. Deshalb findet gemäß § 150 eine Übergabe des Grundstücks an den Verwalter statt oder eine Besitzergreifung seitens des Verwalters auf Grund erteilter Ermächtigung.

Bei bestehenden Pacht- und Mietsverträgen hat der Verwalter den Pacht- und Mietszins einzuziehen und nur letzterer bildet, soweit der Pacht- und Mietsvertrag dauert, Gegenstand des Nutzungs- und Verfügungsrechts des Verwalters. Die Erzeugnisse selbst verbleiben dem Pächter, mögen sie vom Boden getrennt sein oder nicht (§ 1120 BGB. u. § 21 Abs. 3, § 152 Abs. 2 dies. Ges.).

Die Frage, ob der Verwalter die dem Schuldner nach dem Pachtvertrage zustehenden Pachtauflösungsgründe geltend machen kann, ist zu bejahen, sofern es sich nicht um ein höchst persönliches Auflösungsrecht handelt (Entsch. d. RG. in Gruchot Bd. 32 S. 398 u. Ob.Trib. Entsch. Bd. 8 S. 176, Jäckel Anm. 3).

War das Grundstück bei Eintritt der Beschlagnahme noch nicht im Besitze des Mieters oder Pächters, so „kann der Verwalter nicht gezwungen werden, die vertragsmäßige Verpflichtung des Vermieters oder Verpächters zu erfüllen. Er kann aber auch die Erfüllung des Vertrages von dem Mieter oder Pächter nicht fordern". (Motive.) Ganz belanglos sind für den Verwalter etwaige Verträge, welche der Schuldner nach der Beschlagnahme abgeschlossen hat.

4. Beschränkung der Beschlagnahme auf gewisse Satzungen. Die Motive (S. 325) haben die Frage offen gelassen, ob die Zwangsverwaltung und damit auch die Beschlagnahme auf Verlangen des betreibenden Gläubigers auf gewisse Nutzungen beschränkt werden kann. Die Motive zum preuß. Gesetz bejahten die Frage. Zu derselben Ansicht gelangen auch Wolff Anm. 6 u. Günther S. 6 für das Reichsgesetz, während von der herrschenden Meinung die Frage verneint wird. (Vgl. Jäckel Anm. 4, Peiser S. 85, Reinhard Anm. IV, Fischer u. Schäfer Anm. 3.) Letzteres dürfte aus dem Grunde zutreffend sein, weil das Gesetz als Mittel der Befriedigung nur ein einheitliches Verfahren, die Zwangsverwaltung, geschaffen hat, welches das gesamte Gebrauchs- und Nutzungsrecht des Schuldners umfaßt, und deshalb, soweit das Verfahren in Betracht kommt, der Einwirkung des Gläubigers entzogen ist.

§ 149.

Wohnung des Schuldners auf dem Grundstücke.

Wohnt der Schuldner zur Zeit der Beschlagnahme auf dem Grundstücke, so sind ihm die für seinen Hausstand unentbehrlichen Räume zu belassen.

Gefährdet der Schuldner oder ein Mitglied seines Hausstandes das Grundstück oder die Verwaltung, so hat auf Antrag das Gericht dem Schuldner die Räumung des Grundstücks aufzugeben.

Wohnungsrecht 1. Verwirkung des Wohnungsrechts 2.

1. Das Wohnungsrecht des Schuldners. Grund und Inhalt desselben. Aus Billigkeitsrücksichten ist dem Schuldner, vorausgesetzt daß er zur Zeit der Beschlagnahme auf dem Grundstücke wohnt, das Recht eingeräumt, die für seinen Hausstand unentbehrlichen Räume behalten zu dürfen. Wohnt der Schuldner nicht selbst, sondern nur seine Familie auf dem Grundstück, so ist die Wohnung gleichwohl ihm zu belassen. Ist es zweifelhaft, ob der Schuldner, da er an mehreren Orten wohnt, auch auf dem beschlagnahmten Grundstück als wohnend anzusehen ist, so kommt es auf die näheren Umstände des Falles an. Darüber entscheidet das Gericht. Veräußert der Schuldner nach der Beschlagnahme das Grundstück, so erlischt sein Wohnungsrecht. Auch der neue Erwerber erwirbt dasselbe nicht, da nach § 149 es nur dem Schuldner zur Zeit der Beschlagnahme gewährt ist. Jäckel Anm. 1, Wolff Anm. 2; a. M. Reinhard II 1. Stirbt der Schuldner, so können seine Familienangehörigen nur dann sein Wohnungsrecht ausüben, wenn sie seine Erben geworden sind. Ist dies nicht der Fall, so haben sie nur das Recht, die bisherigen Räume noch dreißig Tage zu benutzen. § 1969 BGB., Wolff Anm. 2; abweichend Fischer u. Schäfer Anm. 2.

Dem Schuldner sind nur die für seinen Hausstand unentbehrlichen Räume zu belassen. Er behält diese Räume auch dann, wenn sie für die Verwaltung erforderlich sein sollten (vgl. § 3 Abs. 1 der preuß. Allg. Verf. v. 8. Dez. 1899). Unter „Räumen" sind nicht nur Wohnräume, sondern auch Nebenräume, Hof-, Stall- und Gartenräume, die zur Wohnung gehören, zu verstehen. Nutzungen, z. B. aus Gärten, darf der Schuldner nicht ziehen und für sich behalten.

Welche Räume unentbehrlich sind, darüber entscheidet im Zweifel nach billigem Ermessen das Gericht, wobei jedoch auf Stand, Familie, Hausstand des Schuldners Rücksicht zu nehmen ist. Der Verwalter hat gemäß § 3 der pr. Verf. v. 8. Dez. 1899 bei der Besitzergreifung zunächst dem Schuldner die unentbehrlichen Räume zuzuweisen und hierüber an das Gericht zu berichten. Mit etwaigen weitergehenden Anträgen ist der Schuldner an das Gericht zu verweisen. Das Vollstreckungsgericht hat über den weitergehenden Antrag des Schuldners bezw. über etwaige Anträge des betreibenden Gläubigers gemäß § 766 ZPO. zu entscheiden. Gegen die gerichtliche Entscheidung steht den Beteiligten die sofortige Beschwerde (§ 793 ZPO.) zu. Der Verwalter hat letzteres Rechtsmittel nicht. Jäckel Anm. 1, Fischer u. Schäfer Anm. 3. Wolff Anm. 6 gibt auch dem Verwalter das Beschwerderecht. Das Wohnungsrecht des Schuldners ist vom Verwalter und Gericht von Amts wegen zu berücksichtigen. Der Schuldner kann natürlich auf dasselbe verzichten, auch dadurch, daß er die Wohnung aufgibt. Ob dem Schuldner auf Grund des § 149 auch das Recht zusteht, zu verlangen, daß ihm auch das Zubehör der unentbehrlichen Räume belassen werde, hängt davon ab, ob das Zubehör den Zwecken des Hausstandes zu dienen bestimmt und dafür unentbehrlich ist. Hiernach würde Mobiliar des Schuldners, soweit es zur Ausstattung der Räume unentbehrlich ist, demselben zu belassen sein. Grützmann S. 45, Fischer u. Schäfer Anm. 4.

Andere Räume außer den unentbehrlichen können dem Schuldner nur gegen Entgelt durch Vermietung oder Verpachtung belassen werden. In Preußen hat nach der Allg. Verf. v. 8. Dez. 1899 der Verwalter zu Miet- und Pachtverträgen mit dem Schuldner die Genehmigung des Gerichts einzuholen.

Abgesehen vom Wohnungsrecht hat der Schuldner keinen Anspruch auf Gewährung eines notdürftigen Unterhalts für sich und seine Familie während der Zeit der Zwangsverwaltung aus den Einkünften oder Erträgnissen des Grundstücks. Vgl. Jäckel Anm. 1, Reinhard Anm. IV, Fischer u. Schäfer Anm. 4.

2. Verwirkung des Wohnungsrechts. Auf Antrag hat das Gericht dem Schuldner die Räumung des Grundstücks aufzugeben, wenn der Schuldner oder ein Mitglied seines Hausstandes das Grundstück oder die Verwaltung gefährdet. Der nach § 149 notwendige Antrag kann sowohl von dem betreibenden Gläubiger als auch von dem Verwalter mit Rücksicht auf § 140 (vgl. Allg. Verf. v. 8. Dez. 1899 § 3 Abs. 2) gestellt worden. Vgl. Fischer u. Schäfer Anm. 5, Peiser S. 84. Grützmann S. 46 hält den Verwalter zur Antragsstellung nicht für befugt, während Jäckel Anm. 2 das Antragsrecht auch den übrigen Beteiligten gewährt.

Zur Gefährdung gehört, daß durch schuldhafte Handlung oder Unterlassung des Schuldners oder eines Mitgliedes seines Hausstandes der Wert, Ausnutzung, Fruchtziehung des Grundstücks beeinträchtigt oder vereitelt, bezw. daß die Geschäftsführung des Verwalters, z. B. Verpachtung oder Versicherung des Grundstücks (Reichsger.-Entsch. Bd. 37 S. 358) über Gebühr erschwert wird.

Eine einmalige, schädigende Handlung wird nur dann genügen, wenn Wiederholungen zu befürchten sind.

Fällt einem Mitglied des Hausstandes des Schuldners das gefährdende Verhalten zur Last, so ist der Schuldner schlechthin dafür verantwortlich, auch wenn ihn kein Verschulden trifft. Beseitigung des Schuldigen durch den Schuldner mittels dauernder Entfernung vom Grundstück schließt die Gefährdung aus und beseitigt den Räumungsanspruch.

§ 150.

Bestellung des Verwalters. Übergabe. Besitzermächtigung.

Der Verwalter wird von dem Gerichte bestellt.

Das Gericht hat dem Verwalter durch einen Gerichtsvollzieher oder durch einen sonstigen Beamten das Grundstück zu übergeben oder ihm die Ermächtigung zu erteilen, sich selbst den Besitz zu verschaffen.

---

1. Bestellung des Verwalters. Das Vollstreckungsgericht hat den Verwalter zu bestellen. Die Bestellung kann nach § 13 EG. landesgesetzlich auch einer anderen Behörde, einem Beamten oder einem Notar übertragen werden. Für Preußen vgl. noch § 6 Abs. 3, 4 Ges. v. 3. Aug. 1897 betr. d. Zwangsvollstr. aus Forderungen landschaftl. (ritterschaftl.) Kreditanstalten u. Art. 34 des AG. ZwVG. Das Gericht ist bei der Auswahl des Verwalters an irgend welche Vorschläge der Beteiligten nicht gebunden. Die Landesjustizverwaltung kann für jedes Gericht die nötige Anzahl von Personen, welche zur Übernahme der Verwaltung geeignet und bereit sind, im voraus ermitteln und, soweit es das Bedürfnis erfordert, ein für allemal als Verwalter verpflichten. Steht im einzelnen Falle ein Verwalter nicht sogleich zur Verfügung, so hat das Vollstreckungsgericht auf Grund seiner Kenntnis der Personen und der Verhältnisse, ev. nach Befragung des Gemeindevorstandes oder der sonst zuständigen Behörde, den Verwalter zu wählen. (Motive.)

Bezüglich der Person des Verwalters wird das Gericht die für jeden Fall geeignetste Person auszuwählen haben; Schuldner und Gläubiger werden in der Regel auszuschließen sein. Ob ein Realgläubiger oder sonstiger Interessent als ungeeignet zu erachten sind, hängt von den Umständen des einzelnen Falles ab. Es steht nichts im Wege, den Konkursverwalter auch zum Verwalter in der Zwangsverwaltung über die zur Konkursmasse gehörigen Grundstücke zu bestellen. Reinhard Anm. II, 2; Jäckel Anm. 1. Eine Pflicht zur Übernahme der Stellung als Verwalter besteht nicht. Der zum Verwalter bestellte braucht sich nicht einmal über die Annahme zu erklären. Die Annahme kann ausdrücklich, aber auch stillschweigend durch Übernahme der Geschäfte erfolgen.

Die Bestellung erfolgt mündlich oder schriftlich durch das Gericht. Bei mündlicher Bestellung ist in den Akten ein entsprechender Vermerk zu machen. Eine Verpflichtung an Eidesstatt oder etwa eine Vereidigung des Verwalters findet nicht statt.

Als Legitimation wird dem Verwalter in Preußen eine Ausfertigung des Beschlusses, durch welchen die Zwangsverw. angeordnet und seine Bestellung erfolgt ist, ausgehändigt (§ 1 der Allg. Verf. v. 8. Dez. 1899). In Bayern galt bis zum 31. Dez. 1899 die gesetzliche Vorschrift, daß das Vollstreckungsgericht dem Verwalter eine urkundliche Bescheinigung seiner Ernennung zu erteilen habe (Gesetz v. 23. Febr. 1879 Art. 134 Nr. 1). Diese Vorschrift ist jetzt aufgehoben (Art. 52 des Ausf.Ges. v. 9. Juni 1899). Vgl. Grützmann, Leitfaden S. 12. In Sachsen und Württemberg wird dem Verwalter eine schriftliche Bestallung erteilt (§ 14 Abs. 1 der sächs. Verordn. v. 19. Juni 1900, GVBl. S. 321 und für Württemberg: Verf. des Justiz-Minist. v. 10. Okt. 1899 § 44).

2. Beendigung des Amtes des Verwalters.

a) Durch Niederlegung des Amtes.

Nach erfolgter Annahme des Amtes ist der Verwalter nicht berechtigt, dasselbe jederzeit niederzulegen. Er wird seine Stellung nur dann aufgeben dürfen, wenn ein wichtiger Grund dafür vorliegt. Er hat auch die Geschäfte solange fortzuführen, bis ein anderer geeigneter Verwalter vom Vollstreckungsgericht bestellt worden ist. Legt er seine Stellung ohne genügenden Grund zur Unzeit nieder, so macht er sich schadensersatzpflichtig (§§ 627, 671 BGB.). Als wichtige Gründe zur Niederlegung des Amts kommen in Betracht Krankheit, unfreiwillige Verlegung des Wohnsitzes, Entziehung der Genehmigung der vorgesetzten Behörde zur Fortführung der Verwaltung u. dgl. m.

In Preußen darf der Verwalter seine Tätigkeit nur einstellen, wenn das Verfahren aufgehoben ist oder das Gericht ihn entlassen hat (§ 15 der zit. Allg. Verf.).

b) Durch Aufhebung der Verwaltung.

c) Durch Entlassung seitens des Gerichts (§ 153 Abs. 2).

Nach Beendigung des Amtes ist die Bestallung bezw. die sonstige Legimation an das Gericht zurückzugeben (§§ 175, 812 Satz 2 BGB.). Für Sachsen ist dies besonders vorgeschrieben (§ 14 Abs. 2 der Verordn. v. 19. Juni 1900, GVBl. S. 321).

Gegen die Bestellung, wie gegen die Entlassung können gemäß § 766 ZPO. seitens aller Beteiligten, welchen gemäß § 154 der Verwalter verantwortlich ist, Erinnerungen erhoben werden. Gegen die auf die Erinnerung seitens des Vollstreckungsgerichts ergangene Entscheidung ist sofortige Beschwerde zulässig. Gegen die ausgesprochene Entlassung kann auch der Verwalter selbst Erinnerung und demnächst sofortige Beschwerde erheben.

3. Übergabe. Besitz. Besitzermächtigung. Abs. 2. Nach Abs. 2 hat das Gericht von Amts wegen dafür zu sorgen, daß die Übergabe des Grundstücks an den Verwalter erfolgt. Nach Ermessen des Gerichts kann dieselbe entweder durch einen Gerichtsvollzieher oder einen sonstigen Beamten (auch Gemeindebeamten) bewirkt werden.

Auch der Richter selbst kann die Übergabe vornehmen, wobei der Richter nicht notwendig einen Gerichtsschreiber zuzuziehen braucht, „weil der in Rede stehende Akt keine Prozeßhandlung ist, und von einem dazu beauftragten Gerichtsschreiber oder Gerichtsvollzieher vorgenommen werden kann". Entsch. d. RG. bei Gruchot 33 S. 1113, ebenso Jäckel Anm. 4, Wolff Anm. 7, a. M. Fischer u. Schäfer Anm. 3, welche in dem Akte eine Verhandlung im Sinne des § 165 ZPO. sehen. Das Reichsgericht hält nach der vorerwähnten Entscheidung für zulässig, daß die durch Hinzuziehung des Gerichtsschreibers entstehenden Mehrkosten der Masse zur Last fallen. In Preußen ist die Vorschrift getroffen, daß bei den von dem Justizminister bestimmten größeren Amtsgerichten ein Gerichtsschreiber durch den Oberlandesgerichtspräsidenten zum Zwangsverwaltungsinspektor ernannt wird. In diesem Falle soll das Gericht, sofern eine Übergabe des Grundstücks an den Verwalter stattfindet, mit derselben in der Regel den Zwangsverwaltungsinspektor beauftragen (§ 5 Allg. Verf. v. 8. Dez. 1899). Ein Recht, bei der Übergabe mit zugezogen zu werden, steht dem Gläubiger nicht zu. Wolff Anm. 7. Für Preußen bestimmt § 2 der zit. Allg. Verf., daß, wenn angängig, auch der Gläubiger und der Schuldner, falls dieser anwesend ist, bei der Übergabe zuzuziehen sind.

Über die Übergabe muß ein Protokoll (Übergabeverhandlung) aufgenommen werden. Wenn der Verwalter sich selbst in den Besitz setzt, wird er, da das Gericht die Geschäftsführung des Verwalters zu beaufsichtigen hat (§ 153 Abs. 1 dieses Ges.), dem Gerichte hiervon Anzeige zu erstatten und eine Abschrift des Verzeichnisses der beweglichen Sachen beizufügen haben. (Für Preußen: Allg. Verf. v. 8. Dez. 1899 § 2 Abs. 2 Satz 2). Das Protokoll hat Art und Beschaffenheit des Grundstücks und aller Gegenstände, auf welche sich die Beschlagnahme erstreckt, aufzuführen.

Der Inhalt derselben ist durch landesrechtliche Vorschriften vielfach näher bestimmt. Bezüglich Preußens vgl. § 2 der zit. Allg. Verf. Für Württemberg bestimmt die Verf. v. 10. Okt. 1899 in § 45 Abs. 1 folgendes: Der Verwalter hat, nachdem er gemäß § 150 Abs. 2 des Reichsgesetzes den Besitz des Grundstücks erlangt hat, die von der Beschlagnahme ergriffenen körperlichen Sachen, wozu außer dem Grundstück auch die von dem Grundstück getrennten Erzeugnisse, sonstigen Bestandteile und Zubehörstücke nach Maßgabe der §§ 20 Abs. 2, 148 des Reichsgesetzes (vgl. mit §§ 1120—1122 BGB.) gehören, in seine Obhut zu nehmen, auch geeignetenfalls ein Verzeichnis derselben zu fertigen. Ähnlich in Sachsen, wo der Gerichtsvollzieher das Protokoll aufnimmt. Dasselbe hat insbesondere ein genaues Verzeichnis der beweglichen Sachen, welche von der Beschlagnahme ergriffen werden, zu enthalten. Es ist darin auch zu beurkunden, daß das Grundstück und die verzeichneten Sachen dem Verwalter übergeben werden sein (Geschäfts-Ordn. f. d. kgl. sächs. Justizbehörden v. J. 1896 § 1661 Abs. 3, § 1659 Abs. 3 Nr. 1 u. 2).

Die Übergabe und Besitzergreifung auf Grund der Ermächtigung sind Vollstreckungshandlungen, auf welche die §§ 759—763 ZPO. Anwendung finden. Wird dem Verwalter Widerstand geleistet, so kann er einen Gerichtsvollzieher zuziehen (§ 892 ZPO.), welcher nach den Bestimmungen des § 758 Abs. 3 ZPO. und § 759 ZPO. zu verfahren hat.

Die an den Verwalter erteilte Besitzermächtigung ist ein Zwangsvollstreckungstitel gemäß § 794 Nr. 3 ZPO. Diese Entscheidung ist aber nur vollstreckbar gegen den Schuldner; sie darf nicht, wenn ein anderer sich im Besitze des Grundstücks befindet, ohne weiteres gegen diesen vollstreckt werden. Ein Dritter, welcher sich im Besitze des Grundstücks befindet und hierzu berechtigt ist, kann infolge der Einleitung der Zwangsverwaltung dieses Besitzes nicht entsetzt werden, es könnte die Räumung des Grundstücks von ihm nur auf Grund eines gegen ihn erlangten vollstreckbaren Titels vorgenommen werden. Dazu gehört, daß er in dem vollstreckbaren Titel oder der demselben beigefügten Vollstreckungsklausel namentlich bezeichnet ist (RG. Bd. 38 S. 397 ff.).

Solange das rechtlich begründete Besitzverhältnis des Dritten besteht, ist die Zwangsverwaltung unausführbar. Das Gericht wird daher im Falle des Fortbestehens des Besitzes des Dritten entweder sofort oder nach fruchtlosem Ablauf einer dem betreibenden Gläubiger zur Beseitigung des Hindernisses gesetzten Frist das Verfahren wieder aufzuheben haben.

Übt der Dritte den Besitz nicht für sich, sondern nur für den Schuldner auf Grund eines zu diesem bestehenden Abhängigkeitsverhältnisses (sog. Besitzdiener z. B. als Wirtschaftsinspektor, Aufseher) aus, so ist nur der Schuldner Besitzer (§ 855 BGB.). Infolgedessen kann auf Grund des gegen den Schuldner gerichteten Schuldtitels auch der Besitzdiener ohne weiteres zur Räumung angehalten werden. Anders dagegen verhält es sich bei Miete und Pacht, sofern das Grundstück vor der Beschlagnahme dem Mieter bezw. Pächter überlassen ist. Der Miet- und Pachtvertrag ist gemäß § 152 Abs. 2 auch dem Verwalter gegenüber wirksam. Der Pächter oder Mieter bleibt in unmittelbarem Besitz, während der Verwalter den mittelbaren Besitz erlangt. Während der Dauer des Miet- und Pachtverhältnisses bilden die Miet- und Pachtzinsen den Gegenstand der Zwangsverw. Nach Beendigung kann der Verwalter gemäß § 870 BGB. den Anspruch auf Herausgabe des Grundstücks geltend machen. Vgl. Fischer u. Schäfer Anm. 5.

Hat der Dritte den Besitz erst nach der Beschlagnahme, wenn auch vor der Besitzergreifung des Verwalters erlangt, so kann der Verwalter von dem Dritten ohne weiteres die Räumung verlangen, da diese Verfügung gegen das in der Beschlagnahme liegende Veräußerungsverbot verstößt und deshalb dem Gläubiger gegenüber unwirksam ist.

Nach Übergabe oder Besitzergreifung ist der Verwalter unmittelbarer, der Schuldner mittelbarer Besitzer (§ 868 BGB.).

Da der Verwalter unmittelbarer Besitzer aus eigenem Recht kraft seiner amtlichen Stellung ist, so steht ihm auch der Besitzesschutz gemäß §§ 858 ff. BGB. zu.

Dem Schuldner als mittelbaren Besitzer stehen nach § 869 BGB. die in den §§ 861, 862 BGB. bestimmten Ansprüche zu. Vgl. Jäckel Anm. 4, Fischer u. Schäfer Anm. 4.

Bei der Zwangsverwaltung eines ideellen Anteils (Bruchteils) am Grundstück tritt der Verwalter in Ansehung dieses Teils an die Stelle des Schuldners in den Mitbesitz und in die Mitverwaltung ein. Hinsichtlich der Früchte und Einkünfte hat er sich wegen des auf den von ihm vertretenen Schuldner entfallenden Bruchteils derselben (§ 793 Abs. 1 BGB.) mit den Miteigentümern auseinanderzusetzen und den Anteil von diesen einzuziehen. Bestehen Forderungsrechte gegen Dritte, welche aus Einkünften des Grundstücks entstanden sind, so ist der Verwalter zur Geltendmachung derselben berechtigt. Haben die Miteigentümer eines Grundstücks die Verwaltung und Benutzung des Grundstücks geregelt, so ist der Verwalter an diese Vereinbarung gebunden, auch wenn sie nicht im Grundbuch eingetragen ist. Wolff Anm. 8, Jäckel Anm. 2 zu § 146 u. Planck Anm. 1 zu § 746 BGB. Aufhebung der Gemeinschaft kann weder der Schuldner noch der Verwalter verlangen. Voraussetzung der Zwangsverwaltung in den Anteil ist, daß der Berechtigte über denselben verfügen kann. Ausgeschlossen ist sie daher bei Gemeinschaft zur gesamten Hand während bestehender Ehe, in den Anteil eines Miterben vor der Auseinandersetzung und eines Gesellschafters vor der Teilung. Jäckel Anm. 2 a. E. zu § 146.

§ 151.

Wirksamkeit der Beschlagnahme.

Die Beschlagnahme wird auch dadurch wirksam, daß der Verwalter nach § 150 den Besitz des Grundstücks erlangt.

Der Beschluß, durch welchen der Beitritt eines Gläubigers zugelassen wird, soll dem Verwalter zugestellt werden; die Beschlagnahme wird zugunsten des Gläubigers auch mit dieser Zustellung wirksam, wenn der Verwalter sich bereits im Besitze des Grundstücks befindet.

Das Zahlungsverbot an den Drittschuldner ist auch auf Antrag des Verwalters zu erlassen.

---

1. Wirksamkeit der Beschlagnahme. Die Beschlagnahme wird bei der Zwangsverst. wirksam **a)** mit dem Zeitpunkte, in welchem der Beschluß, durch den die Zwangsverst. angeordnet wird, dem Schuldner zugestellt wird, und **b)** in dem Zeitpunkte, in welchem das Ersuchen um Eintragung des Versteigerungsvermerkes dem Grundbuchamte zugeht, sofern auf das Ersuchen die Eintragung erfolgt (§ 22 Abs. 1 Satz 1 u. 2). In diesen beiden Fällen wird die Beschlagnahme auch in der Zwangsverw. wirksam. Außerdem wird sie auch dadurch wirksam nach § 151 Abs. 1, **c)** daß der Verwalter nach § 150 den Besitz des Grundstücks erlangt hat, wobei es auf die vorgängige Zustellung des die Zwangsverw. anordnenden Beschlusses an Schuldner oder Gläubiger nicht ankommt, Jäckel Anm. 1 zu c; **d)** daß nach § 151 Abs. 2 der Beitrittsbeschluß an den Verwalter zugestellt ist, sofern sich derselbe bereits im Besitze des Grundstücks befindet. Erlangt der Verwalter den Besitz erst nach dem Beitritt, so wird die Beschlagnahme auch zugunsten des beigetretenen Gläubigers mit der Besitzergreifung des Verwalters wirksam, so daß Abs. 1 auch für den beigetretenen Gläubiger gilt. Wolff Anm. 2 Abs. 2.

2. Wirksamkeit der Beschlagnahme gegenüber dem Drittschuldner. Nach § 22 Abs. 2 wird die Beschlagnahme, sofern sie sich auf eine Forderung erstreckt, erst mit dem Zeitpunkte wirksam, in welchem sie ihm bekannt oder das Zahlungsverbot ihm zugestellt wird. Damit der Drittschuldner möglichst rasch Kenntnis erhalte, wird für Preußen in der cit. Allg. Verf. im § 2 Abs. 3 dem Verwalter zur Pflicht gemacht, die Beschlagnahme den anwesenden Drittschuldnern bei der Übergabe oder der Besitzergreifung bekannt zu machen, den abwesenden Drittschuldnern hat er sie sofort mittels eingeschriebenen Briefes mitzuteilen.

Das Zahlungsverbot an den Drittschuldner ist vom Vollstreckungsgericht nach § 22 Abs. 2 auf Antrag des betreibenden Gläubigers, nach § 151 Abs. 3 auch auf Antrag des Verwalters zu erlassen. Die außergerichtliche Benachrichtigung an den Drittschuldner von der bevorstehenden Pfändung gemäß § 845 ZPO., § 22 Abs. 2 Satz 3 dies. Ges. ist auch zulässig, jedoch nur seitens des betreibenden Gläubigers.

§ 152.

Rechtliche Stellung des Verwalters.

Der Verwalter hat das Recht und die Pflicht, alle Handlungen vorzunehmen, die erforderlich sind, um das Grundstück in seinem wirtschaftlichen Bestande zu erhalten und ordnungsmäßig zu benutzen; er hat die

Ansprüche, auf welche sich die Beschlagnahme erstreckt, geltend zu machen und die für die Verwaltung entbehrlichen Nutzungen in Geld umzusetzen.

Ist das Grundstück vor der Beschlagnahme einem Mieter oder Pächter überlassen, so ist der Miet- oder Pachtvertrag auch dem Verwalter gegenüber wirksam.

Behandlung der Verträge und Rechtsgeschäfte 2.
Legitimation des Verwalters für Prozesse 2.
Rechte und Pflichten des Verwalters 2.
Stellung (rechtliche) des Verwalters 1.

1. Rechtliche Stellung. Nach dem Reichsgesetz wird man in dem Zwangsverwalter, ähnlich dem Konkursverwalter, ein öffentlich rechtliches Organ sehen müssen. Er übt die ihm gegebenen Befugnisse und erfüllt die ihm auferlegten Pflichten nicht als Beauftragter des Vollstreckungsgerichts, oder als Vertreter des Schuldners, des betreibenden Gläubigers oder aller sonst Beteiligten, sondern kraft der ihm vom Gesetz verliehenen Machtvollkommenheit aus. Er hat selbständig darüber zu entscheiden, was er zur Führung einer sachgemäßen Verwaltung für notwendig erachtet. Der Verwalter handelt hiernach stets im eigenen Namen, er schließt auch die Verträge als Verwalter ab. Eigentümer des Vermögens bleibt aber der Schuldner, ihm wächst der Erwerb zu, er ist der aus den Verträgen allein Berechtigte und Verpflichtete. Aus dem letztgedachten Umstande folgt aber nicht etwa, daß der Verwalter privatrechtlicher Vertreter des Schuldners sei, denn wenn er auch für den Schuldner und dessen Vermögen handelt, so handelt er doch im eigenen Namen unabhängig von irgendwelchen Weisungen des Schuldners nach der ihm vom Gesetz zugemessenen Aufgabe als Vollstreckungsorgan zur Durchführung der Zwangsverwaltung. Vgl. Jäckel Anm. 1. Dernburg, Das bürgerl. Recht, Bd. 3 § 261 unter III Note 10. Fischer u. Schäfer Vorbem. vor § 146 S. 485ff., Reinhard Anm. I zu § 152, Schöller S. 110. Als Vertreter des Schuldners sehen den Zwangsverwalter an Wolff Anm. 1 zu § 152, Peiser S. 97ff., Günther II S. 11.

2. Rechte und Pflichten des Verwalters. Im Abs. 1 werden nur die allgemeinen Grundsätze aufgestellt, welche für die Tätigkeit des Verwalters maßgebend sind. Innerhalb dieses Rahmens ist es der Landesjustizverwaltung nach § 14 EG. überlassen, die Tätigkeit des Verwalters im einzelnen noch spezieller zu regeln.

a) Nach Abs. 1 Satz 1 hat der Verwalter das Recht und die Pflicht, alle Handlungen vorzunehmen, die erforderlich sind, um das Grundstück in seinem wirtschaftlichen Zustande zu erhalten. Aus der Verpflichtung zur Erhaltung des Grundstücks in seinem wirtschaftlichen Bestande folgt, daß der Verwalter alles nötige zu veranlassen hat, um einer Verschlechterung des Grundstücks vorzubeugen. Hierzu gehört auch die Versicherung, wenn sie einer ordentlichen Wirtschaft entspricht. Insbesondere hat der Verwalter die bisherige Bewirtschaftungsart beizubehalten (§ 6 d. preuß. allg. Verf.). Er darf daher nicht z. B. aus einem Ackergrundstück eine Ziegelei machen, einen Bauplatz dauernd zum Zwecke der landschaftlichen Benutzung verpachten oder ein zum Fabrik- oder sonstigem Gewerbebetriebe eingerichtetes Grundstück für Wohnzwecke verwenden. Dagegen ist der Verwalter nicht gehalten, wie der Schuldner, das Grundstück weiter selbst zu bewirtschaften, sondern er kann es zu diesem Zwecke verpachten. Hat der Schuldner das Grundstück verpachtet gehabt, so kann der Verwalter es nicht in Selbstbewirtschaftung nehmen.

Wie weit der Verwalter in seinen Maßnahmen zur Erhaltung des Grundstücks gehen hat, kann oft zweifelhaft sein. Es kann hier nur ein verständiges Ermessen unter Berücksichtigung der besonderen Umstände des einzelnen Falles entscheidend sein. In der Regel wird daher der Verwalter nicht die Aufgabe haben, ein Grundstück auszubauen oder Bauten, die der Schuldner begonnen hat, zu Ende zu führen, da darin eine unzulässige Änderung des Bestandes liegen würde. Wohl aber wird dem Verwalter zu gestatten sein, daß er ein der Vollendung nahes Mietsgebäude fertig stellen läßt, um durch die zu erwartenden Mietserträgnisse einen zur Verteilung geeigneten Überschuß zu erzielen. Handelt es sich lediglich um einen Bauplatz, der zurzeit nicht für Bebauungszwecke in Betracht kommt, so kann der Verwalter denselben für Lagerzwecke vermieten oder für landwirtschaftliche Zwecke verpachten. Die Vermietung oder Verpachtung darf jedoch nicht für länger erfolgen, als die voraussichtliche Dauer der Zwangsverw., da der Verwalter nach beendigter Zwangsverwaltung dem Schuldner gegenüber verantwortlich dafür ist, daß er den Platz seiner eigentlichen Bestimmung gemäß verwenden kann. Vgl. Jäckel Anm. 3c, Fischer u. Schäfer Anm. 2, Wolff Anm. 9, Grützmann S. 59, Peiser S. 137.

b) Der Verwalter hat das Grundstück „ordnungsmäßig zu benutzen". In dieser Beziehung wird er dem Nießbraucher, welcher nach § 1036 BGB. „bei der Ausübung des Nutzungsrechts nach den Regeln einer ordnungsmäßigen Wirtschaft zu verfahren" hat, gleichzustellen sein. Er hat, wie dieser, Gebäude, Früchte, Inventar gegen Brand und andere Schäden (Hagel ɩc.) zu versichern. Er hat die nötigen Verträge mit Gesinde, Lieferanten usw. abzuschließen.

c) Der Verwalter hat die Ansprüche, auf welche sich die Beschlagnahme erstreckt, geltend zu machen. Hierher gehört die Einziehung der Miet- und Pachtzinsen und der etwa zahlbar gewordenen Versicherungsgelder. Bezüglich der Versicherungsgelder und deren Verwendung ist zu unterscheiden, ob sie für zerstörte oder beschädigte Früchte oder für durch Brand zerstörte Gebäude und Zubehörstücke gezahlt sind. Die für die Früchte gezahlte Entschädigung fließt, sofern sie nicht durch Anschaffung des erforderlichen Ersatzes verwendet wird, zur Teilungsmasse, denn sie bilden Ersatz der Früchte, aus deren Ertrag die Gläubiger in der Zwangsverw. befriedigt werden sollen. Dagegen sind die Versicherungsgelder für Gebäude und Zubehör, sofern sie nicht zum Wiederaufbau seitens des Verwalters, wozu er im Interesse der Verwaltung befugt ist, verwendet worden sind, nach § 1127 BGB. den Hypothekenberechtigten verhaftet bezw. Eigentum des Schuldners. Sie sind daher vom Verwalter zinsbar pupillarisch sicher anzulegen. Nur die Zinsen fließen zur Teilungsmasse. Vgl. Jäckel Anm. 3e, Wolff Anm. 9, Fischer u. Schäfer Anm. 2.

d) Der Verwalter hat „die für die Verwaltung entbehrlichen Nutzungen in Geld umzusetzen". Für die Entbehrlichkeit ist das wirtschaftliche Bedürfnis des Grundstücks maßgebend. Nutzungen sind nach § 100 BGB. die Früchte einer Sache oder eines Rechtes sowie die Vorteile, welche der Gebrauch der Sache oder des Rechtes gewährt. Hiernach kann er die Erzeugnisse des Grundstücks, soweit sie nicht zur Fortsetzung der Wirtschaft erforderlich sind, veräußern, ebenso entbehrliche Inventar- und Zubehörstücke. Die für die Verwaltung des Grundstücks entbehrlichen Teile des Grundstücks darf er vermieten. Der Verwalter ist auch verpflichtet, für die Erneuerung des Zubehörs Sorge zu tragen. Dazu darf er aber nicht Sachen, die zufällig auf dem Grundstück befindlich sind und dem persönlichen Bedarf des Schuldners dienten z. B. Kutschpferde, durch Verwendung zu Wirtschaftszwecken zu Zubehörstücken machen. Vgl. Jäckel Anm. 3d, Wolff Anm. 8, Fischer u. Schäfer Anm. 4.

e) Behandlung der Verträge und Rechtsgeschäfte, welche vor Anordnung der Zwangsverwaltung von dem Schuldner abgeschlossen sind.

Verträge und Rechtsgeschäfte, welche von dem Schuldner vor Anordnung der Zwangsverwaltung abgeschlossen sind, sind, selbst wenn sie sich auf die Verwaltung und Bewirtschaftung des Grundstücks beziehen, für den Verwalter nicht verbindlich. Er kann in die Verträge eintreten, braucht es aber nicht. Der Schuldner bleibt an die Verträge gebunden und hat deshalb dem anderen vertragschließenden Teile Schadensersatz wegen Nichterfüllung zu leisten, wenn die Erfüllung ihm infolge der Zwangsverwaltung und damit eines von ihm zu vertretenden Umstandes unmöglich geworden ist.

Die Gläubiger des Schuldners können für die Vertragserfüllung bezw. ihren Schadensersatzanspruch auch nicht die der Zwangsverw. unterliegenden Gegenstände des Schuldners für sich in Anspruch nehmen. Hat demnach der Schuldner Grundstückserzeugnisse vor der Beschlagnahme verkauft, so braucht sie der Verwalter nicht zu liefern. Bauten und Reparaturen, die der Schuldner auf dem Grundstück hat vornehmen lassen, braucht er nicht zu bezahlen. Auch die zur Zeit der Einleitung der Zwangsverw. bestehenden Dienstverträge und laufende Versicherungsverträge sind für den Verwalter unverbindlich. Die ordnungsmäßige Verwaltung und Bewirtschaftung des Grundstücks wird in der Regel den Verwalter veranlassen, in die Verträge bezüglich der zur Bewirtschaftung des Grundstücks angenommenen Personen an Stelle des Schuldners einzutreten. Zum rechtsgültigen Eintritt bedarf es aber auch noch der wenigstens stillschweigend erfolgenden Genehmigung des anderen Teils und des Schuldners. Vgl. Fischer u. Schäfer Anm. 5, Wolff Anm. 10; a. M. Peiser S. 134 f., Jäckel Anm. 3b. Auch bei Nichtfortsetzung des Dienstverhältnisses bleibt das dem landwirtschaftlichen Gesinde, sowie den Wirtschafts- und Forstbeamten zustehende Recht, wegen der laufenden und der aus dem letzten Jahre rückständigen Bezüge vorzugsweise Befriedigung aus der Masse zu verlangen (§§ 10 Nr. 2, 155 Abs. 2), unberührt.

Was von den Dienstverträgen gilt, findet auch auf Miets- und Pachtverträge, welche von dem Schuldner abgeschlossen sind, Anwendung, sofern das Grundstück oder die in Betracht kommenden Räume zur Zeit der Beschlagnahme dem Mieter oder Pächter *noch nicht überlassen* sind.

Ist dagegen das Grundstück *vor* der Beschlagnahme einem Mieter oder Pächter überlassen, so ist der Miet- oder Pachtvertrag auch dem Verwalter gegenüber wirksam. Abs. 2 § 152 dies. Ges. Was hier von den Pachtverträgen gesagt ist, gilt *nicht* für Jagdpachtverträge, da bei diesen Gegenstand des Vertrages nicht das Grundstück, sondern das Jagdrecht ist. Eine Erfüllungspflicht des Verwalters besteht daher hier nicht. Zur Einziehung der nicht länger als ein Jahr vor der Beschlagnahme rückständigen Miets- und Pachtzinsen ist der Verwalter befugt. Er muß aber die vor der Zwangsverwaltung von dem Schuldner oder im Wege der Zwangsvollstreckung gegen diesen vorgenommenen Verfügungen über Miet- und Pachtzinsen als wirksam anerkennen, soweit sie sich nicht auf eine spätere Zeit als auf das bei der Beschlagnahme laufende und das folgende Kalendervierteljahr beziehen. Mit der gleichen Beschränkung muß der Verwalter Aufrechnungen seitens des Mieters oder Pächters mit einer diesem gegen den Schuldner zustehenden Gegenforderung gegen sich gelten lassen. Die Aufrechnung ist jedoch ausgeschlossen, wenn der Mieter oder Pächter die Gegenforderung erst erworben hat, nachdem ihm gegenüber die Beschlagnahme gemäß §§ 22 Abs. 2, 151 Abs. 3 wirksam geworden ist, oder wenn die Gegenforderung erst nach der Beschlagnahme und später als die von der Beschlagnahme betroffene Miet- oder Pachtzinsforderung fällig geworden ist (vgl. §§ 392, 1123—1125 BGB., § 148 ZwVG).

f) Legitimation des Verwalters für Prozesse.

Der Verwalter ist als aktiv und passiv legitimiert für den Prozeß anzusehen, soweit die Prozeßführung dazu dient, das Grundstück im wirtschaftlichen Bestande zu erhalten und ordnungsmäßig zu benutzen oder soweit Ansprüche geltend gemacht werden, auf welche sich die Beschlagnahme erstreckt. Dem Verwalter stehen auch die Besitzrechtsmittel (z. B. § 1029 BGB.) gegen Eingriffe in *seinen* Besitz zu. Vgl. Jäckel Anm. 3g, Reinhard Anm. III 4. Soweit der Verwalter aktiv legitimiert ist, soweit reicht auch seine Passivlegitimation. Partei ist stets der Verwalter, nicht der Schuldner. Deshalb kann auch der Schuldner Zeuge im Prozeß des Verwalters sein. Die Zwangsvollstr. aus einem gegen den Verwalter ergangenen Urteil ist nur in das von ihm verwaltete Vermögen des Schuldners möglich und zwar auch nur insoweit, als es der Verfügung des Verwalters unterliegt, d. h. also nur in die Nutzungen des Grundstücks, nicht in das Grundstück selbst. Das gegen den Verwalter erlassene Urteil bindet schlechthin den Schuldner, es ist nach Beendigung der Verwaltung für und gegen den Schuldner wirksam und vollstreckbar.

Soweit Prozesse, welche der Verwalter wahrzunehmen hat, zur Zeit der Beschlagnahme zwischen dem Schuldner und dem Dritten bereits anhängig sind, werden sie durch Einleitung der Zwangsverw. nicht berührt. Eine Unterbrechung des Verfahrens tritt nicht ein. Ebensowenig kann eine Aussetzung des Verfahrens Platz greifen. Der Verwalter kann nur als Nebenintervenient in den Prozeß eintreten. Tut er dies, so gilt er nach § 69 ZPO. als Streitgenosse der Hauptpartei. Vgl. Jäckel Anm. 3g, Reinhard Anm. III 4. Nach Aufhebung der Zwangsverw. (§ 161) kann, da die amtliche Tätigkeit des Verwalters erloschen ist, ein schwebender Prozeß von ihm nicht mehr fortgeführt werden. Es ist Sache des Schuldners, in diesen Prozeß einzutreten und ihn weiterzuführen.

g) Anfechtung. Der Verwalter ist nicht befugt, Rechtshandlungen, die der Schuldner vor der Beschlagnahme vorgenommen hat, auf Grund des Anfechtungsgesetzes v. 21. Juli 1879 anzufechten. Das Anfechtungrecht steht nur den benachteiligten Gläubigern (und dem Konkursverwalter) zu. Vgl. Jäckel Anm. 3a, Wolff Anm. 2, Fischer u. Schäfer Anm. 7.

§ 153.

Verhältnis des Verwalters zum Verwaltungsgericht.

Das Gericht hat den Verwalter nach Anhörung des Gläubigers und des Schuldners mit der erforderlichen Anweisung für die Verwaltung zu versehen, die dem Verwalter zu gewährende Vergütung festzusetzen und die Geschäftsführung zu beaufsichtigen; in geeigneten Fällen ist ein Sachverständiger zuzuziehen.

Das Gericht kann dem Verwalter die Leistung einer Sicherheit auferlegen, gegen ihn Ordnungsstrafen bis zu zweihundert Mark verhängen und ihn entlassen.

Anweisung für den Verwalter 1. Aufsichtsrecht des Gerichts 2. Disziplinargewalt des Gerichts 3. Vergütung des Verwalters 4.

1. Anweisung für den Verwalter. Der Verwalter führt an sich die Verwaltung selbständig und ist für die Erfüllung der ihm obliegenden Verpflichtungen allen Beteiligten verantwortlich. Seine Geschäftsführung unterliegt der Aufsicht des Gerichts. Soweit erforderlich, hat das Gericht ihn mit einer Anweisung zu versehen. Diese Anweisung kann eine allgemeine für die Dauer der Verwaltung bestimmte sein und wird daher nur die Grundzüge der Verwaltung anzugeben haben. Insbesondere wird sie dann geboten sein, wenn über die Art, wie die Verwaltung zu führen ist, insbesondere ob Selbstbewirtschaftung oder Verpachtung eintreten soll, Streit zwischen Gläubiger und Schuldner besteht, die Entscheidung hierüber wird das Gericht in der Anweisung zu treffen haben.

Nicht in jedem Falle bedarf es der Anweisung. Das Gesetz spricht deshalb von der „erforderlichen Anweisung". Über die Bedürfnisfrage entscheidet das Vollstreckungsgericht. Hält das Gericht eine Anweisung für geboten, so hat es vor ihrer Erteilung den Gläubiger und Schuldner zu hören. Zu diesem Zweck kann das Gericht einen Termin anberaumen, aber es kann sich mit Einforderung schriftlicher Erklärungen begnügen. Das Gericht kann auch einen geeigneten Sachverständigen, insbesondere bei landwirtschaftlichen oder industriellen Verwaltungen zuziehen. In Preußen ist, wo ein Zwangsverwaltungsinspektor bestellt ist, dieser nach § 5 Abs. 3 der Allg. Verf. v. 8. Dez. 1899 bei Erteilung von Anweisungen an den Verwalter zuzuziehen.

Die erteilte Anweisung ist für den Verwalter schlechthin bindend (vgl. § 4 der pr. Allg. Verf.). Als ein vom Vollstreckungsgericht abhängiges Hilfsorgan steht dem Verwalter gegen die Erteilung und Inhalt der Anweisung kein Beschwerderecht zu. (Jäckel Anm. 1, Reinhard Anm. II 1; a. M. Wolff Anm. 2.) Nach der herrschenden Meinung ist der Verwalter nach Analogie der §§ 665, 675 BGB. berechtigt und unter Umständen verpflichtet, von der Anweisung abzuweichen, wenn er den Umständen nach annehmen darf, daß das Gericht bei Kenntnis die Abweichung billigen würde. Der Verwalter hat dann von der Abweichung dem Gerichte Anzeige zu machen und dessen Entscheidung abzuwarten, wenn nicht mit dem Aufschub Gefahr verbunden ist. (Jäckel Anm. 1, Wolff Anm. 3, Reinhard Anm. II S. 225, Fischer u. Schäfer Anm. 2a.) Im Falle einer Zuwiderhandlung gegen die Anweisung ist der Verwalter dem Schuldner und sonst etwa geschädigten Beteiligten schadensersatzpflichtig. Dritte, welche mit dem Verwalter kontrahiert haben, können sich auf die Nichtbefolgung der Anweisung nicht berufen.

2. Das Aufsichtsrecht des Gerichts. Das Gericht hat die Geschäftsführung zu beaufsichtigen. Hierzu gehört, daß das Gericht darauf achtet, daß der Verwalter die ihm durch Gesetz oder besondere Anordnungen auferlegten Verpflichtungen gewissenhaft erfüllt. Das Gericht ist daher auch befugt, in die Verwaltungstätigkeit des Verwalters direkt einzugreifen, wenn Maßnahmen desselben sich als unzweckmäßig oder ungenügend erweisen, Wolff Anm. 4. Vermöge seines Aufsichtsrechts kann das Gericht jederzeit Berichterstattung verlangen, Akten, Bücher, Rechnungen sich vorlegen lassen, die Kasse prüfen oder durch einen Gerichtsbeamten (in Preußen Zwangsverwaltungsinspektor) prüfen lassen (vgl. pr. Allg. Verf. § 30). Nach § 6 Abs. 4 u. 5 der pr. Allg. Verf. hat der Zwangsverwaltungsinspektor mindestens einmal jährlich eine außerordentliche Kassenrevision vorzunehmen.

Gegen die vom Gericht auf Grund des Aufsichtsrechts getroffenen Anordnungen können der Verwalter und die Beteiligten Einwendungen (Erinnerungen) beim Vollstreckungsgericht erheben. Gegen die Entscheidung auf die Einwendungen steht den Beteiligten (nicht dem Verwalter) die sofortige Beschwerde zu. Jäckel Anm 2; a. M. Wolff Anm. 4 u. 9.

3. Disziplinargewalt des Gerichts. Das Gericht kann gegen den Verwalter Ordnungsstrafen verhängen. Einer vorgängigen Androhung der Verhängung derselben bedarf es nicht. Die Ordnungsstrafe dient dazu, sowohl begangene Pflichtwidrigkeiten zu bestrafen und dadurch solchen in Zukunft vorzubeugen, als auch die Vornahme einer pflichtwidrig unterlassenen Handlung zu erzwingen.

Die zu verhängende Ordnungsstrafe darf im Einzelfalle 200 Mk. nicht übersteigen. Eine Umwandlung der nicht beizutreibenden Strafe in Haft ist unzulässig. Mehrere nacheinander verhängte Ordnungsstrafen dürfen in ihrem Gesamtbetrage die Summe von 200 Mk. übersteigen.

Das Gericht kann ferner auf Grund seines Aufsichtsrechtes aus jedem sachgemäßen Grunde den Verwalter entlassen. Die Entlassung kann nicht nur wegen Pflichtwidrigkeit, sondern auch wegen Untüchtigkeit des Verwalters, oder wegen fortgesetzter Bemängelung seiner Geschäftsführung, Streitigkeiten mit dem Gläubiger oder Schuldner und dgl. mehr erfolgen. Immerhin muß aber ein wichtiger und triftiger Grund vorliegen. Gegen Verhängung der Ordnungsstrafen und die Entlassung steht dem Verwalter die sofortige Beschwerde zu.

Das Gericht kann dem Verwalter die Leistung einer Sicherheit auferlegen. Über die Angemessenheit, Höhe und Art derselben entscheidet das Gericht nach freiem Ermessen. Wird ein auf Sicherheit gerichteter Antrag der Beteiligten zurückgewiesen, so steht diesen das Beschwerderecht zu. Das Gericht kann die Erhöhung der Sicherheit verlangen, die Herabsetzung derselben bewilligen oder den bereits erlassenen Beschluß, durch welchen die Sicherheitsleistung angeordnet worden ist, wieder aufheben, ohne daß die Beteiligten zuzustimmen oder gehört zu werden brauchen. Sind aber Rechte an der bereits erlegten Kaution durch die bisherige Geschäftsführung des Verwalters begründet worden, so können diese durch einen die Aufhebung der Sicherheit anordnenden Beschluß des Gerichts nicht beeinträchtigt werden, Jäckel Anm. 4.

4. Festsetzung der Vergütung. Soweit nicht die Landesjustizverwaltungen auf Grund des § 14 EG. besondere Vorschriften erlassen haben (für Preußen § 16 der Allg. Verf. v. 8. Dez. 1899), hat das Gericht nach freiem Ermessen die Vergütung festzusetzen. Die Höhe derselben wird sich nach dem Umfange der Geschäftsführung, der Schwierigkeit der Verwaltung und dem Maße der Verantwortung und dgl. mehr bestimmen. In der Vergütung sind auch Reisekosten und Auslagen des Verwalters mit zu berücksichtigen. Die Festsetzung der Vergütung erfolgt durch Gerichtsbeschluß, welcher dem Verwalter, Gläubiger und Schuldner von Amts wegen zuzustellen ist. Der Beschluß unterliegt nach § 793 ZPO. der sofortigen Beschwerde. Die vorgedachte Vergütung gehört zu den Ausgaben der Verwaltung und ist deshalb nach § 155 Abs. 1 aus den Nutzungen des Grundstücks vorweg zu bestreiten. Reichen diese nicht aus, so haften dem Verwalter der Schuldner und der betreibende Gläubiger. Die Staatskasse (der Fiskus) haftet nicht hierfür, da der Verwalter nicht zu den im § 79 Nr. 6 GKG. genannten Beamten gezählt werden kann. (Vgl. hierzu RG. Bd. 43 S. 62, Grützmann S. 15f., Jäckel Anm. 5, Wolff Anm. 8, Peiser S. 161, Fischer u. Schäfer Anm. 2; a. M. Förster-Eccius II Anm. 60 zu § 142,

Eccius bei Gruchot 33 S. 743, 34 S. 152.) Auch in der zit. pr. Allg. Verf. § 12 Abs. 1 ist angenommen, daß die Vergütung des Verwalters zu den Ausgaben der Verwaltung, nicht zu den Kosten des Verfahrens gehört.

Bezüglich der Haftung des betreibenden Gläubigers ist noch zu bemerken, daß der Verwalter gegen diesen bei Weigerung der Zahlungsverpflichtung die festgesetzte Vergütung ausklagen muß, wobei er auch die Höhe des festgesetzten Honorars als angemessen nachzuweisen hat. Jäckel Anm. 5; a. M. Reinhard Anm. II 3, welcher die Festsetzung des Vollstreckungsgerichts auch für das Prozeßgericht als maßgebend erklärt. Die Haftung des Schuldners für die festgesetzte Vergütung folgt daraus, daß das Verwaltungshonorar ihm gegenüber Zwangsvollstreckungskosten (§ 788 ZPO.) sind, wobei der Festsetzungsbeschluß des Vollstreckungsgerichts ihm gegenüber als vollstreckbarer Titel (§ 794³ ZPO.) gilt. Jäckel Anm. 5, Wolff Anm. 8. A. M. Fischer u. Schäfer Anm. 2c.

In Sachsen besorgt das Gericht die Einziehung des Betrags, den der Gläubiger schuldet, und bezahlt dann seinerseits den Verwalter (§ 36 Abs. 1 des sächs. Ges. über die Gerichtskosten v. 21. Juni 1900, GVBl. S. 336; § 38 Satz 3, § 32 Abs. 3 Satz 2 dess. Ges.). Vgl. Grützmann S. 15f.

Über Ausübung der in § 153 den Gerichten übertragenen Befugnisse durch die landschaftlichen (ritterschaftlichen) Kreditanstalten vgl. pr. Ges. v. 3. August 1897 (GS. S. 388) §§ 6, 12, 13, auch pr. Allg. Verf. § 31.

§ 154.

Die Verantwortlichkeit und Rechnungslegung des Verwalters.

Der Verwalter ist für die Erfüllung der ihm obliegenden Verpflichtungen allen Beteiligten gegenüber verantwortlich. Er hat dem Gläubiger und dem Schuldner jährlich und nach der Beendigung der Verwaltung Rechnung zu legen. Die Rechnung ist dem Gericht einzureichen und von diesem dem Gläubiger und dem Schuldner vorzulegen.

---

1. Verantwortlichkeit des Verwalters. Nach dem Gesetz ist der Verwalter für die Erfüllung der ihm obliegenden Verpflichtungen allen Beteiligten gegenüber verantwortlich. Der Kreis der Beteiligten bestimmt sich nach § 9, so daß auch diesen gegenüber der Verwalter nur verantwortlich ist (Reinhard Anm. I 2, Fischer u. Schäfer Anm. 1, Wolff Anm. 1, Grützmann § 7 S. 14f.). Weiter fassen den Begriff der Beteiligten Jäckel Anm. 1 u. Dernburg, das bürgerl. R., Bd. 3 S. 715 unter IV, welche jeden durch das Verhalten des Verwalters Geschädigten nach Analogie der Konkursordnung darunter verstehen. Nicht zu den Beteiligten gehört nach der hier vertretenen Auffassung der künftige Ersteher des Grundstücks.

Der Verwalter hat bei Erfüllung der ihm obliegenden Verpflichtungen Vorsatz und Fahrlässigkeit zu vertreten (§ 276 BGB.). Jäckel Anm. 1.

Die Tätigkeit des Verwalters ist im allgemeinen und grundsätzlich von diesem persönlich zu leisten. Er darf sich in der Erfüllung seiner Verwaltertätigkeit überhaupt nicht vertreten lassen. Tut er es dennoch, so liegt schon in der Verwendung von Hilfspersonen ein zum Schadensersatz verpflichtendes schuldhaftes Handeln. Er haftet daher in diesem Falle für jeden Schaden, ohne Rücksicht darauf, ob die verwandte Hilfsperson selbst haftbar gemacht werden kann.

Hat sich der Verwalter zur Ausrichtung einzelner Geschäfte, welche keinen Aufschub leiden, anderer Personen zur Erfüllung seiner Verbindlichkeit bedient, was als zulässig zu erachten ist, so haftet er in gleichem Umfange, wie für eigenes Verschulden (§ 278 BGB.). Für Hilfspersonen, die keine Tätigkeit des Verwalters, sondern nur untergeordnete Dienste als Personal des Verwalters zu leisten haben, haftet er nur wie der Geschäftsherr für den Angestellten gemäß § 831 BGB. Die Schadensersatzansprüche gegen den Verwalter verjähren gemäß § 195 BGB. in 30 Jahren.

2. Rechnungslegungspflicht des Verwalters. Die Rechnungslegungspflicht liegt dem Verwalter ob einmal gegenüber dem Gericht, zum anderen gegenüber dem Gläubiger und Schuldner. Im erstgedachten Falle entspringt sie aus der beamtenähnlichen Stellung des Verwalters und aus dem Aufsichtsrecht des Gerichts. Das Gericht kann jederzeit die Rechnungslegung verlangen. In dem anderen Falle ist sie privatrechtlicher Natur und bestimmt sich im allgemeinen nach § 259 BGB. Für die hier in Betracht kommende Rechnungslegung treten noch ergänzend die Vorschriften des § 154 hinzu. Die Rechnung hat nach § 259 Abs. 1 eine geordnete Zusammenstellung der Einnahmen und der Ausgaben zu enthalten. Mit der Rechnung sind die Belege vorzulegen, soweit solche erteilt sind. Ausführliche Bestimmungen über Inhalt der Rechnung und Zeit der Rechnungslegung vgl. für Preußen in der zit. Allg. Verf. §§ 24—29, wegen Beschaffung der Belege vgl. das. §§ 18, 19. Die Rechnung, welche § 154 behandelt, wird dem betreibenden Gläubiger und dem Schuldner gelegt, aber § 154 weist hierbei dem Gericht eine vermittelnde Tätigkeit behufs Vermeidung von Streitigkeiten zwischen dem Verwalter und den Beteiligten zu. Deshalb ist die Rechnung dem Gericht einzureichen und von diesem dem Gläubiger und dem Schuldner vorzulegen. Bevor das Gericht letzteres tut, hat es kraft seines Aufsichtsrechts die Rechnung zu prüfen oder durch einen Rechnungsverständigen die Rechnung prüfen zu lassen und die Beseitigung etwaiger Anstände zu veranlassen. Bei Vorhandensein eines Zwangsverwaltungsinspektors liegt diesem die Prüfung ob (§ 24 der preuß. Allg. Verf.). Die Vorlegung der Rechnung seitens des Gerichts an die Parteien geschieht entweder in einem besonders von dem Gericht anzuberaumenden Termin oder durch Übersendung der Rechnung mit Fristsetzung zur Erklärung. Zur Einreichung der Rechnung und Erledigung etwaiger Anstände kann das Gericht den Verwalter durch Ordnungsstrafen anhalten (§ 152 Abs. 2). Streitig ist, ob das Gericht nach Entlassung des Verwalters, Niederlegung des Amtes und nach Aufhebung des Verfahrens noch befugt ist, im Aufsichtswege die Einreichung der Schlußrechnung zu erzwingen. Man wird mit Jäckel annehmen müssen, daß die Legung der Schlußrechnung noch zum Verfahren gehört, auch wenn das Verfahren schon aufgehoben ist, und daß deshalb das Gericht die Schlußrechnung einzufordern, zu prüfen und ihre Vorlegung zu vermitteln hat. Jäckel Anm. 2, Reinhard Anm. II 5; a. M. Wolff Anm. 6, Fischer u. Schäfer Anm. 2.

Neben der Verpflichtung zur Rechnungslegung hat der Verwalter, sofern Grund zu der Annahme besteht, daß die in der Rechnung enthaltenen Angaben über die Einnahmen nicht mit der erforderlichen Sorgfalt gemacht worden sind, und sofern es sich nicht bloß um eine Angelegenheit von geringer Bedeutung handelt, auf Verlangen den Offenbarungseid zu leisten. Dieser Eid lautet dahin, daß er nach bestem Wissen die Einnahmen so vollständig angegeben habe, als er dazu imstande sei. Ist der Verwalter zur Eidesleistung bereit, so hat das Vollstreckungsgericht, sofern es gemäß § 261 BGB. zuständig ist, ihn in einem Termine abzunehmen, zu welchem es den Verwalter und den Antragsteller ladet. Das Vollstreckungsgericht kann den Verwalter nicht im Aufsichtswege bzw. durch Ordnungsstrafe zur Ableistung des Eides zwingen. Im Streitfalle über die Verpflichtung muß daher das Prozeßgericht angegangen werden und hierüber entscheiden. Vgl. Jäckel Anm. 2, Peiser S. 153, Reinhard Anm. II 2; a. M. Wolff Anm. 4.

Die Rechnung ist jährlich (vgl. dazu §§ 24, 28 der pr. Allg. Verf.) und nach Beendigung der Verwaltung zu legen. Der Gläubiger und Schuldner haben einen privatrechtlichen Anspruch auf Rechnungslegung. Hat das Vollstreckungsgericht nicht die Beseitigung der von den Parteien gezogenen Erinnerung oder Anstände im Aufsichtswege für erforderlich oder die Rechnung als gelegt erachtet, so bleibt es den Parteien überlassen, ihrerseits noch auf Rechnungslegung zu klagen (§§ 254, 888 ZPO.).

Über die Ausübung der durch § 154 dem Gerichte zugewiesenen Tätigkeit durch landschaftliche (ritterschaftliche) Kreditanstalten in Preußen vgl. Ges. v. 3. Aug. 1897 (GS. S. 388) §§ 6, 12, 13 u. pr. Allg. Verf. § 31.

§ 155.

Verwendung und Verteilung der Nutzungen.

Aus den Nutzungen des Grundstücks sind die Ausgaben der Verwaltung sowie die Kosten des Verfahrens mit Ausnahme derjenigen, welche durch die Anordnung des Verfahrens oder den Beitritt eines Gläubigers entstehen, vorweg zu bestreiten.

Die Überschüsse werden auf die im § 10 Nr. 1 bis 5 bezeichneten Ansprüche verteilt, auf die Ansprüche der zweiten, dritten und vierten Klasse jedoch nur insoweit, als laufende Beträge wiederkehrender Leistungen zu berichtigen sind.

---

1. Übersicht. Die §§ 155—160 handeln von der Verwendung und Verteilung der Nutzungen bzw. des Geldes, in welches die Nutzungen durch den Verwalter umgesetzt worden sind. § 155 enthält die allgemeine Norm, daß aus den Nutzungen in erster Linie die Ausgaben der Verwaltung und die Kosten des Verfahrens zu decken sind (Abs. 1), und wie und auf welche Ansprüche der verbleibende Rest zu verteilen ist (Abs. 2).

2. Nutzungen und Überschüsse. Das Gesetz spricht von Nutzungen und Überschüssen. Unter Nutzungen sind die gesamten Bruttoeinnahmen, die die Verwaltung ergibt, zu verstehen. Sie setzen sich zusammen aus Zinsen und sonstigen Hebungen und Erträgnissen. Von diesem Bruttoerlös sind vorerst die Ausgaben der Verwaltung und die Kosten des Verfahrens in dem im Abs. 1 angegebenen Umfange zu berichtigen. Der Rest sind die zur Befriedigung der im Abs. 2 näher bezeichneten Ansprüche dienenden Überschüsse.

3. Die aus den Nutzungen vorweg zu berichtigenden Unkosten. Diese Unkosten setzen sich zusammen aus

a) Ausgaben der Verwaltung. Hierunter fallen alle Aufwendungen, die der Verwalter behufs Durchführung der ihm im § 152 gestellten Aufgabe macht, insbesondere Kosten für die Instandhaltung des Grundstücks und der Gebäude, Ausbesserung und Erneuerung des Zubehörs, Kosten der Bodenbearbeitung, Aussaat,

Aberntung, Versicherungsprämie, Löhne, Honorar des Verwalters, Prozeßkosten u. dgl. m. Streitig ist, ob der Verwalter Vorschüsse, die der Gläubiger zur Erhaltung und nötigen Verbesserung gemacht hat, und die dementsprechend verwendet worden sind, als vorweg zu berichtigende Verwaltungsausgaben anzusehen hat. Da diese Ausgaben im § 10 Nr. 1 miterwähnt werden, so sind sie bei der Verteilung der etwa vorhandenen Überschüsse an erster Stelle zu berücksichtigen. Vgl. Fischer u. Schäfer Anm. 1, Wolff Anm. 2; a. M. Jäckel Anm. 4, Reinhard Anm. II a.

b) Kosten des Verfahrens. Dies sind die vom Gericht für das Verfahren zu erhebenden gerichtlichen Gebühren (für Preußen § 130 pr. GKG.) und Auslagen (§§ 113—118, 119 Abs. 1 Satz 2, 136 pr. GKG.). Ausgenommen sind die durch die Anordnung des Verfahrens oder den Beitritt des Gläubigers entstehenden Kosten. Diese hat einschließlich der etwa entstandenen Anwaltskosten zunächst der Gläubiger (Antragsteller) zu tragen (§§ 124, 133 pr. GKG.), welcher sie seinerseits mit seinem Hauptanspruch an der diesem gebührenden Stelle bei der Verteilung der Überschüsse ersetzt verlangen kann (§ 10 Abs. 2, § 12 Nr. 1). Unberücksichtigt bleiben auch Kosten des Beschwerdeverfahrens und solche, die einem bestimmten Schuldner zur Last fallen.

Der Verwalter hat aus den Einnahmen die zur Deckung der Kosten erforderlichen Beträge zurückzuhalten. Nach § 133 pr. GKG. ist der Gerichtskasse gegenüber zur Zahlung der Gebühren stets der Antragsteller verpflichtet, sofern sie nicht aus einer bar vorhandenen Teilungsmasse entnommen werden können. (Ebenso § 36 des sächs. Kostenges.)

Das Rangverhältnis der Ausgaben der Verwaltung und der Kosten des Verfahrens ist im Gesetz nicht geregelt. Man wird daher beiden gleichen Rang zusprechen müssen, so daß sie bei Unzulänglichkeit der Teilungsmasse verhältnismäßig zu decken sind. Für den ungedeckt bleibenden Rest haftet der Antragsteller.

Für Preußen ist im AG. ZwVG. (Art. 12) die besondere Bestimmung getroffen, daß auch die Ausgaben und Kosten der durch eine Kreditanstalt eingeleiteten Zwangsverwaltung unter § 155 Abs. 1 fallen.

4. Die Überschüsse. Diese, welche nach Deckung der im Abs. 1 genannten Verwaltungsausgaben und Gerichtskosten verbleiben, werden gemäß Abs. 2 verteilt. Im allgemeinen gilt für die Verteilung die Rangordnung des § 10, jedoch mit drei Ausnahmen:

a) In der zweiten, dritten und vierten Klasse werden nur die laufenden Beträge wiederkehrender Leistungen, nicht auch ältere Rückstände und Kapitalansprüche berücksichtigt.

b) Der betreibende Gläubiger kann auch für seine eigene Kapitalforderung erst dann Befriedigung verlangen, wenn sämtliche der vierten Klasse angehörenden Ansprüche auf laufende Beträge wiederkehrender Leistungen, auch soweit sie seinem Rechte nachstehen, berichtigt sind; er wird mit der Kapitalforderung immer erst in der fünften Klasse berücksichtigt (§ 155 Abs. 2).

c) Die Ansprüche der sechsten, siebenten und achten Klasse des § 10 bleiben in der Zwangsverwaltung gänzlich außer Betracht, da, sobald der betreibende Gläubiger befriedigt ist, das Verfahren aufgehoben wird (§ 161 Abs. 2); ein etwa vorhandener Überschuß fällt dem Eigentümer oder Eigenbesitzer des Grundstucks zu (Denkschr.).

5. Die Revenüenhypotheken oder -Grundschulden. Dies sind Hypotheken bzw. Grundschulden, für welche ein Anspruch auf Befriedigung aus dem Grundstück nur im Wege der Zwangsverwaltung besteht. Dem BGB. ist die sog. Revenüen-

hypothek unbekannt. Die zur Zeit des BGB. vorhandenen bleiben als solche bestehen (Art. 192 Abs. 2 EG. BGB.). Eine Neubegründung ist nur nach Maßgabe des Art. 60 ebendas. zulässig. Wenn der Revenüenhypothekar nicht selbst das Verfahren betreibt, würde er nach der reichsgesetzlichen Regelung nur mit den laufenden Zinsen berücksichtigt werden. Um diese Benachteiligung zu beseitigen, ist der Landesgesetzgebung etwaige anderweitige Regelung überlassen (Art. 60 EG. BGB. u. § 2 Abs. 1 EG. ZwVG.). Hiervon haben Preußen, Bayern, Sachsen usw. Gebrauch gemacht. Für Preußen Art. 13 AG. ZwVG. Hier wird, wenn die Revenüenhypothek dem betreibenden Gläubiger im Range vorgeht, an ihrer Rangstelle in der vierten Klasse, an der sonst (ohne den Art. 13) nur ihre laufenden Zinsen stehen würden, sie mit dem Kapital und allen Nebenleistungen (Kosten, laufenden Zinsen und Rückständen aus den letzten zwei Jahren) angesetzt, auch wenn wegen der Revenüenhypothek das Verfahren nicht betrieben wird. Jäckel Anm. 6, Reinhard Anm. IV; a. M. Wolff Anm. 5, Schöller S. 104.

Anders, wie in Preußen, ist die Behandlung der Revenüenhypothek geregelt in Sachsen und Bayern. Art. 35 des bayr. AG., § 27 Abs. 2 des sächs. AG. Vgl. auch Art. 216, 280, 281 des württemb. AG.

§ 156.

Verteilungsverfahren. a) Teilungsplan.

Die laufenden Beträge der öffentlichen Lasten sind von dem Verwalter ohne weiteres Verfahren zu berichtigen.

Ist zu erwarten, daß auch auf andere Ansprüche Zahlungen geleistet werden können, so wird nach dem Eingange der im § 19 Abs. 2 bezeichneten Mitteilungen des Grundbuchamts der Verteilungstermin bestimmt. In dem Termine wird der Teilungsplan für die ganze Dauer des Verfahrens aufgestellt. Die Terminsbestimmung ist den Beteiligten sowie dem Verwalter zuzustellen. Die Vorschriften des § 105 Abs. 2 Satz 2, des § 113 Abs. 1 und der §§ 114, 115, 124, 126 finden entsprechende Anwendung.

---

1. Berichtigung laufender Beträge öffentlicher Lasten. Reichen die Überschüsse nur aus, um die laufenden öffentlichen Lasten und Abgaben zu berichtigen, so bedarf es keines Verteilungsverfahrens, auch nicht der Aufstellung eines Teilungsplans. Dies will das Gesetz durch die Worte „ohne weiteres Verfahren“ zum Ausdruck bringen.

2. Teilungsplan. Berichtigung „anderer Ansprüche“. Wenn zu erwarten ist, daß auch auf andere Ansprüche Zahlungen geleistet werden können, findet das gerichtliche Verteilungsverfahren statt und ist ein Teilungsplan aufzustellen. Die „anderen Ansprüche“ sind die in der 4. Klasse stehenden laufenden Beträge der Realgläubiger oder der beizutreibende Anspruch. Ob die Erwartung der Bezahlung anderer Ansprüche gerechtfertigt ist, wird das Gericht nach dem Bericht des Verwalters beurteilen können. Behufs Aufstellung des Teilungsplans ist nach dem Eingange der im § 19 Abs. 2 bezeichneten Mitteilungen des Grundbuchamts der Verteilungstermin anzuberaumen. Die Terminsbestimmung ist den Beteiligten und dem Ver-

walter von Amts wegen (§ 3) unter Berücksichtigung der §§ 4—7 zuzustellen. Fristen sind nicht gesetzt. Eine Anheftung der Terminsbest. auf der Gerichtstafel oder sonstige Veröffentlichung ist nicht vorgesehen. Der Plan wird im Termin nach Anhörung der Beteiligten nötigenfalls unter Zuziehung eines Rechnungsverständigen für die ganze Dauer der Verwaltung aufgestellt. Der Teilungsplan soll vor allem die grundsätzliche Regelung enthalten, welche Ansprüche gemäß § 155 Abs. 2 bei einer Verteilung zu berücksichtigen sind, in welcher Höhe und in welcher Reihenfolge, sobald verfügbare Masse auch späterhin vorhanden ist, die Befriedigung erfolgen soll, und wann sie fällig sind. Aufzunehmen in den Plan sind die Ansprüche nach Inhalt des Grundbuchs und der vor oder in dem Termin geschehenen Anmeldungen. Auch laufende Beträge öffentlicher Lasten sind, sofern ein Plan aufzustellen ist, mitaufzunehmen. Für die Erhebung und Erledigung von Widersprüchen gilt § 115. Bei Unbekanntsein des Berechtigten ist der auf ihn entfallende Betrag zu hinterlegen und im Plan die Eventualverteilung vorzunehmen (§ 126).

Die in der Reichstagskommission bei § 155 angeregte Frage, ob bei Erhebung von Zinsen der Gläubiger dem Verwalter jedesmal seinen Hypothekenbrief vorzulegen verpflichtet sei, wurde von dem Regierungsvertreter dahin beantwortet, daß es nach § 1159 in Verbindung mit § 1160 Abs. 3 BGB. zur Erhebung von Zinsen der Vorlegung des Briefes nicht bedürfe, der Schuldner könne vielmehr an den bisherigen Gläubiger solange mit Wirksamkeit zahlen, als er von der Übertragung der Hypothek keine Kenntnis erhalten habe, und das gleiche müsse auch für den Verwalter gelten. (Ber. d. Kommission des Reichstages.)

§ 157.

b) Auszahlung.

Nach der Feststellung des Teilungsplans hat das Gericht die planmäßige Zahlung der Beträge an die Berechtigten anzuordnen; die Anordnung ist zu ergänzen, wenn nachträglich der Beitritt eines Gläubigers zugelassen wird. Die Auszahlungen erfolgen zur Zeit ihrer Fälligkeit durch den Verwalter, soweit die Bestände hinreichen.

Im Falle der Hinterlegung eines zugeteilten Betrags für den unbekannten Berechtigten ist nach den Vorschriften der §§ 135 bis 141 zu verfahren. Die Vorschriften des § 142 finden Anwendung.

---

1. Inhalt des Abs. 1. Nach der Feststellung des Teilungsplans erläßt das Gericht die Anordnung an den Verwalter, die planmäßige Zahlung der Beträge an die Berechtigten zu bewirken. Eine Ergänzung des Teilungsplans und damit der dem Verwalter erteilten Anordnung ist erforderlich, wenn noch nach der Feststellung des Plans der Beitritt eines Gläubigers zugelassen wird. Hat der beitretende Gläubiger nur eine persönliche Forderung, so ist er an letzter Stelle in den Teilungsplan aufzunehmen. Tritt dagegen ein Hypothekengläubiger bei, so kommt er mit seiner Hauptforderung, den rückständigen Zinsen und den Kosten in die 5. Klasse, in welcher sich bereits der betreibende Gläubiger befindet. Je nachdem er im Range dem betreibenden Gläubiger vor- oder nachgeht, rangiert er auch im Teilungsplan vor oder nach diesem. Insoweit ist der Teilungsplan zu ergänzen. Mit den laufenden Zinsen seiner Hypothek war er bereits vorher in die 4. Klasse ein-

gestellt. Vgl. Reinhard Anm. II 1. Der Beschluß, durch welchen der Beitritt zugelassen wird, ist außer dem beigetretenen Gläubiger und dem Schuldner auch dem Verwalter und denjenigen Beteiligten zuzustellen, deren Interesse durch die Zulassung des Beitritts berührt wird. Jäckel Anm. 3, Reinhard Anm. II 3.

Außer durch den Beitritt kann eine nachträgliche Änderung der erlassenen Anordnung notwendig werden, wenn Berechtigte wegfallen, wenn erhobene Widersprüche sich erledigen. Werden derartige Umstände dem Verwalter zuerst bekannt, so hat er von diesen dem Gerichte Mitteilung zu machen, welches demnächst darüber zu entscheiden hat, ob und in welcher Weise eine Änderung des Teilungsplans eintritt. Bei Abänderung desselben hat das Gericht die dem Verwalter erteilte Anweisung dementsprechend zu berichtigen.

2. Unbekanntsein des Berechtigten. Ist für einen zugeteilten und zur Auszahlung bestimmten Betrag die Person des Berechtigten unbekannt, so hat das Gericht anzuordnen, daß der Verwalter den Betrag für den unbekannten Berechtigien hinterlegt. Das weitere Verfahren regelt sich nach den §§ 135—141. Dem Verwalter liegt die Ermitelung des unbekannten Berechtigten nicht ob. Es ist hierzu vom Vollstreckungsgericht ein Vertreter zu bestellen (§ 135). Bei Ermittelung des unbekannten Berechtigten stellt das Gericht durch Beschluß dies fest und ermächtigt den Ermittelten zur Erhebung des für ihn hinterlegten Betrages. Wird der unbekannte Berechtigte nicht ermittelt, so sind die Eventualberechtigten gemäß § 138 zu ermächtigen, das Aufgebotsverfahren zu beantragen.

Wird der hinterlegte Betrag nicht abgehoben, so findet § 142 Anwendung. Zur Erhebung des Betrages ist im Falle des § 142 derjenige berechtigt, welcher zuletzt vor Beendigung der Zwangsverwaltung Eigentümer des Grundstücks war. Vgl. Jäckel Anm. 4, Fischer u. Schäfer Anm. 3, Wolff Anm. 7.

§ 158.

c) Zahlung auf eingetragene Kapitalsforderungen.

Zur Leistung von Zahlungen auf das Kapital einer Hypothek oder Grundschuld oder auf die Ablösungssumme einer Rentenschuld hat das Gericht einen Termin zu bestimmen. Die Terminsbestimmung ist von dem Verwalter zu beantragen.

Soweit der Berechtigte Befriedigung erlangt hat, ist das Grundbuchamt von dem Gericht um die Löschung des Rechtes zu ersuchen. Eine Ausfertigung des Protokolls ist beizufügen; die Vorlegung des über das Recht erteilten Briefes ist zur Löschung nicht erforderlich.

Im übrigen finden die Vorschriften der §§ 117, 127 entsprechende Anwendung.

---

1. Zahlungen auf das Kapital. Verfahren. Zahlungen erfolgen im allgemeinen ohne Mitwirkung des Gerichts selbständig durch den Verwalter. Nur bei Zahlungen auf das Kapital an denjenigen betreibenden oder beigetretenen Gläubiger, dessen Anspruch als Hypothek, Grundschuld oder Rentenschuld eingetragen ist, findet eine Mitwirkung des Gerichts statt. Voraussetzung der Kapitalszahlung ist, daß zur Beitreibung des Kapitals die Zwangsverwaltung betrieben wird; bezüglich der Fällig-

keit der Rentenschuld muß noch eine die Sicherheit der Rente gefährdende Verschlechterung des Grundstücks vorliegen (§§ 1133 Satz 2, 1201 Abs. 2 BGB.). Die Mitwirkung des Gerichts bei Kapitalzahlungen (nur bei diesen, nicht auch bei Amortisationsbeiträgen), ist nach den Motiven (S. 336) deshalb vorgeschrieben, weil dieses mit Rücksicht auf die infolge der Kapitalzahlung notwendig werdende Berichtigung des Grundbuchs angemessener erschien. Wenn die Zahlung des Kapitals oder eine Abschlagszahlung auf dasselbe erfolgen kann, ist von dem Verwalter die Anberaumung eines Termins zu beantragen. In dem Termin wird festgestellt, ob und in welcher Höhe der eingetragene Kapitalsanspruch zur Hebung kommt. Die Zahlung erfolgt durch den Verwalter in Gegenwart des Gerichts. Der Verwalter muß im Termin erscheinen. Ist der Gläubiger erschienen und legitimiert, so wird der Verwalter im Termin sofort an diesen zahlen. Ist vorher an ihn schon gezahlt worden, so genügt es, wenn er im Termin erklärt, Zahlung empfangen zu haben. Ist der Gläubiger im Termin nicht erschienen, so hat der Verwalter nach § 117, Art. 11 pr. AG. ZwVG. zu verfahren und die Übersendung oder Hinterlegung dem Gericht nachzuweisen.

2. Löschungsersuchen. Soweit der Gläubiger durch eine Zahlung des eingetragenen Kapitals befriedigt ist, hat das Vollstreckungsgericht das Grundbuchamt um Löschung des Betrages im Grundbuch zu ersuchen. Das Gesetz schreibt vor, daß dem Löschungsersuchen eine Ausfertigung des Protokolls beizufügen ist. Die Vorlegung des über das Recht erteilten Briefes ist zur Löschung nicht erforderlich.

3. Legitimation des Berechtigten bei Kapitalszahlungen. Wenn über die Hypothek, Grund- oder Rentenschuld ein Brief gebildet ist, so kann eine Zahlung auf das Kapital nur erfolgen, wenn der Brief vorliegt. Wird der Brief nicht vorgelegt, so gilt der Gläubiger bis zur Einreichung des Briefes gemäß § 126 als unbekannter Berechtigter. Der Betrag wird für ihn hinterlegt und weiter nach §§ 135 ff. verfahren. Bei Vorlegung des Briefes wird Zahlung auf ihm vermerkt. Wird das Recht durch die Zahlung vollständig getilgt, so wird der Brief unbrauchbar gemacht.

§ 159.

d) Änderung des Teilungsplans.

Jeder Beteiligte kann eine Änderung des Teilungsplans im Wege der Klage erwirken, auch wenn er Widerspruch gegen den Plan nicht erhoben hat.

Eine planmäßig geleistete Zahlung kann auf Grund einer späteren Änderung des Planes nicht zurückgefordert werden.

---

1. Änderung des Plans. Die Motive bemerken hierzu: „Da der Teilungsplan auch für die Zukunft maßgebend ist, so kann die Zulässigkeit einer Änderung des Plans nicht von der Erhebung eines Widerspruchs gegen denselben abhängig gemacht werden. Vielmehr muß es jedem Beteiligten freistehen, im Wege des Prozesses eine Abänderung zu bewirken." Die Erhebung eines rechtzeitigen Widerspruchs bei Feststellung des Teilungsplans schiebt die Ausführung des Plans hinaus. Wird ohne rechtzeitig erhobenen Widerspruch Klage erhoben, so wird der Teilungsplan solange weiter ausgeführt, bis dem Vollstreckungsgericht die Vollstreckbarkeit eines den Plan abändernden Urteils nachgewiesen wird. Der Kläger kann auch schon vorher

durch Erwirkung einer einstweiligen richterlichen Verfügung, nach welcher die vorläufige Aussetzung der Ausführung des Plans angeordnet wird, die Ausführung des Plans hindern.

2. Geleistete Zahlungen. Das Gesetz bestimmt im Abs. 2 ausdrücklich, daß eine planmäßig geleistete Zahlung auf Grund einer späteren Änderung des Plans nicht zurückgefordert werden kann. Danach wirkt das den Plan abändernde Urteil für die Zukunft, nicht auch insoweit, als der Plan schon ausgeführt ist. Unabhängig von dieser Zurückforderung ist eine solche, welche sich außerhalb des Verfahrens auf das bessere Recht eines ausgefallenen Berechtigten gegen den Gläubiger, welcher einen Geldbetrag nach dem Plan erhalten hat, gründet. Diese wird von der Vorschrift des § 159 Abs. 2 nicht berührt. Jäckel Anm. 2, Reinhard Anm. II 2; a. M. Wolff Anm. 4.

§ 160.

e) **Außergerichtliche Verteilung.**

Die Vorschriften der §§ 143 bis 145 über die außergerichtliche Verteilung finden entsprechende Anwendung.

Die Beteiligten können sich nur darüber, wie die Überschüsse verteilt werden sollen, außergerichtlich einigen. Denn die Bestreitung der Ausgaben der Verwaltung und der Kosten aus den Nutzungen, welche vorweg zu erfolgen hat, ebenso wie die Berichtigung der laufenden Beträge der öffentlichen Lasten gehört zu den Obliegenheiten des Verwalters, die ihm nicht entzogen oder beschränkt werden können. Weisen die Beteiligten durch öffentliche oder öffentlich beglaubigte Urkunden nach, daß und wie sie sich über die Verteilung der Überschüsse geeinigt haben, so bedarf es weder der Anberaumung eines Verteilungstermins noch der Aufstellung eines Teilungsplans. Der Verwalter hat auch hier die Zahlungen auf Anordnung des Gerichts zu leisten (§ 157 Abs. 1). Sind Zahlungen auf eingetragenes Kapital zu leisten, so bedarf es der im § 158 Abs. 1 vorgesehenen Mitwirkung des Gerichts, und es ist Termin anzuberaumen. Streitig ist die entsprechende Anwendung des § 144. § 144 behandelt die außergerichtliche Befriedigung des Berechtigten durch den Ersteher.

Da ein Ersteher bei der Zwangsverw. nicht in Betracht kommt, ist es unklar, wer die dem Ersteher entsprechende Person bei der Zwangsverw. sein soll. Wolff Anm. 2 u. Günther II S. 28 meinen, daß an eine Befriedigung der Berechtigten durch den Pächter oder Mieter des Grundstücks oder den Käufer der Grundstückserzeugnisse gedacht sei. Diese Ansicht erscheint nach Wesen und Zweck der Zwangsverw. unhaltbar, da nicht einzusehen ist, wie diese Personen, die nur an den Verwalter zu zahlen haben, von ihren Verpflichtungen frei werden können, wenn sie an Dritte zahlen würden, mit denen sie in keinen Rechtsbeziehungen stehen. Jäckel Anm. zu § 160 hält die entsprechende Anwendung des § 144 nur für möglich, wenn das Grundstück zugleich in der Zwansverst. zugeschlagen worden ist, und der Ersteher und der Dritte die Zwangsverwaltungsinteressenten außergerichtlich befriedigt haben oder von ihnen als alleinige Schuldner angenommen worden sind. Hiergegen wird besonders eingewendet, daß eine solche aus anderen Mitteln als den Grundstücksnutzungen erfolgende Befriedigung durch eine an der Zwangsverw. nicht beteiligte Person außerhalb des Verfahrens liegt und mit einer entsprechenden Anwendung des § 444, die doch immer nur für das Vollstreckungsverfahren berechnet sein kann, nichts zu tun hat. Vgl. Fischer u. Schäfer Anm. 2. Lafrenz im „Recht" 1901 S. 133 ff. und mit ihm Fischer u. Schäfer sehen die dem Ersteher entsprechende Person im Verwalter. Es wird dabei angenommen, daß an den Fall gedacht sei, daß der Verwalter außergerichtlich eine Befriedigung vornimmt, die er an sich unter gerichtlicher Mitwirkung vornehmen müßte, d. h. also, wenn er Nutzungen verteilt, ohne daß der Teilungsplan aufgestellt und dessen Ausführung vom Gerichte angeordnet ist (§§ 156 Abs. 2, 157 Abs. 1). Hierbei würde allerdings nur eine Befriedigung der Berechtigten durch den Verwalter in Frage kommen können, da es nach der Stellung des Verwalters unvereinbar und ausgeschlossen wäre, daß er sich von den Berechtigten als alleiniger Schuldner annehmen läßt. Fischer u. Schäfer halten eine Anwendung des § 144 auch dann für gegeben, wenn der Verwalter den Kapitalsanspruch des betreibenden Gläubigers mit dessen Zustimmung außergerichtlich berichtigt und die erfolgte Berichtigung dem Gerichte durch öffentliche oder öffentlich beglaubigte Urkunden nachweist.

§ 161.

Aufhebung der Zwangsverwaltung.

Die Aufhebung des Verfahrens erfolgt durch Beschluß des Gerichts.

Das Verfahren ist aufzuheben, wenn der Gläubiger befriedigt ist.

Das Gericht kann die Aufhebung anordnen, wenn die Fortsetzung des Verfahrens besondere Aufwendungen erfordert und der Gläubiger den nötigen Geldbetrag nicht vorschießt.

Im übrigen finden auf die Aufhebung des Verfahrens die Vorschriften der §§ 28, 29, 32, 34 entsprechende Anwendung.

Aufhebung des Verfahrens 1. Einstweilige Einstellung 3.
Beschluß des Gerichts 2.

1. Aufhebung des Verfahrens. § 161 will die Aufhebungsgründe nicht erschöpfend regeln. Es werden nur als Aufhebungsgründe besonders hervorgehoben, Befriedigung des Gläubigers und Mangel des nötigen Geldvorschusses. Auf zwei weitere Aufhebungsgründe wird im Abs. 3 des § 161 Bezug genommen.

2. a) Hat der Verwalter den betreibenden Gläubiger vollständig befriedigt, so hat er hiervon dem Gerichte Anzeige zu erstatten (§ 15 Abs. 2 der pr. Allg. Verf.) Das Gericht hat alsdann das Verfahren von Amts wegen durch Beschluß aufzuheben.

b) Ein der Zwangsverw. eigentümlicher Aufhebungsgrund ist die im Abs. 3 besonders hervorgehobene Nichtleistung der zur Fortsetzung des Verfahrens erforderlichen Vorschüsse durch den betreibenden Gläubiger. Erfordert die Fortsetzung des Verfahrens besondere Aufwendungen, so hat der Verwalter dem Gericht hiervon Anzeige zu machen (§ 12 der pr. Allg. Verf.). Das Gericht ordnet demnächst an, daß der betreibende Gläubiger den erforderlichen Vorschuß an den Verwalter unter Bestimmung einer angemessenen Frist zu zahlen hat. Bei Nichtzahlung des Vorschusses hat das Gericht durch Beschluß das Verfahren aufzuheben.

c) Ein Aufhebungsgrund der durch Bezugnahme auf § 29 in § 161 Abs. 4 erwähnt wird, ist die Zurücknahme des Antrages auf Zwangsverw.

d) Ein gleichfalls in Abs. 4 in Bezug genommener Aufhebungsgrund ist das Bekanntwerden eines der Zwangsverw. entgegenstehenden, aus dem Grundbuch ersichtlichen Rechts (§ 28). Ebenso ist zu verfahren, wenn der Dritte sich im Besitze des Grundstücks befindet, und ohne Eingriff in das Besitzverhältnis die Zwangsverw. nicht verwirklicht werden kann. Andere Aufhebungsgründe, welche das Gesetz nicht ausdrücklich erwähnt, sind

e) Untergang des Grundstücks oder Unbenutzbarkeit, z. B. wenn ein Mietsgrundstück niederbrennt.

f) Enteignung des Grundstücks. Die Rechte der Realgläubiger setzen sich an der Entschädigungssumme fort (Art. 52, 53, 109 EG. BGB.), und landesgesetzlich kann bestimmt sein, daß sie an die Stelle des Grundstücks tritt, aber für eine Zwangsverwaltung, welche ein Grundstück voraussetzt, ist kein Raum mehr. Die Beteiligten (der Eigentümer und die Realberechtigten) haben demnächst bezüglich der hinterlegten Entschädigungssumme die Einleitung des gerichtlichen Verteilungsverfahrens zu beantragen (für Preußen Art. 35 Abs. 2 AG. ZwVG.). Ähnlich gestaltet sich die Sachlage bei der Zusammenlegung von Grundstücken im Wege der Separation, Konsolidation, Verkoppelung usw. (Art. 113 EG. BGB.). Wird hier jedoch die Abfindung in Grundstücken oder in ideellen Grundstücksanteilen gewährt, so setzt sich die Zwangsverw. an ihnen fort. Nur wenn die Abfindung in Kapital besteht, tritt ein Verteilungsverfahren ein. Jäckel Anm. 1 f.

g) Zuschlag des Grundstücks im Wege der Zwangsverst. Durch den Zuschlag wird das Grundstück von der in der Zwangsverw. erfolgten Beschlagnahme frei, die Nutzungen gebühren vom Zuschlage ab dem Ersteher, wie er auch die Lasten von diesem Zeitpunkte ab zu tragen hat. Die Zwangsverw. ist mit der Verkündung des Zuschlags nicht beendigt, sondern dauert aus gewissen Gründen noch fort. Der Verwalter hat daher seine Tätigkeit noch solange fortzusetzen, als die Auseinandersetzung zwischen Schuldner und Ersteher es erfordert, oder notwendige unaufschiebbare Verwaltungsgeschäfte erledigt sind (z. B. Einbringung der Ernte), oder endlich die Übergabe des Grundstücks an den Ersteher möglich ist. In letzterer Beziehung schreibt z. B. § 15 der pr. Allg. Verf. vor, daß der Verwalter den Aufhebungsbeschluß des Gerichts abzuwarten hat, bevor er den Besitz des Grundstücks aufgeben darf. Für die Auseinandersetzung zwischen Schuldner und Ersteher kommt hauptsächlich der Fall in Frage, daß Einkünfte (Mietszinsen) aus der Zeit vor dem Zuschlage einzuziehen und zwischen Schuldner und Ersteher zu verteilen sind (RG. Bd. 24 S. 302). Erst nach Erledigung dieser Geschäfte ist die Zwangsverw. aufzuheben. Sind an der Verteilung dieselben Personen beteiligt, wie bei dem Versteigerungserlöse, so kann das Gericht nach seinem Ermessen die beiden Verteilungen derart miteinander verbinden, daß in dem einen Verfahren auf das andere Rücksicht genommen wird (Denkschr.).

h) Vorlegung einer vollstreckbaren Entscheidung, durch welche der Schuldtitel oder dessen Vollstreckbarkeit aufgehoben oder die Zwangsvollstr. für unzulässig erklärt oder die Aufhebung der erfolgten Vollstreckungsmaßregeln angeordnet ist (§§ 775 Nr. 1 u. 2, 776 ZPO.).

i) Vorlegung einer öffentlichen Urkunde, aus der sich ergibt, daß die zur Abwendung der Zwangsvollstr. nachgelassene Sicherheitsleistung oder Hinterlegung erfolgt ist (§§ 775 Nr. 3, 776 ZPO.).

2. Beschluß des Vollstreckungsgerichts. **Rechtliche Folgen desselben.** Die Beendigung der Zwangsverw. tritt niemals von selbst ein, sondern setzt in allen

Fällen einen Beschluß des Vollstreckungsgerichts voraus (§ 161 Abs. 1). Letzteres ist auch dann notwendig, wenn im Prozeß durch Beschluß oder Urteil die Aufhebung angeordnet worden ist. Der Beschluß ist nach §§ 32, 161 Abs. 4 dem Schuldner, dem Gläubiger und, wenn die Anordnung der Aufhebung vom Dritten beantragt war, auch diesem zuzustellen. Ferner wird dem Verwalter von dem Beschlusse Mitteilung zu machen sein. Eine Mitteilung von der Aufhebung des Verfahrens empfiehlt sich auch an die Beteiligten, welche nach § 146 Abs. 2 von der Anordnung des Verfahrens benachrichtigt worden sind, ebenso an diejenigen, an welche ein Zahlungsverbot nach § 151 Abs. 3 erlassen worden ist. Vgl. Jäckel Anm. 2. Gegen den Aufhebungsbeschluß findet sofortige Beschwerde statt.

Die Wirkungen der Beschlagnahme erlöschen erst mit der Aufhebung des Verfahrens. Nach erfolgter Aufhebung liegt dem Verwalter ob

a) die Übergabe des Grundstücks nebst allem Zubehör. Wird die Übernahme des Besitzes seitens des Berechtigten verzögert, so kann der Verwalter entsprechend § 303 BGB. den Besitz nach vorgängiger Androhung an den Schuldner einseitig aufgeben.

b) Abschluß der Verwaltung, d. h. Begleichung der noch offenen Verwaltungsausgaben und Kosten des Verfahrens. Zu diesem Zwecke hat er Verwaltungserträgnisse zurückzuhalten und ev. zu versilbern. Einen etwa vorhandenen Überschuß aus den Nutzungen hat er dem Schuldner zurückzugeben, bei Verzug gemäß §§ 372, 376, 378 BGB. für den Schuldner zu hinterlegen. Nach Aufhebung des Verfahrens ist der Verwalter keinesfalls mehr berechtigt, Zahlung an die Berechtigten, selbst bei fälligen Ansprüchen, vorzunehmen. Vgl. Lafrenz im „Recht" 1902 S. 671 u. 1903 S. 15.

c) Legung der Schlußrechnung. Das Vollstreckungsgericht hat den Verwalter hierzu anzuhalten. Zwangsmaßregeln des Vollstreckungsgerichts zur Erlangung dieser sind nach Aufhebung des Verfahrens nicht mehr zulässig. Es bleibt dem Schuldner bzw. Gläubiger überlassen, gegen den Verwalter behufs Erzwingung derselben klagbar zu werden.

Mit dem Beschluß über die Aufhebung des Verfahrens hat das Vollstreckungsgericht das Grundbuchamt um Löschung des Zwangsverwaltungsvermerks zu ersuchen (§§ 34, 161 Abs. 4). Nach Legung der Schlußrechnung ist die Bestallung des Verwalters einzufordern. Nach Eingang der grundbuchlichen Mitteilung von der Löschung des Zwangsverwaltungsvermerks ist Weglegung der Akten zu verfügen. In Preußen beträgt nach der Allg. Verf. v. 20. Dez. 1896, JMBl. S. 366, Ib Nr. 4, die Aufbewahrungsfrist der Akten 10 Jahre.

3. Einstweilige Einstellung des Verfahrens. Besondere Vorschriften sind hierüber nicht gegeben. Die Vorschriften der §§ 30, 31 sind nicht für anwendbar erklärt. Infolgedessen gelten für die Zwangsverw. die allgemeinen Bestimmungen der ZPO. über die einstweilige Einstellung der Zwangsvollstr. Demnach ist die einstweilige Einstellung des Verfahrens durch Beschluß des Vollstreckungsgerichts auszusprechen in den Fällen des § 775 Nr. 2, 4 u. 5 ZPO., ferner wenn der Gläubiger, wozu er wiederholt und ohne Begrenzung auf bestimmte Frist berechtigt ist, dem Gerichte gegenüber die Einstellung bewilligt hat, wenn dem Gläubiger gemäß §§ 28, 161 Abs. 4 zur Beseitigung eines der Zwangsverw. entgegenstehenden Hindernisses eine Frist gesetzt ist. Durch diese Einstellung werden die Wirkungen der Beschlagnahme nicht berührt, die Zwangsverw. und die Tätigkeit des Verwalters bleibt unberührt. Die einzige Wirkung besteht darin, daß Zahlungen auf die beizutreibende Forderung

des betreibenden Gläubigers aus den Verwaltungsüberschüssen unterbleiben müssen. Ob hiervon auch die Auszahlung der laufenden Zinsbeträge der Hypothek oder Grundschuld des betreibenden Gläubigers betroffen werden, hängt von dem Inhalt der prozeßgerichtlichen Verfügung, welche die Einstellung anordnet, ab. Geht diese dahin, daß, da im Wege der Einwandsklage des Schuldners (§ 767 ZPO.) von letzterem behauptet ist, daß die Hypothek bereits bezahlt sei, auch die laufenden Zinsen an den Schuldner nicht bezahlt werden dürfen, so muß auch die Zahlung der Zinsen unterbleiben. Hierüber hat das Vollstreckungsgericht zu entscheiden und den Verwalter mit Anweisung zu versehen. Vgl. Reinhard Anm. I 2 a.

---

2. Abschnitt. Zwangsversteigerung von Schiffen im Wege der Zwangsvollstreckung.

Literatur: Mittelstein, Deutsches Schiffspfand- und Schiffsgläubigerrecht; derselbe, Die Zwangsvollstr. in Schiffe nach dem Entw. eines Reichsgesetzes ꝛc., im Archiv f. bürgerl. Recht Bd. 4 S. 124 ff.; derselbe in Goldschmidts Zeitschrift Bd. 46 S. 89 ff.; Makower, HGB. Bd. 2 S. 325 ff. (12. Aufl. 1900); Schaps, Das deutsche Seerecht (seit 1897 im Erscheinen); Boyens, Das deutsche Seerecht Bd. 1 (1897), Bd. 2 (1901).

§ 162.

Anwendung der Vorschriften über Grundstücksversteigerung.

Auf die Zwangsversteigerung eines im Schiffsregister eingetragenen Schiffes finden die Vorschriften des ersten Abschnitts entsprechende Anwendung, soweit sich nicht aus den §§ 163 bis 170 ein anderes ergibt.

---

1. Schiffe als Gegenstände des unbeweglichen Vermögens. Nur die im Schiffsregister eingetragenen Schiffe unterliegen nach § 864 ZPO. der Zwangsvollstr. in das unbewegliche Vermögen. Nicht eingetragene Schiffe gelten für die Zwangsvollstr. als bewegliche Sachen. Eingetragen werden: **a)** Kauffahrteischiffe, d. h. die zum Erwerbe durch die Seefahrt bestimmten Schiffe, sofern sie im Eigentum von Reichsangehörigen oder inländischen juristischen Personen stehen. Reichsges. v. 15. April 1885 u. v. 23. Dez. 1888. Kriegsfahrzeuge und andere im öffentlichen Dienste verwandte Schiffe unterliegen der Zwangsvollstreckung in das bewegliche Vermögen (Pappenheim bei Gruchot Bd. 43 S. 374 f.). **b)** Binnenschiffe, d. h. Dampfschiffe und andere Schiffe mit eigener Triebkraft, deren Tragfähigkeit mehr als 15 000 Kilogramm beträgt, sowie für sonstige Schiffe mit einer Tragfähigkeit von mehr als 20 000 Kilogramm (§ 119 des Ges. betr. die privatrechtlichen Verhältnisse der Binnenschiffahrt v. 15. Juni 1895 in der Fassung v. 20. Mai 1898, RGBl. S. 868). Nach § 128 das. können die Landesregierungen die Eintragungspflicht auch für Schiffe von geringerer Tragfähigkeit vorschreiben.

Die Zwangsvollstreckung in den Anteil an einem im Schiffsregister eingetragenen Schiffe (Schiffspart) erfolgt durch Pfändung und ist im § 858 ZPO. näher geregelt.

2. Beschränkung der Zwangsvollstreckung. Die einzige zur Zwangsvollstr. in eingetragene Schiffe zulässige Vollstreckungsmaßregel ist nach § 870 Abs. 2 ZPO. die Zwangsversteigerung. Zwangsverwaltung und Zwangseintragung sind ausgeschlossen. Ferner darf nach § 482 HGB. die Zwangsverst. eines Schiffes im Wege der Zwangsvollstr. nicht angeordnet werden, wenn das Schiff zum Abgehen fertig (segelfertig) ist. Dadurch wird dem Schuldner ein Einwand aus § 766 ZPO. gegeben, der von diesem geltend zu machen ist, und über den das Vollstreckungsgericht zu entscheiden hat. Über die immer nur im Wege der Mobiliarvollstr. zulässige Vollziehung in ein im Schiffsregister eingetragenes Schiff, vgl. § 931 ZPO.

§ 163.

Zuständigkeit, Schiffsregister und Beteiligte.

Als Vollstreckungsgericht ist das Amtsgericht zuständig, in dessen Bezirke sich das Schiff befindet.

Für das Verfahren tritt an die Stelle des Grundbuchs das Schiffsregister.

Die Berufsgenossenschaft für die Unfallversicherung und die Versicherungsanstalt für die Invaliditäts- und Altersversicherung gelten als Beteiligte, auch wenn sie eine Forderung nicht angemeldet haben.

---

1. Zuständigkeit. Dieselbe wird durch den jeweiligen Standort des Schiffes bestimmt. Dabei kommt es auf den Zeitpunkt an, in welchem das Verfahren angeordnet wird. Die Zuständigkeit ist eine ausschließliche (§ 802 ZPO.). Daß das Schiff sich im Bezirke des angerufenen Gerichts befinde, hat der Antragsteller, sofern dies nicht bei Gericht offenkundig ist, zur Begründung seines Antrags glaubhaft zu machen. Ergibt sich erst im Laufe des Verfahrens, daß das Gericht seine Zuständigkeit zu Unrecht angenommen hat, so ist das Verfahren wieder aufzuheben nötigenfalls der Zuschlag zu versagen.

2. Schiffsregister. Nur für das Versteigerungsverfahren tritt das Schiffsregister an Stelle des Grundbuchs. Hieraus ergibt sich, daß die Beschlagnahme mit dem Zeitpunkt wirksam wird, in welchem das Ersuchen um Eintragung des Versteigerungsvermerks der Registerbehörde zugeht, sofern die Eintragung demnächst erfolgt. Der Versteigerungsvermerk ist auf Ersuchen des Vollstreckungsgerichts in das Schiffsregister einzutragen, die Registerbehörde hat dem Vollstreckungsgericht die Mitteilungen des § 19 Abs. 2 zu machen.

3. Beteiligte. Als Beteiligte kommen außer dem betreibenden Gläubiger und dem Schuldner in Betracht die Schiffsgläubiger (§ 754 HGB.; § 102 des Binnenschiff.Ges.) und diejenigen Personen, denen durch Rechtsgeschäft ein Pfandrecht am Schiffe bestellt ist. Pfandrechte der letzteren Art bedürfen zu ihrer Entstehung der Eintragung, sie ergeben sich demzufolge stets aus der dem Vollstreckungsgerichte mitzuteilenden beglaubigten Abschrift des Schiffsregisters und sind eben deshalb bei der Verteilung des Versteigerungserlöses von Amts wegen zu berücksichtigen. Dagegen ist die Berücksichtigung der Rechte der Schiffsgläubiger regelmäßig durch eine Anmeldung bedingt, da ihr Entstehungsgrund außerhalb des Schiffsregisters liegt (Denkschr.). Zu den Schiffsgläubigern gehören auch nach § 754 Nr. 10 HGB. und § 102 Nr. 6 des Binnenschiffahrtsges. die Berufsgenossenschaft wegen der nach den Vorschriften über die Unfallversicherung, sowie die Versicherungsanstalt wegen der nach den Vorschriften über die Invalidenversicherung gegen den Rheder bzw. Schiffseigner zustehenden Forderungen. Während nach § 9 Nr. 2 die vorgedachten Korporationen erst durch Anmeldung ihrer Forderungen zu Beteiligten werden würden, wird bezüglich ihrer im Abs. 3 des § 163 die Ausnahme gemacht, daß sie ohne Anmeldung zu den Beteiligten gehören. Die Gemeinde- und Krankenkassen haben dies Vorrecht nicht; diese müssen ihre Forderungen anmelden. Der eingetragene Schiffseigentümer gehört stets zu den Beteiligten und ist nach § 9 Nr. 1 als solcher zuzulassen. Für den nicht eingetragenen Eigentümer (vgl. §§ 929 ff. BGB. u. § 474 HGB.) gilt § 9 Nr. 2.

§ 164.

Begründung des Antrags.

Die Zwangsversteigerung darf, soweit sich nicht aus den Vorschriften des Handelsgesetzbuchs oder des Gesetzes, betreffend die privatrechtlichen Verhältnisse der Binnenschiffahrt, ein anderes ergibt, nur angeordnet werden, wenn der Schuldner das Schiff im Eigenbesitze hat. Die hiernach zur Begründung des Antrags auf Zwangsversteigerung erforderlichen Tatsachen sind durch Urkunden glaubhaft zu machen, soweit sie nicht bei dem Gericht offenkundig sind. Dem Antrag auf Zwangversteigerung ist ein Zeugnis der Registerbehörde über die Eintragung des Schiffes in das Schiffsregister beizufügen.

---

1. Schuldner als Eigenbesitzer. Da sich der Eigentumserwerb an dem Schiffe durch Übergabe, unter Umständen § 474 HGB. sogar durch bloßen Vertrag vollzieht, ist die Zulässigkeit der Anordnung der Zwangsversteigerung nicht davon abhängig, daß der Schuldner Eigentümer des Schiffes (Rheder, Schiffseigner) ist, vielmehr soll, wie nach dem preußischen Gesetze (§ 164 Nr. 1), der Nachweis des Eigenbesitzes genügen. Es genügt daher, wenn der vollstreckbare Titel sich gegen denjenigen richtet, welcher das Schiff im Eigenbesitze hat, d. h. gemäß § 872 BGB., daß er es als ihm gehörend besitzen muß. Letzteres ist, sofern es nicht bei Gericht offenkundig ist, durch Urkunden glaubhaft zu machen. Für den Fall, daß der Eigenbesitzer nicht Eigentümer des Schiffes ist, ist es dem wirklichen Eigentümer überlassen, sich zu melden und sein Recht im Wege der Widerspruchsklage des § 771 ZPO. geltend zu machen. Unterläßt er dies, so verliert er durch den Zuschlag sein Eigentum. Dies gilt auch dem im Schiffsregister eingetragenen Eigentümer gegenüber. Vgl. Jäckel Anm. 1.

Besitzwechsel nach der Beschlagnahme berührt das Verfahren nicht, wenn die Zwangsverst. wegen des Anspruchs aus einem eingetragenen Rechte angeordnet ist. Ist sie wegen des Anspruchs eines Schiffsgläubigers angeordnet, so ist der Erwerber berechtigt, der Fortsetzung des Verfahrens zu widersprechen (§ 771 ZPO.), vorausgesetzt, daß er nicht erst nach der Eintragung des Versteigerungsvermerks das Schiff erworben oder die bereits erfolgte Beschlagnahme gekannt hat. Vgl. Jäckel Anm. 1, Wolff Anm. 1.

2. Zulässigkeit der Versteigerung gegen einen anderen als den Besitzer. Gegen einen anderen als den Eigenbesitzer ist die Zwangsverst. nach Abs. 1 nur zulässig, soweit das HGB. oder das Binnenschiffahrtsgesetz solche Ausnahmen anerkennen. Solche Ausnahmen sind folgende:

a) Nach § 761 HGB. kann die Klage, mit welcher Schiffsgläubiger ihre Befriedigung aus dem Schiff verfolgen, auch gegen den Schiffer gerichtet werden und zwar auch dann, wenn sich das Schiff im Heimatshafen (§ 480) befindet; das gegen den Schiffer ergangene Urteil ist auch gegenüber dem Reeder unwirksam. Ebenso kann nach § 97 Binnensch.Ges. wegen der Bergungs- und Hilfskosten die Pfandklage hinsichtlich des Schiffs gegen den Schiffer gerichtet werden. Zuständig ist das Gericht, in dessen Bezirk die Bergung oder Hilfeleistung stattgefunden hat.

b) Nach § 755 Abs. 2 HGB. und § 103 Abs. 2 Binnensch.Ges. können die Schiffsgläubiger ihr Pfandrecht an dem Schiffe und dessen Zubehör gegen jeden dritten Besitzer des Schiffes verfolgen.

c) Nach § 510 HGB. haftet der sog. Ausrüster, d. h. derjenige, welcher ein ihm nicht gehöriges Schiff zum Erwerbe durch die Seefahrt für seine Rechnung verwendet und es entweder selbst führt oder die Führung einem Schiffer anvertraut, einem Dritten, welcher aus der Verwendung einen Anspruch als Schiffsgläubiger herleitet, als Reeder, d. h. mit dem Schiffe, und der Eigentümer kann den Dritten an der Durchführung des Anspruchs nicht hindern, es sei denn, daß die Verwendung ihm gegenüber eine widerrechtliche und der Gläubiger nicht in gutem Glauben war. Ebenso § 2 des Binnensch.Ges.

In den vorstehenden Fällen richtet sich der vollstreckbare Titel nicht gegen den Eigenbesitzer; es genügt, wenn zur Zeit der Antragstellung durch Urkunden glaubhaft gemacht wird, daß derjenige, gegen den der Titel lautet, Schiffer bzw. Besitzer bzw. Ausrüster ist.

3. Inhalt und Anlagen des Antrages auf Zwangsversteigerung. Der Antrag muß bezeichnen das Schiff, den Eigenbesitzer, den Anspruch und den vollstreckbaren Titel. Dem Antrage müssen beigefügt sein der vollstreckbare Titel nebst Zustellungsurkunde und diejenigen Urkunden, welche den Eigenbesitz oder eine der drei Ausnahmen glaubhaft machen, sowie nach § 164 Satz 3 ein Zeugnis der Registerbehörde über die Eintragung des Schiffes in das Schiffsregister. Jedoch wird eine Bezugnahme auf das Register für genügend gehalten, wenn das Vollstreckungsgericht zugleich Registerbehörde ist. Vgl. Jäckel Anm. 3, Wolff Anm. 4, Fischer u. Schäfer Anm. 3. In Preußen wird das Zeugnis von dem Richter ausgestellt (§ 3 Abs. 2 Allg. Verf. v. 11. Dez. 1899, JMBl. 1899 S. 753 ff.).

§ 165.

Bewachung und Verwahrung des Schiffes.

Bei der Anordnung der Zwangsversteigerung hat das Gericht zugleich die Bewachung und Verwahrung des Schiffes anzuordnen. Die Beschlagnahme wird auch mit der Vollziehung dieser Anordnung wirksam.

---

1. Bewachung und Verwahrung. Bei der Anordnung der Zwangsversteigerung hat das Gericht von Amts wegen für Bewachung und Verwahrung des

Schiffes zu sorgen. Es geschieht dies, um zu verhindern, daß das Schiff untergeht oder verschlechtert wird, den Standort verläßt, daß Zubehörstücke entfernt werden. Es soll auch Kauflustigen dadurch die Möglichkeit der Besichtigung gewährt werden. Die dadurch entstandenen Kosten hat der Gläubiger vorzuschießen; sie gehören zu den nach § 109 aus dem Erlöse vorweg zu entnehmenden Kosten des Verfahrens. Bei Nichtleistung des geforderten Vorschusses ist das Verfahren aufzuheben (§ 170 Abs. 2). Der Schuldner und seine Familie kann während des Verfahrens auf dem Schiffe weiterwohnen. Der Antritt einer neuen Reise darf vom Gericht nicht gestattet werden.

2. Wirksamkeit der Beschlagnahme. Die Beschlagnahme wird wirksam:

a) mit der Zustellung des die Zwangsverst. anordnenden Beschlusses an den Vollstreckungsschuldner;

b) mit dem Eingang des Ersuchens um Eintragung des Versteigerungsvermerks bei der Registerbehörde, sofern auf das Ersuchen die Eintragung demnächst erfolgt (§ 22 Abs. 1 Satz 2, § 163 Abs. 2);

c) mit der Vollziehung der nach § 165 Abs. 1 anzuordnenden Bewachung und Verwahrung des Schiffes.

Die Beschlagnahme ergreift wie die Versteigerung nur Schiff und Zubehör, niemals die Fracht (§ 755 HGB., § 103 Binnensch.Ges.). Schiffsboote sind nach § 478 Abs. 1 HGB. Zubehör eines Schiffes. Frachtgelder, auf welche sich das gesetzliche Pfandrecht der Schiffsgläubiger erstreckt (§§ 756—758 HGB.; § 104 Binnensch.Ges.), gehören, da das eingetragene Pfandrecht sich nach § 1265 BGB. die Fracht nicht miterreift, nach § 865 Abs. 1 ZPO. nicht zur Immobiliarmasse. Frachtgelder können deshalb seitens der Schiffsgläubiger nur außerhalb des Zwangsversteigerungsverfahrens im Wege der Pfändung in Anspruch genommen werden.

§ 166.

Die gegen den Schiffer erfolgte Beschlagnahme.

Ist gegen den Schiffer auf Grund eines vollstreckbaren Titels, der auch gegenüber dem Reeder oder Schiffseigner wirksam ist, das Verfahren angeordnet, so wirkt die Beschlagnahme zugleich gegen den Reeder oder Schiffseigner.

Der Schiffer gilt in diesem Falle als Beteiligter nur so lange, als er das Schiff führt; ein neuer Schiffer gilt als Beteiligter, wenn er sich bei dem Gerichte meldet und seine Angabe auf Verlangen des Gerichts oder eines Beteiligten glaubhaft macht.

1. Wirkung der Beschlagnahme. Im Anschlusse an die Bestimmungen der §§ 696, 751, 761 HGB. und des § 97 Abs. 2 Binnensch.Ges., in welchen ein Vollstreckungstitel gegen den Schiffer auch gegen den Reeder oder Schiffseigner wirksam ist, bestimmt § 166 Abs. 1, daß, wenn auf Grund eines solchen vollstreckbaren Titels das Verfahren angeordnet worden ist, die Beschlagnahme auch gegen den Reeder oder Schiffseigner wirksam sein soll. Diese Wirkung tritt aber nur ein, wenn der Titel den Schiffer als solchen, d. h. als den von dem Eigentümer mit der Führung des Schiffes Betrauten, bezeichnet. Trifft letzteres zu, so kann der Titel auch gegen den Reeder (Schiffseigner) mit der Vollstreckungsklausel gemäß §§ 726, 727 ZPO. ver-

sehen werden. Wechsel in der Person des Schiffers ist unerheblich. Ist dagegen in der Person des Reeders nach Erlaß des Urteils eine Rechtsnachfolge eingetreten, so kann die Vollstreckungsklausel nur auf Antrag des Vorsitzenden erteilt werden (§ 730 ZPO.). Vgl. Jäckel Anm. 1.

2. Reeder, Schiffer und neuer Schiffer als Beteiligter. In dem gegen den Schiffer betriebenen Verfahren gilt der Reeder nur dann als Beteiligter, wenn er entweder zurzeit der Eintragung des Versteigerungsvermerkes im Schiffsregister als Eigentümer eingetragen steht oder sein Eigentum bei dem Gericht anmeldet und auf Verlangen glaubhaft macht. Tritt er neben dem Schiffer in dem Verfahren als Beteiligter auf, so ist sein Wille maßgebend für die Wahrnehmung der Rechte des Schuldners, nicht der Wille des Schiffers, da dieser lediglich als Vertreter des Reeders bei dem Verfahren in Betracht kommt (Motive).

In dem gegen den Schiffer angeordneten Verfahren ist der Schiffer Schuldner und als solcher nach § 162 Beteiligter im Sinne des § 9 (Mot.). Er ist es aber nur solange, als er das Schiff führt. Gibt er die Führung des Schiffes ab, so kann nur noch der Reeder bzw. Schiffseigner oder ein neuer Schiffer als Schuldner zugezogen werden. Ein im Laufe des Verfahrens neu eintretender Schiffer ist jedoch nur dann Beteiligter, wenn er sich als Schiffer meldet und seine Eigenschaft als solcher nach § 9 Nr. 2 glaubhaft macht. Die Terminsladungen sind ihm auch ohne Glaubhaftmachung nach § 41 Abs. 3, § 105 Abs. 2 zuzustellen. Jäckel Anm. 3, Wolff Anm. 4. Tritt der Wechsel in der Person des Schiffers erst nach der Beschlagnahme ein, so nimmt das Verfahren gegen den bisherigen Dienstherrn (Reeder, Schiffseigner, Ausrüster oder Eigenbesitzer) oder, sofern sich ein neuer Schiffer als solcher bei dem Vollstreckungsgericht ausweist (§ 166), gegen diesen seinen Fortgang (Denkschr.).

Eine Umschreibung der Klausel auf der Namen des neuen Schiffers ist, da es sich nur um die Fortsetzung des bereits eingeleiteten Verfahrens handelt, nicht erforderlich.

§ 167.

Bestimmung des Versteigerungstermins.

Die Bezeichnung des Schiffes in der Bestimmung des Versteigerungstermins soll nach dem Schiffsregister erfolgen.

Die Terminsbestimmung muß die Aufforderung an die Schiffsgläubiger und die sonstigen Berechtigten enthalten, ihre Rechte, soweit sie zur Zeit der Eintragung des Versteigerungsvermerkes aus dem Schiffsregister nicht ersichtlich waren, spätestens im Verteilungstermin anzumelden, widrigenfalls die Rechte bei der Verteilung des Versteigerungserlöses nicht berücksichtigt werden würden.

---

1. Bezeichnung des Schiffes. Für die Bezeichnung des Schiffes in der Terminsbestimmung ist zunächst die zwingende Vorschrift des § 37 Nr. 1 maßgebend, nach welcher in der Terminsbestimmung das Schiff so individuell bezeichnet werden muß, daß an der Identität des Schiffes kein Zweifel besteht. Hinzutreten soll nach § 38 die Bezeichnung des zurzeit der Eintragung des Versteigerungsvermerks eingetragenen Eigentümers und nach § 167 Abs. 1, welcher insoweit den § 38 ersetzt, die Bezeichnung des Schiffes nach dem Schiffsregister. Nach dem Schiffsregister wird danach die Ordnungsnummer des Registerblattes, Namen und Gattung des Schiffes, Raumgehalt bzw. Tragfähigkeit, Heimatshafen bzw. Heimatsort und der Namen des als Eigentümer Eingetragenen anzugeben sein. Der Vorbehalt des § 6 EG ZwVG. bezieht sich auch auf Schiffsversteigerungen, da diese Bestimmung nur eine Ergänzung von Abschnitt I ist, dessen entsprechende Anwendung durch § 162 auf die Schiffsversteigerung vorgeschrieben ist. Vgl. Wolff Anm. 4, Günther II S. 46, Fischer u. Schäfer Anm. 1; a. M. Jäckel Anm. 1a, Reinhard Anm. 1, welche die Anwendbarkeit des § 6 EG. für Schiffe verneinen. Nach § 6 EG. kann die Landesgesetzgebung noch weitere in die Terminsbestimmung aufzunehmende Angaben vorschreiben. Preußen hat hiervon keinen Gebrauch gemacht.

2. Die Aufforderung des § 167 (Abs. 2). Von den Vorschriften des § 37 gelten die Nrn. 1, 2, 3, 5 auch für die Zwangsverst. von Schiffen. Da bei letzteren ein geringstes Gebot nicht aufgestellt wird (§ 169), so mußte § 37 Nr. 4 in Wegfall kommen. An dessen Stelle tritt § 167 Abs. 2. Die hier vorgeschriebene Aufforderung enthält die Änderung, daß die Anmeldefrist erst im Verteilungstermin abläuft, daß eine Glaubhaftmachung der anzumeldenden Rechte nicht verlangt wird und daß als Rechtsnachteil die Nichtberücksichtigung bei der Verteilung des Versteigerungserlöses angedroht wird. Abs. 2 enthält eine zwingende Vorschrift, deren Nicht- oder fehlerhafte Beachtung zur Folge hat, daß, da die öffentliche Bekanntmachung unvollständig ist, der Zuschlag nicht erteilt werden kann. Vgl. Jäckel Anm. 1 zu b, Fischer u. Schäfer Anm. 2.

§ 168.

Bekanntmachung der Terminsbestimmung.

Befindet sich der Heimatshafen oder Heimatsort des Schiffes in dem Bezirk eines anderen Gerichts, so soll die Terminsbestimmung auch durch das für Bekanntmachungen dieses Gerichts bestimmte Blatt bekannt gemacht werden.

Die im § 39 Abs. 2 vorgesehene Anordnung ist unzulässig.

Für die Bekanntmachung der Terminsbestimmungen bleiben die Vorschriften der §§ 39 Abs. 1, 40 des Ges. sowie des § 7 EG. (in Preußen Art. 5 AG.) unberührt und kommen auch hier zur Anwendung. Außerdem bestimmt § 168 Abs. 1 instruktionell, daß, wenn sich der Heimatshafen (§ 480 Abs. 3 HGB., § 5 Ges. v. 25. Okt. 1867, RGBl. S. 35) oder Heimatsort (§§ 6, 125 Nr. 2 Binnensch.Ges.) im Bezirk eines anderen Gerichts befindet, die Terminsbestimmung auch durch das für Bekanntmachungen dieses Gerichts bestimmte Blatt erfolgen soll.

Die Bestimmung des § 39 Abs. 2, wonach das Gericht anordnen kann, daß die Einrückung der Terminsbestimmung in die Zeitung unterbleibt und durch Aushang an der Gemeindepublikationsstelle ersetzt werden kann, wenn das Grundstück nur einen geringen Wert hat, ist für die Schiffsversteigerung ausgeschlossen, „da das Vollstreckungsgericht bei der Bekanntmachung des Versteigerungstermins nicht in der Lage ist, den Wert des Schiffes so gering anzuschlagen, daß die Veröffentlichung der Bekanntmachung durch das amtliche Blatt sich nicht lohnen sollte“ (Motive).

§ 169.

Wegfall des geringsten Gebots. Berichtigung des Meistgebots. Pfandrecht.

Die Vorschriften über das geringste Gebot finden keine Anwendung. Das Meistgebot ist in seinem ganzen Betrage durch Zahlung zu berichtigen.

Soweit die Berichtigung nicht im Verteilungstermin erfolgt, ist für die Forderung gegen den Ersteher ein Pfandrecht an dem Schiffe in das Schiffsregister einzutragen. Das Pfandrecht entsteht mit der Eintragung, auch wenn der Ersteher das Schiff inzwischen veräußert hat. Im übrigen finden die Vorschriften des Bürgerlichen Gesetzbuchs über das durch Rechtsgeschäft bestellte Pfandrecht an einem Schiffe Anwendung.

1. Geringstes Gebot. Bei der Zwangsvollstreckung in Schiffe findet die Festsetzung des geringsten Gebots nicht statt, sondern wird ebenso wie bei dem Zwangsverkaufe gepfändeter beweglicher Sachen gegen bar veräußert, soweit nicht etwa nach den §§ 60, 61 Zahlungsfristen bewilligt sein sollten, und dem Meistbietenden der Zuschlag ohne Rücksicht auf die Höhe des Gebots erteilt werden soll. Nur bei der Versteigerung für die Zwecke der Aufhebung der Gemeinschaft finden die Vorschriften über das geringste Gebot entsprechende Anwendung (§ 182 Abs. 3).

Durch den Wegfall des geringsten Gebots entfällt selbstverständlich auch die Anwendbarkeit derjenigen Bestimmungen des ersten Abschnitts, welche von dem geringsten Gebot selbst handeln oder mit demselben in Zusammenhang stehen. Unanwendbar sind danach die §§ 44—48, 50, 51, 53, 54, 64 und 94. Unberührt bleiben die §§ 55—58, 67, 69—76, 78—82, 86—93, 95, 104, beseitigt bezw. modifiziert sind die §§ 49 Abs. 2 u. 3, 52, 59, 60 u. 61 (Zahlungsfristen können dem Ersteher für den ganzen gebotenen Betrag bewilligt werden), 62, 63, 65 Abs. 2, 66 Schluß des Abs. 1, 68 Abs. 2, 77, 83 Nr. 1, 84, 85. Vgl. Jäckel Anm. 1, welcher vorstehende Zusammenstellung gibt, und wo auch das Nähere über die Abänderungen zu finden ist.

2. Berichtigung des Meistgebots. In Abs. 1 Satz 2 wird ausdrücklich betont, daß das Meistgebot in seinem ganzen Betrage durch Zahlung zu berichtigen ist. Damit ist die gesetzliche Versteigerungsbedingung angegeben. Es ist jedoch zulässig, daß für das Meistgebot in Gemäßheit der §§ 60, 61 Zahlungsfristen bewilligt werden.

3. Pfandrecht für die gegen den Ersteher verbleibende Forderung. Wenn der Meistbietende den Betrag seines Gebots im Verteilungstermine nicht bar erlegt, so erfolgt alsdann keine Wiederversteigerung, vielmehr wird an Stelle des nicht gezahlten Betrages die gegen den Ersteher verbleibende Forderung unter die Schiffsgläubiger und sonstigen Berechtigten verteilt und demnächst auf Ersuchen des Vollstreckungsgerichts für die Forderung ein Pfandrecht in das Schiffsregister eingetragen. Um den Berechtigten einen wirksamen Schutz gegen benachteiligende Verfügungen des Erstehers zu gewähren, hat das Gesetz im Anschluß an das pr. Gesetz (§ 177 Abs. 2) die Eintragung auch dann zugelassen, wenn der Ersteher inzwischen das Schiff durch Übergabe an einen gutgläubigen Dritten weiter veräußert hat, die Begründung eines gegen diesen wirksamen Pfandrechts wegen der unberichtigt gebliebenen Forderung also an sich ausgeschlossen sein würde. Hiervon abgesehen, steht das Pfandrecht in allen Beziehungen einem durch Rechtsgeschäft begründeten

an einem Schiffe gleich (Denkschr.). Es finden also die §§ 1259—1271 BGB. Anwendung.

4. Das Verteilungsverfahren. Die Vorschriften über die Verteilung des Erlöses finden auch bei Schiffen insoweit Anwendung, als sie nicht durch den Wegfall des geringsten Gebots beseitigt bezw. modifiziert oder durch Abs. 2 des § 169 ersetzt sind. Unanwendbar sind die §§ 110, 125, 128, 129, 131, 136. Unberührt geblieben sind die §§ 105—109, 111, 114—124, 135, 137—145. Jäckel Anm. 3.

§ 170.

Bewachung und Verwahrung gegen den Ersteher.

An die Stelle der nach § 94 Abs. 1 zulässigen Verwaltung tritt die gerichtliche Bewachung und Verwahrung des versteigerten Schiffes.

Das Gericht hat die getroffenen Maßregeln aufzuheben, wenn der zu ihrer Fortsetzung erforderliche Geldbetrag nicht vorgeschossen wird.

Die Bewachung und Verwahrung, welche nach § 165 mit der Anordnung der Zwangsversteigerung zu verfügen ist, hört mit dem Zuschlag auf. Auf Antrag eines Beteiligten, der Befriedigung aus dem Meistgebot zu erwarten hat, sind die vorgedachten Maßregeln gemäß § 170 wieder anzuordnen, solange nicht die Zahlung oder Hinterlegung des Meistgebots erfolgt ist. Vorschußpflichtig ist der Beteiligte, der den Antrag gestellt hat. Zahlt er den eingeforderten Vorschuß nicht, so sind die getroffenen Maßregeln wieder aufzuheben. Der Ersteher ist zum Ersatze der dem Antragsteller erwachsenen Kosten verpflichtet.

§ 171.

Zwangsversteigerung ausländischer Schiffe.

Auf die Zwangsversteigerung eines ausländischen Schiffes, das, wenn es ein deutsches Schiff wäre, in das Schiffsregister eingetragen werden müßte, finden die Vorschriften der §§ 162 bis 167, 169, 170 insoweit Anwendung, als sie nicht die Eintragung in das Schiffsregister voraussetzen.

Die Terminsbestimmung soll, soweit es ohne erhebliche Verzögerung des Verfahrens tunlich ist, auch den aus den Schiffspapieren ersichtlichen Schiffsgläubigern und sonstigen Beteiligten zugestellt und, wenn das Schiff im Schiffsregister eines fremden Staates eingetragen ist, der Registerbehörde mitgeteilt werden.

Die Aufhebung der vom Gericht angeordneten Überwachung und Verwahrung des Schiffes sowie die Übergabe an den Ersteher darf erst erfolgen, wenn die Berichtigung des Meistgebots oder die Einwilligung der Beteiligten nachgewiesen wird.

---

1. Ausländische Schiffe. Begriffsbestimmung. Die Vorschriften des § 171 betreffen nur diejenigen ausländischen, d. h. Ausländern gehörigen Schiffe, welche, wenn sie deutsche Schiffe wären, eintragungsfähig sein würden. Bei Mangel

dieser Voraussetzung gilt das Schiff in Ansehung der Zwangsvollstreckung als bewegliche Sache. Unerheblich ist es, ob das Schiff in einem ausländischen Schiffsregister eingetragen ist oder nach den Gesetzen des Heimatstaates eingetragen werden muß. Nur insofern kommt die Eintragung des Schiffes im ausländischen Schiffsregister für das diesseitige Verfahren in Betracht, als in diesem Falle nach Abs. 2 die Terminsbestimmung, soweit tunlich, der Registerbehörde mitgeteilt werden soll.

2. Die Zwangsversteigerung bei ausländischen Schiffen. In der Hauptsache finden die Verfahrensgrundsätze bezüglich der inländischen Schiffe auch auf die ausländischen Anwendung. Nur müssen die Vorschriften, welche die Eintragung in das Schiffsregister voraussetzen, außer Anwendung bleiben. In Wegfall kommen infolgedessen die Eintragung des Versteigerungsvermerkes, ferner das Ersuchen um Berichtigung des Schiffsregisters nach Beendigung des Verteilungsverfahrens und die Eintragung eines Pfandrechts für die Forderung gegen den Ersteher auf Zahlung des Erlöses. Pfandgläubiger und andere Berechtigte werden bei der Verteilung nur auf Grund ihrer Anmeldung berücksichtigt. § 169 Abs. 2 ist demnach unanwendbar. In der Aufforderung des § 167 Abs. 2 ist der Satz: „soweit sie zur Zeit der Eintragung aus dem Schiffsregister nicht ersichtlich waren" wegzulassen. Ist das Schiff in einem ausländischen Schiffsregister eingetragen, so soll zwar auch der ausländischen Registerbehörde die Terminsbestimmung mitgeteilt werden (§ 171 Abs. 2). Die Nichtbeachtung dieser Ordnungsvorschrift hat jedoch keinen Einfluß auf den Fortgang des Verfahrens.

3. Zweck und Bedeutung des Abs. 3. Berichtigt der Ersteher das Meistgebot nicht, so findet zwar auf Verlangen der Berechtigten eine Übertragung der gegen den Ersteher begründeten Forderung nach Maßgabe des § 118 auf sie statt, auch wird die ihnen übertragene Forderung nach §§ 132, 133 vollstreckbar (Jäckel Anm. 3; Wolff Anm. 6), aber ein Pfandrecht an dem Schiffe für die übertragene Forderung kann mangels der Möglichkeit einer Eintragung nicht entstehen. Als Ersatz dafür bestimmt zur Sicherung der Beteiligten Abs. 3, daß die Aufhebung und Verwahrung des ausländischen Schiffes, sowie die Übergabe an den Ersteher erst erfolgen darf, wenn die Berichtigung des Meistgebots oder die Einwilligung der Beteiligten nachgewiesen wird.

---

3. Abschnitt. Zwangsversteigerung und Zwangsverwaltung in besonderen Fällen.

Allgemeine Übersicht.

Der 3. Abschnitt regelt drei besondere Fälle, „in denen reichsgesetzlich die Versteigerung oder die Verwaltung eines Vermögensgegenstandes im Wege des rechtlichen Zwanges zugelassen wird, ohne daß eine Zwangsvollstreckung in diesen Gegenstand in Frage steht" (Denkschr.). Die drei Fälle betreffen:

1. Die Zwangsverst. und die Zwangsverw. auf Antrag des Konkursverwalters (§§ 172—174);

2. Die Zwangsverst. zur Deckung von Nachlaßverbindlichkeiten (§§ 175—179);
3. Die Zwangsverst. zum Zwecke der Aufhebung einer Gemeinschaft (§§ 180—184).
Weitere besondere Fälle werden auf dem der Landesgesetzgebung vorbehaltenen Gebiete im pr. AG. ZwVG. Art. 22—32 hinzugefügt. Grundsätzlich kommen in den bezeichneten drei Fällen die Vorschriften der beiden ersten Abschnitte des Gesetzes zur Anwendung, soweit nicht im 3. Abschnitt Sonderbestimmungen getroffen sind.

§ 172.

I. Verfahren auf Antrag des Konkursverwalters.

Wird die Zwangsversteigerung oder die Zwangsverwaltung von dem Konkursverwalter beantragt, so finden die Vorschriften des ersten und zweiten Abschnitts entsprechende Anwendung, soweit sich nicht aus den §§ 173, 174 ein anderes ergibt.

---

1. Zwangsverst. und Zwangsverw. während der Dauer des Konkursverfahrens. Nach § 126 KO. kann die Zwangsverw. und die Zwangsversteigerung der zur Masse gehörigen unbeweglichen Gegenstände bei der zuständigen Behörde durch den Konkursverwalter betrieben werden. Ob er hiervon Gebrauch macht, ist seinem Ermessen überlassen. Betreibt der Verwalter das Verfahren, so liegt keine eigentliche Zwangsvollstr. vor, da dasselbe sich nicht gegen den Verwalter, da er es selbst betreibt, richtet. Zugleich vertritt er auch den Kridar (a. M. Reinhard Anm. 1 3); „er vereinigt in seiner Person die Stellung eines betreibenden Gläubigers und des Schuldners" (Denkschr.). Hiernach fehlen diesem Verfahren die Voraussetzungen (die konkrete Forderung, der betreibende Gläubiger und auch der Schuldner) und damit wesentliche Merkmale der Zwangsvollstr. Das Verfahren hat aber Formen und Wirkungen der Zwangsvollstr. Befugnisse und Pflichten, die das Gesetz dem betreibenden Gläubiger gewährt (z. B. § 7 Abs. 3, § 10 Nr. 1, § 22 Abs. 2, §§ 25, 28—32, 37 Nr. 4, 45 Abs. 1) stehen auch dem betreibenden Verwalter zu. Der Konkursverwalter kann das ihm im § 126 KO. gewährte Recht auch dadurch ausüben, daß er einem von einem Gläubiger des Gemeinschuldners betriebenen Verfahren beitritt. Dem von dem Konkursverwalter betriebenen Verfahren können anderseits Absonderungsberechtigte und Massegläubiger (nicht auch Konkursgläubiger, § 14 Abs. 1 KO.; § 27 Abs. 2 ZwVG.) beitreten.

Gegenstand des Verfahrens kann auch der zur Konkursmasse gehörige Bruchteil eines Grundstücks oder einer Berechtigung sein, wobei es dem Verwalter überlassen bleibt, die Zwangsversteigerung entweder nur in diesen Anteil gemäß §§ 172, 174 zu betreiben oder das ganze Grundstück zum Zwecke der Aufhebung der Gemeinschaft nach den §§ 180 ff. zur Versteigerung zu bringen. Vgl. Jäckel Anm. 1, Reinhard Anm. II 1; a. M. Wolff Anm. 9.

Abgesehen von dem eigenartigen Zwangsversteigerungsfall des § 126 KO., liegen echte Zwangsversteigerungen während der Dauer des Konkursverfahrens vor, wenn

a) zur Zeit der Konkurseröffnung die Beschlagnahme für den betreibenden Gläubiger bereits erfolgt war,

b) wenn der Antrag von einem Absonderungsberechtigten, einem Realgläubiger, ausgeht (§§ 47—52 KO.);

c) wenn das Verfahren von einem Massegläubiger gegen die Konkursmasse betrieben wird.

2. Antrag und Verfahren bei der Zwangsversteigerung bezw. Zwangsverwaltung aus § 126 KO. Der Antrag hat den zu versteigernden bezw. zu verwaltenden Gegenstand (Grundstück, selbständige Berechtigung, Schiff) zu bezeichnen und nachzuweisen, daß dieser Gegenstand zur Konkursmasse gehört, und daß der Antragsteller Verwalter dieser Masse ist. Der Gemeinschuldner muß, wenn es sich um ein Grundstück handelt, eingetragener Eigentümer oder Erbe des eingetragenen Eigentümers sein (§§ 17, 146, 164). An die Stelle der bei der Zwangsverst. oder Zwangsverw. dem Antrage beizufügenden vollstreckbaren Ausfertigung des Schuldtitels tritt hier der Nachweis, daß der Antragsteller der Verwalter der Konkursmasse des Eigentümers ist. Diesen Nachweis führt der Verwalter durch Vorlegung der ihm nach § 81 Abs. 2 KO. erteilten urkundlichen Bescheinigung seiner Ernennung. Eine mit der Vollstreckungsklausel versehene Ausfertigung des Eröffnungsbeschlusses braucht nicht beigebracht zu werden. Jäckel Anm. 2. Ebensowenig bedarf es des besonderen Nachweis, daß das auf den Namen des Gemeinschuldners eingetragene Grundstück zur Konkursmasse gehört.

Der Gang des Verfahrens verläuft ebenso wie wenn er auf Antrag eines Gläubigers eingeleitet worden wäre. Der Beschluß auf Anordnung der Zwangsverst. oder Zwangsverw. ist gemäß § 8 dem Konkursverwalter, nicht dem Gemeinschuldner zuzustellen. Die Terminsbestimmung muß statt der Angabe, die Versteigerung erfolge im Wege der Zwangsvollstr., zum Ausdruck bringen, daß sie auf Antrag des Konkursverwalters erfolge. Hat ein Beitritt bereits zur Zeit des Erlasses der Versteigerungsbekanntmachung stattgefunden, so ergeht diese dahin, daß die Versteigerung im Wege der Zwangsvollstr. und auf Antrag des Konkursverwalters geschieht. Jäckel Anm. 2, Wolff Anm. 7. Zum Bieten muß der Gemeinschuldner zugelassen werden. Bezüglich der Sicherheitsleistung finden auf die §§ 67 Abs. 2 und 68 Abs. 3 entsprechende Anwendung.

Mit Rücksicht auf § 68 Abs. 3 muß der Gemeinschuldner auf Verlangen desjenigen Gläubigers, welcher die Feststellung des geringsten Gebots nach Maßgabe des § 174 verlangt hat, Sicherheit bis zur Höhe des Betrages leisten, welcher zur Deckung dieses Anspruchs durch Zahlung zu berichtigen ist. Vgl. Jäckel Anm. 2; a. M. Fischer u. Schäfer Anm. 4.

§ 173.

Beschlagnahme.

Der Beschluß, durch welchen das Verfahren angeordnet wird, gilt nicht als Beschlagnahme. Im Sinne der §§ 13, 55 ist jedoch die Zustellung des Beschlusses an den Konkursverwalter als Beschlagnahme anzusehen.

---

1. Beschränkung der Wirkung der Beschlagnahme. Der Beschluß, durch welchen die Zwangsverst. oder Zwangsverw. angeordnet wird, hat nicht die Wirkung des Veräußerungsverbots, „da dem Schuldner bereits durch die Konkurseröffnung allgemein die Verfügung über sein Vermögen entzogen ist. Gegenüber der Tragweite dieser konkursrechtlichen Beschlagnahme bleibt für die infolge der Anord-

nung der Zwangsverst. oder Zwangsverw. eintretende Beschlagnahme nur ein geringes Anwendungsgebiet. Die letztere behält praktische Bedeutung zunächst für die Bestimmung des Zeitpunktes, von welchen ab bei wiederkehrenden Leistungen die laufenden Beträge ihren Anfang nehmen und die Rückstände zurückgerechnet werden (§ 13). Dasselbe gilt hinsichtlich der Entscheidung der Frage, in welchem Umfange neben dem eigentlichen Gegenstande des Verfahrens noch weitere Gegenstände als nach den Versteigerungsbedingungen (§ 55) zur Mitversteigerung gestellt anzusehen sind und demzufolge von dem Ersteher durch den Zuschlag erworben werden. Es sind dies alle Gegenstände, auf die sich die Beschlagnahme erstreckt haben würde, wenn das Verfahren auf Antrag eines Gläubigers angeordnet worden wäre, mit Ausnahme derjenigen, welche der Konkursverwalter in der Zwischenzeit bis zum Versteigerungstermine kraft seiner gesetzlichen Befugnisse anderweit veräußert hat. Nach beiden Richtungen soll die Zustellung des das Verfahren anordnenden Beschlusses an den Konkursverwalter wie eine Beschlagnahme wirken." (Denkschr.) Deshalb bestimmt Satz 2 des § 173: Im Sinne der §§ 13, 55 ist jedoch die Zustellung des Beschlusses an den Konkursverwalter als Beschlagnahme anzusehen.

2. Eintritt der Wirkungen. Die Wirkungen der Beschlagnahme sind an die Zustellung des Beschlusses an den Verwalter geknüpft; sie treten daher nicht schon dann ein, wenn die Beschlagnahme sonst auf andere Weise wirksam werden würde, z. B. nicht mit dem früheren Zeitpunkte, in welchem das Ersuchen um Eintragung des Versteigerungsvermerkes dem Grundbuchamt zugeht, § 22 Abs. 1 oder in Fällen der §§ 165 Satz 2, 151 Abs. 1. Vgl. Wolff Anm. 2, Jäckel Anm. 2.

3. Eintragung des Zwangsversteigerungs- und Zwangsverwaltungsvermerks. „Durch den Wegfall der Beschlagnahme wird die Eintragung der Anordnung des Verfahrens in das Grundbuch (§ 19 Abs. 1) bezw. in das Schiffsregister (§ 163 Abs. 2) nicht ausgeschlossen. Sie hat eine andere Bedeutung, als die Eintragung der Konkurseröffnung. Das Gesetz kann die Eintragung jener Anordnung nicht fallen lassen, um nicht die Grundlage für eine sachgemäße Begrenzung des Kreises der Beteiligten zu verlieren" (Motive).

4. Verfügungsmacht des Konkursverwalters nach der Beschlagnahme. Da der Anordnungsbeschluß im allgemeinen keine Beschlagnahmewirkung hat, ergibt sich, daß der Verwalter auch nach Anordnung des Verfahrens über den Gegenstand des Verfahrens verfügen kann. Veräußert er das Grundstück, so wird er, da das Gericht von Amts wegen hierauf bei der Zwangsverst. keine Rücksicht zu nehmen hat, den Antrag auf Zwangsverst. zurückzunehmen haben, oder es wird gemäß § 37 Nr. 5 f. der Erwerber vor dem Zuschlage die Aufhebung oder Einstellung des Verfahrens herbeizuführen haben. Auch über die mithaftenden beweglichen Sachen, insbesondere Zubehör kann der Verwalter auch nach Eintragung des Versteigerungsvermerks bis zum Zuschlage wirksam verfügen. Da § 23 Abs. 1 hier nicht Anwendung findet, kann er sie auch über die Grenzen einer ordnungsmäßigen Wirtschaft veräußern. Diese Verfügungsmacht des Konkursverwalters findet jedoch eine Schranke, sofern ein Absonderungs- oder Massegläubiger dem Verfahren beigetreten ist, weil nunmehr der Verfahrensvermerk, welchem für das vom Konkursverwalter betriebene Verfahren die Wirkung des Veräußerungsverbotes nicht zukam, diese Wirkung hat, und auch die Beschlagnahme nach § 23 Abs. 2 Satz 2 bezüglich der mithaftenden beweglichen Sachen dem Dritten gegenüber als bekannt gilt. Vgl. Jäckel Anm. 3, Wolff Anm. 3.

§ 174.

Geringstes Gebot. Herabsetzung.

Hat ein Gläubiger für seine Forderung gegen den Gemeinschuldner ein von dem Konkursverwalter anerkanntes Recht auf Befriedigung aus dem Grundstücke, so kann er bis zum Schlusse der Verhandlung im Versteigerungstermine verlangen, daß bei der Feststellung des geringsten Gebots nur die seinem Anspruche vorgehenden Rechte berücksichtigt werden; in diesem Falle ist das Grundstück auch mit der verlangten Abweichung auszubieten.

1. Geringstes Gebot. Wenn der Konkursverwalter gemäß § 126 KO. die Zwangsverst. betreibt, so kann der Zuschlag nur auf ein Gebot erteilt werden, bei dem die sämtlichen eingetragenen Rechte bestehen bleiben und die Kosten des Verfahrens sowie die in den §§ 10 Nr. 1—3 und 12 Nr. 1, 2 bezeichneten Ansprüche gedeckt werden. Hieraus ergibt sich der Übelstand, daß, da in der Regel die Grundstücke vor der Konkurseröffnung meist auch durch Eintragung von Zwangshypotheken weit über ihren Wert belastet sind, das geringste Gebot eine derartige Höhe erreichen wird, daß das Verfahren wegen Mangels eines ausreichenden Gebots nicht durchgeführt werden kann. Nun kann aber nach § 64 KO. ein Gläubiger, welcher abgesonderte Befriedigung beansprucht, die Forderung, für welche der Gemeinschuldner persönlich haftet, aus der Konkursmasse Befriedigung nur für den Betrag verlangen, zu welchem er auf abgesonderte Befriedigung aus dem Grundstücke verzichtet, oder mit welchem er bei dieser Befriedigung ausgefallen ist. Er hat daher, wenn er seinen persönlichen Anspruch im Konkurse verfolgen will, ein erhebliches Interesse daran, daß der Ausfall möglichst bald und ohne Weiterungen festgestellt wird. Diesem Bedürfnisse trägt das Gesetz (§ 174) in Anlehnung an die Gesetze von Preußen (§ 183) und von Sachsen (§ 179 Abs. 2 u. 3) dadurch Rechnung, daß er dem Berechtigten die Befugnis gibt, bis zum Schlusse der Verhandlung im Versteigerungstermine zu verlangen, daß bei der Feststellung des geringsten Gebots nur die seinem Anspruche vorgehenden Rechte berücksichtigt, folglich auch solche Gebote zugelassen werden, die sein Recht nicht decken; in einem solchen Falle ist das Grundstück auch mit der verlangten Abweichung auszubieten. Als Voraussetzung gilt dabei, daß der Konkursverwalter das betreffende Recht ausdrücklich oder stillschweigend anerkennt; eine stillschweigende Anerkennung kann unter Umständen schon darin liegen, daß er das Bestreiten des Rechtes unterläßt. Soweit der § 174 nicht Platz greift, bringt es die entsprechende Anwendung der Vorschriften über das geringste Gebot mit sich, daß durch das abzugebende Mindestgebot sämtliche an dem Grundstücke bestehenden Rechte gedeckt sein müssen (Denkschr.).

2. Voraussetzung des Antrages. Der Gläubiger muß **a)** gegen den Gemeinschuldner einen persönlichen Anspruch und wegen dieses Anspruchs ein Recht auf Befriedigung aus dem Grundstück haben (§ 47 KO.) und **b)** der Konkursverwalter muß anerkennen, daß der Anspruch sowohl in dinglicher, als auch in persönlicher Beziehung besteht. Es genügt auch, daß dies Anerkenntnis einen Teil des Anspruchs betrifft, da es auf die Größe des Anspruchs nicht ankommt. Den Nachweis des Anerkenntnisses hat der Antragsteller dem Vollstreckungsgericht zu führen. Es genügt aber, wenn der in dem Termin anwesende Verwalter dem Antrage nicht

widerspricht. Steht der Anspruch mehreren Berechtigten zu, so kann, sofern es sich um eine teilbare Leistung (Geldforderung) handelt, jeder von ihnen den Antrag stellen (§ 420 BGB.); dasselbe gilt bei Gesamtgläubigern (§ 428 BGB.). Nicht dagegen ist ein Miterbe vor der Erbteilung zu dem Antrage berechtigt. Vgl. Jäckel Anm. 3, Wolff Anm. 3.

3. Zeit der Antragstellung. Nach dem Gesetz kann der Antrag gestellt werden „bis zum Schlusse der Verhandlung im Versteigerungstermin". Dies soll wohl dasselbe besagen, wie der gleiche Ausdruck in § 64 Abs. 2 u. § 85. Hiernach kann der Antrag noch nach Schluß der Versteigerung im Laufe der Verhandlung über den Zuschlag (§ 74) gestellt werden. Vgl. Fischer u. Schäfer Anm. 3, Reinhard Anm. I 2.

4. Doppeltes Ausgebot. Ist der Antrag gestellt, so ist das Grundstück doppelt auszubieten, einmal in der Weise, daß das geringste Gebot sämtliche eingetragene Rechte deckt, und zum anderen in der Weise, daß nur die dem Antragsteller vorgehenden Ansprüche in das geringste Gebot aufgenommen werden.

Streitig ist, auf welches Gebot der Zuschlag zu erteilen ist, wenn sowohl auf das eine, als auch auf das andere Ausgebot Gebote abgegeben sind. Nach Reinhard Anm. III 2, Wolff Anm. 6 und Günther II S. 56 soll der Zuschlag auf das höchste Meistgebot erteilt werden, vorausgesetzt, daß es ein zulässiges Gebot ist. Nach Jäckel Anm. 4 muß dasjenige Meistgebot den Zuschlag erhalten, welches auf der Grundlage des nach dem Antrage festgesetzten geringsten Gebots abgegeben worden ist. Eine Mittelmeinung vertreten Fischer u. Schäfer Anm. 4, welche der Meinung sind, daß ähnlich wie in dem Falle des § 64 Abs. 2 zu verfahren sei, und daß daher dem Gläubiger die Wahl zu lassen sei, ob der Zuschlag für das eine oder das andere Höchstgebot erteilt werden soll.

§ 175.

II. Zwangsversteigerung zur Deckung von Nachlaßverbindlichkeiten. Antragsberechtigung.

Hat ein Nachlaßgläubiger für seine Forderung ein Recht auf Befriedigung aus einem zum Nachlasse gehörenden Grundstücke, so kann der Erbe nach der Annahme der Erbschaft die Zwangsversteigerung des Grundstücks beantragen. Zu dem Antrag ist auch jeder andere berechtigt, welcher das Aufgebot der Nachlaßgläubiger beantragen kann.

Diese Vorschriften finden keine Anwendung, wenn der Erbe für die Nachlaßverbindlichkeiten unbeschränkt haftet oder wenn der Nachlaßgläubiger im Aufgebotsverfahren ausgeschlossen ist oder nach den §§ 1974, 1989 des Bürgerlichen Gesetzbuchs einem ausgeschlossenen Gläubiger gleichsteht.

---

1. Grund und Zweck der Vorschrift des § 175. Hierüber äußert sich die Denkschrift folgendermaßen:

„Wesentlich gleichartig dem Falle der auf Antrag des Konkursverwalters stattfindenden Zwangsverst. ist der in den §§ 175—179 geregelte Fall, daß ein Erbe die Zwangsverst. eines zum Nachlasse gehörenden Grundstücks betreibt. — Soweit die auf einem Nachlasse ruhenden Verbindlichkeiten rein persönlicher Natur sind, gewährt dem Erben das durch die §§ 1970—1974 des BGB. zugelassene Aufgebot der Nachlaßgläubiger die Möglichkeit, sich über die Höhe des Schuldenbestandes zuverlässige Kenntnis zu verschaffen und dadurch eine Grundlage für die Entschließung zu gewinnen, ob er seine beschränkte Haftung geltend machen wolle (vgl. die Denkschr. z. Entw. eines BGB., Nr. 87 der Reichst.-Drucks. 1895/97 S. 255—257). Dieses Mittel versagt indessen gegenüber denjenigen Nachlaßgläubigern, welche wegen ihres Anspruchs zugleich ein Recht an einem zum Nachlasse gehörenden Grundstücke oder ein sonstiges Recht auf Befriedigung aus dem Grnndstücke haben, da bei dem Vorhandensein solcher Rechte der Erbe das Maß seiner persönlichen Haftung für die Nachlaßverbindlichkeiten erst dann genau zu bestimmen vermag, wenn feststeht, ob und in welcher Höhe der Gläubiger aus dem Grundstücke Befriedigung erhält. Um dem Erben eine solche Feststellung zu ermöglichen, gibt das Gesetz ihm im Anschluß an den im Geltungsbereiche des Preuß. ALR. bestehenden Rechtszustand die Befugnis, auf die Zwangsverst. des Grundstücks anzutragen. Nur dann bedarf der Erbe dieses Rechtsbehelfs nicht, wenn der Nachlaßgläubiger, welchem ein Recht auf Befriedigung aus dem Grundstücke zusteht, mit seinem persönlichen Anspruch im Aufgebotsverfahren ausgeschlossen ist oder nach den §§ 1974, 1989 des BGB. einem ausgeschlossenen Gläubiger gleichsteht. Mit Rücksicht darauf, daß die Zwangsverst. im Falle des § 175 dem gleichen Zwecke dient wie das Aufgebot der Nachlaßgläubiger, erscheint es gerechtfertigt, die Zulässigkeit des Versteigerungsantrages im übrigen an dieselben Voraussetzungen zu knüpfen, welche für die Stellung des Aufgebotsantrags gelten. Es wird daher auch hier erfordert, daß der Erbe die Erbschaft angenommen hat, daß er für die Nachlaßverbindlichkeiten nicht unbeschränkt haftet, und daß über den Nachlaß nicht der Konkurs eröffnet ist. Ebenso entscheidet sich die Frage, unter welchen Voraussetzungen außer dem Erben noch andere Personen antragsberechtigt sind, nach den für die Revision der ZPO. in Aussicht genommenen Vorschriften über das Aufgebot der Nachlaßgläubiger (vgl. §§ 991, 998, 999 ZPO.). Im übrigen gleicht die Stellung, welche der Antragsteller in dem Verfahren einnimmt, insofern derjenigen des Konkursverwalters, als auch er die Gläubiger- und die Schuldnerrolle in einer Person vereinigt."

2. Die Antragsberechtigten. Antragsberechtigt sind:

A) der Erbe. Sind mehrere Erben vorhanden, so ist jeder von ihnen antragsberechtigt. Voraussetzung ist, a) daß der Erbe die Erbschaft angenommen hat, oder daß die Erbschaft wegen Nichtbenutzung der Ausschlagungsfrist als angenommen gilt (§§ 1942—1946 BGB.). Ein Miterbe, der die Erbschaft angenommen hat, ist zur Antragsstellung berechtigt, auch wenn die übrigen Miterben noch zur Ausschlagung berechtigt sind. Weiteres Erfordernis der Antragsberechtigung ist, b) daß der Erbe für die Nachlaßverbindlichkeiten nicht unbeschränkt haftet. Eine unbeschränkte Haftung des Erben tritt ein, wenn der Erbe die ihm auf Antrag eines Nachlaßgläubigers vom Nachlaßgericht zur Errichtung des Inventars gestellte Frist unbenutzt verstreichen läßt (§ 1994 BGB.), oder absichtlich eine Unrichtigkeit des Inventars herbeiführt oder im Falle der Inventaraufnahme durch das Gericht oder eine andere Behörde seine Verpflichtung zur Auskunftserteilung nicht erfüllt (§§ 1994, 2005 BGB.). Fernere Voraussetzungen der Antragsberechtigung des Erben sind, daß dieser über das Grundstück zu verfügen befugt ist, daß über den Nachlaß der Konkurs nicht eröffnet, und endlich daß ein persönlicher Gläubiger vorhanden ist, welcher Anspruch auf Befriedigung aus dem Grundstück hat.

B) Jeder andere, welcher das Aufgebot der Nachlaßgläubiger beantragen kann. Dies sind:

a) nach § 991 ZPO., abgesehen vom Erben, der Nachlaßpfleger und der Testamentsvollstrecker, letzterer erst nach Annahme der Erbschaft. Voraussetzung ist jedoch, daß ihnen die Verwaltung des Nachlasses zusteht. „Unter dem Nachlaßpfleger ist zufolge § 1975 BGB. auch ein zum Zwecke der Befriedigung der Nachlaßgläubiger bestellter Nachlaßverwalter mitverstanden" (vgl. Begr. z. ZPO.-Nov. S. 199). Mehrere Testamentsvollstrecker haben den Antrag gemeinschaftlich zu stellen, bei einer Meinungsverschiedenheit entscheidet das Nachlaßgericht (§ 2224 BGB.).

b) nach § 999 ZPO., wenn eine Ehefrau die Erbin ist, und der Nachlaß zum eingebrachten Gute oder zum Gesamtgute gehört, sowohl die Ehefrau als der Ehemann, ohne daß die Zustimmung des anderen Teiles erforderlich ist. Das gleiche gilt, wenn der Nachlaß zum Gesamtgute gehört, auch nach der Beendigung der Gemeinschaft.

c) nach § 1000 ZPO. wenn der Erbe die Erbschaft verkauft, sowohl der Käufer als der Erbe, als auch derjenige, der vom Erbschaftskäufer weiter kauft.

3. Erfordernisse des Antrages. Wie bereits hervorgehoben, ist der Antrag nur zulässig, wenn eine Forderung auf Befriedigung aus dem zum Nachlasse gehörigen Grundstück besteht, für welche der Erbe auch persönlich haftet, und die daher auch als Nachlaßforderung geltend gemacht werden kann. In den meisten Fällen wird für diese Forderung eine Hypothek auf dem Nachlaßgrundstück eingetragen sein; notwendig ist dies aber nicht. Dagegen genügt es nicht, wenn der Gläubiger nur ein Realrecht an dem Grundstück hat, die Forderung muß auch als persönliche gegen den Nachlaß geltend gemacht werden können. Letzteres trifft nicht zu, **a)** wenn der Nachlaßgläubiger im Aufgebotsverfahren ausgeschlossen ist (§ 1973 BGB., § 995 ZPO.); **b)** wenn er seine Forderung später als 5 Jahre nach dem Erbfalle dem Erben gegenüber geltend macht, es sei denn, daß die Forderung dem Erben vor dem Ablaufe der 5 Jahre bekannt geworden oder im Aufgebotsverfahren angemeldet worden ist (§ 1974 BGB.), **c)** wenn über den Nachlaß Konkurs eröffnet war, und dieser durch Verteilung der Masse oder durch Zwangsvergleich beendet ist (§ 1989 BGB.). Ob einer der vorerwähnten Ausschließungsgründe vorliegt, ebenso wie die Frage, ob der Erbe unbeschränkt hafte, ist seitens des Vollstreckungsgerichts erst dann zu prüfen, wenn ein derartiger Ausschließungsgrund von einem Beteiligten behauptet wird, oder wenn von Amts wegen dem Gericht diesbezügliche Tatsachen bekannt geworden sind. Vgl. Jäckel Anm. 2 u. 3.

Bezüglich der sonstigen Erfordernisse des Antrages gelten dieselben Vorschriften, wie sie für den gewöhnlichen Antrag eines die Zwangsversteigerung beantragenden Gläubigers in den §§ 16 ff. gegeben sind. Der Erblasser muß daher auch im Grundbuche als Eigentümer des Grundstücks eingetragen sein. Dem Antrag aus § 175 unterliegen nicht nur Grundstücke, sondern nach der herrschenden Meinung (Jäckel Anm. 4, Reinhard Anm. 2, auch Wolff Anm. 1) auch Schiffe, dagegen nicht selbständige Gerechtigkeiten, wie Reinhard a. a. O. annimmt.

§ 176.

Anwendung der Vorschriften über Zwangsvollstr.

Wird die Zwangsversteigerung nach § 175 beantragt, so finden die Vorschriften des ersten und zweiten Abschnitts sowie der §§ 173, 174 entsprechende Anwendung, soweit sich nicht aus den §§ 177, 178 ein anderes ergibt.

1. Das Verfahren. Dieses gestaltet sich ebenso wie das auf Betreiben des Konkursverwalters. Es finden die Vorschriften des 1. und 2. Abschnitts, sowie der §§ 173, 174 mit den Abweichungen, die sich aus den §§ 177, 178 ergeben, Anwendung. Der Antragsteller nimmt auch hier, wie der Konkursverwalter, gleichzeitig die Stellung des Gläubigers und des Schuldners ein. Nach dem für anwendbar erklärten § 173 hat der die Zwangsversteigerung anordnende Beschluß nicht die Wirkung der Beschlagnahme. Der Erbe wird daher durch den Anordnungsbeschluß nicht an der Veräußerung des Grundstücks und des Zubehörs gehindert. Veräußert er das Grundstück, so endet damit das Verfahren und muß aufgehoben werden. Nur insofern gilt die Zustellung des Beschlusses an den Antragsteller als Beschlagnahme, als dadurch der Umfang der Versteigerung (§ 55) und die Abgrenzung der laufenden wie rückständigen Beträge wiederkehrender Leistungen (§ 13) bestimmt wird. Der Versteigerungsvermerk ist auf Ersuchen des Vollstreckungsgerichts gleichfalls im Grundbuch einzutragen und hat dieselbe Bedeutung, wie bei der Zwangsversteigerung auf Antrag des Konkursverwalters. Die Zustellung des Beschlusses an den Antragsteller erfolgt nach § 8. Erbe und Miterben sind, auch wenn sie den Antrag nicht gestellt haben, als Beteiligte anzusehen und zu laden, soweit sie dem Vollstreckungsgericht bekannt sind oder ihr Erbrecht anmelden und erforderlichenfalls glaubhaft machen. Vgl. Wolff Anm. 1 u. Jäckel Anm. 3 zu §§ 176—178. Bezüglich der Versteigerungsbekanntmachung ist der darin gemäß § 37 Nr. 3 enthaltene Passus dahin zu ergänzen, daß die Versteigerung „auf Grund des § 175 zufolge Antrages des Erben" (Nachlaßpflegers usw.) erfolgt. Gebote des Erben sind zulässig. Bezüglich der Sicherheitsleistung gilt dasselbe, wie im Konkursfalle beim Gemeinschuldner. Vgl. die diesbezüglichen Ausführungen zu § 172 a. E.

2. Feststellung des geringsten Gebots. Das geringste Gebot ist an sich so festzustellen, als wenn die Zwangsversteigerung von einem Personalgläubiger betrieben würde, demnach sind alle Ansprüche, für welche ein Recht auf Befriedigung aus dem Grundstück besteht, also alle Rechte aus § 10, in das geringste Gebot aufzunehmen. Auch hier gilt die Sonderbestimmung wie im Konkursfalle, daß jeder Nachlaßgläubiger, dem der Erbe persönlich und das Grundstück dinglich haftet, und dessen Forderung vom Erben oder sonstigen Antragsteller ausdrücklich oder stillschweigend anerkannt worden ist, bis zum Schluß der Verhandlung im Versteigerungstermin verlangen kann, daß bei der Feststellung des geringsten Gebots nur die seinem Anspruche vorgehenden Rechte berücksichtigt werden. Dies ergibt sich aus der entsprechenden Anwendung des § 174. Die Anerkennung des Anspruchs erfolgt durch denjenigen, der das Verfahren beantragt hat; betreiben daher mehrere Miterben das Verfahren, so müssen diese sämtlich den Anspruch anerkannt haben. Vgl. Wolff Anm. 3. Jäckel Anm. 4 zu §§ 176—178. Über das doppelte Ausgebot bei Stellung des Antrages aus § 174 gilt dasselbe wie im Konkursfalle.

3. Stellung des Antrages bei bereits schwebender Zwangsversteigerung oder Nachlaßversteigerung. In diesen Fällen wird der Antrag auf Zwangsversteigerung aus § 175 als Beitritt gemäß § 27 behandelt. Es ist der Beitritt, wenn die Voraussetzungen für Einleitung des Verfahrens vorliegen, zuzulassen. Bei entgegenstehenden Interessen der Beteiligten soll die Rechtsstellung des Exekutionsgläubigers als des Besserberechtigten im Verhältnis zum Erben usw. den Vorrang haben. Vgl. Jäckel Anm. 6 zu §§ 176—178 u. Förster-Eccius, Pr. Privatr. § 130 Note 44 b. Der Exekutionsgläubiger kann jedoch dem Verlangen auf Feststellung des geringsten Gebots gemäß § 174, wenn diese nach erfolgtem Beitritt des Erben von einem Realgläubiger verlangt wird, nicht widersprechen. Die Ausübung des Verlangens auf Feststellung des geringsten Gebots gemäß § 174 ist davon abhängig, daß entweder nach erfolgtem Beitritt des Erben schon in der Terminsbestimmung in entsprechender Anwendung von § 37 Nr. 3 die Angabe enthalten sein muß, daß die Versteigerung im Wege der Zwangsvollstr. und auf Antrag des Erben erfolgt, oder daß im Falle nachträglichen Beitritts des Erben zu dem bereits schwebenden Zwangsvollstreckungsverfahren eine die Terminsbestimmung ergänzende Mitteilung den Beteiligten gemäß § 43 Abs. 2 spätestens zwei Wochen vor dem Termine zugestellt ist. Vgl. Fischer u. Schäfer Anm. 3, Jäckel Anm. 6 zu §§ 176—178.

§ 177.

Glaubhaftmachung der Antragsvoraussetzungen.

Der Antragsteller hat die Tatsachen, welche sein Recht zur Stellung des Antrags begründen, durch Urkunden glaubhaft zu machen, soweit sie nicht bei dem Gericht offenkundig sind.

Die Erfordernisse des Antrages, welche in Anm. 3 zu § 175 näher dargelegt sind, sich durch Urkunden glaubhaft zu machen, soweit sie nicht bei Gericht offenkundig sind. Im einzelnen ist noch anzuführen:

1. Der Antragsteller hat seine Legitimation als Erbe durch Vorlegung von Testament oder Erbschein, als Nachlaßpfleger oder Nachlaßverwalter durch Vorlegung der Bestallung, als Testamentsvollstrecker durch Vorlegung des Testaments oder des Zeugnisses über seine Ernennung, der Erbschaftskäufer durch Vorlegung des Kaufvertrages, der Ehemann der Erbin durch Vorlegung des Heiratsurkunde **glaubhaft zu machen.** Die Zugehörigkeit einer Erbschaft zum Gesamtgute einer ehelichen Gütergemeinschaft wird durch Beibringung einer Abschrift aus dem Güterrechtsregister glaubhaft gemacht. Einer besonderen Glaubhaftmachung, daß die Erbschaft zum eingebrachten Gute gehört, bedarf es für die unter der Herrschaft des BGB. geschlossenen Ehen mit Rücksicht auf § 1363 BGB. nicht. Vgl. Fischer u. Schäfer Anm. 1a.

2. Die Annahme der Erbschaft ist glaubhaft zu machen, soweit der Antrag vom Erben oder Testamentsvollstrecker gestellt wird, wobei zu betonen ist, daß mit dem Ablauf der Ausschlagungsfrist die Erbschaft als angenommen gilt (§ 1943 BGB.).

3. Zugehörigkeit des Grundstücks zum Nachlasse. Der Nachweis hiervon geschieht durch das nach § 17 beizubringende Zeugnis des Grundbuchamts daß das Grundstück auf den Namen des Erblassers eingetragen ist. Bei der Zwangsverst. im Schiffe braucht nur dargetan zu werden, daß das Schiff sich bis zum Tode des Erblassers in dessen Eigenbesitz befunden hat.

4. Es ist glaubhaft zu machen, daß einem Gläubiger eine Forderung gegen den Nachlaß und zugleich für diese Forderung ein dingliches Recht auf Befriedigung aus dem Grundstück zusteht. Ist für den Gläubiger eine Hypothek eingetragen, so genügt die Bezugnahme auf die Grundakten. Als Mittel der Glaubhaftmachung kommen hier, abweichend von § 294 ZPO., nur Urkunden in Betracht. Die Urkunden können private und öffentliche sein, erstere sind in Urschrift, letztere in Urschrift oder in beglaubigter Abschrift beizubringen. Bei Urkunden, die sich in Händen des Gerichts befinden, genügt es, auf sie Bezug zu nehmen.

§ 178.

Eröffnung des Nachlaßkonkurses.

Die Zwangsversteigerung soll nicht angeordnet werden, wenn die Eröffnung des Nachlaßkonkurses beantragt ist.

Durch die Eröffnung des Nachlaßkonkurses wird die Zwangsversteigerung nicht beendigt; für das weitere Verfahren gilt der Konkursverwalter als Antragsteller.

---

1. Eröffnung des Nachlaßkonkurses und Einleitung der Nachlaßzwangsversteigerung. Mit der Eröffnung des Nachlaßkonkurses beschränkt sich die Haftung des Erben auf den Nachlaß (§ 1975 BGB.). Damit erledigt sich der Zweck, dem die Vorschriften der §§ 175 ff. dienen. Die Nachlaßzwangsversteigerung darf infolgedessen nicht eingeleitet werden, wenn der Konkurs bereits eröffnet ist, bevor der Antrag gemäß § 175 gestellt wird. Vor der Zurückweisung des Antrages ist der Konkursverwalter zu hören, da nicht ausgeschlossen ist, daß er den Gegenstand der Zwangsverst. von der Konkursmasse ausschließt und alsdann dem Zwangsversteigerungsantrage gemäß § 175 stattgegeben werden könnte. Vgl. Wolff Anm. 2, Reinhard Anm. II 1. Ist der Nachlaßkonkurs noch nicht eröffnet, aber liegt ein diesbezüglicher Antrag bereits vor, so soll nach Abs. 1 dem Antrage auf Zwangsverst. nicht mehr stattgegeben werden. Die Entscheidung über den Versteigerungsantrag ist bis zur Entscheidung über den Konkurseröffnungsantrag auszusetzen (Jäckel Anm. 7). Hat das Vollstreckungsgericht in Unkenntnis des Nachlaßkonkurses die Nachlaßzwangsversteigerung eingeleitet, so wird es, sobald es Kenntnis von dem Nachlaßkonkurse etwa durch die Mitteilungen des Grundbuchamts erhält, von Amts wegen das eingeleitete Verfahren aufheben.

2. Eröffnung des Nachlaßkonkurses während Schwebens des Zwangsversteigerungsverfahrens gemäß § 175. „Wird, während das Zwangsversteigerungsverfahren noch anhängig ist, der Nachlaßkonkurs eröffnet, so würde an sich das Verfahren aufzuheben sein, da sein Zweck hinfällig geworden ist. Erfahrungsgemäß vollzieht sich indessen auch im Konkurse die Verwertung der zur Masse gehörenden unbeweglichen Gegenstände meistens in der Form der Zwangsverst. Die Notwendigkeit, ein neues Verfahren zu beantragen, würde daher den Beteiligten unnütze Kosten und Weiterungen verursachen. Mit Rücksicht hierauf bestimmt das

Gesetz (§ 178 Abs. 2), daß durch die Konkurseröffnung der Fortgang des Verfahrens nicht gehemmt wird, die Rolle des Antragstellers jedoch auf den Konkursverwalter übergeht. Dieser ist hiernach insbesondere berechtigt, die Aufhebung oder einstweilige Einstellung des Verfahrens, sofern sie noch zulässig ist, herbeizuführen" (Denkschr.).

3. Aufhebung des Konkurses vor Erledigung des Versteigerungsverfahrens. Wird der Nachlaßkonkurs ohne Veräußerung des Grundstücks durch Verteilung der Masse oder durch Zwangsvergleich beendigt, oder wird er wegen Mangels einer den Kosten entsprechenden Masse eingestellt, so kann das Verfahren von dem Erben nicht fortgesetzt oder von dem ursprünglichen Antragsteller wieder aufgenommen werden. Das Versteigerungsverfahren muß in diesem Falle von Amts wegen aufgehoben bzw. der Zuschlag versagt werden. Vgl. Reinhard Anm. II 3, Fischer u. Schäfer Anm. 4; a. M. Jäckel Anm. 7 u. Wolff Anm. 5, welche das Versteigerungsverfahren nur als eingestellt und deshalb eine Wiederaufnahme durch den früheren Antragsteller für zulässig erachten.

§ 179.

Ausschluß des Nachlaßgläubigers vom übrigen Nachlaß.

Ist ein Nachlaßgläubiger, der verlangen konnte, daß das geringste Gebot nach Maßgabe des § 174 ohne Berücksichtigung seines Anspruchs festgestellt werde, bei der Feststellung des geringsten Gebots berücksichtigt, so kann ihm die Befriedigung aus dem übrigen Nachlasse verweigert werden.

Ein Nachlaßgläubiger, welcher ein Recht auf Befriedigung aus dem Grundstück hat, dem der Erbe persönlich haftet, und dessen Anspruch anerkannt ist, kann nach den §§ 174, 176 verlangen, daß bei Feststellung des geringsten Gebots nur die seinem Anspruch vorgehenden Rechte berücksichtigt werden. Er fällt alsdann entweder mit seinem Anspruch aus oder sein Anspruch wird, sofern ein das geringste Gebot übersteigendes Meistgebot erzielt wird, aus dem Bargebot durch Zahlung berichtigt. Fällt der Gläubiger mit seinem Anspruch aus oder wird derselbe durch das Meistgebot nicht gedeckt, so behält er seinen Anspruch im ersteren Falle ganz, im letzteren zu dem nicht gedeckten Teile an den übrigen Nachlaß. Macht er von dem ihm in den §§ 174, 176 eingeräumten Rechte keinen Gebrauch, so wird sein Anspruch bei der Feststellung des geringsten Gebots berücksichtigt. Für diesen Fall wird ihm das Recht entzogen, Befriedigung aus dem übrigen Nachlaß zu fordern, da er begründete Aussicht hat, seine Befriedigung aus dem Grundstück zu erlangen. Der Erbe kann dementsprechend die Befriedigung des Gläubigers aus dem übrigen Nachlaß verweigern und kann den Anspruch bei der Berechnung des Schuldenbestandes außer Betracht lassen (§ 179). Die Vorschrift des § 179 findet auch Anwendung, wenn das geringste Gebot nicht erreicht wird und es deshalb nicht zum Zuschlage kommt. Das gleiche trifft zu, wenn der Erbe den Subhastationsantrag zurücknimmt, weil sich herausgestellt hat, daß das geringste Gebot nicht erreicht ist. Dagegen ist § 179 unanwendbar, wenn der Erbe den Zuschlag dadurch verhindert, daß er den Subhastationsantrag zurücknimmt, obwohl ein das geringste Gebot deckendes Meistgebot abgegeben worden ist. Vgl. Jäckel Anm. 2.

§ 180.

III. Zwangsversteigerung zum Zwecke der Aufhebung einer Gemeinschaft.

Soll die Zwangsversteigerung zum Zwecke der Aufhebung einer Gemeinschaft erfolgen, so finden die Vorschriften des ersten und zweiten Abschnitts entsprechende Anwendung, soweit sich nicht aus den §§ 181 bis 184 ein Anderes ergibt.

---

1. Anwendungsgebiet des § 180. Gemäß § 749 Abs. 1 BGB. kann jeder Teilhaber jederzeit die Aufhebung der Gemeinschaft verlangen. Ist die Teilung in Natur ausgeschlossen, so erfolgt die Aufhebung der Gemeinschaft bei Grundstücken durch Zwangsverst. und durch Teilung des Erlöses (§ 753 Abs. 1 BGB.). Das hierbei zu beobachtende Verfahren wird in den §§ 180—184 dieses Ges. geregelt. Den Grundstücken stehen in bezug auf die Teilungssubhastation gleich die eingetragenen Schiffe und die selbständigen Berechtigungen. Die Verfahrensgrundsätze der §§ 180 ff. sind anzuwenden bei jeder Art Gemeinschaft, mag dieselbe in Miteigentum, oder in der Gemeinschaft zur gesamten Hand bestehen. Es regelt sich also hiernach auch das Verfahren zum Zwecke der Aufhebung der Gütergemeinschaft (§ 1477 BGB.), der fortgesetzten Gütergemeinschaft (§ 1498 BGB.), der Errungenschaftsgemeinschaft (§ 1546 BGB.), der Gemeinschaft aus Gesellschaftsverträgen (§ 731 BGB.) und der Erbengemeinschaft (§ 2042 BGB.).

Das Recht, die Aufhebung zu verlangen, kann durch Vereinbarung für immer oder auf Zeit ausgeschlossen sein (§ 749 Abs. 1 BGB.). Haben die Miteigentümer eines Grundstücks eine derartige Vereinbarung getroffen oder eine Kündigungsfrist bestimmt, so wirkt nach § 1010 BGB. die getroffene Bestimmung gegen den Sondernachfolger nur, wenn sie im Grundbuch eingetragen ist. Trotz einer die Aufhebung ausschließenden Vereinbarung kann die Aufhebung verlangt werden, wenn ein wichtiger Grund vorliegt (§ 749 Abs. 2 u. 3 BGB.). Der Konkursverwalter eines Miteigentümers ist an die Vereinbarung niemals gebunden (§ 16 Abs. 2 KO.). Dasselbe gilt auch nach § 751 Satz 2 BGB. für den Gläubiger eines Miteigentümers, der die Pfändung des Anteils eines Teilhabers erwirkt hat, sofern der Schuldtitel nicht bloß vorläufig vollstreckbar ist. Lautet die Vereinbarung der Teilhaber dahin, daß das Recht, die Aufhebung der Gemeinschaft zu verlangen, auf Zeit ausgeschlossen ist, so tritt gemäß § 750 BGB. die Vereinbarung im Zweifel mit dem Tode eines Teilhabers außer Kraft. Auf die Auseinandersetzung unter Miterben finden die Vorschriften über Aufhebung einer Gemeinschaft gleichfalls Anwendung (§ 2042 Abs. 2 BGB.), sofern der Erblasser durch letztwillige Verfügung nicht abweichende Bestimmung getroffen hat (§ 2048 BGB.). Hat der Erblasser durch letztwillige Verfügung die Auseinandersetzung in Ansehung des Nachlasses oder einzelner Nachlaßgegenstände ausgeschlossen oder von der Einhaltung einer Kündigungsfrist abhängig gemacht, so wird die Verfügung, abgesehen daß auf sie die Vorschriften des § 749 Abs. 2, 3, der §§ 750, 751 und des § 1010 Abs. 1 entsprechende Anwendung finden, unwirksam, wenn dreißig Jahre seit dem Eintritt des Erbfalls verstrichen sind. Hat der Erblasser angeordnet, daß einer der Miterben das Recht haben soll, ein zum Nachlaß gehöriges Grundstück zu übernehmen, so kann der Erbe der Teilung widersprechen, § 771 ZPO.; der von ihm zu zahlende Preis ist im Zweifel nach § 2049 BGB. zu bestimmen (Ertragswert). Ist ein Testamentsvollstrecker ernannt, so ist nicht der

Miterbe, sondern nur der Testamentsvollstrecker zum Teilungsantrag befugt (§ 2211 Abs. 1 BGB.).

Die der Aufhebung der Gemeinschaft entgegenstehende Vereinbarung hat das Vollstreckungsgericht zunächst bei Prüfung des Antrages von Amts wegen nicht zu berücksichtigten. Ist die Vereinbarung in dem Grundbuch eingetragen, und wird sie erst nachträglich durch die Mitteilungen des Grundbuchamts dem Vollstreckungsrichter bekannt, so hat er allerdings von Amts wegen das eingeleitete Verfahren wieder aufzuheben (§ 28). In allen anderen Fällen ist die Vereinbarung als ein der Versteigerung entgegenstehendes Recht von den übrigen Teilhabern, welche Rechte daraus herleiten, nach § 37 Nr. 5 geltend zu machen.

2. Gang des Verfahrens. Auf das Verfahren sollen die Vorschriften des ersten und zweiten Abschnitts, soweit sich nicht aus den §§ 181—184 ein anderes ergibt, entsprechende Anwendung finden. Was zunächst die Vorschriften über die Beschlagnahme anbetrifft, so sind dieselben zum Teil mit Rücksicht auf das Gemeinschaftsverhältnis gegenstandslos. Es bedarf nicht erst der Beschlagnahme um das Verfügungsrecht über das Grundstück und dessen Zubehör einzuschränken. Denn zur Verfügung über das Grundstück im ganzen sind nur alle Teilhaber gemeinschaftlich berechtigt. Die Verwaltung und Benutzung des Grundstücks regelt sich ohne Rücksicht auf die Beschlagnahme nach den §§ 744 ff. des BGB. und es kann nur die Anwendung des § 25 gegen Miteigentümer, welche die ordnungsmäßige Wirtschaft gefährden, in Frage kommen. Die Anordnung des Verfahrens wirkt den anderen Miteigentümern insofern als Beschlagnahme, als diese nicht allein den Fortgang des Verfahrens zu hindern imstande sind. Es findet demnach diesen gegenüber auch § 26 Anwendung, wonach im Falle einer nach der Beschlagnahme erfolgten Veräußerung eines Grundstücksteils seitens eines Miteigentümers das Verfahren gegen den Erwerber seinen Fortgang nimmt. Mit der Veräußerung des dem Antragsteller gehörigen Anteils hört zwar die Legitimation des Antragstellers auf, aber der Erwerber als Rechtsnachfolger setzt das Verfahren fort. Wird das Grundstück unter Zustimmung aller Miteigentümer freihändig verkauft, so ist das Verfahren hinfällig und aufzuheben. Für die Bekanntmachung des Versteigerungstermins findet § 37 entsprechende Anwendung. Daraus folgt, daß sie die Angabe enthalten muß, daß die Versteigerung zum Zwecke der Aufhebung der Gemeinschaft erfolgt. Ferner ist sinngemäß die Androhung gemäß § 37 Nr. 4 dahin zu fassen, „daß die nicht angemeldeten Rechte bei der Feststellung des geringsten Gebots nicht berücksichtigt und bei der Verteilung dem übrigen Recht nachgesetzt werden würden" (Jäckel Anm. 1). Da die Kenntnis von der Person des Antragstellers für die Beteiligten mit Rücksicht auf § 182 wesentlich sein kann, erhalten dieselben hiervon Nachricht durch die in § 41 Abs. 2 vorgesehene Mitteilung. Die Vorschriften über die Festsetzung des geringsten Gebots sind in § 182 besonders geregelt. Jeder Miteigentümer kann mitbieten. Für die Verpflichtung zur Sicherheitsleistung finden die Vorschriften der §§ 66—94 entsprechende Anwendung, jedoch wird § 67 Abs. 2 durch § 184 ersetzt. Der Ausübung eines den Miteigentümern oder anderen Personen zustehenden Vorkaufsrechts steht bei der Zwangsverst. zum Zwecke der Auseinandersetzung nichts im Wege, da die §§ 512, 1098 BGB. die Ausübung dieses Rechts nur bei einem „im Wege der Zwangsvollstreckung" erfolgenden Verkaufe ausschließen (Motive z. Entw. e. BGB. Bd. II S 350, Fischer u. Schäfer Anm. 4). Dem Ersteher gegenüber ist nur das dingliche Vorkaufsrecht (§§ 1094 ff. BGB.) wirksam und auch dieses nur dann,

wenn es nach § 182 bei Feststellung des geringsten Gebots berücksichtigt worden ist. Ist von den Miteigentümern oder bei Nachlaßgrundstücken infolge letztwilliger Anordnung des Erblassers bestimmt, daß das Grundstück an einen Dritten nicht veräußert werden darf, so ist das Grundstück nur unter den Teilhabern zu versteigern (§ 753 Abs. 1 Satz 2 BGB.).

Was die Verteilung des Erlöses anbetrifft, so beschränkt sich hier die Aufgabe des Vollstreckungsgerichts darauf festzustellen, welcher Betrag unter die Miteigentümer bzw. Erben zu verteilen ist. Sind die Teilhaber über den jedem einzelnen zukommenden Anteile am Erlöse nicht einig, so hat die Erledigung dieses Streits außerhalb des Vollstreckungsverfahrens im Prozeßwege bezw. bei Erben im Erbauseinandersetzungsverfahren zu erfolgen. Soweit eine Einigung nicht besteht, ist der Erlös seitens des Vollstreckungsgerichts zu hinterlegen. Bei Miterben kann die Auszahlung des Erlöses vor Teilung des Nachlasses nur an sämtliche Erben gemeinschaftlich erfolgen (§ 2040 Abs. 1 BGB.).

Bleibt die Versteigerung ergebnislos, so kann sie nach § 77 Abs. 2 in demselben Verfahren noch einmal wiederholt werden. Hat auch das wiederholte Verfahren keinen Erfolg, so ist das Verfahren aufzuheben. Eine Überleitung des Verfahrens in eine Zwangsverw. ist unzulässig, da letztere zum Zwecke der Auseinandersetzung ausgeschlossen ist. Fischer u. Schäfer Anm. 5, Wolff Anm. 11.

Die Kosten, welche dem Antragsteller und den übrigen Teilhabern (Miteigentümern) durch Wahrnehmung ihrer Rechte z. B. durch Bevollmächtigung eines Rechtsanwalts erwachsen, gehören nicht zu den aus dem Versteigerungserlöse nach § 109 vorweg zu entnehmenden Kosten, sondern sind nach Analogie der im § 10 Abs. 2 erwähnten dem betreibenden Gläubiger durch die Beitreibung seiner Forderung erwachsenden Kosten zu behandeln (vgl. Bericht d. Kommiss. des Reichstages).

§ 181.

Begründung des Versteigerungsantrags.

Ein vollstreckbarer Titel ist nicht erforderlich.

Die Zwangsversteigerung eines Grundstücks darf nur angeordnet werden, wenn der Antragsteller als Eigentümer im Grundbuch eingetragen oder Erbe eines eingetragenen Eigentümers ist oder wenn er das Recht des Eigentümers oder des Erben auf Aufhebung der Gemeinschaft ausübt. Von dem Vormund eines Miteigentümers kann der Antrag nur mit Genehmigung des Vormundschaftsgerichts gestellt werden.

Betrifft der Antrag ein Schiff, so ist durch Urkunden glaubhaft zu machen, daß das Eigentum dem Antragsteller und denjenigen, gegen welche sich der Antrag richtet, gemeinschaftlich zusteht und daß einer von ihnen im Besitze des Schiffes ist.

Die Vorschrift des § 17 Abs. 3 findet auch auf die Erbfolge des Antragstellers Anwendung.

---

1. Vollstreckungstitel. In Übereinstimmung mit dem pr. ZwVG. (§ 180 Abs. 3) entgegen dem Entwurf I § 230, hält das Gesetz die Beibringung eines voll-

streckbaren Titels und damit den vorgängigen Erlaß eines solchen nicht für erforderlich. Es geht dabei von der Erwägung aus, daß die Frage, ob die Teilung zulässig ist, nur selten zwischen den Beteiligten streitig sein wird (Denkschr.). Der Antragsteller hat daher in der Regel nur sein Teilhaberrecht zur Begründung des Antrages nachzuweisen. Ergibt sich aus dem Grundbuch, daß für den Antragsteller das Recht Teilung zu verlangen, ausgeschlossen oder nur unter Beschränkungen (z. B. nach voraufgegangener Kündigung) zugelassen ist, so hat der Versteigerungsrichter dies von Amts wegen gemäß § 28 zu berücksichtigen. Die erfolgte Kündigung muß vom Antragsteller nachgewiesen werden. Die Eintragung im Grundbuch kommt nicht in Betracht in den Fällen des § 16 Abs. 2 KO. und § 751 Satz 2 BGB. Einwendungen der anderen Miteigentümer, die sich nicht auf den Inhalt des Grundbuchs stützen, können nur durch Widerspruchsklage gemäß § 771 ZPO. geltend gemacht werden, wobei sie die Aufhebung oder Einstellung des Verfahrens nur im Wege der einstweiligen Verfügung durch den Prozeßrichter, nur in dringenden Fällen vom Vollstreckungsgericht gemäß §§ 771 Abs. 3, 769, 770 ZPO. § 37 Nr. 5 ZwVG. erreichen können. Ob abgesehen von dem etwas langwierigen Mittel der Widerspruchsklage die der Teilungssubhastation widersprechenden Miteigentümer vorher die Erinnerung gemäß § 766 ZPO. und demnächst sofortige Beschwerde gegen den die Erinnerung zurückweisenden Beschluß des Vollstreckungsgerichts erheben können, ist streitig. Im bejahenden Sinne sprechen sich Jäckel Anm. 1, Wolff Anm. 1 und Günther Zwangsverst. II S. 67 aus, während Reinhard Anm. I 3 die Analogie der von Jäckel herangezogenen §§ 772—774 verwirft und die Anwendbarkeit des § 766 ZPO. ausschließt.

2. Nachweis der Antragsvoraussetzungen des § 181 Abs. 2 u. 3. Bezüglich des Nachweises der Antragsvoraussetzungen ist zwischen der Zwangsverst. von Grundstücken (Abs. 2) und derjenigen von Schiffen (Abs. 3) zu unterscheiden. Auf selbständige Gerechtigkeiten sind, soweit sie überhaupt der Zwangsverst. unterliegen, die auf die Grundstücke bezüglichen Vorschriften anwendbar.

Abs. 2 bestimmt näher die Voraussetzungen, welche der Antragsteller bezüglich seiner Legitimation zu erfüllen hat. Der Antragsteller muß im Grundbuch als Eigentümer eingetragen, oder der Erbe oder der Miterbe des eingetragenen Eigentümers oder Miteigentümers sein (§ 17 Abs. 1). Der Nachweis der Eintragung geschieht nach § 17 Abs. 2. Die Erbfolge nach dem eingetragenen Eigentümer ist nach § 17 Abs. 3 durch Urkunden glaubhaft zu machen, sofern sie bei dem Vollstreckungsgericht nicht offenkundig ist. Die Beschränkung des Vormundes entspricht dem § 1821 Nr. 1 BGB. Bezüglich der Miteigentümer, gegen welche sich der Antrag richtet, finden die Vorschriften des § 17 entsprechende Anwendung. Bei Schiffen genügt nach Abs. 3 eine bloß urkundliche Glaubhaftmachung des gemeinschaftlichen Eigentums und des Besitzes.

3. Vorhandensein eines Nießbrauchs. Besteht ein Nießbrauch an dem Anteil eines Miteigentümers, so kann nach § 1066 Abs. 2 BGB. die Aufhebung der Gemeinschaft nur von dem Miteigentümer und dem Nießbraucher gemeinschaftlich verlangt werden. In diesem Falle ist auch der Nießbraucher Antragsteller, beide sind Beteiligte im Sinne des § 9. Inwieweit sie im Verfahren Erklärungen nur gemeinsam abgeben können und im Falle eines Dissenses die Erklärung als nicht abgegeben gilt, wird man mit Jäckel Anm. 4 nach Maßgabe der Befugnis, die sie mit der Erklärung ausüben wollen, zu entscheiden haben. Jäckel erachtet demnach z. B.

jeden von beiden für befugt, Sicherheitsleistung vom Bieter zu verlangen (§ 67) oder nach § 59 eine Versteigerungsbedingung aufzustellen, die das Recht des anderen nicht berührt. Über die Stellung des Nießbrauchers bei der Teilungssubhastation sind abw. Ansicht Fischer u. Schäfer Anm. 2aγ, welche unbeschränkt dem Miteigentümer auch im Falle des Vorhandenseins eines Nießbrauchs an seinem Anteil das Antragsrecht geben und sonst eine Berücksichtigung des Nießbrauchs bei der Feststellung des geringsten Gebots für notwendig erachten, so daß das Nießbrauchsrecht von der Zwangsverst. unberührt bleibt. Mit Rücksicht auf die bestimmte Fassung des § 1066 Abs. 2 BGB. wird man der vorgedachten Ansicht nicht beipflichten können. Nach der Aufhebung der Gemeinschaft gebührt nach § 1066 Abs. 3 BGB. dem Nießbraucher der Nießbrauch an den Gegenständen, welche an die Stelle des Anteils treten, d. h. also an dem dem Miteigentümer gebührenden Anteil am Erlöse, nachdem bei der Verteilung des Erlöses die auf dem Anteil des Nießbrauchers haftenden Realrechte, soweit sie ihm im Range vorgehen, aus dem darauf entfallenden Erlösanteil ohne Rücksicht auf den Nießbrauch befriedigt worden sind. Der Rest gebührt dem Nießbraucher (§§ 1066 Abs. 3, 1067 Abs. 1 BGB.).

§ 182.

Geringstes Gebot. Ausgleichung.

Bei der Feststellung des geringsten Gebots sind die den Anteil des Antragstellers belastenden oder mitbelastenden Rechte an dem Grundstücke sowie alle Rechte zu berücksichtigen, die einem dieser Rechte vorgehen oder gleichstehen.

Ist hiernach bei einem Anteil ein größerer Betrag zu berücksichtigen als bei einem anderen Anteile, so erhöht sich das geringste Gebot um den zur Ausgleichung unter den Miteigentümern erforderlichen Betrag.

Auf die Versteigerung eines Schiffes finden die Vorschriften über das geringste Gebot entsprechende Anwendung.

---

1. Feststellung des geringsten Gebots. Über die für die Berechnung maßgebenden Grundsätze äußert sich die Denkschrift dahin: „Der Umstand, daß eine Zwangsverst. teilungshalber erfolgt, steht der Anwendung der Vorschriften über das geringste Gebot nicht entgegen; das Gesetz muß jedoch klarstellen, welche Rechte als dem Auseinandersetzungsanspruche des Antragstellers vorgehend anzusehen und demgemäß durch das geringste Gebot zu decken sind. Es sind dies zunächst die Rechte, die den Anteil des Antragstellers oder einen diesen Anteil mitumfassenden Teil des Grundstücks oder das ganze Grundstück belasten. Sie müssen bestehen bleiben, weil jeder Miteigentümer seinen Anteil nur unbeschadet der darauf haftenden Rechte veräußern kann. Weiter gehören aber auch diejenigen Rechte hierher, welche zwar nur den Anteil eines anderen Miteigentümers belasten, aber einem Rechte an dem Anteil des Antragstellers im Range gleichstehen oder vorgehen. Die Notwendigkeit ihrer Berücksichtigung bei der Feststellung des geringsten Gebots ergibt sich daraus, daß ihre Deckung eine unerläßliche Vorbedingung für die Deckung jenes anderen Rechtes bildet. Sonstige ausschließlich einen fremden Anteil belastende Rechte hingegen bleiben unberücksichtigt, da das Recht eines jeden Miteigentümers auf Aufhebung der

Gemeinschaft zugleich mit der Begründung des Miteigentums entsteht (vgl. § 749 Abs. 1 BGB.), somit durch die spätere Belastung eines einzelnen Anteils nicht beeinträchtigt werden darf." Hiernach gilt das Deckungsprinzip auch für die Teilungsversteigerung. Es müssen, abgesehen von den Kosten des Verfahrens und den auf Befriedigung aus dem Grundstück gerichteten Ansprüche, die nicht in einem dinglichen Rechte bestehen (§ 10 Nr. 1—3), gedeckt werden (vgl. Reinhard Anm. I 2)

a) die auf dem Anteil des Antragstellers allein haftenden Sonderbelastungen;

b) die auf dem Anteil des Antragstellers mithaftenden Belastungen, gleichviel ob sie das ganze Grundstück ergreifen oder nur die Anteile einiger Miteigentümer;

c) alle Rechte, welche einem der unter a) und b) bezeichneten Rechte vorgehen oder gleichstehen.

Zu großen Zweifeln hat die Begriffsbestimmung der unter c) aufgeführten Rechte Anlaß gegeben. Nach der einen Ansicht (Freund, Zur Zwangsverst. zwecks Aufhebung einer Gemeinschaft 1901 S. 6ff. und Jäckel in Gruchots Beitr. Bd. 45 S. 577ff.) sind „die Worte „vorgehen oder gleichstehen" im Sinne eines Rangsverhältnisses gemäß § 879 Abs. 1 BGB. zu verstehen". Nach der anderen Meinung geht ein nur auf dem Anteile eines anderen Miteigentümers eingetragenes Recht einem nur auf dem Anteile des Antragstellers eingetragenen Rechte im Sinne des Gesetzes vor und müsse darum bei Feststellung des geringsten Gebots mitberücksichtigt werden, wenn es nur zeitlich vor dem letzteren Rechte eingetragen sei (Wolff Anm. 1, Günther II S. 70, Pohlmann bei Gruchot Bd. 45 S. 333f.). Wie Reinhard Anm. I 2 mit Recht betont, ist nach der Entstehungsgeschichte und dem klaren Zwecke der gesetzlichen Bestimmungen die letztgedachte Ansicht, bei welcher es in das Belieben jedes Miteigentümers gestellt sein würde, durch unmäßige Belastung seines Anteils über dessen Wert hinaus dem Miteigentümer die Verkaufsmöglichkeit zu nehmen, unhaltbar. Richtiger Ansicht nach will das Gesetz feststellen, daß „auch diejenigen nur auf den Anteilen anderer Miteigentümer haftenden Rechte, welche einer den Anteil des Antragstellers mitergreifenden Totalbelastung vorgehen oder gleichstehen, bei Feststellung des geringsten Gebots mit zu berücksichtigen sind (Fischer u. Schäfer Anm. 1). Folgendes Beispiel (aus Fischer u. Schäfer Anm. 1) veranschaulicht die Anwendung vorstehender Grundsätze: X Y Z sind Miteigentümer eines Grundstücks zu gleichen Teilen. Die Zwangsvollstr. wird von X betrieben. Die Anteile der drei Miteigentümer sind in folgender Reihenfolge belastet:

X		Y		Z	mit
500 Mk.		—		—	für A
—		—		700 Mk.	„ B
1000 Mk.	zusammen	1000 Mk.	zusammen	1000 „	„ C
—		300 „	„	300 „	„ D
		600 „		—	„ E
500 Mk.		—		—	„ F.

Bei Feststellung des geringsten Gebots sind außer den Kosten des Verfahrens und etwaigen Ansprüchen der ersten bis dritten Rangklasse zu berücksichtigen:

a) die den Anteil des X belastenden oder mitbelastenden 500 für A, 1000 für C und 500 für F;

b) die den Anteil des Z belastenden 700 für B; sie haften zwar nicht auf dem

Anteil des X, gehen aber den für X eingetragenen 1000 vor und müssen daher, da diese berücksichtigt, gleichfalls berücksichtigt werden;

c) die 300 des Y und Z für D und die 600 des Y für E bleiben unberücksichtigt, da, wenn sie auch früher eingetragen sind, in keinem Rangverhältnis zu X stehen.

2. Die Ausgleichung (Abs. 2). Hierzu bemerkt die Denkschrift: „Bei der Feststellung des geringsten Gebots kommt endlich noch in Betracht, daß auf jeden Miteigentumsanteil ein seiner Größe entsprechender Bruchteil des Versteigerungserlöses zu fallen hat. Wenn daher die Rechte, welche bei der Feststellung des geringsten Gebots zu berücksichtigen sind, die Anteile ungleichmäßig belasten, so muß für eine Ausgleichung gesorgt werden. Dies geschieht dadurch, daß dem geringsten Gebote die Beträge hinzuzurechnen sind, um welche die Belastungen des am stärksten belasteten Anteils die Belastungen eines jeden der übrigen Anteile verhältnismäßig übersteigen (§ 182 Abs. 2). Für diese Beträge gilt die gesetzliche Versteigerungsbedingung der Barzahlung (vgl. §§ 49, 180)."

Man denke sich folgenden Fall: A und B sind Miteigentümer eines Grundstücks zu gleichen Teilen. A, welcher Antragsteller ist, hat seinen Anteil mit 1000 belastet, B hat seinen Anteil nicht belastet. Das geringste Gebot wird nach Abs. 1 in der Weise festgestellt, daß die Post von 1000 bestehen bleibt und ein zur Deckung der Kosten des Verfahrens und der Nebenansprüche erforderlicher Betrag bar bezahlt wird. Würde mangels höherer Gebote auf das so berechnete geringste Gebot der Zuschlag erteilt werden, so würde B seinen Anteil am Grundstück los werden und nichts dafür erhalten, während A den Wert der Post von 1000 behält. Um diesem unbilligen Resultat abzuhelfen, bestimmt Abs. 2, daß, wenn bei einem Anteil ein verhältnismäßig größerer Betrag zu berücksichtigen ist, so muß sich das geringste Gebot um den zur Ausgleichung unter den Miteigentümern erforderlichen Betrag, im vorliegenden Beispiele also um 1000 Mk. erhöhen.

Bei dem unter Anm. 1 erwähnten Beispiel würde der Ausgleichungsbetrag sich in folgender Weise berechnen: Der Höchstbetrag, mit dem ein einzelner Anteil an den bestehen bleibenden Rechten beteiligt ist, beträgt 1000. Eine Erhöhung des geringsten Gebots muß in der Weise eintreten, daß auf jeden Anteil 1000 bar abzüglich der bestehen bleibenden und beim geringsten Gebot berücksichtigten Einzelbelastungen des betreffenden Anteils entfallen. Zur Ausgleichung unter den Miteigentümern ist für den Anteil des Y um 1000 und für den Anteil des Z um 300 das geringste Gebot zu erhöhen.

Bei Ungleichheit der Anteile der Miteigentümer kann nicht allein die absolute Höhe der Belastung der einzelnen Anteile maßgebend sein, sondern es muß auch die Höhe der Belastungen im Verhältnis stehen bzw. in Verhältnis gesetzt werden zu der Größe des Anteils, den jeder hat. Beispiel: A ist zu $^1/_3$, B zu $^2/_3$ Eigentümer desselben Grundstücks. Eine gleiche Belastung beider Anteile im Verhältnis zu der Größe des Anteils würde sich ergeben, wenn der Anteil des A mit 1000, der des B mit 2000 belastet wäre. Setzt man nun folgenden Fall: Der Anteil des A ist mit 1000 belastet, der Anteil des B ist überhaupt nicht belastet. A betreibt die Zwangsversteigerung. Das geringste Gebot ist alsdann so zu berechnen, daß die Post auf dem Anteil des A bestehen bleibt und (außer den Kosten und Nebenansprüchen) noch 2000 Mk. bar zu zahlen sind, welche dem B zufallen. Denn da A und B am Erlöse nach Verhältnis ihrer Anteile, also im Verhältnis von 2 zu 1 teilnehmen, so muß, da A infolge des Bestehenbleibens seiner Post von B bevorzugt wird, diese Bevorzugung durch einen der Größe des Anteils des B entsprechenden Barbetrag in doppelter Höhe ausgeglichen werden. Zur Ausgleichung unter den beiden Miteigentümern ist demnach ein Betrag von 2000 erforderlich.

Ähnlich ist zu verfahren, wenn das Grundstück mehr als zwei Personen gehört. Die sich dabei ergebende Rechnung kann ziemlich verwickelt werden, besonders wenn die Anteile zahlreich und verschieden sind. Zur Vereinfachung der Rechnung hat Freund (Die Zwangsverst. zwecks Aufhebung der Gemeinschaft, Breslau 1901) eine mathematische Formel gefunden, welche als zutreffend anzuerkennen sein dürfte (vgl. auch Jäckel im „Recht" 1901 S. 156 fg., Reinhard Anm. II 3).

3. Beitritt zum Verfahren. Nur ein Miteigentümer kann dem Verfahren beitreten. Durch den Beitritt dürfen aber die Rechte der Gläubiger, aus dem Grundstück Befriedigung zu suchen, nicht beeinträchtigt werden. Wird daher auf Antrag eines Gläubigers die Zwangsverst. des ganzen Grundstücks angeordnet, so muß das Verfahren, welches lediglich die Aufhebung der Gemeinschaft bezweckt, aufgehoben werden. Jäckel Anm. 5. Streitig ist, welchen Einfluß der Beitritt auf die Feststellung des geringsten Gebots hat. Nach Jäckel Anm. 5 sind bei Feststellung des geringsten Gebots nach § 182 Abs. 1 auch die den Anteil des beigetretenen Miteigentümers belastenden oder mitbelastenden Rechte an dem Grundstücke, sowie alle Rechte zu berücksichtigen, welche einem dieser Rechte vorgehen oder gleichstehen. Das geringste Gebot könne also infolge des Beitritts, was die bestehen bleibenden Rechte anlange, nur höher, nicht geringer werden. Für die entsprechende Anwendung des § 44 Abs. 2 sei kein Raum. Demgegenüber hält Wolff Anm. 2 den § 44 Abs. 2 für maßgebend und schließt hieraus, daß sämtliche auf dem Anteile des beigetretenen Miteigentümers haftenden Posten mit berücksichtigt werden müssen. Im wesentlichen stimmt Günther II S. 72 Wolff bei. Den vorgedachten Schriftstellern stehen andere (Reinhard Anm. III 1 und im „Recht" 1901 S. 527, Freund a. a. O. S. 16 und im „Recht" 1902 S. 68 und Stiff im „Recht" 1902 S. 402) gegenüber, welche der Ansicht sind, daß das geringste Gebot für jeden Miteigentümer selbständig berechnet und dann das niedrigste Gebot zugrunde gelegt werden müsse. Fischer u. Schäfer, Anm. 5, wollen die den Anteil des ersten Antragstellers belastenden, aber den Anteil des beitretenden Miteigentümers nicht ergreifenden Belastungen bei der Feststellung des geringsten Gebots unberücksichtigt lassen, sofern sie nicht etwa einer Totalbelastung vorgehen oder gleichstehen, weil dem beitretenden Miteigentümer gegenüber diese Belastungen keine Wirkungen haben und ihm also auch nicht bei der Durchführung seines Miteigentumsrechtes hinderlich sein können. Demnach werden nur die die Anteile beider Miteigentümer ergreifenden Gesamtbelastungen und die der letzten Gesamtbelastung vorgehenden Einzelbelastungen beim geringsten Gebot berücksichtigt.

4. Schiffe (Abs. 2).

Abs. 3 bestimmt, daß die Vorschriften der Abs. 1 u. 2 auch für die Versteigerung von Schiffen zur Anwendung kommen. Zur Erläuterung bemerkt die Denkschrift folgendes: „Die Feststellung eines geringsten Gebots muß auch bei der Schiffsversteigerung erfolgen, wenn diese die Aufhebung einer Gemeinschaft bezweckt. Hierin liegt allerdings eine Abweichung von der Vorschrift des § 169 Abs. 1. Aber die Abweichung ist durch die Rücksicht auf die Schiffsgläubiger und sonstigen Pfandberechtigten, denen das ganze Schiff haftet, geboten, da weder die einen noch die anderen der Gefahr ausgesetzt werden dürfen, durch das Vorgehen eines Miteigentümers, dessen Anteil am Schiffe vielleicht einen ganz geringfügigen Bruchteil darstellt, einen Ausfall an ihren Rechten zu erleiden. Der § 182 Abs. 3 enthält die betreffende Vorschrift; aus ihrer Stellung am Schlusse des § 182 ergibt sich von selbst, daß zu den bei der Schiffsversteigerung behufs Aufhebung einer Gemeinschaft zu beobachtenden Bestimmungen über das geringste Gebot auch diejenigen des § 182 Abs. 1, 2 gehören."

§ 183.

Einfluß auf Miet- und Pachtverhältnisse.

Im Falle der Vermietung oder Verpachtung des Grundstücks finden die Vorschriften des § 57 Satz 2, 3 keine Anwendung.

Das dem Ersteher nach § 57 Satz 2, 3 gegen Mieter und Pächter zustehende gesetzliche Kündigungsrecht kommt in Wegfall. Der Ersteher tritt in die bestehenden Miet- und Pachtverträge, wie bei einer freiwilligen Veräußerung des Grundstücks ein. Zur Anwendung kommt nur § 57 Satz 1.

§ 184.

Sicherheitsleistung eines Miteigentümers.

Ein Miteigentümer braucht für sein Gebot keine Sicherheit zu leisten, wenn ihm eine durch das Gebot ganz oder teilweise gedeckte Hypothek, Grundschuld oder Rentenschuld zusteht.

---

§ 184 ändert die im übrigen auch für die Auseinandersetzungsversteigerung für entsprechend anwendbar erklärten §§ 67—70, soweit ein Miteigentümer als Bieter in Frage kommt, ab. Es wird durch § 184 die Vorschrift des § 67 Abs. 2 ersetzt. Die im § 184 gewährte Erleichterung kommt nur demjenigen Miteigentümer, welcher weder als Antragsteller das Verfahren betreibt noch dem angeordneten Verfahren beigetreten ist, zugute. Der Miteigentümer würde an sich bei dieser Sachlage in dem Verfahren die Schuldnerrolle haben. Trete er in dem Verfahren als Bieter auf, so würden auf ihn außer dem § 67 Abs. 1 auch der § 63 Abs. 3 Anwendung finden. Ihm gegenüber würde daher zu dem Verlangen auf Sicherheitsleistung berechtigt sein jeder Beteiligte gemäß § 67 Abs. 1 verb. m. § 68 Abs. 1 und der Antragsteller. Man hat hierin gegen diejenigen Miteigentümer, welche eine ihnen zustehende Hypothek, Grundschuld oder Rentenschuld herausbieten wollen, eine Unbilligkeit gefunden, zumal da diesen Miteigentümern, welche zugleich Realgläubiger sind, nur zufällig durch das Gesetz die Schuldnerrolle zugeteilt worden ist. Man hat daher geglaubt, ihnen dieselbe Erleichterung beim Bieten, wie den Realgläubigern zuteil werden lassen zu müssen. Deshalb hat das Gesetz im Gegensatz zu § 67 Abs. 2 Satz 2 bestimmt, daß auch die die Schuldnerrolle einnehmenden Miteigentümer für ihr Gebot Sicherheit überhaupt nicht zu leisten haben, wenn dasselbe die ihnen zustehende Hypothek, Grundschuld oder Rentenschuld wenigstens teilweise deckt. Ob die Hypothek mit einem Nießbrauch oder Pfandrecht belastet ist, ist unerheblich, es genügt auch eine Sicherungshypothek. § 184 findet auch Anwendung, wenn das dem Miteigentümer zustehende Realrecht nach § 182 bei Feststellung des geringsten Gebots berücksichtigt ist. Es ist nicht erforderlich, daß die Deckung durch Zahlung aus dem Bargebot zu geschehen hat. Vgl. Wolff Anm., Fischer u. Schäfer Anm.; a. M. Jäckel Anm.

II.

Einführungsgesetz

zu dem

Gesetz über die Zwangsversteigerung und die Zwangsverwaltung.

Vom 24. März 1897.

(RGBl. S. 135; 1898 S. 750.)

---

§ 1.

Das Gesetz über die Zwangsversteigerung und die Zwangsverwaltung tritt, soweit es die Schiffe betrifft, gleichzeitig mit dem Bürgerlichen Gesetzbuch, im übrigen für jeden Grundbuchbezirk mit dem Zeitpunkt in Kraft, in welchem das Grundbuch als angelegt anzusehen ist.

Die Artikel 2 bis 5, 32, 55 des Einführungsgesetzes zum Bürgerlichen Gesetzbuche finden entsprechende Anwendung.

---

1. Inkrafttreten des ZwVG. Hinsichtlich der Grundstücke und der ihnen gleichstehenden gesetzlichen Berechtigungen tritt das ZwVG. erst in dem Zeitpunkt in Kraft, in welchem nach Art. 186 EG. BGB. das Grundbuch für einen Bezirk als angelegt anzusehen ist. Nach Art. 186 wird dieser Zeitpunkt für jeden Bundesstaat durch landesherrliche Verordnung bestimmt.

2. Räumliches Geltungsgebiet des ZwVG. a) für Preußen. Nach Art. 3 der Königl. Verordn. v. 13. Nov. 1899 (GS. S. 519) gilt das Grundbuch mit dem Inkrafttreten des BGB. (1. Jan. 1900) für die aus der Anlage der vorgedachten Verordn. ersichtlichen Grundbuchbezirke (berichtigt durch die Bekanntmachung v. 28. Dez. 1899, GS. S. 657) als angelegt. Es sind dies α) sämtliche Grundbuchbezirke im Kammergerichtsbezirk und in den Oberlandesgerichtsbezirken Königsberg, Marienwerder, Stettin, Posen, Breslau, sämtliche preußische Grundbuchbezirke der Oberlandesgerichtsbezirke Naumburg, Hamm und Jena; β) die in dem Verzeichnis einzeln aufgeführten Grundbuchbezirke und Anlegungsbezirke der Oberlandesgerichtsbezirke Kiel, Kassel, Celle, Frankfurt a. M., Köln. γ) Nach Art. 4 der Verordn. treten aus den zu b) genannnten Oberlandesgerichtsbezirken, in denen die Anlegung der Grundbücher noch nicht überall durchgeführt ist, diejenigen Bezirke hinzu, in denen inzwischen die Anlegung des Grundbuchs beendet worden ist, so daß bezüglich ihrer

vor dem Inkrafttreten des BGB. durch das Amtsblatt bekannt gemacht ist, daß das Grundbuch als angelegt anzusehen sei. Diejenigen Bezirke, in Ansehung deren eine solche Bekanntmachung vor dem 1. Jan. 1900 erlassen ist, sind gemäß Art. 36 der Verordn. v. 13. Nov. 1899 zusammengestellt in den Bekanntmachungen des Justizministers v. 25. Jan. 1900 (GS. S. 19), 18. März 1900 (GS. S. 48) u. 26. Jan. 1901 Abs. 2 (GS. S. 13). In den übrig bleibenden Bezirken wird, nachdem die Anlegung für einen Bezirk im wesentlichen vollendet ist, dies nach Anweisung des Justizministers im Amtsblatte bekannt gemacht (Art. 14 der Verordn.). Bisher sind Bekanntmachungen erlassen am 26. Jan. 1901 (GS. S. 13) u. 17. Jan. 1902 (GS. S. 5). Ist das Grundbuch für einen Bezirk als angelegt anzusehen, so ist nach Art. 186 Abs. 2 EG. BGB. die Anlegung auch für solche zu dem Bezirke gehörende Grundstücke, die noch kein Blatt im Grundbuch haben, als erfolgt anzusehen, soweit nicht bestimmte Grundstücke durch besondere Anordnung ausgenommen sind.

b) für die übrigen Bundesstaaten.

α) Seit 1. Jan. 1900 gilt das Gesetz in Sachsen, vgl. § 1 d. Verordn. v. 26. Juli 1899 (Ges. u. VBl. S. 261); Württemberg, vgl. §§ 1, 2 d. Verordn. v. 30. Juli 1899 (Reg.Bl. S. 540); Oldenburg, vgl. § 1 d. Verordn. v. 15. Mai 1899 (Ges.Bl. S. 456); ferner für d. Fürst. Lübeck, § 1 der Verordn. v. 15. Mai 1899 (Ges.Bl. S. 163), für d. Fürstent. Birkenfeld, § 1 d. Verordn. v. 13. Okt. 1899 (Ges.Bl. S. 278); Braunschweig, vgl. Verordn. v. 12. Juni 1899 (Ges. u. Ver.Samml. S. 503); Sachsen-Meiningen, vgl. Art. 4 der Verordn. v. 16. Dez. 1899 (Samml. d. landesherrl. Verordn. S. 484); Sachsen-Altenburg, vgl. § 1 d. Verordn. v. 5. Sept. 1899 (GS. S. 141); Sachsen-Koburg-Gotha, vgl. § 4 d. Verordn. v. 1. Dez. 1899 (GS. S. 317); Anhalt, vgl. Art. 3 d. Verordn. v. 10. Dez. 1899 (GS. S. 369); Reuß ä. L., vgl. § 1 d. Verordn. v. 6. Dez. 1899 (GS. S. 201); Reuß j. L., vgl. § 32 AG. ZwVG. v. 10. Aug. 1899 (GS. S. 127); Lippe, vgl. § 11 AG. ZwVG. v. 17. Nov. 1899 (GS. S. 525);

β) seit 1. Febr. 1900 gilt das Gesetz in Hamburg, vgl. § 11 AG. GBO. v. 14. Juli 1899 (GS. I 106), u. Bekanntm. des Senats v. 27. Sept. 1899 (GS. I 169);

γ) seit 1. Juni 1900 gilt das Gesetz in Lübeck, vgl. § 53 AG. GBO. v. 18. Dez. 1899 (Samml. d. Ver. u. Bekanntm. S. 263) u. Ver. v. 17. März 1900 (das. S. 73).

δ) Zum Teil ist das Gesetz in Kraft getreten in Mecklenburg-Schwerin, Baden, Schwarzburg-Sondershausen, Schaumburg-Lippe, Waldeck-Pyrmont.

ε) Der Zeitpunkt des Inkrafttretens ist noch nicht bestimmt in Bayern, Hessen, Sachsen-Weimar, Mecklenburg-Strelitz, Schwarzburg-Rudolstadt, Bremen, Elsaß-Lothringen.

Das ZwVG. gilt auch in den Konsulargerichtsbezirken und Schutzbezirken, sofern es nicht bei der für die Zwangsverst. in Grundstücke und ihnen gleichstehende Berechtigungen an der erforderlichen Grundbucheinrichtung fehlt. (RGes. üb. d. Konsulargerichtsbark. v. 7. April 1900, RGBl. S. 213, §§ 19, 20, 41, 46; § 3 Schutzgebietsges., RGBl. 1900 S. 813.) In den Schutzgebieten kann von dem Reichskanzler und mit dessen Zustimmung von dem Gouverneur angeordnet werden, daß für Zwangsvollstreckungen einfachere Bestimmungen zur Anwendung kommen (§ 6 Nr. 7 Schutzgebietsges., § 10 d. Verordn. betr. die Rechtsverh. in den deutsch. Schutzgebieten, v. 19. Nov. 1900, RGBl. S. 1005).

Für Schiffe ist das RGes. mit dem 1. Jan. 1900 in Kraft getreten.

3. **Verhältnis des ZwVG. zum bisherigen Recht.** Hierüber verhält sich Abs. 2. Die maßgebenden Grundsätze werden in der Denkschrift dahin zusammengefaßt: Für das Verhältnis der neuen Vorschriften zu dem bisherigen Rechte gilt der Satz, daß die landesgesetzlichen Vorschriften über die Zwangsverst. und Zwangsverw. von Gegenständen des unbeweglichen Vermögens insoweit außer Kraft treten, als sie nicht besonders aufrecht erhalten werden, wogegen umgekehrt die Vorschriften der Reichsgesetze in Kraft bleiben, sofern nicht ihre Aufhebung sich aus dem neuen Gesetz ergibt. Auf dem ihr vorbehaltenen Rechtsgebiete kann die Landesgesetzgebung, sofern nicht ausdrücklich bestimmt ist, daß nur die bestehenden landesgesetzlichen Vorschriften unberührt bleiben (vgl. § 7), auch neue Vorschriften erlassen (§ 1 Abs. 2). Die in Abs. 2 in Bezug genommenen Art. 2—5, 32, 55 EG. BGB. haben folgenden Wortlaut:

Art. 2 EG. BGB.: Gesetz im Sinne des BGB. und dieses Gesetzes ist jede Rechtsnorm.

Art. 3 EG. BGB.: Soweit in dem BGB. oder in diesem Gesetze die Regelung den Landesgesetzen vorbehalten oder bestimmt ist, daß landesgesetzliche Vorschriften unberührt bleiben oder erlassen werden können, bleiben die bestehenden landesgesetzlichen Vorschriften in Kraft und können neue landesgesetzliche Vorschriften erlassen werden.

Art. 4 EG. BGB.: Soweit in Reichsgesetzen oder in Landesgesetzen auf Vorschriften verwiesen ist, welche durch das BGB. oder durch dieses Gesetz außer Kraft gesetzt werden, treten an deren Stelle die entsprechenden Vorschriften des BGB. oder dieses Gesetzes.

Art. 5 EG. BGB.: Als Bundesstaat im Sinne des BGB. und dieses Gesetzes gilt auch das Reichsland Elsaß-Lothringen.

Art. 32 EG. BGB.: Die Vorschriften der Reichsgesetze bleiben in Kraft. Sie treten jedoch insoweit außer Kraft, als sich aus dem BGB. oder aus diesem Gesetze die Aufhebung ergibt.

Art. 55 EG. BGB.: Die privatrechtlichen Vorschriften der Landesgesetze treten außer Kraft, soweit nicht in dem BGB. oder in diesem Gesetze ein anderes bestimmt ist.

§ 2.

Vorbehalte für die Landesgesetzgebung; allgemeine.

Soweit in dem Einführungsgesetze zum Bürgerlichen Gesetzbuche zugunsten der Landesgesetze Vorbehalte gemacht sind, gelten sie auch für die Vorschriften der Landesgesetze über die Zwangsversteigerung und die Zwangsverwaltung. Den Landesgesetzen stehen nach Maßgabe der Artikel 57, 58 des Einführungsgesetzes zum Bürgerlichen Gesetzbuche die Hausverfassungen gleich.

Es treten jedoch die landesgesetzlichen Vorschriften außer Kraft, nach welchen den landschaftlichen und ritterschaftlichen Kreditanstalten für den Anspruch auf ältere als zweijährige Rückstände wiederkehrender Leistungen ein Vorrecht vor den im § 10 Nr. 1 bis 6 des Gesetzes über die Zwangsversteigerung und die Zwangsverwaltung bezeichneten Ansprüchen beigelegt ist.

1. **Allgemeine Vorbehalte für Landesgesetze.** „Von den Vorbehalten zugunsten der Landesgesetzgebung kommt als ein praktisch wichtiger zunächst in Betracht der des § 2 Abs. 1. Nach ihm bleiben in Geltung alle landesgesetzlichen Vorschriften über die Zwangsverst. und die Zwangsverw. solcher Gegenstände des unbeweglichen Vermögens, bezüglich deren das Einf.Ges. z. BGB. die privatrechtlichen Vorschriften der Landesgesetze aufrecht erhält (Art. 57—59, 67). Die Landesgesetzgebung ist hiernach in der Lage, unter anderem die Zwangsvollstr. in Bergwerke, in Familienfideikommisse, Lehen und Stammgüter sowie in Güter, die zum Familienvermögen des hohen Adels gehören, abweichend von dem reichsgesetzlichen Verfahren zu regeln, und zwar auch dann, wenn bisher in dieser Beziehung ein Sonderrecht für die bezeichneten Grundstücke nicht bestand, die Zwangsvollstr. in sie vielmehr sich nach den allgemeinen Vorschriften richtete. Macht die Landesgesetzgebung von dem Vorbehalte keinen Gebrauch und sind die Grundstücke nach bisherigem Rechte in Ansehung der Zwangsvollstr. den gleichen Vorschriften wie andere Grundstücke unterworfen, so bleibt dieses Verhältnis auch nach dem Inkrafttreten des Reichsgesetzes unverändert bestehen; es kommt daher bei jenen Grundstücken an Stelle des bisherigen Landesrechts nunmehr das neue Reichsrecht zur Anwendung. Die Geltung des letzteren kann jedoch hier, da sie lediglich auf einer landesrechtlichen Norm beruht, jederzeit dadurch beseitigt werden, daß die Landesgesetzgebung für die in Rede stehenden Grundstücke Sondervorschriften erläßt. Dies ergibt sich aus § 1 Abs. 2 des Gesetzes in Verbindung mit den Art. 2—4 des EG. z. BGB." (Denkschr.).

2. **Als landesgesetzliche Vorschriften** kommen hier die folgenden Art. des EG. BGB. in Betracht:

Landesherrliche Häuser ꝛc.

a) Art. 57: In Ansehung der Landesherren und der Mitglieder der landesherrlichen Familien sowie der Mitglieder der Fürstlichen Familie Hohenzollern finden die Vorschriften des BGB. nur insoweit Anwendung, als nicht besondere Vorschriften der Hausverfassungen oder der Landesgesetze abweichende Bestimmungen enthalten.

Das gleiche gilt in Ansehung der Mitglieder des vormaligen Hannoverschen Königshauses, des vormaligen Kurhessischen und des vormaligen Herzoglich Nassauischen Fürstenhauses.

Autonomie des hohen Adels.

b) Art. 58: In Ansehung der Familienverhältnisse und der Güter derjenigen Häuser, welche vormals reichsständisch gewesen und seit 1806 mittelbar geworden sind oder welche diesen Häusern bezüglich der Familienverhältnisse und der Güter durch Beschluß der vormaligen deutschen Bundesversammlung oder vor dem Inkrafttreten des BGB. durch Landesgesetz gleichgestellt worden sind, bleiben die Vorschriften der Landesgesetze und nach Maßgabe der Landesgesetze die Vorschriften der Hausverfassungen unberührt.

Das gleiche gilt zugunsten des vormaligen Reichsadels und derjenigen Familien des landsässigen Adels, welche vor dem Inkrafttreten des BGB. dem vormaligen Reichsadel durch Landesgesetz gleichgestellt worden sind.

Familienfideikommisse und Lehen.

c) Art. 59: Unberührt bleiben die landesgesetzlichen Vorschriften über Familienfideikommisse und Lehen, mit Einschluß der allodifizierten Lehen, sowie über Stammgüter.

Bergrecht.

d) Art. 67, Abs. 1: Unberührt bleiben die landesgesetzlichen Vorschriften, welche dem Bergrecht angehören.

Zu Art. 67. Für Preußen s. die Art. 15—27 d. AG. ZwVG.

Waldgenossenschaften.

e) Art. 83: Unberührt bleiben die landesgesetzlichen Vorschriften über Waldgenossenschaften.

Bahneinheit.

f) Art. 112: Unberührt bleiben die landesgesetzlichen Vorschriften über die Behandlung der einem Eisenbahn- oder Kleinbahnunternehmen gewidmeten Grundstücke und sonstiger Vermögensgegenstände als Einheit (Bahneinheit), über die Veräußerung und Belastung einer solchen Bahneinheit oder ihrer Bestandteile, insbesondere die Belastung im Falle der Ausstellung von Teilschuldverschreibungen auf den Inhaber, und die sich dabei ergebenden Rechtsverhältnisse sowie über die Liquidation zum Zwecke der Befriedigung der Gläubiger, denen ein Recht auf abgesonderte Befriedigung aus den Bestandteilen der Bahneinheit zusteht.

Vgl. hierzu für Preußen Anhang (Gesetz über die Bahneinheiten).

g) Das Reichsrecht läßt die Vorschriften des öffentlichen Rechts unberührt (Art. 55 EG. BGB.). Bezüglich verfallener Gebäude sind deshalb über die Zwangsverst. auf Antrag der Ortspolizeibehörde in den Art. 28—32 des pr. AG. ZwVG. besondere Bestimmungen getroffen.

3. Einschränkung der im Art. 167 EG. BGB. enthaltenen Übergangsvorschrift (Abs. 2). Nach Art. 167 EG. BGB. bleiben die landesgesetzlichen Vorschriften in Kraft, welche die zur Zeit des Inkrafttretens des BGB. bestehenden landschaftlichen oder ritterschaftlichen Kreditanstalten betreffen. In Preußen ist hierüber das Gesetz betr. die Zwangsvollstr. aus Forderungen landschaftlicher (ritterschaftlicher) Kreditanstalten, v. 3. Aug. 1897 (GS. S. 388) erlassen (abgedr. im Anhang d. Ausgabe f. Preußen). Die Vorschriften dieses Gesetzes über die Zwangsverst. und Zwangsverw. von Grundstücken gelten v. 1. Jan. 1900 ab nur für die an diesem Tage bereits bestehenden Kreditanstalten (§ 13). Das Zwangsvollstreckungsrecht ist auch der Nassauischen Landesbank und der Landeskreditkasse zu Kassel durch Verord. v. 5 Nov. 1898 (GS. 1899 S. 1) u. 10. Aug. 1899 (GS. S. 162) verliehen. Vgl. noch Art. 34 des pr. AG. ZwVG.

§ 3.

Vorbehalte auf dem Gebiete des Agrarrechts.

Die im Artikel 113 des Einführungsgesetzes zum Bürgerlichen Gesetzbuche bezeichneten Vorschriften bleiben auch insoweit unberührt, als sie für den Anspruch des Entschädigungsberechtigten oder des Dritten, welcher die Entschädigung geleistet hat, ein Recht auf Befriedigung aus dem Grundstücke gewähren und den Rang dieses Rechtes bestimmen. Jedoch kann dem Anspruch auf Rückstände wiederkehrender Leistungen ein Vorrecht nur mit der im § 2 Abs. 2 bezeichneten Einschränkung beigelegt werden.

Der angezogene Art. 113 EG. BGB. lautet: Unberührt bleiben die landesgesetzlichen Vorschriften über die Zusammenlegung von Grundstücken, über die Gemeinheitsteilung, die Regulierung der Wege, die Ordnung der gutsherrlich-bäuerlichen Verhältnisse sowie über die Ablösung, Umwandlung oder Einschränkung von Dienstbarkeiten und Reallasten. Dies gilt insbesondere auch von den Vorschriften, welche die durch ein Verfahren dieser Art begründeten gemeinschaftlichen Angelegenheiten zum Gegenstande haben oder welche sich auf den Erwerb des Eigentums, auf die Begründung, Änderung und Aufhebung von anderen Rechten an Grundstücken und auf die Berichtigung des Grundbuchs beziehen.

Den Renten, welche an Stelle der abgelösten Reallasten treten, bleibt das landesgesetzlich eingeräumte Vorrecht, auch wenn die Rentenpflicht nicht eingetragen ist. Älteren, als zweijährigen Rückständen darf ein Vorrecht vor den in § 10 Nr. 1 bis 6 ZwVG. bezeichneten Ansprüchen nicht gewährt werden. Vgl. noch Art. 3 pr. AG. ZwVG. und Art. 22 Nr. 3 pr. AG. z. BGB.

§ 4.

Vorbehalte bei öffentlichen Lasten.

Durch Landesgesetz kann bestimmt werden, daß gewisse öffentliche Lasten anderen im Range vorgehen.

In denjenigen Bundesstaaten, in welchen die Besteuerung des inländischen Bieres der Landesgesetzgebung vorbehalten ist, bleiben auch die Vorschriften unberührt, nach welchen bei der Zwangsvollstreckung in ein der Brauerei dienendes Grundstück oder in ein mit diesem räumlich verbundenes Grundstück die zum Zwecke der Besteuerung des Bieres zu entrichtenden Abgaben den öffentlichen Lasten des Grundstücks gleichstehen.

---

1. Abs. 1. Preußen hat von dem Vorbehalte in Abs. 1 Gebrauch gemacht in Art. 1 Abs. 2 und Art. 3 Abs. 2 AG. Bayern und Sachsen haben von dem Vorbehalte bisher keinen Gebrauch gemacht.

2. Abs. 2. Der Vorbehalt in Abs. 2 (Malzaufschlag) ist für Bayern gegeben (vgl. Art. 46 des bayer. Ges. v. 29. Mai 1886 u. Art. 24 des bayer. Ges. v. 9. Juni 1899).

§ 5.

Steuerbuchauszug.

Durch Landesgesetz kann bestimmt werden, daß dem Antrag auf Zwangsversteigerung ein Auszug aus einem Steuerbuche beigefügt werden soll.

Preußen hat durch AG. ZwVG. Art. 4 von der Befugnis Gebrauch gemacht. Bayern und Sachsen haben keine diesbezügliche Vorschrift getroffen. Der Auszug dient auch zugleich als Grundlage für die Berechnung des Grundstückswerts (vgl. Art. 8 d. pr. AG. ZwVG.).

§ 6.

Weiterer Inhalt der Bekanntmachung des Versteigerungstermins.

Durch die Landesjustizverwaltung kann angeordnet werden, daß die Bestimmung des Versteigerungstermins noch andere als die im § 38 des Gesetzes über die Zwangsversteigerung und die Zwangsverwaltung vorgeschriebenen Angaben über das Grundstück enthalten soll.

Für Preußen sind derartige Anordnungen erlassen durch die Allgem. Verf. v. 7. Dezember 1899 (abgedr. im Anhang der Ausgabe f. Preußen) und für Sachsen durch § 7 der Ausf.Verordn. v. 6. Dezember 1899. Diese partikularrechtlichen Vorschriften haben nur einen instruktionellen Charakter.

§ 7.

Veröffentlichung der Terminsbestimmung.

Unberührt bleiben die bestehenden landesgesetzlichen Vorschriften, nach welchen noch andere als die in den §§ 39, 40 des Gesetzes über die Zwangsversteigerung und die Zwangsverwaltung bezeichneten Veröffentlichungen der Terminsbestimmung zu erfolgen haben.

Zur Erläuterung des § 7 wird in der Denkschrift bemerkt: „Wenn zufolge des § 7 die bestehenden landesgesetzlichen Vorschriften unberührt bleiben, nach welchen noch andere als die in den §§ 39, 40 des Gesetzes über die Zwangsverst. und die Zwangsverw. bezeichneten Veröffentlichungen in der Terminsbestimmung zu erfolgen haben, so umfaßt dieser Vorbehalt sowohl die Gesetze, welche lediglich eine dahin gehende Ordnungsvorschrift enthalten, also auch diejenigen, welche die Gültigkeit des Verfahrens von der Beobachtung der Vorschrift abhängig machen."

Die Anordnungen über die Veröffentlichung, welche in Art. 5 des pr. AG., Art. 26 des bayr. AG., § 25 des sächs. AG. u. § 9 der sächs. Ausf.Verordn. enthalten ist, stimmt mit der in den §§ 39, 40 des Reichsgesetzes überein.

§ 8.

Anmeldungszwang für ältere Hypotheken.

Durch Landesgesetz kann für die Zwangsversteigerung bestimmt werden, daß die vor dem Inkrafttreten des Bürgerlichen Gesetzbuchs eingetragenen Hypotheken bei der Feststellung des geringsten Gebots und bei der Aufstellung des Teilungsplans nur auf Grund einer Anmeldung zu berücksichtigen sind.

In einem solchen Falle muß die im § 37 Nr. 4 des Gesetzes über die Zwangsversteigerung und die Zwangsverwaltung vorgeschriebene Aufforderung auf die Anmeldung der Ansprüche aus den bezeichneten Hypotheken ausgedehnt werden.

---

1. Inhalt und Grund der Vorschrift des § 8. Nach der Denkschrift gestattet die Übergangsvorschrift des § 8 der Landesgesetzgebung, Hypotheken des bisherigen Rechtes auch dann, wenn sie sich aus dem Grundbuch ergeben, mithin bei der Feststellung des geringsten Gebots und der Verteilung des Versteigerungserlöses von Amts wegen berücksichtigt werden müßten, dem für nicht eingetragene Rechte geltenden Anmeldungszwange (§ 37 Nr. 4 des Ges. über die Zwangsverst. und die Zwangsverw.) zu unterwerfen. Veranlaßt ist die Vorschrift durch den Umstand, daß die Hypotheken des bisherigen Rechts in manchen Gebieten die Natur reiner Pfandrechte haben und demzufolge mit der Befriedigung des Gläubigers von selbst erlöschen, gleichwohl aber vielfach im Grundbuch ungelöscht bleiben. Die Einführung des Anmeldungszwanges soll hiernach verhüten, daß das geringste Gebot infolge der Berücksichtigung solcher nicht mehr bestehender Hypotheken zum Nachteile des betreibenden Gläubigers zu hoch bemessen wird und die anderen Beteiligten bei der Verteilung des Versteigerungserlöses Schaden erleiden.

Die Veranlassung zu den hier gegebenen Bestimmungen gaben hauptsächlich die im Bezirke des vormaligen Appellationsgerichts zu Kassel vor dem 1. Juli 1874 entstandenen, nicht nach § 43 des Ges. v. 29. Mai 1873 (GS. S. 273) in Hypotheken des preuß. Rechts umgewandelten Hypotheken. Der Vorbehalt ist jetzt wiederholt in Art. 33 des pr. AG. ZwVG.

2. Beschränkung des Vorbehalts. Die Geltung des Vorbehalts beschränkt sich nach dem Wortlaut des § 8 auf die vor dem Inkrafttreten des BGB. (1. Januar 1900) eingetragenen Hypotheken. Richtiger hätte es heißen müssen für die vor dem Inkrafttreten des Liegenschaftsrechts eingetragenen Hypotheken. Vgl. Fischer u. Schäfer Anm. 1.

Nach diesem Zeitpunkte gelten die Hypotheken bei ihrem Fortbestande als gewöhnliche reichsrechtliche Hypotheken. Der partikularrechtliche Anmeldungszwang wird dadurch nicht beseitigt.

3. Anmeldungszwang. Die Hypotheken des § 8 werden, wie die nicht eingetragenen Rechte bei der Versteigerung behandelt, sie bedürfen deshalb behufs ihrer Berücksichtigung bei der Feststellung des geringsten Gebots der rechtzeitigen Anmeldung. Einer Glaubhaftmachung bedarf es nicht, weil sich das Bestehen der Hypothek aus der Eintragung ergibt. Wolff Anm. 6; Henle Anm. 1; Fischer u. Schäfer Anm. 2. Auch die Anmeldungspflicht besteht nach Abs. 2 nur, wenn die in § 37 Nr. 4 vorgeschriebene Aufforderung auf die Anmeldung der Ansprüche aus den bezeichneten Hypotheken ausgedehnt worden ist. Diese Aufforderung ist seitens des Vollstreckungsrichters nach Erlangung seiner Kenntnis von dem Vorhandensein einer anmeldungsbedürftigen Hypothek zu erlassen. Die Fassung dieser Aufforderung würde für Preußen dahin zu lauten haben, daß Ansprüche aus den vor dem 1. Juli 1874 entstandenen Hypotheken, die nicht in eine Hypothek des pr. Rechts umgewandelt, anzumelden sind. Vgl. Jäckel Anm. 2.

Diese Erweiterung der Aufforderung ist für die Terminsbestimmung wesentlich. Ist die Aufforderung unterblieben, so ist der anberaumte Versteigerungstermin wieder aufzuheben, ev. der Zuschlag zu versagen (§ 43 Abs. 1, § 83 Nr. 7).

Die eingetragenen Gläubiger der unter § 8 fallenden Hypotheken gehören, auch wenn sie ihr Recht noch nicht angemeldet haben, zu den Beteiligten im Sinne des § 9 Nr. 1. Die Bestimmung des Versteigerungstermines ist ihnen daher nach § 41 zuzustellen. Jäckel Anm. 2, Wolff Anm. 6, Fischer u. Schäfer Anm. 3, Reinhard Anm. 5.

Der Vorbehalt des § 8 gilt nur „für die Zwangsverst."

§ 9.

Rechte, welche der Eintragung nicht bedürfen. Altenteil.

Soweit ein nach Landesgesetz begründetes Recht an einem Grundstücke, das nicht in einer Hypothek besteht, zur Wirksamkeit gegen Dritte der Eintragung nicht bedarf oder soweit eine Dienstbarkeit oder eine Reallast als Leibgedinge, Leibzucht, Altenteil oder Auszug eingetragen ist, bleibt das Recht nach Maßgabe des Landesgesetzes von der Zwangsversteigerung unberührt, auch wenn es bei der Feststellung des geringsten Gebots nicht berücksichtigt ist.

Das Erlöschen eines solchen Rechtes ist auf Verlangen eines Beteiligten als Versteigerungsbedingung zu bestimmen, wenn durch das Fortbestehen ein dem Rechte vorgehendes oder gleichstehendes Recht des Beteiligten beeinträchtigt werden würde; die Zustimmung eines anderen Beteiligten ist nicht erforderlich.

---

1. Bedeutung des Vorbehalts. Der Vorbehalt trifft zwei Gruppen von Rechten, nämlich die nach Landesrecht begründeten Rechte an einem Grundstück, die zur Wirksamkeit gegen Dritte der Eintragung nicht bedürfen, mit Ausnahme der Hypotheken und die als Leibgedinge, Leibzucht, Altenteil oder Auszug eingetragenen Dienstbarkeiten oder Reallasten.

Zu der ersten Gruppe gehören insbesondere Grunddienstbarkeiten, die vor dem 1. Januar 1900 begründet sind (vgl. Art. 6 Abs. 3 des pr. AG., Art. 27 Abs. 2 des bayr. AG., § 7 des sächs., Art. 276 des württemb. AG., § 5 Abs. 2 des bad. AG., Art. 5 des hessisch. AG.), ferner aber auch andere zur Wirksamkeit gegen Dritte der Eintragung nicht bedürftige dingliche Lasten, sofern sie landesgesetzlich dem Vorbehalt unterliegen, z. B. für Preußen das in den Fällen der Enteignung oder der Grundabtretung zu Zwecken des Bergbaubetriebes bestehende gesetzliche Vorkaufsrecht, die Gebrauchs- und Nutzungsrechte, welche nach den §§ 8, 142 des Allgem. Bergges. v. 24. Juni 1865 (GS. S. 705) im Wege des Zwangsverfahrens erworben werden können, die der Rentenbank überwiesenen Renten und die Domänen-Amortisationsrenten (Art. 22 Nr. 1, 2, 3 AG. BGB.), für Bayern die Grundgefälle des Staates und der Ablösungskassen und die an deren Stelle getretenen Lasten (Reinhard Anm. II 2).

Bezüglich der zu der zweiten Gruppe gehörigen Dienstbarkeiten und Reallasten bleiben nach Art. 96 EG. BGB. unberührt die landesgesetzlichen Vorschriften über einen mit der Überlassung eines Grundstücks in Verbindung stehenden Leibgedings-, Leibzuchts-, Altenteils- oder Auszugsvertrag, soweit sie das sich aus dem Vertrag ergebende Schuldverhältnis für den Fall regeln, daß nicht besondere Vereinbarungen getroffen werden. Gleichgültig ist, ob diese Rechte vor oder nach dem Inkrafttreten des BGB. begründet werden. Zur Schonung aller dieser Arten von Rechten soll nach § 9 die Landesgesetzgebung bestimmen dürfen, daß sie durch die Zwangsversteigerung des Grundstücks, an dem sie bestehen, nicht berührt werden. Von dem Vorbehalte haben die meisten Bundesstaaten Gebrauch gemacht, vgl. z. B. für Preußen Art. 15 AG. BGB. u. Art. 6 Abs. 2 AG. ZwVG.; für Bayern Art. 32—48 AG. BGB. u. Art. 27 Abs. 1 AG. ZwVG.; für Sachsen §§ 31, 32 AG. BGB.

Ob die im § 9 bezeichneten Rechte dem Anspruche des betreibenden Gläubigers vorgehen oder nachstehen, ist unerheblich. Bei den Rechten aus Gruppe 1 (Grunddienstbarkeiten 2c.) ist es nicht ausgeschlossen, daß die Beteiligten gar keine Kenntnis von deren Existenz haben und infolgedessen gar nicht in der Lage sind, das Verlangen aus Abs. 2 des § 9 zu stellen. Die Landesgesetzgebung kann von dem Vorbehalte auch einen beschränkteren Gebrauch machen, wie dies z. B. in Hamburg (§ 3 AG. ZwVG.) geschehen ist.

Auf Altenteile ist § 9 nur anwendbar, wenn sie vor der Beschlagnahme, jedenfalls vor Eintragung des Versteigerungsvermerkes eingetragen sind. Die Beteiligten werden infolgedessen durch Einsicht der beglaubigten Abschrift des Grundbuchblattes von der Existenz des Rechts Kenntnis erlangen können. Bestellt der Eigentümer nach Eintragung des Versteigerungsvermerks einen Altenteil, was an sich zulässig ist, so ist diese Belastung dem betreibenden Gläubiger gegenüber unwirksam (§ 23 ZwVG.; §§ 135, 136 BGB.). Vgl. Reinhard Anm. 4, Fischer u. Schäfer Anm. 2, jetzt auch Wolff Anm. 6a.

2. Einschränkung des Vorbehalts. Der Vorbehalt des § 9 ist durch Abs. 2 insofern eingeschränkt, als jeder gleich oder besser Berechtigte, der durch das Bestehenbleiben eines Rechtes der gedachten Art benachteiligt werden würde, verlangen darf, daß das Grundstück frei von dem Rechte ausgeboten wird. Die im geringsten Gebot berücksichtigten Beteiligten sind niemals benachteiligt, auch der Schuldner ist zu dem Verlangen nicht berechtigt. Ist die Benachteiligung zweifelhaft, so muß doppeltes Ausgebot gemäß § 59 Abs. 2 erfolgen. Kommt das Recht bei beiden Meistgeboten voll zur Hebung oder fällt es in gleicher Höhe aus, so muß der Zuschlag demjenigen Meistgebot erteilt werden, bei welchem das Recht bestehen bleibt (Jäckel Anm. 3, Reinhard Anm. III 3).

§ 10.

Sicherheitsleistung.

Unberührt bleiben die landesgesetzlichen Vorschriften, nach welchen bei der Zwangsversteigerung

1. für Gebote kommunaler Körperschaften sowie gewisser Kreditanstalten und Sparkassen Sicherheitsleistung nicht verlangt werden kann;
2. die Sicherheit auch durch Stellung eines Bürgen nach § 239 des Bürgerlichen Gesetzbuchs geleistet werden darf.

Von beiden Vorbehalten haben Gebrauch gemacht Preußen (Art. 9, 10 AG.), Bayern (Art. 30, 31), Baden (§ 6 AG.), Hessen (Art. 6, 7 AG.), beide Mecklenburg (§ 4 AG.), dagegen haben Sachsen nur von dem Vorbehalt zu 1) (§ 12 der sächs. AusfV.), Württemberg nur von dem Vorbehalt zu 2) (Art. 277 AG.) Gebrauch gemacht.

§ 11.

Feststellung des Wertes der Grundstücke.

Durch Landesgesetz kann für die Zwangsversteigerung, unbeschadet des § 112 Abs. 2 Satz 4 des Gesetzes über die Zwangsversteigerung und die Zwangsverwaltung, bestimmt werden, daß und nach welchen Grundsätzen der Wert des Grundstücks festgestellt werden soll.

Reichsgesetzlich ist für das Verfahren eine Feststellung des Grundstückswertes nur erforderlich in den Fällen der §§ 64, 112. Hierauf beschränken sich auch die Vorschriften in den Ausführungsgesetzen für Preußen (§ 8), Bayern (Art. 29) und Elsaß-Lothringen (§ 9).

Die Herbeiziehung einer Grundstückstaxe nach Einleitung des Verfahrens ordnen an Sachsen (§ 24), Württemberg (Art. 274), Baden (§ 8), Hessen (Art. 8). Ähnlich beide Mecklenburg (§ 5), wo allgemeine Grundsätze für die Wertsermittlung aufgestellt sind.

§ 12.

Aufgebotsverfahren.

Die Landesgesetze können für die Fälle, in welchen bei der Zwangsversteigerung oder der Zwangsverwaltung ein Aufgebotsverfahren erforderlich wird, die Art der Bekanntmachung des Aufgebots und die Aufgebotsfristen abweichend von den Vorschriften der §§ 948, 950 der Zivilprozeßordnung bestimmen.

Nur die Art der Bekanntmachung und die Aufgebotsfristen, nicht der Inhalt des Aufgebots können abweichende Regelung durch die Landesgesetzgebung erfahren. Es kommen hierbei die Fälle des § 136 und des § 140 in Betracht. Von der Befugnis des § 12 haben Gebrauch gemacht und nähere Bestimmungen erlassen Preußen in §§ 7, 9 AG. ZPO. und in Art. 14 AG. ZwVG., Bayern in Art. 33, Württemberg Art. 279, Sachsen § 26, Baden § 9, Hessen Art. 10.

§ 13.

Übertragung von Amtshandlungen des Vollstreckungsgerichts an andere Behörden, Beamte oder Notare.

Durch Landesgesetz kann bestimmt werden, daß die in dem Gesetz über die Zwangsversteigerung und die Zwangsverwaltung dem Vollstreckungsgerichte zugewiesenen Amtshandlungen, soweit nicht über die Anordnung, Aufhebung oder Verbindung des Verfahrens oder über die Zulassung des Beitritts eines Gläubigers zu entscheiden ist, von einer anderen Behörde oder einem Beamten oder einem Notar ganz oder teilweise wahrzunehmen sind.

Wird die Änderung einer Entscheidung der Behörde, des Beamten oder des Notars verlangt, so ist die Entscheidung des Vollstreckungsgerichts nachzusuchen; auf das Verfahren finden die Vorschriften der §§ 96 bis 104

des bezeichneten Gesetzes entsprechende Anwendung. Die Beschwerde findet gegen die Entscheidung des Vollstreckungsgerichts statt.

Die Denkschrift bemerkt hierzu: „Einen weiteren Vorbehalt von Bedeutung enthält der § 13. Danach kann die Landesgesetzgebung auch in das ihrer Zuständigkeit sonst entzogene ordentliche Verfahren eingreifen und die reichsgesetzlich dem Vollstreckungsgerichte zugewiesene Tätigkeit bei der Zwangsverst. und Zwangsverw. einer anderen Behörde oder einem Beamten, mit Einschluß der Notare, übertragen. Ausgenommen sind nur die Entscheidungen, welche die Anordnung oder Aufhebung des Verfahrens, die Zulassung des Beitritts eines Gläubigers oder die Frage betreffen, ob mehrere Grundstücke, Berechtigungen oder Schiffe in einem einheitlichen Verfahren unter Zwangsverw. zu stellen oder zu versteigern sind; sie müssen wegen ihrer Tragweite dem Gerichte verbleiben. Im übrigen kann die Mitwirkung des letzteren auch nur teilweise ausgeschlossen, z. B. bei der Verteilung des Versteigerungserlöses auf den Fall beschränkt werden, daß der Erlös zur Befriedigung aller Berechtigten nicht ausreicht und diese sich über die Verteilung nicht einigen können (vgl. Koburg-Gothaisches Ges. v. 7. April 1879 § 27). Soweit an die Stelle des Gerichts andere Behörden oder besondere Beamte treten, bilden sie eine Vorinstanz, gegen deren Entscheidungen von den Beteiligten unbeschränkt die gerichtliche Entscheidung angerufen werden darf. Die Anrufung ist zwar, wie die sofortige Beschwerde, nur binnen einer zweiwöchigen Frist zulässig, gilt aber in allen sonstigen Beziehungen nicht als Beschwerde im Sinne der ZPO. Es steht daher den Beteiligten gegen die Entscheidung des Gerichts derselbe Rechtsmittelzug offen, wie wenn dieses mit der Sache in erster Instanz befaßt gewesen wäre."

Der Vorbehalt in § 13 ist mit Rücksicht auf die süddeutschen Staaten, denen ein besonderer Versteigerungsbeamter bekannt ist, aufgenommen worden. Von diesen besonders ist auch von dem Vorbehalt Gebrauch gemacht worden, z. B. Bayern Art. 25, Württemberg Art. 273 des Ges. v. 28. Juli 1899, Baden § 1, Elsaß-Lothringen § 1. Für Preußen gilt der Vorbehalt bisher nicht; es fällt nicht unter denselben die Vorschrift in § 6 des Ges. v. 3. Aug. 1897, da die den landschaftlichen Kreditanstalten dort zugewiesene Vollstreckungstätigkeit auf Art. 167 EG. BGB. beruht. Vgl. Jäckel Anm. 2 gegen Dernburg, d. bürgerl. R. Bd. III § 261 S. 712.

In welchem Umfange die Landesgesetzgebung von der ihr im § 13 erteilten Befugnis Gebrauch machen will, ist ihr überlassen, selbstverständlich kann sie auch von derselben nur einen teilweisen Gebrauch machen (Komm.Ber. d. Reichstages).

§ 14.

Allgemeine Anordnungen für die Zwangsverwalter.

Die Landesjustizverwaltung kann für die Geschäftsführung der Verwalter, welche bei der Zwangsverwaltung bestellt werden, und für die den Verwaltern zu gewährende Vergütung allgemeine Anordnungen treffen.

Von diesem Vorbehalt hat bisher nur Preußen durch die Allgem. Verf. v. 8. Dez. 1899 (abgedr. in d. Ausgabe für Preußen, Anhang) Gebrauch gemacht.

§ 15.

Erledigung eines anhängigen Verfahrens.

Ein vor dem Inkrafttreten des Gesetzes über die Zwangsversteigerung und die Zwangsverwaltung beantragtes Verfahren ist nach den Landesgesetzen zu erledigen.

---

§ 15 enthält eine Übergangsvorschrift, welche noch Bedeutung hat für diejenigen Gebiete, in welchen die Vollendung des Grundbuchs noch aussteht. Die Anwendung des alten oder neuen Rechts richtet sich nach dem Zeitpunkt des Einganges des Antrages auf Zwangsverst. bzw. Zwangsverw. Näheres über die Übergangsbestimmungen z. B. pr. AG. Art. 43, vgl. auch § 33 Abs. 2 der pr. Geschäfts-Anw. v. 8. Dez. 1899; ferner sächs. AG. §§ 1, 28.

Anhang für Preußen.

1. Preußisches Ausführungsgesetz zum Reichsgesetz über die Zwangsversteigerung und die Zwangsverwaltung vom 23. September 1899. (GS. S. 291.)

1. Abschnitt. Zwangsversteigerung und Zwangsverwaltung von Grundstücken im Wege der Zwangsvollstreckung.

Artikel 1.

Öffentliche Lasten.

Öffentliche Lasten eines Grundstücks im Sinne des § 10 Abs. 1 Nr. 3 und des § 156 Abs. 1 des Reichsgesetzes über die Zwangsverst. und die Zwangsverw. v. 24. März 1997 sind:

1. die zur Erfüllung der Deichpflicht erforderlichen Beiträge und Leistungen, ohne Unterschied, ob sie von der zuständigen Staatsbehörde ausgeschrieben sind oder aus der auf einem Deichverbande beruhenden Deichpflicht entspringen;
2. die auf einem nicht privatrechtlichen Titel beruhenden Abgaben und Leistungen, die auf dem Grundstücke nach Gesetz oder Verfassung haften (gemeine Lasten).

Die im Abs. 1 unter Nr. 1 bezeichneten Lasten gehen den unter Nr. 2 bezeichneten im Range vor.

---

1. Die Deichslasten. **a)** Grundlagen für die gesetzliche Regelung.

Gemäß Art. 66 EG. BGB. und § 2 EG. z. ZwVG. bleiben durch das Inkrafttreten des BGB. die landesgesetzlichen Vorschriften, welche dem Deich- und Sielrecht angehören, unberührt.

Für Preußen ist das Deichrecht geregelt durch Gesetz v. 28. Januar 1848 (GS. S. 54), wo bezüglich der hier in betracht kommenden Beiträge und Leistungen folgendes bestimmt wird:

§ 9. Die von der Regierung ausgeschriebenen Beiträge und Leistungen sind den öffentlichen Lasten gleichzustellen, und haben in Kollisionsfällen vor denselben den Vorzug.

§ 18. Die in einem Deichverbande zu leistende Deichpflicht ruht unablöslich auf den Grundstücken, ist den öffentlichen Lasten gleichzuachten und hat in Kollisionsfällen vor denselben den Vorzug.

Dieses preuß. Gesetz ist demnächst durch Ges. v. 11. April 1872 auf Schleswig-Holstein und Hannover ausgedehnt worden. Daneben sind allerdings noch für unbedeutende Bezirke einige provinzielle Deich- und Sielordnungen in Geltung geblieben. Über diese siehe das Nähere bei Wolff, AG. ZwVG. S. 2 Note 1.

b) Die zuständige Staatsbehörde ist jetzt der Bezirksausschuß (§ 96 des Zuständigkeitsgesetzes v. 1. August 1883).

2. Gemeine Lasten. Zum Begriff der gemeinen Last gehört zweierlei:

a) bezüglich der Grundlage: nicht privatrechtlicher Titel, Gesetz oder öffentlich-rechtliche Verfassung (Ortsstatut);

b) bezüglich des Umfanges: dingliche Belastung aller Grundstücke, welche dem Geltungsgebiet des die Last begründenden Gesetzes oder Provinzial-Kreis-Lokalstatuts einschließlich der Observanzen unterstehen. (Das Gesetz sagt deshalb auch „auf dem Grundstück haften" im Gegensatz zu Abgaben und Leistungen, für die nicht das Grundstück haftbar gemacht werden kann.)

Zu den das Grundstück belastenden Abgaben gehört nicht die Umsatzsteuer (§§ 13, 18 des Kommunalabgabenges. v. 14. Juli 1893). Vgl. hierüber RG. Bd. 40 Nr. 74 S. 264; wohl aber die Bauplatzsteuer und die in den §§ 24—27 des Kommunalabgabenges. aufgeführten Realsteuern.

Nach RG. Bd. 40 Nr. 83 S. 308 ff. ist die Verpflichtung zur Rückgewährung der Grundsteuerentschädigung nach Maßgabe der §§ 18 ff., 25 des Ges. v. 14. Juli 1893 (GS. S. 119) wegen Aufhebung direkter Staatssteuern eine öffentliche dingliche Last, welche auf dem betreffenden Grundstücke ruht. Den gleichen Charakter haben Patronatslast, Grundstückszehnt, Hand- und Spanndienstverpflichtung, Freikuxe für Kirchen und Schulen, Grundkuxberechtigungen älteren Rechts. (Vgl. Jäckel S. 47 und die dort angeführten Entscheidungen; a. M. Wolff, AG. ZwVG. S. 4.)

Nicht zu den gemeinen Lasten sind zu zählen die Beiträge des Arbeitgebers zur Ortskrankenkasse, zur Unfall- und Invaliditätsversicherung, Abgaben an Kirchen und Schulen, armenrechtliche Erstattungspflicht des Gutsarmenverbandes, Stempel- und Gerichtskosten für Verkauf eines Grundstücks. Dies sind zwar öffentliche, aber keine dingliche, das Grundstück treffende Lasten.

3. Rangordnung der Lasten des Art. 1. Nach Abs. 3 gehen die in Abs. 1 unter Nr. 1 bezeichneten Lasten den unter Nr. 2 aufgeführten im Range vor. Zwischen beiden stehen nach Abs. 2 Art. 3 Renten, Kosten und Vorschüsse des Art. 3.

Demnach rangieren an erster Stelle die Lasten des Art. 1, an zweiter Stelle die Renten, Auseinandersetzungskosten und Vorschüsse, an dritter Stelle die übrigen gemeinen Lasten einschließlich der Beiträge des Art. 17 Abs. 2, welche der Bergwerksbesitzer nach §§ 174, 175 Abs. 2 und 176 Abs. 1 des Allgem. Bergges. v. 24. Juni 1865 (GS. S. 705) zu leisten hat.

Artikel 2.

Insbesondere gemeine Lasten.

Zu den gemeinen Lasten gehören namentlich:

1. Abgaben und Leistungen, die aus dem Kommunal-, Kirchen-,

Pfarr- oder Schulverband entspringen oder an Kirchen, Pfarren, Schulen, Kirchen- oder Schulbediente zu entrichten sind;

2. Beiträge, die aus der Verpflichtung zu öffentlichen Wege-, Wasser- oder Uferbauten entstehen;
3. Beiträge, die an öffentliche Meliorationsgenossenschaften oder andere einen gemeinnützigen Zweck verfolgende Körperschaften des öffentlichen Rechtes, insbesondere an Verbände, welche die Versicherung ihrer Mitglieder gegen den durch Brand, Hagelschlag oder Viehsterben entstehenden Schaden bezwecken, zu entrichten sind;
4. diejenigen Beiträge zur Entschädigung oder zu den Kosten der Schutzanlagen, welche nach Maßgabe des Gesetzes, betreffend Schutzwaldungen und Waldgenossenschaften, vom 6. Juli 1875 (GS. S. 416) den Eigentümern gefährdeter oder gefahrbringender Grundstücke auferlegt sind.

---

1. Bedeutung des Art. 2. Da der Begriff der gemeinen Last in Art. 1 Nr. 2 grundsätzlich festgestellt ist, enthält Art. 2 nur Beispiele, demnach eine nicht erschöpfende Zusammenstellung von gemeinen Lasten.

2. Zu Nr. 1 des Art. 2. Zu den aus dem Kommunalverbande entspringenden gemeinen Lasten gehören auch die gemäß § 15 des preuß. Baufluchtliniengesetzes vom 2. Juli 1875 nach näherer ortsstatutarischer Bestimmung festgesetzten Beiträge zur Freilegung, ersten Einrichtung, Entwässerung und Beleuchtung der neuen Straße, welche die angrenzenden Grundstückseigentümer zu entrichten haben. Vgl. Friedrichs, Baufluchtliniengeſ. Bemerkungen zu § 15 d. Ges.

Unter die aus dem Schulverbande entspringenden Abgaben fällt die den Gutsherrschaften obliegende Verpflichtung zum Unterhalte des Lehrers an den niederen katholischen Schulen in Schlesien (Striethorst 94 S. 102). Vgl. hierzu Albr. Altmann, Praxis der preuß. Gerichte in Kirchen-, Schul- und Ehesachen, Leipzig 1861, S. 306 Anm. 4.

3. Zu Nr. 3 des Art. 2. Den öffentlichen Meliorationsgenossenschaften sind auch zuzurechnen die auf Grund des Gesetzes vom 1. April 1879 (GS. S. 297) gebildeten öffentlichen Wassergenossenschaften. (§ 45 dieses Ges.).

Mit Rücksicht auf die Fassung des § 28 Abs. 2 des pr. ZwVG. v. 1883 war es streitig, ob den Beiträgen der staatlich genehmigten Privatgesellschaften (insbesondere Feuer- und Hagelversicherungsgesellschaften) das Vorrecht der gemeinen Lasten zuzusprechen sei. Das Reichsgericht (Entsch. Bd. 23 S. 236; Bd. 25 S. 238) hatte die Frage verneint. Der jetzt gewählte Wortlaut der Nr. 3 des Art. 2 läßt keinen Unterschied zwischen Körperschaften des öffentlichen Rechts und Privatanstalten mehr erkennen. Das Vorrecht steht demnach jetzt auch staatlich genehmigten Privatgesellschaften zu. (Ebenso Jäckel S. 49; a. M. Wolff, AG. ZwVG. S. 5, welcher den Beitrittszwang entscheidend sein lassen will, was im Gesetz jedoch keinen Anhalt findet).

4. Zu Nr. 4 des Art. 2. Im § 17 des Gesetzes betr. Schutzwaldungen und Waldgenossenschaften vom 6. Juli 1875 (GS. S. 416) ist ausdrücklich gesagt, daß die durch das Regulativ den Eigentümern gefährdeter oder gefahrbringender Grundstücke auferlegte Beitragspflicht zur Entschädigung oder zu den Kosten der Schutzanlagen (§ 5) ruht auf diesen Grundstücken und ist den öffentlichen gemeinen Lasten gleich zu achten.

Während nach Art. 11 AG. GBO. die öffentlichen Lasten des Grundstücks, die bei der Zwangsverst. und der Zwangsverw. den Rechten an dem Grundstück im Range vorgehen (die in den vorgenannten Art. 1 u. 2 AG. ZwVG. bezeichneten Lasten), von der Eintragung in das Grundbuch ausgeschlossen sind, bleiben die Vorschriften des § 17 Abs. 4 und des § 39 des vorerwähnten Gesetzes v. 6. Juli 1875, wonach die Beitragspflicht auf Antrag des Vorsitzenden des Waldschutzgerichts in das Grundbuch einzutragen ist, obwohl sie den öffentlichen gemeinen Lasten beizuzählen ist, bestehen.

Artikel 3.

Ablösungsrenten und andere den öffentlichen Lasten gleichstehende Leistungen.

In Ansehung des Rechtes auf Befriedigung aus dem Grundstücke stehen den öffentlichen Lasten gleich:

1. die an die Rentenbanken oder die Tilgungskassen abgetretenen Renten sowie die an die Staatskasse zu entrichtenden Ablösungsrenten
2. wenn das Grundstück bei einer Auseinandersetzung beteiligt ist, die im § 7 Nr. 6 des Gesetzes über das Kostenwesen in Auseinandersetzungssachen vom 24. Juni 1875 (GS. S. 397) bezeichneten Kosten und Terminalvorschüsse auch außerhalb des ursprünglichen Geltungsbereichs des genannten Gesetzes.

Die Renten, Kosten und Vorschüsse haben den Rang zwischen den im Art. 1 Abs. 1 unter Nr. 1 und den daselbst unter Nr. 2 bezeichneten Lasten.

---

1. Wegen der an die Rentenbanken abgetretenen Renten vgl. § 18 des Rentenbankges. v. 2. März 1850; wegen der an die Tilgungskassen abgetretenen Renten vgl. § 58 desselben Ges.; über die an die Staatskasse zu entrichtenden Ablösungsrenten s. §§ 7, 64 ebendas. Letzteren sind gleichzustellen die Domänen-Amortisationsrenten der Provinz Hannover, da sie zur Staatskasse zu entrichten sind (Verordn. v. 28. Sept. 1867 (GS. S. 1670), nicht aber die Landeskulturrenten (§§ 5, 6, 34 des Ges. v. 13. Mai 1879 (GS. S. 367). Vgl. Jäckel S. 50.

Die von der Rentenbank übernommenen Renten der Rentengüter mittleren und kleineren Umfanges haben die Rangstelle der in Nr. 1 aufgeführten Rentenbankrenten (Ges. v. 27. Juni 1890, Ges. v. 7. Juli 1891 §§ 7, 10, vgl. Art. 62 EG. BGB., Jäckel Anm. a) zu Art. 3 S. 50). Nicht hierher gehört die Geldrente, welche nach § 3 des Ges. v. 26. April 1886 betr. die Beförderung deutscher Ansiedlungen in den Provinzen Westpreußen und Posen zu entrichten ist. Vgl. Wolff, AG. ZwVG. S. 7.

2. Der in Art. 3 angeführte § 7 Nr. 6 des Ges. v. 24. Juni 1875 lautet: Wird ein bei einer Auseinandersetzung beteiligtes Grundstück sequestriert, so sind die während der Dauer der Sequestration festgesetzten Kosten oder fällig werdenden Terminalvorschüsse aus den Revenüen mit dem Vorrechte der öffentlichen Abgaben zu berichtigen.

Wird ein solches Grundstück in notwendiger Subhastation mit Wirkung gegen die Realberechtigten verkauft, so erhält der Ersteher das Grundstück frei von den vor dem Zuschlage festgesetzten Kosten und fällig gewordenen Terminalvorschüssen. Diese

Kosten und Vorschüsse sind vielmehr mit dem Vorrechte der öffentlichen Abgaben der beiden letzten Jahre aus den Kaufgeldern des subhastierten Grundstückes zu berichtigen. Die vor dem Zuschlage fällig gewordenen Terminalvorschüsse sind in jedem Falle bei der endgültigen Festsetzung der Kosten in Abzug zu bringen.

3. Schweben Auseinandersetzungen in Gemeinden, so sollen nach der Allgem. Verf. v. 9. Dez. 1899 (JMBl. 1899 S. 802 Nr. 112) die Auseinandersetzungsbehörden die betreffenden Gemeinden den Gerichten namhaft machen. Die Gerichte sind angewiesen, letzteren „die Bekanntmachung des Versteigerungstermins mitzuteilen".

4. Abs. 3 regelt die Rangordnung.

5. Die Eintragung der Rentenbankrenten im Grundbuch ordnete bekanntlich § 18 Abs. 2 des Ges. v. 2. März 1850 an, sofern die Rente an die Stelle einer eingetragenen Reallast getreten ist. Diese Anordnung war jedoch nur instruktionell und kein Erfordernis der Wirksamkeit der Rentenpflichtigkeit gegenüber Dritten. RG. Bd. 6 S. 292. Denselben Charakter hatte die an § 18 sich anlehnende Vorschrift des § 77 der preuß. Grundbuch-Ordnung und hat der an die Stelle der letzteren getretene Art. 12 Abs. 1 AG. GBO. (Stranz u. Gerhard, Preuß. AG. z. BGB. zu Nr. 3 Art. 22 Anm. 21 unter 5a S. 171).

Art. 22 AG. BGB. bestimmt ausdrücklich, daß die Rentenbankrenten und Domänen-Amortisationsrenten zur Erhaltung der Wirksamkeit gegenüber dem öffentlichen Glauben des Grundbuchs der Eintragung nicht bedürfen. Dies gilt für alle den Rentenbanken überwiesene Renten, gleichviel ob die Reallasten, an deren Stelle die Renten getreten sind, auf privatrechtlichem Titel beruhten oder zu den öffentlichen gemeinen Lasten gehörten. Vgl. Stranz u. Gerhard a. a. O. S. 172.

Artikel 4.

Auszug aus den Steuerbüchern.

Dem Antrag auf Zwangsversteigerung soll ein das Grundstück betreffender neuester Auszug aus der Grundsteuermutterrolle und der Gebäudesteuerrolle beigefügt werden, soweit er nach Lage der Rollen erteilt werden kann.

In den Hohenzollernschen Landen tritt an die Stelle des Auszugs aus den Steuerrollen ein Auszug aus dem Besitz- und Steuerhefte des Schuldners.

Art. 4 beruht auf der durch § 5 EG. ZwVG. geschaffenen landesgesetzlichen Ermächtigung. Vgl. hierüber oben § 16 a. E. S. 46. Den Nachweis der Nichterteilung eines Auszuges aus den Steuerrollen hat der Antragsteller durch eine Bescheinigung des Katasteramts zu führen. Zweck dieser Auszüge ist, in der Bekanntmachung des Versteigerungstermins näheren Aufschluß über Größe, Lage, Reinertrag, Wert des Grundstücks zu geben. Außerdem bieten sie auch dem Gericht eine Grundlage für die Wertsfeststellung (§ 8). Der Auszug soll auch ein „neuester" sein. Ob er dies ist, hat das Gericht nach freiem Ermessen zu entscheiden. Vgl. Fischer u. Schäfer Anm. 4 zum AG. ZwVG.

Artikel 5.

Einrückung der Terminsbestimmung in das Amtsblatt.

Für die Bekanntmachung der Terminsbestimmung wird der Anzeiger des Amtsblatts bestimmt.

Vgl. hierzu oben Anm. zu §§ 39, 40.

Die Insertionskosten werden vom Gerichte eingezogen, aber nicht an die Amtsblattverwaltung abgeführt, vgl. Allg. Verf. v. 11. Okt. 1859 (JMBl. S. 330) und v. 17. Juni 1869 (JMBl. S. 123).

Artikel 6.

Bestehenbleiben von Rechten.

Die Rechte an dem Grundstücke, die nach Artikel 22 des Ausführungsgesetzes zum Bürgerlichen Gesetzbuch oder nach sonstigen landesgesetzlichen Vorschriften zur Wirksamkeit gegenüber dem öffentlichen Glauben des Grundbuchs der Eintragung nicht bedürfen, bleiben auch dann bestehen, wenn sie bei der Feststellung des geringsten Gebots nicht berücksichtigt sind.

Das gleiche gilt, unbeschadet der Vorschrift des § 9 Abs. 2 des Einführungsgesetzes zum Reichsgesetze, von den im Grundbuch als Leibgedinge, Leibzucht, Altenteil oder Auszug eingetragenen Dienstbarkeiten und Reallasten sowie von Grunddienstbarkeiten, die zur Wirksamkeit gegenüber dem öffentlichen Glauben des Grundbuchs der Eintragung nicht bedürfen.

---

1. Über das Verhältnis des Art. 6 zu § 52 Abs. 2 ZwVG. und § 9 EG. ZwVG. vgl. § 50 Anm. 2, 3.

2. Zu Abs. 1. Für Abs. 1 kommen in Betracht die in Art. 22 AG. BGB. bezeichneten Rechte, die gesetzlichen Vorkaufsrechte, die bergrechtlichen Gebrauchs- und Nutzungsrechte und die Ablösungsrenten, sowie die im § 45 des Grundbuch-Ges. für Kassel v. 29. Mai 1873 (GS. S. 273) erwähnten Darlehne der Landeskreditkasse und die im Gesetz v. 29. Mai 1874 (GS. S. 185) behandelten Grundlasten und Geldansprüche. Diesen Lasten wird auf Grund des § 2 Abs. 1 EG. ZwVG. in Verbindung mit den Vorschriften des EG. BGB. (Art. 67, 109, 113, 114) ihre bisherige Stellung in der Zwangsverst. gewahrt, so daß sie, wie die im § 52 Abs. 2 des Reichsgesetzes bezeichneten Renten unabhängig von der Berücksichtigung im geringsten Gebot bestehen bleiben (Art. 6 Abs. 1). Da sich diese Regelung nicht auf den Vorbehalt des § 9 Abs. 1 EG. ZwVG. gründet, greift ihr gegenüber auch die entsprechende Vorschrift des § 9 Abs. 2 nicht Platz (Begr. d. Entw. z. pr. AG. ZwVG.; Stegemann, Die ges. Materialien zu den pr. Ausf.Ges. z. BGB. und seinen Nebenges. S. 644, 645).

3. Zu Abs. 2. Abs. 1 gründet sich auf den Vorbehalt in § 9 Abs. 1 des EG. Für Abs. 2 gilt daher auch die einschränkende Vorschrift des § 9 Abs. 2 EG.

Die Vorschrift des Art. 6 Abs. 2 ersetzt für die Altenteilsrechte den Schutz, welchen der § 60 Abs. 1 des pr. Ges. v. 13. Juli 1883 dem Berechtigten gewährt, und stimmt bezüglich der Grunddienstbarkeiten mit dem bisherigen Recht überein. Für die der Eintragung bedürfenden Grundgerechtigkeiten im Geltungsbereiche des Grundbuch-Ges. für Kassel v. 29. Mai 1873 sind künftig lediglich die Vorschriften des Reichsgesetzes maßgebend (§ 52 Abs. 1, § 59); für landesgesetzliche Vorschriften, wie sie der § 200 Abs. 1 des pr. Ges. v. 13. Juli 1883 enthält, ist daneben kein Raum (Begr. des Entw. z. pr. AG. ZwVG.; Stegemann a. a. O. S. 645). Wegen der der Eintragung nicht bedürfenden Miet- und Pachtrechte vgl. Art. 7 dies. AG.

Artikel 7.

Einfluß des Verfahrens auf Miet- und Pachtverhältnisse des alten Rechts.

Ist das Grundstück vor dem Inkrafttreten des Bürgerlichen Gesetzbuchs einem Mieter oder Pächter überlassen, so finden die Vorschriften des § 57 des Reichsgesetzes Anwendung.

Weitergehende Rechte eines Mieters oder Pächters, die sich aus den bisherigen Gesetzen ergeben, bleiben unberührt.

---

1. Soweit das Miets- und Pachtverhältnis nur ein Schuldverhältnis begründet, findet Art. 170 EG. BGB. mit der aus dem Art. 171 ebenda sich ergebenden Beschränkung Anwendung. Es bleiben demnach die zur Zeit des Abschlusses des Miets- und Pachtverhältnisses geltenden Gesetze bis zu dem Zeitpunkte maßgebend, bis zu welchem das Verhältnis zuerst durch Kündigung hätte gelöst werden können. Da die Bestimmungen des Art. 172 für den Fall der Zwangsverst. keine Anwendung finden können (vgl. oben Anm. 7 zu § 57), hat Art. 7 eine Art. 172 ersetzende Vorschrift getroffen. Danach finden auf die alten Miets- und Pachtverhältnisse, sofern das Grundstück schon vor dem Inkrafttreten des BGB. dem Mieter oder Pächter überlassen ist, auch im Falle der Zwangsverst. die Vorschriften des § 57 des Reichsgesetzes Anwendung.

Ist die Übergabe des Miets- und Pachtgrundstückes erst nach dem 1. Jan. 1900 erfolgt, so ist § 57 ohne weiteres anwendbar.

2. Miets- und Pachtrechte, denen nach bisherigem Rechte, sei es durch Übergabe oder durch Eintragung, dingliche Wirkung zukommt, unterliegen gleichfalls Art. 7. Für diese ist Abs. 2 besonders wichtig, indem weitergehende Rechte eines Mieters oder Pächters, die sich aus den bisherigen Gesetzen ergeben, unberührt bleiben. Ist daher ein derartiges Miets- oder Pachtrecht bei Feststellung des geringsten Gebots bestehen geblieben, so ist sein Fortbestand auch fernerhin nach altem Rechte zu beurteilen. Ist es dagegen bei Feststellung des geringsten Gebots unberücksichtigt geblieben, so findet zum Schutze des Mieters oder Pächters Art. 7 Abs. 1 Anwendung. Fischer u. Schäfer Anm. 2 zu Art. 7 AG. ZwVG.

Artikel 8.

Wertbestimmung.

In den Fällen der §§ 64, 112 des Reichsgesetzes ist der Wert der Grundstücke auf den vierzigfachen Betrag des staatlich ermittelten Grundsteuerreinertrags und den fünfundzwanzigfachen Betrag des staatlich ermittelten Gebäudesteuernutzungswerts zu bestimmen. Ergeben sich begründete Bedenken gegen die Richtigkeit dieser Bestimmung, oder sind die Grundstücke nicht zur Grundsteuer oder zur Gebäudesteuer staatlich veranlagt, so hat das Gericht den Wert nach freiem Ermessen, nötigenfalls unter Zuziehung eines Sachverständigen, zu bestimmen.

In den Hohenzollernschen Landen ist an Stelle des nach der Grund- und Gebäudesteuer zu berechnenden Wertes der Steueranschlag maßgebend.

Art. 8 ist auf Grund des § 11 EG. erlassen und stimmt überein mit § 4 Abs. 3 des pr. Ges. betr. d. Gerichtskosten bei Zwangsverst. v. 18. Juli 1883. Vgl. auch Anm. 4 zu § 112 des RGes.

Artikel 9.

Kautionsfreiheit von Kommunalverbänden, Kreditanstalten und Sparkassen.

Für ein Gebot einer Gemeinde oder eines anderen Kommunalverbandes, einer landschaftlichen, ritterschaftlichen, städtischen oder provinzialen Kreditanstalt oder einer öffentlichen Sparkasse kann Sicherheitsleistung nicht verlangt werden.

Vgl. hierzu Anm. 3 zu den §§ 67—70.

Art. 9 beruht auf § 10 Nr. 1 EG. und ergänzt § 67 Abs. 3 ZwVG. Öffentliche Sparkassen (vgl. § 1807 Abs. 1 Nr. 5 BGB.; Art. 99 EG. BGB.; Art. 75 AG. BGB.) sind solche, die einem öffentlichen Organismus angegliedert sind und unter öffentlicher Aufsicht stehen. Vgl. Fischer u. Henle Anm. 13 zu § 1807 BGB. Welche dazu gehören, bestimmt sich nach Landesrecht (Motive z. Entw. e. BGB. IV. S. 1114 u. Protok. IV. S. 762 f.). In Preußen sind derartige Sparkassen Gemeindesparkassen und Kreissparkassen, in Bayern die Sparkassen der Gemeinden und Distrikte. Vorschuß- und Kreditvereine des § 1 Nr. 1 des Genossenschaftsges. v. 1. Mai 1889, Fabriksparkassen oder sonstige Privatsparkassen, auch einer Aktiengesellschaft, fallen nicht unter Art. 9.

Artikel 10.

Sicherheitsleistung durch Bürgen.

Im bisherigen Geltungsbereiche des Rheinischen Rechtes darf die Sicherheit für ein Gebot auch durch Stellung eines Bürgen nach § 239 des Bürgerlichen Gesetzbuchs geleistet werden.

Wird dem Bieter der Zuschlag erteilt, so ist in dem Beschlusse der Bürge unter Angabe der Höhe seiner Schuld für mithaftend zu erklären. Soweit zur Ausführung des Teilungsplans die Forderung gegen den Ersteher auf die Berechtigten übertragen wird, ist den Berechtigten nach der Rangordnung ihrer Ansprüche die Forderung gegen den Bürgen mitzuübertragen. Die Forderung ist nach Maßgabe des § 132 des Reichsgesetzes gegen den Bürgen vollstreckbar.

Auf Gebote des Schuldners oder eines neu eingetretenen Eigentümers finden diese Vorschriften keine Anwendung.

Für das Gebiet des Rheinischen Rechts galt in Preußen § 37 das Ges. v. 12. April 1888, welcher bestimmte: Die von dem Bieter zu leistende Sicherheit kann auch durch Stellung eines als Selbstschuldner haftenden zahlungsfähigen Bürgen geleistet werden. Bietet der Schuldner oder der Eigentümer des Grundstücks, so findet diese Bestimmung keine Anwendung. Diese Vorschrift wird in den Abs. 1 und 3 des Art. 10 inhaltlich für das Gebiet des Rheinischen Rechts aufrecht erhalten. Die Höhe des Betrages, in welchem die Bürgschaft zu leisten ist, regelt sich nach § 68 Abs. 1 u. 2 ZwVG. Geleistet wird die Bürgschaft durch mündliche Erklärung des Bürgen im Versteigerungstermin. Die Bürgschaftserklärung ist zu Protokoll zu nehmen. Sie kann auch schriftlich beigebracht werden. Notwendig ist die schriftliche Form keineswegs. Die Anwendung der §§ 766, 126 BGB. und der §§ 176, 177 des Ges. über die freiw. Gerichtsbarkeit greift hier nicht Platz (gegen Wolff AG. Anm. 2 zu Art. 10), da kein Bürgschaftvertrag in Frage kommt. Vgl. Jäckel Anm. und Fischer u. Schäfer Anm. 3. Die Sicherheit durch Bürgen ist sofort im Termin zu leisten. Nach § 239 BGB. muß der Bürge tauglich sein, d. h. er muß ein der Höhe der zu leistenden Sicherheit angemessenes Vermögen besitzen und seinen allgemeinen Gerichtsstand im Inland haben. Auch diese Unterlagen müssen im Termin bei der Stellung des Bürgen bereits beschafft sein. Ob die Unterlagen genügen, entscheidet das Gericht nach freiem Ermessen.

Art. 10 bezieht sich nur auf die Sicherheitsleistung für ein Gebot; er findet daher keine Anwendung für die Sicherheitsleistung des Dritten gemäß § 61 und des Beteiligten gemäß § 85. Vgl. Jäckel Anm. zu Art. 10 AG.

Artikel 11.

Auszahlung an nicht erschienene Berechtigte.

Ist in dem Termine zur Verteilung des Versteigerungserlöses oder eines im Zwangsverwaltungsverfahren erzielten Überschusses ein Berechtigter, dem nach dem Teilungsplan ein Betrag zugeteilt ist, nicht erschienen, so erfolgt die Übersendung des Betrags nach Maßgabe der §§ 25, 26 der Hinterlegungsordnung vom 14. März 1879 (GS. S. 249) durch die Post; Beträge von nicht mehr als dreihundert Mark können innerhalb des Gebiets des Deutschen Reichs dem Berechtigten auch ohne Antrag übersandt werden. Die nach § 25 Abs. 2 erforderliche Beglaubigung der Unterschrift des Berechtigten ist stempelfrei; geschieht sie durch ein Gericht oder einen Notar, so ist dafür eine Gebühr von drei Mark zu entrichten.

Auf Antrag des Berechtigten ist die Auszahlung durch ein ersuchtes Gericht zu bewirken. Die Kosten und die Gefahr der Übersendung an das ersuchte Gericht trägt der Berechtigte.

Die Art der Auszahlung an nicht erschienene Berechtigte regelt sich nach den Landesgesetzen (§§ 117 Abs. 2, 158 Abs. 3 ZwVG.). Vgl. das Nähere hierüber Anm. 2 zu § 117. Dem nicht erschienenen Berechtigten steht der nicht genügend legitimierte Bevollmächtigte oder Vertreter gleich.

Die in Bezug genommenen §§ 25 und 26 der Hinterleg.Ordn., welche durch das pr. AG. BGB. nicht berührt sind, lauten:

§ 25. Innerhalb des Gebiets des Deutschen Reichs geschieht, wenn der Berechtigte in dem Gesuche um Auszahlung es beantragt und soweit die Posteinrichtungen es gestatten, die Übersendung des Betrages durch die Post. Kann die Übersendung mittels einer Postanweisung geschehen, so ist sie auf diesem Wege zu bewirken.

Übersteigt der zu übersendende Betrag die Summe von 3000 Mk., so darf die Übersendung durch die Post nur geschehen, wenn die Unterschrift des Berechtigten durch eine zur öffentlichen Beglaubigung von Unterschriften zuständige Behörde oder Urkundsperson beglaubigt ist. Der Aufnahme eines Protokolls über die Beglaubigung und der Zuziehung von Zeugen bedarf es nicht.

Die Kosten und die Gefahr der Übersendung trägt der Berechtigte. Der Betrag des Portos ist von dem zu übersendenden Betrage zu kürzen.

In die im § 23 vorgeschriebene Benachrichtigung ist eine Mitteilung über die Absendung des Geldes aufzunehmen.

Der Postschein dient der Kasse als Rechnungsbeleg.

§ 26. Hat der Empfangsberechtigte im Auslande seinen Wohnort oder Aufenthaltsort, so kann auf seinen Antrag die Übersendung des Betrages an ihn durch die Post geschehen, sofern das dem Antrag enthaltende Gesuch mindestens der Unterschrift nach beglaubigt ist. Ob im Ealle der Beglaubigung oder der Aufnahme des Gesuchs durch eine Behörde oder Urkundsperson des Auslandes die Legalisation zu erfordern ist, hat die Hinterlegungsstelle zu ermessen. Wird dem Verlangen entsprochen, so finden die Vorschriften der drei letzten Absätze des § 25 und die Vorschrift des § 25 Abs. 1 über die Übersendung mittels Postanweisung entsprechende Anwendung.

Wegen der Stempelfreiheit der nach § 25 Abs. 2 erforderlichen Beglaubigung vgl. § 35 Abs. 2 Satz 1 d. Hinterl.Ordn., Tarif z. Stempelsteuerges. v. 31. Juli 1895 Nr. 77 Abs. 3 unter f); pr. GKG. § 42 Abs. 2; Geb.Ordn. für Notare v. 25. Juni 1895 § 5; die Übersendungskosten werden von dem abzusendenden Betrage sofort in Abzug gebracht. Hat der Gläubiger das Recht, Zahlung an einem bestimmten Orte zu fordern, so kann er als Kosten der Einziehung auch die Übersendungskosten ersetzt verlangen und von vornherein mitliquidieren. Dadurch daß die Gefahr der Übersendung der Berechtigte trägt, ergibt sich, daß der Gläubiger, sobald das Geld für ihn zur Post gegeben wird, als befriedigt gilt. Dies greift auch dann Platz, wenn das Geld nicht direkt an den Gläubiger (§ 25 Abs. 3 d. Hinterl.Ordn.), sondern an das ersuchte Gericht (Art. 11 Abs. 2) oder an die Hinterlegungsstelle (§ 83 Abs. 2 Hinterl.Ordn.) abgeführt wird.

Artikel 12.

Ausgaben und Kosten der Zwangsverwaltung von Kreditanstalten.

Im Falle des § 6 Abs. 2 des Gesetzes, betreffend die Zwangsvollstreckung aus Forderungen landschaftlicher (ritterschaftlicher) Kreditanstalten, vom 3. August 1897 (GS. S. 388) findet die Vorschrift des § 155 Abs. 1 des Reichsgesetzes auch auf die Ausgaben und Kosten der durch die Kreditanstalt eingeleiteten Zwangsverwaltung Anwendung.

Der Kreditanstalt steht wegen ihrer Ausgaben zur Erhaltung oder nötigen Verbesserung des Grundstücks ein Recht auf Befriedigung nach § 10 Abs. 1 Nr. 1 des Reichsgesetzes auch insoweit zu, als sie die Ausgaben während der von ihr eingeleiteten Zwangsverwaltung aufgewendet hat. Im Falle der Zwangsversteigerung gilt dies auch dann, wenn die von der Kreditanstalt eingeleitete Zwangsverwaltung bis zum Zuschlage fortdauert.

Die Kreditanstalt ist berechtigt, von den im Abs. 2 bezeichneten Ausgaben seit der Zeit der Aufwendung Zinsen mit dem Range des Anspruchs auf Ersatz der Ausgaben in Ansatz zu bringen.

Die Vorschriften des Art. 12 gründen sich auf Art. 167 und Art. 218 EG. BGB. Für die zur Zeit des Inkrafttretens des BGB. bestehenden landschaftlichen und ritterschaftlichen Kreditanstalten bestimmt der § 6 Abs. 2 des angezogenen Gesetzes v. 3. Aug. 1897, daß eine durch die Anstalt eingeleitete Zwangsverw. endigt, wenn wegen des Anspruchs eines anderen Gläubigers die gerichtliche Zwangsverw. angeordnet wird. Nach dem Gesetz soll in diesem Falle die gerichtliche Zwangsverw. als eine Fortsetzung der von der Kreditanstalt eingeleiteten Zwangsverw. behandelt werden und stellt daher durch die Vorschrift in Art. 12 Abs. 1 die Ausgaben und Kosten des letztgedachten Verfahrens in der gerichtlichen Zwangsverw. den in dieser entstandenen Ausgaben und Kosten gleich, so daß sie nach § 155 Abs. 1 aus den Nutzungen des Grundstücks vorweg zu bestreiten sind. Ferner gewährt das Gesetz in Abs. 2 der Anstalt für den Fall der Zwangsverst. wegen ihrer Ausgaben zur Erhaltung oder nötigen Verbesserung des Grundstücks, welche während der Zwangsverw. von ihr aufgewendet worden sind, das Recht auf Befriedigung aus dem Grundstück nach § 10 Nr. 1 des Reichsgesetzes. Danach werden sie also bei der Verteilung des Erlöses in der Zwangsverst. und in der Zwangsverw. bei der Verteilung der Nutzungen in der ersten Klasse berücksichtigt. Im Falle der Zwangsverst. gilt dies nur dann, wenn die von der Anstalt eingeleitete Zwangsverw. bis zum Zuschlage fortgedauert hat.

Nach Abs. 3 kann die Kreditanstalt auch von den in Abs. 2 genannten Aufwendungen Zinsen verlangen und an gleicher Stelle mitliquidieren. Die Zinsen sind die gesetzlichen (4 % § 246 BGB.), „soweit aber die Kreditanstalten bisher satzungsgemäß höhere Zinsen in Ansatz bringen dürfen, bleibt diese Befugnis nach Art. 34 bestehen" (Motive).

Artikel 13.

Revenüenhypotheken in der Zwangsverwaltung.

Ist bei der Verteilung eines im Zwangsverwaltungsverfahren erzielten Überschusses ein Anspruch aus einem eingetragenen Rechte zu berücksichtigen, wegen dessen der Berechtigte Befriedigung aus dem Grundstück lediglich im Wege der Zwangsverwaltung suchen kann, so ist in den Teilungsplan der ganze Betrag des Anspruchs aufzunehmen.

Die Vorschrift des Art. 13 hat ihre Grundlage in § 2 Abs. 1 EG. und Art. 60 EG. BGB. Revenüenhypotheken können nach dem zit. Art. 60 auch unter der Herrschaft des BGB. für die Rechtsverhältnisse der Art. 57—59 EG. BGB. begründet werden. Nach den Motiven gilt Art. 13 nur für Revenüenhypotheken in diesem beschränkten Umfange. Für Preußen kommt der Vorbehalt nur für Familienfideikommisse, Lehen und Stammgüter in Betracht. Über die Rechtsgültigkeit des Art. 13 sind Zweifel aufgetaucht schon bei der Beratung des Gesetzes in der Kommission des Abgeordnetenhauses, weil nach Art. 60 cit. die landesgesetzlichen Bestimmungen nur insoweit unberührt bleiben, als sie die Bestellung einer Revenüenhypothek beträfen. Die Bedenken wurden jedoch fallen gelassen, als ein Regierungsvertreter diesen Zweifel deshalb für unbegründet erklärte, „weil nach der ausdrücklichen Vorschrift des § 2 Abs. 1 EG. die Bestimmung des erwähnten Art. 60 auch auf die Art der Befriedigung einer Revenüenhypothek in der Zwangsverwaltung erstreckt sei“ (Ber. S. 5). Die damals geäußerten Bedenken werden auch jetzt noch aufrecht erhalten von Wolff (Anm. zu Art. 13 AG.) und Schöller (S. 104). Ersterer vermißt in § 2 EG. die von dem Regierungsvertreter hervorgehobene ausdrückliche Vorschrift. Man wird gegen Wolff mit Recht darauf hinweisen müssen, daß nach Art. 57—59 EG. BGB. die landesgesetzlichen Vorschriften bezüglich der für Revenüenhypotheken in Betracht kommenden Grundstücke allgemein unberührt geblieben sind, und deshalb auch die Zwangsverwaltung dieser Grundstücke abweichend von den Vorschriften des ZwVG. geregelt werden kann. Vgl. Jäckel Anm. zu Art. 13, Fischer u. Schäfer Anm. 1 zu Art. 13.

Artikel 14.

Aufgebot zwecks Ausschließung eines unbekannten Berechtigten.

In dem Aufgebotsverfahren zum Zwecke der Ausschließung eines unbekannten Berechtigten von der Befriedigung aus einem zugeteilten Betrag erfolgt die öffentliche Bekanntmachung des Aufgebots nach den für die öffentliche Bekanntmachung eines Versteigerungstermins geltenden Vorschriften.

Die Aufgebotsfrist muß mindestens drei Monate betragen.

Vgl. Anm. 2 zu § 140 des Reichsgesetzes. Die Vorschrift des Art. 14, welche in Ausführung des § 12 EG. ergangen ist, bezieht sich nur auf das in den §§ 138, 140, 157 Abs. 2 des Reichsgesetzes geordnete Aufgebotsverfahren.

2. Abschnitt. Zwangsversteigerung und Zwangsverwaltung von Bergwerkseigentum, unbeweglichen Bergwerksanteilen und selbständigen Kohlenabbaugerechtigkeiten im Wege der Zwangsvollstreckung.

Artikel 15.

Anwendung der Sondervorschriften.

Für die Zwangsversteigerung und die Zwangsverwaltung eines Bergwerkseigentums, eines unbeweglichen Bergwerksanteils oder einer selbständigen Kohlenabbaugerechtigkeit in den vormals Sächsischen Landesteilen gelten die besonderen Vorschriften der Artikel 16 bis 21.

Nach § 870 Abs. 1 ZPO. finden auf die Zwangsvollstreckung in eine Berechtigung, für welche die sich auf Grundstücke beziehenden Vorschriften gelten, die Vorschriften über die Zwangsvollstreckung in Grundstücke entsprechende Anwendung, also auch die Vorschriften des 1. Abschnitts des ZwVG. v. 24. März 1897 (§ 864 ZPO.). Für Preußen kommen als Berechtigungen der im § 870 bezeichneten Art auf Grund landesgesetzlicher Bestimmung das Bergwerkseigentum, die unbeweglichen Bergwerksanteile, die selbständigen Kohlenabbaugerechtigkeiten in den vormals Sächsischen Landesteilen, sowie die sonstigen selbständigen Gerechtigkeiten in Betracht (AG. BGB. Art. 37 Nr. I, XIII; Art. 38, § 5 Abs. 1; Art. 40). Nach § 2 Abs. 1 EG. können über die Zwangsversteigerung und Zwangsverwaltung dieser Berechtigung landesgesetzliche Sondervorschriften erlassen werden. Solche Sondervorschriften sind für die in der Überschrift angegebenen Berechtigungen in den Art. 16—21 erlassen. Für andere selbständige Berechtigungen bestehen solche Sondervorschriften nicht, für sie gilt nur der § 870 Abs. 1 ZPO.

Die Art. 16—21 bilden nur eine Ergänzung des Reichsrechts, so daß die reichsgesetzlichen Vorschriften, sowie sie nicht durch die Art. 16—21 abgeändert sind, entsprechend zur Anwendung gelangen. Dies gilt auch für die örtliche Zuständigkeit (§ 802 ZPO.), welche sich nach dem Belegensein des verliehenen Feldes richtet (§§ 1, 2 ZwVG.). In gleicher Weise finden Anwendung alle Bestimmungen des ZwVG., welche die Grundbucheinrichtung zur Voraussetzung haben. Über Anlegung von Grundbüchern für Bergwerke und Gerechtigkeiten vgl. AG. GBO. Art. 22—28, 34, ferner Allg. Verf. v. 20. Nov. 1899 zur Ausf. d. GBO., JMBl. S. 349 ff., §§ 22—26. Vgl. Jäckel Anm. zu Art. 15, Fischer u. Schäfer Anm. 1 u. 2 zu dies. Art.

Artikel 16.

Beteiligte.

Zu den Beteiligten gehört in jedem Falle der Repräsentant oder Grubenvorstand.

Der Repräsentant oder Grubenvorstand ist der gesetzliche Vertreter der Gewerkschaft, sowohl des neueren, als auch des älteren Rechts. Er gehört in diesem Falle stets zu den „Beteiligten", weil er der gesetzliche Vertreter der Schuldnerin (der Gewerkschaft) ist.

Wenn der Art. 16 betont, daß der Repräsentant oder Grubenvorstand „in jedem Falle" zu den Beteiligten gehört, so betrifft dies hauptsächlich den Fall, daß die Zwangsversteigerung eines unbeweglichen Bergwerksanteils erfolgen soll. Hier, bei der Kux des alten Rechts, ist der betreffende Gewerke Schuldner und der Repräsentant oder Grubenvorstand keineswegs sein Vertreter. Die Zuziehung des letzteren als Beteiligten rechtfertigt sich lediglich aus dem Interesse, welches die Gewerkschaft an der Zwangsversteigerung einzelner Kuxe besitzt. Der Repräsentant ist daher nur als Vertreter der Gewerkschaft als Beteiligter zuzuziehen. Er hat demzufolge in dem Verfahren nicht etwa die Rechte des Schuldners, sondern nur Rechte auszuüben, soweit sie die Wahrnehmung des Interesses der von ihm vertretenen Gewerkschaft fordert. Im wesentlichen beschränken sich seine Rechte auf die Zuziehung zu allen Terminen, da ihm eine Geltendmachung von Rechten des Gläubigers gemäß §§ 59, 67, 72, 85, 94, 106, 143, 144, 159 versagt ist. Vgl. Wolff AG. Anm. zu Art. 16, Jäckel Anm. zu Art. 16.

Die Gewerken selbst sind in einem das ganze Bergwerk betreffenden Verfahren nicht „Beteiligte" im Sinne des § 9 d. Reichsges.

Artikel 17.

Rangordnung.

Die Ansprüche der zum Betriebe des Bergbaues angenommenen, in einem Dienst- oder Arbeitsverhältnisse stehenden Personen, insbesondere der Bergleute und der Betriebsbeamten, auf Lohn und andere Bezüge gewähren wegen der laufenden und der aus dem letzten Jahre rückständigen Beträge ein Recht auf Befriedigung in der zweiten Klasse.

Die Beiträge, die der Werksbesitzer nach § 174, § 175 Abs. 2 oder § 176 Abs. 1 des Allgemeinen Berggesetzes zu den Knappschafts- und Krankenkassen zu leisten hat, gelten als gemeine Lasten im Sinne des Artikel 1 Abs. 1 Nr. 2 dieses Gesetzes.

Absatz 1 steht in Einklang mit § 159 Abs. 1 des pr. ZwVG., erweitert aber das dort nur den Bergarbeitern gewährte Vorrecht, indem es dasselbe auch auf alle zum Betriebe des Bergbaues angenommenen, in einem Dienst- oder Arbeitsverhältnisse stehenden Personen, insbesondere auf die Betriebsbeamten miterstreckt. Hierher gehören aber nicht der Repräsentant oder die Mitglieder des Grubenvorstandes. Vgl. Fischer u. Schäfer Anm. 1 zu Art. 17; a. M. Wolff, AG. Anm. 1 zu Art. 17.

Die in dem Gesetz erwähnten „anderen Bezüge" beziehen sich auf Naturalleistungen, z. B. Feuerung, Beleuchtung.

Artikel 18.

Anlagen des Antrages.

Dem Antrag auf Zwangsversteigerung oder Zwangsverwaltung ist eine oberbergamtlich, gerichtlich oder notariell beglaubigte Abschrift der Verleihungsurkunde des Bergwerkes oder, wenn der Antrag eine Kohlenabbaugerechtigkeit betrifft, eine in gleicher Art beglaubigte Abschrift des Aktes beizufügen, durch den die Gerechtigkeit vom Eigentum an dem Grundstück getrennt worden ist.

Zur Individualisierung des Gegenstandes des Verfahrens ist die Verleihungsurkunde, welche einen gesetzlich vorgeschriebenen Inhalt (§ 34 ABG.) haben muß, besonders geeignet. Beifügung des Situationsrisses und der Erwerbsurkunde ist nicht erforderlich. Dagegen ist das nach § 17 erforderliche Zeugnis des Grundbuchamts auch hier beizubringen.

Bezüglich der Trennung der Kohlenabbaugerechtigkeit vom Eigentum an dem Grundstücke und Konstituierung derselben als selbständigen Gerechtigkeit hat jetzt an stelle des § 2 des Ges. v. 22. Februar 1869 Art. 38 §§ 2, 3 AG. BGB. bestimmt, daß zur Bestellung die Erklärung des Grundeigentümers gegenüber dem Grundbuchamte, daß die Gerechtigkeit für ihn in das Grundbuch eingetragen werden soll, und die Eintragung erforderlich ist, und zur Bestellung für einen Dritten die Einigung des Grundeigentümers und des Erwerbers über die Bestellung der Gerechtigkeit und die Eintragung im Grundbuche. Die Einigung muß bei gleichzeitiger Anwesenheit beider Teile vor dem Grundbuchamt erklärt werden. Bei der Eintragung in das Grundbuch soll nach § 4 das. ein Situationsriß vorgelegt werden. Es frägt sich, ob es auch nach Art. 18 der Vorlegung dieses Situationsrisses bedarf. Dies ist zu verneinen, da er nicht zum konstituierenden Akte gehörig zu rechnen ist. Vgl. Jäckel Anm. 2 zu Art. 18.

Artikel 19.

Umfang der Beschlagnahme.

Die Beschlagnahme im Zwangsversteigerungsverfahren umfaßt nicht die bereits gewonnenen Mineralien.

An sich würden die Mineralien auch nach der Trennung für die Hypotheken (§§ 1120—1122 BGB.) haften und demnach gemäß § 20 Abs. 2 ZwVG. von der Beschlagnahme ergriffen werden. Das Gesetz schließt im Art. 19 diese Wirkung bezüglich der bereits gewonnenen Mineralien ausdrücklich aus, „da der Schuldner ohne diese Vorschrift meist zur Einstellung des Betriebes gezwungen sein würde" (Begr. S. 24). Damit entspricht Art. 19 der Vorschrift des § 21 Abs. 1 ZwVG. bezüglich der vom Boden getrennten land- und forstwirtschaftlichen Erzeugnisse des Grundstücks, soweit sie nicht Zubehör sind.

Artikel 20.

Terminsbestimmung.

Ist ein Bergwerkseigentum oder ein unbeweglicher Bergwerksanteil zu versteigern, so soll die Terminsbestimmung außer dem Grundbuchblatte den Namen des Bergwerkes sowie die Mineralien, auf die das Bergwerkseigentum verliehen ist, bezeichnen und im Falle der Versteigerung eines Bergwerksanteils auch die Zahl der Kuxe angeben, in welche das Bergwerk geteilt ist.

Außerdem soll die Terminsbestimmung eine Angabe der Feldesgröße, des Kreises, in welchem das Feld liegt, und der dem Werke zunächst gelegenen Stadt enthalten. Diese Vorschrift findet auf Kohlenabbaugerechtigkeiten entsprechende Anwendung.

Die Vorschriften des Art. 20 enthalten bloße Ordnungsvorschriften und bilden eine Ergänzung des § 38 des Reichsges. für die hier in Betracht kommenden Fälle. Sie dienen vornehmlich dazu, eine derartige Spezialisierung des Versteigerungsgegenstandes herbeizuführen, wie sie zur Unterscheidung des Gegenstandes notwendig ist. Unter Umständen kann daher das Fehlen einer oder mehrerer der Angaben des Art. 20 zur Versagung oder Anfechtung des Zuschlages führen (§ 83 Nr. 1, 7), sofern infolge des Mangels Zweifel an der Identität des Versteigerungsgegenstandes begründet sind. Vgl. Jäckel Anm. zu Art. 20. Als ein derartiger wesentlicher Mangel gilt unrichtige Bezeichnung des Minerals oder das Fehlen der Größenangabe des Kuxes. Vgl. Klostermann-Fürst, Anm. 12 zu § 160 d. Kommentars z. Bergges.

Artikel 21.

Wertfeststellung.

Ist der Wert des Gegenstandes des Verfahrens festzustellen, so erfolgt die Feststellung durch das Gericht nach freiem Ermessen, nötigenfalls unter Zuziehung des zuständigen Revierbeamten.

Die Fälle, in denen eine Wertfeststellung erforderlich ist, sind auch hier diejenigen der §§ 64 Abs. 1 und 112 Abs. 2 des Reichsges. Kann aus irgend einem Grunde die Zuziehung des zuständigen Revierbeamten nicht erfolgen, so kann sich das Gericht behufs Erlangung der erforderlichen Auskunft auch an das Oberbergamt wenden.

3. Abschnitt. Zwangsversteigerung und Zwangsverwaltung in besonderen Fällen.

Artikel 22.

Die Vorschriften der §§ 172 bis 184 des Reichsgesetzes gelten mit den Änderungen, die sich aus dem ersten und zweiten Abschnitte dieses Gesetzes ergeben, auch für Bergwerkseigentum, unbewegliche Bergwerksanteile und selbständige Gerechtigkeiten.

In den Fällen der §§ 172—184 des Reichsges. erfolgen die Vollstreckungsmaßregeln nicht im Wege der Zwangsvollstreckung, sondern auf Antrag des Konkursverwalters, Erben usw. oder zur Aufhebung der Gemeinschaft. Die Anwendbarkeit dieser Vorschriften auf das Erbbaurecht, die einzige dem Reichsrecht angehörige Berechtigung mit Grundstücksqualität folgt aus § 1017 BGB., wo ausdrücklich bestimmt wird, daß die sich auf Grundstücke beziehenden Vorschriften für das Erbbaurecht gelten. Um nun klarzustellen, daß die §§ 172—184 des Reichsges., sowie die beiden ersten Abschnitte dieses AG. sich auch auf das Bergwerkseigentum, unbewegliche Bergwerksanteile und selbständige Gerechtigkeiten erstrecken, ist Art. 22 erlassen.

Zwangsversteigerung des Bergwerkseigentums aus Gründen des Bergrechts. (Art. 23—27.)

Artikel 23.

Auf die Zwangsversteigerung eines Bergwerkes oder eines Bergwerksanteils nach den §§ 159, 161, 162, 234, 235g des Allgemeinen Berggesetzes finden die Vorschriften, die für die Zwangsversteigerung im Wege der Zwangsvollstreckung gelten, entsprechende Anwendung, soweit sich nicht aus den Artikeln 24 bis 27 ein anderes ergibt.

Art. 23 erklärt die für die Zwangsversteigerung im Wege der Zwangsvollstreckung geltenden Vorschriften (d. s. die Vorschriften des Reichsgesetzes und des ersten und zweiten Abschnitts dieses A.Gesetzes) auch für die besonderen Fälle der §§ 159, 161, 162, 234, 235g des Allgem. Bergges. für anwendbar. In diesen Fällen des Bergrechts ist die Zwangsversteigerung zulässig, nachdem durch Beschluß des Ober=

bergamts das Bergwerkseigentum entzogen, oder vom Eigentümer auf dasselbe verzichtet worden ist (§§ 159, 161, 165 ABG.), oder bezüglich der Zwangsversteigerung von Kuxen, wenn der Gewerke auf seinen Anteil verzichtet (§§ 132, 234) oder ihn behufs Abwendung der Exekution zum Verkaufe überläßt (§§ 130—132, 234) oder wenn bei der Umwandlung einer Gewerkschaft älteren Rechtes nach der Neueinteilung der Kuxe überschießende Kuxe zurückbleiben, die zu ganzen Kuxen zusammengelegt werden (§ 235g ABG.).

Artikel 24.

Der Antragsteller hat die Tatsachen, welche sein Recht zur Stellung des Antrags begründen, soweit sie nicht bei dem Gericht offenkundig sind, durch Urkunden glaubhaft zu machen.

Ist der Antrag von einem nach § 159 Abs. 1 des Allgemeinen Berggesetzes Berechtigten gestellt, so sind mit dem Beschlusse, durch den die Zwangsversteigerung angeordnet wird, der Antrag und, wenn der Berechtigte nicht im Grundbuch eingetragen ist, die im Abs. 1 bezeichneten Urkunden dem Bergwerkseigentümer zuzustellen.

Es sind an Urkunden, die nicht öffentliche zu sein brauchen, beizubringen, sofern die Zwangsversteigerung wegen Entziehung des Bergwerkseigentums (§ 159 ABG.) oder Verzichts (§§ 161, 162 a. a. O.) eingeleitet werden soll, der Beschluß des Oberbergamts mit der Zustellungsurkunde und die Verzichtserklärung des Eigentümers. In gleicher Weise bedarf es in den Fällen der §§ 130—132, 234 ABG. der Beibringung der Urkunden, welche den Verzicht oder die Überlassung zum Verkaufe nachweisen. Wenn überschießende Kuxteile versteigert werden sollen (§ 235g das.), so ist der vom Oberbergamt bestätigte Beschluß über die Mobilisierung des Bergwerks und zugleich eine Bescheinigung darüber, daß die zu versteigernden Mobiliarkuxe aus überschießenden Immobiliarkuxteilen zusammengelegt sind, beizubringen.

Außerdem ist die Eigenschaft des Antragstellers und seine Berechtigung zur Stellung des Antrages nachzuweisen. Wird der Antrag von einem Hypothekengläubiger oder sonstigen Realberechtigten gestellt, so findet Abs. 2 Anwendung.

Artikel 25.

Auf Antrag des Bergwerkseigentümers darf die Zwangsversteigerung nur angeordnet werden, wenn der Antragsteller als Eigentümer im Grundbuch eingetragen oder wenn er Erbe des eingetragenen Eigentümers ist.

In Übereinstimmung mit § 17 des Reichsges. ordnet das Gesetz, sofern die Versteigerung nach Art. 23 vom Werksbesitzer oder der Gewerkschaft beantragt ist, als Voraussetzung des Einleitungsbeschlusses an, daß das Bergwerkseigentum des Antragstellers im Grundbuch eingetragen ist. Der Nachweis ist gemäß § 17 Abs. 2 ZwVG. zu erbringen. Bei der Gewerkschaft älteren Rechts müssen die Kuxinhaber als die Eigentümer eingetragen sein.

Die Eintragung des Erblassers genügt nur, wenn das Bergwerk einer physischen Person gehört. Für den Nachweis der Erbfolge ist § 17 Abs. 3 ZwVG. maßgebend. In anderen Fällen der Rechtsnachfolge, z. B. wenn das Bergwerkseigentum von einer physischen Person auf eine Aktiengesellschaft übergegangen ist, bedarf es der Eintragung des Rechtsnachfolgers im Grundbuch und des Nachweises hierüber. Vgl. Wolff, AG. Anm. 2 zu Art. 25.

Artikel 26.

Ist die Zwangsversteigerung eines Bergwerkes auf Antrag des Bergwerkseigentümers oder die Zwangsversteigerung eines Bergwerksanteils auf Antrag der Gewerkschaft angeordnet oder hat der Bergwerkseigentümer nach den §§ 161, 162 des Allgemeinen Berggesetzes auf das Bergwerkseigentum verzichtet, so gilt der Beschluß, durch den das Verfahren angeordnet wird, nicht als Beschlagnahme. Im Sinne der §§ 13, 55 des Reichsgesetzes ist jedoch die Zustellung des Beschlusses an den Antragsteller als Beschlagnahme anzusehen.

Die Motive (S. 26) bemerken hierzu: Wie bei der Zwangsverst. im Wege der Zwangsvollstr. der Schuldner, so steht, wenn im Falle des § 159 ABG. die Versteigerung des Bergwerkes von einem Realberechtigten beantragt wird, der Bergwerkseigentümer dem Antragsteller als Gegner gegenüber. Die Vorschriften des Reichsgesetzes über die Beschlagnahme können daher entsprechende Anwendung finden. Wird die Zwangsversteigerung dagegen im Falle des § 159 ABG. vom Bergwerkseigentümer selbst betrieben, so fehlt ein Gegner des Antragstellers, und das gleiche gilt in den Fällen der §§ 161, 162, 234, 235g ABG. Hier bleibt daher für eine Beschlagnahme kein Raum. Diese ist jedoch nach den §§ 13, 55 des Reichsges. für die Bestimmung des Zeitpunktes, von welchem ab bei wiederkehrenden Leistungen die laufenden Beträge beginnen und die Rückstände zurückgerechnet werden, sowie hinsichtlich der Frage maßgebend, auf welche Gegenstände neben dem Hauptgegenstande des Verfahrens sich die Versteigerung erstreckt. In diesen Beziehungen muß an die Stelle der Beschlagnahme für die hier fraglichen Fälle ein anderer Zeitpunkt treten. Als solcher ist in Anlehnung an § 182 des Ges. v. 1883 die Zustellung des das Verfahren anordnenden Beschlusses an den Antragsteller gewählt worden.

Artikel 27.

Die Vorschriften über das geringste Gebot finden keine Anwendung. Das Meistgebot ist in seinem ganzen Betrage durch Zahlung zu berichtigen.

Die Vorschrift entspricht dem § 186 Abs. 1 des Ges. v. 13. Juli 1883 und stimmt mit dem § 169 Abs. 1 des Reichsges. überein. Vgl. daher die Anm. zu § 169.

Zwangsversteigerung verfallener Grundstücke. (Art. 28—32.)

Artikel 28.

Auf den Verkauf eines Grundstücks nach den §§ 40, 58, 60 Teil I Titel 8 des Allgemeinen Landrechts finden die Vorschriften, die für die Zwangsversteigerung im Wege der Zwangsvollstreckung gelten, entsprechende Anwendung, soweit sich nicht aus den Art. 29—32 ein anderes ergibt.

Artikel 29.

Antragsberechtigt ist die Ortspolizeibehörde.

Der Antrag soll das Grundstück, den Eigentümer und die Tatsachen bezeichnen, welche das Recht zur Stellung des Antrags begründen. Die Vorschriften des Art. 24 finden entsprechende Anwendung.

Artikel 30.

Der Anspruch auf Ersatz der im § 43 Teil I Titel 8 des Allgemeinen Landrechts bezeichneten Verwendungen gewährt ein Recht auf Befriedigung aus dem Grundstücke vor allen anderen Ansprüchen.

Artikel 31.

Die Vorschriften über das geringste Gebot finden keine Anwendung.

Das Gericht hat die Übernahme der Wiederherstellung des Gebäudes von Amts wegen als Versteigerungsbedingung zu bestimmen.

Artikel 32.

Angebote nach den §§ 45—47 Teil I Titel 8 des Allgemeinen Landrechts sind nur zu berücksichtigen, wenn sie im Versteigerungstermine geltend gemacht werden.

Bleibt die Versteigerung ergebnislos, so ist der Zuschlag nach Maßgabe der §§ 45—48 des bezeichneten Titels zu erteilen. Die Beschwerde gegen die Entscheidung über den Zuschlag kann auch auf die Verletzung einer dieser Vorschriften gestützt werden.

---

1. Die hier in Frage kommenden Vorschriften des ALR. Teil I Titel 8 lauten:

§ 36. Noch weniger dürfen, ohne dergleichen Erlaubnis, Gebäude in den Städten, die an Straßen oder öffentliche Plätze stoßen, zerstört oder vernichtet werden.

§ 37. Dergleichen Gebäude muß der Eigentümer, soweit es zur Erhaltung der Substanz und Verhütung alles Schadens und Nachteils für das Publikum notwendig ist, in baulichem Stande unterhalten.

§ 38. Vernachlässigt er diese Pflicht dergestallt, daß der Einsturz des ganzen Gebäudes, oder eine Gefahr für das Publikum zu besorgen ist, so muß die Obrigkeit ihn zur Veranstaltung der notwendigen Reparatur, innerhalb einer nach den Umständen zu bestimmenden billigen Frist, allenfalls durch Zwangsmittel anhalten.

§ 39. Sind diese fruchtlos, so ist die Obrigkeit den notwendigen Bau auf seine Kosten zu veranstalten berechtigt.

§ 40. Kann oder will er die Kosten nicht herbeischaffen, so kann die Obrigkeit dergleichen Gebäude zum öffentlichen Verkaufe ausbieten.

§ 41. Dem Käufer eines solchen Gebäudes muß allemal die Wiederherstellung desselben zur Bedingung gemacht werden.

§ 42. Das außerdem erlegte Kaufgeld kommt dem bisherigen Eigentümer oder dessen Gläubigern zugute.

§ 43. Doch muß davon dasjenige, was die Obrigkeit etwa schon auf einstweilige Veranstaltungen zur Abwendung dringender Gefahr hat verwenden müssen, zuvor abgezogen werden.

§ 44. Findet sich kein Käufer, so müssen die auf dem Grundstücke versicherten Gläubiger über die Mittel zur Erhaltung und Wiederherstellung des Gebäudes vernommen werden.

§ 45. Können diese sich darüber nicht vereinigen, so muß das Gebäude demjenigen unter ihnen, welcher außer der Wiederherstellung desselben, die vorteilhaftesten Bedingungen für seine Mitgläubiger und den Eigentümer anbietet, zugeschlagen werden.

§ 46. Will auch kein Gläubiger das Gebäude als Meistbietender erstehen, so ist der erste unter ihnen den Zuschlag, gegen die bloße Übernahme der Wiederherstellung, zu verlangen berechtigt.

§ 47. Will dieser von seinem Rechte keinen Gebrauch machen, so geht dasselbe auf die folgenden, immer nach Ordnung der Priorität, über.

§ 48. Will keiner von den Gläubigern die Wiederherstellung des Gebäudes übernehmen, so muß dasselbe der Kämmerei des Ortes zugeschlagen werden.

§ 49. Der Magistrat ist alsdann berechtigt, dergleichen Gebäude einem jeden, unter der Bedingung des zu vollführenden Baues, als sein freies Eigentum zu überlassen.

§ 50. Solange jedoch der wirkliche Zuschlag an einen solchen dritten Übernehmer noch nicht erfolgt ist, behält der bisherige Eigentümer, sowie jeder Gläubiger desselben, das Recht, sich annoch zur Ausführung des Baues zu melden.

§ 51. Doch müssen in einem solchen Falle der Eigentümer oder der Gläubiger, welche dem Zuschlage an einen Dritten widersprechen wollen, der Obrigkeit, wegen wirklicher Vollführung des Baues, genugsame Sicherheit sofort nachweisen.

§ 52. Unter übrigens gleichen Umständen hat der Eigentümer vor dem Gläubiger den Vorzug.

§ 53. Wenn in den Fällen der §§ 46, 47 und 50 das Gebäude einem der Gläubiger zugeschlagen wird, so verlieren die übrigen, und wenn dasselbe, in dem Falle des § 48, der Kämmerei anheimfällt, so verlieren alle Gläubiger ihr Recht an dergleichen Grundstück.

§ 54. Wenn also bei dem durch den Magistrat nach § 49 veranstalteten Zuschlage, außer der Übernahme der Wiederherstellung, noch andere Vorteile bewilligt werden, so kommen dieselben der Kämmerei zu statten.

§ 55. Dagegen wird aber auch der bisherige Eigentümer von der Zeit an, wo er nach § 48 das Gebäude der Kämmerei lassen und sich aller ferneren Nutzung desselben begeben muß, von der weiteren Entrichtung der darauf haftenden dinglichen Lasten frei.

§ 56. Kann auch durch die Veranstaltungen des Magistrats dergleichen verfallenes Gebäude nicht wiederhergestellt werden, so ist, bei fortdauernder Gefahr für das Publikum, die Obrigkeit selbiges abbrechen und die Materialien an den Meistbietenden verkaufen zu lassen berechtigt.

§ 57. Das daraus gelöste Geld aber kommt der Kämmerei, welche bisher die notwendigen Unterhaltungskosten hat hergeben müssen, zu statten.

§ 58. Was §§ 36 sqq. von verfallenen städtischen Gebäuden verordnet ist, gilt auch von solchen, die durch Feuer oder anderes Unglück zerstört worden, wenn der bisherige Eigentümer dieselben innerhalb einer von der Obrigkeit zu bestimmenden Frist nicht wiederherstellen kann oder will.

§ 59. Die für einen solchen Unglücksfall ausgesetzten Feuersozietäts-Beiträge, und andere dergleichen Vergütungen, kommen alsdann nicht dem bisherigen Eigentümer oder dessen Konkursmasse, sondern dem Übernehmer des Bauplatzes zu statten.

§ 60. Was von städtischen Grundstücken verordnet ist, gilt auch von Grundstücken auf dem Lande, die als eigene für sich bestehende Stellen oder Nahrungen in den Steuer- oder Lagerbüchern eingetragen sind.

§ 61. Wenn also der Eigentümer ein solches Grundstück dergestalt in Verfall geraten läßt, daß davon die öffentlichen Abgaben und Prästationen nicht mehr entrichtet werden können, so ist die Obrigkeit damit ebenso, wie bei den städtischen Grundstücken vorgeschrieben worden, zu verfahren berechtigt.

§ 62. Ein gleiches findet statt, wenn der Eigentümer die zum Gute notwendig erforderlichen Gebäude, ohne welche dasselbe nicht bewohnt oder bewirtschaftet werden kann, eingehen läßt.

§ 63. Doch kann auch in diesen Fällen bei einem erfolgenden Verkaufe dienstpflichtiger Stellen der Grundherrschaft ein zur Versehung der Wirtschaft und Leistung der Dienste untauglicher Besitzer nicht aufgedrungen werden.

2. Die landrechtlichen Vorschriften in den §§ 36 ff. I, 8 enthaltene Beschränkungen des Eigentums im öffentlichen Interesse und sind daher gemäß Art. 111 EG. BGB. und § 2 Abs. 1 EG. ZwVG. vom Reichsrecht nicht berührt worden (Mot. z. AG. BGB. S. 203, Mot. z. AG. ZwVG, S. 27, KB. d. Abg.Hauses S. 6). Sie werden deshalb auch im Art. 89 unter 1 b AG. BGB. von den dort angegebenen aufgehobenen Vorschriften ausdrücklich ausgenommen. Als fortdauernd gültig werden dort auch die auf ländliche Grundstücke bezüglichen §§ 60—64 I, 8 ALR. bezeichnet. Schon unter der Herrschaft des pr. ALR. war es streitig, ob diese Bestimmungen nicht schon durch das pr. Landeskultur-Edikt v. 14. Sept. 1811 (GS. S. 300) für aufgehoben anzusehen seien. Für Aufhebung hatten sich ausgesprochene Mot. z. Gesetzesrev. Pensum XIII S. 55, Rönne, Erg. 7. Aufl. I S. 440, Heydemann, Einl. I S. 415; Förster-Eccius III Anm. 11 u. 19 zu § 171, Entscheidungen des RG. in Zivilſ. Bd. 31 S. 248, während Koch Kommentar zu I, 8 § 64, Dernburg pr. Privatrecht 4. Aufl. S. 545 Note 7 die fortdauernde Geltung vertreten. Diese Streitfrage ist nicht etwa dadurch gegenstandslos geworden, daß der § 60 in dem vorliegenden Art. 28 ausdrücklich erwähnt wird, da, wenn er bereits vorher als aufgehoben anzusehen war, seine Geltung auf diesem Wege nicht wiederhergestellt werden konnte. Für die Zwangsverst. ist die Anwendung der zit. §§ 60—64 schon deshalb ausgeschlossen, weil sie sich wesentlich von den im Art. 28 aufgeführten Fällen unterscheiden und mit der polizeilichen Pflicht, das Grundstück in einer seiner örtlichen Lage entsprechenden Zustande zu erhalten, nichts gemein haben. Jäckel Anm. 2 zu Art. 28 AG.

3. Das ALR. statuiert für die Eigentümer städtischer Grundstücke (die landrechtlichen Vorschriften finden keine Anwendung auf Dörfer und das flache Land, RG. Bd. 31 S. 248) allgemein die Verpflichtung, ihre Gebäude, soweit es zur Erhaltung der Substanz und Verhütung allen Schadens und Nachteils für das Publikum erforderlich ist, in baulichem Zustande zu erhalten. Es unterscheidet sodann bei dieser Verpflichtung des Eigentümers verfallene (reparaturbedürftige) § 38, und durch Brand oder anderes Unglück zerstörte Gebäude § 58. Diese Unterscheidung ist jedoch nur eine äußerliche, da im § 58, ALR. I, 8 ausdrücklich gesagt wird, daß das, was in den §§ 36 ff. von verfallenen städtischen Gebäuden verordnet ist, auch für die durch Brand ꝛc. zerstörten Gebäude gelte. Das im ALR. vorgesehene Zwangsverfahren gegen den Grundstückseigentümer bei verfallenen Gebäuden zum Zwecke ihres Wiederaufbaues hat einen speziellen Tatbestand zur Voraussetzung. Nicht aus der allge-

meinen Verpflichtung jedes Eigentümers städtischer Grundstücke, eine zur Bebauung bestimmte Fläche nach Maßgabe der örtlichen Baupolizeiordnung nicht unbebaut liegen zu lassen, rechtfertigt sich jenes Verfahren, sondern letzteres greift nur dann Platz, wenn der Einsturz des ganzen Gebäudes oder eine Gefahr für das Publikum zu besorgen ist. Nur unter dieser Voraussetzung muß die Obrigkeit, jetzt die Ortspolizeibehörde (Entsch. d. Ober Verw.Ger. Bd. 13 S. 402), den Eigentümer zur Vornahme der notwendigen Reparatur innerhalb einer nach den Umständen zu bestimmenden billigen Frist, allenfalls durch Zwangsmittel anhalten (§ 38 ALR. I 8). Das Gesetz fährt sodann weiter fort (§ 39 ALR. I, 8): „Sind diese (d. h. die Zwangsmittel) fruchtlos," so ist die Obrigkeit zu weiteren einschneidenderen Maßregeln berechtigt. Hier kann der Zweifel auftauchen, ob nicht ebenso, wie die Aufforderung bestimmten Inhalts mit Setzung einer billigen Frist, die im § 38 a. a. O. erwähnten Zwangsmittel notwendige Voraussetzung der der Behörde gegebenen weiteren Befugnisse sind. Die Bezugnahme auf diese Zwangsmittel im Eingange des § 39 a. a. O. ist geeignet, diese Annahme zu unterstützen. Trotzdem wird man mit Rücksicht auf die im § 38 a. a. O. getroffene Einschränkung, welche durch die Worte „allenfalls durch Zwangsmittel" zum Ausdruck gebracht wird, annehmen müssen, daß die Ergreifung von Zwangsmitteln nicht als Pflicht, sondern nur als ein nach den jeweiligen Umständen in Betracht kommendes Recht für die Obrigkeit vorgesehen ist. Läßt sich demnach die Ortspolizeibehörde an der vorgedachten Aufforderung an den Grundstückseigentümer genügen, so wird nichts dagegen zu erinnern sein, daß nach fruchtlosem Ablauf der in der Aufforderung gesetzten Frist, die Polizeibehörde von den ihr im Gesetz eingeräumten weiteren Rechten Gebrauch macht. Bei Geltendmachung dieser Rechte hat nun die Obrigkeit die Möglichkeit, den Bau auf Kosten des säumigen Eigentümers ausführen zu lassen oder, wenn der Eigentümer die Kosten nicht vorschießen kann oder will, das Grundstück zur Zwangsverst. zu bringen.

Man wird annehmen müssen, daß es dem Ermessen der Obrigkeit überlassen bleiben soll, welchen dieser beiden Wege sie einschlagen will. Es ist also nach dem Gesetze die Geltendmachung der der Obrigkeit eingeräumten Rechte alternativ gedacht. Sieht die Obrigkeit davon ab, den Bau selbst ausführen zu lassen, und stellt sie sofort den Antrag auf Beschlagnahme des Grundstücks zum Zwecke der Zwangsversteigerung, so wird sich fragen, welche Nachweise zur Begründung des Antrags sie dem Amtsgericht der belegenen Sache zu führen hat.

Der Antrag hat zunächst das Grundstück und den Eigentümer, welcher als solcher im Grundbuch eingetragen sein muß, zu bezeichnen. Ist der Eigentümer noch nicht eingetragen, so muß die Polizeibehörde zunächst die Berichtigung des Grundbuchs veranlassen. Da nach Art. 29 die Vorschriften des Art. 24 entsprechende Anwendung finden, hat die Polizeibehörde als Antragstellerin die Antragsvoraussetzungen, sofern sie nicht offenkundig sind, durch Urkunden glaubhaft zu machen. Die Ortspolizeibehörde wird im vorliegenden Falle unzweifelhaft darzutun haben, daß sie den Grundstückseigentümer und sofern mehrere Miteigentümer sind, jeden derselben mit präklusivischer Frist aufgefordert hat und daß trotz Ablaufs der Frist der Aufforderung nicht Folge geleistet worden ist. Schwieriger ist die Frage, ob das Gericht auch nachzuprüfen hat, ob durch die Vernachlässigung der Unterhaltungspflicht des Eigentümers der Einsturz des ganzen Gebäudes oder eine Gefahr für das Publikum zu besorgen und damit auch tatsächlich die Voraussetzung zu der von der Ortspolizeibehörde an den Eigentümer gerichteten Aufforderung gegeben war. Nach meinem

Dafürhalten wird man diese Frage bejahen müssen. Verneint wird sie von Jäckel Anm. zu Art. 29, Fischer u. Schäfer Anm. 2 zu Art. 28—32. Allerdings wird man der den Antrag stellenden Ortspolizeibehörde nachlassen müssen als einer auf dem Gebiete des Verkehrs, der öffentlichen Sicherheit und der Baupolizei sachverständigen Behörde, die Erklärung abzugeben, daß sie bei dem vorhandenen Zustande des zerstörten Gebäudes aus Gründen der öffentlichen Sicherheit für Verkehr und Publikum das eingeleitete Zwangsverfahren für notwendig habe erachten müssen. Es wird sich danach für die Polizeibehörde stets empfehlen, ihre Akten, welche über die bauliche Beschaffenheit des zerstörten Gebäudes zur Zeit des Einganges des Antrages näheren Ausschluß geben, bei Stellung des Antrages mit einzureichen, da nach Art. 29 AG. ZwVG. der Antrag nicht nur das Grundstück und den Eigentümer, sondern auch die Tatsachen bezeichnen soll, welche das Recht zur Stellung des Antrages begründen. Einer Nachprüfung des Vollstreckungsgerichts unterliegen ferner die von der Ortspolizeibehörde dem Grundstückseigentümer gesetzte billige Frist. Wolff Anm. 4 zu Art. 29, a. M. Jäckel Anm. zu Art. 29.

In dem Zwangsversteigerungsverfahren hat die Polizeibehörde die Stellung des betreibenden Gläubigers, der Eigentümer diejenige des Schuldners. Der Fortgang der eingeleiteten Zwangsverst. bietet nur insofern Abweichungen, als die Vorschriften über das geringste Gebot keine Anwendung finden, und als das Gericht die Übernahme der Wiederherstellung des Gebäudes von Amts wegen als Versteigerungsbedingung zu bestimmen hat (Art. 31 Abs. 2 AG.). Durch die letztgedachte Bestimmung wird für den Ersteher neben der ohne die Versteigerungsbedingung auf ihm lastenden öffentlich-rechtlichen Verpflichtung zur Wiederherstellung des Gebäudes gemäß § 41 ALR. I, 8 noch eine privatrechtliche Wiederherstellungspflicht zugunsten der Gemeinde begründet, deren Erfüllung seitens der Gemeinde nötigenfalls im Wege der Klage erzwungen werden kann. Vgl. Jäckel Anm. zu Art. 31, Wolff Anm. 2 zu Art. 31, welch letzterer jedoch zu Unrecht annimmt, daß die Gemeinde gegen den Ersteher auf Grund der zu ihren Gunsten gemachten Auflage die Zwangsvollstr. betreiben darf. Das abgegebene Meistgebot ist im ganzen Umfange bar zu zahlen. Von dem Erlöse werden diejenigen Kosten, welche von der Obrigkeit (nicht bloß von der Polizeibehörde, sondern auch von der Stadtgemeinde) gemäß § 43 ALR. I, 8 zur Abwendung dringender Gefahr aufgewendet worden sind (z. B. Kosten für die Niederlegung der morsch gewordenen Mauern und Ruinen des zerstörten Gebäudes), vor allen Ansprüchen unmittelbar nach den Kosten des Verfahrens in Abzug zu bringen sein. Wird die Aufwendung dieser Kosten von der Polizeibehörde bescheinigt, so erübrigt sich eine weitere Nachprüfung bezüglich der Höhe, Angemessenheit und Notwendigkeit derselben seitens des Vollstreckungsgerichts. Vgl. Wofff, Jäckel Anm. zu Art. 30. Im übrigen wird der Erlös wie im gewöhnlichen Verfahren verteilt, einen etwaigen Überschuß erhält der bisherige Eigentümer. Angebote der Gläubiger oder einzelner derselben gemäß §§ 45—47 I, 8 sind nach Art. 32 nur zu berücksichtigen, wenn sie im Versteigerungstermine abgegeben werden. Ist die Versteigerung ergebnislos, so wird nach § 48 ALR. I, 8 und Art. 32 Abs. 2 AG. ZwVG. der Zuschlag der Gemeinde erteilt, ohne daß es dazu eines Gebotes der Gemeinde oder eines darauf gerichteten Antrages bedarf. Vorstehende Ausführungen sind zum größten Teil bereits enthalten in meiner Abhandlung im Verwaltungsarchiv Bd. 9 Heft 4 u. 5 S. 464 ff.

4. Abschnitt. Schluß- und Übergangsbestimmungen.

Artikel 33.

Ältere hessische Hypotheken.

Im bisherigen Geltungsbereiche des Gesetzes über das Grundbuchwesen im Bezirke des Appellationsgerichts zu Kassel ꝛc. vom 29. Mai 1873 (Gesetz-Samml. S. 273) ist eine vor dem 1. Juli 1874 entstandene Hypothek, die nicht in eine Hypothek des Preußischen Rechtes umgewandelt ist, bei der Feststellung des geringsten Gebots und bei der Aufstellung des Teilungsplans nur zu berücksichtigen, wenn sie rechtzeitig angemeldet wird.

Zu Art. 33 bemerken die Motive (S. 27): Der § 201 des preuß. Ges. enthält besondere Bestimmungen über die Behandlung der im Bezirke des vormaligen Appellationsgerichts zu Kassel vorhandenen älteren Hypotheken, die nicht nach § 43 des Ges. v. 29. Mai 1873 (GS. S. 273) umgewandelt sind. Eine Hypothek dieser Art soll nach Art. 33 § 3 Nr. 2 AG. BGB., soweit sie zu der Zeit, zu welcher das Grundbuch als angelegt anzusehen ist, nach dem bisherigen Rechte besteht, von dieser Zeit an als Sicherungshypothek gelten. Soweit sie schon vor der bezeichneten Zeit erloschen ist, gelangt sie durch die reichs- und landesgesetzlichen Überleitungsbestimmungen für bestehende Pfandrechte (Art. 192, 193 EG. BGB.; Art. 33 § 3 AG. BGB.) nicht wieder zur Wirksamkeit. Würde eine erloschene Hypothek künftig bei der Feststellung des geringsten Gebots und bei der Aufstellung des Verteilungsplans nach dem Inhalte des Grundbuchs berücksichtigt werden, so ergäbe sich für die gleich- und nachstehenden Beteiligten, die schwere Beeinträchtigung, welche der § 201 des preuß Ges. ausschließen will. Aus dem Grundbuch läßt sich aber bei den in Rede stehenden älteren hessischen Hypotheken, soweit die Löschung unterblieben ist, nicht ersehen, ob es sich um eine schon vor der Zeit, zu welcher das Grundbuch als angelegt anzusehen ist, erloschene oder um eine noch wirksame, zur Sicherungshypothek umgewandelte Hypothek handelt. Die bezeichneten Hypotheken dürften daher auch künftig bei der Feststellung des geringsten Gebots und bei der Aufstellung des Teilungsplans nur auf Grund einer Anmeldung berücksichtigt werden. Eine dahingehende Vorschrift ist im § 8 Abs. 1 EG. ZwVG. gerade mit Rücksicht auf den § 201 des preuß. Ges. zugelassen.

Art. 33 gibt den § 201 Abs. 2, 3 wieder. Abs. 1 wird durch die reichsgesetzliche Vorschrift des § 8 Abs. 2 EG. ZwVG. ersetzt. Bezüglich der im § 201 Abs. 4 bis 6 behandelten Fragen ist für landesgesetzliche Vorschriften kein Raum und kein Bedürfnis. Die Vorschrift des Art. 33 findet selbstverständlich keine Anwendung mehr, wenn eine kraft Gesetzes in eine Sicherungshypothek umgewandelte ältere hessische Hypothek unter der Geltung des BGB. durch Einigung der Beteiligten in eine gewöhnliche Hypothek umgewandelt ist (§ 1186 BGB.). Über den Anmeldungszwang s. die Anm. zu § 8 EG.

Artikel 34.

Landschaftliche Kreditanstalten.

Die Verfassungen und Satzungen der landschaftlichen (ritterschaftlichen) Kreditanstalten und der provinzial-(kommunal-)ständischen öffentlichen Grundkreditanstalten werden, auch soweit sie den Anstalten weitergehende Befugnisse gewähren, durch die Vorschriften dieses Gesetzes nicht berührt.

Nach Art. 167 EG. BGB. bleiben die landesgesetzlichen Vorschriften in Kraft, welche die zur Zeit des Inkrafttretens des BGB. bestehenden landschaftlichen und ritterschaftlichen Kreditanstalten betreffen. Nach § 2 Abs. 1 EG. ZwVG. gilt dieses (mit der aus Abs. 2 ersichtlichen Einschränkung) auch für die landesgesetzlichen Vorschriften über die Zwangsverst. und die Zwangsverw. Die Zwangsvollstr. aus Forderungen landschaftlicher (ritterschaftlicher) Kreditanstalten ist für Preußen bereits durch Gesetz v. 3. Aug. 1897 (GS. S. 388), dessen § 6 durch den Art. 12 AG. ZwVG. ergänzt ist, geregelt. Der Art. 34 stimmt mit § 12 des Ges. v. 3. Aug. 1897 überein und stellt klar, daß die Verfassungen und Satzungen dieser Anstalten, auch soweit sie ihnen weitergehende Befugnisse gewähren, durch die Vorschriften des AG. nicht berührt werden sollen: „Der Vorbehalt ist insbesondere von Bedeutung für das Recht der bezeichneten Kreditanstalten, von den in der Zwangsverw. zur Erhaltung oder nötigen Verbesserung des Grundstücks aufgewendeten Beträgen höhere als die gesetzlichen Zinsen mit dem gleichem Range zu verlangen" (Motive S. 28). Eine Zusammenstellung der verfassungs- und satzungsmäßigen Privilegien dieser Anstalten gibt die Begründung des Entwurfs des Ges. v. 3. Aug. 1897 (Drucksachen des preuß. AH. 1896/97 Nr. 316).

Gerichtliches Verteilungsverfahren in Enteignungssachen. (Art. 35—41.)

Artikel 35.

Ist im Falle der Enteignung eines mit Reallasten, Hypotheken, Grundschulden oder Rentenschulden belasteten Grundstücks die für den Eigentümer vereinbarte oder durch Beschluß oder Urteil endgültig festgestellte Entschädigungssumme nach § 37 Abs. 1 Nr. 3 des Gesetzes über die Enteignung von Grundeigentum vom 11. Juni 1874 (Gesetz-Samml. S. 221) hinterlegt und sind die Wirkungen der Enteignung eingetreten, so haben die Realberechtigten an dieser Entschädigung, unbeschadet der Vorschriften der §§ 38, 49 des genannten Gesetzes, dieselben Rechte, welche ihnen im Falle des Erlöschens ihres Rechtes durch Zwangsversteigerung an dem Erlöse zustehen.

Der Eigentümer und jeder der im Abs. 1 bezeichneten Realberechtigten kann die Eröffnung eines gerichtlichen Verteilungsverfahrens beantragen. Für das Verfahren gelten die Vorschriften der Artikel 36 bis 41.

---

1. In den Art. 35—41 wird das gerichtliche Verfahren zum Zwecke der Verteilung der für den Eigentümer eines enteigneten Grundstücks hinterlegten Enteignungsentschädigung landesgesetzlich für Preußen geregelt.

Erfolgt die Enteignung auf Grund eines Reichsgesetzes, so sind für die Rechte Dritter an der Entschädigungssumme die Art. 52—54 EG. BGB. maßgebend, welche folgendermaßen lauten:

Art. 52. Ist auf Grund eines Reichsgesetzes dem Eigentümer einer Sache wegen der im öffentlichen Interesse erfolgenden Entziehung, Beschädigung oder

Benutzung der Sache oder wegen Beschränkung des Eigentums eine Entschädigung zu gewähren und steht einem Dritten ein Recht an der Sache zu, für welches nicht eine besondere Entschädigung gewährt wird, so hat der Dritte, soweit sein Recht beeinträchtigt wird, an dem Entschädigungsanspruche dieselben Rechte, die ihm im Falle des Erlöschens seines Rechtes durch Zwangsversteigerung an dem Erlöse zustehen.

Art. 53. Ist in einem Falle des Art. 52 die Entschädigung dem Eigentümer eines Grundstücks zu gewähren, so finden auf den Entschädigungsanspruch die Vorschriften des § 1128 BGB. entsprechende Anwendung. Erhebt ein Berechtigter innerhalb der im § 1128 bestimmten Frist Widerspruch gegen die Zahlung der Entschädigung an den Eigentümer, so kann der Eigentümer und jeder Berechtigte die Eröffnung eines Verteilungsverfahrens nach den für die Verteilung des Erlöses im Falle der Zwangsversteigerung geltenden Vorschriften beantragen. Die Zahlung hat in diesem Falle an das für das Verteilungsverfahren zuständige Gericht zu erfolgen.

Ist das Recht des Dritten eine Reallast, eine Hypothek, eine Grundschuld oder eine Rentenschuld, so erlischt die Haftung des Entschädigungsanspruchs, wenn der beschädigte Gegenstand wiederhergestellt oder für die entzogene bewegliche Sache Ersatz beschafft ist. Ist die Entschädigung wegen Benutzung des Grundstücks oder wegen Entziehung oder Beschädigung von Früchten oder von Zubehörstücken zu gewähren, so finden die Vorschriften des § 1123 Abs. 2 Satz 1 und des § 1124 Abs. 1, 3 BGB. entsprechende Anwendung.

Art. 54. Die Vorschrift des § 36 Abs. 4 des Gesetzes, betreffend die Beschränkungen des Grundeigentums in der Umgebung von Festungen, v. 21. Dez. 1871 (Reichs-Gesetzbl. S. 459) wird durch die Vorschriften der Art. 52, 53 nicht berührt. Findet nach diesen Vorschriften ein Verteilungsverfahren statt, so ist die Entschädigung auf Ersuchen des für das Verfahren zuständigen Gerichts an dieses zu leisten, soweit sie zur Zeit der Stellung des Ersuchens noch aussteht.

Die Vorschrift des § 37 desselben Gesetzes wird dahin geändert:

Ist das Grundstück mit einem Rechte belastet, welches durch die Beschränkung des Eigentums beeinträchtigt wird, so kann der Berechtigte bis zum Ablauf eines Monats, nachdem ihm der Eigentümer die Beschränkung des Eigentums mitgeteilt hat, die Eröffnung des Verteilungsverfahrens beantragen.

Beruht die Enteignung auf landesgesetzlichen Vorschriften, so bestimmt Art. 109 EG. BGB. folgendes:

Art. 109. Unberührt bleiben die landesgesetzlichen Vorschriften über die im öffentlichen Interesse erfolgende Entziehung, Beschädigung oder Benutzung einer Sache, Beschränkung des Eigentums und Entziehung oder Beschränkung von Rechten. Auf die nach landesgesetzlicher Vorschrift wegen eines solchen Eingriffs zu gewährende Entschädigung finden die Vorschriften der Art. 52, 53 Anwendung, soweit nicht die Landesgesetze ein anderes bestimmen.

Der im vorstehenden Artikel am Ende befindliche Zusatz: „soweit nicht die Landesgesetze ein anderes bestimmen“, hat für Preußen besondere Bedeutung. In Preußen hat nämlich das Enteignungsgesetz v. 11. Juni 1874 die Stellung der dinglich Berechtigten bezüglich der festgestellten Entschädigungssumme in § 29 Abs. 2, § 30 Abs. 1, § 31, § 36 Abs. 1, §§ 37, 38, 45–49 besonders geregelt. In § 49 wird dem Eigentümer auch gestattet, wegen Auszahlung oder Verwendung der hinterlegten Entschädigungssumme die Vermittlung der Auseinandersetzungsbehörden in Anspruch zu nehmen. In Ergänzung und teilweiser Abänderung des Enteignungsgesetzes bezwecken die Art. 35—41 neben dem Vermittlungsverfahren der Auseinandersetzungsbehörden ein gerichtliches Verteilungsverfahren einzuführen (Mot.).

2. Die Voraussetzungen des gerichtlichen Verteilungsverfahrens sind nach Art. 35:

a) Es muß das Grundstück ganz oder teilweise enteignet sein. Es genügt nicht, daß eine Entschädigung in Frage kommt, welche für eine im Enteignungsverfahren dem Grundstückseigentümer auferlegte Eigentumsbeschränkung zu gewähren ist oder für die Entnahm evon Wegebaumaterialien nach §§ 50, 53 Enteign.G. Jäckel Anm. 2a.

b) Das Grundstück muß zur Zeit der Enteignung mit einer Reallast, Hypothek, Grundschuld oder Rentenschuld belastet gewesen sein. Eine andere Belastung, Servitut, Miets- und Pachtrecht, selbst wenn sie eingetragen sind, genügen nicht.

c) Die Entschädigungssumme muß für den Eigentümer vereinbart oder durch Beschluß oder Urteil endgültig festgestellt sein. Die Motive (S. 30) bemerken hierzu noch: „Sofern Nebenberechtigte der im § 11 Enteign.G. bezeichneten Art vorhanden sind und über deren Anteilsverhältnis an der Entschädigungssumme noch Streit besteht, muß dieser erst zwischen den Nebenberechtigten und dem Eigentümer ausgetragen werden (§ 30 Abs. 1 Satz 2, § 37 Abs. 1 Nr. 1 des Enteign.Ges.), und nur über den dem Eigentümer gebührenden Teil der Entschädigungssumme findet alsdann das Verteilungsverfahren statt."

d) Die Entschädigung muß nach § 37 Abs. 1 Nr. 3 des Enteign.Ges. v. 11. Juni 1874 hinterlegt sein. Die Art. 35—41 finden auch auf die Enteignung Anwendung, welche auf Grund des Gesetzes betr. die Anlegung und Veränderung von Straßen und Plätzen v. 2. Juli 1875 erfolgt, weil nach § 14 dieses Ges. die Entschädigung nach § 37 Abs. 1 Nr. 3 des Enteign.Ges. zu hinterlegen ist. Vgl. Wolff AG. Anm. 3 zu Art. 35, Jäckel Anm. 2d.

e) Die Wirkungen der Enteignung müssen eingetreten sein. Dazu gehört, daß der Enteignungsbeschluß dem Eigentümer und Unternehmer zugestellt sein muß, und damit der Zeitpunkt eingetreten ist, in welchem das Eigentum des enteigneten Grundstücks auf den Unternehmer übergeht, und das enteignete Grundstück von allen darauf haftenden Rechten, soweit der Unternehmer diese nicht etwa vertragsmäßig übernommen hat, frei wird (§§ 44—46 Enteign.Ges.).

Sind vorstehende Voraussetzungen erfüllt, so haben die Realberechtigten an der Entschädigung dieselben Rechte, welche ihnen im Falle des Erlöschens ihres Rechtes durch Zwangsverst. an dem Erlöse zustehen. Jeder Realberechtigte hat alsdann trotz der anscheinend einschränkenden Fassung des Abs. 2 des Art. 35 das Recht, die Eröffnung eines gerichtlichen Verteilungsverfahrens zu beantragen. Hiermit stimmen auch die Motive (S. 30) überein. Vgl. Jäckel Anm. 3, Wolff Anm. 1 zu Art. 36.

3. Der Antrag muß selbstverständlich bei dem zuständigen Gerichte gestellt werden. Zuständig ist dasjenige Amtsgericht, welches nach §§ 1, 2 ZwVG. für die Zwangsverst. des Grundstücks zuständig gewesen sein würde. Dies geht aus den Eingangsworten des Art. 41 hervor, wo gesagt ist, daß „die für die Verteilung des Erlöses im Falle der Zwangsverst. geltenden Vorschriften des Reichsgesetzes auf das Verteilungsverfahren entsprechende Anwendung finden". Ist der Antrag begründet, so wird durch einen dem Antragsteller von Amts wegen zuzustellenden Beschluß das Verteilungsverfahren eröffnet.

Artikel 36.

Das Verteilungsverfahren ist auf Antrag des Eigentümers aufzuheben, wenn dieser bis zum Schlusse des ersten Termins nachweist, daß

er nach § 38 des Enteignungsgesetzes über die Entschädigungssumme verfügen kann.

Nach § 37 Nr 3 des Enteign.Ges. ist der Unternehmer verpflichtet, die Entschädigungssumme zu hinterlegen, wenn Reallasten, Hypotheken oder Grundschulden auf dem betreffenden Grundstück haften. In diesem Falle kann — mit Ausnahme des § 38 vorgesehenen Falles — der Eigentümer über die Entschädigungssumme nur verfügen, wenn die Realberechtigten einwilligen (§ 48 des Enteign.Ges.). Hiervon ist jedoch im Falle des § 38 eine Ausnahme gemacht. § 38 des Enteign.Ges. lautet:

Ist nur ein Teil eines Grundbesitzes enteignet, so stehen der Auszahlung der für den enteigneten Teil bestimmten Entschädigungssumme die auf dem gesamten Grundbesitz haftenden Hypotheken und Grundschulden nicht entgegen, wenn dieselben den fünfzehnfachen Betrag des Grundsteuerreinertrages des Restgrundbesitzes nicht übersteigen. Reallasten, welche der Eintragung in das Grundbuch bedürfen, werden hierbei den Hypotheken gleichgeachtet und in entsprechender Anwendung der bei notwendigen Subhastationen geltenden Grundsätze zu Kapital veranschlagt.

Auch wird bei einer solchen teilweisen Enteignung die Auszahlung der für den enteigneten Teil bestimmten Entschädigungssumme durch nicht eingetragene Reallasten, Fideikommiß-, Stammgut-, Lehn- oder Leiheverband des gesamten Grundbesitzes nicht gehindert, wenn die gedachte Entschädigungssumme den fünffachen Betrag des Grundsteuer-Reinertrages des gesamten Grundbesitzes und auch die Summe von dreihundert Mark nicht übersteigt.

Die Auszahlung laufender Nutzungen der Entschädigungssumme kann ohne Rücksicht auf die vorgedachten Realverhältnisse erfolgen.

Wie aus § 37 Nr. 3 a. a. O. hervorgeht, muß, auch wenn die Voraussetzungen des § 38 gegeben sind, der Unternehmer die Entschädigungssumme hinterlegen. Der Eigentümer hat demnächst den Nachweis seines Verfügungsrechts gemäß § 38 zu führen. Dieser Nachweis ist bis zum Schluß des Verteilungstermins zu erbringen. Ist der Nachweis geführt, so erfolgt die Aufhebung des Verteilungsverfahrens durch Beschluß des Gerichts. Nach Art. 40 werden für diesen Beschluß Gerichtskosten nicht erhoben.

Artikel 37.

Nimmt der Eigentümer die Vermittlung der Auseinandersetzungsbehörde wegen Auszahlung oder Verwendung der Entschädigungssumme in Anspruch, so hat die Auseinandersetzungsbehörde von der Einleitung des Vermittlungsverfahrens und nach dessen Beendigung von der Art der Erledigung dem für das Verteilungsverfahren zuständigen Gerichte Mitteilung zu machen.

Solange diesen Mitteilungen zufolge ein Vermittlungsverfahren bei der Auseinandersetzungsbehörde anhängig ist, hat das Gericht Anträge auf Eröffnung des Verteilungsverfahrens abzulehnen.

Nach Art. 35 bleibt auch § 49 des Enteign.Ges. aufrecht erhalten. Die Art. 37—39 regeln das Verhältnis des gerichtlichen Verteilungsverfahrens zu einem nach § 49 des Enteign.Ges. zulässigen, zur Zuständigkeit der Auseinandersetzungsbehörden gehörigen Vermittlungsverfahren.

§ 49 des Enteign.Ges. bestimmt folgendes:

Der Eigentümer des Grundstücks ist jedoch in den Fällen der §§ 47 und 48, d. h. sofern das enteignete Grundstück Fideikommiß- oder Stammgut war oder im Lehn- oder Leiheverband stand oder mit Reallasten, Hypotheken oder Grundschulden behaftetet war, befugt, wegen Auszahlung oder Verwendung der hinterlegten Entschädigungssumme die Vermittlung der Auseinandersetzungsbehörden für Regulierung gutsherrlicher und bäuerlicher Verhältnisse, Ablösungen und Gemeinheitsteilungen in Anspruch zu nehmen.

Die Auseinandersetzungsbehörde hat die bei ihr eingehenden Anträge nach den Bestimmungen zu beurteilen und zu erledigen, welche wegen Wahrnehmung der Rechte dritter Personen bei Verwendung der Ablösungskapitalien in den §§ 110—112 des Ges. v. 2. März 1850, betreffend die Ablösung der Reallasten und Regulierung der gutsherrlichen und bäuerlichen Verhältnisse, erteilt worden sind.

Die Motive des Ausf.G. (S. 30) bemerken hierzu: „Das im § 49 des Enteign.Ges. zugelassene Vermittlungsverfahren gewährt den Beteiligten gewisse Vorteile vor dem gerichtlichen Verteilungsverfahren; es erscheint daher nicht angezeigt, letzteres lediglich an seine Stelle zu setzen. Ebensowenig aber besteht Anlaß, ein Vermittlungsverfahren vor den Auseinandersetzungsbehörden für die Gebiete einzuführen, in denen es nach § 49 Abs. 3 noch nicht besteht, d. h. für die Landesteile des linken Rheinufers und Teile des Regierungsbezirkes Wiesbaden. Für diese Landesteile werden die im § 49 Abs. 3 vorbehaltenen bisherigen Bestimmungen durch die Bestimmungen des Entwurfs ersetzt. Im übrigen sollen die Vorschriften des § 49 aufrecht erhalten bleiben; auf Antrag des Eigentümers soll also die Vermittlung der Auseinandersetzungsbehörde nach Maßgabe der Vorschriften v. 2. März 1850 und in der Provinz Hannover nach der Ablösungsordnung v. 23. Juli 1883 eintreten."

Hiernach ist ein doppeltes Verfahren zulässig, einmal auf Antrag des Eigentümers vor der Auseinandersetzungsbehörde, zum anderen ein solches auch auf Antrag der Realberechtigten vor dem Verteilungsgerichte. Die dadurch entstehende Konkurrenz zwischen beiden Verfahrensarten ist zugunsten des Vermittlungsverfahrens durch Art. 37 geregelt. Wird auf Antrag des Eigentümers das Vermittlungsverfahren eingeleitet, so hat die Auseinandersetzungsbehörde die in Art. 37 vorgeschriebene Mitteilung an das für das Verteilungsverfahren zuständige Gericht zu machen. Durch die Mitteilung wird nach Abs. 2 das Gericht verpflichtet, solange das Vermittlungsverfahren bei der Auseinandersetzungsbehörde anhängig ist, Anträge auf Eröffnung des Verteilungsverfahrens abzulehnen.

Diese Vorschrift kommt in den Landesteilen des linken Rheinufers, in der Provinz Hannover und den Teilen des Regierungsbezirkes Wiesbaden, in welchen die Verordnungen v. 13. Mai 1867 (GS. S. 716) und 2. September 1867 (GS. S. 1463) nicht eingeführt sind, nicht zur Anwendung, vielmehr bleibt es hier bei den bisher bestehenden Vorschriften.

Artikel 38.

Erlangt das Gericht in einem anhängigen Verteilungsverfahren vor dem Schlusse des ersten Termins von der Einleitung eines Vermittlungsverfahrens Kenntnis, so ist das Verteilungsverfahren bis zur Erledigung dieses Verfahrens einstweilen einzustellen.

Das gleiche gilt, wenn der Eigentümer vor dem Schlusse des ersten Termins die Bestimmung einer Frist nachsucht und vor dem Ablaufe

der Frist die Einleitung des Vermittlungsverfahrens zur Kenntnis des Gerichts gelangt.

Endigt das Vermittlungsverfahren mit der vollständigen Freigabe oder Verteilung der Entschädigungssumme, so ist das Verteilungsverfahren aufzuheben.

Dem Eigentümer des enteigneten Grundstücks soll durch Art. 38 die Möglichkeit offen gehalten werden, auch noch während des bereits anhängigen gerichtlichen Verteilungsverfahrens dieses durch den Antrag auf Einleitung des Vermittlungsverfahrens bei der Auseinandersetzungsbehörde auszuschließen. Ist das Vermittlungsverfahren nämlich eingeleitet worden, und hat das Gericht von der Einleitung vor dem Schlusse des ersten Termins (Verteilungstermins) Kenntnis erhalten, so ist der Termin aufzuheben und das Verteilungsverfahren bis zur Erledigung des Vermittlungsverfahrens einstweilen einzustellen (Abs. 1). Von wem das Gericht die Kenntnis erlangt hat, ist unerheblich.

Nach Abs. 2 genügt es sogar zur Aufhebung des gerichtlichen Verteilungstermins, wenn der Eigentümer vor dem Schlusse des ersten Termins nur um Bestimmung einer Frist bittet, um während derselben die Einleitung des Vermittlungsverfahrens herbeizuführen. Erlangt alsdann das Gericht vor dem Ablaufe der Frist Kenntnis von der Einleitung des Vermittlungsverfahrens, so ist das gerichtliche Verfahren gleichfalls einzustellen.

Aufgehoben wird das gerichtliche Verteilungsverfahren erst, wenn sich aus der in Art. 37 vorgeschriebenen Mitteilung der Auseinandersetzungsbehörde ergibt, daß das Vermittlungsverfahren mit der vollständigen Freigabe oder Verteilung der Entschädigungssumme geendet hat (Abs. 3). Ist letzteres nicht der Fall, so nimmt das gerichtliche Verteilungsverfahren auch ohne Antrag seinen Fortgang. Für den gerichtlichen Aufhebungsbeschluß werden gemäß Art. 40 keine Gerichtskosten erhoben.

Artikel 39.

Erlangt das Gericht erst nach dem Schlusse des ersten Termins oder nach dem Ablaufe der im Artikel 38 Abs. 2 bezeichneten Frist von der Einleitung des Vermittlungsverfahrens Kenntnis, so ist hiervon der Auseinandersetzungsbehörde Mitteilung zu machen; diese hat das bei ihr anhängige Verfahren aufzuheben.

Hat das Gericht bis zum Schluß des ersten Teilungstermins von dem eingeleiteten Vermittlungsverfahren keine Kenntnis erlangt, so ist das gerichtliche Verfahren ohne Rücksicht auf das andere Verfahren zu Ende zu führen. Die Auseinandersetzungsbehörde hat in diesem Falle das bei ihr anhängige Verfahren aufzuheben.

Auch im Falle einer Zurücknahme des Antrages auf gerichtliche Verteilung seitens des Eigentümers kann der Fortgang des gerichtlichen Verfahrens nicht gehemmt werden. Eine Zurücknahme mit der Wirkung, daß das eingeleitete Verfahren aufgehoben wird, wäre nur zulässig, wenn sämtliche Realberechtigte zustimmten (vgl. Art. 86 § 1 Nr. XXXVIII AG. BGB.). Vgl. Jäckel Anm. zu Art. 39.

Artikel 40.

In den Fällen des Artikel 36, des Artikel 37 Abs. 2 und des Artikel 38 Abs. 3 werden Gerichtskosten nicht erhoben.

Die Motive (S. 31) bemerken hierzu: „Soweit den Realberechtigten aus der Beteiligung an dem Verteilungsverfahren sonstige notwendige Kosten erwachsen, sind es Kosten der die Befriedigung aus dem Grundstücke bezweckenden Rechtsverfolgung, für welche die an die Stelle des Grundstücks getretene Entschädigung kraft des Realrechts mithaftet (vgl. § 1118 BGB., § 10 Abs. 2 ZwVG.)."

Artikel 41.

Auf das Verteilungsverfahren finden die für die Verteilung des Erlöses im Falle der Zwangsversteigerung geltenden Vorschriften des Reichsgesetzes mit folgenden Maßgaben entsprechende Anwendung:

1. Als Beteiligte gelten der Eigentümer, diejenigen, für welche zur Zeit des Überganges des Eigentums auf den Unternehmer ein Recht der im Artikel 35 bezeichneten Art im Grundbuch eingetragen oder durch Eintragung gesichert ist, sowie diejenigen, welche ein solches Recht bei der Enteignungsbehörde angemeldet haben oder bei dem Verteilungsgericht anmelden und auf Verlangen des Gerichts oder eines Beteiligten glaubhaft machen.
2. Die Zustellung des Beschlusses, durch den das Verteilungsverfahren eröffnet wird, an den Antragsteller ist im Sinne des § 13 des Reichsgesetzes als Beschlagnahme anzusehen.
3. Das Verteilungsgericht hat bei der Eröffnung des Verfahrens das Grundbuchamt um die im § 19 Abs. 2 des Reichsgesetzes bezeichneten Mitteilungen zu ersuchen. In die beglaubigte Abschrift des Grundbuchblatts sind die zur Zeit des Überganges des Eigentums auf den Unternehmer vorhandenen Eintragungen sowie die später eingetragenen Veränderungen und Löschungen aufzunehmen.

Im Falle der Enteignung eines Grundstücksteils kann, wenn die Zwangsversteigerung des Hauptgrundstücks angeordnet ist, das Verteilungsverfahren mit dem bei der Zwangsversteigerung stattfindenden Verteilungsverfahren verbunden werden.

Die Zustellung des Beschlusses, durch den das Verteilungsverfahren eröffnet wird, ist maßgebend für die Berechnung der rückständigen und laufenden Beträge wiederkehrender Leistungen, insbesondere für die Berücksichtigung der Rückstände gemäß § 10 Nr. 4 u. 8 ZwVG. Die Terminsbestimmung ist nach § 105 Abs. 2 den Beteiligten und dem Unternehmer zuzustellen. Der Kreis der Beteiligten ergibt sich aus Art. 41 Nr. 1. Die Aufnahme in den Teilungsplan geschieht auf Grund der beglaubigten Abschrift des Grundbuchblattes (Art. 41 Nr. 3) und auf Anmeldung. Das Ersuchen an das Grundbuchamt nach Ausführung des Teilungsplans (§ 130) richtet sich nur auf Löschung derjenigen Rechte, welche im Verteilungsverfahren be=

friedigt oder ausgefallen sind. Die Eintragung des Unternehmers als Eigentümers und die Löschung des Enteignungsvermerks ist Sache der Enteignungsbehörde (§§ 24 Abs. 3, 33 Enteign.Ges.). Abs. 2 ist von der Kommission des Abg.H. hinzugefügt und läßt eine Vereinigung des Enteignungs- und Zwangsvollstreckungsverteilungsverfahrens für den Fall zu, daß ein Teil eines Grundstücks enteignet ist, während der andere Teil Gegenstand der Zwangsverst. ist.

Anhängige Verfahren. (Art. 42, 43.)

Artikel 42.

Ein vor dem Inkrafttreten dieses Gesetzes beantragtes Verfahren ist, auch wenn es der Vorschrift des § 15 des Einführungsgesetzes zum Reichsgesetze nicht unterliegt, nach den bisherigen Vorschriften zu erledigen.

Artikel 43.

In einem vor dem Inkrafttreten dieses Gesetzes beantragten Zwangsverwaltungsverfahren bestimmen sich die Rechte und die Pflichten des Verwalters von der bezeichneten Zeit an nach den Vorschriften des Reichsgesetzes.

Von derselben Zeit an sind die Vorschriften des Reichsgesetzes auch für die Verteilung der Nutzungen maßgebend. Eine über die Verteilung vorher getroffene Bestimmung bleibt, unbeschadet der Vorschriften des § 159 des Reichsgesetzes, in Kraft. Auch behält ein Anspruch seinen bisherigen besseren Rang, wenn für ihn vor dem bezeichneten Zeitpunkt eine Beschlagnahme erfolgt war.

---

1. Den Grundsatz, der im § 15 EG. ZwVG. für die reichsgesetzlich geregelten Fälle der Zwangsverst. oder Zwangsverw. aufgestellt ist, dehnt Art. 42 auf die landesgesetzlichen Fälle der Zwangsverst. oder Zwangsverw. sowie auf anhängige Verteilungsverfahren außerhalb der Fälle der Zwangsvollstr. aus.

2. Der Art. 43 schränkt in wesentlicher Übereinstimmung mit den §§ 208—210 des pr. ZwVG. für anhängige Zwangsverwaltungsverfahren die fortdauernde Geltung des bisherigen Rechtes ein, indem

a) die Rechte und Pflichten des Verwalters, auch wenn letzterer vor dem 1. Jan. 1900 bestellt ist, und

b) die Verteilung der vor oder nach dem 1. Jan. 1900 gezogenen Nutzungen nach den Vorschriften des Reichsgesetzes und dieses AG. zu beurteilen sind.

Die Rangordnung der Berechtigten richtet sich für die Verteilung der Nutzungen, sofern nicht eine Bestimmung schon vor dem Inkrafttreten des Reichsgesetzes getroffen ist, nach dem jetzigen Recht. Doch behält der Anspruch seinen bisherigen besseren Rang, wenn für ihn vor dem 1. Jan. 1900 eine Beschlagnahme erfolgt war (Abs. 2 Satz 3 Art. 43).

Artikel 44.

Das Gesetz, betreffend die Gerichtskosten bei Zwangsversteigerungen und Zwangsverwaltungen von Gegenständen des unbeweglichen Vermögens, vom 18. Juli 1883 (Gesetz-Samml. S. 189) wird dahin geändert:

(Die hier folgenden Ziffern I—IX betreffen Abänderungen und Ergänzungen, die in dem unten [unter Nr. 8] mitgeteilten Abdruck der §§ 124—127, 129, 130, 132, 133 und 136 berücksichtigt sind.)

Artikel 45.

Die §§ 117 bis 121a und der § 122 Abs. 1 des Preuß. Gerichtskostengesetzes vom 25. Juni 1895 (Gesetz-Samml. S. 203) fallen weg. Im § 122 Abs. 2 werden die Worte „oder Genehmigung" gestrichen und die Worte „der Zwangsvollstreckung in das unbewegliche Vermögen" durch die Worte „der Zwangsversteigerung, der Zwangsverwaltung oder der Zwangsliquidation" ersetzt. Der § 114 Abs. 1 erhält folgende Fassung:

(Siehe unter Nr. 8 § 119.)

Artikel 46.

Der Justizminister wird ermächtigt, bei der Bekanntmachung des neuen Textes des Preuß. Gerichtskostengesetzes die §§ 1 bis 11 des Gesetzes vom 18. Juli 1883 und die §§ 121b, 122 des Preuß. Gerichtskostengesetzes in den zweiten Teil des letzteren Gesetzes als zweiten Abschnitt unter der Überschrift „Zwangsversteigerung und Zwangsverwaltung von Gegenständen des unbeweglichen Vermögens. Zwangsliquidation einer Bahneinheit" aufzunehmen. Hierbei sind die §§ 121b, 122 des Preuß. Gerichtskostengesetzes hinter den §§ 1 bis 8, 10, 11 des Gesetzes vom 18. Juli 1883 und der § 9 des letzteren Gesetzes am Schlusse des Abschnitts einzustellen. Die §§ 114 bis 116, 122a, 123 des Preuß. Gerichtskostengesetzes erhalten als erster Abschnitt des zweiten Teiles die Überschrift: „Allgemeine Bestimmungen."

Artikel 47.

Soweit in Gesetzen auf Vorschriften verwiesen ist, welche durch dieses Gesetz außer Kraft gesetzt werden, treten an deren Stelle die entsprechenden neuen Vorschriften.

Artikel 48.

Dieses Gesetz tritt gleichzeitig mit dem Reichsgesetz in Kraft.

Die Vorschriften des Artikel 46 treten mit der Verkündung in Kraft.

Urkundlich 2c.

2. Allgemeine Verfügung v. 7. Dez. 1899, betr. den Inhalt der Bestimmung des Versteigerungstermins bei der Zwangsversteigerung von Grundstücken. (JMBl. S. 790.)

Auf Grund des § 6 des EG. zum ZwVG. v. 24. März 1897 wird angeordnet: Bei der Zwangsversteigerung von Grundstücken soll die Bestimmung des Versteigerungstermins außer den im § 38 ZwVG. vorgeschriebenen Angaben über das Grundstück weiter auch kurze Angaben über

1. die Eigenschaft und die Wirtschaftsart des Grundstücks (Rittergut, Bauerhof, Acker, Wiese, Garten, Wohnhaus, Fabrik, Brauerei, Gasthaus, Apotheke usw.);
2. die Lage des Grundstücks (Kreis, Ortschaft, Straße und Hausnummer oder die sonstige ortsübliche Bezeichnung);
3. die Bezeichnung des Grundstücks in den Grund- und Gebäudesteuerbüchern (Name der Gemarkung, Nummern des Kartenblatts [der Flur] und der Parzelle, Artikelnummer der Grundsteuermutterrolle, Nummer der Gebäudesteuerrolle);
4. den staatlich ermittelten Grundsteuerreinertrag und Gebäudesteuernutzungswert, in den Hohenzollernschen Landen den Steueranschlag (das Grund- und Gebäudesteuerkapital);
5. sonstige, für die Beurteilung der wirtschaftlichen Bedeutung und des Wertes des Grundstücks nach dem Ermessen des Gerichts erhebliche Verhältnisse (mit dem Eigentum verbundene Rechte, Grunddienstbarkeiten, Erwerbspreise, Abschätzungen, Versicherungssummen usw.)

enthalten, soweit die Angaben aus den Mitteilungen des Grundbuchamts, den Auszügen aus der Grundsteuermutterrolle und der Gebäudesteuerrolle oder aus anderen dem Gerichte von den Beteiligten eingereichten zuverlässigen Nachweisungen entnommen werden können oder gerichtsbekannt sind.

Besteht das Grundstück aus mehreren Katasterparzellen, so kann die im Abs. 1 Nr. 3 vorgeschriebene Angabe der Kartenblatt- und Parzellennummern unterbleiben, wenn sämtliche Parzellen auf einem oder mehreren Artikeln der Grundsteuermutterrolle nachgewiesen sind, welche andere Parzellen nicht umfassen; in diesem Falle genügt die Angabe des Artikels der Grundsteuermutterrolle und der Nummer der Gebäudesteuerrolle sowie des Gesamtreinertrags und des Gesamtnutzungswerts.

Vor der Bestimmung des Versteigerungstermins kann das Gericht behufs Ergänzung unvollständiger oder fehlender Angaben oder behufs Feststellung zweifelhafter Nachweisungen die Beteiligten hören oder sonstige Ermittlungen vornehmen, soweit dies ohne erhebliche Verzögerung des Verfahrens und ohne Aufwendung besonderer Kosten möglich ist.

---

3. Allgemeine Verfügung v. 9. Dez. 1899, betr. Mitteilungen an Behörden bei der Zwangsvollstreckung in das unbewegliche Vermögen. (JMBl. S. 802.)

An die Stelle der Allg. Verf. v. 2. Nov. 1883 (JMBl. S. 332), v. 2. April 1884 (JMBl. S. 66), v. 8. Okt. 1884 (JMBl. S. 230) und v. 24. März 1885 (JMBl. S. 122) treten v. 1. Jan. 1900 ab folgende Bestimmungen:

1. Von jeder Zwangsvollstr. in ein Pfarr- oder ein Schulhaus oder ein anderes zum öffentlichen Dienst oder Gebrauche bestimmtes Grundstück einer Körperschaft, Stiftung oder Anstalt des öffentlichen Rechtes oder einer unter der Verwaltung einer öffentlichen Behörde stehenden Körperschaft oder Stiftung ist die vorgesetzte Dienstbehörde des Schuldners zu benachrichtigen. Bei der Zwangsvollstr. durch Eintragung

einer Sicherungshypothek in das Grundbuch (ZPO. §§ 866, 867) hat das Grundbuchamt durch Mitteilung der Eintragung, bei der Anordnung einer Zwangsverst. oder einer Zwangsverw. sowie bei der Zulassung eines Beitritts zu dem Verfahren im Geltungsbereiche des Reichsgesetzes v. 24. März 1897 hat das Vollstreckungsgericht durch Mitteilung des Beschlusses über die Anordnung oder die Zulassung die Benachrichtigung zu bewirken.

2. Bei der Zwangsverst. eines Grundstücks oder einer Berechtigung, für welche die sich auf Grundstücke beziehenden Vorschriften gelten, ist im Geltungsbereiche des Reichsgesetzes v. 24. März 1897 die Bestimmung des Versteigerungstermins denjenigen Behörden, Kassen und Anstalten mitzuteilen, welchen die Erhebung der in den Art. 1—3 des AG. v. 23. Sept. 1899 bezeichneten Abgaben und Leistungen obliegt, sofern der Schuldner zu solchen Abgaben oder Leistungen verpflichtet ist. Die Mitteilung hat, unbeschadet der Vorschrift des § 41 des Reichsgesetzes, durch Übersendung einer Ausfertigung der Terminsbestimmung zu erfolgen.

Die zur Empfangnahme derartiger Mitteilungen bestimmten Stellen werden den Gerichten von den Verwaltungsbehörden durch Vermittlung der OLGerichtspräsidenten bezeichnet.

Liegt das Grundstück in einer Gemeinde, in welcher eine Auseinandersetzung schwebt, so ist die Bestimmung des Versteigerungstermins stets auch der Auseinandersetzungsbehörde mitzuteilen.

3. Die zu 1 und 2 angeordneten Mitteilungen sind Angelegenheiten der Justizverwaltung. Die dadurch entstandenen Auslagen sind nicht als Kosten der Zwangsvollstr. zu berechnen.

---

4. Allgemeine Verfügung v. 8. Dez. 1899, betr. die Geschäftsführung der Verwalter, welche bei der Zwangsverwaltung bestellt werden, und die den Verwaltern zu gewährende Vergütung. (JMBl. S. 791.)

Auf Grund des § 14 des EG. zum ZwVG. werden für die Geschäftsführung der Verwalter, welche bei der Zwangsverw. bestellt werden, und für die den Verwaltern zu gewährende Vergütung folgende allgemeine Anordnungen getroffen:

§ 1. Der vom Gerichte bestellte Verwalter erhält zu seiner Legitimation eine Ausfertigung des Beschlusses, durch welchen die Zwangsverw. angeordnet und seine Bestellung erfolgt ist.

§ 2. Bei der Übergabe eines zu verwaltenden Grundstücks an den Verwalter ist von dem mit der Übergabe beauftragten Beamten unter Mitwirkung des Verwalters sowie unter Zuziehung des Schuldners, falls dieser anwesend ist, und wenn angängig auch des Gläubigers eine Verhandlung aufzunehmen, in welcher tunlichst genau festzustellen sind:

a) die Beschaffenheit, die bisherige Art der Benutzung und der gegenwärtige Zustand des Grundstücks, die darauf befindlichen Gebäude unter Angabe ihrer Bestimmung und ihres baulichen Zustandes sowie die mit dem Boden zusammenhängenden Erzeugnisse unter Angabe etwaiger Pfändungen;

b) diejenigen Gegenstände, auf welche sich die Beschlagnahme des Grundstücks erstreckt, insbesondere die von dem Grundstücke getrennten Erzeugnisse und sonstigen Bestandteile sowie das Zubehör des Grundstücks, die Miet- und Pachtzinsforderungen einschließlich der Rückstände unter Angabe der Vertragsverhältnisse sowie etwaiger Pfändungen und Verfügungen über die Forderungen, die mit dem Eigentum an dem Grundstücke verbundenen Rechte auf wiederkehrende Leistungen und die Forderungen aus der Versicherung von Gegenständen, die der Beschlagnahme unterliegen, unter Bezeichnung der Versicherungsverträge (Polizen) und der zu zahlenden Prämien;

c) die öffentlichen Lasten des Grundstücks unter Angabe der laufenden Beträge, welche vom Verwalter aus den Nutzungen des Grundstücks ohne weiteres Verfahren zu berichtigen sind;

d) die voraussichtlichen Ausgaben der Verwaltung, insbesondere die Ansprüche des Gesindes, der Wirtschafts- und Forstbeamten auf Lohn, Kostgeld und andere Bezüge seit dem Beginne der Verwaltung;

e) die zu erwartenden Einnahmen und die Höhe des für die Verwaltung erforderlichen Kostenvorschusses;

f) alle sonstigen für die Verwaltung wesentlichen Verhältnisse.

Soweit die im vorstehenden Absatze bezeichneten Verhältnisse nicht schon bei der Übergabe festgestellt werden können, hat der Verwalter darüber dem Gericht unverzüglich zu berichten. Das gleiche gilt, wenn der Verwalter ermächtigt wird, sich selbst den Besitz des Grundstücks zu verschaffen.

Erstreckt sich die Beschlagnahme auf Forderungen, so ist sie bei der Übergabe oder der Besitzergreifung von dem Verwalter den anwesenden Drittschuldnern bekannt zu machen. Den abwesenden Drittschuldnern hat der Verwalter die Beschlagnahme sofort mittels eingeschriebenen Briefes mitzuteilen. Die getroffenen Maßregeln sind in der Übergabeverhandlung oder in dem Berichte des Verwalters zu vermerken. Außerdem kann der Verwalter den Erlaß von Zahlungsverboten an die Drittschuldner bei dem Gerichte beantragen.

§ 3. Wohnt der Schuldner zur Zeit der Beschlagnahme auf dem Grundstücke, so hat der Verwalter bei der Besitzergreifung vorbehaltlich der Entscheidung des Gerichts dem Schuldner die für seinen Hausstand unentbehrlichen Räume zu belassen, auch wenn sie für die Verwaltung erforderlich sind. Die dem Schuldner belassenen Räume sind in der Übergabeverhandlung oder im Berichte des Verwalters aufzuführen; mit etwaigen weitergehenden Anträgen ist der Schuldner an das Gericht zu verweisen.

Gefährdet der Schuldner oder ein Mitglied seines Hausstandes das Grundstück oder die Verwaltung, so hat der Verwalter hiervon dem Gericht unverzüglich Anzeige zu machen und die erforderlichen Anträge zu stellen.

§ 4. Der Verwalter hat die Verwaltung nach der ihm von dem Gericht erteilten Anweisung zu führen. Weisungen des Gläubigers oder des Schuldners oder gemeinschaftliche Weisungen beider sind für ihn nicht bindend.

Legt das Gericht dem Verwalter die Leistung einer Sicherheit auf, so ist diese, wenn nicht das Gericht eine andere Art der Sicherheitsleistung zuläßt, durch Hinterlegung von Geld oder Wertpapieren oder durch Verpfändung von Forderungen, die in das Reichsschuldbuch oder in das Staatsschuldbuch eines Bundesstaats eingetragen sind, zu leisten. Mit Wertpapieren und mit Buchforderungen gegen das Reich oder gegen einen Bundesstaat kann die Sicherheit vorbehaltlich anderweitiger Bestimmung des Gerichts nur nach Maßgabe der §§ 234, 236 BGB. geleistet werden.

§ 5. Bei den von dem Justizminister bestimmten größeren Amtsgerichten wird ein Gerichtsschreiber durch den OLGerichtspräsidenten zum Zwangsverwaltungs-Inspektor ernannt. In diesem Falle finden die nachfolgenden besonderen Vorschriften Anwendung.

Das Gericht soll, sofern eine Übergabe des Grundstücks an den Verwalter stattfindet, mit derselben in der Regel den Zwangsverw.-Inspektor beauftragen.

Bei Erteilung von Anweisungen an den Verwalter ist der Zwangsverw.-Inspektor zuzuziehen.

Das Gericht kann sich bei der Beaufsichtigung der Geschäftsführung des Verwalters der Mitwirkung des Zwangsverw.-Inspektors bedienen; ein anderer Beamter ist zu dieser Mitwirkung nur insoweit zu verwenden, als hierbei Rechnungsarbeiten in Frage kommen, welche der Zwangsverw.-Inspektor wegen Geschäftsüberhäufung nicht übernehmen kann.

Der Zwangsverw.-Inspektor hat mindestens einmal im Jahre eine außerordentliche Prüfung der Bücher, Akten und Kassenbestände des Verwalters vorzunehmen.

§ 6. Der Verwalter hat die Art der Benutzung des Grundstücks, welche bis zur Anordnung der Zwangsverw. bestand, in der Regel beizubehalten.

Grundstücke, welche nicht landwirtschaftlich oder forstwirtschaftlich benutzt werden, sind durch Vermietung nutzbar zu machen. Auch können einzelne Acker-, Garten-

oder Wiesenstücke vermietet oder verpachtet werden, wenngleich sie bis dahin nicht vermietet oder verpachtet worden sind.

Die Dauer der von dem Verwalter abzuschließenden Miet- oder Pachtverträge darf ohne Zustimmung des Schuldners die Zeit von einem Jahre nicht überschreiten.

Hält der Verwalter eine Abweichung von diesen Vorschriften für angemessen, so hat er die Entscheidung des Gerichts einzuholen.

Mit dem Schuldner darf der Verwalter Miet- oder Pachtverträge nur mit Genehmigung des Gerichts abschließen.

§ 7. Der Verwalter hat in den Miet- und Pachtverträgen jedesmal zu bedingen, daß:

a) wenn das Grundstück vor der Überlassung an den Mieter oder Pächter im Wege der Zwangsverst. veräußert wird, der Mieter oder Pächter nicht berechtigt sein soll, Ansprüche aus dem Vertrage zu erheben, und daß:

b) wenn das Grundstück nach der Überlassung an den Mieter oder Pächter im Wege der Zwangsverst. veräußert wird und der an die Stelle des Vermieters oder Verpächters tretende Ersteher die sich aus dem Miet- oder Pachtverhältnis ergebenden Verpflichtungen nicht erfüllt, die gesetzliche Haftung des Vermieters oder Verpächters für den von dem Ersteher zu ersetzenden Schaden ausgeschlossen sein soll.

Wird ein bereits vor der Anordnung der Zwangsverw. vermietetes oder verpachtetes Grundstück im Wege der Zwangsverst. veräußert, so hat der Verwalter davon dem Mieter oder Pächter Mitteilung zu machen, sobald er von der Erteilung des Zuschlags an den Ersteher Kenntnis erhält.

§ 8. Der Verwalter hat für rechtzeitige Geltendmachung der Ansprüche, auf welche sich die Beschlagnahme erstreckt, zu sorgen.

Will er die Erhebung der Klage wegen rückständiger Leistungen länger als vier Wochen nach der Fälligkeit unterlassen oder glaubt er nach Erlangung eines vollstreckbaren Schuldtitels die Zwangsvollstr. hinausschieben oder unterlassen zu müssen, so hat er hiervon dem Gläubiger und dem Schuldner Nachricht zu geben.

Das gleiche gilt, wenn der Verwalter nach Erhebung der Klage das Verfahren ruhen lassen oder die Klage zurücknehmen will.

Bleibt ein Mieter oder Pächter mit der Zahlung des Miet- oder Pachtzinses im Rückstande, so hat der Verwalter von dem gesetzlich oder vertragsmäßig begründeten Rechte der Kündigung oder der Aufhebung des Vertrags in der Regel Gebrauch zu machen, wenn nicht inzwischen alle Rückstände bezahlt werden.

§ 9. Behauptet ein Mieter oder Pächter, daß der Miet- oder Pachtzins vor der Beschlagnahme des Grundstücks für eine spätere Zeit als das zur Zeit der Beschlagnahme laufende und das folgende Kalendervierteljahr eingezogen, oder daß darüber für diese Zeit in anderer Weise verfügt sei, so hat der Verwalter, sofern die Einziehung oder Verfügung dem Gläubiger gegenüber nach § 1124 BGB. unwirksam ist, diese Unwirksamkeit geltend zu machen und den Miet- oder Pachtzins einzuziehen, wenn nicht der Gläubiger auf die Einziehung verzichtet.

Das gleiche gilt, wenn mit dem Eigentum an dem Grundstück ein Recht auf wiederkehrende Leistungen verbunden und vor der Beschlagnahme des Grundstücks über den Anspruch auf eine Leistung verfügt ist, die erst drei Monate nach der Beschlagnahme fällig wird.

§ 10. Aus den nach Deckung der Ausgaben der Verwaltung sowie der Kosten des Verfahrens, welche vorweg zu bestreiten sind, verbleibenden Überschüssen der Einnahmen darf der Verwalter nur die laufenden Beträge der in den Art. 1—3 des AG. v. 23. Sept. 1899 bezeichneten öffentlichen Lasten ohne weiteres Verfahren berichtigen, sonstige Zahlungen an die Berechtigten dagegen nur auf Grund der vom Gerichte nach der Feststellung des Teilungsplans getroffenen Anordnung der planmäßigen Zahlung leisten.

Ist zu erwarten, daß solche Zahlungen geleistet werden können, so hat der Verwalter dem Gerichte hiervon unter Angabe des voraussichtlichen Betrages der Überschüsse und der Zeit ihres Einganges Anzeige zu machen.

§ 11. Bei den an die Berechtigten zu leistenden Zahlungen ist die von dem Gericht angeordnete Rangordnung einzuhalten. An einen im Range nachstehenden

Berechtigten darf eine Zahlung nur dann erfolgen, wenn mit Sicherheit anzunehmen ist, daß die den vorstehenden Berechtigten angewiesenen Zahlungen aus den bis zu deren Fälligkeit erfolgenden Einnahmen geleistet werden können.

Soll die Zahlung auf das Kapital einer Hypothek oder Grundschuld oder auf die Ablösungssumme einer Rentenschuld geleistet werden, so hat der Verwalter zu diesem Zwecke die Anberaumung eines Termins bei dem Gerichte zu beantragen.

§ 12. Der Verwalter hat von den Einnahmen stets die zur Bestreitung der Ausgaben der Verwaltung, einschließlich der ihm selbst zustehenden Vergütung, der Kosten des Verfahrens und der laufenden Abgaben aus öffentlichen Lasten erforderlichen Beträge zurückzubehalten.

Er darf keine Verpflichtung eingehen, welche nicht aus bereits gemachten Einnahmen oder aus sicheren Einnahmen der laufenden Miet-, Pacht- oder Wirtschaftsperiode bezahlt werden kann.

Zur Versicherung von Gegenständen der Verwaltung gegen Brandschaden oder sonstige Unfälle ist der Verwalter, soweit eine solche durch eine ordnungsmäßige Verwaltung geboten erscheint, ohne Rücksicht auf die im vorhergehenden Absatze bezeichnete Beschränkung verpflichtet.

Werden Ausgaben nötig, welche in der im Abs. 2 angegebenen Weise nicht gedeckt werden können, so hat der Verwalter dem Gerichte hiervon Anzeige zu machen. Vorschüsse zu machen, ist er ohne Genehmigung des Gerichts nicht berechtigt.

§ 13. Der Verwalter darf Ausbesserungen und Erneuerungen auf dem verwalteten Grundstücke, welche nicht zu der gewöhnlichen Unterhaltung gehören, nur mit Genehmigung des Gerichts vornehmen. Die Genehmigung hat er nach Befragung des Gläubigers und wenn tunlich auch des Schuldners unter Vorlage der von diesen abgegebenen Erklärungen zu beantragen.

§ 14. Der Verwalter darf die Verwaltung nicht einem anderen übertragen. Wird er verhindert, die Verwaltung zu führen, so hat er dem Gerichte hiervon unverzüglich Anzeige zu machen. Jedoch kann er sich zur Ausrichtung einzelner Geschäfte, welche keinen Aufschub leiden, im Falle persönlicher Verhinderung anderer Personen unter gesetzlicher Haftung für diese bedienen.

§ 15. Der Verwalter darf, abgesehen von seiner Entlassung, die Verwaltung nicht einstellen, bevor das Gericht die Aufhebung des Verfahrens angeordnet hat.

Hat der Verwalter die Forderung des Gläubigers einschließlich der Kosten der Zwangsvollstr. bezahlt, so hat er hiervon dem Gericht unverzüglich Anzeige zu machen; ebenso, wenn der Gläubiger ihm anzeigt, daß er befriedigt sei oder in die Aufhebung der Verwaltung willige.

§ 16. Bei der Verwaltung von Grundstücken, welche durch Vermieten oder Verpachten benutzt werden, erhält der Verwalter als Vergütung Teilbeträge vom Hundert der von ihm eingenommenen Miet- oder Pachtzinsen, und zwar, wenn der jährliche Miet- oder Pachtzins beträgt:

a) bis 150 Mark einschließlich, sieben vom Hundert,
b) über 150 Mark bis 300 Mark einschließlich, sechs vom Hundert,
c) über 300 Mark bis 450 Mark einschließlich, fünf vom Hundert,
d) über 450 Mark bis 1000 Mark einschließlich, vier vom Hundert,
e) über 1000 Mark, drei vom Hundert,

in den Fällen zu b bis e jedoch mindestens den Höchstbetrag der vorhergehenden Stufe.

Ist das Grundstück in einzelnen Teilen vermietet oder verpachtet, so sind die Teilbeträge vom Hundert bei jedem Teile besonders zu berechnen.

Vermietet oder verpachtet der Verwalter das Grundstück oder einen Teil davon für einen höheren Miet- oder Pachtzins als bisher, so erhält er außer den Teilbeträgen vom Hundert den achten Teil der hierbei erzielten Mehreinnahme des ersten in die Zeit der Verwaltung fallenden Jahres, für welches der erhöhte Miet- oder Pachtzins gezahlt wird, jedoch bei jedem einzelnen Miet- oder Pachtvertrage nicht mehr als 60 Mark.

Ist das Grundstück dem Verwalter übergeben oder von ihm auf Anweisung des Gerichts in Besitz genommen, so beträgt die Vergütung des Verwalters, sofern die vorstehenden Bestimmungen nicht einen höheren Betrag ergeben, 10 Mark.

Ist das Verfahren der Zwangsverw. vor der Übergabe oder der Besitzergreifung aufgehoben, der Verwalter aber zum Zwecke der Übernahme an Ort und Stelle gekommen, so erhält er eine Vergütung von 5 Mark.

Die Vereinbarung oder Festsetzung einer geringeren Vergütung durch das Gericht bleibt vorbehalten.

Andererseits kann, wenn die tatsächlichen Einnahmen des Verwalters an Miet- oder Pachtzinsen der Dauer der Verwaltung nicht entsprechen oder wenn die Verwaltung außergewöhnliche Mühewaltung erfordert, abweichend von den Vorschriften im Abs. 1—5 eine höhere Vergütung durch das Gericht festgesetzt werden.

Die Festsetzung der Vergütung für die Verwaltung von Grundstücken, die nicht durch Vermietung oder Verpachtung benutzt werden, bleibt dem Gericht im Einzelfall überlassen.

Neben der Vergütung hat der Verwalter Anspruch auf Erstattung notwendiger Reisekosten und anderer Auslagen.

§ 17. Der Verwalter hat die Einnahmen aus dem verwalteten Grundstücke getrennt von allen anderen Geldern, insbesondere auch von den Einnahmen aus einer anderen Verwaltung, aufzubewahren.

Größere Barbestände, die voraussichtlich erst später zur Verwendung kommen, sind nach näherer Anordnung des Gerichts verzinslich anzulegen.

§ 18. Der Verwalter hat rücksichtlich aller Einnahmen und Ausgaben für die Beschaffung schriftlicher Belege zu sorgen, insbesondere Miet- und Pachtverträge sowie Abänderungen solcher Verträge in jedem Falle schriftlich abzuschließen.

Für die Vergütung des Verwalters ist eine sie rechtfertigende Berechnung als Beleg aufzustellen.

Kann ein Rechnungsbeleg von dem Aussteller nicht unterschrieben werden, so genügt an Stelle der Unterschrift die beigefügte schriftliche Erklärung einer anderen glaubhaften Person, daß der Beleg vorgelesen und genehmigt sei, sofern nicht ein Rechtsgeschäft in Frage ist, dessen Gültigkeit die Beobachtung anderer Formen erfordert.

§ 19. Der Verwalter hat alle auf die Verwaltung bezüglichen Schriftstücke in Akten zu sammeln und solche Vorgänge der Verwaltung, über welche aus den Akten nicht anderweit Auskunft zu erlangen ist, in den Akten zu vermerken.

Verwalter, welche mehrere Verwaltungen führen, haben über jede Verwaltung besondere Akten zu halten, die einzelnen Akten fortlaufend zu numerieren und darüber ein Verzeichnis zu führen.

Die Einnahme- und Ausgabebelege sind besonders zu sammeln.

§ 20. Der Verwalter hat über die Einnahmen und Ausgaben aus allen von ihm geführten Verwaltungen ein Kassenbuch nach dem in der Anlage A gegebenen Muster:

Einnahme.						Ausgabe.					
Laufende Nr.	Tag der Einnahme	Bezeichnung der Einnahme und des Zahlenden	Betrag Mk.	Betrag Pf.	Seite des Kontobuchs	Laufende Nr.	Tag der Ausgabe	Bezeichnung der Ausgabe und des Empfängers	Betrag Mk.	Betrag Pf.	Seite des Kontobuchs

zu führen. Einnahmen und Ausgaben sind nach der Zeitfolge einzutragen und am Schlusse jeder Seite aufzurechnen.

Die laufende Nummer des Kassenbuchs ist auf dem betreffenden Belege zu vermerken.

§ 21. Der Verwalter hat ferner für jede Verwaltung ein Konto nach folgendem Muster:

Vierteljahr vom bis

Einnahme.

(Die Rubrik „Ausgabe" enthält dieselben Spalten, in denen es statt „Einnahme" „Ausgabe" heißt.)

Laufende Nr.	Nr. des Belegs	Soll-Einnahme Mk.	Soll-Einnahme Pf.	Bezeichnung der Einnahme	Ist-Einnahme Mk.	Ist-Einnahme Pf.	Rest Mk.	Rest Pf.	Bemerkungen	Laufende Nr. des Kassenbuchs

zu führen.

Das Konto ist für jedes mit dem 15. Tage der Monate Januar, April, Juli, Oktober endende Vierteljahr gesondert zu führen und am Ende desselben in der Art abzuschließen, daß alle noch nicht erfolgten Einnahmen oder Ausgaben als Rest in das folgende Vierteljahr übergehen.

Führt der Verwalter mehrere Verwaltungen, so ist für die einzelnen Konten ein gemeisames Buch zu halten.

Außerdem hat der Verwalter über den Kassenbestand jeder einzelnen Masse Nachweisungen nach dem als Anlage C beigefügten Muster gemäß der darauf gegebenen näheren Anleitung aufzustellen.

§ 22. In die Solleinnahme und Sollausgabe des Kontos sind am Anfange der Verwaltung und am Anfange jedes Vierteljahrs die in dem Vierteljahre fällig werdenden Einnahmen und Ausgaben der Verwaltung, die aus früherer Zeit etwa verbliebenen Reste und der bei dem Abschlusse des Kontos des letzten Vieteljahrs verbliebene Bestand einzutragen.

Die bei dem Beginne der Verwaltung aus früherer Zeit vorhandenen Resteinnahmen sowie die im Laufe eines Vierteljahrs entstehenden Solleinnahmen und Sollausgaben sind einzutragen, sobald sie dem Verwalter bekannt werden, die Solleinnahmen jedoch nicht vor dem Beginne des Vierteljahrs, in welchem sie fällig werden.

Die Gebühren des Verwalters sind erst bei dem Abschlusse des Vierteljahrskontos einzutragen und aus dem Bestande zu entnehmen.

Zahlungen, welche auf Anweisung des Gerichts an die Gläubiger geleistet werden sollen, sind erst nach erfolgter Leistung in die Sollausgabe einzutragen.

Einnahmen, welche der Verwalter macht, obgleich sie erst in einem folgenden Vierteljahre fällig werden, sind bei dem Eingang in die Solleinnahme einzutragen.

Der bei dem Abschlusse des Kontos verbleibende Bestand ist zur Übernahme in das Konto des folgenden Vierteljahrs in Ausgabe zu stellen.

§ 23. Der Verwalter hat vor dem Ablaufe der Monate Januar, April, Juli, Oktober dem Gericht einen Auszug aus dem Kontobuch einzureichen, welcher den Inhalt des letzten Vierteljahrskontos wörtlich wiedergibt.

§ 24. Die jährlich zu legende Rechnung hat der Verwalter dem Gerichte zum ersten Male am Schlusse des ersten Kalendermonats des auf den Beginn der Verwaltung folgenden vierten Rechnungsvierteljahrs einzureichen. In die Rechnung sind nur diejenigen Einnahmen und Ausgaben aufzunehmen, welche noch zu dem Konto des letzten vollendeten Vierteljahrs gehören. Die Belege über Einnahmen und Ausgaben sind beizufügen.

Die gleichzeitige Einreichung eines Kontobuchauszugs (§ 23) ist nicht erforderlich.

Die Schlußrechnung muß sämtliche Einnahmen und Ausgaben nachweisen; es kann jedoch darin auf die Jahresrechnungen Bezug genommen werden.

§ 25. Ist ein Zwangsverw.-Inspektor bestellt, so erfolgt die Einreichung des Kontobuchauszugs (§ 23), der Jahresrechnung und der Schlußrechnung (§ 24) durch dessen Vermittlung. Er hat den Auszug oder die Rechnung zu prüfen und mit einem hierauf bezüglichen Vermerk, erforderlichenfalls auch mit seinen Bemerkungen, zu versehen.

§ 26. Die Soll- und Isteinnahmen sind in der Rechnung in folgenden Abschnitten nachzuweisen:

1. Bestand der vorigen Rechnung;
2. Erinnerungen aus der vorigen Rechnung;

3. Reste aus der vorigen Rechnung;
4. Miet- und Pachtzinsen;
5. außerordentliche Einnahmen.

Bei den Miet- und Pachtzinsen (Nr. 3, 4) sind die Einnahmen für jeden besonders vermieteten oder verpachteten Teil des Grundstücks unter dessen Bezeichnung zusammenzustellen. Ist ein zu vermietender oder zu verpachtender Teil des Grundstücks nicht vermietet oder verpachtet gewesen, oder ist ein im Laufe des Rechnungsjahrs fällig gewordener Miet- oder Pachtzins in einer früheren Rechnung als Einnahme aufgeführt, so ist dies zu bemerken.

§ 27. Die Soll- und Istausgaben sind in der Rechnung in folgenden Abschnitten nachzuweisen:

1. Erinnerungen aus der vorigen Rechnung;
2. Reste aus der vorigen Rechnung;
3. Unterhaltung des verwalteten Grundstücks und Erstattung der hierzu geleisteten Vorschüsse;
4. öffentliche Lasten;
5. Zahlungen an die Gläubiger;
6. Gerichtskosten der Verwaltung;
7. Vergütung des Verwalters;
8. außerordentliche Ausgaben.

Bei den öffentlichen Lasten und den Zahlungen an die Gläubiger (Nr. 4, 5) sind die Berechtigten in der gesetzlichen oder festgestellten Rangordnung aufzuführen und die auf dieselbe Forderung geleisteten Zahlungen zusammenzustellen.

§ 28. Die Zeiten für die Einreichung der Kontobuchauszüge und der Jahresrechnungen können durch das Gericht mit Rücksicht auf die am Orte der Verwaltung üblichen Termine für die Zahlung der Miet- oder Pachtzinsen und der Kapitalzinsen oder aus andern Gründen anderweit bestimmt werden.

§ 29. Dem Gerichte bleibt vorbehalten, für die Verwaltung solcher Grundstücke, welche nicht durch Vermietung oder Verpachtung benutzt werden, besondere Bestimmungen über die Art der Buchführung und Rechnungslegung zu treffen.

Für Verwaltungen von geringem Umfang und voraussichtlich kurzer Dauer kann das Gericht eine einfachere Art der Buchführung und Rechnungslegung auch dann gestatten, wenn das verwaltete Grundstück durch Vermietung oder Verpachtung benutzt wird.

In jedem Falle ist ein Kassenbuch mit Verweisung auf andere Bücher oder Belege zu führen.

§ 30. Der Verwalter hat zu jeder Zeit dem Gericht oder einem mit der Prüfung seiner Geschäftsführung beauftragten Beamten des Gerichts sowie dem etwa bestellten Zwangsverwaltungs-Inspektor die von ihm geführten Bücher, die auf seine Geschäftsführung bezüglichen Akten und sonstigen Schriftstücke und die in seinen Händen befindlichen Einnahmen aus der Verwaltung auf Verlangen vorzulegen und jede weitere, zur Prüfung seiner Geschäftsführung verlangte Auskunft zu erteilen.

§ 31. Ist die durch §§ 150, 153, 154 ZwVG. dem Gerichte zugewiesene Tätigkeit auf Grund des § 6 Abs. 4 des Ges., betr. die Zwangsvollstr. aus Forderungen landschaftlicher (ritterschaftlicher) Kreditanstalten, v. 3. August 1897 (GS. S. 388) bezüglich land- oder forstwirtschaftlicher Grundstücke von einer Kreditanstalt übernommen, so finden nur die Vorschriften der vorstehenden §§ 10 bis 12, 15, 17 sowie des § 4 Abs. 1 Anwendung. Die im § 4 Abs. 1, § 12 Abs. 4 und 5 und im § 17 Abs. 2 dem Gerichte zugewiesenen Amtshandlungen werden von der Kreditanstalt wahrgenommen.

§ 32. Die vorstehenden Bestimmungen finden bei der Zwangsverwaltung von Berechtigungen, für welche die sich auf Grundstücke beziehenden Vorschriften gelten, entsprechende Anwendung.

§ 33. Diese Verfügung tritt gleichzeitig mit dem ZwVG. in Kraft.

In einem vor dem Inkrafttreten dieses Gesetzes beantragten Zwangsverwaltungsverfahren finden die §§ 4 bis 32 dieser Verfügung von der bezeichneten Zeit an ebenfalls Anwendung. Doch bleibt eine über die Verteilung der Überschüsse vorher getroffene Bestimmung für den Verwalter maßgebend, solange nicht vom Gericht eine Änderung angeordnet wird.

Die allgVerf. v. 7. März 1892 (JMBl. S. 87) und 12. Nov. 1894 (JMBl. S. 322) werden aufgehoben.

---

5. Gesetz v. 3. August 1897, betr. die Zwangsvollstreckung aus Forderungen landschaftlicher (ritterschaftlicher) Kreditanstalten. (GS. S. 388.)

§ 1. Für öffentliche landschaftliche (ritterschaftliche) Kreditanstalten kann mit landesherrlicher Genehmigung durch Satzung bestimmt werden:

1. daß der Anstalt als Vollstreckungsbehörde ein Zwangsvollstreckungsrecht nach Maßgabe dieses Gesetzes zustehen soll;
2. daß aus Urkunden, welche von einem zum Richteramte befähigten Beamten der Anstalt innerhalb der Grenzen seiner Amtsbefugnisse aufgenommen sind, die gerichtliche Zwangsvollstreckung stattfindet.

Als landschaftliche Kreditanstalten im Sinne dieses Gesetzes gelten auch die provinzial-(kommunal-)ständischen öffentlichen Grundkreditanstalten.

Beruht die Verfassung der Anstalt unmittelbar auf Gesetz, so können die im Abs. 1 erwähnten Bestimmungen durch Königliche Verordnung getroffen werden.

§ 2. Das Zwangsvollstreckungsrecht ist auf die Beitreibung fälliger Forderungen an Darlehnskapitalien und Zinsen, an Tilgungsbeiträgen und auf sonstige durch die Satzung vorgesehene Leistungen beschränkt. Es kann nur gegen Schuldner, welche Eigentümer des beliehenen Grundstücks sind, geltend gemacht werden.

§ 3. Kraft des Zwangsvollstreckungsrechtes ist die Anstalt befugt, die Zwangsvollstreckung in das bewegliche Vermögen des Schuldners zu betreiben.

Der Anstalt kann auch die Befugnis beigelegt werden, das beliehene Grundstück in Zwangsverwaltung zu nehmen. In diesem Falle ist die Anstalt befugt, die Zwangsvollstreckung in das bewegliche Vermögen und die Zwangsverwaltung zusammen oder einzeln zur Ausführung zu bringen.

§ 4. Gleichzeitig mit den im § 3 bezeichneten Maßregeln kann die Anstalt die gerichtliche Zwangsversteigerung des beliehenen Grundstückes betreiben. Der vollstreckbare Schuldtitel wird durch den Antrag auf Zwangsversteigerung ersetzt. Der Antrag soll das Grundstück, den Eigentümer und den Anspruch bezeichnen.

§ 5. Die Zwangsvollstreckung in das bewegliche Vermögen des Schuldners erfolgt nach den Vorschriften der Verordnung über das Verwaltungszwangsverfahren v. 7. Sept. 1879 (jetzt 15. Nov. 1899).

Das Verfahren der Zwangsverwaltung ist, soweit nicht hierüber in diesem Gesetze Bestimmungen getroffen sind, durch Satzung zu regeln. Die Regelung soll im Anschluß an die Vorschriften des Reichsgesetzes über die Zwangsverst. rc. v. 24. März 1897 erfolgen.

Bestreitet der Schuldner die Verbindlichkeit zur Entrichtung der geforderten Geldbeträge, so bleibt ihm überlassen, seine Rechte im Wege der Klage geltend zu machen.

§ 6. Die Einleitung einer Zwangsverwaltung durch die Anstalt ist ausgeschlossen, solange eine gerichtliche Zwangsverwaltung anhängig ist.

Eine durch die Anstalt eingeleitete Zwangsverwaltung endigt, wenn wegen des Anspruches eines anderen Gläubigers die gerichtliche Zwangsverwaltung angeordnet wird.

Die Vorschriften des § 145 des Gesetzes, betr. die Zwangsvollstreckung in das unbewegliche Vermögen, v. 13. Juli 1883 (GS. S. 131) bleiben unberührt. Nach dem Inkrafttreten des Reichsgesetzes über die Zwangsverst. rc. v. 24. März 1897 werden diese Vorschriften durch folgende ersetzt:

Die Anstalt kann auf Ersuchen des Gerichts die dem letzteren durch §§ 150,

153, 154 des gedachten Reichsgesetzes zugewiesene Tätigkeit bezüglich land- oder forstwirtschaftlicher Grundstücke übernehmen; bezüglich der von ihr beliehenen Grundstücke kann ihr mit landesherrlicher Genehmigung durch Satzung ein Recht auf Überweisung dieser Tätigkeit beigelegt werden.

§ 7. Liegen die Voraussetzungen vor, unter denen nach §§ 1134 und 1135 BGB. das Gericht gegen den Schuldner einzuschreiten haben würde, so ist die Anstalt befugt, unter entsprechender Anwendung der Vorschriften der Verordnung über das Verwaltungszwangsverfahren v. 7. September 1879 (jetzt 15. November 1899) den Arrest in das bewegliche Vermögen des Schuldners vollziehen zu lassen. Steht der Anstalt die Befugnis zu, das beliehene Grundstück in Zwangsverwaltung zu nehmen, so kann sie auch diese Maßregel im Wege des Arrestes zur Ausführung bringen.

Wird von dem Schuldner die Rechtmäßigkeit des Arrestes bestritten, so ist der Widerspruch im Wege der Klage geltend zu machen.

§ 8. Bei einer Zwangsverwaltung oder Zwangsversteigerung, bei welcher eine landschaftliche (ritterschaftliche) Kreditanstalt beteiligt ist, brauchen Ansprüche, welche nach § 2 dem Zwangsvollstreckungsrechte der Anstalt unterliegen, auch insoweit, als sie aus dem Grundbuche nicht hervorgehen, weder zum Zwecke ihrer Berücksichtigung bei Feststellung des geringsten Gebotes, noch zum Zwecke ihrer Aufnahme in den Teilungsplan glaubhaft gemacht zu werden.

Durch den Widerspruch, welchen bei der Verhandlung über den Teilungsplan ein anderer Beteiligter gegen einen Anspruch der bezeichneten Art erhebt, wird die Ausführung des Planes nicht aufgehalten. Dem widersprechenden Beteiligten bleibt es überlassen, seine Rechte nach erfolgter Auszahlung im Wege der Klage geltend zu machen.

§ 9. Führt die von einer landschaftlichen (ritterschaftlichen) Kreditanstalt in Gemäßheit des § 5 Abs. 1 betriebene Zwangsvollstreckung zu einem Verteilungsverfahren, so finden die Vorschriften des § 8 entsprechende Anwendung.

§ 10. Auf die gerichtliche Zwangsvollstreckung aus den im § 1 Abs. 1 Ziffer 2 vorgesehenen Urkunden finden die Vorschriften über die Zwangsvollstreckung aus notariellen Urkunden entsprechende Anwendung.

In den Fällen des § 726 Abs. 1, der §§ 727—729, 738, 742, 744, des § 745 Abs. 2 und des § 749 ZPO. ist die vollstreckbare Ausfertigung nur auf Anordnung des Amtsgerichts zu erteilen, in dessen Bezirke die Anstalt ihren Sitz hat.

§ 11. Die Vorschriften der §§ 7 bis 9 können mit landesherrlicher Genehmigung durch Satzung auch für solche landschaftliche (ritterschaftliche) Kreditanstalten eingeführt werden, denen schon vor dem Inkrafttreten dieses Gesetzes ein Zwangsvollstreckungsrecht im Sinne des § 1 Ziffer 1 zustand.

§ 12. Die beim Inkrafttreten dieses Gesetzes geltenden Verfassungen und Satzungen der landschaftlichen (ritterschaftlichen) Kreditanstalten und provinzial-(kommunal-)ständischen öffentlichen Grundkreditanstalten werden, auch soweit sie den Anstalten weitergehende Befugnisse gewähren, durch die Vorschriften dieses Gesetzes nicht berührt.

§ 13. Die Vorschriften dieses Gesetzes über die Zwangsversteigerung und die gerichtliche Zwangsverwaltung von Grundstücken gelten nach dem Inkrafttreten des BGB. nur für die zur Zeit dieses Inkrafttretens bestehenden Kreditanstalten.

---

6. Gesetz über die Bahneinheiten v. 19. Aug. 1895 in der Fassung der Bekanntm. v. 8. Juli 1902. (GS. S. 237.)

1. Abschnitt. Bahneinheit.

§ 1. Eine Privateisenbahn, welche dem Gesetz über die Eisenbahnunternehmungen vom 3. November 1838 (GS. S. 505) unterliegt, und eine Kleinbahn, deren Unternehmer verpflichtet ist, für die Dauer der ihm erteilten Genehmigung das

Unternehmen zu betreiben, bildet mit den dem Bahnunternehmen gewidmeten Vermögenswerten eine Einheit (Bahneinheit).

§ 2. Jedes Bahnunternehmen, für welches eine besondere Genehmigung erteilt ist, ist als eine selbständige Bahneinheit anzusehen. Ist jedoch eine Privateisenbahn nach den Bestimmungen der für dieselbe erteilten Genehmigung einheitlich mit einer anderen bereits bestehenden Privateisenbahn (Stammbahn) zu betreiben, so bilden beide eine einzige Bahneinheit.

Wer zur Verfügung über eine Bahn berechtigt ist und in welchem Umfange das Verfügungsrecht ausgeübt werden kann, bestimmt sich nach den gesetzlichen Vorschriften und dem Inhalte der Genehmigung.

§ 3. Die Bahneinheit entsteht, sobald die Genehmigung zur Eröffnung des Betriebs auf der ganzen Bahnstrecke erteilt ist und wenn die Bahn vorher in das Bahngrundbuch eingetragen wird, mit dem Zeitpunkte der Eintragung. Sie hört auf mit dem Erlöschen der Genehmigung für das Unternehmen, wenn jedoch die Bahn im Bahngrundbuch eingetragen ist, erst mit der Schließung des Bahngrundbuchblatts.

Als ein Erlöschen der Genehmigung im Sinne dieses Gesetzes ist die Verwirkung derselben in Gemäßheit des § 47 des Ges. v. 3. November 1838 nicht anzusehen. Dagegen steht es dem Erlöschen der Genehmigung gleich, wenn in einer Zwangsverst. ein wiederholter Versteigerungstermin nicht zur Erteilung eines Zuschlags (§ 32 Satz 1) geführt hat und die zur Einleitung der Zwangsverwaltung erforderliche Erklärung der Bahnaufsichtsbehörde (§ 33) versagt worden ist.

§ 4. Zur Bahneinheit gehören:

1. der Bahnkörper und die übrigen Grundstücke, welche dauernd, unmittelbar oder mittelbar, dem Bahnunternehmen gewidmet sind, mit den darauf errichteten Baulichkeiten, sowie die für das Bahnunternehmen dauernd eingeräumten Rechte an fremden Grundstücken;
2. die von dem Bahnunternehmer angelegten, zum Betrieb und zur Verwaltung der Bahn erforderlichen Fonds, die Kassenbestände der laufenden Bahnverwaltung, die aus dem Betriebe des Bahnunternehmens unmittelbar erwachsenen Forderungen und die Ansprüche des Bahnunternehmers aus Zusicherungen Dritter, welche die Leistung von Zuschüssen für das Bahnunternehmen zum Gegenstande haben;
3. die dem Bahnunternehmer gehörigen beweglichen körperlichen Sachen, welche zur Herstellung, Erhaltung oder Erneuerung der Bahn oder der Bahngebäude oder zum Betriebe des Bahnunternehmens dienen. Dieselben gelten, einer Veräußerung ungeachtet, als Teile der Bahneinheit, solange sie sich auf den Bahngrundstücken befinden, rollendes Betriebsmaterial auch nach der Entfernung von den Bahngrundstücken, solange dasselbe mit Zeichen, welche nach den Verkehrsgebräuchen die Annahme rechtfertigen, daß es dem Eigentümer der Bahn gehöre, versehen und dem Bahnbetriebe nicht dauernd entzogen ist. Ist die Bahn bereits vor der Genehmigung zur Eröffnung des Betriebs auf der ganzen Bahnstrecke im Bahngrundbuch eingetragen (§ 3 Abs. 1), so gehören die nur zur ersten Herstellung der Bahn zu benutzenden Gerätschaften und Werkzeuge der Bahneinheit nicht an.

Solange die Bahn nicht in das Bahngrundbuch eingetragen ist, gelten nur diejenigen Grundstücke, welche mit dem Bahnkörper zusammenhängen oder deren Widmung für das Bahnunternehmen sonst äußerlich erkennbar ist, als Teile der Bahneinheit. Nach der Anlegung des Bahngrundbuchblatts gehören außerdem alle auf dem Titel desselben verzeichneten Grundstücke zur Bahneinheit. Die Entscheidung darüber, ob ein vom Bahnunternehmer angelegter Fonds zum Betrieb und zur Verwaltung der Bahn erforderlich ist, steht der Bahnaufsichtsbehörde zu.

Besteht die Bahneinheit nach Erlöschen der Genehmigung fort, so wird dieselbe durch alle zur Zeit des Erlöschens zu ihr gehörigen Gegenstände und Rechte gebildet.

§ 5. Veräußerungen oder Belastungen einzelner zur Bahneinheit gehöriger Grundstücke sind ungültig, soweit nicht die Bahnaufsichtsbehörde bescheinigt, daß durch die Verfügung die Betriebsfähigkeit des Bahnunternehmens nicht beeinträchtigt wird. Sobald die Genehmigung für das Unternehmen erloschen ist, können Veräußerungen oder Belastungen ohne diese Bescheinigung erfolgen, jedoch unbeschadet der Vorschriften des § 19. Hinsichtlich der unter Grundbuchrecht stehenden Grundstücke kann die durch die Zugehörigkeit zur Bahneinheit begründete Verfügungsbeschränkung gegen den Erwerber nur unter der Voraussetzung geltend gemacht werden, daß die Zugehörigkeit des Grundstücks zur Bahneinheit ihm bekannt oder im Grundbuche vermerkt war.

Dadurch, daß ein dem Bahnunternehmen gewidmetes Gundstück von dem Eigentümer einem anderen Zwecke dauernd gewidmet wird, hört es nicht auf, ein Teil der Bahneinheit zu sein, soweit nicht die im vorstehenden Absatz bezeichnete Bescheinigung erteilt wird.

§ 6. Die Verfolgung dinglicher Rechte an einzelnen zur Bahneinheit gehörigen Grundstücken findet bis zum Erlöschen der Genehmigung nur statt, soweit die Bahnaufsichtsbehörde bescheinigt, daß durch die Verfolgung die Betriebsfähigkeit des Bahnunternehmens nicht beeinträchtigt werde.

Wird die Bescheinigung versagt, so kann der Berechtigte gegen Aufgabe seines Rechtes von dem Eigentümer der Bahn eine Entschädigung fordern, welche sich nach den Vorschriften über die Entschädigung für den Fall der Enteignung bestimmt.

§ 7. Die Vorschriften der §§ 5 und 6 finden auf die Veräußerung und Belastung der für das Bahnunternehmen dauernd eingeräumten Rechte an fremden Grundstücken, auf die Verfolgung dinglicher Rechte an diesen Rechten, sowie auf den Widerspruch des Eigentümers des Grundstücks gegen die Geltendmachung dieser Rechte entsprechende Anwendung.

2. Abschnitt. Bahngrundbücher.

§ 8. Für die im § 1 bezeichneten Bahnen werden nach Maßgabe der Bestimmungen dieses Gesetzes Bahngrundbücher geführt. Die Eintragung einer Bahn in das Bahngrundbuch kann von dem Eigentümer beantragt werden, sobald die Genehmigung für das Bahnunternehmen erteilt ist. Der Antrag ist an die Bahnaufsichtsbehörde zu richten, welche das Amtsgericht (§ 10) um die Eintragung zu ersuchen hat. Im Falle der Zwangsvollstr. geschieht die Eintragung nach Maßgabe der Vorschriften der §§ 21, 24 und 39.

§ 9. Auf das Verfahren bei Führung der Bahngrundbücher finden die Vorschriften der GBO. (RGBl. 1898 S. 754) sowie die zu ihrer Ausführung und Ergänzung dienenden Vorschriften entsprechende Anwendung, soweit nicht in diesem Gesetz ein anderes bestimmt ist.

§ 10. Die Einrichtung der Bahngrundbücher bestimmt sich nach den Anordnungen des Justizministers, soweit sie nicht in diesem Gesetze geregelt ist.

Jede Bahneinheit erhält ein Grundbuchblatt. Die Vorschriften der §§ 3 bis 5 der GBO. finden entsprechende Anwendung.

Jedes Grundbuchblatt erhält einen besonderen Abschnitt für die in diesem Gesetze vorgeschriebenen Angaben über den Bestand der Bahneinheit (Titel).

Die Eintragung der Bahn erfolgt in dem Bahngrundbuche des Amtsgerichts, in dessen Bezirk die Hauptverwaltung des Bahnunternehmens ihren Sitz hat. Befindet sich der Sitz der Hauptverwaltung nicht innerhalb des preußischen Staatsgebiets, so wird das zur Führung des Bahngrundbuchs zuständige Amtsgericht durch den Justizminister bestimmt.

§ 11. In den Titel des Grundbuchblatts ist eine Beschreibung des Bahnunternehmens aufzunehmen. Dieselbe hat den Anfangs- und Endpunkt der Bahn und den übrigen wesentlichen Inhalt der Genehmigung, insbesondere eine etwaige Begrenzung der Zeitdauer für das Bahnunternehmen zu enthalten. Von der Genehmigungsurkunde ist eine beglaubigte Abschrift zu den Grundakten zu nehmen. Solange die Genehmigung zur Eröffnung des Betriebs nicht erteilt ist, ist dies auf dem Titel zu vermerken.

In den Titel sind ferner folgende Angaben aufzunehmen:

1. die Länge der auf eigenem und der auf fremdem Grund und Boden belegenen Bahnstrecken;
2. die katastermäßige Bezeichnung derjenigen zur Bahneinheit gehörigen Grundstücke, deren Widmung für das Bahnunternehmen weder aus ihrem Zusammenhange mit dem Bahnkörper noch sonst äußerlich erkennbar ist. Soweit die Grundstücke in Grundbüchern oder anderen gerichtlichen Büchern

verzeichnet sind, ist auch das Grundbuchblatt oder die sonstige buchmäßige Bezeichnung derselben anzugeben;

3. die zur Bahneinheit gehörigen Fonds;
4. die Bestimmungen über das Anteilsverhältnis an denjenigen Gegenständen, welche mehreren Bahnunternehmungen gewidmet sind.

In den Grundakten ist der Betrag des zur Anlage und Ausrüstung der Bahn verwendeten Kapitals (Baukapitals) und der Betrag der Betriebseinnahmen und Betriebsausgaben eines jeden Geschäftsjahrs zu verzeichnen.

§ 12. Der Vermerk von Grundstücken (§ 11 Abs. 2 Ziffer 2) auf dem Titel setzt den Nachweis voraus, daß das Grundstück dem Bahneigentümer gehört und frei von Hypotheken, Grundschulden und Rentenschulden ist. Sofern für das Grundstück das Grundbuchrecht maßgebend ist, wird dieser Nachweis durch Vorlegung einer zu den Grundakten zu nehmenden beglaubigten Abschrift des Grundbuchblatts geführt. Bei anderen Grundstücken hat das Amtsgericht nach Maßgabe des in den einzelnen Landesteilen geltenden Rechtes auf Grund der ihm vorzulegenden Auszüge aus den über die Eigentums- und Belastungsverhältnisse des Grundstücks geführten Büchern zu entscheiden, ob der Nachweis als geführt zu erachten ist. Auf Erfordern des Amtsgerichts ist eine Bescheinigung des Ortsvorstandes oder der sonst zur Ausstellung solcher Bescheinigungen berufenen Behörde über den Eigenbesitz und die bekannten dinglichen Rechte beizubringen. Auch kann von dem Amtsgericht eine öffentliche Aufforderung zur Anmeldung von Eigentums- und anderen Ansprüchen erlassen werden.

Ist dem Amtsgerichte bei der von ihm vorgenommenen Prüfung bekannt geworden, daß auf dem Grundstück andere dingliche Rechte als Hypotheken, Grundschulden und Rentenschulden lasten, so darf der Vermerk auf dem Titel nur stattfinden, falls von der Bahnaufsichtsbehörde bescheinigt wird, daß diese Rechte mit der Betriebsfähigkeit des Bahnunternehmens vereinbar sind.

§ 13. Das Ersuchen der Bahnaufsichtsbehörde um Anlegung des Bahngrundbuchs (§ 8) muß die Person des Bahneigentümers und die im § 11 Abs. 1 bezeichneten Angaben enthalten.

Die Aufnahme der übrigen nach § 11 erforderlichen Angaben in den Titel oder die Grundakten, sowie die Abänderung von Angaben des Titels erfolgt gleichfalls auf Ersuchen der Aufsichtsbehörde. Den Ersuchen sind die Genehmigungsurkunde in Urschrift oder in beglaubigter Abschrift, sowie die in § 12 bezeichneten beglaubigten Abschriften und Auszüge beizufügen.

Der Bahneigentümer ist verpflichtet, der Aufsichtsbehörde die erforderlichen Angaben und Urkunden zu liefern, und kann zur Beibringung derselben von der Bahnaufsichtsbehörde angehalten werden. Von der letzteren ist die Übereinstimmung der Angaben in betreff des Baukapitals, sowie in betreff der jährlichen Betriebseinnahmen und Betriebsausgaben mit den Abschlüssen der ihr von dem Bahneigentümer vorzulegenden Rechnungsbücher zu bescheinigen.

§ 14. Von dem Erlöschen der Genehmigung hat die Bahnaufsichtsbehörde dem Amtsgerichte Kenntnis zu geben. Das Amtsgericht hat nach Empfang dieser Mitteilung das Grundbuchblatt zu schließen, wenn keine Hypotheken, Grundschulden oder Rentenschulden an der Bahneinheit (Bahnpfandschulden) im Bahngrundbuche eingetragen sind. Sind Bahnpfandschulden eingetragen, so wird das Erlöschen der Genehmigung vom Amtsgericht im Bahngrundbuche vermerkt und öffentlich bekannt gemacht. Die Schließung des Bahngrundbuchblatts erfolgt in diesem Falle bei der Löschung der eingetragenen Bahnpfandschulden oder nach Beendigung des Zwangsliquidationsverfahrens oder mit Ablauf von sechs Monaten seit der Bekanntmachung des Erlöschens der Genehmigung, sofern bis zu diesem Zeitpunkt ein Antrag auf Einleitung der Zwangsliquidation nicht gestellt ist oder die gestellten Anträge durch Zurücknahme oder rechtskräftige Zurückweisung erledigt sind. Werden Anträge auf Einleitung der Zwangsliquidation erst nach Ablauf der sechs Monate zurückgenommen oder rechtskräftig zurückgewiesen, so erfolgt die Schließung des Bahngrundbuchblatts mit dem Zeitpunkte der Erledigung aller Anträge.

§ 15. Nach Anlegung des Bahngrundbuchs ist die Zugehörigkeit eines Grundstücks zur Bahneinheit in dem über das Grundstück geführten Grundbuch oder Stockbuch oder in dem in der vormals freien Stadt Frankfurt geführten Verbotsbuch einzutragen. Nach Aufhören der Bahneinheit ist der Vermerk unter gleichzeitiger Eintragung eines durch eine Veräußerung derselben eingetretenen Eigentumswechsels zu löschen.

Der Bahneigentümer ist verpflichtet, die Eintragung und Löschung zu beantragen, und kann hierzu von der Bahnaufsichtsbehörde, welcher er ein Verzeichnis der zur Bahneinheit gehörigen Grundstücke mitzuteilen hat, angehalten werden. Soweit die Grundstücke auf dem Titel des Bahngrundbuchblatts vermerkt sind, wird die Eintragung und Löschung von dem das Bahngrundbuch führenden Amtsgericht von Amts wegen veranlaßt. Wird ein Grundstück, welches bisher im Grundbuche nicht eingetragen war, in das Grundbuch aufgenommen, so ist die Zugehörigkeit zur Bahneinheit von Amts wegen zu vermerken.

Vor dem Aufhören der Bahneinheit kann der Vermerk über die Zugehörigkeit eines Grundstücks zu derselben nur mit Zustimmung der Bahnaufsichtsbehörde oder des Liquidators im Falle der Zwangsliquidation gelöscht werden.

In den vormals Großherzoglich hessischen Landesteilen und in dem vormals Landgräflich hessischen Amte Homburg tritt bis zum Inkrafttreten des Grundbuchrechts an die Stelle des Vermerkes im Grundbuch und der Löschung desselben eine von dem Amtsgericht, in dessen Bezirk das Grundstück belegen ist, dem Ortsgericht über die Zugehörigkeit zur Bahneinheit und das Aufhören derselben zu machende Mitteilung.

3. Abschnitt. Rechtsverhältnisse der Bahneinheiten.

§ 16. Für die Bahneinheit gelten die sich auf Grundstücke beziehenden Vorschriften des Bürgerlichen Gesetzbuchs, soweit nicht aus diesem Gesetze sich ein anderes ergibt.

Mit der gleichen Beschränkung finden die für den Erwerb des Eigentums und für die Ansprüche aus dem Eigentum an Grundstücken geltenden Vorschriften des BGB. auf die Bahneinheit entsprechende Anwendung.

Soweit am Sitze des für die Führung des Bahngrundbuchs zuständigen Gerichts landesgesetzliche Vorschriften bestehen, welche die in den Abs. 1 und 2 bezeichneten Vorschriften ergänzen oder abändern, sind sie neben diesen Vorschriften oder statt ihrer maßgebend.

§ 17. Zur Eintragung einer Grundschuld oder Rentenschuld an einer Bahneinheit ist bei Privateisenbahnen die Genehmigung des Ministers der öffentlichen Arbeiten erforderlich.

§ 18. Auf eine Hypothek für Teilschuldverschreibungen auf den Inhaber finden die Vorschriften der §§ 9 und 16 mit folgenden Maßgaben Anwendung:

1. Die Eintragung ist öffentlich bekannt zu machen.
2. Zur Löschung der Hypothek für eine fällige Teilschuldverschreibung bedarf es der Vorlegung der Urkunde nicht, wenn der Bahneigentümer den Betrag der Forderung unter Verzicht auf das Recht zur Rücknahme hinterlegt hat. Die Vorlegung eines Zinsscheins wird durch die in gleicher Weise erfolgte Hinterlegung seines Betrags ersetzt.

   Gründet sich der Löschungsantrag ganz oder teilweise auf Hinterlegung, so ist die Löschung öffentlich bekannt zu machen.
3. Zu einer Eintragung auf Grund eines Beschlusses der Gläubigerversammlung nach den §§ 11 bis 13 des Reichsges., betr. die gemeinsamen Rechte der Besitzer von Schuldverschreibungen, vom 4. Dezember 1899 (RGBl. S. 691) bedarf es der Vorlegung der Urkunde nicht. Die Eintragung ist öffentlich bekannt zu machen.

   Die Vorschriften des Abs. 1 Nr. 2, 3 finden entsprechende Anwendung, wenn eine für den Inhaber des Briefes eingetragene Grundschuld oder Rentenschuld in Teile zerlegt ist.

§ 19. Sofern nach dem Erlöschen der Genehmigung die Bahneinheit fortbesteht, sind Verfügungen des Bahneigentümers über einzelne Bestandteile der Bahneinheit den Bahnpfandgläubigern gegenüber unwirksam; jedoch finden die Vorschriften zu Gunsten derjenigen, welche Rechte von einem Nichtberechtigten herleiten, insbesondere die Vorschriften über den öffentlichen Glauben des Grundbuchs entsprechende Anwendung. Das Recht der Bahnpfandgläubiger, die Unwirksamkeit einer Verfügung des Bahneigentümers geltend zu machen, erlischt mit der Schließung des Bahngrundbuchblatts.

4. Abschnitt. Zwangsvollstreckung, Zwangsversteigerung und Zwangsverwaltung in besonderen Fällen.

§ 20. Auf die Zwangsvollstr. in die Bahneinheit finden die Vorschriften der Reichsgesetze sowie der zu ihrer Ausführung und Ergänzung dienenden Landesgesetze über die Zwangsvollstr. in Grundstücke nach Maßgabe der §§ 21—36 entsprechende Anwendung.

§ 21. Ist zur Zeit des Antrags auf Eintragung einer Sicherungshypothek für die Forderung eines Gläubigers die Bahneinheit in dem Bahngrundbuche nicht eingetragen, so ist der Antrag vom Amtsgerichte der Bahnaufsichtsbehörde mitzuteilen, welche von Amts wegen das Ersuchen um Anlegung des Bahngrundbuchblatts in Gemäßheit der Vorschriften des zweiten Abschnitts dieses Gesetzes zu stellen hat. Die Eintragung der Sicherungshypothek erfolgt bei Anlegung des Grundbuchblatts auf Grund des vorher gestellten Antrags mit dem Range, welcher der Zeit des Einganges des Antrags entspricht; mit dieser Zeit gilt die Sicherungshypothek in Ansehung des Rechtes auf Befriedigung aus der Bahneinheit als entstanden.

§ 22. Für die Zwangsvollstr. in die Bahn ist als Vollstreckungsgericht das zur Führung des Bahngrundbuchs berufene Amtsgericht ausschließlich zuständig. Die Vorschriften des § 2 Abs. 2 des Reichsges. über die Zwangsverst. und die Zwangsverw. finden entsprechende Anwendung.

§ 23. Die Zwangsverst. oder die Zwangsverw. darf nach dem Erlöschen der für das Bahnunternehmen erteilten Genehmigung nicht mehr angeordnet werden. Ein zur Zeit des Erlöschens der Genehmigung anhängiges Verfahren ist aufzuheben.

§ 24. Wird die Zwangsverst. oder Zwangsverw. einer nicht im Bahngrundbuch eingetragenen Bahn beantragt, so bedarf es der Anlegung des Bahngrundbuchs nur dann, wenn nach § 128 des Reichsges. über die Zwangsverst. und die Zwangsverw. eine Sicherungshypothek für die Forderung gegen den Ersteher einzutragen ist. In diesem Falle erfolgt die Anlegung auf das nach § 130 des Reichsges. zu stellende Ersuchen des Vollstreckungsgerichts. Bei der Anlegung wird in den Titel die im § 11 Abs. 1 bezeichnete Beschreibung des Bahnunternehmens aufgenommen. Die Aufnahme der übrigen nach § 11 erforderlichen Angaben erfolgt auf Ersuchen der Bahnaufsichtsbehörde (§ 13 Abs. 2 u. 3), welcher von der erfolgten Anlegung seitens des Grundbuchrichters Mitteilung zu machen ist.

Wird im Laufe des Verfahrens der Zwangsverst. oder Zwangsverw. das Bahngrundbuch angelegt, so ist die Anordnung der Zwangsverst. oder Zwangsverw. bei der Anlegung von Amts wegen einzutragen. Zu diesem Zwecke hat das Vollstreckungsgericht von der Stellung eines solchen Antrags dem Grundbuchrichter Mitteilung zu machen.

§ 25. An unbeweglichen oder beweglichen Gegenständen und Rechten, welche zu mehreren Bahnen desselben Eigentümers gehören, bestimmt sich das Anteilsverhältnis durch das Verhältnis der im letzten Geschäftsjahre vor der Beschlagnahme auf den einzelnen Bahnen zurückgelegten Wagenachskilometer, soweit nicht aus dem Bahngrundbuch ein anderes Verhältnis sich ergibt; liegen mehrere Beschlagnahmen vor, so finden die Vorschriften des § 13 Abs. 3 des Reichsges. über die Zwangsverst. und die Zwangsverw. entsprechende Anwendung. Ist die Zahl der Wachenachskilometer nicht buchmäßig festzustellen, so wird das Anteilsverhältnis durch das Vollstreckungsgericht nach Anhörung der Bahnaufsichtsbehörde bestimmt.

§ 26. Für das Recht auf Befriedignng aus der Bahneinheit gelten die Vorschriften des § 10 des Reichsges. über die Zwangsverst. und die Zwangsverw. und die Art. 1—3 des Ausf.Ges. v. 23. Sept. 1899 (GS. S. 291) mit folgenden Maßgaben:

1. Die nach den §§ 6 und 7 dieses Gesetzes begründeten Ansprüche auf Entschädigung gewähren ein Recht auf Befriedigung nach den im § 10 Nr. 1 des Reichsges. bezeichneten Ansprüchen. Das Recht erlischt, wenn der Entschädigungsanspruch nicht innerhalb eines Jahres nach der Erklärung der

Bahnaufsichtsbehörde gerichtlich geltend gemacht und bis zur Anordnung des Vollstreckungsverfahrens verfolgt wird.

2. Das im § 10 Nr. 2 des Reichsges. bezeichnete Recht auf Befriedigung steht denjenigen zu, welche sich dem Eigentümer der Bahn für den Betrieb zu dauerndem Dienst verdungen haben.

3. Das im § 10 Nr. 3 des Reichsges. bezeichnete Recht auf Befriedigung gewähren nach folgender Rangordnung, bei gleichem Range nach dem Verhältnis ihrer Beträge, die Ansprüche auf Entrichtung:
   a) der in Art. 1 Abs. 1 Nr. 1 des Ausf.Ges. bezeichneten Lasten, die auf den zur Bahneinheit gehörenden Grundstücken haften;
   b) der zur Staatskasse fließenden Abgaben für den Bahnbetrieb sowie der in Art. 3 des Ausf.Ges. bezeichneten Lasten, die in Ansehung der zur Bahneinheit gehörenden Grundstücke zu entrichten sind;
   c) der in Art. 1 Abs. 1 Nr. 2 und in Art. 2 des Ausf.Ges. bezeichneten Lasten, die für den Bahnbetrieb oder in Ansehung der zur Bahneinheit gehörenden Grundstücke zu entrichten sind.

4. Nach den im § 10 Nr. 3 des Reichsges. bezeichneten Ansprüchen gewähren ein Recht auf Befriedigung die Ansprüche auf Erstattung von Beträgen, welche innerhalb des letzten Jahres im gegenseitigen Bahnverkehre von einem anderen Bahnunternehmer ausgelegt oder für ihn erhoben oder für die Benutzung von Fahrbetriebsmitteln zu entrichten sind (Abrechnungsforderungen).

§ 27. Bei dem Antrag auf Zwangsverst. bedarf es der Beifügung eines Auszugs aus der Grundsteuermutterrolle und der Gebäudesteuerrolle (Art. 4 des Ausf.Ges. v. 23. Sept. 1899) hinsichtlich der zur Bahneinheit gehörigen Grundstücke nicht.

§ 28. Die Terminsbestimmung soll zur Bezeichnung der Bahneinheit eine den wesentlichen Inhalt der Genehmigung wiedergebende Beschreibung der Bahn enthalten.

§ 29. Die Terminsbestimmung muß auch durch mindestens einmalige Einrückung in die durch die Statuten oder die Bedingungen der Ausgabe von Teilschuldverschreibungen bestimmten Blätter öffentlich bekannt gemacht werden.

§ 30. Vor Feststellung der Versteigerungsbedingungen ist die Bahnaufsichtsbehörde zu hören.

§ 31. Ist der Wert der Bahneinheit festzustellen, so erfolgt die Feststellung durch das Gericht nach Anhörung der Bahnaufsichtsbehörde.

§ 32. Die Erteilung des Zuschlags erfolgt unter der Bedingung, daß für die Person des Erstehers die staatliche Genehmigung zum Erwerbe der Bahn beigebracht wird. Wird die Genehmigung versagt, so hat das Gericht den Beschluß, durch den der Zuschlag erteilt ist, aufzuheben und den Zuschlag zu versagen. Der neue Beschluß ist allen Beteiligten zuzustellen; eine Verkündung findet nicht statt. Die Zustellung des Beschlusses wirkt wie eine einstweilige Einstellung des Verfahrens.

Der Termin zur Verteilung des Versteigerungserlöses ist erst dann zu bestimmen, wenn die Genehmigung zum Erwerbe der Bahn beigebracht ist.

§ 33. Mit dem Antrag auf Zwangsverw. ist von dem Antragsteller eine Erklärung der Bahnaufsichtsbehörde beizubringen, daß die Einkünfte aus der Zwangsverw. den Kosten des Verfahrens mit Einschluß der Ausgaben und Ansprüche aus der Verwaltung voraussichtlich entsprechen werden, oder es ist eine nach den Erklärungen der Bahnaufsichtsbehörde voraussichtlich hierzu ausreichende Deckung zu gewähren.

§ 34. Wird über das Vermögen des Bahneigentümers das Konkursverfahren eröffnet, so ist die Zwangsverw. auch dann anzuordnen, wenn die Bahnaufsichtsbehörde das Vollstreckungsgericht um die Anordnung derselben ersucht. Dies Ersuchen ist nur dann zu stellen, wenn die Einkünfte aus der Zwangsverw. den Kosten des Verfahrens mit Einschluß der Ausgaben und Ansprüche aus der Verwaltung voraussichtlich entsprechen werden.

§ 35. Die in den §§ 150, 153 und 154 des Reichsges. über die Zwangsverst. und die Zwangsverw. dem Gerichte zugewiesene Tätigkeit steht der Bahnaufsichtsbehörde zu. Der Minister der öffentlichen Arbeiten kann für die Geschäftsführung der Verwalter und die denselben zu gewährende Vergütung allgemeine Anordnungen treffen.

§ 36. Bei der Verteilung der Überschüsse der Zwangsverw. sind die im § 26 Nr. 1 und 4 bezeichneten Ansprüche nach der dort bestimmten Rangordnung in ihrem ganzen Betrage zu berichtigen.

Vor den im § 10 Nr. 5 des Reichsges. über die Zwangsverst. und die Zwangsverw. bezeichneten Ansprüchen sind die während des Verfahrens fällig werdenden Forderungen aus Teilschuldverschreibungen auf den Inhaber zu berichtigen, soweit die Berichtigung nicht aus statutenmäßig dazu bestimmten Fonds, die nicht zur Bahneinheit gehören, erfolgt. Diese Vorschrift findet keine Anwendung, wenn den Forderungen fällige Bahnpfandschulden vorgehen oder die Zwangsverst. angeordnet oder das Konkursverfahren eröffnet ist.

§ 37. Eine Zwangsvollstr. in andere, als die im Reichsges. v. 3. Mai 1886, betreffend die Unzulässigkeit der Pfändung von Eisenbahnfahrbetriebsmitteln (RGBl. S. 131) bezeichneten, zur Bahneinheit gehörigen Gegenstände findet nur statt, soweit die Bahnaufsichtsbehörde bescheinigt, daß die Vollstreckung mit dem Betriebe des Bahnunternehmens vereinbar ist.

Solange nach dem Erlöschen der Genehmigung die Bahneinheit fortbesteht, kann die Zwangsvollstr. in die zu ihr gehörigen Gegenstände nur von einem Gläubiger betrieben werden, der auf Grund eines den Bahnpfandgläubigern gegenüber wirksamen Rechtes Befriedigung aus den Gegenständen zu suchen berechtigt ist. Durch diese Bestimmung werden die Gegenstände im Falle des Konkursverfahrens von der Konkursmasse nicht ausgeschlossen.

In den Fällen der Absätze 1 und 2 endigt mit dem Beginne der Zwangsvollstr. die Zugehörigkeit des Gegenstandes zur Bahneinheit, unbeschadet der an ihm vorher begründeten Rechte. Mit der Aufhebung der Vollstreckungsmaßregel wird der Gegenstand wieder Bestandteil der Bahneinheit. Das gleiche gilt von dem Erlöse, soweit er dem Bahneigentümer zufällt.

§ 38. Die Vorschriften der §§ 172 bis 184 des Reichsges. über die Zwangsverst. und die Zwangsverw. gelten mit den Änderungen, die sich aus den Vorschriften dieses Abschnitts ergeben, auch für Bahneinheiten.

§ 39. Die in den §§ 21 und 47 des Ges. über die Eisenbahnunternehmungen v. 3. November 1838 vorgesehenen öffentlichen Versteigerungen erfolgen nach den für die Zwangsversteigerung der Bahn geltenden Vorschriften. Die Vorschriften über das geringste Gebot finden keine Anwendung. Das Meistgebot ist in seinem ganzen Betrage durch Zahlung zu berichtigen.

Ist eine Bahn, für welche die Genehmigung zur Eröffnung des Betriebs noch nicht erteilt ist, nicht im Bahngrundbuch eingetragen, so hat die Bahnaufsichtsbehörde bei Stellung des Antrags auf Zwangsversteigerung zugleich um die Anlegung des Bahngrundbuchblatts zu ersuchen.

5. Abschnitt. Zwangsliquidation.

§ 40. Nach Erlöschen der Genehmigung für das Bahnunternehmen ist auf Antrag von dem Amtsgerichte, bei welchem das Bahngrundbuch geführt wird, zur abgesonderten Befriedigung der Bahnpfandgläubiger aus den einzelnen Bestandteilen der Bahneinheit die Zwangsliquidation zu eröffnen.

Zu dem Antrag ist jeder Bahnpfandgläubiger sowie der Bahneigentümer und, wenn über dessen Vermögen der Konkurs eröffnet ist, der Konkursverwalter berechtigt.

§ 41. Der Beschluß, durch welchen die Zwangsliquidation eröffnet wird, ist öffentlich bekannt zu machen. Die ihrem Wohnorte nach bekannten Bahnpfandgläubiger sollen von dem Beschlusse benachrichtigt werden. Der den Antrag auf Zwangsliquidation abweisende Beschluß des Gerichts ist dem Antragsteller von Amts wegen zuzustellen.

§ 42. Gegen den Eröffnungsbeschluß steht jedem Bahnpfandgläubiger sowie dem Bahneigentümer oder Konkursverwalter, gegen den abweisenden Beschluß dem Antragsteller die sofortige Beschwerde nach Maßgabe der Deutschen ZPO. (§§ 577, 568 bis 575) zu. Die Frist zur Einlegung der Beschwerde gegen den Eröffnungsbeschluß beginnt mit der Bekanntmachung desselben (§ 41).

§ 43. Nach der Bekanntmachung des Eröffnungsbeschlusses und bis zur Beendigung der Zwangsliquidation können die einzelnen Bahnpfandgläubiger ihr Recht nicht selbständig geltend machen.

§ **44.** Zugleich mit der Eröffnung der Zwangsliquidation ernennt das Gericht einen Liquidator und beruft eine Versammlung der Bahnpfandgläubiger zur Bestellung eines Ausschusses von mindestens zwei Mitgliedern.

Die Berufung erfolgt durch öffentliche Bekanntmachung derselben unter Angabe des Zweckes. Die Versammlung findet unter Leitung des Gerichts statt.

Wahlen erfolgen nach relativer Mehrheit, andere Beschlußfassungen nach absoluter Mehrheit der Stimmen der erschienenen Gläubiger. Die Stimmenmehrheit wird nach den Beträgen der Forderungen berechnet. Die Inhaber von Teilschuldverschreibungen müssen dieselben nach Anordnung des Gerichts hinterlegt haben.

§ **45.** Der Name des Liquidators ist öffentlich bekannt zu machen. Ihm ist eine urkundliche Bescheinigung seiner Bestellung zu erteilen, welche er bei Beendigung seiner Geschäftsführung zurückzureichen hat.

Die Vergütung für die Geschäftsführung des Liquidators wird in Ermangelung einer Einigung mit dem Ausschusse der Bahnpfandgläubiger und dem Bahneigentümer oder Konkursverwalter durch das Gericht festgesetzt. Das gleiche gilt für eine den Mitgliedern des Ausschusses bewilligte Vergütung, wenn über die Höhe derselben eine Einigung mit der Versammlung der Bahnpfandgläubiger und dem Bahneigentümer oder Konkursverwalter nicht erzielt wird.

Der Liquidator steht unter der Aufsicht des Gerichts. Das Gericht kann gegen denselben Ordnungsstrafen bis zu 200 Mark festsetzen und ihn auf Antrag des Gläubigerausschusses oder des Bahneigentümers oder Konkursverwalters wegen Pflichtverletzung oder aus anderen wichtigen Gründen entlassen. Vor der Entscheidung ist der Liquidator zu hören.

Gegen die in diesem Paragraphen bezeichneten Entscheidungen des Gerichts findet Beschwerde nach Maßgabe der Deutschen ZPO. (§§ 568 bis 575) statt. Die Beschwerde gegen die Entlassung eines Liquidators ist die sofortige (§ 577).

§ **46.** Der Liquidator hat die Verwertung aller Bestandteile der Bahneinheit vorzunehmen. In wichtigeren Fällen hat derselbe dem Ausschusse der Bahnpfandgläubiger von der beabsichtigten Maßregel Mitteilung zu machen.

Die Zwangsverw. und Zwangsverst. von Grundstücken kann durch den Liquidator betrieben werden, ohne daß er einen vollstreckbaren Schuldtitel erlangt hat. Zur Veräußerung von Grundstücken aus freier Hand bedarf der Liquidator der Genehmigung des Ausschusses der Bahnpfandgläubiger sowie der Zustimmung des Bahneigentümers oder Konkursverwalters.

§ **47.** Wird einem Unternehmer die Genehmigung zum Fortbetriebe des Bahnunternehmens erteilt, so kann der Liquidator mit Zustimmung des Ausschusses der Bahnpfandgläubiger sowie des Bahneigentümers oder Konkursverwalters die noch vorhandenen Bestandteile der Bahneinheit als Einheit nach den im § 16 bezeichneten Vorschriften veräußern.

§ **48.** So oft aus der Verwertung von Bestandteilen der Bahneinheit hinreichende bare Masse vorhanden ist, hat der Liquidator eine Verteilung vorzunehmen. Die Kosten und Ausgaben der Zwangsliquidation sind vorweg zu berichtigen.

Bei der Verteilung bestimmen sich die Beteiligten und die Rangordnung, nach welcher ihre Ansprüche ein Recht auf Befriedigung gewähren, nach den für die Verteilung des Erlöses im Falle der Zwangsverst. geltenden Vorschriften; an die Stelle der Beschlagnahme tritt die im § 41 Satz 1 bestimmte Bekanntmachung. Die im § 26 Nr. 1 bezeichneten Entschädigungsansprüche gewähren nur ein Recht auf Befriedigung aus dem einzelnen Grundstücke. Die Verteilungen an die Bahnpfandgläubiger erfolgen, ohne daß es einer Anmeldung bedarf, auf Grund des Bahngrundbuchs.

Die Vornahme einer Verteilung unterliegt der Genehmigung des Ausschusses. Von der beabsichtigten Verteilung ist der Bahneigentümer oder Konkursverwalter zu benachrichtigen.

Nicht erhobene Anteile sind nach der Bestimmung des Ausschusses für Rechnung der Beteiligten zu hinterlegen.

§ **49.** Nach der letzten Verteilung und nach der Rechnungslegung des Liquidators beschließt auf den von dem Liquidator und dem Ausschusse der Bahnpfandgläubiger gestellten Antrag das Gericht die Aufhebung der Zwangsliquidation.

Gegen den Beschluß findet Beschwerde nach Maßgabe der Deutschen ZPO. (§§ 568 bis 575) statt.

Die Aufhebung ist öffentlich bekannt zu machen.

§ 50. Das Gericht hat die Einstellung der Zwangsliquidation zu beschließen, wenn die Bahnpfandgläubiger der Einstellung zustimmen. Die Vorschriften des § 49 Abs. 2, 3 finden entsprechende Anwendung.

Für die Inhaber von Teilschuldverschreibungen kann die Zustimmung nach Maßgabe der §§ 51 bis 53 durch Beschluß einer Versammlung der Gläubiger erteilt werden.

§ 51. Die Versammlung wird durch das Gericht, bei welchem das Bahngrundbuch geführt wird, berufen. Die Berufung findet statt, wenn sie unter Angabe des Zweckes, sowie unter Einzahlung eines zur Deckung der Kosten hinreichenden Betrags von Gläubigern, deren Teilverschreibungen zusammen den fünfundzwanzigsten Teil des Betrags der Bahnpfandschuld darstellen, oder von dem Eigentümer der Bahn oder dem Konkursverwalter beantragt oder wenn sie von der Bahnaufsichtsbehörde verlangt wird.

Die Berufung erfolgt durch öffentliche Bekanntmachung unter Angabe des Zweckes.

Gegen den die Berufung ablehnenden Beschluß des Gerichts findet Beschwerde nach Maßgabe der Deutschen ZPO. (§§ 568 bis 575) statt.

§ 52. Die Versammlung findet unter Leitung des Gerichts statt.

Der Beschluß wird nach Mehrheit der Stimmen gefaßt. Stimmenmehrheit ist vorhanden, wenn die Mehrzahl der im Termin anwesenden Gläubiger ausdrücklich zustimmt und die Gesamtsumme der Teilschuldbeträge der Zustimmenden wenigstens zwei Dritteile der Gesamtsumme der Bahnpfandschuld beträgt. Gezählt werden nur die Stimmen der Gläubiger, welche die Teilschuldverschreibungen nach Anordnung des Gerichts hinterlegt haben.

§ 53. Der Beschluß der Versammlung bedarf der Bestätigung des Gerichts; vor der Bestätigung ist die Bahnaufsichtsbehörde zu hören. Auf die Bestätigung, deren Wirkung und Anfechtung finden die Bestimmungen der §§ 181, 184 Abs. 2, 185, 186 Nr. 1, 188, 189, 193, 195, 196 der deutschen Konkursordnung entsprechende Anwendung. Der Antrag auf Verwerfung des Beschlusses sowie die sofortige Beschwerde gegen die Entscheidung über die Bestätigung steht jedem Inhaber einer Teilschuldverschreibung zu. Der rechtskräftig bestätigte Beschluß ist in Ausfertigung zu den Grundakten der Bahn zu bringen.

6. Abschnitt. Schlußbestimmungen.

§ 54. Wenn ein anderer als der Eigentümer einer Bahn den Betrieb auf derselben kraft eigenen Nutzungsrechts ausübt, so gehört dies Nutzungsrecht in Ansehung der Zwangsvollstreckung zum unbeweglichen Vermögen. Die Zwangsvollstreckung erfolgt nach den Vorschriften des vierten Abschnitts dieses Gesetzes als Zwangsverwaltung durch Ausübung des Nutzungsrechts.

Die Zwangsvollstreckung in das Nutzungsrecht umfaßt auch die im § 4 bezeichneten Gegenstände, soweit sie dem Nutzungsberechtigten gehören. Auf die Zwangsvollstreckung in einzelne dieser Gegenstände findet die Vorschrift des § 37 Abs. 1 Anwendung.

§ 55. Bei Bahnen, welche nur zum Teil im Gebiete des Preuß. Staates liegen, finden die Vorschriften dieses Gesetzes, sofern nicht durch Staatsvertrag ein anderes bestimmt ist, auf die im preußischen Gebiete befindlichen Bestandteile Anwendung.

§ 56. Auf die Beschwerde gegen die nach diesem Gesetze den Aufsichtsbehörden der Kleinbahnen zustehenden Beschlüsse und Verfügungen findet der § 52 des Gesetzes über die Kleinbahnen und Privatanschlußbahnen v. 28. Juli 1892 (GS. S. 225) Anwendung.

§ 57. Die in diesem Gesetz angeordneten öffentlichen Bekanntmachungen erfolgen durch mindestens einmalige Einrückung in den Anzeiger des Amtsblatts. Die

Bekanntmachung gilt als bewirkt mit dem Ablaufe des zweiten Tages nach der Ausgabe des die Einrückung oder die erste Einrückung enthaltenden Blattes.

Außerdem erfolgt die Bekanntmachung durch mindestens einmalige Einrückung in die durch die Statuten oder die Bedingungen der Ausgabe der Teilschuldverschreibungen bestimmten Blätter.

§ 58. Mit der Ausführung des Gesetzes werden der Justizminister und der Minister der öffentlichen Arbeiten beauftragt.

---

7. Kgl. Verordnung v. 15. Nov. 1899, betr. das Verwaltungszwangsverfahren wegen Beitreibung von Geldbeträgen.

(GS. S. 545.)

Wir Wilhelm rc. verordnen in Gemäßheit des § 5 des AG. zur ZPO. an Stelle der Verordnungen v. 7. Sept. 1879 (GS. S. 591) und v. 4. Aug. 1884 (GS. S. 321), was folgt:

I. Allgemeine Bestimmungen.

§ 1 (1). Die Zwangsvollstr. wegen aller derjenigen Abgaben, Gefälle und sonstigen Geldbeträge, welche nach den bestehenden Vorschriften der Beitreibung im Verwaltungszwangsverfahren unterliegen, erfolgt ausschließlich nach den Vorschriften dieser Verordnung.

§ 2 (2). Inwieweit über die Verbindlichkeit zur Entrichtung der geforderten Geldbeträge der Rechtsweg stattfindet, richtet sich nach den hierüber bestehenden Vorschriften.

Wegen vermeintlicher Mängel des Zwangsverfahrens, dieselben mögen die Form der Anordnung oder die der Ausführung oder die Frage betreffen, ob die gepfändeten Sachen zu den pfändbaren gehören, ist dagegen, unbeschadet der besonderen Vorschriften über die Rechtsmittel im Falle der zwangsweisen Ausführung polizeilicher Verfügungen, nur die Beschwerde bei der vorgesetzten Dienstbehörde des Beamten zulässig, dessen Verfahren angefochten wird.

§ 3 (—). Soweit nach den Vorschriften des bürgerlichen Rechts Dritte, insbesondere Erben, Ehegatten, Eltern oder Nießbraucher, kraft Gesetzes zu der Leistung oder zur Duldung der Zwangsvollstr. verpflichtet sind, kann das Zwangsverfahren auch gegen diese Personen angeordnet werden. Die Vorschriften der §§ 735—749, 778, 779, 781—784, 786 der ZPO. finden mit der Maßgabe entsprechende Anwendung, daß die Anordnung des Zwangsverfahrens an die Stelle des nach den §§ 735—749 zur Zulässigkeit der gerichtlichen Zwangsvollstr. erforderlichen oder genügenden vollstreckbaren Titels tritt.

Durch die Geltendmachung der dem Erben nach den §§ 2014, 2015 des BGB. zustehenden Einreden wird die Zwangsvollstr. in den Nachlaß nicht gehemmt, wenn der beizutreibenden Forderung das im § 61 Nr. 2 oder 3 der Konk.O. bezeichnete Vorrecht zusteht.

Wird seitens einer der im Abs. 1 benannten Personen die Verpflichtung zu der Leistung oder zur Duldung der Zwangsvollstr. bestritten oder werden auf Grund der §§ 781—784, 786 der ZPO. Einwendungen erhoben, so entscheidet hierüber derjenige, für dessen Rechnung die Zwangsvollstr. stattfindet. Gegen die den Widerspruch oder die erhobene Einwendung zurückweisende Entscheidung steht entweder die Beschwerde bei der vorgesetzten Aufsichtsbehörde oder innerhalb einer Ausschlußfrist von einem Monate nach der Zustellung die gerichtliche Klage zu. Die Anbringung des einen Rechtsmittels schließt das andere aus. Die Klage ist gegen denjenigen, für dessen Rechnung die Zwangsvollstr. stattfindet, zu richten. Auf die Einstellung der Zwangsvollstr. und die Aufhebung bereits erfolgter Vollstreckungsmaßregeln finden die Vorschriften der §§ 769, 770 der ZPO. entsprechende Anwendung.

§ 4 (3). Diejenigen Behörden oder Beamten, welchen die Einziehung der der Beitreibung im Verwaltungszwangsverfahren unterliegenden Geldbeträge zusteht, bilden die zur Anordnung und Leitung des Zwangsverfahrens zuständigen Vollstreckungsbehörden. Auf die Beamten der Korporationen, welche nach den bisherigen Vorschriften zur eigenen Zwangsvollstr. nicht berechtigt sind, findet diese Bestimmung nicht Anwendung.

Die Behörde, welcher die Einziehung einer gerichtlich erkannten Geldstrafe obliegt, ist zugleich Vollstreckungsbehörde für die mit der Einziehung der Strafe verbundene Beitreibung der Kosten. Diese Beitreibung erfolgt nach den für die Beitreibung der Strafe geltenden Vorschriften.

Fehlt es an einer nach den vorstehenden Vorschriften zuständigen Vollstreckungsbehörde, so hat die Bezirksregierung (Polizeipräsidium in Berlin) eine solche zu bestimmen.

Den zuständigen höheren Verwaltungs- und den Aufsichtsbehörden ist es gestattet, die Funktionen der Vollstreckungsbehörde selbst zu übernehmen.

§ 5 (4). Muß eine Vollstreckungsmaßregel außerhalb des Geschäftsbezirkes der Vollstreckungsbehörde zur Ausführung gebracht werden, so hat die entsprechende Behörde desjenigen Bezirkes, in welchem die Ausführung erfolgen soll, auf Ersuchen der Vollstreckungsbehörde das Zwangsverfahren auszuführen. Insoweit von der ersuchten Behörde die Pfändung körperlicher Sachen und deren Versteigerung ausgeführt wird, tritt diese an die Stelle der Vollstreckungsbehörde.

§ 6 (5). Die Vollstreckungsbehörde hat das Zwangsverfahren durch die ihr beigegebenen Vollziehungsbeamten oder durch diejenigen Beamten, deren sie sich als solcher zu bedienen hat, auszuführen.

Fehlt es derselben an solchen Beamten, so kann die Bezirksregierung (Polizeipräsidium in Berlin) eine andere Vollstreckungsbehörde bestimmen.

Die Vollziehungsbeamten müssen eidlich verpflichtet werden.

Die Ausführung der Zwangsvollstr. wegen der in Angelegenheiten der Justizverwaltung beizutreibenden Geldbeträge findet durch die Gerichtsvollzieher statt; den Gerichtsvollziehern kann die Ausführung einer Zwangsvollstr. auch in anderen Fällen übertragen werden. Die Gerichtsvollzieher haben an Stelle der Vorschriften der §§ 9, 10, 14, 15, 22—31 die für den Zivilprozeß geltenden Vorschriften zu beobachten.

§ 7 (6). Der Zwangsvollstr. soll in der Regel eine Mahnung desjenigen, gegen welchen die Zwangsvollstr. vorzunehmen ist, mit dreitätiger Zahlungsfrist vorhergehen. In betreff der Gerichtskosten vertritt die Mitteilung der Kostenrechnung die Stelle der Mahnung.

§ 8 (7). Gegen eine dem aktiven Heere oder der aktiven Marine angehörende Militärperson darf die Zwangsvollstr. erst beginnen, nachdem von derselben die vorgesetzte Militärbehörde Anzeige erhalten hat. Der Vollstreckungsbehörde ist auf Verlangen der Empfang der Anzeige zu bescheinigen.

Soll die Zwangsvollstr. gegen eine dem aktiven Heere oder der aktiven Marine angehörende Person des Soldatenstandes in Kasernen und anderen militärischen Dienstgebäuden oder auf Kriegsfahrzeugen erfolgen, so hat die Vollstreckungsbehörde die zuständige Militärbehörde um die Zwangsvollstr. zu ersuchen. Die gepfändeten Gegenstände sind dem von der Vollstreckungsbehörde bezeichneten Beamten zu übergeben.

§ 9 (8—12). Auf die Zustellungen finden die Vorschriften der ZPO. über Zustellungen, die von Amts wegen erfolgen, mit folgenden Maßgaben entsprechende Anwendung.

§ 10 (13). Die Beglaubigung einer bei der Zustellung zu übergebenden Abschrift (§ 210 der ZPO.) ist nicht erforderlich.

Die für Zustellungen zur Nachtzeit und an Sonntagen und allgemeinen Feiertagen notwendige Erlaubnis (§ 188 a. a. O.) wird von der Vollstreckungsbehörde erteilt. Die Niederlegung des Schriftstücks im Falle des § 182 a. a. O. findet bei der Ortsbehörde oder der Postanstalt des Zustellungsorts statt.

Die dem Gerichtsschreiber und Gerichtsdiener obliegenden Geschäfte werden von den dazu bestimmten Beamten wahrgenommen.

§ **11** (17). In den Fällen der §§ 199 bis 201 der ZPO. erfolgt die Zustellung in der dort vorgeschriebenen Weise.

Eine in einem anderen deutschen Staate zu bewirkende Zustellung erfolgt mittels Ersuchens der zuständigen Behörde desselben.

Die Zustellung wird durch das schriftliche Zeugnis der ersuchten Behörden oder Beamten, daß die Zustellung erfolgt sei, nachgewiesen.

§ **12** (18). Ist der Aufenthalt des Schuldners unbekannt, so kann die Zustellung an denselben durch Anheftung des zuzustellenden Schriftstücks an der zu Aushängen der Vollstreckungsbehörde bestimmten Stelle erfolgen. Die Zustellung gilt als bewirkt, wenn seit der Anheftung zwei Wochen verstrichen sind. Auf die Gültigkeit der Zustellung hat es keinen Einfluß, wenn das Schriftstück von dem Orte der Anheftung zu früh entfernt wird.

Diese Art der Zustellung ist auch dann zulässig, wenn bei einer im Auslande zu bewirkenden Zustellung die Befolgung der für diese bestehenden Vorschriften unausführbar ist oder keinen Erfolg verspricht oder wenn die Zustellung aus dem Grunde nicht bewirkt werden kann, weil die Wohnung einer nach den §§ 18, 19 des GVG. der Gerichtsbarkeit nicht unterworfenen Person der Ort der Zustellung ist.

§ **13** (19). Dem Schuldner und Dritten gegenüber wird der Vollziehungsbeamte zur Vornahme der Zwangsvollstreckung durch den ihm erteilten und auf Verlangen einer beteiligten Person vorzuzeigenden schriftlichen Auftrag der Vollstreckungsbehörde ermächtigt.

§ **14** (20). Der Vollziehungsbeamte hat die im § 758, mit Ausnahme des Schlußsatzes, sowie in den §§ 759, 762 der ZPO. dem Gerichtsvollzieher beigelegten Rechte und Pflichten.

Die Bestimmungen des § 761 a. a. O. finden mit der Maßgabe Anwendung, daß die Ortspolizeibehörde für die Erteilung der Erlaubnis zur Vornahme einer Vollstreckungshandlung zuständig ist.

§ **15** (21). Die Aufforderungen und sonstigen Mitteilungen, welche zu den Vollstreckungshandlungen gehören, sind von dem Vollziehungsbeamten mündlich zu erlassen und vollständig in das Protokoll aufzunehmen.

Kann die mündliche Ausführung nicht erfolgen, so hat die Vollstreckungsbehörde demjenigen, an welchen die Aufforderung oder Mitteilung zu richten ist, eine Abschrift des Protokolls zu übersenden.

§ **16** (23). Die Kosten der Mahnung und der Zwangsvollstr. fallen dem Schuldner zur Last; sie sind zugleich mit dem zur Zwangsvollstreckung stehenden Anspruche beizutreiben.

§§ **17—50**. II. **Zwangsvollstr. in das bewegl. Vermögen**. (Hier ohne Interesse.)

III. Zwangsvollstreckung in das unbewegliche Vermögen (ZPO. §§ 864 ff.).

§ **51** (54). Die Zwangsvollstreckung in das unbewegliche Vermögen erfolgt nach den für gerichtliche Zwangsvollstreckungen bestehenden Vorschriften. Die erforderlichen Anträge sind durch die Vollstreckungsbehörde zu stellen.

Anträge auf Zwangsversteigerung oder Zwangsverwaltung sind nur zulässig, sobald feststeht, daß durch Pfändung die Beitreibung des Geldbetrags nicht erfolgen kann.

Die Vollstreckbarkeit der Forderung und die Zulässigkeit der Zwangsvollstreckung nach Maßgabe des Abs. 2 unterliegen nicht der Beurteilung des Gerichts oder Grundbuchamts.

In den besonderen Rechten der bestehenden Kreditverbände bei der Zwangsversteigerung oder Zwangsverwaltung der zu ihnen gehörigen oder von ihnen beliehenen Güter wird durch die Bestimmungen dieser Verordnung nichts geändert.

§ **52** (—). Ist eine Sicherungshypothek eingetragen, so ist im Falle der Veräußerung des belasteten Grundstücks die Zwangsvollstreckung in Ansehung des Grund=

stücks gegen den Rechtsnachfolger zulässig. Die Vorschriften des § 3 Abs. 3 finden Anwendung.

IV. Arrest (ZPO. §§ 930 ff.).

§ 53 (55). Soweit ein Arrest zur Sicherung der Zwangsvollstreckung wegen einer im Verwaltungszwangsverfahren beizutreibenden Geldforderung zulässig ist, erfolgt die Vollziehung desselben unter entsprechender Anwendung der Vorschriften dieser Verordnung. Die Vorschriften der Zoll- und Steuergesetze über die Beschlagnahme zoll- oder steuerpflichtiger Gegenstände werden hierdurch nicht berührt.

V. Kosten der Zwangsvollstreckung.

---

8. Preuß. Gerichtskostengesetz v. 25. Juni 1895 in der Fassung der Bekanntmachung v. 6. Okt. 1899 (GS. S. 326).*)

2. Teil. Angelegenheiten der streitigen Gerichtsbarkeit.

1. Abschnitt. Allgemeine Bestimmungen.

§ 119 (114). Die Vorschriften der §§ 8, 10, 13, 16, 17, 30, 31, 115 finden auch in den Angelegenheiten der streitigen Gerichtsbarkeit Anwendung. In dem Verfahren der Zwangsversteigerung oder der Zwangsverwaltung von Gegenständen des unbeweglichen Vermögens sowie der Zwangsliquidation einer Bahneinheit finden alle Vorschriften des ersten und zehnten Abschnitts des ersten Teiles Anwendung.

In bürgerlichen Rechtsstreitigkeiten beginnt die Verjährung der Gerichtskosten mit dem Schlusse desjenigen Jahres, in welchem das Verfahren durch unbedingte Entscheidung über die Kosten, durch Vergleich oder Zurücknahme oder anderweite Erledigung beendigt ist. Im Sinne dieser Bestimmung gilt das Verfahren als erledigt, wenn seit der letzten Prozeßhandlung des Gerichts zwei Jahre verflossen sind, ohne daß ein Antrag auf Forsetzung des Verfahrens gestellt wäre. Wird das Verfahren während des Laufes der Verjährungsfrist wieder aufgenommen, so wird hierdurch die Verjährung unterbrochen.

Während der Dauer einer Vormundschaft können ohne Rücksicht auf die Höhe des Vermögens eines Mündels aus demselben außer den im § 10 Nr. 1 bezeichneten Kosten auch die Kosten eines Konkurs- oder Zwangsversteigerungsverfahrens sowie eines Aufgebots der Nachlaßgläubiger erhoben werden, sobald sich eine Unzulänglichkeit der Konkurs- oder Nachlaßmasse oder des Erlöses der Zwangsversteigerung zur Befriedigung der Gläubiger und Berichtigung der Kosten ergibt.

§ 122. Auf ein Verteilungsverfahren im Falle einer Enteignung (Art. 53, 54, 109 des EG. zum BGB.) oder der Beschädigung eines Grundstücks durch Bergbau finden die Vorschriften über ein Verteilungsverfahren im Falle der Zwangsvollstreckung entsprechende Anwendung. Wird der Antrag auf Eröffnung des Verfahrens zurückgewiesen oder wird er zurückgenommen, ehe die Eröffnung des Verfahrens verfügt ist, so wird ein Zehntel der im § 8 des Deutschen GKG. bestimmten Gebühr nach dem den Gegenstand des Verfahrens bildenden Gesamtbetrag und, wenn ein Berechtigter der Antragsteller ist und der von diesem Berechtigten beanspruchte Betrag geringer ist als der Gesamtbetrag, nach dem Betrage des Anspruchs erhoben.

---

*) Gemäß § 1 des deutschen Gerichtskostengesetzes v. 18. Juni 1878 (RGBl. S. 141) in der Fassung d. Bek. des Reichskanzlers v. 20. Mai 1898 (RGBl. 1898 S. 659) ist das gerichtliche Kostenwesen bei der Zwangsvollstreckung in das unbewegliche Vermögen ganz der Landesgesetzgebung zur Regelung überlassen.

2. Abschnitt. Zwangsversteigerung und Zwangsverwaltung von Gegenständen des unbeweglichen Vermögens. Zwangsliquidation einer Bahneinheit.

§ **124** (117). $^{2}/_{10}$ der im § 8 des Deutschen GKG.*) bestimmten Gebühr werden erhoben für die Entscheidung, einschließlich des vorangegangenen Verfahrens, über Anträge auf Anordnung der Zwangsverst., der Zwangsverw. oder der Zwangliquidation. Ist ein Gläubiger der Antragsteller, so werden die Gebühren nach dem Betrage der einzuziehenden Forderungen nebst den miteinzuziehenden Zinsen berechnet; im übrigen werden die Gebühren nach der Hälfte des Wertes des Gegenstandes der Zwangsverst., der Zwangsverw. oder der Zwangsliquidation berechnet. Bei Gegenständen, welche der Grundsteuer oder der Gebäudesteuer unterliegen, ist der Wert auf den 40fachen Betrag des staatlich ermittelten Grundsteuerreinertrags und den 25fachen Betrag des staatlich ermittelten Gebäudesteuernutzungswerts zu bestimmen. In den Hohenzollernschen Landen ist an Stelle des nach der Grund- und Gebäudesteuer zu berechnenden Wertes der Steueranschlag maßgebend.

Wird der Antrag zurückgenommen, ehe eine gebührenpflichtige Entscheidung ergangen ist, so wird $^{1}/_{10}$ der in Abs. 1 bestimmten Gebühr erhoben. Im Falle einer teilweisen Zurücknahme wird diese Gebühr nur insoweit erhoben, als die im Abs. 1 bestimmte Gebühr sich erhöht haben würde, wenn die Entscheidung auf den zurückgenommenen Teil erstreckt worden wäre.

§ **125** (Ges. v. 18. Juli 1883 § 2). In dem Verfahren der Zwangsverst. werden erhoben:

1. für den Erlaß der Bekanntmachung des Versteigerungstermins $^{2}/_{10}$,
2. für die Abhaltung des ersten Versteigerungstermins $^{4}/_{10}$,
3. für die Abhaltung eines jeden Versteigerungstermins nach Abhaltung des ersten $^{1}/_{10}$,
4. für das Verteilungsverfahren $^{5}/_{10}$ der im § 8 des Deutschen GKG. bestimmten Gebühr.

Bei Gegenständen von mehr als 100000 Mk. steigen die ferneren Wertklassen um je 3000 Mk. und die Gebühren um je 10 Mk.

Die Gebühr für den Erlaß der Bekanntmachung des Versteigerungstermins wird nur einmal erhoben. Wird jedoch nach Abhaltung des bekannt gemachten Termins ein neuer Termin bekannt gemacht, so wird $^{1}/_{10}$ der bezeichneten Gebühr erhoben (§ 8 a. a. O.).

---

*) Der in Bezug genommene § 8 DGKG. lautet:

„In bürgerlichen Rechtsstreitigkeiten werden die Gebühren nach dem Werte des Streitgegenstandes erhoben.

Die volle Gebühr beträgt bei Gegenständen im Werte:

1.	bis 20 M. einschließlich				1 M.	—	Pf.
2.	von mehr als	20 M. bis	60 M.	einschließlich	2 „	40	„
3.	„ „ „	60 „ „	120 „	„	4 „	60	„
4.	„ „ „	120 „ „	200 „	„	7 „	50	„
5.	„ „ „	200 „ „	300 „	„	11 „	—	„
6.	„ „ „	300 „ „	450 „	„	15 „	—	„
7.	„ „ „	450 „ „	650 „	„	20 „	—	„
8.	„ „ „	650 „ „	900 „	„	26 „	—	„
9.	„ „ „	900 „ „	1200 „	„	32 „	—	„
10.	„ „ „	1200 „ „	1600 „	„	38 „	—	„
11.	„ „ „	1600 „ „	2100 „	„	44 „	—	„
12.	„ „ „	2100 „ „	2700 „	„	50 „	—	„
13.	„ „ „	2700 „ „	3400 „	„	56 „	—	„
14.	„ „ „	3400 „ „	4300 „	„	62 „	—	„
15.	„ „ „	4300 „ „	5400 „	„	68 „	—	„
16.	„ „ „	5400 „ „	6700 „	„	74 „	—	„
17.	„ „ „	6700 „ „	8200 „	„	81 „	—	„
18.	„ „ „	8200 „ „	10000 „	„	90 „	—	„

Die ferneren Wertsklassen steigen um je 2000 M. und die Gebühren um je 10 M."

Die Bekanntmachung des Versteigerungstermins gilt als erlassen, wenn sie zur Veröffentlichung oder an einen der Beteiligten abgesandt worden ist.

Der Versteigerungstermin gilt als abgehalten, wenn in demselben nach Feststellung der Versteigerungsbedingungen zur Abgabe von Geboten aufgefordert worden ist.

Findet nach § 144 ZwVG. ein Verteilungsverfahren nicht statt oder wird nach § 143 desselben Gesetzes ein Verteilungsverfahren nach der Zustellung der Bestimmung des Verteilungstermins, aber vor dem Beginne des Verteilungstermins eingestellt, so werden $^{2}/_{10}$ der im § 8 des Deutschen GKG. bestimmten Gebühr erhoben. Ist diese Gebühr und die Gebühr der Nr. 4 von verschiedenen Teilen des Erlöses zu berechnen, so darf der Gesamtbetrag die nach Nr. 4 von dem Gesamterlöse zu berechnende Gebühr nicht überschreiten.

§ **126** (Ges. v. 1883 § 3). Für den Beschluß, durch welchen im Verfahren der Zwangsverst. der Zuschlag erteilt worden ist, wird das Zweifache der im § 33 bestimmten Gebühr erhoben.

Daneben wird der Betrag des nach den Bestimmungen der Stempelgesetze zu berechnenden Wertstempels erhoben. In den Hohenzollernschen Landen wird bei der Eintragung des Erstehers als Eigentümers von diesem die im Art. 2 § 1 des Ges. v. 22. Juni 1875 (GS. S. 235) bestimmte Abgabe erhoben.

Im Falle der Zwangsverst. zum Zwecke der Aufhebung einer Gemeinschaft findet bei der Berechnung der Gebühren, Stempel und Abgaben die Vorschrift im Abs. 3 der Tarifstelle 32 des Stempelsteuergesetzes v. 31. Juli 1895 (GS. S. 413) Anwendung.

Wird der Beschluß aufgehoben, so werden die angesetzten Beträge nicht erhoben oder, wenn sie bezahlt sind, erstattet.

§ **127** (Ges. v. 1883 § 4). Die nach den §§ 125, 126 zu erhebenden Gebühren werden nach dem Gebote berechnet, für welches der Zuschlag erteilt ist.

Erreicht das Gebot nicht $^{2}/_{3}$ des Wertes des Gegenstandes, so treten diese $^{2}/_{3}$ bei Berechnung der nach § 125 Nr. 1, 2, 3 und § 126 zu erhebenden Gebühren an Stelle des Gebots. Ist der Zuschlag nicht erteilt, so werden die nach § 125 zu erhebenden Gebühren nach dem Werte des Gegenstandes berechnet.

Auf die Berechnung des Wertes finden die Vorschriften des § 124 Abs. 1 Satz 3, 4 Anwendung.

Sind nach § 65 des Gesetzes über die Zwangsverst. usw. Gegenstände besonders versteigert oder anderweit verwertet worden, so tritt für die Berechnung der Gebühren für das Verteilungsverfahren ihr Erlös dem Gebote hinzu.

§ **128** (Ges. v. 1883 § 5). Betrifft das Verfahren der Zwangsverst. mehrere Gegenstände, so werden die im § 125 bestimmten Gebühren nach der Summe der für die einzelnen Gegenstände maßgebenden Beträge berechnet. Werden mehrere Gegenstände verschiedenen Personen zugeschlagen, so werden die im § 126 bestimmten Gebühren, Stempel und Abgaben nach den Personen der Ersteher gesondert berechnet.

§ **129** (Ges. v. 1883 § 6). Die im § 125 bestimmten Gebühren werden, wenn der Zuschlag erteilt ist und ein Verteilungstermin stattfindet, nicht vor diesem Termin erhoben.

Ist der Zuschlag nicht erteilt, so werden die Gebühren fällig, sobald der den Zuschlag versagende Beschluß erlassen oder das Verfahren ohne solchen Beschluß beendigt ist oder das Verfahren nach Abhaltung des Versteigerungstermins nur noch auf Antrag fortzusetzen ist.

Ist das Verfahren eingestellt, so werden mit dem Ablauf eines Jahres seit dem Erlasse des Einleitungsbeschlusses die bis dahin entstandenen Gebühren fällig.

§ **130** (Ges. v. 1883 § 7). In dem Verfahren der Zwangsverw. werden für jedes Jahr $^{5}/_{10}$ der im § 8 des Deutschen GKG. bestimmten Gebühr erhoben. Der Tag der Beschlagnahme gilt als der erste Tag eines jeden Verwaltungsjahrs.

Die Gebühr wird nach demjenigen Betrage der Einkünfte berechnet, welcher nach Berichtigung aller Ausgaben der Verwaltung und der laufenden Beträge der öffentlichen Lasten zur Verteilung gelangt, mindestens jedoch nach dem Betrage des Grundsteuerreinertrags und des Gebäudesteuernutzungswerts. In den Hohenzollernschen

Landen tritt an Stelle des Grundsteuerreinertrags und Gebäudesteuernutzungswerts der Betrag von 4% des Steueranschlags.

§ **131** (Ges. v. 1883 § 8). Die Gebühren im Verfahren der Zwangsverw. werden am Ende des Verfahrens und, wenn dasselbe länger als ein Jahr dauert, am Ende eines jeden Jahres erhoben.

Ist der Gegenstand des Verfahrens vor Aufhebung desselben dem Verwalter nicht übergeben oder nicht von demselben in Besitz genommen, so werden Gebühren nicht erhoben.

§ **132** (Ges. v. 1883 § 10). Für die von dem Vollstreckungsgerichte veranlaßte Tätigkeit des Grundbuchamts und des das Schiffsregister führenden Richters werden Gebühren nicht erhoben, mit Ausnahme jedoch der Eintragung des Erstehers als Eigentümers und der Eintragung der Sicherungshypothek oder des Pfandrechts für die Forderung gegen den Ersteher.

§ **133**. Zur Zahlung der im § 124 bestimmten Gebühren ist der Antragsteller, zur Zahlung der im § 126 bestimmten Gebühren, Stempel und Abgaben ist der Ersteher verpflichtet. Für die nach den §§ 125, 130 zu erhebenden Gebühren haftet der Antragsteller, sofern sie nicht aus einer bar vorhandenen Teilungsmasse entnommen werden können.

Für die von dem Antragsteller zu erhebenden Kosten und Kostenvorschüsse haftet von mehreren Antragstellern, sofern diese nicht Mitberechtigte sind, jeder ohne Rücksicht auf die Mitverhaftung anderer.

§ **134** (§ 121 b). Für die Zwangsliquidation einer Bahneinheit werden $^{8}/_{10}$ und, wenn die Zwangsliquidation eingestellt wird, nur $^{4}/_{10}$ der Sätze des § 8 des Deutschen GKG. erhoben. Die Gebühr wird nach dem Gesamtwerte der Bestandteile der Bahneinheit berechnet.

§ **135** (122). Bei Beschwerden in dem Verfahren der Zwangsverst., der Zwangsverw. oder der Zwangsliquidation finden die Vorschriften der §§ 45 und 46 des Deutschen GKG. entsprechende Anwendung. Wird von dem Beschwerdegericht im Verfahren der Zwangsverst. der in unterer Instanz versagte Zuschlag erteilt, so ist außer der nach den Vorschriften des § 45 a. a. O. zu erhebenden Gebühr die Gebühr für Erteilung des Zuschlags und der tarifmäßige Stempel zu erheben.

§ **136** (Ges. v. 1883 § 9). Schreibgebühren werden nur für solche Abschriften und Ausfertigungen erhoben, welche nur infolge eines auf die Erteilung gerichteten Antrags erteilt werden. Schuldner derselben ist der Antragsteller.

Bei dem Erlasse der Einleitungs- und Beitrittsbeschlüsse finden diese Beschränkungen nicht Anwendung, in der Beschwerdeinstanz nur bei der Zustellung eines den Zuschlag in der Zwangsverst. erteilenden Beschlusses.

---

9. Gesetz, enthaltend die landesgesetzlichen Vorschriften über die Gebühren der Rechtsanwälte und der Gerichtsvollzieher, v. 27. Sept. 1899*) (GS. S. 317). In der Fassung der Bekanntm. v. 6. Okt. 1899 (GS. S. 325, 381).

1. Abschnitt. Gebühren der Rechtsanwälte.

Art. **1**. Die Vergütung für die Berufstätigkeit der Rechtsanwälte bestimmt sich, soweit sie nicht reichsgesetzlich geregelt ist, ausschließlich nach den nachstehenden Vorschriften.

---

*) Über die Gebühren der Rechtsanwälte bestimmt der § 31 Abs. 2 der Gebühren-Ordnung v. 7. Juli 1879 in der Fassung der Bekanntm. v. 20. Mai 1898 (RGBl. S. 692), daß die landesgesetzlichen Bestimmungen in betreff der Gebühren für

Art. 3. Volle Gebühr im Sinne der nachstehenden Vorschriften ist die im § 9 der Deutschen Gebührenordnung bestimmte Gebühr mit der Maßgabe, daß von 10000 bis 20000 Mk. die Wertsklassen um je 2500 Mk. und die Gebühren um je 4 Mk. und von 20000 Mk. an die Gebühren um je 5 Mk. und die Wertsklassen bis 100000 Mk. um je 5000 Mk., bis 300000 Mk. um je 10000 Mk., bis 1 Million Mk. um je 25000 Mk. und darüber hinaus um je 50000 Mk. steigen.

Art. 4. Für die Vertretung eines Beteiligten im Verfahren der Zwangsverst. erhält der Rechtsanwalt $^{3}/_{10}$ der vollen Gebühr:

1. für die Vertretung bis zur Einleitung des Verteilungsverfahrens;
2. für die Vertretung im Verteilungsverfahren.

Der Vertreter des Antragstellers erhält außerdem $^{3}/_{10}$ der vollen Gebühr für die Wahrnehmung der Versteigerungstermine.

Die Gebühr für die Vertretung im Verteilungsverfahren steht dem Rechtsanwalt auch dann zu, wenn unter seiner Mitwirkung eine außergerichtliche Verteilung stattfindet.

Die Gebühren für die Vertretung des Gläubigers oder eines anderen Berechtigten (§ 9 Nr. 1, 2 des Gesetzes über die Zwangsversteigerung rc.) bestimmen sich nach dem Werte des Rechtes, wenn jedoch der Wert des Gegenstandes der Zwangsverst. oder des Verteilungsverfahrens geringer ist, nach diesem; die neben einem Hauptanspruche bestehenden Ansprüche wegen der Kosten und Nebenleistungen bleiben unberücksichtigt. Im Falle der Vertretung eines anderen Beteiligten bestimmen sich die Gebühren nach dem Werte des Gegenstandes der Zwangsverst. oder des Verteilungsverfahrens oder des Anteils des Vertretenen an diesem Gegenstande. Auf die Berechnung des Wertes des Gegenstandes der Zwangsverst. oder des Verteilungsverfahrens finden die in Ansehung der Gerichtskosten geltenden Vorschriften Anwendung.

Beschränkt sich die Tätigkeit des Rechtsanwalts auf die Vertretung des Gläubigers in dem Verfahren bis zum Versteigerungstermine, so ist für die Gebührenberechnung an Stelle des Wertes des Rechtes der Wert des Anspruchs, wegen dessen die Zwangsverst. beantragt ist, maßgebend, sofern nicht die Wahrnehmung eines anderen Termins stattgefunden hat.

Art. 5. Für die Vertretung des Gläubigers, des Schuldners oder des Konkursverwalters im Verfahren der Zwangsverw., einschließlich des Verteilungsverfahrens, erhält der Rechtsanwalt jährlich $^{1}/_{10}$ der vollen Gebühr nach dem Werte der jährlichen Einkünfte. Auf die Berechnung dieser Gebühr finden die in Ansehung der Gerichtskosten geltenden Vorschriften entsprechende Anwendung.

Der Vertreter des Antragstellers erhält außerdem $^{3}/_{10}$ der vollen Gebühr nach dem Werte der jährlichen Einkünfte; ist ein Gläubiger der Antragsteller und ist der Betrag der beizutreibenden Forderung und der miteinzuziehenden Zinsen geringer als der Wert der jährlichen Einkünfte, so ist dieser Betrag für die Gebührenberechnung maßgend.

Beschränkt sich die Tätigkeit des Rechtsanwalts auf die Vertretung in dem Verfahren wegen Anordnung der Zwangsverwaltung, so erhält er nur die im Abs. 2 bestimmte Gebühr.

Art. 6. Auf die Vergütung der Berufstätigkeit eines Rechtsanwalts in einem Verteilungsverfahren außerhalb der Fälle der Zwangsverst. oder der Zwangsverw. finden die Vorschriften des Art. 4 entsprechende Anwendung. Das gleiche gilt für ein Verteilungsverfahren im Falle der Zwangsverw., wenn der Rechtsanwalt einen

---

eine den Vorschriften der Zivilprozeßordnung nicht unterliegende Zwangsvollstreckung unberührt bleiben. Von den Maßregeln der Zwangsvollstreckung in das unbewegliche Vermögen regelt sich nur die Eintragung einer Sicherungshypothek nach den Vorschriften der ZPO. Insoweit ist also die dem Rechtsanwalt hierfür zustehende Gebühr nach den reichsrechtlichen Vorschriften der Gebührenordnung v. 7. Juli 1879 zu berechnen. Die Gebühren für Vertretung im Zwangsversteigerungs- und Zwangsverwaltungsverfahren dagegen sind für Rechtsanwälte landesgesetzlich geregelt.

anderen Beteiligten als den Gläubiger, den Schuldner oder den Konkursverwalter vertritt; für die Berechnung des Wertes wiederkehrender Leistungen ist der Wert der Leistungen eines Jahres, für die Berechnung des Wertes des Gegenstandes des Verteilungsverfahrens ist der Wert der Einkünfte eines Jahres maßgebend.

Art. 7. Für die Vertretung eines Beteiligten im Verfahren der Zwangsliquidation einer Bahneinheit erhält der Rechtsanwalt $^3/_{10}$ der vollen Gebühr. Der Vertreter des Antragstellers erhält außerdem $^3/_{10}$ der vollen Gebühr für die Vertretung in der Versammlung der Bahnpfandgläubiger.

Auf die Wertsberechnung finden die Vorschriften des Art. 4 Abs. 4 entsprechende Anwendung.

Art. 8. Für Anträge, Erklärungen und Beschwerden bei Behörden erhält der Rechtsanwalt $^2/_{10}$ der vollen Gebühr. Für bloße Benachrichtigungen, Beschleunigungsgesuche, kurze Anzeigen und Schreiben ähnlicher Art kann diese Gebühr nur gefordert werden, falls nicht dem Rechtsanwalt in der gleichen Angelegenheit eine andere Gebühr zusteht.

Hat der Rechtsanwalt die einem Antrag oder einer Erklärung zugrunde liegende Urkunde entworfen, so steht ihm die im § 9 Abs. 2 der Gebührenordnung für Notare bestimmte Gebühr zu, wenn ein das Sach- und Rechtsverhältnis entwickelnder Vortrag erforderlich ist und dessen Einreichung von der Partei verlangt wird.

Art. 9. Für Schreiben an Privatpersonen erhält der Rechtsanwalt $^1/_{10}$ der vollen Gebühr. Für Schreiben, die rechtliche Ausführungen oder sachliche Auseinandersetzungen nicht enthalten, kann diese Gebühr nur gefordert werden, falls nicht dem Rechtsanwalt in der gleichen Angelegenheit eine andere Gebühr zusteht. Für die der Einleitung eines Prozesses vorausgehenden Mahnungen, Kündigungen oder Schreiben ähnlicher Art kann eine Gebühr nicht gefordert werden, wenn dem Rechtsanwalte die Prozeßgebühr zusteht.

Auf Schreiben an den Auftraggeber, die eine Ratserteilung oder ein Gutachten enthalten, finden die für diese Geschäfte in den Art. 11, 15 gegebenen Gebührenvorschriften Anwendung. Für andere Schreiben an den Auftraggeber kann eine Gebühr auch dann nicht gefordert werden, wenn sie rechtliche Ausführungen oder sachliche Auseinandersetzungen enthalten; steht jedoch dem Rechtsanwalt in der gleichen Angelegenheit eine andere Gebühr nicht zu, so ist die im Abs. 1 Satz 1 bestimmte Gebühr zu erheben.

Art. 10. Für die Wahrnehmung eines Termins erhält der Rechtsanwalt $^3/_{10}$ der vollen Gebühr. Werden in derselben Angelegenheit mehrere Termine wahrgenommen, so beträgt die Gebühr für den zweiten und für jeden weiteren Termin $^2/_{10}$ der vollen Gebühr.

Der Gesamtbetrag der Gebühren in derselben Angelegenheit darf in einer Instanz die volle Gebühr nicht übersteigen.

Art. 11. $^1/_{10}$ der vollen Gebühr erhält der Rechtsanwalt, falls nicht eine der in den Art. 8 bis 10 bestimmten Gebühren anzusetzen ist, für die Erteilung eines Rates sowie für eine Besprechung.

Art. 12. Der Gesamtbetrag der in einer Angelegenheit nach den Art. 8, 9, 11 anzusetzenden Gebühren darf in einer Instanz die volle Gebühr nicht übersteigen.

Art. 13. Auf die Anfertigung des Entwurfes eines Rechtsgeschäfts und die Vermittelung einer Auseinandersetzung sowie auf den Empfang, die Verwahrung und die Auszahlung von Geldern und Wertpapieren in Angelegenheiten, die nicht zur streitigen Rechtspflege gehören, finden die für die Gebühren der Notare geltenden Vorschriften entsprechende Anwendung.

Der Betrag der Vergütung für die Anfertigung eines Entwurfes kann nur insoweit abweichend durch Vertrag bestimmt werden, als dies nach § 26 der Gebührenordnung für Notare zulässig ist.

Die Vorschriften der §§ 19 bis 25 der Gebührenordnung für Notare finden auf Rechtsanwälte keine Anwendung.

Art. 14. Ist für das dem Rechtsanwalt übertragene Geschäft eine Gebühr nicht bestimmt, so erhält er eine unter entsprechender Anwendung der Vorschriften der Deutschen Gebührenordnung und dieses Gesetzes zu bemessende Gebühr. Das gleiche gilt, soweit für die begonnene oder vorbereitete Ausführung eines vor der vollständigen Ausführung erledigten Auftrags eine Gebühr nicht vorgesehen ist.

Art. 15. Die Vorschriften der §§ 2 bis 6, 8, 10 bis 12, 76 bis 86, 88, 93, 94 der Deutschen Gebührenordnung finden, soweit nicht ein anderes bestimmt ist, in den Fällen der Art. 4 bis 14 entsprechende Anwendung.

In den Fällen der Art. 4 bis 7 finden auch die Vorschriften der §§ 7, 25, 26, 29 bis 32, 35, 36, 48 bis 51 der Deutschen Gebührenordnung entsprechende Anwendung. Steht dem Rechtsanwalt in derselben Instanz eine Gebühr für den Antrag auf Eintragung einer Sicherungshypothek zu, so wird diese auf die im Art. 4 Abs. 1 Nr. 1, im Art. 5 Abs. 2 und im Art. 7 Abs. 1 Satz 1 bestimmten Gebühren angerechnet.

Art. 16. Allgemeine Vorschriften über die Vergütung für eine Tätigkeit, welche die Zulassung zur Rechtsanwaltschaft nicht voraussetzt, sind auch für die Rechtsanwälte maßgebend.

Art. 17. Die Vorschriften dieses Abschnitts treten gleichzeitig mit dem BGB. in Kraft. Für die vor diesem Zeitpunkt erteilten Aufträge bewendet es bei den bisherigen Vorschriften.

2. Abschnitt. Gebühren der Gerichtsvollzieher (Art. 18—26).

3. Abschnitt. Schlußbestimmungen.

Art. 27. Aufgehoben werden vom Zeitpunkte des Inkrafttretens des BGB. an:
1. das AG. zur Deutschen GebO. für Rechtsanwälte v. 2. Febr. 1880 (GS. S. 43);

(Die weiteren Bestimmungen interessieren hier nicht.)

Sachregister.

(Die Zahlen geben die Seiten, die eingeklammerten Zahlen die Abschnitte bezw. Anmerkungen an, sofern nicht ein Paragraphenzeichen hinzugefügt ist.)

B.

D.

E.

H.

J.

P.

R.

T.

U.

V.

W.

Lippert & Co. (G. Pätz'sche Buchdr.), Naumburg a/S.

Kolibri 360 GmbH
Ferdinand-Jühlke-Straße 7
99095 Erfurt, Deutschland
produktsicherheit@kolibri360.de